Kohlhammer

Behinderung, Bildung, Partizipation
Enzyklopädisches Handbuch der Behindertenpädagogik

Herausgegeben von
Iris Beck, Georg Feuser, Wolfgang Jantzen, Peter Wachtel

Gesamtherausgeber:
Wolfgang Jantzen

Redaktion:
Birger Siebert

Band 1

Detlef Horster/Wolfgang Jantzen (Hrsg.)

Wissenschaftstheorie

Verlag W. Kohlhammer

Alle Rechte vorbehalten
© 2010 W. Kohlhammer GmbH Stuttgart
Gesamtherstellung:
W. Kohlhammer Druckerei GmbH + Co. KG, Stuttgart
Printed in Germany

ISBN 978-3-17-019630-8

Vorwort der Gesamtherausgeber

Das Enzyklopädische Handbuch der Behindertenpädagogik „Behinderung, Bildung, Partizipation" ist ein Lexikon in Stichwörtern, die jedoch nicht alphabetisch, sondern thematisch in zehn Bänden strukturiert wurden. Insgesamt wurden ca. 20 Haupt-, 100 mittlere und 300 kleine Stichwörter erarbeitet. Sie suchen zum einen in ihrer Gesamtheit einen Zusammenhang des Fachwissens herzustellen, in dem jedes Stichwort und zugleich jeder Band verortet ist. Zum anderen aber bilden die Einzelbände aufeinander bezogene thematische Einheiten. Somit ist das Gesamtwerk in zwei Richtungen lesbar und muss zugleich auch so gelesen werden: als Bestand aufeinander verweisender zentraler Begriffe des Faches zum einen und als thematischer Zusammenhang in den Einzelbänden zum anderen, der aber jeweils auf die weiteren Bände verweist und mit ihnen in engstem Zusammenhang steht. Dementsprechend wurden Verweise sowohl innerhalb der Einzelbände als auch zwischen den Bänden vorgenommen, wobei einzelne Überschneidungen unvermeidbar waren.

Der Anspruch, das Gesamtgebiet der Behindertenpädagogik darzustellen, kann angesichts der Differenzierung und Spezialisierung der Einzelgebiete und ihrer schon je komplexen Wissensbestände nicht ohne Einschränkung eingelöst werden. So ging es uns nicht darum, diese Komplexität aller Theorien, Methoden, Handlungsansätze und Einzelprobleme in Theorie und Praxis einzufangen, sondern den Wirklichkeits- als Gegenstandsbereich der wissenschaftlichen Behindertenpädagogik hinsichtlich seiner konstitutiven Begriffe, Aufgaben und Problemstellungen zu erfassen. Dabei sollte der grundlegende, auf aktuellen Wissensbeständen beruhende und der zugleich erwartbar zukunftsträchtige nationale und internationale Forschungs- und Entwicklungsstand im Sinne einer synthetischen Human- und Sozialwissenschaft

berücksichtigt werden. Reflexives Wissen bereit zu stellen ist also die wesentliche Intention. Dies gelingt nur, wenn aus anderen Wissenschaften resultierende Forschungsstände und Erkenntnisse möglichst breit und grundlegend verfügbar gemacht werden. Aufgrund der komplexen biopsychosozialen Zusammenhänge sowohl von Behinderung als auch von Persönlichkeitsentwicklung und Sozialisation müssen das gesamte humanwissenschaftliche Spektrum Berücksichtigung finden und insbesondere Philosophie, Psychologie und Soziologie, aber auch Medizin und Neurowissenschaften einbezogen werden. Gerade der neurowissenschaftliche Bezug, der selbstverständlich äußerst kritisch betrachtet wird, ist notwendig, um gegen neue Formen der Biologisierung die entsprechenden Argumente für Vielfalt und Differenz auf jeder Wissenschaftsebene, also auch auf der neurowissenschaftlichen, in die Debatte führen zu können. Vorrangig mit Blick auf die disziplinäre Verortung ist jedoch die Erziehungswissenschaft, Behindertenpädagogik ist eines ihrer Teilgebiete.

Für die Konzeption ist ein Bildungsverständnis tragend, das Bildung als Möglichkeit zur selbstbestimmten Lebensführung, zur umfassenden Persönlichkeitsentwicklung und gesellschaftlichen Teilhabe betrachtet; mit Wolfgang Klafki: Entwicklungen der Fähigkeiten zur Selbstbestimmung, Mitbestimmung und Solidarität, entwicklungspsychologisch mit Wolfgang Stegemann als Entwicklung auf höheres und auf höherem Niveau. Die erziehungswissenschaftliche Begründung von Bildungs- und Erziehungszielen muss über gesellschaftliche Erwartungen, wie sie sich in Forderungen nach einem Wissenskanon als Zurüstung auf die berufliche Eingliederung niederschlagen können, notwendigerweise hinausreichen und die Lebensbewältigung insgesamt umfassen. Bildung und Erziehung eröffnen Optionen für die Lebensgestaltung, und das bedeutet, die eigene Identität nicht nur schicksalhaft oder einzig von außen determiniert zu erleben, sondern auch über Möglichkeiten der Selbstverwirklichung und der Auswahl von Handlungsmöglichkeiten zu verfügen, Zwänge und Grenzen ebenso wie Handlungs- und Veränderungsmöglichkeiten erkennen und nutzen zu können. Nicht in jedem Fall, in dem diese Möglichkeiten nicht per se aufscheinen, ist diese Problematik begrifflich quasi automatisch mit Behinderung zu fassen. Umgekehrt heißt Bildung aber auch, solche Strukturen und Prozesse zu gestalten, die „Bildung für alle, im Medium des Allgemeinen", unabhängig von Kriterien, ermöglichen. Behinderungen im pädagogischen Sinn liegen dort vor, wo die Teilhabe an Bildung und Erziehung gefährdet oder erschwert ist oder wo Ausgrenzungsprozesse drohen oder erfolgt sind, und zwar aufgrund eines Wechselspiels individueller, sozialer und ökonomischer Bedingungen. Hier tritt die Frage der Ermöglichung von Partizipation in den Vordergrund. „Wo Menschen aus ihren Lebenszusammenhängen herausgestoßen werden, da wird lernender und wissender Umgang mit bedrohter und gebrochener Identität zur Lebensfrage" (Oskar Negt) und ebenso die Ermöglichung von Lebenschancen. Damit werden zugleich eine Abgrenzung zu sozial- oder bildungsrechtlichen Definitionen und eine weite Begriffsbestimmung von Behinderung vorgenommen, im Bewusstsein der Problematik, die diese mit sich bringt. Doch fasst auch der schulrechtliche Begriff des sonderpädagogischen Förderbedarfs, der wiederum nur partiell deckungsgleich mit dem sozialrechtlichen Behinderungsbegriff ist, äußerst heterogene, darunter auch rein sozial bedingte Benachteiligungsprozesse zusammen. Pädagogik heißt für uns somit auch nicht einseitige und ständige Förderung. Emil E. Kobi hat dies in der Gegenüberstellung einer ‚Pädagogik des Bewerkstelligens', der es immer um den Fortschritt geht, die sich nur auf den Defekt richtet und das So-Sein nicht anzuerkennen in der Lage ist, und einer ‚Pä-

dagogik der Daseinsgestaltung' beschrieben, die anerkannte Lebensbedingungen zwischen gleichberechtigten und als gleichwertig anerkannten Subjekten und eine befriedigende Lebensführung auch bei fortbestehenden Beeinträchtigungen zu schaffen vermag. In diesem pädagogischen Verständnis von Behinderung liegt eine Begründung für die Beibehaltung des Begriffs der Behindertenpädagogik. Wir respektieren Benennungen wie Förder-, Rehabilitations-, Sonder-, Heil-, Integrations- und Inklusionspädagogik; der Begriff der Behinderung hebt jedoch wie kein anderer nicht nur die intransitive Sicht des behindert Seins, sondern auch die transitive Sicht des behindert Werdens hervor und lässt sich pädagogisch sinnvoll begründen. Ebenso entgeht er Verengungen mit Blick auf den Gegenstandsbereich; behindertenpädagogisches Handeln greift weit über den Bereich der institutionalisierten Erziehung und Bildung hinaus und findet lebensphasen- und lebensbereichübergreifend statt; auch innerhalb des schulischen Bereichs ist das Handeln weitaus vielfältiger als allein unterrichtsbezogene Tätigkeiten; gleichwohl bleiben diese prominente Aufgaben. Behindertenpädagogik, in diesem weiten Sinne intransitiv verstanden, ist zwar einerseits Teilgebiet der Erziehungswissenschaft, andererseits trägt sie in transitiver Hinsicht zu deren Grundlagen bei. Denn behindert werden und eingeschränkt zu sein sind alltäglich und schlagen sich keineswegs nur in der sozialen Zuschreibung von Behinderung nieder. Entgegen der noch vorfindbaren Gliederung nach Arten von Beeinträchtigungen bzw. schulischen Förderschwerpunkten und einer institutionellen Orientierung ist für uns ein an den Lebenslagen und an der Lebenswirklichkeit der Adressaten von Bildungs- und Erziehungsangeboten orientiertes Verständnis pädagogischen Handelns leitend. Diese Perspektive auf den individuellen Bedarf an Unterstützung für eine möglichst selbst bestimmte Lebensführung ist der Bezugspunkt der personalen Orientierung, aber dieser Bedarf impliziert immer auch den Bedarf an Überwindung der sozialen Folgen, also der behindernden Bedingungen des Umfelds. Traditionell wird der Lebenslauf- und Lebenslagenbezug der Pädagogik durch die Gegenstandsbezeichnungen der einzelnen Teildisziplinen angezeigt (Pädagogik, Andragogik, Geragogik einerseits; Sozial-, Berufs-, Freizeitpädagogik usw. andererseits). Hiermit können aber auch Abgrenzungen und Abschottungen einhergehen, so dass der Bezug zur Lebenslage als Ganzer und zum Lebenslauf in seiner biographischen Gewordenheit verloren geht. Lebenslagen- und Lebenslauforientierung stellen demgegenüber die notwendige Gesamtsicht her, die allerdings in ihrer Bezugnahme auf die Chancen und Grenzen selbstbestimmter Lebensführung einer Pädagogisierung im Sinne der andauernden intentionalen Erziehung entgehen muss. Sie hebt die spezifischen Gegenstandsbestimmungen und Handlungskonzepte der erziehungswissenschaftlichen Teildisziplinen nicht auf, sondern wird als konzeptionelle und methodische Leitperspektive tragend. Ebenso hat jedes Verständnis von individueller Teilhabe- und Bildungsplanung die Deutungshoheit der auf Unterstützung und pädagogisches Handeln angewiesenen Menschen zu respektieren und zentral von politischer Mitwirkung und der Gewährleistung der Menschen- und Bürgerrechte auszugehen. Dies verlangt die Demokratisierung und Humanisierung der Handlungsprozesse und Strukturen in Theorie und Praxis sowie die Auseinandersetzung mit Ethik, Moral und Professionalität.

Die aus diesem Verständnis von Bildung, Behinderung und Partizipation resultierenden Fragen lassen sich zusammenfassen in die nach dem Verhältnis von Ausschluss und Anerkennung, Vielfalt und Differenz, Individuum und Gesellschaft, Entwicklung und Sozialisation, System und Lebenswelt, Institution und Organisation, über die Lebensspanne hinweg und immer bezogen auf die Grundfrage nach Bildung und Partizipation angesichts behindernder Bedingungen.

Von diesen Grundgedanken ausgehend wurde die Konzeption und Anlage der Stich-

wörter von Iris Beck und Wolfgang Jantzen erarbeitet und dann durch das Team der Bandherausgeber kritisch überprüft und ergänzt. Es ergibt sich folgende Gesamtanlage: die Bände 1 und 2 dienen der wissenschaftlichen Konstitutionsproblematik mit Blick auf die wissenschaftstheoretische Begründung des Fachs einschließlich der erziehungswissenschaftlichen Verortung und dem Verhältnis von Behinderung und Anerkennung. Die Bände 3 bis 6 repräsentieren Aufgaben und Probleme der Bildung und Erziehung im Lebenslauf mit den Kernfragen nach Bildung, Erziehung, Didaktik und Unterricht zum einen, Lebensbewältigung und gleichberechtigter Teilhabe am Leben in der Gemeinde zum anderen. Die Bände 7 bis 10 behandeln Entwicklung und Lernen, Sprache und Kommunikation, Sinne, Körper und Bewegung sowie Emotion und Persönlichkeit. Sie stellen grundlegende pädagogische Auseinandersetzungen über Persönlichkeitsentwicklung und Sozialisation angesichts behindernder und benachteiligender Bedingungen dar, und zwar in übergreifender Sicht, die zugleich die notwendigen speziellen und spezifischen Aspekte zur Geltung bringt. Allgemeines und Besonderes sind insgesamt, über alle Bände hinweg, vielfach aufeinander bezogen und haben gleichsam ihre Bewegung aneinander. Dort, wo sich gemeinsame Probleme quer zu speziellen Gebieten stellen, sind diese auch allgemein und mit der Absicht der Grundlegung behandelt, auch um Redundanzen zu vermeiden. Dort, wo ohne Spezifizierung zu grobe Verallgemeinerungen und damit unzulässige Reduktionen erfolgt wären, sind die Besonderheiten aufgenommen. Angesichts der zahlreichen Publikationen, die spezielle und spezifische Fragen en detail und mit Blick auf Einzelprobleme behandeln, ist diese Entscheidung auch vor dem Hintergrund einer ansonsten nicht zu gewährleistenden Systematik getroffen worden.

Wir sind uns bewusst, dass dieser Versuch der Systematik nicht ohne Lücken, Widersprüche und Redundanzen auskommt. Die allfällige Kritik hieran verstehen wir im Sinne des „Runden Tisches", als den wir die Zusammenarbeit unter den Herausgebern und Autoren verstehen, als Motivation zu neuen Fragen und neuer Forschung.

Wir danken allen Bandherausgebern und Autoren für ihre konstruktive Arbeit, die in Zeiten der Arbeitsverdichtung und Effizienzsteigerung nicht mehr selbstverständlich erwartet werden kann.

Iris Beck
Georg Feuser
Wolfgang Jantzen
Peter Wachtel

Vorwort

Im Mittelpunkt dieses ersten Bandes der zehnbändigen Enzyklopädie „Behinderung, Bildung, Partizipation" stehen wissenschaftstheoretische Fragestellungen und Probleme. Deren herausragende Bedeutung für die weitere Entwicklung der Behindertenpädagogik tritt erst langsam in das Bewusstsein ihrer Akteure. Für eine notwendige Entwicklung als synthetische Humanwissenschaft ist es jedoch unabdingbar, die in diesem Prozess zahlreich auftretenden Probleme zur Kenntnis zu nehmen und zu reflektieren. Hierzu soll dieser Band beitragen.

Leicht abweichend von der in der Anlage des Handbuchs vorgenommenen Gliederung in Hauptstichwörter, mittlere Stichwörter und Kurzstichwörter haben wir darüber hinaus eine inhaltliche Gliederung unter vier Gesichtspunkten unternommen.

Im ersten Teil des Bandes werden Fragen und Probleme reflektiert, die mit der Entwicklung von Behindertenpädagogik als synthetischer Humanwissenschaft verbunden sind. Dem schließen sich Darstellungen der Geschichte des Fachs im universitären wie im außeruniversitären Bereich an. Es werden also Fragen nach Geschichte, Struktur, Konstitution und Systematik beim Aufbau des außerordentlich komplexen, inter- und transdisziplinären Faches behandelt.

Der zweite Teil bietet einen Überblick über zentrale wissenschaftstheoretische Probleme, wie das gerade im Kontext des Fachs immer wieder bemühte Theorie-Praxis-Verhältnis, das auch hier angesprochen werden muss, wenn man davon ausgeht, dass die Behindertenpädagogik eine Wissenschaft mit einem außerwissenschaftlichen Praxisfeld ist. Individuum und Gesellschaft ist ein zentrales Thema jeder Human- und Sozialwissenschaft, ebenso das Leib-Seele-Verhältnis, wie auch die Erörterung anthropologischer Fragen. Paradigma und Paradigmenwechsel wiederum ist ein wissenschaftstheoretisches Thema, das in den ersten Band einer groß angelegten Enzyklopädie genauso gehört wie die Erörterung erkenntnistheoretischer Fragestellungen, das Wertfreiheitsproblem der Wissenschaften, die Erklären-Verstehen-Debatte und viele andere zentrale wissenschaftstheoretische Themen, wie sie im zweiten Teil behandelt werden.

Im dritten Teil werden Theorien dargestellt, die für die Sozial- und Humanwissenschaften grundlegend sind, wie Systemtheorie, Pragmatismus, Strukturalismus, kritische Theorie, Psychoanalyse, Phänomenologie, Moderne und Postmoderne.

Der vierte Teil ist der Darstellung sozialwissenschaftlicher Methoden in einem weiteren Sinne vorbehalten. Dargestellt werden wissenschaftliche Zugänge wie Biographieforschung, objektive Hermeneutik, qualitative und quantitative Methoden der empirischen Sozialforschung, Diskursanalyse, Konstruktivismus, Kybernetik, Empirismus und Positivismus. Bei der Thematik einiger Beiträge im dritten und vierten Teil kann man sich freilich darüber streiten, ob sie in den Methodenteil oder in den Theorieteil gehören, ob also beispielsweise der kritische Rationalismus eine Theorie oder eine Methode ist oder ob er sich nur mit methodischen Problemen von Begründung und Beweis beschäftigt. Dasselbe gilt für den Konstruktivismus. Umgekehrt kann man sich fragen, ob Artikel im Theorieteil vielleicht doch eher in den Methodenteil gehören, wie die Psychoanalyse, die ja im Gegensatz zur Systemtheorie über eine ausgewiesene Methode verfügt. Im vierten Teil werden zudem Problemkomplexe erörtert, die mit wissenschaftlichen Zugängen zu tun haben, wie das Problem von Komplexität und Kontingenz.

Wir hoffen, mit diesem Band die bisher nur zögerliche Diskussion wissenschaftstheoretischer Fragen in der Behindertenpädagogik anzuregen und weiter zu entwickeln, denken aber, dass er darüber hinaus wichtige Anregungen für die gesamten Humanwissenschaften liefern kann.

Detlef Horster
Wolfgang Jantzen

Inhaltsverzeichnis

Teil I:
Das Fach Behindertenpädagogik

Allgemeine Behindertenpädagogik: Konstitution und Systematik

Wolfgang Jantzen

1 Definitionen

Der Begriff des Allgemeinen geht inhaltlich auf die griechische Philosophie zurück; als kathólou, d. h. wörtlich „hinsichtlich des Ganzen", ist er „hinsichtlich des jeweils Einzelnen" (griech.: kathékaston), dem „Besonderen" bzw. „Einzelnen" entgegengesetzt (Axelos 1971, 164). Der deutsche Begriff des Allgemeinen leitet sich nicht unmittelbar aus dieser Teil-Ganzes-Relation ab, vielmehr ist er in dem begründet, was „allgemein" ist, „auf ganz gemeinsame Weise, insgesamt", als „all" (ausgewachsen, vollständig, gesamt) verbunden mit „gemein" in dessen alter Bedeutung „gemeinsam" (Drosdowski 1989, 28 f.), ist also zurückbezogen auf eine soziale Relation der Allgemeinheit (das altgermanische „gemein" entspricht dem lateinischen Begriff „communis"; ebd. 229).

Nach der Definition von Aristoteles ist das Allgemeine „dasjenige, was seiner Natur nach mehreren Einzeldingen zukommt; entsprechend ist das Einzelne dann dasjenige, was seiner Natur nach nicht mehreren Einzeldingen zukommt" (Gethmann 1975, 32).

Als „Universalienproblem" ist das Allgemeine ein Grundproblem der philosophischen Ontologie (Lehre vom Sein). Es besteht „in der Frage nach der Existenzweise und Erkennbarkeit dessen, was in Prädikaten bzw. Begriffen von Einzeldingen ausgesagt wird." (ebd.) Denn der durch den Begriff bzw. das Prädikat „behindert" ausgesagte einzelne Mensch ist nicht im selben Sinne Gegenstand der Aussage wie der konkrete Mensch, auf den diese Aussage bezogen wird.

Diese philosophische Diskussion reicht bis in die Gegenwart der Philosophie (vgl. die unterschiedlichen Definitionen bei Alexos et al. a. a. O.; Gethmann a. a. O.; Hörz 1991, 47; Boenke 1999, 38) ebenso wie in die theoretischen bzw. allgemeinen Einzelwissenschaften (theoretische Physik, theoretische Biologie, allgemeine Erziehungswissenschaft, allgemeine Behindertenpädagogik, allgemeine Psychologie), wobei der Status einer allgemeinen Wissenschaft häufig unerörtert bleibt. Nach Vygotskij (1985) wäre sie die allgemeine Philosophie eines Fachs, die auf dem Wege zu einer reifen Wissenschaft unumgänglich zu entwickeln ist und weder in einem Reduktionismus nach oben (also in die Philosophie) noch nach unten aufgelöst werden darf.

In der Geschichte des Universalienstreits sind es drei widerstreitende Positionen zum Verhältnis von Allgemeinem und Einzelnen, jenseits derer sich eine vierte abzuzeichnen beginnt. Sie alle spielen in die Debatte um eine Allgemeine Behindertenpädagogik offen oder versteckt hinein:

- der Platonismus als Auffassung, wonach das Allgemeine „eine vom Denken unabhängige, die Wirklichkeit normierende Idee ist" (Universelles vor der Sache);
- der Realismus als Auffassung, wonach das Allgemeine „eine in der objektiven Wirklichkeit liegende Struktur" ist (Universelles in der Sache);
- der Nominalismus als Auffassung, wonach das Allgemeine „eine Handlung (oder Fiktion des Subjekts) ohne Rückbezug auf an sich seiende Objekte" ist (Universelles nach der Sache) (Gethmann a. a. O., 33).

Eine vierte, sich anbahnende Position, historisch bei Spinoza angedacht, zeigt sich in verschiedenen Entwicklungen innerhalb der modernen Wissenschaftstheorie als Rückkehr zu einem prozess-, struktur- und entwicklungsbezogenem Realismus, der die durch Platonismus und Nominalismus aufgeworfenen Fragen einbezieht und die Beschränktheiten des klassischen Realismus zu überwinden versucht. Man könnte von Universellem in der Entwicklung und Differenzierung der Sache sprechen.

Von besonderer Bedeutung ist für eine derartige Position der Übergang von ontologischen zu „ontogenetischen" Positionen (von Foerster 1993). Statt von einer Ontologie der Dinge ist von einer Ontologie [d. h. Ontogenetik] der Prozesse und Relationen auszugehen, die sich in Dingen ausdrücken. Zu nennen ist neben der modernen analytischen Naturphilosophie (Esfeld 2008) vor allem die Kybernetik zweiter Ordnung Heinz von Foersters unter Aufgreifen der mehrwertigen Logik von Gotthard Günther und mit unmittelbarer Ausstrahlung in die Systemtheorie Luhmanns und den Konstruktivismus, es ist die Neulektüre Spinozas insbesondere durch Della Rocca (2008) und es ist der dialektische Materialismus in den Traditionen von Marx und Engels.

Der Begriff des Allgemeinen gewinnt hier eine neue Spezifizierung als „konkret Allgemeines" (Il'enkov 1971). Im Rückgriff auf Hegel ist das Allgemeine „das Wesen, das Gesetz des Zusammenhangs und der Bewegung der besonderen und einzelnen Erscheinungen innerhalb eines sich entwickelnden Ganzen". Das Allgemeine erweist sich folglich als Prozess (Höll 1989, 17). Und in Anknüpfung an Marx, so Il'enkov, verweist diese Auffassung auf die zentrale Aufgabe wissenschaftlicher Forschung (hier als Programm einer materialistischen Dialektik), „die konkrete, wechselseitige Bedingtheit der Erscheinungen zu verfolgen, die vermittels ihrer Interaktion ein System erzeugen, das geschichtlich entspringt und sich in stets neuen Daseinsformen und inneren Wechselwirkungen entwickelt und manifestiert". (Il'enkov a. a. O., 109)

Das Allgemeine ist demzufolge relational zu denken, im Prozess einer gesellschaftlich, historisch und kulturell vermittelten und bestimmten Aneignung der Natur durch den Menschen und des Menschen durch die Natur. Jede Substantialisierung verbietet sich. Allerdings verlangt ein solches Programm in seiner monistischen, nicht dualistischen Ausführung, die für Psychologie und Pädagogik insbesondere von Vygotskij fokussiert wurde, eine adäquate Behandlung des [→] Leib-Seele-Problems, das wie ein System tiefer Schluchten die verschiedenen Argumentationsmuster des Universalienstreits scheidet.

Entsprechend der Forderung, eine allgemeine Wissenschaft ontogenetisch aufzubauen, prozesshaft, funktionsbezogen und systemhaft, muss eine Allgemeine Behindertenpädagogik von einem entsprechenden Verständnis von Behinderung ausgehen. Sie hat Behinderung als Relation und nicht als substanzielle Eigenschaft zu betrachten.

Ein derartiges Verständnis von Behinderung reift international heran und schlägt sich in der im Dezember 2006 von der UN-Generalversammlung verabschiedeten Disability Convention [→ II Menschenrechte und Behinderung] nieder, in der Behinderung („disability") als soziale, relationale Konstruktion verstanden wird, so in der Aussage der Präambel, „dass Behinderung aus der Wechselwirkung zwischen Menschen mit Beeinträchtigungen (impairments) und einstellungs- und umweltbedingten Barrieren entsteht, die sie an der vollen, wirksamen und gleichberechtigten Teilhabe an der Gesellschaft hindern" (UN 2006, Präambel, e).

In den Mittelpunkt der Konvention wird die Würde aller Menschen mit Behinderungen gestellt, ihr unantastbares Recht auf Leben, auf Gesundheit, auf umfassende Partizipation, als Träger aller Menschen- und bürgerlichen Rechte (Artikel 12) in enger Verklammerung mit positiven wie mit Abwehrrechten. So der Artikel 15, der in Verknüpfung mit der Anti-Folterkonvention nicht nur Folter im engeren Sinne abwehrt, sondern auch erniedrigende Behandlung oder die Teilnahme an medizinischen und wissenschaftlichen Versuchen ohne freie Zustimmung, oder auch Artikel 24, welcher eine Verweigerung des Zugangs zum allgemeinen Bildungssystem, insbesondere zum unentgeltlichen und obligatorischen Grundschulbesuch und Besuch weiterführender Schulen abwehrt (2.a) und die Gewährleistung dieses Zugangs positiv fordert (2.b). Die Würde des einzelnen behinderten Menschen, Mann, Frau oder Kind, wird „sehr viel direkter als in anderen Menschenrechtskonventionen" (Bielefeldt 2006, 2) als Gegenstand notwendiger Bewusstseinsbildung angesprochen: „Vor allem die Betroffenen selbst sollen in der Lage sein, ein Bewusstsein ihrer eigenen Würde („sense of dignity') auszubilden. Da Selbstachtung indessen ohne die Erfahrung sozialer Achtung kaum entstehen kann, richtet sich der Anspruch der Bewusstseinsbildung folglich an die Gesellschaft im Ganzen" (ebd.).

Das Postulat „individueller Autonomie" in „freiheitlicher Inklusion" bildet den Kern eines Behinderungsbegriffs, der hohe Bedeutung für die Humanisierung der Gesellschaft im Ganzen besitzt (ebd. 7). Das Allgemeine einer Allgemeinen Behindertenpädagogik wäre vor diesem Hintergrund als ein Besonderes dessen zu begreifen, was der Kommentar des Deutschen Instituts für Menschenrechte als Perspektive hervorhebt: „Indem sie [die Gesellschaft] Menschen mit Behinderungen davon befreit, sich selbst als ‚defizitär' sehen zu müssen, befreit sie zugleich die Gesellschaft von einer falsch verstandenen Gesundheitsfixierung, durch die all diejenigen an den Rand gedrängt werden, die den durch Werbewirtschaft und Biopolitik vorangetriebenen Imperativen von Fitness, Jugendlichkeit und permanenter Leistungsfähigkeit nicht Genüge tun. In diesem Sinne kommt der diversity-Ansatz, für den die Behindertenkonvention steht, zuletzt uns allen zugute" (Bielefeldt 2006, 7 f.).

Die Ausarbeitung eines solchen Ansatzes von Behindertenpädagogik stieß und stößt auf zahlreiche und komplizierte Widerstände. Sie liegen sowohl in der Struktur der sozialhistorischen, der materiellen und der ökonomischen Bedingungen als auch in den ungeheueren Komplikationen, ein Wissenschaftsgebiet zu entwickeln und zu denken, in dem die Na-

turwissenschaften vom Menschen ebenso wie die pädagogischen und psychologischen Wissenschaften ebenso wie die Sozialwissenschaften außerordentlich komplexe Verbindungen eingehen. Zudem ist in jedem Schritt und zu jedem Zeitpunkt die Würde des Behinderungen ausgesetzten Subjekts zu respektieren, die unter Verzicht auf jegliche Formen offener oder versteckter Gewalt zu realisieren ist. Die verlangt, in das Zentrum des Denkens eine Perspektive universeller Entwicklung zu stellen, was etwas völlig anderes bedeutet, als das immer wieder in polemischer Absicht neubelebte Missverständnis, alles sei gesellschaftlich bedingt und Natur spiele keine Rolle. Behinderung als „gesellschaftliche Konstruktion" (ebd. 4), so die Unterscheidung von „impairment" (körperlicher Schaden, körperliche Beeinträchtigung) und „disability" in der Disability Convention, ist, vergleichbar jener von „gender" in Unterscheidung zu „sex", zugleich eine soziale Konstruktion von Natur als Ausgestaltung von deren Möglichkeitsräumen. Gewalt, Ausgrenzung, Unterdrückung und Demütigung determinieren das menschliche Gehirn, das als soziales Organ zu begreifen ist; sie verunmöglichen Gesundheit und Wohlbefinden ebenso wie die Entwicklung eines Bewusstseins der eigenen Würde. Und insbesondere determinieren sie die Natur von Menschen, deren körperliche Voraussetzungen (impairment) ihre gesellschaftliche Partizipation erschweren.

2 Begriffs- und Gegenstandsgeschichte

Jede Begriffs- und Gegenstandsgeschichte ist zum einen an die historischen Fakten gebunden, zum anderen an den eigenen Begriff, mit dem die historischen Fakten gelesen werden, sowohl individuell als auch im jeweiligen „Denkkollektiv" (Fleck 1980 a, b), und zum dritten von der Art und Weise abhängig, wie kulturell und gesellschaftlich, praktisch und ideologisch die Vermittlung von Wörtern und Dingen (Foucault 1976, 9) in unseren Habitus übergegangen ist, uns die Welt mit spezifischen Augen sehen lässt und in spezifischer Weise unsere blinden Flecken schafft.

Je nachdem in welcher Weise wir an unseren je gegebenen gesellschaftlichen Orten, durch unsere je konkrete Erfahrung den Gegenstand Behinderung sehen, werden wir Geschichte konstruieren, die natürlich als Konstruktion, die sie immer ist, nicht beliebig ist, wenn auch immer in der Gefahr, in einen Mythos überzugehen (Hobsbawm 2001, 20 ff.). Und immer ist unsere Geschichte von Diskursen von [→ V] Macht, Herrschaft und Gewalt, Unterdrückung und Ausbeutung durchdrungen. Historische Diskurse sind ebenso wie alle anderen wissenschaftlichen Diskurse immer Resultat der Konstruktion durch eine Forschergemeinschaft, die sich als solche einerseits mit dem Gegenstand beschäftigt und die andererseits jeweils auf spezifische Weise den Zeitgeist oder eine gegen diesen gerichtete wissenschaftliche, persönliche oder politische Häresie ausdrückt [→ II Sinn/sinnhaftes Handeln].

In dieser Beziehung ist Bleidicks Kennzeichnung der älteren Heilpädagogik als ein „Sammelbecken emotional angereicherter Mitleidsbekundungen" (1972, 352) ebenso partiell zuzustimmen wie Feusers moderner Charakterisierung des Mainstreams des Fachs (entsprechend dem Paradigma „Normalität" und „Ausgrenzung") als „Insel eines glücklichen Humanismus im Dornröschenschlaf" (a. a. O., 38), die hofft, von den gesellschaftlichen Wirren verschont zu bleiben. Dies ist fast zwangsläufig so für ein hochkomplexes, praxisbezogenen Fach, das humane Praxis zu betreiben versucht, solange es noch nicht seine hinreichende theoretische und axiomatische Fundierung erreicht hat, solange die eigenen Gefühle und Motive als blinde Flecken ebenso wie die komplexen Vermittlungen des Gegenstands nicht in den Blick getreten sind. Trotzdem darf und kann nicht übersehen werden, dass es in der Geschichte des Fachs – wenn auch unter anderen Oberbegriffen (z. B. Heil-

pädagogik Sonderpädagogik, Rehabilitationspädagogik) – eine Reihe von ernsthaften Begründungsversuchen gegeben hat, die sehr wohl den Charakter des Entwurfs einer Allgemeinen Behindertenpädagogik tragen (exemplarisch z. B. Georgens & Deinhardt 1861; 1863, Hanselmann 1932; 1941; Moor 1951; 1965a; 1965b; vgl. hierzu z. B. Bleidick 1972; 1999; Jantzen 1982; Möckel 2007). Für die Gegenwart sind neben den in den Mittelpunkt der folgenden Erörterung wissenschaftstheoretischer Fragen gestellten Ansätzen einer kritisch-rationalistischen (insb. Bleidick) sowie einer dialektisch-materialistischen Begründung des Fachs eine Reihe von Positionen zu nennen, die in die Entwicklung einer Allgemeinen Behindertenpädagogik eingeflossen sind und in Zukunft einfließen werden (auf der Ebene von Monographien u. a. Beck 1994; Haeberlin 1996a,b; Kobi 1993; Speck 2003; Thimm 1995; 2006; vgl. jedoch auch den von Bleidick 1985 editieren Band 1 des „Handbuchs der Behindertenpädagogik" zur „Theorie der Behindertenpädagogik"; vgl. auch den zwar auf geistige Behinderung beschränkten, jedoch weiter reichenden Begründungsversuch aus der Sicht der Phänomenologie von Stinkes 1993).

Die vorrangige Auseinandersetzung mit Bleidicks Position begründet sich sowohl aus der durch ihn erfolgten ersten expliziten systematischen Begründung des Fachs unter dem Terminus Behindertenpädagogik als auch aus der notwendigen Beschränkung auf zentrale methodologische Probleme und nicht zuletzt aus der Bewältigung einer ungeheuren Stofffülle.

Das Problem von Bleidicks (1972, 1978) erster Begründung einer „Behindertenpädagogik", die in sich den Keim trägt, Allgemeine Behindertenpädagogik werden zu können, ist es, dass ihn, aus den Traditionen der alten Hilfsschulpädagogik kommend, genau dies daran hindert. Die für die Entwicklung des Fachs überaus bedeutsame Diskussion eines Oberbegriffs, der an Stelle der alten Begriffe Heil- oder Sonderpädagogik treten könne, eines Begriffs, der in der Sozialpolitik als

Begriff der Behinderung unterdessen ebenso seine Verbreitung gefunden hatte wie in der Schulorganisation, bleibt in ihrer Wirkung begrenzt (obgleich Bleidick immer um eine Ausweitung des Fachs und um die Möglichkeit der Diskussion auch kontroverser Ansätze bemüht war; vgl. exemplarisch das von ihm herausgegebene Handbuch der Behindertenpädagogik in elf Bänden; Bleidick 1985).

Bleidick beginnt mit einer Begriffslehre, in welcher er über die Herausbildung der Begriffe Heil- bzw. Sonderpädagogik nach der Geschichte und Vorgeschichte eines Begriffs der Behindertenpädagogik fragt. Diese aber findet bereits einen sozial konstruierten Gegenstand vor, den sie, durch die Art dieser Frage bedingt, zwangsläufig nur unter dem Aspekt der Beeinträchtigung, des Mangels oder erziehungswissenschaftlich unter dem Begriff der eingeschränkten Bildungsfähigkeit beschreiben kann. Ihr entgeht, dass erst das Versagen der Erziehungswissenschaft die Heil-, Sonder- und Behindertenpädagogik konstituiert. Und dieses Versagen selbst verweist auf dem Hintergrund des oben explizierten Verständnisses von „allgemein" auf in die Erziehungswirklichkeit hineinwirkende außerschulische, gesellschaftliche und historische Prozesse und Strukturen. Entsprechend ist der von Bleidick später aufgegebene Versuch (1999a, 58) einer speziellen Anthropologie der Behinderung (1972; 1978) angelegt (vgl. Moser und Sasse a. a. O., 57 ff.), der im Rahmen dieses Modellplatonismus eine dem Begriff entsprechende anthropologische Wirklichkeit aufspüren soll. So verstandene Erziehungsanthropologie als Teil der Erziehungsphilosophie bildet ebenso wie die Technologie der Erziehung eines der Versatzstücke, um zwischen unterschiedlichen Teilen der Bleidickchen Lehre von einer Allgemeinen Behindertenpädagogik bei Ausklammerung der Konstitutionsprobleme der Erziehungswissenschaft selbst zu vermitteln. Sie verbleibt trotz erfahrungswissenschaftlicher Öffnung in der geisteswissenschaftlichen Rekonstruktion eines eigenständig gedachten Prozesses der Erziehung und Bildung von in ihrer Bildungsfähigkeit eingeschränkten Schülerinnen und Schülern gefangen, ohne systematisch nach der Genesis dieser Einschränkung sowohl der Schüler als auch der schulischen Verhältnisse ebenso wie der beide Prozesse vermittelnden Lehre von der Erziehung fragen zu können.

Ausgehend von einem kritisch rationalistischen Verständnis der Erziehungswissenschaft, wissenschaftstheoretisch und philosophisch an Popper, erziehungswissenschaftlich an Brezinka angelehnt, soll Erziehungswissenschaft unter dem Begriff Behinderung (d. h. als Behindertenpädagogik) strikt erfahrungswissenschaftlich fundiert werden. Neben diese Erziehungswissenschaft als Erfahrungswissenschaft, neben die Erziehungsphilosophie als Wertaussagensystem ohne Wissenschaftscharakter (auch diese Position wird Bleidick später in seiner Auseinandersetzung mit der Bioethik Singers zumindest zu Teilen revidieren; vgl. 1999a, 130 ff.) tritt die Erziehungswirklichkeit, in die hinein die Technologie der Erziehung vermittelnd wirkt, eine Grundauffassung die später durchaus weiter differenziert und entwickelt wird und sich auch für sozialwissenschaftliche Fragen öffnet (Bleidick 1978, 387 ff.; 1999a).

Strukturell führt Bleidick damit wesentliche Aspekte der schulischen Behindertenpädagogik auf neue Weise zusammen und schafft zugleich den Ansatzpunkt für eine überaus kritische Diskussion, insbesondere zwischen ihm und einer sich konstituierenden materialistischen Behindertenpädagogik (Feuser, Jantzen): Bleidick einem (ontologischen) Paradigma von Normalität und Ausgrenzung verpflichtet, die er vorfindet und in humanistischem Anliegen in Stückwerkstechnologie zu bewältigen versucht, Feuser und Jantzen hingegen in der Ausarbeitung und zumindest unterschwelligen Etablierung eines (ontogenetischen) Paradigmas von Isolation (und Dialog – so Feuser 2000). Und je nach Sicht dieses Allgemeinen fällt der Blick auf die Begriffs- und Gegenstandsgeschichte, die dieses Allgemeine in sich trägt bzw. hervorbringt unterschiedlich aus (vgl. in dieser Hinsicht höchst aufschlussreich die Wiedergabe des

DFG Kolloquiums 1976 über den Begriff der Behinderung sowie die unterschiedlichen Positionen in Bleidick 1985).

1. Einerseits erfolgt dieser Blick auf die Geschichte erziehungswissenschaftlich eingeschränkt als Rekonstruktion einer Geschichte des „pädagogischen Helferwillens" (Langenohl 1971). Nur mühsam konnte dem Fach die Rekonstruktion seiner Geschichte des Versagens in der NS-Zeit abgerungen werden, die heute für die Wahrnehmung des Schulbereichs in der NS-Zeit ebenso wie für die Mordaktionen gegen Behinderte allgemein gegeben ist. Wenngleich auch mit der Einschränkung, dass die Weiterwirkung der Reorganisation des Sozial-, Gesundheits- und Bildungssektors der NS-Zeit in das Nachkriegsdeutschland einschließlich der zahlreichen personellen Kontinuitäten noch längst nicht aufgearbeitet ist (vgl. Jantzen 1993; Hänsel 2008). An der Erforschung des Anteils der Heime und Anstalten bei den Vernichtungsaktionen der NS-Zeit ebenso wie der Rolle der Wohlfahrtsverbände oder der Kirchen und unterschiedlicher weiterer Akteure der Bevölkerungs- und Sozialpolitik hat sich die behindertenpädagogische Fachgeschichtsschreibung insgesamt vergleichsweise wenig beteiligt (exemplarisch vgl. Jantzen 1982; Bradl 1991, Störmer 1991; Stein 2009). In der Regel beschränkt sie sich auf die Rekonstruktion schulischer und außerschulischer Heilpädagogik als eine Erfolgsgeschichte des Helfens (am bisher umfangreichsten insgesamt Möckel 2007 für den Gesamtbereich sowie Ellger-Rüttgardt 2008 für den schulischen Bereich). Dies geschieht durchaus in Auseinandersetzung mit der NS-Zeit, jedoch bei deutlicher Ausklammerung der sozialgeschichtlichen Forschung in angrenzenden oder übergreifenden Bereichen. Aber jede Geschichtsschreibung hat von grundlegenden Überlegungen zur Struktur des Gegenstands auszugehen (vgl. Hobsbawm 1997). Und jede Vorstellung einer Sozialgeschichte der Behinderung bedarf einer Theorie des gesellschaftlichen Körpers, innerhalb dessen sie diese Geschichte zu untersuchen versucht, bei Offenheit ebenso für

theoretische wie empirische Fragen. Und empirische Fragen werden nicht nur am Material der Archive gelöst (so Ellger-Rüttgardt, ebd. 115, Vorhalt fehlender Quellenarbeit für die von Jantzen, 1982, vorgelegte Sozialgeschichte der Behinderung), sondern vor allem auch in der Rekonstruktion und Verbindung von Fachdiskursen in und mit zeitgenössischen Quellen (vgl. auch Jantzen 1980/2003) und in der vorurteilslosen Aufnahme und Überprüfung der zahlreichen eminenten Forschungsleistungen auf vielen anderen Gebieten der Sozialgeschichte.

2. Entsprechend different fällt andererseits der Blick einer sich entwickelnden Materialistischen Behindertenpädagogik auf Geschichte aus. Konstituierendes Verhältnis sozialer Realität ist die menschliche Arbeit, verbunden mit Sprache und sozialem Verkehr.

Da menschliche Existenz auf Vermittlung mit anderen Menschen angelegt ist, Bindung, Dialog, Kommunikation, sozialer Verkehr, Anerkennung usw. kennzeichnen diese Dimension, stellt sich die Frage, welche Auswirkung die Zerstörung dieses Bands zwischen Individuum und Kultur auf die Entwicklung der Persönlichkeit hat. Hierzu liegt weltweit eine umfassende Forschung aus den Bereichen sensorischer und sozialer Deprivation sowohl unter natürlichen bzw. sozialen Bedingungen als auch unter experimentellen Bedingungen vor, aus der zwingend hervorgeht, dass entsprechend dem Grad der [→ II] Isolation und der Art des subjektiven Erlebens des Subjekts dessen kognitive und emotionale Prozesse sich sinnhaft und systemhaft umorganisieren (vgl. Jantzen 1979, 33 ff. sowie 1987, Kap. 6). Da Isolation aus (1) dem Zusammenwirken von natürlichen Voraussetzungen (Blindheit, Sehbehinderung, Körperbehinderung, Hirnschädigung), (2) dem jeweiligen Grad der Persönlichkeitsentwicklung sowie (3) den sozialen und natürlichen Bedingungen (z. B. Arbeitslosigkeit, Heimaufenthalt, Schiffbruch u. a. m.) zu begreifen ist, hatte sich die Begriffsgeschichte aus dieser Sicht mit theoretischen Konstruktionen des Fachs auseinanderzusetzen, die diese Prozesse als Möglichkeit der Entwicklung einfangen, im Gegensatz zu jenen, die das Resultat dieser Prozesse auf einen Defekt oder auf ein geisteswissenschaftlich konstatiertes anthropologisches Faktum, also auf Natur oder Schicksal reduzieren.

Dies führte zu einer anderen Lektüre der Begriffsgeschichte als bei Bleidick (vgl. Jantzen 1973; Jantzen & Reichmann 1984). Im Mittelpunkt standen eher ontogenetische als ontologische Theorien, die insbesondere die Frage nach der sinnhaften und systemhaften Entwicklung psychischer Prozesse und der Persönlichkeit verfolgten, wie diese unter Bedingungen der durch die Wechselwirkung von impairment einerseits und vorenthaltener sozialer Anerkennung und Partizipation andererseits zu jedem Zeitpunkt der Geschichte der Person als Geschichte von unten zu verstehen waren (u. a. kulturhistorische Theorie, Psychoanalyse, Theorien der Selbstorganisation u. a. m.). Aus dieser Fragestellung ergibt sich u. a. auch die Entwicklung einer [→ III] rehistorisierenden Diagnostik und Intervention (Jantzen und Lanwer-Koppelin 1996; Jantzen 2005a).

Diese unterschiedliche Gewichtung zeigt sich darin, dass hier insbesondere zwei Wissenschaftler aufgegriffen werden, die in Bleidicks Quellenband zu Theorien einer Allgemeinen Behindertenpädagogik (Bleidick 1999b) nicht einmal auftauchen: Edouard Séguin (1912, vgl. Jantzen 1980/2003) sowie Lev Semjènovic Vygotskij (1975, 1993; vgl. Jantzen 2008). Beide stellten die soziale Isolation geistig behinderter Menschen als Primärfaktor ihrer sozialen Entwicklungssituation heraus. Und immerhin gilt der eine (Séguin) als geistiger Vater der US-amerikanischen Geistigbehindertenpädagogik und der andere (Vygotskij) als jener der sowjetischen bzw. russischen Behindertenpädagogik (defektologija).

Was die Struktur sozialer Verhältnisse anbetrifft, stand, über die bloße Rekonstruktion der Institutionalisierung und Legitimierung des Systems behindertenpädagogischer Einrichtungen hinausgehend, eine differenzierte Aufarbeitung der bisherigen Entwicklung von Sozial-, Bildungs- und Gesundheitspolitik im Mittelpunkt, unter Aufgreifen des je gegebe-

nen aktuellen Forschungsstands in den betreffenden Wissenschaften. Behinderung als „Arbeitskraft minderer Güte" (vgl. Jantzen 1976) erschien in dieser Sichtweise als Ausdruck eines den ökonomischen Verhältnissen geschuldeten (seltsamen) Attraktors, also einer sozialen Funktion. Dies wurde unter Rückgriff auf Marx (1970, Kap. 1, vgl. Jantzen 2006b) als Doppelform der Ware, d. h. als Einheit von konkreter, Gebrauchswert bildender Arbeit und von abstrakter Arbeit verstanden, also als eine Funktion, welche Prozesse der Selbstorganisation generiert und basal für alle Gesellschaften ist. Auf dem Entwicklungsniveau kapitalistischer Gesellschaften produziert sie insofern und inwieweit sie nicht sozial gebändigt wird (soziale Markwirtschaft, Eingriffe in die Spekulationen der Banken und der Hedge-Fonds, Tobin-Steuer, sozialistische Modelle u. a. m.) soziale Differenzierungen von Menschen nach dem Grad des Verhältnisses von Investitionen in ihre Arbeitskraft und Verwertbarkeit ihrer Arbeitskraft. Dass eine derartige Funktion sich nicht zu jedem historischen Zeitpunkt in gleicher Weise niederschlägt, wird bei Bleidick (1999a) zum Anlass, diese je historischen Verdinglichungen, Substantialisierungen gegen den analytischen Begriff selbst in Feld zu führen (vgl. zur wissenschaftstheoretischen Kritik einer solchen Denkweise Cassirer 1980).

So ist die Skizze einer Sozialgeschichte der Behinderung (Jantzen 1982, vgl. auch 1984 sowie 1980/2003) keineswegs nur als Geschichte von Klassenkämpfen angelegt, so der Vorhalt von Ellger-Rüttgardt (1985) einer bloßen „Ableitung" aus einer so verstandenen Geschichte. Vielmehr wird Sozialgeschichte der Behinderung verstanden als Geschichte sich entwickelnder infrastruktureller und ideologischer Verhältnisse zwischen dem Pol der auf Partizipation angewiesenen, jedoch unterschiedlichsten Formen der Isolation und sozialen Ausgrenzung ausgesetzten, behinderten Menschen einerseits und einem durch das Kapitalverhältnis in seiner je historischen Form (vgl. die Entwicklung des Verhältnisses von Finanzkapital und Produktionskapital sowie die mit der Globalisierung verbundenen Zentralisierungsprozesse) bestimmten ökonomischen Pol andererseits sowie den je historischen Auseinandersetzungen zwischen diesen Polen in den sich entwickelnden Infrastrukturen und Institutionalisierungen.

Insgesamt hat, wie Beck und Jantzen (2004) hervorheben, eine Diskussion um wissenschaftstheoretische Grundpositionen bisher nicht stattgefunden.

Weder der kritische Rationalismus bzw. die analytische Philosophie einerseits noch der dialektische Materialismus andererseits, hier exemplarisch angeführt, dürfen auf jenes substantialisierende Niveau reduziert werden, das immer noch vorrangig behindertenpädagogische Debatten zu beherrschen scheint. Und Gleiches gilt für die Arbeit an den Inhalten. „Insofern muss die Arbeit an den Begriffen und Theorien vor allem an ihren Kernen vorgenommen werden, um von dort aus durch Klärung der Beziehung zwischen einzelnen Elementen oder Kernen zu einer Systematik zu gelangen" (ebd. 45).

Denn die Alternative wären nebeneinander bestehende „Schulen" (ebd.), eine Katastrophe für ein derartig komplexes Fach in einer derartig komplexen Situation.

Immerhin fand unterdessen im Mai 2009 an der Universität Dortmund eine erste gemeinsame Tagung der Lehrenden des Gebiets der Allgemeinen Behindertenpädagogik (Sonderpädagogik, Heilpädagogik usw.) statt und damit der Beginn einer schon lange nötigen Bestandsaufnahme und kritischen Diskussion.

3 Zentrale Probleme und Ergebnisse

3.1 Die Paradigmen-Debatte in der Behindertenpädagogik

Unmittelbar mit der Entwicklung einer Allgemeinen Behindertenpädagogik verbunden, die unter diesem Titel erstmals von Jantzen (1987; 1990) vorgelegt wurde, jedoch in einer Reihe von Publikationen ab 1973 vorbereitet (u. a. 1973; 1976a, b; 1979; 1980; 1986) und in Auseinandersetzung mit Bleidicks (1972) „Pädagogik der Behinderten" entsteht die so genannte Paradigmen-Debatte in der Behindertenpädagogik [→ Paradigma]. Initiiert durch eine Arbeit von Thimm (1975) mit dem Titel „Grundzüge eines alternativen Paradigmas von Behinderung" betritt sie als Auseinandersetzung um unterschiedliche Sichtweisen, insbesondere aber als Differenz zwischen einer ontologischen und einer ontogenetischen Sichtweise des Allgemeinen anlässlich eines Kolloquiums der Deutschen Forschungsgemeinschaft (DFG) „Zum Begriff der Behinderung" im Februar 1976 die wissenschaftliche Bühne des Fachs. Diese Differenz scheint insbesondere in den Beiträgen von Bleidick und Jantzen auf (vgl. zur Rekonstruktion auch Beck 1994, 41 ff.).

Jantzen, (1976b) aufbauend auf einem ersten Systementwurf einer Allgemeinen Behindertenpädagogik, vorgetragen auf der 12. Arbeitstagung der Dozenten für Sonderpädagogik im Oktober 1975 in Reutlingen (Jantzen 1976a), entwickelt auf dem Hintergrund einer dialektisch materialistischen Sichtweise ein prozessbezogenes Verständnis von Behinderung. Angelehnt an die Marxsche Formulierung des Doppelcharakters der sich in der Warenform realisierenden konkreten und abstrakten Arbeit (Marx, a. a. O.) werden zwei widersprüchliche Pole, Attraktoren eines Prozesses bestimmt. Nach Seiten der konkreten Arbeit ist dies das Verhältnis der „Isolation" (These 7 und 8) und nach Seiten der abstrakten Arbeit das Verhältnis einer „Arbeitskraft minderer Güte" (These 5 und 6). Isolation wird als Störung des Stoffwechsels des Menschen mit den sozialen Voraussetzungen seiner menschlichen Natur, Arbeitskraft minderer Güte als Ausdruck der sich auf Grund von Warenproduktion, -tausch und -aneignung entwickelnden gesellschaftlichen Verhältnisse gefasst (Jantzen 1976b, 432 f.), innerhalb derer sich der ökonomische Wert eines Menschen als Verhältnis der in seine Produktion eingeflossenen Kosten zu dem von ihm hervorgebrachten Nutzen bestimmt.

Als Allgemeines, welches den Begriff einer Allgemeinen Behindertenpädagogik konstatieren könne, wird hervorgehoben: „Behinderung bezogen auf Merkmale konkreter Individualität kann ihrem Wesen nach weder vorrangig durch die psychobiologische Frage nach der körperlichen Organisation des Individuums und der dadurch gegebenen Verhältnisse zu Natur und Gesellschaft, also nach wie immer gearteten biologischen Defekten, noch durch die psychosoziale Frage nach den gesellschaftlichen Determinanten, nach dem Gesamt der pathogenen Umweltbedingungen verstanden werden. Sie ist zu begreifen im Zusammenhang der konkreten Einmaligkeit des Individuums, das zugleich ‚einmalig im wesentlich Gesellschaftlichen seiner Persönlichkeit und gesellschaftlich im wesentlich Einmaligen seiner Persönlichkeit' (Sève) ist" (ebd. 435, vgl. auch 430).

In und trotz Kenntnis dieser Argumente wird für Bleidick (1976) in deutlicher Verkennung des Kerns dieser Argumentation diese eines jener sog. vier Paradigmata, die er in Anlehnung an den Paradigmabegriff von Kuhn wie folgt benennt:

- der personorientierte Begriff von Behinderung (implizit gleichgesetzt mit einer defektbezogenen Sichtweise) betrachte Behinderung als „eine individuelle Kategorie";
- der interaktionistische Begriff von Behinderung betrachte Behinderung als Zuschreibungsprozesse von Erwartungshaltungen, so mit Bezug auf den sog. labeling approach und die Stigma-Theorie Goffmans (hier insbesondere in Kenntnisnahme der Position von Thimm, vgl. Thimm 2006);
- der systemtheoretische Begriff von Behinderung beinhalte eine „vom komplexen Verwaltungsstatus der Großorganisation Bildungs- und Ausbildungswesen erzwungene Ausdifferenzierung" (unter Bezug auf die durch Luhmann initiierte systemtheoretische Debatte);

- der gesellschaftstheoretische Begriff von Behinderung beinhalte, diese aus dem Produktions- und Klassenverhältnissen der Gesellschaft zu begreifen (ebd. 411 f.).

Zu Recht hält Bleidick die Notwendigkeit einer Überwindung konkurrierender paradigmatischer Ansätze fest: „Paradigmentreue ist mit Paradigmentransparenz und schließlich mit Paradigmenverknüpfung zu verbinden" (ebd. 413). Aber dies setzt voraus, dass das je andere Paradigma überhaupt erst zur Kenntnis genommen wird. Dies aber war nie der Fall.

Die materialistische Position ist und bleibt für Bleidick gesellschaftstheoretisch, wird als allein historisch-materialistisch missverstanden. Die prozesshafte ontogenetische Position eines dialektischen Materialismus wird nicht zur Kenntnis genommen, ebenso wenig wie ihre von Vygotskij (1985, 251 f.) geforderte Ausdifferenzierung in einen biologischen, einen soziologischen, vor allem aber in einen psychologischen Materialismus (vgl. Jantzen 1991). In Bleidicks Verständnis eines so genannten „gesellschaftstheoretischen" Paradigmas konstruiert der Modellplatonismus des Autors Theoriewirklichkeiten, die in dieser Weise nicht existieren und nie existiert haben, weder für die drei anderen „Paradigmata" noch für das „gesellschaftstheoretische". Aber einmal so klassifiziert bleibt dies die materialistische Behindertenpädagogik bis heute (vgl. Bleidick 1999a), und selbst die ausführlich von ihr entwickelte neuropsychologische Grundlegung des Faches (vgl. z. B. Jantzen 1990, Kap. 7 und 8), die ausführliche Begründung von auf Dialog und Anerkennung basierenden Bildungsprozessen (ebd. Kap. 10, vgl. auch Jantzen 2001) oder Feusers (1995) ausführlicher Rekurs auf die physikalischen Selbstorganisationstheorien, alles bliebe unter dieser Klassifikation heraus Gesellschaftstheorie.

Was aber ist ein Paradigma und wie ist die Überwindung solch oberflächlicher Klassifikationen möglich? Und wie ist die Langlebigkeit einer solchen Klassifikation zu erklären, die in keiner Weise dem Kuhnschen Paradigmabegriff entspricht? Letzteres resultiert möglicherweise neben oben bereits erörterten Gründen aus einer dem alltagssoziologischen Verstand entsprechenden Klassifizierung gesellschaftlicher Verhältnisse als räumliche Verhältnisse von nah und fern, wie sie später in dem von Sander (1990) ebenso wie von Speck (2003) aufgegriffenen ökosystemischen Ansatz von Bronfenbrenner (1979) erneut mit Erfolg popularisiert wird: Mikro-, Meso-, Exo- und Makrosysteme wären hier die sich vom größeren zum kleineren hin je einschließenden Sphären. Allerdings phänographisch als Zusammenhänge eines Ganzen und nicht als wechselseitige Ausschließungen gedacht (vgl. Moser & Sasse 2008, 77 ff.). In ähnlicher Sichtweise hebt Beck hervor: „In bezug zur Fachterminologie gesetzt, weisen die Paradigmen die Konstitution [der sonderpädagogischen Programmatik; W. J.] als historisch wechselnden Sichtweisen von Behinderung unterworfen aus; als Theorien der Behinderung bilden sie eine Geschichte der Komplexitätserhöhung hinsichtlich der Dimensionen von Behinderung; für den Gegenstandsbereich sind sie jeweils Grundlage der Begriffs- und Theoriebildung; auf die Fachsystematik bezogen, zeigen sie die Notwendigkeit der Interdisziplinarität auf und erweisen gleichzeitig die Sonderpädagogik als einen Anwendungsbereich sozialwissenschaftlicher Erklärungsansätze. Schließlich sind sie, in bezug zur pädagogischen Theoriebildung gesetzt, von großer Relevanz für die Transformation wissenschaftlicher Erkenntnisse in handlungsleitende Perspektiven." (Beck 1994, 41)

3.2 Paradigmen als sozialhistorische Denkmuster

Paradigmen [→] sind nach Kuhn (1967) vorherrschende Denkmuster einer Zeit. Sie werden von ihm keineswegs, so ein oft gegen ihn erhobener Vorwurf, nur relativistisch, als Konstruktionen einer Forschergemeinschaft gedacht. Verlangt ist auch, dass ein neues Paradigma einen Sachverhalt besser erklären kann

als ein anderes und nicht nur, dass es vom aktuellen verschieden ist. Verschiedene inkompatible Auffassungen in einem Bereich, dies entspräche den von Bleidick ins Spiel gebrachten Begrifflichkeiten, sind jedoch keine Paradigmen, sondern kennzeichnen nach Kuhn, so mit Bezug auf die Geschichte der Forschung auf dem Gebiet der Elektrizität bzw. in den Sozialwissenschaften, einen vorparadigmatischen Zustand (ebd. 32 ff.).

Obgleich die von Bleidick angeregte Debatte zu Paradigmentransparenz und Paradigmenverknüpfung von Anfang an nicht stattfindet (vgl. Feuser 2000; Beck und Jantzen 2004), entstehen durch seine wie Jantzens Arbeiten auf dem Gebiet der Behindertenpädagogik erstmals wissenschaftstheoretische Überlegungen, wie eine Allgemeine Behindertenpädagogik zu konstruieren sei (vgl. auch Bleidick 1978; 1999a sowie Jantzen 1987, Kap. 3, 1990; 2008). Und es dauert lange, bis eine „Paradigmendebatte" ab 1995 (so Moser und Sasse a. a. O., 37 ff.) erneut aufflackert. Aber auch diesmal weitaus eher in einer Form, wie sie einer vorparadigmatischen Situation entspricht, es sei denn, man geht mit Feuser (a. a. O.) davon aus, das hinter diesen vorparadigmatischen Überlegungen eine allgemeine Vorstellung von Normalität und Ausgrenzung steht, die ähnlich dem aristotelischen im Vergleich zum galileischen Weltbild (Lewin 1981) noch nicht Begreifbares bzw. noch nicht Begriffenes bündelt.

Wissenschaftstheoretisch betrachtet treten mit den von Bleidick (a. a. O.) konstatierten Theorieunterschieden Anomalien in eine Diskussion ein, die bis dahin durch „Denkkollektive" (Fleck 1980a,b) längst bestimmter „Leitdifferenzen" (Luhmann 1984) bestimmt worden war. Die dabei entwickelten „Denkstile" (Fleck a. a. O.) sind keineswegs nur durch den Gegenstand bestimmt. Immer erfolgt die Auseinandersetzung des einzelnen Wissenschaftlers mit dem Gegenstand vermittelt über das Denkkollektiv. Und dieses Denkkollektiv wiederum verfügt einerseits über sozialhistorisch aufzeigbare blinde Flecken (Luhmann), aber auch andererseits über positive Orientierungen auf bestimmte Fragen. Dem „Zeitgeist" geschuldet gehen bestimmte Diskurse in unseren „Habitus" (Bourdieu 1998) ein, sind einerseits blinde Flecken und richten andererseits das Denkvermögen auf Neues aus.

So ist es sicherlich ebenso wenig zufällig, dass zum Zeitpunkt der französischen Revolution optimistische Programme der Anthropologie (Moravia 1989) die wissenschaftliche Dimension unseres Faches bestimmen, wie sie bei Itard und später Séguin auftauchen (vgl. Lane 1985), wie dass sich andererseits ab der Niederlage der bürgerlichen Revolution von 1848/49 und insbesondere im kaiserlich-wilhelminischen Deutschland anthropologische Dogmen formen, die ebenso naturwissenschaftlichem Fortschritt wie demokratischem Rückschritt geschuldet sind und sich in der Konstituierung von Dimensionen der „Bildungsunfähigkeit", „Unerziehbarkeit" und „Unverstehbarkeit" konfigurieren (vgl. Jantzen 1980/2003; 1982; → II Naturalistische Dogmen). Und wiederum vergleichbar ist die Situation nach der russischen Revolution, innerhalb derer die Dimension der Zukunft stark die Entwicklung der Theorien im Bereich der Humanwissenschaften bestimmt: Entsprechend spielt diese Dimension der Zukunft im Sinne einer „vorauseilenden Widerspiegelung", „Modell der möglichen Zukunft" bzw. der steuernden Rolle von Motiv und Ziel in den Theorien von Anochin, Bernstein und Leont'ev, aber zuvor schon in Vygotskijs Neuformulierung der Behindertenpädagogik (vgl. u. a. Vygotskij 1975; 1993; 2001 a, b, c) eine entscheidende Rolle.

Vergleichbares ergibt Toulmins (1994) wissenschaftshistorische Analyse der Erkenntnisentwicklung in der Philosophie. Insbesondere auf Montaigne und Descartes bezogen bringt Toulmin humanistische und formalistische Tendenzen in der Wissenschaft mit den sozialen Situationen von Krieg und Frieden in Verbindung.

Paradigmen und Paradigmenwechsel drücken folglich immer zweierlei aus: Sozialhistorische Übergänge im Wissenschaftsprozess auf der Basis von Anomalien, die aber auf Grund der je vorhandenen historisch bedingten blinden Flecken wahrgenommen oder nicht wahrgenommen werden, und inhaltliche Übergänge in der notwendigen Verallgemeinerung des Wissens eines Fachs, die jeweils dann auftreten, wenn das komplexe Wissen einer Ebene nicht mehr aus den Wechselbeziehungen dieser Ebene erklärt werden kann, wenn also Widersprüche auftreten, die nach einer neuen Erklärung verlangen.

Folgen wir Toulmins Überlegungen über die sozialhistorische Seite der Entwicklung hinaus, so stoßen wir andererseits auf eine naturwissenschaftlich-erkenntnistheoretische Argumentation, die in den Mittelpunkt eines Paradigmawechsels ein neues „Ideal der Naturordnung" (Toulmin 1981) stellt.

Was beinhaltet es aber, in theoretischer wie methodologischer Hinsicht, ein Regularitätsprinzip, ein Ideal der Naturordnung in den Mittelpunkt zu stellen?

Und reicht es aus, auf ein einziges Prinzip dieser Art zurückzugreifen, wie es ein Beispiel von Toulmin suggeriert, das den Paradigmawechsel am Übergang vom aristotelischen zum galileischen und zum Newtonschen Bewegungsbegriff analysiert?

3.3 Paradigmen als Regularitätsprinzipien, als „Ideale der Naturordnung"

Was ist ein Ideal der Naturordnung? Erstmals taucht ein solches unmittelbar mit der Entstehung des Paradigmabegriffs bei Lichtenberg auf: das „kopernikanische System" ist ein solches (Rentsch 1989, 78). Vergleichbar argumentiert Toulmin (1981) zur Objektseite am Beispiel der Übergänge vom Aristotelischen, zum Galileischen und zum Newtonschen Begriff der Bewegung.

Für Aristoteles ist die Bewegung durch das Ziel bestimmt, für ein Schiff also durch den Zielhafen; für Galilei würde sich das Schiff bei Fortfall der Reibung endlos weiterbewegen, für Newton flöge es bei Fortfall der Gravitation auf geradem Wege in den Weltraum (ebd.

57 ff.). Und wenn wir den Einsteinschen Begriff hinzufügen, könnten wir unsere Großeltern bei einem mit Lichtgeschwindigkeit fliegenden Raumschiff zu einem Zeitpunkt wieder begrüßen, an dem wir selbst Großeltern sind. Natürlich gebrauchen wir im Alltag jeweils die einfachste mögliche Lösungsebene. Meine Bewegung mit dem Fahrrad betrachte ich als durch das Ziel bestimmt, beim Bau von schnellen Booten kommt die Reibung ins Spiel, beim Start einer Rakete die Gravitation und spätestens beim Raumflug zum Mars die Raum-Zeit-Krümmung, um z. B. die Gravitation des Mondes zur Beschleunigung nutzen zu können, aber das heißt noch lange nicht, dass alle diese Dimensionen in der entwickelten Theorie auch in der jeweiligen Form enthalten sind. Die Änderung eines Ideals der Naturordnung bestimmt eine völlig neue Sicht aller anderen Tatsachen, insofern hat Kuhn recht, aber nicht als Konstruktion der Theorie an sich, sondern als von der Wirklichkeit abhängige Reproduktion des Gegenstands im wissenschaftlichen Wissen in neuer und veränderter Form.

Greifen wir die Weiterführung dieser Diskussion in der modernen Naturphilosophie als „Metaphysik der Natur" auf (Esfeld 2008), so stoßen wir seitens der über die Sprachphilosophie und den logischen Positivismus längst hinaus entwickelten analytischen Philosophie auf höchst interessante Überlegungen, die sich im Kern weitgehend mit der hier favorisierten ontogenetischen Sichtweise des Allgemeinen decken und mit einer dem dialektischen Materialismus verpflichteten Sicht in hohem Maße in Übereinstimmung sind.

In methodologischer Hinsicht wird von einem wissenschaftlichen Realismus ausgegangen, der in inhaltlicher Hinsicht die Welt als Welt von Prozessen begreift, die sich in Strukturen realisieren.

„1. Die fundamentalen physikalischen Eigenschaften sind Strukturen im Sinne konkreter physikalischer Relationen.
2. Diese Strukturen sind kausal-funktionale Eigenschaften. […]

3. Diese Konzeption funktionaler Eigenschaften ist auch der Schlüssel dazu, den normativen Bereich zu verstehen, in dem wir uns als rationale Lebewesen bewegen." (Esfeld 2008, 10)

Letzteres, so füge ich hinzu, mit der Einschränkung des ungeklärten [→] Leib-Seele-Problems und des nicht behobenen Dualismus von Rationalität und Emotionalität. Ich komme darauf zurück.

Der von Esfeld propagierte wissenschaftliche Realismus beinhaltet drei Behauptungen, eine metaphysische, eine semantische und eine epistemische. Die beiden ersten sind unbestritten, um die dritte, epistemische Behauptung dreht sich die wissenschaftstheoretische Debatte (ebd. 13).

1. „Die Existenz und die Beschaffenheit der Welt sind unabhängig von den wissenschaftlichen Theorien."
2. „Die Beschaffenheit der Welt legt fest, welche Theorien wahr sind."
3. „Die Wissenschaften sind im Prinzip in der Lage, uns einen kognitiven Zugang zur Beschaffenheit der Welt zu gewähren." (ebd. 12). D. h. „es gibt keine prinzipielle Grenze für die Erkennbarkeit der Welt" (ebd. 13).

Ähnlich hebt Beck (Beck & Jantzen 2004, 38) in Rekonstruktion des Kritischen Rationalismus die prinzipielle Erkennbarkeit der Welt mit der Spezifizierung hervor, dass der „Kritische Rationalismus […] von der Fehlbarkeit der menschlichen Vernunft einerseits und der unbeabsichtigten Folgen, der Kontingenz des Handelns andererseits aus [geht]". Dies widerspricht „der Arbeit an vereinheitlichten Theorien […] dann nicht, wenn sie den strengen Kriterien der kritischen Prüfung genügt" (ebd. 42).

Wissenschaftlicher Realismus hat demnach von einem Gefüge von Mensch und Welt auszugehen, in dem das Allgemeine relational zu denken ist, im Prozess einer gesellschaftlich, historisch und kulturell vermittelten und bestimmten Aneignung der Natur durch den Menschen und des Menschen durch die Natur (Universelles in der Entwicklung und Differenzierung der Sache).

Aber genau hier ist die kritische Frage aufzuwerfen, ob die Wissenschaften prinzipiell in der Lage sind, uns einen kognitiven Zugang zur Beschaffenheit der Welt zu gewähren.

3.4 Epistemische Probleme

Epistemisch, d. h. erkenntnistheoretisch, kann hier gegen den Radikalen [→] Konstruktivismus, der die Welt als Welt unserer Konstruktionen annimmt, ohne das Verhältnis zur realen Welt bestimmen zu können, vorgehalten werden, dass unsere Konstruktionen zwar auf der Ebene der Wahrnehmung den Möglichkeiten der Täuschung unterliegen (so schon Spinozas 1977; 1989, Erörterung der „Erkenntnis der erster Gattung": vom Hörensagen oder aus unbestimmter Erfahrung), dass aber auf der Ebene der Handlungen Wahrnehmungstäuschungen im Prinzip überwunden werden können (Spinozas zweite, handelnde, experimentelle, und dritte, prozesshafte Form der Erkenntnis „sub specie aeternitatis", d. h. unter dem Blickwinkel der Ewigkeit). Denn die Rückmeldungen über das Ergebnis der jeweiligen Handlung sind nicht an den jeweiligen (modalen) Sinneskanal gebunden, sondern entsprechen einem realen (amodalen, raumzeitlichen) Wechselwirkungsverhältnis des beseelten Körpers in der Welt mit anderen (beseelten und unbeseelten Körpern) in dieser Welt. „Der kardinale Unterschied eines denkenden Körpers von der Bewegungsweise eines beliebigen anderen Körpers, [...] besteht darin, dass der denkende Körper die Form (Trajektorie) seiner Bewegung im Raum aktiv aufbaut (konstruiert) entsprechend der Form (Konfiguration und Lage) eines anderen Körpers" (Il'enkov 1994, 71).

Unter diesem Aspekt bestehen erkenntnistheoretische Differenzen zwischen einer dialektisch-materialistischen und einer konstruktivistischen Position (vgl. Maturana und Varela 1987, 145, von Foerster a. a. O.), die einer weiteren Diskussion bedürfen.

Wie aber kann der These der Inkommensurabilität widersprochen werden? Sie stellt in Frage, dass Nachfolgetheorien und Vorgängertheorien vergleichbar sind, dass sie als Konstruktionen des menschlichen Geistes nicht hinreichend differenzierbar gegen die Struktur der zu erkennenden Realität sind?

In der wissenschaftstheoretischen Debatte schließt Esfeld (a. a. O., 32 ff.) sich weitgehend Putnams (1979) Bedeutungstheorie an, die über diese These hinausgeht: Bedeutungen werden nicht durch den begrifflichen Inhalt in einem System von Überzeugungen oder Aussagen festgelegt, sondern durch den Kontext, in dem eine Person Überzeugungen entwickelt (primäre Intention) sowie durch die Bedeutung der Sprecherintention, welche die tatsächliche Beschaffenheit des Gegenstands anvisiert (sekundäre Intention). Die primäre Intention ändert sich abhängig vom Stand der Erkenntnisse, die sekundäre Intention jedoch ist gegenstandsabhängig, unabhängig von ihrer Beschreibung. „Der begriffliche Inhalt unserer Beschreibungen der Welt besteht in inferentiellen Beziehungen innerhalb eines Systems von Überzeugungen oder Aussagen; aber es ist die tatsächliche Beschaffenheit der Welt, von der es abhängt, welche dieser Beschreibungen wahr sind und welche nicht – ohne dass ein semantisches oder epistemisches Bindeglied wie ein Begriffschema dazwischen tritt" (ebd. 40).

Dies wirft ein differenziertes Licht auf Paradigmen und ihren Wandel, wobei drei Arten von Fällen zu unterscheiden sind:

1. Die charakteristischen Begriffe der alten Theorie sind nicht so umfassend, wie diese annimmt, sondern nur in einem begrenzten Gegenstandsbereich gültig (Klassische Mechanik vs. Quantenmechanik) (ebd. 43);
2. die Begriffe der alten Welt sind nirgendwo gültig, aber sie lassen sich als Art und Weise rekonstruieren, wie die Welt dem Beobachter erscheint (ebd. 44);
3. die Begriffe der neuen Theorie „nehmen einfach die Stelle der charakteristischen Begriffe der alten Theorie ein, ohne dass eine Rekonstruktion möglich ist. Die charakteristischen Begriffe der neuen Theorie sind

mit den charakteristischen Begriffen der alten Theorie inkommensurabel" (ebd. 45).

Mir scheint, folge ich Feusers Argumentation ebenso wie meinen eigenen bisher vorgetragenen methodologischen Überlegungen (Jantzen 1987, Kap. 3, 2008, 37 ff.), dass für die behindertenpädagogische Debatte um die Konstitution eines Allgemeinen vor allem eine Kombination der Annahmen 1 und 2 zu gelten hat, aber dies bedürfte weiterer Untersuchungen. Vor allem aber bedarf die Behandlung dieser Frage einer vertieften Diskussion des Übergangs vom Beschreibungs- zum Erklärungswissen sowie der Gewinnung allgemeiner Abstraktionen, Kerne des Erklärungswissens, von denen aus im Sinne von Regularitätsprinzipien unterschiedlichsten Abstraktionsgrads das Gesamt des Wissens im Arbeitsgebiet einer Wissenschaft als Prozess rekonstruiert werden kann. Ideale der Naturordnung sind in Ideale der Naturordnung eingebettet, sind eingebettet in Ideale ... usw.

So ist das Ideal einer Naturordnung, das einen allgemeinen Begriff von Behinderung als Isolation zu liefern verspricht, in solche des Zusammenhangs von Individuum, Natur und Gesellschaft (als Beispiel hierfür die Drei-Welten-Theorie Poppers in Unterscheidung von physikalischer Welt, Welt des subjektiven und Welt des objektiven Geistes; vgl. Popper und Eccles 1985) und zugleich in Theorien der Entstehung dieses Zusammenhangs (z. B. evolutionäre Erkenntnistheorie, Gesellschaftstheorie). eingebettet. Diese wiederum sind in geophysikalische und geochemische Theorien des Entstehens der Biosphäre sowie in Theorien von deren Entwicklung eingebettet usw. (vgl. Jantsch 1979, Vernadskij 1997).

Und zudem existieren Kerne dieses Allgemeinen, elementare Einheiten, Fraktale, Eigenwerte, Zellen, die selbstähnlich Prozesse generieren, nicht nur auf hierarchisch unterschiedlichen, sondern auch auf vergleichbaren Abstraktionsniveaus. So ist bei Luhmann die doppelte Kontingenz der handelnden Individuen ebenso Voraussetzung der sozialen

Systeme wie deren Resultat, sind Psychisches und Soziales zu jedem Augenblick strukturgekoppelt, ohne ineinander überführbar zu sein (vgl. Schützeichel 2003). Und dies verlangt die Verfolgung von Fragen nach den elementaren Einheiten des Psychischen und des Sozialen ebenso wie die nach der elementaren Einheit ihrer strukturellen Koppelung, die in diesem Falle als doppelte Kontingenz begriffen wird. Ich kehrte zunächst jedoch nochmals zur Philosophie der Naturwissenschaft und der Diskussion um die Beschaffenheit der realen Welt als Allgemeines zurück.

3.5 Die Beschaffenheit der realen Welt als Allgemeines

Für den Bereich der Physik arbeitet Esfeld (a. a. O.) drei naturphilosophische Thesen über die Beschaffenheit der Welt heraus, welche dem gegenwärtigen ungeklärten Problem einer GUT („great unifying theory") entsprechen, die Relativitätstheorie und Quantentheorie vereinheitlichen könnte. Seine Position selbst bezeichnet er als „Naturphilosophischen Holismus und Strukturenrealismus" (ebd. 115). [→ Holismus]

1. Die Natur ist gemäß der Relativitätstheorie als Blockuniversum aufzufassen, „mit vierdimensionalen Ergebnissen und Prozessen, dessen, was in der Natur existiert" (ebd.).
2. „die Punkte der Raumzeit sind so zu konzipieren, dass ihre Eigenschaften allein in metrischen Relationen bestehen, ohne dass es intrinsische Eigenschaften [nicht aufdeckbare ontische Eigenschaften W. J.]) gibt, die diesen Relationen zugrunde liegen" (ebd.).
3. Und dass auf dem Hintergrund der Quantentheorie „Eigenschaften von Quantenobjekten ursprünglich in Relationen der Zustandsbeschränkung bestehen, ohne dass es intrinsische Eigenschaften gibt, die diesen Relationen zugrunde liegen" (ebd.).

Diese Annahmen verbieten es, die Welt anders als vierdimensional aufzufassen, sie zwingen (zweitens) dazu, die Welt als vierdimensionale

Ereignisse und Prozesse zu erfassen (ebd. 192). Und so genannte intrinsische Eigenschaften bestehen ursächlich aus Strukturen (Relationen), die (drittens) als Zustandsverschränkungen zu begreifen sind. Daher ist (viertens) an Stelle kategorialer Eigenschaften von Eigenschaften als Kräften auszugehen.

Damit aber gelangt die moderne Naturphilosophie zu Überzeugungen, die in frappierender Weise denen der Spinozanischen Philosophie entsprechen, die wiederum grundlegend sowohl für die philosophische Linie zu Hegel, Feuerbach und Marx waren, als konstitutiv für die kulturhistorische Psychologie/Tätigkeitstheorie von Vygotskij und Leont'ev als auch für die Materialistische Behindertenpädagogik.

Spinozas Philosophie ist hier von doppeltem Interesse. Einerseits führen ihre Folgerungen zu vergleichbarer begrifflicher Strenge und in vielerlei Hinsicht zu vergleichbaren methodologischen Resultaten naturphilosophischer Reflexion wie in der modernen analytischen Naturphilosophie, andererseits zeigt sie methodologische Lösungen für den zentralen Knoten einer systematisch zu entwickelnden synthetischen Humanwissenschaft auf. Dies geschieht durch den Weg, den sie für die Behandlung des Leib-Seele-Problems eröffnet (Della Rocca a. a. O., 89 ff.). Und zudem ist dieser Weg im Werk Vygotskijs, das unmittelbar in die Konstruktionen einer Allgemeinen Behindertenpädagogik führt, methodologisch und inhaltlich bereits schon einmal beschritten worden, bevor wir ihn selbst in der Entwicklung einer Allgemeinen Behindertenpädagogik (Jantzen 1987; 1990) zunächst in vielerlei Hinsicht unabhängig hiervon zu beschreiten versucht haben.

Eine unlängst erschienene Rekonstruktion des Spinozanischen Theoriegefüges durch Della Rocca (2008) macht auf folgende zentralen Aspekte aufmerksam, die uns ebenso wie die bisherigen Überlegungen auf „Caveats" aufmerksam machen, Dinge, die wir unbedingt zu beachten haben, um bei dem Aufbau einer Allgemeinen Behindertenpädagogik nicht in die Irre zugehen.

Spinozas Philosophie, wir könnten in bestimmter Hinsicht auch von einer Metaphysik der Natur sprechen, ist sowohl in einem konsequenten Naturalismus als auch gemäß dem Prinzip des hinreichenden Grundes aufgebaut. „Von jedem Dinge muss sich eine Ursache oder Grund angeben lassen, weshalb es existiert oder weshalb es nicht existiert" (Spinoza 1989, I, Lehrsatz 11, Beweis 2); dies gilt auch für die Lehre von den Affekten bzw. Emotionen.

Dies Prinzip des hinreichenden Grundes bewirkt einen Druck in Richtung der Vereinheitlichung der Theorie. Dem kommt Spinoza mit einem Begriff Gottes als Substanz nach, der gleich der Natur in ihrer Entwicklung und Existenz ist (deus sive natura = Gott, das ist Natur). „God must be understood in terms of contentful, explanatory basic features" (Della Rocca a. a. O., 51), „God is internally coherent" (ebd. 54), „Dependency relations are everywhere the same" (ebd. 66).

Gott, d. h. die Natur als natura naturans, als schaffende Natur, bringt zu jedem Augenblick die geschaffene Natur (natura naturata) hervor, die in sich das Streben (conatus) nach Selbsterhaltung jedes Dings realisiert. Der einzelne Modus, die einzelne Existenzweise von Dingen in der Fülle des Seins hängt jedoch nicht unmittelbar von Gott, als allgemeinstem Ideal der Naturordnung, sondern ebenso von der Vielzahl der Wechselwirkungen der Relationen zu jedem Zeitpunkt der Existenz ab. Der beseelte Körper in der Welt ist durch appetitus (Trieb) in psychosomatischer Hinsicht sowie Bewusstsein dessen (cupiditas = Begierde), Willen (voluntas) und Ideen in psychischer Hinsicht sowie durch Affekte von den unbelebten Körpern unterschieden. Erkenntnis wird in dieser Hinsicht durch die Überwindung der Affekte durch Begriffe gedacht, die selbst Affekte sind, so dass ein Höchstmaß an Erkenntnis „sub specie aeternitatis", unter dem Blickwinkel der Ewigkeit, also unter dem Blickwinkel von Prozessen, die causa sui (aus eigener Ursache), nach dem Prinzip des hinreichenden Grundes gedacht werden, möglich wird. Dabei ist jede Ebene in der existierenden Welt von der nächst höheren abhängig und wirkt auf diese zurück (vgl. das Prinzip der Verschränkung von Makro- und Mikroevolution in den Theorien der Selbstorganisation; Jantsch 1979).

Dass Abhängigkeitsrelationen überall die gleichen sind, bedeutet nicht völligen Determinismus. „A mode follows not absolutely from God is to say that its follows from God only as a part of a package" (Della Rocca a. a. O., 70), „Determinism does not require that the antecedent conditions are themselves necessary" (ebd. 75).

Daraus folgt: „All natural events must be explained in the same way." Und: „God is extended, God is only the substance that excites, God determines absolutely everything with absolute necessity, God does not transcend the world" (ebd. 80 f.).

Für den menschlichen beseelten Körper, der aktiv über die Affekte der Handlungen und passiv über die Affekte der Leidenschaften, jeweils vermittelt über die Gemeinschaft mit anderen Menschen, über das Gemeinwesen und den Staat, zu jedem Zeitpunkt mit der Welt verknüpft ist und sich gemäß seiner Affektnatur (conatus, appetitus, cupiditas) entwickelt, entsprechen sich die Ordnung der Dinge und der Ideen (Spinoza 1989, II, Lehrsatz 7) gemäß der jeweiligen Vergesellschaftung des Individuums, vermittelt über die Welt des Ideellen (Il'enkov 1994). Zu jedem Zeitpunkt ist die Welt in bestimmten Formen im Bewusstsein repräsentiert und affiziert das Bewusstsein qua Handlungen die Welt. „All mental states are representational" (Della Rocca a. a. O., 119). Damit ist die Möglichkeit einer Wissenschaftstheorie, Erkenntnistheorie und Objekttheorie skizziert, welche die Kluft zwischen Natur- und Geisteswissenschaften überwinden könnte, die als synthetische Humanwissenschaft sowohl Theorie des Erlebens als auch des Erlebten zu sein vermag, die relationale und historische Verschränkung von Subjekt und Objekt der Erkenntnis thematisiert und zugleich, über eine in ihr angelegte Ethik der Selbstverantwortung, die humane Verantwortung der Wissenschaft begründen könnte. Dieser für die Behindertenpädagogik überaus bedeutsame Pfad einer Entwicklung als synthetische Humanwissenschaft ist insbesondere durch Vygotskij erkundet worden.

4 Allgemeine Behindertenpädagogik als synthetische Humanwissenschaft

Wir müssen demnach bei der Konstruktion und Rekonstruktion der Behindertenpädagogik als synthetische Humanwissenschaft ihr Herzstück in dieser Hinsicht behandeln: Ihre erklärenden Ideen und ihre Ideale der (sozialen, gesellschaftlichen) Natur. Welches ist das Regularitätsprinzip oder das Ideal der Naturordnung, um das herum Behindertenpädagogik als Wissenschaft aufgebaut wurde und aufgebaut werden kann? Und in welchem Verhältnis zu anderen Regularitätsprinzipien der Humanwissenschaften steht es?

4.1 Die Notwendigkeit einer synthetischen Humanwissenschaft

Was ist eine synthetische Humanwissenschaft, die zwischen die Natur und die Gesellschaftswissenschaften bzw. Geisteswissenschaften als eigenständiger Bereich zu treten hätte? Zunächst einmal ist sie weit mehr als das bloße Zusammenlegen der Biowissenschaften, der Psychologie und der Sozialwissenschaften in der Rede vom Menschen als „bio-psycho-sozialer Einheit", so das in der Schlussphase der DDR an der Humboldt-Universität initiierte gleichnamige Großprojekt, das seine Fortführung nach der Wiedervereinigung in zahlreichen Einzelpublikationen sowie in der „Zeitschrift für Humanontogenetik" (neuerdings „human ontogenetics") gefunden hat (zur Rekonstruktion dieses Projekts Brenner 2002). [→ Wissenschaftstheorie und Wissenschaftsgeschichte]

Sehr viel deutlicher drückt Ananjew (1974), bei dem ich erstmals diesen Begriff gefunden habe, das Problem aus: Eine theoretische und praktische „synthetische Humanwissenschaft" entsteht durch „die Qualifizierung des Problems Mensch zu einem allgemeinen Problem der gesamten gegenwärtigen Wissenschaft" (ebd. 16). Es entsteht aus drei Entwicklungsbesonderheiten der modernen Wissenschaft:

1. „der Umwandlung des Problems Mensch in ein allgemeines Problem der gesamten Wissenschaft, all ihrer Zweige, einschließlich der Natur und technischen Wissenschaften";
2. „in der ständig zunehmenden Differenzierung der wissenschaftlichen Erforschung des Menschen, der weiteren Spezialisierung der einzelnen Disziplinen und ihrer Untergliederung in eine Reihe von Teilgebieten";
3. in der „Tendenz zur Integration von verschiedenen Wissenschaften, Aspekten und Methoden der Untersuchung des Menschen in verschiedenen komplexen Systemen, zur Konstruktion synthetischer Charakteristika menschlicher Entwicklung" (ebd. 10).

Damit aber wird die Psychologie ihrer Möglichkeit nach zum entscheidenden „Bindeglied zwischen allen Gebieten der Erkenntnis des Menschen, zum Mittel der Vereinigung von Teilgebieten der Natur- und Gesellschaftswissenschaften in der neuen synthetischen Humanwissenschaft […] Entscheidend bestimmt wird die Integration dieser Wissenschaften, die mit dem Prozess ihrer weiteren Spezialisierung verbunden ist, vom Fortschritt der philosophischen Theorie über den Menschen" (ebd. 16).

Und hier irrt der marxistische Philosoph Lucien Sève (1973), der ebenso die Probleme einer integralen Wissenschaft vom Menschen unter dem Topos einer Theorie der Persönlichkeit sieht, indem er glaubt, diese Theorie im Rahmen des Historischen Materialismus (dem Marxismus verpflichtete Gesellschaftstheorie, insbesondere im Bereich der politischen Ökonomie, der Staatstheorie und der

Revolutionstheorie) entwickeln zu können und nicht sieht, wie dies Vygotskij (1985, 57–278) in seinem Manuskript zur Krise der Psychologie aus dem Jahre 1927 hervorhebt, dass notwendigerweise neben diesen historischen Materialismus als einer Konkretisierung des dialektischen Materialismus (vgl. Holz 1997; 2005) ein biologischer, ein soziologischer und vor allem ein psychologischer Materialismus zu treten habe (Jantzen 1991).

4.2 Probleme des Reduktionismus

Jede philosophische Methodologie eines Gegenstandsbereichs, jede allgemeine Philosophie eines Faches, so Vygotskij, kann weder aus der Philosophie abgeleitet, noch aus Beobachtungssätzen oder Teiltheorien, nicht miteinander verbundenen Erklärungssätzen unmittelbar entwickelt werden. Jede Disziplin, jeder einzelne Gegenstandsbereich bedarf einer eigenen Philosophie des Fachs, einer ihm angemessenen Methodologie, die sowohl in Abgrenzung und Übereinstimmung mit der philosophischen Methodologie als auch in Abgrenzung und Übereinstimmung mit den Beobachtungssätzen und Erklärungssätzen des Faches im Sinne der Bestimmung allgemeiner Erklärungsprinzipien angelegt sein muss. (Vygotskij 1985, 83 ff.) Und nicht zuletzt, so füge ich hinzu, im Sinne einer entsprechenden Abgrenzung und Übereinstimmung mit Methodologien und Begriffssystemen vergleichbaren Niveaus. Es entstünde damit ein Universum von Erklärungsbegriffen, geistiger Reproduktion der Wirklichkeit auf unterschiedlichen Stufen des Allgemeinen und in Verbindung mit Erklärungsprinzipen anderer Wissenschaften, das in etwa jener Skizze der begrifflichen Aneignung der Welt entspräche, die Vygotskij in seinem späten Werk „Denken und Sprechen" mit dem geodiätischen Netz der Längen- und Breitengrade der Erdkugel vergleicht.

Extrem abstrakte Begriffe lägen dann näher am abstrakten Pol (Nordpol), extrem anschauliche am konkreten Pol (Südpol), jeweils auf dem gleichen Längengrad. Begriffe gleichen Abstraktniveaus lägen auf dem gleichen Breitengrad (Vygotskij 2002, 359). Entsprechend gilt es, bestimmte Prinzipien bei der Justierung von Begriffen zu beachten, um sie im Netz von unterschiedlich abstrakten bzw. anschaulichen Begriffen und Begriffen gleichen Abstraktionsniveaus zu justieren.

Für den Weg von oben nach unten hält Vygotskij gegen jeden Versuch einer deduktiven „Ableitung" fest: „Das ganze Problem von allgemeiner Wissenschaft und Einzelwissenschaft auf der einen Seite und der Methodologie sowie der Philosophie auf der anderen Seite ist ein Problem des Maßstabs. [...] Und wenn wir sagen, dass Einzelwissenschaften die Tendenz haben, ihre Grenzen zu überschreiten und um ein allgemeines Maß zu kämpfen, um einen größeren Maßstab, so erlebt die Philosophie die entgegengesetzte Tendenz: Um sich der einzelnen Wissenschaft anzunähern, muss sie ihren Maßstab verkleinern, ihre Leitsätze konkretisieren" (1985, 249).

Aber ebenso wie sich ein Reduktionismus von oben, im Sinne der Ableitung der Begriffe eines Fachs aus der Philosophie, verbietet, so verbietet sich ein Reduktionismus auf gleicher Abstraktionshöhe z. B. in der Pädagogik auf die Psychologie, auf die Sozialwissenschaften oder die biologischen Wissenschaften, dies zeigt sich implizit sehr gut in Vygotskijs Herausarbeitung des Gesetzes der „Zone der nächsten Entwicklung" und seinen behindertenpädagogischen Argumentationen (Vygotskij 1993, insb. 241 ff.). Es verbietet sich aber auch ein Reduktionismus von unten, so (Lurija 1984). Und selbstredend verbieten sich Eklektizismus, bloßer Empirismus und ungenaue Sprache (Vygotskij 1985, 107–174).

Für jedes Begreifen gibt es nicht zu unterschreitende Grenzen der Komplexität. Ein ganzheitlicher, sich in Strukturen ausdrückender Prozess, darf nicht so in seine Teile zerlegt werden, dass er aus den Teilen nicht mehr rekonstruierbar ist. So „kann Wasser entsprechend seiner Formel H_2O in die konstituierende Elemente H und O zerlegt werden" – Wasserstoff (H) brennbar und Sauerstoff (O) Verbrennung fördernd –, „während

Wasser als ganzheitliche Formation H_2O weder die eine noch die andere Eigenschaft bestimmt", so Lurija (a. a. O., 607) unter Rückgriff auf ein mehrfach von Vygotskij bemühtes Beispiel.

Was aber ist diese nicht weiter zu reduzierende ganzheitliche Einheit, jene allgemeine Abstraktion, von der aus die Psychologie als Ganzes in Selbstähnlichkeit zu dieser „Zelle" entwickelt werden kann?

Ähnlich dem Begriff des Warenwerts im „Kapital" von Karl Marx, als widersprüchlicher Einheit, als Verhältnis von Gebrauchswert und Wert, als Doppelform von Naturalform und Wertform dort in ökonomischer Hinsicht als „Zelle" der gesellschaftlichen Produktion und Reproduktion im Kapitalismus bestimmt, muss die Psychologie ihre „Zelle" bestimmen.

„Wer die ‚Zelle' der Psychologie, den Mechanismus einer Reaktion, zu entschlüsseln vermag, der hat den Schlüssel zur gesamten Psychologie gefunden" (Vygotskij 1985, 233), das heißt ein neues Regularitätsprinzip, ein neues Ideal der Naturordnung im Sinne des Paradigmabegriffs von Toulmin.

Wie aber ist dies im Verhältnis zu Wissenschaften gleicher Ebene möglich, gleichen Allgemeinheitsgrades wie Biologie und Soziologie und wie in einer Wissenschaft wie der Psychologie, die zutiefst in Teile gespalten ist durch den Gegensatz von Erklären und Verstehen ebenso wie durch den Gegensatz von Emotionen und Kognitionen, die demnach wie keine andere Wissenschaft schwer am Erbe des cartesischen Dualismus leidet?

4.3 Spinozanische Alternativen als methodologische Voraussetzung

Vygotskij greift dieses Problem des Dualismus zweimal auf und dies führt jeweils zur Entwicklung und inhaltlichen Ausgestaltung von Lösungswegen. In der frühen und mittleren Phase seines Werks (vgl. auch 1985, 186 ff.) führt es zur Überwindung des Gegensatzes von naturwissenschaftlicher und geisteswissenschaftlicher Psychologie im Zusammenhang des Problems des Bewusstseins.

Alle höheren psychischen Funktionen sind sozialer Art, sie existieren erst interpsychisch und werden dann intrapsychisch, so das „allgemeine Gesetz" der höheren psychischen Funktionen, erstmals 1925 skizziert (1985, 304 ff.). Dies wird in den folgenden Jahren eindrucksvoll in einer Reihe von Forschungsarbeiten dokumentiert, u. a. in Leont'evs Gedächtnis-Buch (Leont'ev 2001, 62–288) sowie in Lurijas Mittelasienstudie (Lurija 1987) und in Vygotskijs Buch zur „Geschichte der höheren psychischen Funktionen" weiter ausgearbeitet und vertieft (Kap. 1–6: 1992; Kap. 1–15: 1997). Auf dem Hintergrund dieser Arbeiten wird die Wortbedeutung als das entscheidende Glied der Vermittlung zwischen Individuum und Gesellschaft identifiziert, so dass sie dann in „Denken und Sprechen" (2002) als elementare Einheit, „Zelle" der psychischen Prozesse die Bühne betritt. Sie erscheint hier nicht nur als „Einheit von Denken und Sprechen", „sondern auch als Einheit von Verallgemeinerung und Verkehr, von Kommunikation und Denken" (ebd. 52).

In dieser dreifachen Gestalt liefert sie die Brücke von außen nach innen und von innen nach außen und jeweils ist sie selbst eine Relation, eine widersprüchliche Einheit, deren beide Seiten im Prozess durch (vermittelte) Anwendung auf sich selbst (Rekursivität, vgl. von Foerster a. a. O.) Widersprüche schaffen und aufheben.

Als Einheit von Verallgemeinerung und Verkehr kann (1) sie den gesellschaftlichen sozialen Verkehr nach innen vermitteln, ist Teil des jeweiligen sozialen Systems, um dies in Luhmannscher Terminologie auszudrücken; als Einheit von Denken und Sprechen ist sie (2) Teil des inneren, psychischen Systems, ist sozial, historisch, kulturell im Prozess von Lernen und Entwicklung entstanden und durch Interiorisierung nach innen gewandert und als Einheit von Denken und Kommunikation ist sie (3) die Einheit der Grenze, des Übergangs, der jeweiligen Situation in der sprachlichen Tätigkeit (vgl. auch Lurija 1982, A. A. Leont'ev 1971, 1982). Damit ist eine Lösung für das Problem des psychosozialen Dualismus aufgezeigt, d. h. im Verhältnis des beseelten Körpers zur Welt.

Eine Lösung für den emotionstheoretischen Dualismus, für den cartesischen Dualismus von höheren, geistigen Emotionen – in letzter Konsequenz der freie Wille – und niederen körperlichen Emotionen, eine Lösung also für den psychosomatischen Dualismus der Emotionspsychologie, steht jedoch noch aus. Spinozas Lehre verbietet eine derartige Trennung in körperliche und geistige Emotionen. Sie ist in dieser Beziehung strikt parallelistisch. „Der Körper kann die Seele nicht zum Denken und die Seele den Körper nicht zur Bewegung oder zur Ruhe oder zu irgendetwas anderem (wenn es noch etwas gibt) bestimmen" (Spinoza 1989, III, LS 2). Wohl aber, dieser Lösungsweg bleibt offen, kann der Körper-Geist den Körper-Geist bestimmen, können die höheren Prozesse auf die niederen zurückwirken. Und genau diesen Weg wird Vygotskij beschreiten. Er wird neuropsychologisch und emotionspsychologisch in der mittleren Etappe von Vygotskijs Werk vorbereitet, methodologisch grundgelegt in dem Manuskript „Die Lehre von den Emotionen" (Vygotskij 1996) und im Spätwerk dann ab dem Vortrag „Das Säuglingsalter" im November 1932 (Vygotskij 1987, 91–161) ausgeführt.

Zur Vorbereitung gehört einerseits die Erarbeitung einer neuropsychologischen Auffassung der Entwicklung der psychischen Funktionen (zu deren zusammenfassenden Abschluss vgl. Vygotskijs, so Akhutina, „neuropsychologisches Testament; Vygotskij 1985, 353–362; Akhutina 2002).

Mit Bezug auf die Arbeiten von Kretschmer (1926; 1927) zeigt er (Vygotskij 1987, 115, 465 ff.), dass die Lokalisation der Gehirnfunktionen chronogener und dynamischer Natur ist. Sie ist einerseits abhängig von der Struktur und Reichhaltigkeit des sozialen Verkehrs. Zum anderen ist sie abhängig von der internen Logik verschiedener Schritte in der Entwicklung der Gehirnfunktionen und der mit ihnen verbundenen psychischen Funktionen.

In der Herausbildung komplizierter hierarchischer Synthesen findet eine zunehmende Verselbstständigung der höheren Synthesen gegenüber den niederen statt, die diese in sich aufheben. Dies wird an der Entwicklung von Wahrnehmung, Gedächtnis, Aufmerksamkeit und praktischem Denken erörtert. Bei spezifischen Störungen jedoch (Hysterie, Aphasie, Schizophrenie) kommt es zum Zerfall der komplizierten höheren Gebilde und zur Dominanz niederer Systeme (Emanzipation der niederen Zentren).

Da die basalen Gesetzmäßigkeiten für alle höheren Säugetiere gleich sind (ebd., 116, 372), kann Vygotskij den Anfang der Entwicklung der niederen zu den höheren Funktionen durch Nutzung einer ganzheitlichen Einheit denken. Es ist dies eine von Uchtomskij (2004) in die Physiologie eingebrachte Auffassung, welche elementare funktionelle Systeme als emotional-kognitive Einheiten, als sog. Dominanten, raumzeitlich organisierte physiologische Gebilde ansieht (ein Spezialfall von Chronotopen; vgl. zu diesen Bachtin 1986, 242 ff., 446 ff.), die den psychosomatischen Übergang zwischen körperlichen Bedürfnissen und psychischen Prozessen als körperlich-psychische, als psychosomatische Prozesse sichern (vgl. Jantzen 2005b, 2008, 211–229). In Verbindung mit dem Instinktbegriff, den Vygotskij als elementare Dominante einsetzt (1987, 129), setzt er ein funktionelles System an den Anfang der Entwicklung, das er als „das physiologische Substrat des Affekts" betrachtet (ebd.).

Ähnlich hatte ich selbst in der „Allgemeinen Behindertenpädagogik" eine vereinheitlichte Theorie [→ IX] funktioneller Systeme entwickelt, in der von Anfang an Emotionen als regulativer Bestandteil funktioneller Systeme anzusehen sind (Jantzen 1987, Abb. 27, 1990. Abb. 10). Und vergleichbar findet sich ein derartig ganzheitliches funktionelles System als Chronotop, raumzeitliche Einheit in Trevarthens (2001, 2003) Postulierung eines intrinsischen Motivsystems (IMF = intrinsic motive formation), das um die 5.–8. Embryonalwoche entsteht, sich mit dem emotional

motorischen System des Gesichtsausdrucks koppelt, das ein virtuelles Selbst und einen virtuellen Anderen integriert, welcher, durch eine Resonanz schaffende Reziprozität des Austauschs und durch angeborene Auslösemechanismen und Signalreize, wie die Gesichtspartie des Anderen, in struktureller Koppelung mit dem Säugling als „freundlicher Begleiter" die Entwicklung primärer und den Übergang in sekundäre Intersubjektivität realisiert [→ II Bindung; VIII Intersubjektive Kommunikation; IX Evolution und Entwicklung des Psychischen].

Damit ist das Neugeborene in all diesen drei Auffassungen von Anfang an sozial (vgl. Vygotskij 1987, 99), a priori mit Emotionen ausgestattet, kann Entwicklung nicht mehr auf die sich ausbildende Differenz von niederen und höheren Funktionen reduziert werden. Dass diese Differenzierung in dieser Form unhaltbar ist, hat Vygotskij (1996) in seiner Kritik der cartesianischen Emotionstheorien offen gelegt. Anstelle von niederen und höheren psychischen Funktionen ist von einem Entwicklungsverhältnis von rudimentärer und idealer Form auszugehen (Vygotskij 1994, 2002).

„Let us call the child's form of speech the primary or rudimentary form. The greatest characteristic feature of child development is that this development is achieved under particular conditions of interaction with the environment, where this ideal and final form [...] is not only already there in the environment and from the very start in contact with the child, but actually interacts and exerts a real influence on the primary form, on the first steps of the child's development. Something which is only apposed to take shape at the very end of development, somehow influences the very first steps in this development" (Vygotskij 1994, 348).

Dies ist konstitutiv für die Einführung des Begriffs der [→ III] „Zone der nächsten Entwicklung" (Jantzen 2006a; 2008, 231 ff.), die ihrerseits als Zelle, als elementare Einheit der Pädagogik aufgefasst werden kann (vgl. Jantzen 1980, 153; Feuser 1989). Das „Gesetz der

Zone der nächsten Entwicklung" wird definiert als „das Gesetz der entgegengesetzten Entwicklungsrichtungen analoger Systeme in höheren und niederen Sphären, das Gesetz der wechselseitigen Verbundenheit der niederen und der höheren Systeme in der Entwicklung" (Vygotskij 2002, 352).

Diese Auffassung zweier in der Entwicklung in ständiger Wechselwirkung befindlicher Prozesse von unten nach oben und von oben nach unten ermöglicht es Vygotskij, das Erleben (russ.: pereživanije) als elementare Einheit psychischer Prozesse und Systeme (Vygotskij 1994; 1987, 281) einzuführen, deutlich abgesetzt von dem Erlebensbegriff der verstehenden Psychologie in den Traditionen Dilthey (Vygotskij 1996, 191 ff.), aber auch in Anerkennung des positiven Beitrags dieser Psychologie zu der zu entwickelnden neuen Psychologie (2008, 75).

Erleben ist die zweite „Zelle", die zweite elementare Einheit dieser Psychologie. Damit ist in psychologischer Hinsicht jedoch nur der Erklärungsansatz der verstehenden Psychologie positiv aufgenommen und aufgehoben. Seitens einer objektiven, naturwissenschaftlich orientierten Psychologie, so Vygotskij in einem seiner letzten Aufsätze und in Fortführung des Gedankens der Entwicklung von Dominanten als affektiv-kognitive Einheiten im Prozess chronogener, dynamischer Lokalisation, deren je niveauspezifische Umwandlung [→ VII Repräsentationsniveaus des Psychischen] neue soziale Entwicklungssituationen schafft und Kern der kindlichen Entwicklungskrisen ist (vgl. 1987, 271 ff., 61 ff.; parallel hierzu jedoch auch Jantzen 1987, Kap. 5 und 6 sowie 2002; 2008, 331 f.), gilt jedoch: „Es muss die Verbindung zwischen Intellekt und Affekt beachtet werden, die den zentralen Punkt des ganzen uns interessierenden Problems darstellt, eben nicht als Gegenstand sondern als Prozess" (Vygotskij 2001, 163).

Die methodologische Rekonstruktion der cartesianischen Lehre von den Emotionen (Vygotskij 1996) hatte deutlich gemacht, dass deren Sündenfall in der Trennung von einerseits niederen, körperlichen und andererseits

höheren, geistigen Emotionen liegt. Auch hier muss die Dialektik der Entwicklung und des Übergangs zwischen Emotionen, Kognitionen und Welt darauf angelegt sein, dass zwei einander entgegengesetzte, reziproke Bewegungen von oben nach unten und von unten nach oben stattfinden. Folglich entwickeln sich die Affekte von unten nach oben durch den Prozess der ontogenetischen Entwicklung, die auf jedem Niveau Ausdruck der Vermittlung des beseelten Körpers mit der physikalischen, der sozialen und der kulturellen Welt ist. Und zugleich erfolgt eine Entwicklung von oben nach unten, insofern die Affekte sozial (interzerebral) in der jeweiligen kulturellen Form (z. B. in der Kunst; Vygotskij 1976; aber auch im Erziehungsprozess) im Leben der Gesellschaft als Manifestationen des sozialen Sinns [→ II Sinn/sinnhaftes Handeln] wirksam sind. Sie werden über die extrazerebrale Vermittlung (welche durch die eigene, äußere Handlung geschieht; vgl. Achutina 2004) dann intrazerebral. Entsprechend gilt für die neuropsychologische Organisation: „Bekanntlich sind die Hirnsysteme, die unmittelbar mit den affektiven Funktionen verbunden sind, besonders eigenartig eingerichtet. Sie öffnen und schließen das Gehirn, sie sind die aller niedrigsten, uralten, primären Systeme des Gehirns und die aller höchsten, spätesten, in ihrer Ausbildung nur dem Menschen eigenen" (Vygotskij 2001, 162).

Als dritte Zelle der psychischen Prozesse wäre demnach eine emotional-kognitive Einheit anzunehmen. Dem entspricht Vygotskijs zweite, eher versteckte Formulierung einer solchen Einheit in „Denken und Sprechen": „Es existiert ein dynamisches Sinnsystem, das die Einheit der affektiven und intellektuellen Prozesse darstellt. Jede Idee enthält in verarbeiteter Form eine affektive Beziehung zur Wirklichkeit" (2002, 55).

Dies verlangt, eine dem verbalen Denken als ein „komplexes dynamisches Geschehen" – in „Denken und Sprechen" von Vygotskij von der „äußersten Ebene zur innersten" (a. a. O., 463), also als Transformation der idealen in die rudimentäre Form untersucht –

umgekehrte Form der Transformation zu entwickeln, diesmal von der rudimentären in die ideale Form.

„Im lebendigen Drama des verbalen Denkens verläuft die Entwicklung umgekehrt […]: vom Motiv über den Gedanken zum inneren Sprechen; vom inneren Sprechen zum Gedanken; vom inneren Gedanken zum äußeren usw." (ebd. 463).

In Weiterführung dieser Gedanken, insbesondere im Manuskript „The problem of the environment" (Vygotskij 1993), in welchem Vygotskij die Einheit des Erlebens begründet, kommt Leont'ev (2001, 289 ff.) zur Entwicklung der Kategorien Sinn und Bedeutung, welche den ständigen Prozess der Transformation von Bedeutungen und Sinn im Drama des Lebens als Übergänge von außen nach innen und von innen nach außen im System psychischer Prozesse psychologisch vertieft fassbar machen (Leont'ev 1979, Jantzen 2003). Aber genau jede Dynamik von innen nach außen in Form des Erlebens und von außen nach innen in Form der Wortbedeutungen ist für Vygotskijs methodologische Begründung der Behindertenpädagogik konstitutiv.

4.4 Behinderung und Pädagogik: Elementare Einheiten

„Entwicklungshemmung" („retardation") drückt in der Pädologie (einer Wissenschaft vom Kind und seiner Erziehung) inhaltlich ebenso wenig aus wie der Begriff „Krankheit" in der gegenwärtigen Medizin, so Vygotskij (1993, 241–291) in einer methodologischen Arbeit zu Entwicklungsdiagnostik und Entwicklungspsychopathologie von 1931, die sich mit Grundfragen eines neuen Verständnisses von geistiger Behinderung und psychischer Krankheit im Kindes- und Jugendalter befasst. Anstelle eines bloßen Benennens sind „die internen Umstände, die interne Logik, die internen Verknüpfungen und Abhängigkeiten [aufzudecken; W. J.], welche den Verlauf und die Struktur der Entwicklungsprozesse der Kinder bestimmen" (ebd. 252). Entscheidend ist es,

zwischen einem Kern der Retardation und sekundären Komplikationen zu differenzieren, deren wichtigste die Unterentwicklung der höheren psychischen Funktionen wie Gedächtnis, Denken und Charakter sind.

Entsprechend der grundlegenden Regel der Entwicklungsneuropsychologie leiden bei einer Schädigung in der Kindheit die am nächsten über der Schädigung liegenden funktionellen Systeme am meisten (Vygotskij 1985, 360). Sie bilden mit der Schädigung zusammen den Kern der Retardation. Dies führt nicht zwangsläufig zur Unterentwicklung der höheren psychischen Funktionen, sondern nur dann, wenn durch das Zusammenwirken dieser Störung mit dem Aussetzen der notwendigen sozialen Unterstützung das Kollektiv als „Primärfaktor" der Entwicklung höherer psychischer Funktionen außer Kraft gesetzt ist (1993, 256).

Denn im Anschluss an Séguin gilt: „Contemporary scientific research is wholeheartedly providing this profound intuition of Séguin's to be correct; namely, that the source of idiocy is solitude. […] Only social education can lead severely retarded children through the process of becoming human by eliminating the solitude of idiocy and severe retardation" (1993, 218).

Der Ausschluss von und in Kinderkollektiven, die soziale Isolation wirkt sich auch auf niedere Formen der Zusammenarbeit mit anderen Kindern aus, bewirkt Unterentwicklung in den sozialen Bereichen des Verhaltens ebenso wie in den höheren psychischen Funktionen (a. a. O., 256).

Der Begriff „niedere Formen" der Zusammenarbeit mit anderen Kindern zielt auf das, was Vygotskij an anderer Stelle, schon im Sinne des Neuverständnisses als „rudimentäre Form", als Initialsituation einer Entwicklung „wie durch Selbstzündung" erörtert – am Beispiel der spontanen Entwicklung von Gebärdensprache in Kollektiven hörbehinderter Kinder.

„Left to himself, deprived from any education, a child sets off on the path of cultural development; in other words, in a child's natural development and in his surrounding milieu, in his need to communicate with the environment, we find all the ingredients necessary for cultural development, which occurs, as it were, like combustion" (a. a. O., 169).

Da Menschen von Geburt an sozial sind und auf Gesellschaftlichkeit angewiesen, tragen die niederen Formen alle Voraussetzungen der kulturellen Entwicklung in sich, deren soziale Realisierung die Existenz dialogischer Verhältnisse mit anderen Menschen zwingend verlangt. Freilich führt dies im Falle einer kulturellen Entwicklung „wie durch Selbstzündung" durch den sozialen Verkehr zwischen gehörlosen Kindern nicht zu einer voll entwickelten Kultur. Aufgrund ihrer von der gesellschaftlichen Entwicklung vielfältig abgetrennten kulturellen und historischen Situation durch Ausschluss von Laut- und Schriftsprache und damit von den dort in Form der Wortbedeutungen existierenden höheren, gesellschaftlichen psychischen Formen resultiert eine Unterentwicklung.

An die Stelle des Begriffs der höheren gesellschaftlichen Formen tritt der Begriff der rudimentären Form für die niederen, der Begriff der idealen Form für die höheren Funktionen Beide sind einander entgegengesetzt, analog und reziprok vermittelt über die „Zone der nächsten Entwicklung" bzw. über das Gesamt des sozialen und sprachlichen Verkehrs, an dem die Individuen in ihrer gesellschaftlichen Entwicklung, Entwicklung ihrer Persönlichkeit teilhaben. Damit ist aber jenes Regularitätsprinzip der Entwicklung entdeckt, auf das Vygotskij ausdrücklich verweist: „To understand a simple regularity can be indicative of both the normal and the pathological state, and to conclude that development is the key to understanding disintegration, and the disintegration is, in turn, the key to understanding development" (a. a. O., 258).

Und Entwicklung kann ohne das Konzept der Zone der nächsten Entwicklung, die Lernen und Entwicklung verbindet, nicht begriffen werden. Auch die „spontane" Entwicklung gehörloser Kinder ist kulturelle Entwicklung unter anderen Bedingungen. Menschen sind unter allen Umständen auf gemeinsam geteilte Intentionalität und Spracherwerb angewiesen (vgl. Tomasello 2005, Trevarthen 2003, Rizzolatti & Siniglia 2008, Stamenov & Gallese 2002). Sie produzieren grundsätzlich Kultur. Geistige „Unterentwicklung" resultiert in letzter Konsequenz aus kultureller Isolation. „In principle a retarded person is capable of cultural development" (Vygotskij 1993, 256).

Was aber passiert, wenn auch die elementaren Bedingungen von Dialog und sozialem Verkehr, die Kulturbildung „wie durch Selbstzündung" mit absichern, durch sozialen Ausschluss oder Gewalt außer Kraft gesetzt werden? In diesem Falle verknüpft sich eine Reihe kompensatorischer Prozesse mit der Unterentwicklung.

Im Einzelnen nennt Vygotskij (a. a. O.) das Zurückgehen auf spontane, affektive Prozesse, „Primitivreaktionen" (mit Verweis auf Kretschmer), die sich jedoch auch bei traumatisierenden Einflüssen bei gebildeten, kulturell entwickelten Erwachsenen zeigen. Neben derartigen Rückgriffen auf frühere einfache Reaktionen, die unter hohem emotionalem Druck erfolgen, finden sich sekundäre Kompensationen, wie z. B. beim de-Grief-Syndrom (= scheinbar unkritische Selbsteinschätzung geistig behinderter Menschen) in Form einer „fiktiven Kompensation als Reaktion auf die geringe Wertschätzung der Umgebung für das Kind", so Vygotskijs Vermutung (ebd. 259). Drittens können Erscheinungen des Negativismus, des Starrsinns, der Leistungs- und Zweckschwäche aber auch der „Dissoziation" (vgl. hierzu auch Meyer 2007) als vom Zweckwillen getrennte Prozesse in Erscheinung treten: „The fact of disengagement (im Original bei Kretschmer „Dissoziation"; W. J.) is that the different layers or functions which usually operate together begin to act in isolation, or even against one another" (ebd. 261). Und viertens können neurotische Symptome auftreten. Kern all dieser möglichen Sekundärsymptome ist die vom geistig behinderten Kind gespürte Geringschätzung durch seine Umgebung.

Analoge Veränderungen lassen sich für die Situation schizophrener Kinder aufzeigen, so Vygotskij im Folgenden. Auch hier gilt: „Traumatization stemming from contact with children's collectives, with ridicule and with comrades' jokes result in greater reserve and withdrawal from the collective" (ebd. 264).

Ersichtlich ist es notwendig, zwei Serien von Symptomen zu unterscheiden: Basis- und Primärsymptome als unmittelbare Folge biologischer Inadäquatheit und sekundäre Symptome als Herausbildung reaktiver Bedingungen in den durch den Defekt veränderten sozialen Verhältnissen (Isolation). Hieraus resultiert die Hauptaufgabe der Diagnostik, diesen Prozess zu rekonstruieren. Entwicklung erfolgt grundsätzlich subjektlogisch in sozialen Verhältnissen. Unter allen Umständen erfolgt der Aufbau der psychischen Prozesse sinnhaft und systemhaft vermittelt über die elementare Einheit des Erlebens.

Auch die Biologie kennt keine „Anormalität", so unter Bezug auf den berühmten Hirnforscher Lashley. „The nervous system, he says, has the capacity of self regulation, which gives a coherent logical character to its functioning regardless of what violations may exist in its component anatomical parts" (ebd. 273).

Diese Einsichten und Zusammenhänge verlangen eine Rekonstruktion von geistiger Unterentwicklung ebenso wie von Verhaltensstörungen als Feldwirkungen, als Entwicklungsresultate im System Kind und Umwelt, die nicht nach der Seite des Kindes hin verdinglicht werden dürfen.

Alle Begriffe, mit denen dies bisher erfolgte, bedürfen daher einer erneuten Überprüfung und Evaluierung in einer Ontologie von Prozessen, nicht von Dingen, Eigenschaften, personellen Zuschreibungen.

Elementare Relation, mit der Behinderung zu begreifen ist, ist nach Vygotskij folglich ebenso wie für uns die Relation von Isolation und Partizipation, elementare Relation mit der die Verbindung von Lernen und Entwicklung für die allgemeine Pädagogik ebenso wie für Behindertenpädagogik die „Zone der nächsten Entwicklung" zu begreifen ist. Demnach wäre das neue Paradigma, von Feuser (2000) als „Isolation und Dialog" hervorgehoben, in

dieser Form noch unterbestimmt. Dem Begriff Dialog würde eine zu große begriffliche Last aufgebürdet. Wie aber ist die Relation pädagogischer Grundbegriffe, wie z. B. Dialog, zu dem bisher entwickelten Netz von Relationen und Prozessen? Wie ist die Axiomatik der Pädagogik auf dieser Grundlage zu entwickeln? Diese Fragen sind zu stellen.

Die Problematik wäre jedoch gänzlich falsch verstanden, wolle man die Konstitution von Behinderung jeweils auf das Netz von Relationen und Prozessen reduzieren, die aus dem bei Vygotskij rekonstruierten Geflecht aufscheinen. Von ihm selbst ist die „soziale Entwicklungssituation" als zentraler Ansatzpunkt des Begreifens hervorgehoben. Diese ist aber von kulturellen und historischen Bedingungen, Isolation und/oder Partizipation von Anerkennung und/oder Verweigerung bürgerlicher Rechte, von Bildung und Teilhabe, von Statuspassagen im Lebenslauf, von Institutionalisierung oder Deinstitutionalisierung und weltweit in unerträglicher Weise von der Schaffung von Behinderung durch Hunger und Unterernährung, durch Misshandlung, durch Vertreibung und Krieg, durch entwürdigende Lebensbedingungen u. a. m. bestimmt.

5 Ausblick

5.1 Elementare Einheiten und die Axiomatik der Pädagogik

Erleben (als emotional-kognitive Einheit das Resultat der ontogenetischen Entwicklung der rudimentären Form – wie durch „Selbstzündung" – in ständiger Transformation in die ideale Form) und Wortbedeutungen, so in der Terminologie von Vygotskij, Sinn und Bedeutungen in der von Leont'ev, verschränken sich zu jedem Zeitpunkt in der Tätigkeit der Menschen als Dialektik von innen und außen. Sie sind jeweils „übergreifende Allgemeine", die zugleich auf ihr Gegenteil zielen: Der Sinn zielt darauf, ihn mit sozialen Bedeutungen (in Dialog, Kommunikation, Kooperation, sozialem Verkehr, Arbeit, Selbstentwicklung durch Koppelung mit sozialem Sinn in Kunst, Religion u. a. m.) zu füllen. Die Bedeutungen zielen darauf, in Sinn überführt zu werden, denn nur so sind ihre lebendige Existenz in jeder neuen Generation und damit das Ideelle als historische Form der gesamten Bewusstseins- und Sinngebungsprozesse einer Gesellschaft gesichert.

Der Weg der Bedeutungen verläuft entsprechend ihrer dreifachen Existenz von (1) interpsychisch, d. h. sozial über (2) intermediär, im psychosozialen Grenzbereich des Augenblicks, des Übergangs, als Differenzierung der Raumzeit (Chronotope, Raumzeitstrukturen) der jeweiligen Tätigkeit in der strukturellen Koppelung nach dem Moment hin, und (3) intrapsychisch, um sich dann jeweils im Rückwärtsdurchlaufen dieser Dimensionen in der Tätigkeit, der Praxis, der Kommunikation, dem sozialen Verkehr zu realisieren: als weiterentwickelte, veränderte rudimentäre Form.

Dem entsprechend erfolgt die vom Sinn, vom Erleben ausgehende Bewegung reziprok hierzu. Emotional begründet in Motiven, die auf die Einlösung von Bedürfnissen zielen, verläuft sie (1) intrapsychisch, (2) intermediär und (3) extrapsychisch. Sie wird z. B. in der Kunsttheorie als Mimesis beschrieben, die als Mimesis der Praxis die ständige Rückkoppelung zwischen Produzent und Produkt unter dem Aspekt der Übereinstimmung von Sinn und Bedeutungen realisiert (vgl. zur Mimesis Lukács 1987, Bd. I, Kap. 5–10, sowie Bd. II. Kap. 14, 858 ff.) und rückläufig als Katharsis, die in Gramscis Auffassung von Pädagogik das Herz der Bildungsprozesse zu sein hätte (vgl. Bernhard 2005) und mit Vygotskij als Aufhebung der Affekte durch Affekte zu verstehen ist (1976, Kap. 9). Dieser ständige Rückkoppelungskreis wird, hier ist Feuser ebenso wie R. Spitz (1976) Recht zu geben, über den Dialog realisiert.

In der Relation von Isolation und Partizipation kann Dialog (in der „Zone der nächsten Entwicklung"; diese ist der pädagogische Spezialfall von Partizipation) stattfinden oder ist gestört. Zudem bedarf Dialog einer tieferen Bestimmung, als sie durch die in der Regel dem Cartesianismus verpflichtete Linguistik erfolgt. In unserer Auffassung, vor allem Spitz sowie der modernen Bindungsforschung folgend, verstehen wir Dialog als Sinn gebenden und Sinn vermittelnden Prozess (Jantzen 1990, Kap. 10; 1994), welcher unmittelbare Resonanz zwischen bzw. auch zunehmend zugleich in den Akteuren herstellt.

Unserer Ansicht nach erfolgt dabei eine „unmittelbare emotionale Kommunikation" (ein Begriff von Wallon, vgl. Voyat 1984) durch die Phasenkoppelung biorhythmischer Strukturen, die wir als Kern der Prozessierung von Emotionen betrachten (vgl. Jantzen 1987 Kap. 6, 1990, Kap. 7, 1994; 2008, 287 ff.). Indem sich diese emotionale Kommunikation im zunehmend sich entwickelnden Dialog mit sich selbst nach innen verlagert, ist in den Prozessen der Reziprozität bzw. der „doppelten Kontingenz" (Luhmann) zugleich unsichtbar aber wirksam eine Prozessierung von Emotionen gegeben.

Am deutlichsten wird dies in den Ergebnissen der frühen Bindungsforschung, wo durch Reziprozität emotionale Resonanz entsteht, welche sodann das flexible „switching" zwischen Belastungs- und Entlastungssituation ermöglicht, indem positive Gefühle auf Grund der reziproken Handlungen der Bezugspersonen an die Bedeutung von deren Gesten für das Stillen von Bedürfnissen gekoppelt werden (vgl. Schore 1994; 2001). Die Geste „an sich" des Säuglings wird, indem sie Geste für andere wird, Geste für ihn selbst, so Vygotskij (1992, 234 f.), eine Perspektive, die seitens der modernen Neuropsychologie, die Handlungen als aus der Selektion von Gesten resultierend begreift (Edelman 1993, Kap. 8; ähnlich auch die Spiegelneuronentheorie, vgl. hierzu Rizzolatti & Siniglia 2008), vollauf bestätigt wird. Als Geste aber überlagert sie (in Form von sozialen Bedeutungen) bereits den einfachen und basalen Prozess der Spiegelreziprozität (Lotman 1990), das „emotionale Embodyment" (Gallese et al. 2004).

Dies bedeutet, als basale Struktur des Übergangs zwischen rudimentärer und idealer Form zwischen persönlichem Bewusstsein und gesellschaftlichen Bewusstsein in Form des Ideellen, als Differenzierung nach dem Augenblick hin zwei ineinander wirkende Differentiale als Basis der Zone der nächsten Entwicklung annehmen zu müssen. Denn die Emotionen als Basis des Erlebens und der Genesis von Sinn öffnen und schließen das Gehirn und die Wortbedeutungen schaffen die Möglichkeiten der individuellen Vergesellschaftung des Bewusstseins.

Zum einen ist dies ein hedonalgisches Differential, eines das auf Anerkennung, Bindung ebenso wie Unabhängigkeit, Anforderung ebenso wie Respektierung von Würde, Gewährleistung der emotionalen Öffnung des Gehirns zielt. Klix versteht hierunter „eine Tendenz, eine momentane affektiv-emotionale Neigung zum positiven oder negativen Pole hin. Die Tendenz hat verhaltensmotivierende Kraft ..." (1980, 99).

Zum anderen ist dies ein semantisches Differential, welches auf die Vermittlung der Bedeutungen in Spiel und Lernen, in Arbeit und Produktion, in gesellschaftlichem Verkehr und Kultur, also in der Gesamtheit des gesellschaftlichen Lebens zielt, so in Anlehnung insbesondere an Vygotskijs Theorie der Sprache (vgl. Jantzen 2008, 177 ff.). Abbildung 1 verdeutlicht diesen Prozess.

Dabei ist Folgendes zu beachten: In der „Zone der nächsten Entwicklung" (als soziales System im Sinne von Luhmann, das durch doppelte Kontingenz entstanden ist und durch doppelte Kontingenz aufrechterhalten wird) ebenso wie in den Übergangsbereichen psychosozialer Art von beiden Interaktionspartnern ausgehend, sowie psychosomatischer Art in beiden Interaktionspartnern [→ Leib-Seele-Problem], erfolgt jeweils eine Differenzierung nach dem Moment von raumzeitlich integrierenden Strukturen des Bewusstseins beider Akteure sowie des sie verbindenden sozialen Systems.

Der Begriff des Differentials ist hierbei nur eingeschränkt zu verwenden, keinesfalls im strikt mathematischen Sinne. Denn irreversible Prozesse lassen sich nicht in reversiblen Gleichungssystemen ausdrücken. Dennoch vermag dieser Begriff auf spezifische Probleme der Wechselwirkung und des Übergangs zwischen Inter- und Intrasubjektivität hinzuweisen.

Mit einer Differenzierung innerhalb des intersubjektiven, des interpsychischen Raums, (siehe Abbildung 1) ist zwangsläufig ein Prozess der Integration verbunden. Ich gehe davon aus, dass dies mit der Etablierung eines gemeinsamen Motivs sowie eines gemeinsamen Gegenstands innerhalb der gemeinsam geteilten Tätigkeit darstellbar ist, auf die sich – nach beiden Polen fluktuierend – intermittierend bezogen wird.

5.2 Die soziale Entwicklungssituation und die Axiomatik der Pädagogik

Dieser Raum der Zone der nächsten Entwicklung ist zugleich in eine Gesamtanalyse der Vermittlung intra- und intersubjektiver Räume einzubetten, wie dies Abbildung 2 aufweist (aus Jantzen 2006b).

Angesprochen ist in dieser Darstellung die Notwendigkeit des Aufeinander-Beziehens verschiedener sozialwissenschaftlicher Zugänge, jeweils im Brennpunkt unterschiedlicher Theorien denkbar und analysierbar,

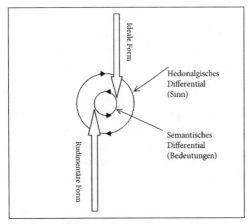

Abb. 1: Der Transformationsmechanismus in der Zone der nächsten Entwicklung

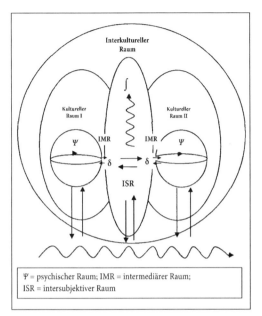

Ψ = psychischer Raum; IMR = intermediärer Raum;
ISR = intersubjektiver Raum

Abb. 2: Subjektive und intersubjektive Räume

der soziologischen Systemtheorie Luhmanns, der Theorie sozialer Felder bei Bourdieu, lebensweltlicher Analysen in den Traditionen einer verstehenden Soziologie (Berger & Luckmann) u.a.m. Nicht angesprochen ist die gleichzeitig ins Spiel kommende gesellschaftstheoretische Ebene im Sinne der Kritik der Politischen Ökonomie von Karl Marx (vgl. Jantzen 2006 b), aber dies alles würde in ein neues und vertieftes Verständnis von „sozialer Entwicklungssituation" hineinführen (vgl. u.a. auch die Bände 5 und 6 dieses Handbuchs) sowie in die Anforderungen einer zu entwickelnden synthetischen Humanwissenschaft an die Herausarbeitung von Erklärungsprinzipien und vereinheitlichenden Theorien auch im Bereich der Sozial und Gesellschaftswissenschaften.

Dies wäre systematisch mit Grundbegriffen der Erziehungswissenschaft wie Bildung und Erziehung zu vermitteln: Unter Bezug auf Klafkis (1963, 1991) Topos der kategorialen Bildung, als wechselseitige Erschließung des Schülers oder der Schülerin für die Sache wie umgekehrt, als Kernstruktur einer Allgemeinbildung im Medium des Allgemeinen, verlangt der Begriff der sozialen Entwick-

lungssituation eine auch sozialwissenschaftlich überarbeitete und vertieft begründete Axiomatik der Erziehungswissenschaften.

Konstitutiv für eine Allgemeine Behindertenpädagogik ist dabei die weitere Vermittlung der Regularitätsprinzipien von [→ II] Isolation und Partizipation einerseits sowie der [→ III] Zone der nächsten Entwicklung andererseits. Zugleich erweist diese Analyse, dass eine Reihe von sozialwissenschaftlichen Theorien, eingeschlossen die Systemtheorie Luhmanns ebenso wie die Feld- und Kapitaltheorie Bourdieus, in dieser Hinsicht unterbestimmt sind und weiterer Entwicklung bedürfen (vgl. Jantzen 2006b).

Darüber hinaus bedarf die Entwicklung der Allgemeinen Behindertenpädagogik wie bisher einer ständigen Konfrontation mit den kompliziertesten Fragen ihres Bereichs. In einer derartigen Verdichtung des Allgemeinen und Besonderen im Einzelnen, wie z.B. in den Zugängen der Rehistorisierenden Diagnostik ebenso wie in den Auseinandersetzung für eine Schule für alle, in den Auseinandersetzungen um die Schließung der Großeinrichtungen ebenso wie um ein würdiges Leben für Demenzkranke, und immer am einzelnen Fall aufzuzeigen, liegt der Schlüssel für alle weiteren Fragestellungen, eingebettet in die allgemeinen Relationen von Isolation und Partizipation.

„Es gibt keine unüberwindliche Einsamkeit. Alle Wege führen zum selben Ziel: zur Mitteilung dessen, was wir sind." So Pablo Neruda in seiner Nobelpreisrede von 1971 (1975, 198). Ausgestattet mit dem sicheren Wissen, dass Isolation überwindbar ist, braucht gerade unser Fach theoretisch wie praktisch jene dort beschworene „brennende Geduld", mit der wir „die strahlende Stadt erobern, die allen Menschen Licht, Gerechtigkeit und Würde schenkt" (ebd. 203). In der Vermittlung des Allgemeinen mit dem Einzelnen seitens der Theorie und der Vermittlung des Einzelnen mit dem Allgemeinen seitens der Praxis [→ Theorie und Praxis] ist es Aufgabe des Tages, ist es Aufgabe der Stunde, ist es Aufgabe einer Allgemeinen Behindertenpädagogik, andere Verhältnisse als die vorgefundenen zu realisieren. „In diesem Sinne kommt der diversity-Ansatz, für den die Behindertenkonvention steht, zuletzt uns allen zugute" (Bielefeldt 2006, 7 f.).

Literatur

Akhutina, Tatiana V. (2002): Foundations of neuropsychology. In: Robbins, Dorothy & Stetsenko, Anna (Eds.): Voices within Vygotsky's non-classical psychology. New York, 27–44

Achutina, Tatiana V. (2004): Kulturhistorische und naturwissenschaftliche Grundlagen der Neuropsychologie. In: Behindertenpädagogik 43, 4, 339–350

Ananjew, Boris G. (1974): Der Mensch als Gegenstand der Erkenntnis. Berlin

Bachtin, Michail M. (1986): Untersuchungen zur Poetik und zur Theorie des Romans. Berlin

Bielefeldt, Heiner (2006): Zum Innovationspotenzial der UN-Behindertenkonvention. Deutsches Institut für Menschenrechte. Essay No. 6. Bonn

Beck, Iris (1994): Neuorientierung in der Organisation pädagogisch-sozialer Dienstleistungen für behinderte Menschen. Frankfurt a. M.

Bernhard, Armin (2005): Antonio Gramscis Politische Pädagogik. Hamburg

Bleidick, Ulrich (1972): Pädagogik der Behinderten. Berlin

Bleidick, U. (1976): Metatheoretische Überlegungen zum Begriff der Behinderung. In: Zeitschrift für Heilpädagogik 27, 7, 408–415

Bleidick, Ulrich (1978): Pädagogik der Behinderten. 3. völlig neubearb. u. erw. Aufl., Berlin

Bleidick, Ulrich (1985): Handbuch der Sonderpädagogik. 11 Bde. Berlin

Bleidick, Ulrich (1999 a): Behinderung als pädagogische Aufgabe. Stuttgart

Bleidick, Ulrich (1999 b): Allgemeine Behindertenpädagogik. Bd. 1 der „Studientexte zur Geschichte der Behindertenpädagogik". Neuwied

Boenke, Michaela (1999): Allgemeines/Besonderes/Einzelnes In: Sandkühler, Hans Jörg (Hrsg.): Enzyklopädie Philosophie. 2 Bde. Hamburg, Bd. 1, 38–41

Bourdieu, Pierre (1998): Praktische Vernunft. Frankfurt a. M.

Bradl, Christian (1991): Anfänge der Anstaltsfürsorge für Menschen mit geistiger Behinderung („Idiotenanstaltswesen"): ein Beitrag zur Sozial- und Ideengeschichte des Behindertenbetreuungswesens am Beispiel des Rheinlands im 19. Jahrhundert. Frankfurt a. M.

Brenner, Hans-Peter (2002): Der biopsychosoziale Ansatz in der Persönlichkeitstheorie. Köln

Bronfenbrenner, Uri (1979): Die Ökologie der menschlichen Entwicklung. Natürliche und geplante Experimente. Frankfurt a. M.

Cassirer, Ernst (1980): Substanzbegriff und Funktionsbegriff. Untersuchungen über die Grundfragen der Erkenntniskritik. Darmstadt

Della Rocca, Michael (2008): Spinoza. London

Drosdowski, Günther (1987): Duden „Etymologie". 2. Aufl., Mannheim

Edelman, Gerald (1993): Unser Gehirn ein dynamisches System. München

Ellger-Rüttgardt, Sieglind (1985): Historiographie der Behindertenpädagogik. In: Bleidick, Ulrich (Hrsg.): Handbuch der Behindertenpädagogik. Bd. 1. Theorie der Behindertenpädagogik. Berlin, 87–125

Ellger-Rüttgardt, Sieglind (2008): Geschichte der Sonderpädagogik. München

Esfeld, Michael (2008): Naturphilosophie als Metaphysik der Natur. Frankfurt a. M.

Feuser, Georg (1989): Allgemeine integrative Pädagogik und entwicklungslogische Didaktik. In: Behindertenpädagogik 28, 1, 4–48

Feuser, Georg (1995): Behinderte Kinder und Jugendliche zwischen Integration und Aussonderung. Darmstadt

Feuser, Georg (2000): Zum Verhältnis von Sonder- und Integrationspädagogik – eine Paradigmendiskussion. In: Albrecht, Friedrich u. a. (Hrsg.): Perspektiven der Sonderpädagogik: disziplin- und professionsbezogene Standortbestimmungen. Berlin. 20–44

Fleck, Ludwik (1980 a): Erfahrung und Tatsache. Frankfurt a. M.

Fleck, Ludwik (1980 b): Entstehung und Entwicklung einer wissenschaftlichen Tatsache. Frankfurt a. M.

Foerster, Heinz von (1993): Wissen und Gewissen. Frankfurt a. M.

Foucault, Michel (1976): Die Geburt der Klinik. Frankfurt a. M.

Gallese, Vittorio et al. (2004): A unifying view of the basis of social cognition. In: TRENDS in Cognitive Sciences, 8, 9, 398–403

Georgens, Jan D. & Deinhardt, Heinrich M. (1861, 1863): Die Heilpädagogik mit besonderer Berücksichtigung der Idiotie und der Idiotenanstalten. Band I und II. Leipzig

Gethmann, Carl Friedrich (1975): Allgemeinheit. In: Krings, Hermann et al. (Hrsg.): Handbuch philosophischer Grundbegriffe. München. Bd. I; 32–50

Haeberlin, Urs (1996 a): Heilpädagogik als wertgeleitete Wissenschaft. Bern

Haeberlin, Urs (1996 b): Allgemeine Heilpädagogik. 4. unv. Aufl., Bern

Hänsel, Dagmar (2008): Karl Tornow als Wegbereiter der sonderpädagogischen Profession. Bad Heilbrunn

Hanselmann, Heinrich (1932/1946): Einführung in die Heilpädagogik. 3. Aufl., Zürich

Hanselmann, Heinrich: Grundlagen einer Theorie der Sondererziehung. Zürich 1941

Hobsbawm, Eric (2001): Wie viel Geschichte braucht die Zukunft? München

Hörz, Herbert (1991): Allgemeines. In: Hörz, Herbert et al. (Hrsg.): Philosophie und Naturwissenschaften. Berlin. Bd. 1, 47–48

Holz, Hans Heinz (1997): Einheit und Widerspruch. Problemgeschichte der Dialektik der Neuzeit. 3 Bde. Stuttgart

Holz, Hans Heinz (2005): Weltentwurf und Reflexion. Versuch einer Grundlegung der Dialektik. Stuttgart

Il'enkov, Evald V. (1971): Die Dialektik des Abstrakten und Konkreten im „Kapital" von Karl Marx. In: Schmidt, Alfred (Hrsg.): Beiträge zur marxistischen Erkenntnistheorie. Frankfurt a. M. 3. Aufl. 87–127

Il'enkov, Evald V. (1994): Dialektik des Ideellen. Münster

Jantsch, Erich (1979): Die Selbstorganisation des Universums. München

Jantzen, Wolfgang (1973): Theorien zur Heilpädagogik. In: Das Argument, 80, 152–169

Jantzen, Wolfgang (1976 a): Materialistische Erkenntnistheorie, Behindertenpädagogik und Didaktik. In: Demokratische Erziehung 2, 1, 15–29

Jantzen, Wolfgang (1976 b): Zur begrifflichen Fassung von Behinderung aus der Sicht des historischen und dialektischen Materialismus. In: Zeitschrift für Heilpädagogik 27, 7, 428–436

Jantzen, Wolfgang (1979): Grundriss einer allgemeinen Psychopathologie und Psychotherapie. Köln

Jantzen, Wolfgang (1980): Menschliche Entwicklung, allgemeine Therapie und allgemeine Pädagogik. Solms/L.

Jantzen, Wolfgang (1980/2003): Die Entwicklung des Begriffs Imbezillität als Beispiel des gesellschaftlichen Umgangs mit Minderheiten. Manuskript 1980. http://bidok.uibk.ac.at/library/jantzen-imbezillitaet.html Innsbruck

Jantzen, Wolfgang (1982): Sozialgeschichte des Behindertenbetreuungswesens. München

Jantzen, Wolfgang (1986): Abbild und Tätigkeit. Studien zur Entwicklung des Psychischen. Solms/L.

Jantzen, Wolfgang (1987): Allgemeine Behindertenpädagogik. Bd. 1. Weinheim

Jantzen, Wolfgang (1990): Allgemeine Behindertenpädagogik. Bd. 2. Weinheim

Jantzen, Wolfgang (1991): Psychologischer Materialismus, Tätigkeitstheorie, Marxistische Anthropologie. Berlin

Jantzen, Wolfgang (1993): Eklektisch-empirische Mehrdimensionalität und der Fall Stutte. In: Zeitschrift für Heilpädagogik 44, 7, 454–472

Jantzen, Wolfgang (1994): Am Anfang war der Sinn. Zur Naturgeschichte, Psychologie und Philosophie von Tätigkeit, Sinn und Dialog. Marburg

Jantzen, Wolfgang (2001): Der Dialog aus Sicht der Tätigkeitstheorie und der Theorie der Selbstorganisation. In: Mitteilungen der Luria-Gesellschaft, 8, 2, 41–54

Jantzen, Wolfgang (2003): A. N. Leont'ev und das Problem der Raumzeit in den psychischen Prozessen. In: Jantzen, Wolfgang; Siebert, Birger (Hrsg.): „Ein Diamant schleift den anderen" – Evald Vasilevič Il'enkov und die Tätigkeitstheorie. Berlin, 400–462

Jantzen, Wolfgang (2005): „Es kommt darauf an sich zu verändern ..." – Zur Methodologie und Praxis rehistorisierender Diagnostik und Intervention. Gießen

Jantzen, Wolfgang (2006 a): Die „Zone der der nächsten Entwicklung" – neu betrachtet. In: Hofmann, Christiane & von Stechow, Elisabeth (Hrsg.): Sonderpädagogik und PISA. Bad Heilbrunn, 251–264

Jantzen, Wolfgang (2006 b): Marxismus und Behinderung – Perspektiven einer synthetischen Humanwissenschaft. In: Behindertenpädagogik 45, 4, 347–380

Jantzen, Wolfgang (2008): Kulturhistorische Psychologie heute – Methodologische Erkundungen zu L. S. Vygotskij. Berlin

Jantzen, Wolfgang & Lanwer-Koppelin, Willehad (1996): Diagnostik als Rehistorisierung. Berlin

Jantzen, Wolfgang & Reichmann, Erwin (1984): Behindertenpädagogik, Theorien. In: Reichmann, Erwin (Hrsg.): Handbuch der kritischen und materialistischen Behindertenpädagogik. Solms/Oberbiel, 88–103

Klafki, Wolfgang (1963): Das pädagogische Problem des elementaren und die Theorie der Kategorialen Bildung. 2. Aufl., Weinheim

Klafki, Wolfgang (1991): Neue Studien zur Bildungstheorie und Didaktik. 2. Aufl., Weinheim

Klix, Friedhart (1980): Erwachendes Denken. Berlin

Kobi, Emil (1993): Grundfragen der Heilpädagogik. 5. Aufl., Bern

Kretschmer, Ernst (1926): Medizinische Psychologie. Leipzig

Kretschmer, Ernst (1927): Über Hysterie. Leipzig

Kuhn, Thomas. S. (1967): Die Struktur wissenschaftlicher Revolutionen. Frankfurt a. M.

Lane, Harald (1985): Das wilde Kind von Aveyron. Frankfurt a. M.

Leont'ev, Alexej A. (1971): Sprache – Sprechen – Sprechtätigkeit. Stuttgart

Leont'ev, Alexej A. (1982): Psychologie des sprachlichen Verkehrs. Weinheim

Leont'ev, Alexej N. (1979: Tätigkeit, Bewusstsein, Persönlichkeit. Berlin

Leont'ev, Alexej N. (2001): Frühschriften. Hrsg.: Rückriem, Georg. Berlin

Lotman, Juri M. (1990): Über die Semiosphäre. In: Zeitschrift für Semiotik 12, 4, 287–305

Lewin, Kurt (1981): Der Übergang von der aristotelischen zur galileischen Denkweise in Biologie und Psychologie. In: Métraux, Alexandre (Hrsg.): Kurt-Lewin-Werkausgabe Bd. I. Wissenschaftstheorie I. Bern, 233–278

Luhmann, Niklas (1984): Soziale Systeme. Frankfurt a. M.

Lukács, Georg (1987): Die Eigenart des Ästhetischen. Bd. 1 u. 2. Berlin/DDR

Luria, Alexander R. (1982): Sprache und Bewusstsein. Köln

Lurija, Alexander R. (1984): Reduktionismus in der Psychologie. In: Zeier, Hans (Hrsg.): Lernen und Verhalten. Bd. 1: Lerntheorien. In: Kindlers „Psychologie des 20. Jahrhunderts". Weinheim, 606–614

Lurija, Alexander R. (1987): Die historische Bedingtheit individueller Erkenntnisprozesse. Weinheim

Marx, Karl (1970): Das Kapital. Bd. 1. Marx-Engels-Werke (MEW) Bd. 23. Berlin/DDR.

Maturana, Humberto & Varela, Francisco (1987): Der Baum der Erkenntnis. München

Meyer, Dagmar (2007): Dissoziation und geistige Behinderung – über schützende und kreative Dissoziation. Bremen

Möckel, Andreas (2007): Geschichte der Heilpädagogik. Stuttgart

Moor, Paul (1951): Heilpädagogische Psychologie Bd. I. Bern

Moor, Paul (1965): Heilpädagogik. Bern

Moor, Paul (1965): Heilpädagogische Psychologie Bd. II. Bern

Moravia, Sergio (1989): Beobachtende Vernunft. Frankfurt a. M.

Moser, Vera & Sasse, Ada (2008): Theorien der Behindertenpädagogik, München

Neruda, Pablo (1975): Der strahlenden Stadt entgegen. Nobelpreisrede 1971. In: P. Neruda Letzte Gedichte. Neuwied

Popper, Karl R. & Eccles, John (1985): Das Ich und sein Gehirn. 5. Aufl., München

Putnam, Hilary (1979): Die Bedeutung von „Bedeutung". Frankfurt a. M.

Rentsch, Thomas (1989): Paradigma. In: Ritter, Joachim & Gründer, Karl (Hrsg.): Historisches Wörterbuch der Philosophie, Band 7. Basel, 74–81

Sander, Alfred (1990): Integration behinderter Schüler und Schülerinnen auf ökosystemischer Basis.

In: Sander, Alfred & Raidt, Peter Hrsg.): Integration und Sonderpädagogik. St. Ingbert, 41–47

Schore, Allan N. (1994): Affect regulation and the origin of the self. Hillsdale, NJ

Schore, Allan (2001): The effects of secure attachment relationship on right brain development, affect regulation, and mental health. In: Infant Mental Health Journal 22, 7–66

Schützeichel, Rainer (2003): Sinn als Grundbegriff bei Niklas Luhmann. Frankfurt a. M.

Séguin, Edouard (1912): Die Idiotie und ihre Behandlung nach physiologischer Methode (engl. New York 1866). Wien

Sève, Lucien (1973): Marxismus und Theorie der Persönlichkeit. Frankfurt a. M.

Speck, Otto (2003): System Heilpädagogik. Eine ökologisch reflexive Grundlegung. München, 5. Aufl.

Spinoza, Baruch (1977): Abhandlung über die Verbesserung des Verstandes. Hamburg

Spinoza, Baruch (1989): Die Ethik. Hamburg

Spitz, René (1976): Vom Dialog. Stuttgart

Stamenov, Maksim I. & Gallese, Vittorio (2002): Mirror neurons and the evolution of language. Amsterdam

Stein, Anne-Dore (2009): Die Verwissenschaftlichung des Sozialen: Wilhelm Polligkeit zwischen individueller Fürsorge und Bevölkerungspolitik im Nationalsozialismus. Wiesbaden

Stinkes, Ursula (1993): Spuren eines Fremden in der Nähe: das „geistigbehinderte" Kind aus phänomenologischer Sicht. Würzburg

Störmer, Norbert (1991): Innere Mission und geistige Behinderung. Münster

Thimm, Walter (1975): Behinderung als Stigma. Überlegung zu einer Paradigma-Alternative. In: Sonderpädagogik, 5, 4, 149–157

Thimm, Walter (1995): Das Normalisierungsprinzip: eine Einführung. 6. Aufl., Marburg

Thimm, Walter (2006): Behinderung und Gesellschaft: Texte zur Entwicklung einer Soziologie der Behinderten. Heidelberg

Toulmin. Stephen (1981): Voraussicht und Verstehen. Frankfurt a. M.

Toulmin, Stephen (1994): Kosmopolis. Frankfurt a. M.

Tomasello, Michael et al. (2005): Understanding and sharing intentions. In: Behavioral and Brain Sciences 28, 675–735

Trevarthen, Colwyn (2001): Intrinsic motives for companionship in understanding. In: Infant Mental Health Journal 22, 1–2, 95–131

Trevarthen, Colwyn (2003): Infant psychology is an evolving culture. In: Human Development 46, 233–246

Uchtomskij, Alexej A. (2004): Die Dominante als Arbeitsprinzip der Nervenzentren. In: Mitteilungen der Luria-Gesellschaft, 11, 1/2, 25–38

United Nations (2007): Convention on the rights of persons with disabilities. 6. December 2006 New York (United Nations). Deutsche Übersetzung unter: <http://files.institut-fuer-menschenrechte.de/437/UN_BK_Konvention_Internet-Version_FINAL1.pdf> [25.11.08]

Voyat, Gilbert (1984): The World of Henri Wallon. New York

Vygotskij, Lev S. (1975): Zur Psychologie und Pädagogik kindlicher Defektivität. Die Sonderschule, 20, 2, 65–72

Vygotskij, Lev S. (1976): Psychologie der Kunst. Dresden

Vygotskij, Lev S. (1985): Ausgewählte Schriften Bd. 1. Köln (Nachdruck Berlin 2003)

Vygotskij, Lev S. (1987): Ausgewählte Schriften Bd. 2. Köln (Nachdruck Berlin 2003)

Vygotskij, Lev S. (1992): Geschichte der höheren psychischen Funktionen. Münster

Vygotsky, Lev S. (1993): The fundamentals of defectology. Collected Works. Vol. 2. New York

Vygotskij, Lev S. (1994): The problem of the environment. In: van der Veer, René; Valsiner, J. (Ed.): The Vygotsky Reader. Oxford, 338–354

Vygotskij, Lev S. (1996): Die Lehre von den Emotionen. Münster

Vygotskij, Lev S. (1997): The history of the development of higher mental functions. Collected works. Vol. 3. New York

Vygotskij, Lev S. (2001 a): Defekt und Kompensation. In: Jantzen, Wolfgang (Hrsg.): Jeder Mensch kann lernen. Neuwied, 88–108

Vygotskij, Lev S. (2001 b): Zur Frage kompensatorischer Prozesse in der Entwicklung des geistig behinderten Kindes. In: Jantzen, Wolfgang (Hrsg.): Jeder Mensch kann lernen. Neuwied, 109–134

Vygotskij, Lev S. (2001 c): Das Problem des geistigen Zurückbleibens. In: Jantzen, Wolfgang (Hrsg.): Jeder Mensch kann lernen. Neuwied, 135–163

Vygotskij, Lev S. (2002): Denken und Sprechen. Weinheim

Vygotskij, Lev S. (2008): Briefe/Letters 1924–1934. Hrsg.: Georg Rückriem. Berlin

Wissenschaftstheorie und Wissenschaftsgeschichte

Karl-Friedrich Wessel & Thomas Diesner

1 Wissenschaft und Wissenschaftstheorie

Wissenschaft ist Denken innerhalb von Grenzen, nach Regeln und Normen. Die Wissenschaftstheorie ist eine reflexive Theorie, die nach diesen Grenzen, Regeln und Normen fragt. Welche sind die Voraussetzungen wissenschaftlichen Denkens, wo liegen seine Grenzen und was sind seine Regeln?

Wissenschaftstheorie ist auch Wissenschaftsgeschichte. Es wäre keineswegs falsch, sie als Kern der Wissenschaftstheorie anzusehen. Die Wissenschaftsgeschichte beschreibt den Prozess der Wissenschaftsentwicklung von den Anfängen des wissenschaftlichen Denkens bis auf den heutigen Tag. Sie macht uns vertraut mit ihren Irrungen und Wirrungen und vermag dadurch sowohl unsere Sicherheit wie auch eine notwendige Skepsis gegenüber gegenwärtigen Resultaten zu stärken.

Wissenschaftler und Philosophen haben seit Beginn der Entstehung von Wissenschaft immer wieder systematische Betrachtungen über das Wesen, den Sinn und Zweck der Wissenschaft angestellt. Wissenschaftsphilosophien lagen oft metaphysische Annahmen zu Grunde oder sie stellten – wie in einigen frühen Naturphilosophien – einen Versuch zur Begründung eines metaphysischen Systems dar. Die Vorstellung einer Theorie der Wissenschaft, die ihre Strukturen und Voraussetzungen wie auch den Prozess ihrer Entwicklung systematisch untersucht, ist relativ jung. Es ist verständlich, dass es – soweit denn überhaupt sinnvoll – keine einheitliche Auffassung, sozusagen eine Wissenschaftstheorie oder -philosophie, gibt. Wissenschaftstheoretische Ansätze enthalten nicht nur sehr unterschiedliche Voraussetzungen, sondern beziehen sich oft auch auf unterschiedliche Typen von Gegenständen.

Die Relevanz allgemeiner wissenschaftstheoretischer Analysen ist für die naturwissenschaftliche Praxis auch heute noch gering. Nur wenige Wissenschaftler bedürfen einer historisch und systematisch verfahrenden Analysepraxis. Dies liegt darin begründet, dass der Wissenschaftler mit der Aneignung seiner Wissenschaft implizit die Grenzen, Voraussetzungen und Normen der Wissenschaft bzw. der wissenschaftlichen Schule, der er angehört, erlernt. In seiner wissenschaftlichen Praxis würde eine solch theoretische Reflexion schnell hinderlich werden, da die Forschenden sich nicht bei jedem Schritt ihres Vorgehens Rechenschaft darüber ablegen können, welcher Wissenschaftstheorie oder Wissenschaftsphilosophie sie folgen. Diese Praxis stellt einen unbestreitbar erfolgreichen Weg dar, denn das Forschungshandeln kann somit als eine Technik betrieben werden (Gil 2000).

Ob es Wissenschaftstheorie geben sollte oder nicht, diese Frage beantwortet der bisherige Erfolg der Wissenschaftspraxis nicht. Niemand wird bestreiten, dass die Wissenschaftsgeschichte eine unverzichtbare Voraussetzung für das Verstehen von Wissenschaft ist und uns Maßstäbe vermittelt, die uns Orientierungen für wissenschaftliches Arbeiten liefern können. Ohne Geschichte und den wissenschaftstheoretischen Folgerungen aus ihr verlieren wir alle Maßstäbe für eine Orientierung. Es geht dabei nicht um den einzelnen Wissenschaftler, der sich durchaus allen, aus der Geschichte und der Wissenschaftstheorie ergebenden Orientierungen entziehen und dennoch sehr erfolgreich sein kann. Es geht hier um ein grundsätzliches Verständnis für den Wissenschaftsprozess, seine Voraussetzungen und Bedingungen, die sich daraus ergeben, dass Wissenschaft eine Praxis der menschlichen Gemeinschaft ist. Die Erfahrungen der Geschichte benötigen eine Ordnung, die, um orientierend wirken zu können, in einer allgemeinen Wissenschaftstheorie oder Wissenschaftsphilosophie allererst hergestellt werden muss. Grundsätzliche Entscheidungen personeller, ökonomischer, ökologischer und ethischer Art sind ohne eine solche Wissenschaftstheorie weniger treffsicher als mit ihr. Unsere Souveränität im Umgang mit dem von Menschen geschaffenen Wissen wird wachsen, wenn wir uns der Notwendigkeit der Weiterentwicklung der Wissenschaften, ihrer Anwendung und der Beherrschung ihrer Resultate bewusst werden. Aber auch die Klärung der systematischen Dynamik, der Wissenschaftstheorie selbst, bedarf zunehmend der Reflexion, eine Aufgabe, die noch zu leisten sein wird.

Wissenschaftstheorie beschäftigt sich mit Wissenschaft. Daher ist es sinnvoll, zunächst diesen Gegenstand historisch und systematisch zu bestimmen. Die eingangs gegebenen allgemeinen Bestimmungen zeigen bereits Grundsätzliches, bleiben jedoch für eine tiefere Bestimmung des Begriffes unzulänglich. Unter Wissenschaft verstehen wir im Allgemeinen die Tätigkeit des Erwerbs von neuem Wissen durch Forschung, die Weitergabe von Wissen durch Lehre, aber auch ihren organisatorischen Rahmen. Wissenschaftliche Forschung besteht in der methodischen Suche nach Erkenntnissen und ihrer systematischen Dokumentation. Wissenschaftliche Ergebnisse sind intersubjektiv überprüfbar und auf konkrete Fälle anwendbar. Wissenschaften dienen der Lebens- und Weltorientierung, sie erklären Phänomene und können diese voraussagen. Von anderen Orientierungspraktiken unterscheiden sie sich besonders durch eine bestimmte Begründungspraxis und ein nicht jedermann verfügbares (Spezial-)Wissen. In systematischer Hinsicht lässt sich Wissenschaft auch als ein System wahrer Aussagen verstehen.

Aristoteles unterscheidet Wissenschaft (epistéme) von Kunst (techne). Beiden gemeinsam ist die Kenntnis eines Allgemeinen und dadurch die Kenntnis der Gründe und Ursachen der Einzeldinge. Im Unterschied zur Kunst, welche die Kenntnis eines Allgemeinen der Herstellung (poíesis) meint, besteht die Kenntnis der Wissenschaft in einem Allgemeinen von dem, was nicht in unserer Macht steht und zu dem wir nur eine theoretische, d. h. betrachtende Einstellung einnehmen können (Schnädelbach 2002, 145).

Eine wesentliche Neuerung für das Wissenschaftsverständnis der Neuzeit brachte die Erkenntnis, dass Gesetze in mathematischer Form darstellbar sind. Wissenschaftliche Ergebnisse konnten als ein System, vergleichbar dem System der Geometrie, geordnet werden. Ausgehend von definierten Grundbegriffen und Axiomen konnten Erkenntnisse und Voraussagen abgeleitet werden. Spinozas Ethik ist wohl das bekannteste Beispiel hierfür.

Wissenschaft meint immer Wissenschaften, also den Plural. Es gibt nicht die Wissenschaft, sondern immer nur verschiedene Wissenschaften. Die „Pluralisierung des Wissenschaftsbegriffs" (Schnädelbach 2002, 148) fand erst im späten 18. Jahrhundert, im Übergang von der System- zur Forschungswissenschaft, statt. Befreit von der Notwendigkeit der Integration wissenschaftlicher Ergebnisse in ein System, entstanden verschiedene Einzeldisziplinen, die der gängigen Wissenschaftsklassifikation nicht mehr entsprachen. Neue Klassifikationsversuche konnten sich etablieren, wie die Differenzierung in Natur- und Geisteswissenschaften. Zurückgeführt wurde diese auf eine Differenz in der Wissenschaftspraxis, der zwischen primär erklärenden und primär verstehenden Wissenschaften. Dass diese Alternative nicht haltbar ist, zeigen Disziplinen, bei denen eine eindeutige Zuordnung kontraintuitiv, wie bei der Mathematik, oder gar unmöglich, wie bei der Soziologie, Psychologie oder Medizin, wäre (Schnädelbach 2002, 149).

Unter einer Allgemeinen Wissenschaftstheorie verstehen wir Untersuchungen zu Struktur, Begriffen und Methoden zumeist der empirischen Wissenschaften, zu deren

Geschichte und Pragmatik. Bereits 1936 differenzierten Ossowska und Ossowski die Wissenschaftstheorie in fünf Problemgruppen (Ossowska & Ossowski, 1936):

- Philosophie der Wissenschaft
- Psychologie der Wissenschaft
- Wissenschaftssoziologie
- Wissenschaftsorganisation
- Geschichte der Wissenschaften.

Eine ähnliche Differenzierung findet sich in dem Werk Grundlagen der Wissenschaftsforschung von einem Autorenkollektiv aus dem Jahre 1985 (Mikulinski et al. 1988, 32 ff.). Dort wird festgehalten, dass sich gegenwärtig fünf Hauptrichtungen der Wissenschaftsforschung unterscheiden lassen. Es werden genannt:

- Allgemeine Wissenschaftswissenschaft
- Wissenschaftssoziologie
- Wissenschaftspsychologie
- Wissenschaftsökonomie
- Wissenschaftsorganisation.

Auch Hans Poser (Poser 2001, 13 ff.) knüpft an eine solche Differenzierung an. Um Wissenschaft zu begreifen, müsse man Teilfragen benennen, die terminologisch geschiedenen Disziplinen zuzuordnen sind. Er benennt die folgenden:

- Wissenschaftsgeschichte, die mit den Methoden des Historikers den historischen Gang der Wissenschaft zur Darstellung bringt,
- Wissenschaftssoziologie, in deren Zentrum die wissenschaftliche Entwicklung als sozialer Prozess steht,
- Wissenschaftspsychologie, die es erst in Ansätzen gibt und zu deren Qualität sehr verschiedene Standpunkte existieren,
- Wissenschaftspolitik, welche die Wissenschaft als Institution betrachtet (Handlungsnormen im politischen Bereich).

Diesen vier Punkten ist gemeinsam, dass sie auf die jetzige und vergangene Wissenschaftspraxis gerichtet sind. Sie wurden und werden auch als Wissenschaftswissenschaft behandelt, liegen aber auf einer anderen Ebene als die Gegenstände von Wissenschaftsethik und Wissenschaftstheorie:

- Wissenschaftsethik, welche die Verantwortung des Wissenschaftlers thematisiert,
- Wissenschaftstheorie, die sich von allen anderen Sichtweisen auf das Phänomen Wissenschaft dadurch unterscheidet, dass sie nach Wissenschaft als Erkenntnis und den Bedingungen der Möglichkeit wissenschaftlicher Erkenntnis fragt.

Über die Wissenschaftstheorie hinaus reicht die Philosophie der Wissenschaften:

- Wissenschaftsphilosophie als umfassende Theorie systematischen Wissens, die Wissenschaftstheorie voraussetzt.

Wissenschaftstheorie, die nach der Erkenntnis, Voraussetzungen und Regeln, insbesondere aber nach der Wahrheit (Begründung) wissenschaftlicher Aussagen fragt, steht zweifelsohne im Zentrum der oben genannten sieben Punkte. Sie kann allerdings nicht ohne die anderen Disziplinen bestehen. Die Wissenschaftsgeschichte ist eine unverzichtbare Voraussetzung, um Ordnungen, Probleme und Richtungen von Lösungen zu erkennen. Sie wird häufig unterschätzt, weil sie nicht immer konsequent als eine Ideengeschichte unter Berücksichtigung des historischen Kontextes, der ökonomischen, politischen und organisatorischen Bedingungen geschrieben wird. Wissenschaftstheorie und Wissenschaftsgeschichte bilden eine untrennbare Einheit. Sie können ohne einander nicht wirklich ernsthaft betrieben werden. Erst im Miteinander können die Entwicklung der Wissenschaft eingeschätzt und Orientierungspunkte herausgearbeitet werden. Alle anderen Aspekte werden von der Qualität dieses Miteinanders beeinflusst. Die kritische Auseinandersetzung mit dem Wissenschaftsprozess erhält nur so eine solide Basis, lässt uns Irrtümer erkennen, bewerten und souveräner mit ungelösten Problemen umgehen.

Wissenschaftssoziologie vermag die Wissenschaftspraxis zu beschreiben und zu erklären. Ohne die Charakterisierung der sozialen Dimension und die Veränderungsprozesse sozialer Realität ist Wissenschaft und die Dynamik der Wissenschaftsentwicklung nicht erklärbar. Der Wissenschaftsprozess ist im Reproduktionsprozess der Gesellschaft inbegriffen. Eine Trennung von Wissenschaftstheorie, Wissenschaftspolitologie und Wissenschaftsökonomie ist undenkbar. Wissenschaft ist in Organisationen eingebunden, die mit Strukturen, Formen und dem Charakter anderer Organisationen verbunden und gleichzeitig von ihnen abhängig ist. In welchem Freiraum Wissenschaft betrieben wird, hängt nicht zuletzt von diesen Organisationen ab. Es ist nicht zu übersehen, dass immer wieder verschiedene Qualitäten der Unabhängigkeit beschrieben werden können, dass es Forscher gegeben hat, die gegen die Organisationen und ihre Zwänge die Wahrheitssuche entschieden vorangetrieben haben. Dies ist ein Hinweis auf die Bedeutung der Wissenschaftspsychologie. Wissenschaftliche Erkenntnis wird nicht zuletzt von Wissenschaftlern produziert. Auch über ihre persönlichen Voraussetzungen (Bildung, Charaktereigenschaften, Orientierungen) sind ihre wissenschaftlichen Leistungen erklärbar. Es ist eine Aufgabe der Wissenschaftspsychologie, die Voraussetzungen von erfolgreichen Individuen im Wissenschaftsprozess zu untersuchen. Es ergibt sich ein enger Zusammenhang zu einer Wissenschaftsgeschichte, welche die Biographien von Wissenschaftlern untersucht und auf deren allgemeine Voraussetzungen hinweist. Dass biographische Aspekte zumeist ignoriert werden, jedenfalls dann, wenn sie nicht der momentanen Wissenschaftspolitik entsprechen, ist eine bedauerliche Tatsache. Sehr selten werden in der ohnehin erst in den Kinderschuhen steckenden Wissenschaftspsychologie Gruppenphänomene beachtet. Für den Werdegang der Wissenschaftlerpersönlichkeit sind die Veränderungen der Umgebung äußerst bedeutsam: Welche Lehrer, welche gleich oder anders gesinnten Begleiter waren und sind vorhanden? Welche Struktur weist die jeweilige Umgebung, insbesondere der weitere und enge Personenkreis auf? Zu berücksichtigen sind auch die Bewegungs-räume, die ein Individuum sich zu nehmen in der Lage ist oder mit denen es konfrontiert wird. Damit sind nicht nur ökonomische Einschränkungen oder Spielräume gemeint, die zweifelsohne eine hohe Bedeutung haben, sondern auch politische und normative, die durch Personen oder Gruppen von Personen vermittelt werden.

Die erst in letzter Zeit stark in den Vordergrund getretene Wissenschaftsethik beinhaltet Problemkreise, die schon immer mit der Praxis der Wissenschaften, so im Begriff des Humanismus, verbunden waren und sind. Der hippokratische Eid ist ein Beispiel, wie weit ethische Fragen in die Wissenschaftsgeschichte zurückreichen. Die Möglichkeit des Eingriffs in Naturprozesse fordert auch die Verantwortung des Wissenschaftlers. Die Ethikkommissionen in der Medizin sind nur ein Beispiel und weisen nur auf die Spitze des Eisberges ethischer Probleme, die ungelöst bleiben oder einfach ignoriert werden.

All die bisher genannten Bereiche tangieren nur die Phänomene, die der Wissenschaftstheorie in einem engeren Sinne zugeordnet werden können. Im Ensemble der genannten Problemfelder stellt sie, als ein Teilgebiet der theoretischen Philosophie, den Kern der Allgemeinen Wissenschaftstheorie dar. Darunter verstehen wir eine Reflexion auf Strukturen wissenschaftlicher Theorien und deren Begriffsbildung (Wissenschaftssemantik), die Einschätzung und Beurteilung von Wissensansprüchen (Methode) und die Reflexion auf die Konsequenzen wissenschaftlicher Theorien (Theorienexplikation) (Carrier 1996, 738). In ihrer methodischen Reflexion auf die Beurteilung von Wissensansprüchen steht sie in enger Gemeinschaft mit der Erkenntnistheorie.

Naturgemäß gibt es sehr unterschiedliche Standpunkte, die sowohl von unterschiedlichen philosophischen Systemen ausgehen als auch in diese münden. Daher ist verständlich, dass die Auffassungen von konsequent logischen Ansätzen und Modellen bis hin zu skeptischen Fragen reichen. So stellte Paul Feyerabend die Frage, ob Wissenschaftstheorie, die Suche nach Methoden und Kriterien der Forschung, eine bisher unerforschte Form des Irrsinns sei und postulierte den Grundsatz „Anything goes" (Feyerabend 1986, 21). Wichtig ist auf jeden Fall Feyerabends Hinweis, dass methodische Regeln als Instrumente anzusehen sind, die wir benötigen. Allerdings, so Feyerabend, ist „kein Instrument […] gut genug, um alle Aufgaben zu erfüllen, jedes Instrument hilft in manchen Fällen, schadet in anderen, und es gibt Situationen, in denen wir ganz neue Instrumente erfinden müssen, ebenso wie wir neue Fortbewegungsmittel erfinden mussten beim Übergang vom Land zum Wasser" (Feyerabend 1978, 294). Damit soll nicht der Beliebigkeit das Wort geredet, jedoch auf zwei Sachverhalte verwiesen werden, die nur schwer in ein Gleichgewicht zu bringen sind. Erstens benötigt die Wissenschaft Regeln und Grenzen, um sich von nicht-wissenschaftlichen Aussagen zu unterscheiden, und zweitens ist die Offenheit des Systems der wissenschaftlichen Aussagen mit der Verletzung von Regeln bzw. der Suche nach neuen Regeln verbunden. Diese beiden Punkte sind in der Wissenschaftspraxis nicht voneinander zu trennen. Entscheidend ist, dass das System von Aussagen, welches Wissenschaft genannt zu werden verdient, ein offenes, stets revidierbares System bleibt.

Dieser Aufgabe hat sich auch die Wissenschaftsphilosophie zu stellen. Wissenschaftsphilosophische Ansätze müssen nicht nur ein hohes kritisches Potenzial entfalten können und dabei die Lebensansprüche der Menschen mit berücksichtigen, sie müssen auch naturphilosophische und weltanschauliche Einflüsse zulassen bzw. relativieren können. Es wäre einseitig nur eine philosophische Konzeption zu favorisieren. Wenden wir uns den wichtigsten Grundbegriffen der engeren Wissenschaftstheorie zu.

2 Grundbegriffe der Wissenschaftstheorie

2.1 Wissen

Zweifelsohne ist der Begriff des Wissens für eine Wissenschaftstheorie grundlegend. Hier begegnen sich Wissenschafts- und [→] Erkenntnistheorie. Wissen ist immer dispositional und propositional. Es bezeichnet ein Vermögen, einen Besitz – es ist ein Dispositionswort –, und es tritt immer in der Form „X (jemand) weiß, dass p (‚p' für einen ganzen Satz)" auf (Schnädelbach 2002, 33). Im Unterschied zum Meinen und Glauben stellt Wissen eine auf Begründung (Rechtfertigung) und Überprüfung (Intersubjektivität) bezogene Kenntnis dar. Im Anschluss an Platons Theätet versteht man unter Wissen eine wahre gerechtfertigte Überzeugung. Auch wenn diese Definition für einige Fälle unvollständig bleibt (vgl. Gettier, vgl. Bieri 1987, 91 ff.), beinhaltet sie die wichtigsten Kriterien zur Unterscheidung und Abgrenzung eines Wissensbegriffs von anderen Wissensformen wie Vorstellung, Wahrnehmung, Erinnerung und Erfahrung als Grundlage der Wissenschaften.

2.2 Erklärung

Wissenschaft als Forschungspraxis zielt auf Erklärung – und damit auf Prognose und Kontrolle – von Ereignissen. Erklärungen sind – umgangssprachlich – Antworten auf „Warum-Fragen", die Rückführung des Eintretens eines Ereignisses auf seine Ursachen bzw. dessen Einordnung in allgemeine gesetzmäßige Zusammenhänge. Ein grundlegendes Verständnis der Struktur einer wissenschaftlichen Erklärung bietet das von Hempel und Oppenheim formalisierte Schema. Bei aller Kritik stellt es die paradigmatische Beschreibung dessen dar, was wir unter der Struktur einer wissenschaftlichen Erklärung verstehen wollen.

Im Hempel-Oppenheim (HO)-Schema unterscheidet man zwischen Explanans und Explanandum. Das Ereignis, das Explanandum (das, was zu erklären ist) wird vermittels eines Schlusses oder einer Ableitung aus Gesetzesaussagen ($L_1 \dots L_n$) und Antecedens- oder Randbedingungen ($C_1 \dots C_n$), den beiden Explanans, erklärt. Bspw. erklärt das Gravitationsgesetz – als allgemeines Gesetz – das Phänomen der Anziehungskraft der Erde genauso wie das Phänomen, dass die Planeten in elliptischen Bahnen um die Sonne kreisen, und ermöglicht präzise Vorhersagen der Bewegungen von Planeten, Monden und Kometen.

Neben der formalen Korrektheit, wahre Aussagen in andere wahre Aussagen zu transformieren, muss ein solcher Schluss weiteren Bedingungen bzw. Anwendungsregeln genügen. So muss das Explanans mindestens ein allgemeines Gesetz enthalten und empirischen Gehalt aufweisen. Außerdem müssen alle Sätze des Explanans wahr sein, womit Fälle ausgeschlossen werden sollen, die zwar formal korrekt, jedoch nicht sinnvoll und somit auch nicht akzeptabel sind (Poser 2001, 47). Diese Anwendungsbedingungen werden uns noch beschäftigen.

Es lassen sich verschiedene Typen von Erklärungen beschreiben, denen wir uns nun zuwenden wollen. Die Allgemeinheit des HO-Schemas gewährleistet die Objektivität und Begründetheit einer Anzahl verschiedener Erklärungstypen, insbesondere die von Voraussagen, Retrodiktionen, Gesetzeserklärungen und statistischen Erklärungen.

Als häufigste und erfolgreichste Form der Erklärung bezieht sich die deduktiv-nomologische Form des HO-Schemas auf Kausalgesetze. Kausalität beschreibt das Verhältnis von Ursache und Wirkung. Es ist nicht zu verwechseln mit der Relation zwischen Grund und (logischer) Folge. Umstritten ist, ob als Ursachen nur wirkende Ursachen oder auch finale Ursachen (Teleologie) anzusehen sind.

Funktionale und intentionale Erklärungen (bspw. in biologischen Theorien oder Handlungserklärungen) sind mit diesem Problem konfrontiert. Handlungen oder Anpassungsstrategien lassen sich über ihre Ziele erklären. Problematisch ist, dass in diesem Fall die (fi-nale) Ursache zeitlich nach der Wirkung folgt. Diesem Problem versuchen gegenwärtige Ansätze zu begegnen. Intentionale Handlungen beziehen sich nur noch auf menschliche Handlungen, nicht auf zielgerichtete biologische Prozesse. Die Erklärung erfolgt nach dem praktischen Syllogismus als Ziel-Mittel-Zusammenhang.

Funktionale Erklärungen, die in den Lebenswissenschaften eine große Rolle spielen, stellen hierarchische Beziehungen innerhalb eines oder in Bezug auf ein System dar. Zwei Deutungen bestimmen die Debatten: die dispositionale und die ätiologische/teleologische Deutung. Eine dispositionale Funktionszuschreibung erklärt, was der Funktionsträger zur Leistung des Systems beiträgt, zu dem er gehört, ihren adaptiven Wert. Dieser monistische Ansatz entspricht dem deduktiv-nomologischen Erklärungsschema. Unter dem Explanandum einer funktionalen Erklärung wird die Wirkung oder Rolle eines Organs oder Gliedes verstanden, die es in einer Kausalkette oder in einem Teilsystems eines komplexeren Systems spielt (Ernest Nagel 1961, vgl. McLaughlin 2005, 24 f.). Der Satz „Merkmal M des Systems S hat die Funktion F" bedeutet: 1. M tut F in S oder kann mindestens F tun, und 2. F trägt zum Ziel des Systems S bei (bspw. Überleben) (McLaughlin 2005, 25).

Eine teleologische/ätiologische Funktionszuschreibung erklärt, woher ein Merkmal kommt, warum oder wozu es da ist. Sie ist eine funktionale Erklärung des phylogenetischen/ontogenetischen Da- und Soseins des Funktionsträgers. Carl-Gustav Hempel (1965) hat den ätiologischen Erklärungsanspruch von Funktionszuschreibungen damit zurückgewiesen, dass in einer deduktiv-nomologischen Form mindestens ein Argument ungültig wäre. Kritiker Hempels halten am teleologischen Erklärungsanspruch fest und rechtfertigen eine ätiologische Deutung. Für sie gibt es keine Verwendung des deduktiv-nomologischen Erklärungsschemas mehr. Funktionen sind in diesem pluralistischen Ansatz eine wirkliche (ontologisch) und historisch wirksame Teilmenge der verschiedenen möglichen Wirkungen einer Systemkomponente. Natürliche Selektion stellt somit eine Erklärung des Beitrags individueller Merkmale (tokens) zum „Erfolg" des Organismus dar (McLaughlin 2005, 28).

Nicht nur für das HO-Schema der Erklärung, sondern auch für jeden anderen wissenschaftlichen Erklärungs- und Begründungszusammenhang ist dessen Objektivität notwendig. Wie bei der Darstellung des HO-Schemas bereits erwähnt, soll diese durch vier Bedingungen gewährleistet werden.

Auf die erste Forderung möchten wir nicht weiter eingehen, es ist die Folgerungsbedingung. Nach ihr muss der Schluss vom Explanans auf das Explanandum korrekt sein. Der Bereich der formalen Logik beschäftigt sich damit.

Der zweiten Forderung, der Gesetzesbedingung gemäß, muss das Explanans mindestens ein allgemeines [→] Gesetz enthalten. Den Begriff des Gesetzes bzw. Naturgesetzes wiederum kennzeichnen zwei Bedingungen: die Universalitätsbedingung und die Kontrafaktizitätsbedingung. Ein Naturgesetz wird als eine All-Aussage expliziert, die weder räumlich noch zeitlich in ihrer Gültigkeit eingeschränkt ist und sich in kontrafaktischen Aussagen sinnvoll verwenden lässt. Letztere Bedingung stellt ein Kriterium dafür da, Aussagen, die wie Gesetze aussehen, von Naturgesetzen zu unterscheiden („Wenn meine Katze bellen würde, wäre sie ein Hund") (Poser 2001, 65 ff.).

In den Lebenswissenschaften, bspw. bei der Erklärung oder Beschreibung von Entwicklungsprozessen, ist man oft auf die Verwendung des Regelbegriffs mit einem schwächeren Anspruch auf Verallgemeinerbarkeit und Universalität angewiesen. Dies hat u. a. auch seinen Grund in einer allgemeinen Kontextabhängigkeit, die lebenswissenschaftliche Erklärungen notwendig mit berücksichtigen müssen. Einfache Kausalbeziehungen sind nicht ohne weiteres feststellbar. Man ist mit einer Komplexität von Ursachen und Wirkungen konfrontiert, die andere Beschreibungsmodelle erfordern. Die Formulierung

von Regeln erfolgt dementsprechend vor dem Hintergrund allgemeiner Konzepte. Von Regeln zu unterscheiden sind Hypothesen. Regeln als Hypothesen anzusehen ist nicht sinnvoll, da Regeln im Kontext von Erklärungen, dagegen Hypothesen mehr im Kontext empirischer Bestätigung zu finden sind.

Eine dritte Bedingung der HO-Erklärung ist die Signifikanzbedingung: das Explanans muss empirischen Gehalt aufweisen. Das bedeutet, dass nur Inhalte, auf die man verweisen kann, die mitteilbar und damit überprüfbar sind, als Aussagen in einer wissenschaftlichen Erklärung akzeptiert werden. Problematisch wird diese Bedingung, fragt man genauer, was als empirischer Gehalt zu verstehen ist. Der Wiener Kreis führte in metaphysikkritischer Absicht ein Sinnkriterium ein, das den Sinn eines Begriffes auf seine Wahrnehmungs- oder Sinnesdaten zurückführt. Ein Satz ist dann nur sinnvoll, wenn dieser auch verifiziert, d. h. empirisch bestätigt werden kann. Die Möglichkeit von Sinnestäuschungen und der Umgang mit Dispositionsbegriffen (löslich, zerbrechlich usw.) führten zur Kritik einer solchen, phänomenalistischen Beobachtungssprache. Einer Rückführung von Aussagen auf Sinnesdaten hielten Theoretiker, wie Karl R. Popper, die These der Theoriebeladenheit der Beobachtung entgegen. Demnach verfügen wir nie über Beobachtungen frei von jeglichen theoretischen Vorannahmen. Beobachtungsdaten sind nicht isolierbar. Auch Wahrnehmungen sind immer schon Urteile.

Eine Konsequenz dieser Einsicht besteht in einer Bedeutungstheorie, in der Begriffe einen Sinn nur im Kontext ihrer Sprache haben. Die Bedeutung eines Ausdrucks besteht nicht im Bezug auf einen Gegenstand, der Referenz, sondern nur in der Rolle, die es innerhalb eines sprachlichen Systems spielt. Beispielsweise ist die Farbe „grün" nicht ohne die anderen Farbbegriffe sinnvoll (vgl. Sellars). Einen besonderen Fall stellen theoretische Begriffe, wie Kraft, Energie oder Atom, dar. Eine vollständige Rückführung auf eine theoriefreie Beobachtung ist nicht möglich, oder anders wissenschaftliche Theorien und Begriffe sind empirisch unterbestimmt (Duhem-Quine-These).

2.3 Geltung

Die Sätze, aus denen das Explanans der HO-Erklärung besteht, müssen wahr sein, so die vierte Bedingung, die Wahrheitsbedingung. Wahrheit ist nicht in der Welt zu finden, sondern kann immer nur Aussagen und Sätzen zugeschrieben werden [→ Wissenschaft und Wahrheit]. Im Unterschied zu Rechtfertigung und Geltung ist Wahrheit ein Metaprädikat der Form „‚p' ist wahr (für ‚p' als die Bezeichnung des geäußerten Sachverhalts p)", also ein Prädikat, das auf Prädikationen angewendet wird (Schnädelbach 2002, 178). Es gibt verschiedene Auffassungen für die Verwendung des Wahrheitsprädikats. Diese Wahrheitsauffassungen lassen sich in epistemische und nicht-epistemische Auffassungen klassifizieren (vgl. Künne 1985, 122 ff.). Epistemische Wahrheitsauffassungen versuchen Wahrheit als einen Modus des Für-wahr-Haltens zu beschreiben. Evidenztheorien, Konsens- und Diskursmodelle sowie – mit Einschränkungen – Kohärenzmodelle zählen hierzu. Nicht-epistemische Wahrheitsauffassungen erkennen den Zusammenhang zwischen Wahrheit und dem Für-wahr-Halten nicht an. Etwas kann wahr sein, obwohl es von allen als falsch angesehen wird. Wahrheit, so Gottlob Frege, ist deshalb „unabhängig davon, dass es von irgendeinem anerkannt wird" (Frege 1893, XV f.). Hierzu zählen Auffassungen, wie das Redundanzmodell und das bekannte Korrespondenzmodell. Letzteres definiert Wahrheit als Übereinstimmung von Satz und Tatsache: „‚p' ist wahr genau dann, wenn p" (Schnädelbach 2002, 181). Dass es sich hier nur um eine Nominaldefinition handeln kann, stellte bereits Kant heraus (Kant 1787/1911, KrV, A 58/B 82). Wahrheitsdefinitionen epistemischer Wahrheitsauffassungen bleiben jedoch im Vergleich zur Korrespondenzbedingung ungenügend. Umgekehrt eignen sie sich eher dazu, ein entsprechendes Wahrheitskriterium anzugeben, über welches Korrespondenz überhaupt erst festgestellt werden kann.

Im Unterschied zum einstelligen Wahrheitsprädikat ist Geltung dreistellig, „denn etwas gilt immer nur als etwas für jemanden" (Schnädelbach 2002, 184). Neben dem Kohärenzkriterium sind es besonders zwei Methoden der epistemischen Bestätigung, die in der Geschichte der Wissenschaftstheorie vertreten wurden, das Verfahren der Verifikation (Logischer Empirismus) und der Falsifikation (Popper). Verifikation stellt eine Methode dar, bei der eine universelle Aussage mit Hilfe von singulären Aussagen bestätigt werden soll. Popper wendet gegen den Verifikationismus die Unmöglichkeit einer vollständigen Bestätigung universeller Aussagen ein. Theoretische Sätze sind als Hypothesen anzusehen, deren Stärke nur in der Praxis ihrer Widerlegung erwiesen werden kann. Nach Popper können sich Theorien nur bewähren, nicht aber wahrscheinlich gemacht werden oder als wahr erwiesen werden. Eine Aussage ist genau dann falsifiziert, wenn es einen Beobachtungssatz gibt, der sie widerlegt. Falsifizierbarkeit dient somit auch als Abgrenzungskriterium von empirischen und nicht-empirischen Sätzen (bspw. der Mathematik). Hans Albert verschärft seine Kritik am Verifikationismus. Das so genannte Münchhausen-Trilemma beschreibt die methodischen Schwierigkeiten eines deduktiven Begründungsverständnisses. Deduktion, also das Rückführen der Geltung von Aussagen auf die Geltung anderer Aussagen, steht vor drei angreifbaren Alternativen: dem unendlichen Begründungsregress, dem Begründungszirkel oder der dogmatischen Auszeichnung einer Begründungsbasis. Die bereits erwähnte holistische Wende, die mit der Duhem-Quine-These vollzogen wird, bereichert die Begründungsdebatte um das Kohärenzkriterium. Die These besagt, dass nie einzelne Aussagen oder Sätze isoliert empirisch verifiziert oder falsifiziert werden können. Eine Theorie besteht aus vielen miteinander verknüpften Aussagen, die miteinander ein möglichst kohärentes Ganzes ergeben.

3 Wissenschaftsgeschichte

Während die Wissenschaftstheorie nach Grundlagen und Voraussetzungen der Wissenschaften fragt, stellt die Wissenschaftsgeschichte eine Reflexion zum einen auf die Entstehungsgeschichte und die historischen Kontexte der Wissenschaften, ihrer einzelnen Disziplinen, Theorien, Konzepte und Begriffe, und zum anderen auf Entwicklungsmuster bzw. die Struktur des wissenschaftlichen Wandels dar. Die Unterscheidung von Entdeckungs- und Begründungszusammenhang (vgl. Reichenbach 1838, § 1) findet hierin ihren Ausdruck. Dabei muss berücksichtigt werden, dass die Wissenschaftsgeschichte selbst in ständiger Bewegung ist. Ihre Akzeptanz ist meist sehr oberflächlich und die vielen Momente der Pluralisierung wissenschaftlicher Rationalität sind gerade erst im Begriff erschlossen zu werden. Oft wenig Beachtung findet der Zusammenhang von wissenschaftlicher Praxis mit der Vielschichtigkeit des gesellschaftlichen Lebens (Laitko 2008, 265 ff.). Die unterschiedlichen Perspektiven von Wissenschaftstheorie und -geschichte ergänzen einander, stehen jedoch – wie wir sehen werden – in einem problematischen Verhältnis.

Wissenschaftsgeschichte belehrt uns über die Relativität und Kontingenz unserer jeweiligen Annahmen, nicht im Sinne einer Beliebigkeit, sondern einer evolutiven Folge von Systemen und Teilsystemen. Erst im historischen Prozess werden Unvollkommenheiten und Irrtümer sichtbar. Betrachtet man die Entwicklungsgeschichte der Wissenschaften, so wird man feststellen, dass das Problem nicht im Entstehen von Unvollkommenheiten und Irrtümern besteht, sondern im Beharren auf diesen. Wiederum ist ein konservatives Verhalten erforderlich, um nicht beliebigen und unbegründeten Veränderungen zum Durchbruch zu verhelfen. Die Entwicklung der Wissenschaften ist in diesem Sinn als ein dialektischer Prozess beschreibbar, der sich in einem zeitlichen Rahmen abspielt und längst nicht immer den methodischen Regeln folgt, welche

die Wissenschaftstheorie vorgibt. Bedeutsam wird die Kenntnis der Wissenschaftsgeschichte für die reflexive Einordnung gegenwärtigen wissenschaftlichen Handelns bspw. in komparativer Hinsicht mittels typologisierender, letztlich auch analogisierender Verfahren.

In historisch soziologischer Hinsicht lässt sich feststellen, dass zu verschiedenen Zeiten ganz unterschiedliche Schwerpunkte gesetzt und entsprechende Wissenschaftsdisziplinen, mit ihren jeweiligen Gegenständen, hervorgebracht wurden. Institutionalisierungszwänge führten zu fakultativen Zuordnungen, die unserem gegenwärtigen Verständnis vom Charakter dieser Wissenschaft nicht immer entspricht. Man denke dabei an die artes liberales der lateinischen Antike und des Mittelalters: das sprachliche Fertigkeiten betreffende Trivium (Grammatik, Rhetorik, Dialektik) und das mathematische Fertigkeiten betreffende Quadrivium (Arithmetik, Geometrie, Astronomie und Harmonienlehre), im Gegensatz zum Humanismus: den Humaniora (Grammatik, Rhetorik, Poetik, Logik, Moral, Geschichte) und den Fächern, die Basis der neuzeitlichen mathematischen scientiae werden (Lorenz 1995, 186).

Auf die Bedeutung des wissenschaftlichen Wandels verwies Thomas S. Kuhn (1962) in seinem Werk „The Structure of Scientific Revolutions" und versuchte in einer allgemeinen Theorie den Wandel der Strukturen abzubilden. Kuhn bindet wissenschaftliche Theorien und Erklärungen an [→] Paradigmen, welche die Perspektiven und Ordnungsstrukturen wissenschaftlicher Praxis einer Zeit bestimmen. Diese Paradigmen stellen die für diese Zeit grundlegende Deutung der Welt dar. In der Entwicklung der Wissenschaften lösen Paradigmen andere, veraltete Paradigmen ab. Diese Prozesse beschreibt Kuhn als wissenschaftliche Revolutionen. Ausgelöst werden sie durch in der wissenschaftlichen Praxis einer Zeit nicht mehr zu ignorierende Anomalien. Die Wissenschaft gerät in eine Grundlagenkrise, in der dann viele Sichtweisen miteinander konkurrieren. Diejenige Sichtweise, die sich letztlich durchsetzt, stellt das neue Paradigma für die Normalisierung der weiteren wissenschaftlichen Praxis dar. Auf Grund der Inkompatibilität der Paradigmen zueinander sind nur Theorien innerhalb eines Paradigmas vergleichbar, ihre Geltung ist letztlich relativ.

Dem damit angesprochenen Verhältnis von Wissenschaftsgeschichte und Wissenschaftstheorie widmet sich besonders Imre Lakatos. Die Inkompatibilität der Paradigmen hatte für Kuhn zur Folge, dass ein wissenschaftlicher Fortschritt letztlich nicht beschreibbar und begründbar ist. Kuhns praxisnaher Ansatz wird mit einem Relativismus erkauft, der wissenschaftlichen Geltungsansprüchen entgegensteht. Dagegen bleiben wissenschaftstheoretische Grundlegungen oft der Praxis der Forschung fern, so bei Popper, bei dem Begründungszusammenhänge im Mittelpunkt seiner Falsifikationstheorie stehen.

Eine Vermittlung beider Ansätze versucht Lakatos, indem er Poppers Falsifikationismus dahingehend entschärft, dass ein „harter Kern" der Theorie (entsprechend dem Kuhnschen Paradigma) durch Einzelbeobachtungen nicht mehr falsifizierbar ist. Nur der diesen umgebende „Gürtel" aus stützenden Hilfshypothesen bleibt einer Falsifizierung zugänglich. Seine Methodologie wissenschaftlicher Forschungsprogramme gewährleistet die Methode der Falsifikation für die Veränderungen im „Hypothesengürtel", ohne die Forschungspraxis zu vernachlässigen. Der Kuhnsche Relativismus wird aufgefangen, ohne die Praxis und ihre Geschichte zu vernachlässigen.

4 Dynamik und Komplexität. Wissenschaftstheoretische Konzepte in den Humanwissenschaften

Durch die Differenzierung in den Wissenschaften, ihre Spezialisierung auf einzelne Gegenstandsbereiche konnten sich neue Disziplinen etablieren. Diese Pluralisierung der Wissenschaften führte nicht nur zu den bekannten großen Erfolgen, sondern hatte auch eine Vernachlässigung umfassender Zusammenhänge und das Fehlen allgemeiner integrierender und interpretierender Konzepte zur Folge. Nicht selten gewann zu einem bestimmten Zeitpunkt eine Methode die Oberhand, die gerade zur Verfügung stand oder die am erfolgversprechendsten erschien und nicht diejenige, die angemessen gewesen wäre. Wie lange die Wissenschaft methodische Einseitigkeit erträgt, ja geradezu voraussetzt, ist eine Aufgabe der Wissenschaftsgeschichte. Dass wir auch heute noch nicht auf die Angemessenheit der Methoden ausreichend achten, belegen Probleme, die wir besonders mit der Komplexität dynamischer Systeme in den Humanwissenschaften verbinden [→ Methodologie und Methode].

Die Wissenschaften vom Menschen bezeichnen wir zusammenfassend als Humanwissenschaften. Zu ihnen gehören unter vielen anderen: Anthropologie, Medizin, Psychologie, Humanbiologie, Soziologie, Pädagogik und Rehabilitationswissenschaften. Humanwissenschaften zeichnen sich – auf Grund der besonderen Komplexität ihres Gegenstandes – dadurch aus, dass sie ihr Wissen im Zusammenwirken ganz unterschiedlicher Bereiche der Natur-, Geistes- und Gesellschaftswissenschaften gewinnen. In methodischer Hinsicht entspricht dies einer Synthese verschiedener Perspektiven. Eine zweite Eigenschaft der Humanwissenschaften ist ihre historische Orientierung. Sie sind historische Wissenschaften und zwar in einem doppelten Sinne. Der Mensch als Gattungswesen ist nur phylogenetisch, also über seine Stammesgeschichte zu begreifen, und das menschliche Individuum nur unter Berücksichtigung seiner Ontogenese zu erkennen (Tembrock, 1980; Wessel, 1999, 2007). Diese Charakterisierung der Humanwissenschaft verlangt in methodischer Hinsicht eine Sensibilität, bei der weder die Geschichtlichkeit noch die strukturelle Komplexität ihres Gegenstandes vernachlässigt werden sollte. Dies gilt ebenfalls für die Beschreibung des Menschen in seinem Verhältnis von konstanten und individuellen Entwicklungsmerkmalen.

4.1 Die „Biopsychosoziale-Einheit-Mensch"

Die Entfaltung der Humanwissenschaften hat eine lange Geschichte, die immer wieder in neue Disziplinen und Begriffe mündete. Nicht selten wurden reduktionistische Programme verfolgt. Beispielhaft sind die Debatten um eine mechanistische Interpretation des Menschen. Bekannt ist der Titel eines Werkes des französischen Arztes und Philosophen Julien Offray de La Mettrie „L'homme machine" (La Mettrie 1990), das er 1748 anonym veröffentlichte, oder die Mechanismus-Vitalismus-Kontroversen, deren letzte im 19./20. Jahrhundert besonders von Wilhelm Roux und Hans Driesch ausgetragen wurde. Während dem Mechanismus Roux eine physikalisch-chemische Erklärung der Entwicklung von Organismen ausreichte (Roux 1895), betonte der Vitalismus Drieschs die Besonderheit des lebenden Organismus mit der Annahme eines eigenständigen Lebensprinzips, der Entelechie (Driesch 1921). Ludwig von Bertalanffy versuchte, zwischen beiden Positionen zu vermitteln und entwickelte sein eigenes, organismisches Konzept, in dessen Zentrum der Begriff der Organisation steht (Bertalanffy 1928). Der Organizismus ist keine einfache holistische Position, auch wenn die Ganzheit des Organismus betont wird. Im Gegensatz zum Holismus ist diese Ganzheit strukturiert. Über die [→] Systemtheorie verbreitete sich das Verständnis von Lebewesen als organisierte Einheiten bis auf unsere heutigen Tage. Zu nennen sind u. a. die Theorie der Autopoiesis von Humberto Maturana und Francisco J. Varela (Maturana & Varela 1980), sowie die Selbstorganisationstheorie von Stuart Alan Kauffman (Kauffman 1993).

Ein anderer, daran anschließender Ansatz besteht im Begriff der „Biopsychosozialen-Einheit-Mensch", wie er in den 1980er Jahren von dem Verhaltensbiologen Günter Tembrock, dem Endokrinologen Günter Dörner und dem Philosophen Karl-Friedrich Wessel begründet worden ist (Wessel 1999, 2007). Gemeint ist hiermit der Versuch, mit einem neuen konzeptuellen Begriff die Komplexität des menschlichen Individuums besser erfassen zu können. Das Konzept der biopsychosozialen Einheit entstand im Zwischenraum biologischer (biologistischer) und soziologischer (soziologistischer) Ansätze. Beide Ansätze lieferten unverzichtbare Konzepte für eine Annäherung an das Wesen des Menschen, blieben jedoch weit hinter der Komplexität ihres Gegenstandes zurück. Der Komplexität des Menschen gerecht zu werden, gelingt aber nicht in einem summarischen Zusammenfassen von unterschiedlichen Ansätzen. Dies würde nur zu neuen Gegensätzen und Ungereimtheiten führen. Repräsentation von Komplexität verlangt eine Synthese von Ergebnissen und Perspektiven unter einem strukturierenden Begriff oder Fokus, einem „Systemgedanken, der das Material zu organisieren erlaubt" (Gehlen 1950, 17).

Die Ebenen, die den Begriffen „sozial", „biotisch" und „psychisch" entsprechen, sind hierarchisch geordnet (Bertalanffy 1968, 27) und lassen sich in einem enkaptischen Zusammenhang darstellen (Tembrock 1994, 50). Die phylogenetisch erste Ebene ist die biologische Ebene, ihr folgt die psychische Ebene bis hin zur Entwicklung der sozialen Ebene. Die Ebenen stehen zueinander in einem Determinationsverhältnis, in dem die Eigenschaften der phylogenetisch späteren Ebene relativ zu denen der früheren Ebene bestimmt sind. Mit der Berücksichtigung der Entwicklungsdynamik des Individuums wird das Verhältnis der Eigenschaften der Ebenen zueinander interessant. Die phylogenetisch vorausgehende Ebene determiniert die potenziellen Möglichkeiten der folgenden Ebene. Immer ist jedoch auch die Rückwirkung der folgenden auf die vorausgehende Ebene zu berücksichtigen. Die jeweils grundlegendere Ebene verfügt allerdings über relativ feste Grenzen. Jede Ebene besitzt eine Stabilität, die irreversibel ist. Die

Stabilität der biologischen Ebene ist jedem Individuum im Sinne von genetischer Vererbung „eingebrannt" und damit auch die Möglichkeit der biopsychosozialen Einheit, die sich lebenslang verändert und entwickelt. Es ist unsinnig, danach zu fragen, welcher Teil der Einheit wichtiger sei. Diese Einheit ist ein System mit der Qualität „Mensch", welches auf keine Ebene verzichten kann und zwar ganz unberührt von der tatsächlichen Vielfalt der menschlichen individuellen Existenz. Hervorhebungen der einen oder anderen Ebene haben ihre Berechtigung, solange dadurch nicht die Einheit zerstört oder in Frage gestellt wird. Niemand wird beispielsweise die biologische oder psychologische Ebene zu Gunsten der sozialen Ebene leugnen wollen (Wessel 1999).

Dennoch ist klar, dass die Bewertung dieser Ebenen sehr vom Charakter der Gesellschaft abhängt. Wie die vielfältigen Varianten menschlichen Daseins, so genannte Behinderungen eingeschlossen, bewertet werden, ist ein Ausdruck der Zivilisation bzw. der Qualität der Humanität, die eine Gesellschaft erreicht hat. Wie weit wir der „Wahrheit" über den Menschen nahe kommen, hängt ganz entscheidend davon ab, ob wir ein hinreichendes Verständnis für die biopsychosoziale Einheit des Menschen gewinnen.

4.2 Die Ökologie der Humanontogenese

Karl Marx schreibt in seinen Thesen über Feuerbach: „Aber das menschliche Wesen ist kein dem einzelnen Individuum innewohnendes Abstraktum. In seiner Wirklichkeit ist es das Ensemble der gesellschaftlichen Verhältnisse" (Marx 1888, 533 ff.). Marx beschreibt in seinen in Auseinandersetzung mit Feuerbach gewonnenen Thesen die Abhängigkeit des menschlichen Individuums von einer Umwelt – einer sozialen Umwelt –, in der es aufwächst und von der es geprägt wird. Marx kann man als einen der Wegbereiter in Philosophie und Soziologie ansehen für dasjenige, was in den Humanwissenschaften als Ökologie der Humanontogenese bekannt ist (Bronfenbrenner 1981; Gibson 1979; Wygotski 1985; u. a.).

Die Möglichkeiten der Entfaltung aller drei Momente der Individualität – der biologischen, der psychischen und der sozialen Ebene – sind von den Umweltbedingungen des Individuums abhängig. Diese Abhängigkeiten sind jeweils verschiedener Natur. Erschwerend kommt hinzu, dass die Umwelt selber einen historischen Charakter besitzt. Beispielsweise hängt die Entwicklung des Organismus von der Ernährung ab, die nicht nur historisch sehr unterschiedlich sein kann, sondern auch hinsichtlich der sozialen (Familie, Bildungsschicht etc.) und kulturellen Voraussetzungen. Doch lassen sich Universalien finden, die – in diesem Fall – durch den biologischen Verwertungsmechanismus der Nahrung bestimmt sind.

Wesentlich empfindlicher ist die Abhängigkeit des sozialen Entwicklungsprozesses von der Umgebung. Wie der Mensch sich als Persönlichkeit zu entwickeln vermag, hängt ganz von den von ihm vorgefundenen Verhältnissen ab. Diese Verhältnisse kann er erst relativ spät in der Ontogenese mitgestalten, im Prinzip erst dann, wenn eine „Reifungsphase" erreicht ist. Insofern ist es völlig verständlich, wenn viele Forscher die soziale Umwelt für das wichtigste Moment für die Entfaltung des menschlichen Individuums ansehen. Sie vergessen dabei gelegentlich, dass alle biologischen und psychischen Voraussetzungen einem Entwicklungsprozess unterliegen, der ebenso auf Störungen empfindlich reagieren kann. Im Extremfall kann dann eine solche Störung soziale Entwicklungen weitgehend ausschließen.

Das menschliche Individuum kann sehr viel kompensieren. Große Unterschiede in den biologischen Voraussetzungen können eine gleiche Qualität der psychischen und sozialen Entwicklung ermöglichen, und nicht selten führen schlechtere Voraussetzungen zu besseren Entwicklungen der Individuen. Neben den individuellen Umwelten und Strategien sind die gesellschaftliche und die gemeinschaftliche Umwelt von großer Bedeutung. Ob eine fehlende Funktion, eine Abweichung von der Norm in den biologischen und psychischen Bereichen zu einer Behinderung wird oder nicht, hängt von der sozialen und gesellschaftlichen wie der gemeinschaftlichen Umwelt ab. Allerdings sind dieser Art der Kompensation Grenzen gesetzt. Ebenso darf in der Beschreibung des Individuums nie vergessen werden, wie dieses sich zu sich selbst verhält, wie es sich selbst bewertet. Eine Behinderung ist immer ein Treffen von Innen und Außen. Eine Bestimmung von Normen für Funktionen und Leistungen muss immer die biopsychosoziale Einheit im ökologischen Kontext voraussetzen. Allein mit statistischen Methoden – wie es gegenwärtig oft geschieht – wird man dem menschlichen Individuum unmöglich gerecht werden können.

4.3 Die Einheit von Zeit und Komplexität im Entwicklungsbegriff

Eine weitere wichtige methodische Voraussetzung bezieht sich auf die Einheit von Zeit und Komplexität. Im Vergleich zur Phylogenese bzw. Stammesgeschichte sind Struktur und Prozess der Ontogenese, ihr Anfang und Ende bekannt. Von der Konzeption bis hin zum Tode gibt es zum Teil recht genaue Kenntnisse über den Verlauf der grundlegenden Prozesse. Die Ontogenese lässt sich beobachten. Die Überprüfung von Erkenntnissen ist durch die Wiederholbarkeit der Beobachtung und entsprechender kontrollierter Einflussnahmen gesichert. Das bezieht sich allerdings nur auf grundlegende und gut bekannte Prozesse, keinesfalls auf die „Abweichungen", die das Individuum eigentlich immer kennzeichnen.

Streng genommen sind die wahren Aussagen über das Individuum, im Vergleich zu seinem wirklichen Reichtum, sehr begrenzt. Diese These lässt sich durch die Annahme der Einheit von Zeit und Komplexität erhärten. Sie geht davon aus, dass das Individuum nur in seiner zeitlichen Ganzheit zu erfassen ist

und dies setzt die Kenntnis der Veränderung und Entwicklung der Struktur voraus. Umso länger die zeitliche Einheit, die zu überschauen man sich vorgenommen hat, desto größer muss die Komplexität sein, die unterstellt wird. Umso größer der Abschnitt der Ontogenese, den es zu überschauen gilt, desto komplexer muss die Struktur sein, die unterstellt wird. Zeit und Komplexität stehen in einem untrennbaren Zusammenhang. Wird in diesem Kontext bewusst die biopsychosoziale Einheit Mensch unterstellt, ergeben sich erhebliche methodische Schwierigkeiten (Wessel 1999).

Genau besehen sind es zwei Gruppen von Schwierigkeiten. Die erste Gruppe bezieht sich auf die Entwicklung geeigneter Methoden, die bisher von verschiedenen Disziplinen übernommen wurde. Besonders weit und differenziert ausgebaut ist die Methodenlehre in der Entwicklungspsychologie, die naturgemäß den entwicklungsabhängigen Veränderungen die größte Aufmerksamkeit zukommen lässt (Bronfenbrenner 1978; Schaie 1965; Wohlwill 1977; u. a.). Andere Disziplinen, wie etwa die Embryologie, betrachten bestimmte Abschnitte der Ontogenese. In manchen Disziplinen (wie etwa der Rehabilitationswissenschaft) finden ausgewählte menschliche Kompetenzen besondere Beachtung und bestimmen die Wahl der Konzepte und Methoden.

Der Fortschritt in der Entwicklung der Methoden kann an der These der Einheit von Komplexität und Zeit gemessen werden (Wessel 1999). Viele humanwissenschaftliche Untersuchungen sind keine oder nur scheinbare Entwicklungsuntersuchungen. Sie arbeiten mit bewährten Querschnittsmethoden, die mehr oder weniger überzeugend aneinandergereiht werden. „Echte" Längsschnittsuntersuchungen scheitern allerdings nicht nur am fehlenden Methodenbewusstsein, sondern auch an den fehlenden finanziellen Mitteln.

Die zweite Gruppe verschärft dieses Problem. Es ist prinzipiell unmöglich, unter dem Gesichtspunkt der Einheit von Zeit und Komplexität alle Strukturelemente des ontogenetischen Prozesses zu erfassen. Dies liegt darin begründet, dass sich die Verwirklichung der jeweiligen Entwicklungsmöglichkeiten, die in einem Abschnitt der Ontogenese angelegt sind, immer nur relativ voraussagen lässt. Ebenso lassen sich die künftigen Umwelten des Individuums nicht sicher prognostizieren.

Die These der Einheit von Zeit und Komplexität kann nur dann sinnvoll angewandt werden, wenn sie von einer methodisch geleiteten Reduktion begleitet wird. Reduktionen sind für alle Theorie- und Modellbildungen unabdingbar, unterschiedlich ist jedoch die Art und Weise. Werden Zeit und Komplexität unter dem Gesichtspunkt der Entwicklung (Ontogenese) und der biopsychosozialen Einheit des Menschen gefasst, ist nicht eine unbestimmte Ganzheit des Menschen angesprochen, sondern die Ordnung von Elementen im System Mensch angezeigt. Die These der Einheit von Zeit und Komplexität ist in diesem Sinne ein Instrument zur kritischen Bewertung der Humanwissenschaften und zugleich ein Weg zu einem neuen Gegenstand. Die Notwendigkeit in allen humanwissenschaftlichen Disziplinen den Entwicklungsgedanken zu qualifizieren, begründet auch die Möglichkeit, die Ontogenese als einen allgemeinen Forschungsgegenstand einzuführen.

5 Interdisziplinarität. Zur Praxis humanwissenschaftlicher Forschung

Interdisziplinarität ist ein wichtiges Instrument für die Integration von Erkenntnissen aus zwei oder mehreren Disziplinen. Sie ist Voraussetzung für das Entstehen neuer Gegenstandsbereiche und Disziplinen. Der Begriff Interdisziplinarität verdient darum Aufmerksamkeit (Mittelstraß 1998; Parthey & Schreiber 1983; Umstätter & Wessel 1999, u. a.).

Interdisziplinarität bedeutet nicht ein wahlloses Zusammenführen von Einzelergebnissen. Immer sind spezielle Zusammenhän-

ge gemeint, ihr geht es um gezielte Forschung und konzeptionelle Arbeit. Im Unterschied zu Transdisziplinarität (Mittelstraß 1998), die eigene disziplinäre Grenzen zu überschreiten bzw. zu transzendieren versucht, dabei immer auf ihrem eigenen disziplinären Boden verbleibt, hat es Interdisziplinarität mit neuen disziplinunabhängigen Gegenstandsbereichen zu tun. Wissenschaftliche, gegenstandsspezifische Anforderungen und gesellschaftliche Ansprüche sind Ursachen interdisziplinärer Zusammenschlüsse von Wissenschaftlern. Die Gründe hierfür reichen von der Suche nach adäquaten Methoden der Beschreibung (bspw. Kognitionswissenschaften, Ökologie) bis hin zu den Anforderungen, welche die wachsende gesellschaftliche Bedeutung eines Gegenstandes an die Wissenschaften stellt (bspw. Rehabilitationswissenschaften oder Medienwissenschaften).

Interdisziplinarität ist eine Voraussetzung für das Entstehen neuer Disziplinen. Jedoch auch zeitlich begrenzte gesellschaftliche Anforderungen bedürfen interdisziplinärer Zusammenschlüsse, ohne damit gleich neue Disziplinen zu etablieren. Ersteres ist zumeist ein langwieriger Prozess, welcher von institutionellen Belangen und der Anerkennung durch die Forschergemeinschaft abhängt. Prozeduren des Ausschlusses, sowohl interner wie auch externer Art, sind hinreichend bekannt und für fast jeden erlebbar. Interdisziplinäre Arbeit bewegt sich anfangs meist zwischen den einzelnen Disziplinen, oft auch quer zu diesen. Systemgrenzen zu überschreiten ist dann besonders schwer, da dieser Schritt zu Konzepten führt, welche noch offen und insofern instabil sind.

Viele Disziplinen enthalten bereits Aussagen, die über ihren eigentlichen Gegenstandsbereich hinausgehen. Ein Ziel interdisziplinärer Arbeit besteht darin, die disziplinäre Geltung solcher Aussagen zu sichern, indem sie diese in ein allgemeines Konzept integriert. Umgekehrt steht Interdisziplinarität vor der Aufgabe, Grenzbereiche eines sich neu herausbildenden Gegenstandes vor ungerechtfertigter und einseitiger Vereinnahmung zu schützen und neue Ansätze zu befördern. Dieser schwierige und widersprüchliche Prozess ist zweierlei Kritik ausgesetzt. Im einen Fall, nämlich dann, wenn nicht akzeptiert wird, dass Grenzziehungen erst dann aufgegeben werden sollten, wenn es hinreichende Gründe dafür gibt, ist man dem Vorwurf des Konservatismus ausgesetzt. Im zweiten Falle müssen disziplinäre Widerstände überwunden werden.

Ein wichtiger Beitrag interdisziplinärer Arbeit besteht im (Er-)Finden neuer Begriffe und Beschreibungsmöglichkeiten, welche Gegensätze vermitteln helfen und uns neue Perspektiven ermöglichen. Interdisziplinarität muss helfen, Erfahrungen außerhalb eines „eingeübten" Systems mitteilbar zu machen.

Das für humanwissenschaftliche Forschungen bedeutsame Verständnis vom Menschen als eine „biopsychosoziale Einheit" stellt einen solchen interdisziplinären Forschungsbereich dar. Zwei Ziele bestimmen dieses Konzept. Zum einen versucht es, in kritischer Absicht auf alle humanwissenschaftlichen Disziplinen zu wirken. Hierzu zählt die Forderung nach Beachtung des Zusammenhangs von Komplexität und Zeit und der Kontextabhängigkeit des Individuums ebenso wie die integrative Interpretation disziplinärer Forschungsergebnisse. Zum anderen soll die Entwicklung eines neuen Gegenstandsbereiches, das der Humanontogenetik, gefördert werden (Wessel 1999, 5 ff.; Wessel & Plagemann 2007, 3 ff.).

Interdisziplinarität war Voraussetzung für das Entstehen dieser Konzeption. Sie ist auch weiterhin notwendig, um zu prüfen, ob bereits vorhandene disziplinäre Ergebnisse gegenseitige Beachtung finden und das vorhandene Methodenarsenal ausgeschöpft wird. Interdisziplinärer Arbeit geht es nicht vordergründig um die Berücksichtigung wissenschaftstheoretischer Konzepte. In ihr geht es um die komplexe Problematik der Wissenschaftsentwicklung, die mit zahlreichen „nichtlogischen" Vorgehensweisen verbunden ist. Es erweist sich, dass eine Vielfalt an Selektionsmechanismen für Ideen vorhanden ist, die

sowohl dem Wissenschaftsfortschritt dienen, wie auch solchen Ideen, die den Fortschritt hemmen und trotzdem sehr erfolgreich sind. Sich dieser Tatsache zu stellen ist eine Voraussetzung interdisziplinären Arbeitens, um neue Möglichkeiten und neue wissenschaftliche Realitäten aus dem Reichtum der Welt gewinnen zu können.

6 Wissenschaftsethik

Nach Max Weber gilt für die Wissenschaften das Postulat ihrer [→] Wertfreiheit. Wissenschaften können zwar logisch-begriffliche Zusammenhänge zwischen Werten, Folgen von Wertehaltungen und Eignung von Mitteln zur Umsetzung von Werteentscheidungen untersuchen, nicht jedoch selber Wertmaßstäbe begründen (Weber 1904, 149–151). Daran wird sich trotz vieler Einwände prinzipiell nichts ändern. Allerdings muss ausdrücklich hinzugefügt werden, dass die Entwicklung der Wissenschaft immer mit dem gesellschaftlichen und kulturellen Leben verbunden ist (Bernal 1954, 1971).

Im moralischen Realismus wird die Differenz zwischen wissenschaftlichen (deskriptiven) und wertenden (normativen) Sätzen theoretisch relativiert. Besonders Hilary Putnam (2002) versucht dieser Unterscheidung als einer Dichotomie von objektiven Tatsachen und (nur) subjektiven Werturteilen entgegenzutreten. In analytischer und damit argumentativer Hinsicht bleibt diese Unterscheidung jedoch sinnvoll, denn Argumente sollten immer genau auf ihren wirklichen Aussagegehalt hin geprüft werden. Beispiele aus der Soziobiologie, den Neurowissenschaften oder der Naturethik zeigen die Notwendigkeit analytischer Praxis. In gesellschaftlichen Diskursen werden Positionen vertreten, die, im Versuch die biologische Bedingtheit des Menschen argumentativ wertend zu gebrauchen, einen so genannten „naturalistischen Fehlschluss" begehen, also eine unzulässige Vermengung von deskriptiven mit normativen Sätzen. Aus der evolutionären und ontogenetischen Geschichte der Werte und moralischen Normen – die kaum jemand ernsthaft bestreiten wird – folgt natürlich nicht deren Geltung, ein neurowissenschaftlicher Determinismus enthebt uns nicht der Verantwortung für unsere Handlungen und der anthropozentrische Charakter unserer epistemischen Einstellung gegenüber der Natur entlastet uns nicht vom Schutz unserer Umwelt und einer ökologischen Haltung.

Allgemein lässt sich zwischen epistemischen, ethischen und sozialen Werten unterscheiden, die im Wissenschaftsprozess von Interesse sind (Carrier 2006, 162). Epistemische oder kognitive Werte gehen als epistemische Maßstäbe, wie Vereinheitlichung oder Genauigkeit, in die Forschung ein. Bspw. beschreibt Putnam in einem früheren Artikel Wahrheit als Ziel und Wert wissenschaftlicher Forschung (Putnam 1981, 173 ff.). Umstritten ist, inwieweit geschlechtliche Identität epistemische Relevanz erlangen kann.

Einer der im wissenschaftlichen Zusammenhang wichtigsten sozialen Werte, ist der einer kritischen Wissenschaft, die im Bewusstsein ihrer Abhängigkeit von gesellschaftlichen Kontexten und Entscheidungen, betrieben wird. Die Angemessenheit von Beschreibungen oder Methoden an den Gegenstand ist ein Aspekt hiervon. Es kann gezeigt werden, dass Perspektivenentscheidungen, wie zwischen reduktionistischen und komplexitätstheoretischen Ansätzen, sozial nicht wertneutral sind. In ökologischen Zusammenhängen wird u. a. die Vernachlässigung der Komplexität als ein Grund für ökologische Probleme und Katastrophen angesehen. Quantifizierende Methoden können sicherlich Objektivität gewährleisten, sind jedoch nicht immer sinnvoll und dem Gegenstand angemessen. Eine Hinwendung zur Interdisziplinarität als wissenschaftlichen Wert ließe sich in diesem Sinne ebenfalls als ein sozialer Wert begründen. Bedenklich ist, wenn ökonomische Beschränkungen entsprechende Entscheidungen verhindern.

Eine Möglichkeit der Reflexion auf die Wissenschaftspraxis beschreitet die Wissenschaftssoziologie. Sie schließt an Erkenntnissen Kuhns an, der – als Folge seiner Theorie wissenschaftlicher Revolutionen – wissenschaftliche Paradigmen nur noch soziologisch, als eine „disziplinäre Matrix", verstehen konnte. Wissenschaftliches Handeln wird dann als eine soziale Praxis unter anderen begriffen [→ Theorie und Praxis]. Ihre innere Struktur, ihre sozialen und politischen Zusammenhänge, Forschungspolitik (bspw. die Vergabe öffentlicher Mittel) sowie Werthaltungen und Wertmaßstäbe können somit beschrieben und einer Analyse unterzogen werden. Auf dieser Grundlage kann eine Kritik der wissenschaftlichen Praxis einsetzen.

Die von Max Weber postulierte Wertfreiheit der Wissenschaft [→ Wertfreiheit und Wertgebundenheit der Wissenschaft] gilt nicht für den Wissenschaftler als gesellschaftlichem Akteur und wissenschaftlich Handelndem. Er bleibt einer wertenden Beurteilung unterworfen. Die Verantwortung des Wissenschaftlers ist seit der Entwicklung von Atomwaffen der wohl am häufigsten diskutierte Problemfall einer Wissenschaftsethik. Dieser individualethische Zugang begründet die ethische Verpflichtung des Wissenschaftlers darüber, dass es jedem Wissenschaftler möglich ist, das Wissen zu erlangen, das ihn in die Lage versetzt, die Konsequenzen seines Handelns abzuschätzen. Die Sachkenntnis, also das nicht jedermann verfügbare Spezialwissen, begründet somit auch seine Verantwortung, denn sie ermöglicht es ihm, sein Handeln moralisch bewerten zu können. Die damit einher gehende Möglichkeit, den Wissenschaftler nicht einzuschränken, ist ein soziales Erfordernis. Damit sind nicht nur innergesellschaftliche Restriktionen angesprochen. Der Zugang zu theoretischem und technischem Wissen ist nicht immer allen Menschen möglich. So wird derzeit besonders stark die Möglichkeit des freien Zugangs zu Wissen als eines gesellschaftlichen Wertes diskutiert. Wichtig wäre eine solche Öffnung besonders für Entwicklungsländer, denen bisher die Sicherung eines grundlegenden Lebensstandards, wie bspw. medizinische und ökologische Standards, auch aus diesem Grund verwehrt blieb.

Ein Pluralismusgebot als gesellschaftlichen und wissenschaftlichen Wert zu etablieren, d. h. Wissensansprüche von einer Vielzahl von Perspektiven ausgehend zu untersuchen, erscheint durch den Einfluss oft unbewusster Hintergrundüberzeugungen des Wissenschaftlers (Weltanschauungen), die in den Erkenntnisprozess mit einfließen, geboten. Folgenschweren Einseitigkeiten und Irrtümern kann somit vorgebeugt werden (Carrier 2006, 170 f.).

In den Lebenswissenschaften hat sich ein eigener Bereich der angewandten Ethik etabliert [→ Ethische Grundlagen der Behindertenpädagogik]. Hier werden Fragen der Medizinischen Ethik, der Bioethik, der Ökologischen Ethik und vieles mehr behandelt. Ethikkommissionen als mehr oder weniger wirkungsvolle Institutionen stellen die Verbindung zu den politischen Entscheidungsträgern her. Gegenwärtige Debatten behandeln den Umgang mit Risiko – bspw. in den Debatten um die Stammzellenforschung – genauso wie Fragen der Gerechtigkeit – bspw. der Generationengerechtigkeit als Grundlage des Umweltschutzes oder Gerechtigkeit als Möglichkeit des freien Zugangs zu Wissen.

Weitgehend vertritt man jedoch die Ansicht, dass die Verantwortung der Wissenschaft nicht durch institutionelle Verfahren zu regeln ist, da als Folge ein Verlust an Sachautorität zu befürchten sei. In theoretischer, wie in pragmatischer Hinsicht bleiben als Kriterien guter wissenschaftlicher Praxis die kritische Reflexion und der Diskurs über die Disziplingrenzen hinaus.

Literatur

Albert, Hans (1968): Traktat über kritische Vernunft. Tübingen

Bernal, John Desmond (1957, 1971): Science in History. 4 Vol. Cambridge, MA

Bertalanffy, Ludwig von (1928): Kritische Theorie der Formbildung. Berlin

Bertalanffy, Ludwig von (1968): General system theory. Foundations, development, applications. New York

Bieri, Peter (Hrsg.) (1987): Analytische Philosophie der Erkenntnis. Frankfurt a. M.

Bronfenbrenner, Uri (1978): Ansätze zu einer experimentellen Ökologie menschlicher Entwicklung. In: Oerter, Rolf (Hrsg.) Entwicklung als lebenslanger Prozess. Hamburg, 33–65.

Carrier, Martin (2006): Wissenschaftstheorie zur Einführung. Hamburg

Driesch, Hans (1921): Philosophie des Organischen. Leipzig

Feyerabend, Paul (1978): Von der beschränkten Gültigkeit methodologischer Regeln. In: Feyerabend, Paul): Der wissenschaftstheoretische Realismus und die Autorität der Wissenschaften. Ausgewählte Schriften, Bd. 1. Braunschweig, 205–248

Feyerabend, Paul (1986): Wider den Methodenzwang. Frankfurt a. M.

Frege, Gottlob (1893, 1962): Grundgesetze der Arithmetik. Bd. 1. Darmstadt

Gehlen, Arnold (1950, 2004): Der Mensch. Seine Natur und seine Stellung in der Welt. Wiebelsheim

Gettier, Edmund L. (1963): Is justified true belief knowledge? In: Analysis 23, 121–123

Gibson, James Jerome (1979): The ecological approach to visual perception. Boston

Gil, Thomas (2000): Die Aufklärung der Wissenschaft. Berlin

Hempel, Carl-Gustav (1965): Aspects of scientific explanation. In: Hempel, Carl-Gustav: Aspects of scientific explanation and other essays in the philosophy of science. New York, 331–496

Kant, Immanuel (1787, 1911): Kritik der reinen Vernunft (= KrV). Akademie-Ausgabe. In: Werke Bd. 3. Darmstadt

Kauffman, Stuart Alan (1993): The origins of order. Self-organization and selection in evolution. Oxford

Kuhn, Thomas S. (1962): The structure of scientific revolutions. Chicago

Krohs, Ulrich & Toepfer, Georg (Hrsg.) (2005): Philosophie der Biologie. Eine Einführung. Frankfurt a. M.

Künne, Wolfgang (1985, 1991): Wahrheit. In: Schnädelbach, Herbert & Martens, Ekkehard (Hrsg.): Philosophie. Ein Grundkurs. Bd. 1. Hamburg

Laitko, Hubert (2008): Wissenschaftsgeschichte – Faszination der großen Erzählungen und Reiz des Singulären. Trendimpressionen. In: Eichhorn, Wolfgang & Küttler, Wolfgang (Hrsg.): Was ist Geschichte? – Aktuelle Entwicklungstendenzen in Geschichtsphilosophie und Geschichtswissenschaft Berlin, 265–292

Lakatos, Imre (1978): The methodology of scientific research programmes. Philosophical Papers I. Cambridge

La Mettrie, Julien Offray de (1748, 1990): L'homme machine. Die Maschine Mensch. Hrsg. und übers. v. Claudia Becker. Hamburg

Lorenz, Kuno (1995): Ars. In: Enzyklopädie Philosophie und Wissenschaftstheorie. Mittelstraß, Jürgen (Hrsg.): Bd. 1. Stuttgart, 186

Marx, Karl (1888, 1969): Thesen über Feuerbach. In: Marx-Engels Werke, Bd. 3, Berlin, 5–7

Maturana, Humberto & Varela, Francisco J. (1980): Autopoiesis and cognition. The realization of the living. Boston Studies in the Philosophy of Science. Vol. 42. Dordrecht

McLaughlin, Peter (2005): Funktion. In: Krohs. Ulrich & Toepfer, Georg (Hrsg.): Philosophie der Biologie. Eine Einführung. Frankfurt a. M.

Mikulinski, Semjon R. et al. (1988): Grundlagen der Wissenschaftsforschung. Berlin

Mittelstraß, Jürgen (1998): Interdisziplinarität oder Transdisziplinarität. In: Mittelstraß, Jürgen: Die Häuser des Wissens. Frankfurt a. M.

Ossowska, Marja & Ossowski, Stanislaw (1936): The Science of Science. In: Organon. International Review. I, 1–12

Parthey, Heinrich & Schreiber, Klaus (Hrsg.) (1983): Interdisziplinarität in der Forschung. Analysen und Fallstudien. Berlin

Popper, Karl R. (1935, 2005): Logik der Forschung. In: ders: Gesammelte Werke Bd. 3. Tübingen

Poser, Hans (2001): Wissenschaftstheorie. Eine philosophische Einführung. Stuttgart

Putnam, Hilary (1981): Reason, truth, and history. Cambridge, MA

Putnam, Hilary (2002): The collapse of the fact/value dichotomy and other essays. Cambridge, MA

Quine, Willard Van Orman (1953): Two dogmas of empiricism. In: From a logical point of view. Cambridge, MA

Reichenbach, Hans (1938, 1966): Experience and prediction. An analysis of the foundations and the structure of knowledge. Chicago

Roux, Wilhelm (1895): Gesammelte Abhandlungen über Entwicklungsmechanik der Organismen. 2 Bde. Leipzig

Schaie, K. Warner (1965): A general model for the study of developmental problems. In: Psychological Bulletin, 64, 92–107

Schnädelbach, Herbert (2002): Erkenntnistheorie zur Einführung. Hamburg

Sellars, Wilfrid (1999): Der Empirismus und die Philosophie des Geistes. Paderborn

Tembrock, Günter (1968, 1980): Grundriss der Verhaltenswissenschaften: eine Einführung in die allgemeine Biologie des Verhaltens. 3. überarb. und erg. Aufl., Stuttgart

Tembrock, Günter (1994): Organismische Evolution und das Problem der Selbstorganisaton. In: Wessel, K.-F. & Naumann, F. (Hrsg.): Verhalten: Informationswechsel und organismische Evolution. Zu Person und Wirken Günter Tembrocks. Berliner Studien zur Wissenschaftsphilosophie und Humanontogenetik Bd. 7. Bielefeld, 50–69

Umstätter, Walther & Wessel, Karl-Friedrich (Hrsg.) (1999): Interdisziplinarität – Herausforderung an die Wissenschaftlerinnen und Wissenschaftler. Festschrift zum 60. Geburtstag von Heinrich Parthey. Bielefeld

Weber, Max (1904, 1968): Die „Objektivität" sozialwissenschaftlicher und sozialpolitischer Erkenntnis. In: Weber, Max: Gesammelte Aufsätze zur Wissenschaftslehre. Tübingen. 146–214

Wessel, Karl-Friedrich (1999): Humanontogenetik und Interdisziplinarität. In: Zeitschrift für Humanontogenetik 2, 1, 3–22

Wessel, Karl-Friedrich & Plagemann, Andreas (2007): Humanontogenetics – Toward a new conception of humans. In: human ontogenetics Vol. 1, 1. 3–5

Wohlwill, Joachim F. (1977): Strategien entwicklungspsychologischer Forschung. Stuttgart

Wygotski, Lew S. (1985) (Vygotskij): Ausgewählte Schriften. Bd. 1. Berlin

Historiographie der Behindertenpädagogik

Sieglind Luise Ellger-Rüttgardt

1 Einleitung

Geschichtsschreibung in der Behindertenpädagogik ist immer auch Spiegelbild gesellschaftlich-politischer Wandlungsprozesse, und sie ist bezogen auf Theorien, Debatten und Fragestellungen sowohl von Fachhistorie und Erziehungswissenschaft als auch auf dominante Themata der eigenen Disziplin, der Behinderten- bzw. Sonder- oder Heilpädagogik. Seit den 70er Jahren des 20. Jahrhunderts war es die Erschütterung des disziplinären Selbstverständnisses, ausgelöst durch die Diskussion um schulische Integration, die die Frage nach Geschichte mit sich brachte. Denn es galt zu verstehen, warum so viele andere europäische Staaten seit den 1940er Jahren einen anderen Weg als das einstmals viel gepriesene „deutsche Modell" einschlugen, nämlich weg von der Besonderung und Separierung und hin zur „Normalisierung" der Lebensverhältnisse von Menschen mit Behinderungen. Auf der historischen Suche nach den Spezifika der deutschen Entwicklung konnte es nicht ausbleiben, dass eine Epoche deutscher Geschichte in besonderer Weise in den Mittelpunkt des Interesses rückte, die bis in die frühen 1970er Jahre vernachlässigt worden war: der Nationalsozialismus. Schmerzliche Erkenntnis wurde, dass das System der Behindertenhilfe und seiner Akteure im „Dritten Reich" in großen Teilen versagt haben, dass es eine jüngste historische Epoche in Deutschland gegeben hat, in der – entgegen allen traditionellen humanistischen Ansprüchen – Menschen mit Behinderungen in ihrer Existenz bedroht waren. Eine weitere bedeutsame historische Zäsur stellt das Ende der deutschen Zweistaatlichkeit dar, die auch in der Behindertenpädagogik die Frage nach einer gemeinsamen Nachkriegsgeschichte (Gemeinsame Nachkriegsgeschichte 2007;

Bleidick & Ellger-Rüttgardt 2009) aufwirft. Insbesondere unter vergleichendem deutsch-deutschem Aspekt sind neue Erkenntnisse zu erwarten, die dazu beitragen können, bei der Neuformulierung eines behindertenpädagogischen Selbstverständnisses in der Gegenwart einen wichtigen Beitrag zu leisten. Im Folgenden wollen wir erörtern, wie Fachhistorie und Erziehungsgeschichte ihr disziplinäres Profil diskutieren, um daran anschließend Forschungsstand und Desiderata der behindertenpädagogischen Historiographie zu thematisieren.

2 Theorien und Methoden der Geschichtswissenschaft

Auf dem Historikertag von 1970 hielt Reinhart Koselleck (1971) einen viel beachteten Vortrag mit dem Titel „Wozu noch Historie?". Dieser Titel benannte zutreffend die Krise, in der sich die Geschichtswissenschaft seit den späten 1960er Jahren befand, gekennzeichnet durch Schlagworte wie „Geschichtsmüdigkeit" und „Unbehagen an der Geschichte". Die Tatsache, dass sich die Geschichte an Schulen und Universitäten gegenüber sozialwissenschaftlichen Disziplinen zunehmend in die Defensive gedrängt sah, charakterisierten die allgemeine Verunsicherung sowohl im Selbstverständnis der Historiker als auch der Öffentlichkeit zu Beginn der 70er Jahre des 20. Jahrhunderts. Kosellecks Vortrag repräsentierte aber zugleich einen bedeutsamen Wandel im politischen und wissenschaftstheoretischen Selbstverständnis der mittleren und jüngeren Historikergeneration. Unter wissenschaftspolitischem Aspekt vollzog sich in den späten 1960er Jahren eine z.T. radikale Abkehr von der noch nach 1945 dominierenden national-konservativen Historikerzunft, wobei die jüngste Vergangenheit des Nationalsozialismus bewusst oder unbewusst Auslöser für eine selbst- und ideologiekritische Auseinandersetzung mit den Traditionen der deutschen Historie war (Schulze & Oexle 2000). Nicht zu trennen von der politischen Aufräumarbeit und letztlich durch sie mit initiiert, entbrannte eine lebhafte Diskussion um das Wissenschaftsverständnis der Geschichtswissenschaft, wobei die Abwendung vom Historismus zunächst durchgehender Grundzug vielfältiger theoretischer Bemühungen war.

Der Historismus, der von Männern wie Windelband, Dilthey, Troeltsch, Meinecke und Ritter begründet und fortgeführt wurde und noch bis in die Zeit nach dem Zweiten Weltkrieg Wissenschaftscharakter und Forschungspraxis prägte, postulierte bei scharfer Trennung zwischen nomothetischer und idiographischer Methode, „daß dem Geschichtsprozeß als solchem in seiner Totalität oder auch in der unendlichen Mannigfaltigkeit seiner individuellen Bildungen ein immanenter Sinn innewohne, der dem Historiker einsehbar sei" (W.J. Mommsen 1972, 18). Dabei gingen die Vertreter des Historismus von der Annahme aus, dass der Gegenstandsbereich historischen Erkenntnisbemühens dem Historiker unmittelbar vorgegeben sei und aus sich selbst heraus mit Hilfe der verstehenden Methode seinen Sinn erschließe. Ausschließlich einem strikten Individualitätsprinzip verpflichtet, richtete sich das Augenmerk jener Historiker vornehmlich auf die res gestae, die Haupt- und Staatsaktionen. Damit einher ging nicht nur eine einseitige inhaltliche Ausrichtung auf den Bereich der politischen Geschichte bei gleichzeitiger Vernachlässigung der im weitesten Sinne Gesellschaftsgeschichte, sondern darüber hinaus die Parteinahme zugunsten der Mächtigen in Staat und Gesellschaft. Der Historismus als „Rechtfertigung des Faktischen" (Schieder 1968, 53 f.) geriet unter Generalverdacht als Instrument im Dienste restaurativer Machtinteressen.

In methodologischer Hinsicht bedeutete die Abkehr vom Historismus eine Öffnung gegenüber den Sozialwissenschaften. Der Ruf nach mehr Theorie in der Geschichtsschreibung führte zu einer verstärkten Auseinandersetzung mit der in den Nachbardisziplinen geführten wissenschaftstheoretischen Diskussion, die in die weitgehend akzeptierte Neubestimmung der Geschichte als einer historischen Sozialwissenschaft mündete. Besonders fruchtbar erwies sich dabei der Dialog mit der Soziologie, die sich in der Vergangenheit aufgrund ihres methodologischen Selbstverständnisses sowie ihres Charakters als „Oppositionswissenschaft" weitgehend ohne Verbindung zur Historie konstituiert hatte. Die Annäherung beider Wissenschaftsdisziplinen (zur frühen Diskussion vgl. Ludz 1972; Wehler 1972; Kreckel 1972; Schulze 1974) lag in ihnen selbst begründet. Eine Ursache war die bereits erwähnte stärkere sozialwissenschaftliche Orientierung der Geschichte, die neben der Verwendung der hermeneutischen Methode nun eine stärkere Beachtung analytischer Verfahren verlangte. Die andere Ursache ist mit dem Schlagwort „Rehistorisierung" der Soziologie umschrieben, wie sie vor allem von einer nicht positivistisch orientierten Soziologie vertreten wurde: „Es gibt nach meiner Meinung kein sozialwissenschaftliches ,Gesetz', das frei von historischem Bezug wäre und sich nicht auf die spezifische Struktur einer bestimmten Periode bezöge" (C.W. Mills 1972, 90).

Die Abwendung vom Historismus und die damit verbundene Anerkennung, dass es eine Rekonstruktion einer vermeintlich objektiv vorgegebenen Geschichte nicht geben kann, verwies auf die Standortgebundenheit und Perspektivität jeder historischen Forschung. In bewusster Distanzierung von der Tradition der national-konservativen deutschen Historie wurde Geschichte nun zunehmend als ein Instrument der Aufklärung und kritischen Deutung von Vergangenheit und Gegenwart verstanden. Von einer Geschichte als kritischer Sozialwissenschaft wurde gefordert, dass sie ihren Ausgang von den Problemen der Gegenwart nimmt und „die Vergangenheit so zu sichten habe, daß für die Praxis heute und morgen eine schärfere Erkenntnis der Handlungsbedingungen" gewonnen werden kann (Koselleck 1971, 1). Auch wenn es nach dieser Auffassung nicht legitim ist, detaillierte prognostische Handlungsanweisungen zu geben, so betreibt die Geschichte ihr Geschäft doch immer auch als „Antizipation künftiger Möglichkeiten" (Groh 1973, 53), versucht sie, „die Vergangenheit im Lichte nicht nur der Probleme der gegenwärtigen Gesellschaft, sondern auch ihrer zukünftigen Möglichkeiten zu sehen" (W. J. Mommsen 1972, 45). Indem die Geschichte jedes gesellschaftliche System als historisch entstanden und damit als relativ betrachtet, ist sie bestrebt, jeglichen „Schein von Naturwüchsigkeit" (Groh 1973, 52) gesellschaftlicher Verhältnisse zu durchbrechen. Durch die Aufdeckung der Verknüpfung von Bewusstsein und sozialer Lage trägt sie zur kritischen Analyse und Veränderung gegenwärtiger gesellschaftlicher Systeme bei: „Indem die Geschichtswissenschaft der jeweils gegenwärtigen Gesellschaft ihre historischen Dimensionen erinnerlich macht ..., ermöglicht sie es dieser, über sich selbst hinaus zu wachsen, statt, befangen in einem rein systemimmanenten Denken, ihre Vergangenheit zu vergessen und sich beständig in alter Gestalt zu reproduzieren" (W. J. Mommsen 1972, 35).

Die unstrittige und zunächst unproblematisch erscheinende Feststellung, dass jede historische Aussage standortgebunden sei, führte in der lebhaften methodologischen Debatte der 1970er Jahre geradlinig zu der Frage nach dem Verhältnis von Objektivität und Parteilichkeit. Dabei herrschte Einmütigkeit in der Überzeugung, dass das „erkenntnistheoretische Dilemma" (Koselleck), nämlich zugleich wahre und relative Aussagen zu machen, charakteristisch für das Spannungsverhältnis von Wertgebundenheit und Objektivität des historischen Erkenntnisprozesses ist: „Überspitzt formuliert: Parteilichkeit und Objektivität schließen einander aus, verweisen aber im Vollzug der historischen Arbeit aufeinander" (Koselleck 1977, 19). Nach Koselleck liegt die produktive Spannung für jeden His-

toriker in der Auseinandersetzung zwischen einer Theorie einer Geschichte und dem Quellenbefund. Theorie ist nötig, um Quellen auszuwählen, zu interpretieren und in einen Erklärungszusammenhang zu stellen. Quellenkritik andererseits ist das notwendige Pendant für eine angemessene historische Interpretation: „Das, was eine Geschichte zur Geschichte macht, ist nie allein aus den Quellen ableitbar: Es bedarf einer Theorie möglicher Geschichten, um Quellen überhaupt erst zum Sprechen zu bringen. Parteilichkeit und Objektivität verschränken sich dann auf neue Weise im Spannungsfeld von Theoriebildung und Quellenexegese. Das eine ohne das andere ist für die Forschung umsonst" (1977, 46).

Auch W. J. Mommsen betonte die Bedeutung metawissenschaftlicher Prämissen in ihrem Einfluss auf den tatsächlichen Forschungsprozess. Die nahezu unendliche Mannigfaltigkeit der geschichtlichen Wirklichkeit ist nicht unmittelbar erkennbar, sondern nur aufgrund des spezifischen Erkenntnisinteresses des betreffenden Historikers perspektivisch erfahrbar, was wiederum Auswirkungen auf Wahl der Daten, Kategorien und Hypothesenbildung hat. Mommsen verdeutlichte anschaulich an Hand der einzelnen Stadien des konkreten Forschungsprozesses in welcher Weise wertgebundene Annahmen in die Arbeit des Historikers einfließen. So steht am Beginn ein recht vages, von keinem spezifischen Erkenntnisinteresse geprägtes Vorverständnis, das auf eine tendenziell unendliche Menge historischer Daten trifft. Erst aufgrund der Formulierung eines bestimmten Erkenntnisinteresses durch den Historiker können jene Gegenstände identifiziert werden, die für ihn von Interesse sind, und kann zudem ein für diese Daten relevantes hypothetisches Erklärungsmodell entwickelt werden. Das weitere Vorgehen besteht darin, in der Konfrontation mit der vergangenen Wirklichkeit die hypothetischen Annahmen zu modifizieren, zu ergänzen, gegebenenfalls auch zu verwerfen: „Dieser Prozeß führt einerseits zu einem beständig verfeinerten perspektivischen Zugriff, andererseits zur Einbeziehung von immer neuen historischen Daten, die man ursprünglich für unwesentlich gehalten oder gar nicht in den Blick bekommen hatte ... Dabei spielen ‚Verstehen‘ und ‚Antizipation‘ als Wegweiser des historischen Erkennens eine wesentliche Rolle. Insofern läßt sich dieser Prozeß nur schwer in einer streng systematischen Form darstellen; vielmehr haben wir es mit einem kontinuierlichen Prozeß wechselseitiger Angleichung zu tun, bei dem die theoretische Begrifflichkeit und die Daten des Gegenstandbereiches sich gleichsam auf der mittleren Ebene der historischen Tatsachenkonstitution einander teils bedingend teils begrenzend begegnen" (W. J. Mommsen 1977, 458 f.).

Analog der Annäherung zwischen Geschichte und Soziologie wuchs das Interesse an der Sozialgeschichte. Nicht selten wurde in ihr geradezu ein Bindeglied zwischen beiden Disziplinen gesehen (H. Mommsen 1970, 27). Nun ist „Gesellschaftsgeschichte" (Hobsbawm 1984) keine neue Disziplin. Sie existierte – meist in Form der Sozial- und Wirtschaftsgeschichte – bereits im 19. Jahrhundert neben der allgemeinen Historie. Für sie war konstitutiv „das Ernstnehmen der ‚sozialen Welt‘, die durch die Geschichtswissenschaft ... nicht oder nicht mehr genügend erfaßt wurde" (Conze 1970, 23) sowie die mehr oder minder starke Ablehnung des behaupteten Methodenunterschiedes zwischen Soziologie und Geschichte. Sie blieb über Jahrzehnte hinweg jedoch in einer isolierten Position, woran selbst so bahnbrechende Arbeiten wie die von Otto Hintze und Max Weber grundsätzlich nichts zu ändern vermochten (Schulze 1974). Während der Zeit des Nationalsozialismus gänzlich zurückgedrängt, vermochte die Sozialgeschichte nach dem Kriege erst nach einer Phase der Aufarbeitung der internationalen Geschichtsforschung sowie der zunehmenden Diskussion zwischen Geschichte und Sozialwissenschaften in den Mittelpunkt des Interesses zu rücken.

Gegenstand der Sozialgeschichte ist die Gesellschaft, wobei in den 1970er Jahren der alten Bundesrepublik zwei verschiede-

ne Sichtweisen vertreten waren. Die vorherrschende Richtung, repräsentiert durch Brunner, Conze, Hobsbawm und Hans Mommsen, aber auch Kocka und Wehler, betrachtet Sozialgeschichte als eine integrale Aspektwissenschaft, die aufgrund einer bestimmten „Betrachtungsweise" (Brunner) „auf die Erkenntnis der strukturellen gesellschaftlichen Prozesse gerichtet ist" (H. Mommsen 1970, 33). Sozialgeschichte als Strukturgeschichte wird ausdrücklich nicht als ein von der „allgemeinen" Geschichte abgetrennter eigener Gegenstandsbereich verstanden, sondern in enger Wechselbeziehung zur politischen Geschichte gesehen: „Sozialgeschichte ist also nicht minder als die Geschichte der Ereignisse und Entscheidungen ‚politische‘ Geschichte. Der Blick wird in der Sozialgeschichte nur nicht auf das Geschehen an sich, sondern auf seine gesellschaftlichen Objektivationen und Determinationen gerichtet" (Conze 1970, 24). Eine andere Auffassung – vertreten vor allem durch angelsächsische Autoren – versteht unter Sozialgeschichte in erster Linie eine Sektorwissenschaft, d. h. eine historische Teildisziplin, die sich vor allem der Geschichte von Ständen, Klassen, sozialen Schichten und Institutionen widmet. Wiederum einen anderen Charakter wies die französische Sozialgeschichte auf, die in der Schule der „Annales" eine deutliche Hinwendung zur Lebenswelt und damit zur Kulturgeschichte praktizierte und sowohl regional als auch übernational orientiert war (Iggers 1996, 41 ff.; Eibach 2002).

Für eine Verknüpfung von politischen, ökonomischen, sozialen, kulturellen und ideologischen Phänomenen plädierte Jürgen Kocka, der für den von ihm anvisierten Typus von Geschichte den Begriff der Gesellschaftsgeschichte prägte. Gesellschaftsgeschichte als umfassende Historiographie würde nicht nur der bislang vernachlässigten sozialen Dimension in der Geschichtsforschung mehr Geltung verschaffen, sondern darüber hinaus die Teildisziplin Sozialgeschichte letztlich überflüssig machen: „Durch die stärkere Verwendung strukturgeschichtlicher Betrachtungsweisen in der allgemeinen Geschichte wird diese überdies der Sozialgeschichte ähnlicher ... In dem Maße, in dem sich die allgemeine Geschichte sozialgeschichtlich anreichert und strukturgeschichtlich ergänzt, also aus ihrer traditionellen politikgeschichtlichen und individualisierend-hermeneutischen Verengung befreit, entfällt aber der Hauptgrund für die Existenz einer sich als separates einheitliches Fach konstituierenden Sozialgeschichte bzw. Sozial- und Wirtschaftsgeschichte" (Kocka 1977, 96).

Unter den Anhängern einer pluralistischen Sozialgeschichte besteht Einigkeit über die grundsätzliche Gleichberechtigung alternativer Forschungsansätze sowie über die begrenzte Gültigkeit historischer Theorien. Historie allgemein – und damit auch Sozialgeschichte – entspricht nicht dem Typus einer auf die Formulierung allgemeingültiger, letztlich am Ideal naturwissenschaftlicher Gesetze angelegten Wissenschaft. Auch dem Historiker, der über die Erklärung des Einzelfalls hinausgehen möchte, wird es nur möglich sein, „historische Bewegungsgesetze" (Habermas 1973) bzw. genetische Gesetzmäßigkeiten (Dreitzel 1972) herauszuarbeiten, die jeweils nur Tendenzgesetze sind. Sozialgeschichtliche Arbeit ist neben dem Aufzeigen gesellschaftlicher Strukturen und Prozesse immer auf die Erklärung und Deutung subjektiver Sinnzusammenhänge angewiesen, woraus für sie die Aufgabe einer Verbindung von hermeneutisch-kritischer und empirisch-analytischer Methode erwächst: „Nur die Verknüpfung hermeneutischer und analytischer Methoden ... kann einerseits der relativen Verselbständigung historisch-gesellschaftlicher Prozesse und Strukturen in aller bisherigen Geschichte ... gerecht werden, andererseits aber auch begreifen, daß diese Strukturen und Prozesse durch menschliches Entscheiden und Handeln veränderbar waren und sind. Historische Struktur- und Prozeßanalysen ... werden deshalb bei aller Betonung überindividueller Wirkungs- und Bedingungszusammenhänge weder auf die Explikation des Sinnes (der Funktion) von

historischen Phänomenen innerhalb ihres jeweiligen zeitgenössischen, historisch wandelnden Kontextes noch auf die Explikation ihres Sinnes (ihre Funktion) mit Hinblick auf spätere Gesellschaftszustände (etwa die Gegenwart oder Zukunft des Schreibenden) verzichten können. Sie werden weiterhin die Beschäftigung mit individuellen Entscheidungen und Handlungen und deren subjektiven Motiven nicht ganz ausklammern dürfen" (Kocka 1972, 319).

Theorien, die in der Auseinandersetzung mit den traditionellen Sozialwissenschaften Eingang in die Geschichtsforschung gefunden haben, sind etwa

- Modernisierungstheorien;
- die Theorie des „organisierten Kapitalismus" als Versuch, Wirtschaftsgeschichte und allgemeine Geschichte zu kombinieren;
- das Konzept der „Langen Wellen" als Periodisierungsmaßstab und Strukturierungskern wirtschaftshistorischer Darstellungen;
- die von Wehler eingeführte Theorie des „Sozialimperialismus", in der es – ausgehend vom Primat der Innenpolitik – um eine Analyse der Verknüpfung ökonomischer Entwicklung, sozialen Wandels und politischer Entscheidungsprozesse im Wilhelminischen Kaiserreich geht (Kocka 1977; W.J. Mommsen 1981).

Auch wenn die Vertreter einer Sozialgeschichte weitgehend auf Zustimmung hinsichtlich einer stärkeren Theoretisierung historischer Forschung stießen, so blieb hingegen die wissenschaftstheoretische Frage nach dem Status von Theorien im historischen Erkenntnisprozess strittig. Dabei lassen sich im Grundsatz wiederum zwei Positionen voneinander unterscheiden. Eine erste Position, repräsentiert vor allem durch die „Bielefelder Schule" von Kocka und Wehler, plädierte für eine pragmatische, eklektische Theorieverwendung in der historischen Forschung. Das Plädoyer für „offene theoretische Systeme" (Kocka) basiert auf der Überzeugung, dass allein durch die Einführung unterschiedlicher Erklärungsmuster und Hypothesen die Angemessenheit und

Flexibilität von theoretischen Modellen für historische Arbeiten zu erreichen sind. Nicht gemeint ist mit dieser Entscheidung allerdings eine Beliebigkeit in der Wahl von Theorien oder Theoriestücken. So versucht Kocka eine sachlogische Auswahl der dem jeweiligen Gegenstand und Erkenntnisinteresse angemessenen systematischen Fragestellung zu treffen, indem er Kriterien wie Auswahl des Gegenstandes, Hypothesenbildung, Periodisierung, begriffliches Instrumentarium und theoretische Erklärungsansätze als konstitutiv für den theoretischen Bezugsrahmen herausstellt (vgl. Kocka 1975, 20 ff.).

Kritiker einer eklektischen Verwendung von Theorien in der historischen Forschung bescheinigten diesem Ansatz durchaus forschungspraktische Erfolge und relativierten den Vorwurf der Beliebigkeit angesichts des Bemühens um eine stärkere Operationalisierung von Theorien. Ungeachtet dieser Zugeständnisse, wurden von Vertretern jener zweiten Position wissenschaftstheoretische Einwände grundsätzlicher Natur ins Feld geführt. Groh etwa sah in der „Ad-hoc-Hinzuziehung sozialwissenschaftlicher Theorien" die Gefahr von Ex-post-facto-Erklärungen: „Diese sind aber … tautologische Transformationen: Die hinzugezogenen Theorien konstituieren ihre eigenen Anwendungsbereiche, und die im historischen Objektbereich vorfindlichen Daten entarten zur bloßen Illustration dessen, was in den Theorien ohnehin verankert ist, oder, anders ausgedrückt, sozialwissenschaftliche Theorien werden den bereits bekannten Fakten einfach vorgeschaltet" (1973, 17). Rittner vermisste eine überzeugende „Gesamtkonzeption der Strukturgeschichte", die bislang verwandten Theorieelemente stellen nach seiner Ansicht „Bruchstücktheorien dar, die im Stadium verharren, pragmatische Ordnungsprinzipien zu sein", die somit ungeeignet sind, „Geschichte als zusammenhängenden Prozeß zu begreifen" (1974, 72 f.). W. J. Mommsen machte gleichfalls geltend, dass der logische Status von Theorien sehr verschieden sei, dass es zu unterscheiden gelte zwischen lediglich hilfswissenschaftlich

verwendeten und bedeutungstragenden Theorien. Während der erste Typus von instrumentalen Theorien nur zur genaueren Erfassung eines jeweils vorgegebenen historischen Gegenstandes verwandt wird, handelt es sich, so Mommsen, bei der zweiten Art um solche theoretischen Konstrukte, die „Träger einer bestimmten perspektivischen Deutung" sind (W. J. Mommsen 1977, 460).

Golo Manns Bemerkung: „Formal stehen Erzählung und Theoriebewußtsein nicht im Gegensatz zueinander. Praktisch tun sie es heute, meistens" (1979, 41), markiert nicht nur das frühzeitig artikulierte Unbehagen zahlreicher Historiker an quantifizierender Strukturgeschichte und marxistischer Geschichtsschreibung, sondern zugleich das Dilemma, in dem jede stärker theoriegeleitete Arbeit steht: einen Ausgleich zu finden zwischen systematischer Darstellung und erzählender Geschichte. Auch hier liegt wiederum ein Spannungsverhältnis vor, da Wissenschaftsadäquatheit und Geschichtsadäquatheit (Rüsen 1979) nicht ohne weiteres miteinander vereinbar sind. Dieses Unbehagen an historischen Darstellungen, in denen das Bemühen um Verallgemeinerung allzu leicht die lebendige Schilderung menschlichen Handelns zu kurz kommen lässt, ist zweifellos ein bedeutender Grund für das Entstehen von Alltagsgeschichte. Bezogen auf die Geschichte der Arbeiterbewegung schrieb Peukert 1982: „Hier hatten sich die sozialgeschichtlichen Ambitionen der neuen Linken an den globalen Entwürfen zur Theorie und Geschichte der Arbeiterbewegung so lange abgearbeitet, bis sie endlich von einem unbändigen Hunger nach Wirklichkeit erfaßt wurden" (10). Mit dem Ziel eines Perspektivenwechsels wurde Alltagsgeschichte als notwendiges Korrektiv von Sozialgeschichte proklamiert.

Das Aufzeigen lebensweltlicher Erfahrungen, alltäglicher Lebensgewohnheiten, spezifischer Wahrnehmungs- und Kommunikationsformen, kollektiver Mentalitäten lässt demnach erst lebendig und anschaulich werden, was generalisierende Analysen von Lebensbedingungen nur in meist abstrakter

Weise darzulegen vermögen. Aber auch für die Alltagsgeschichte standen ungelöste methodologische Probleme im Raum. Sie bezogen sich u. a. auf die begriffliche Fassung von Alltag, die Vermittlung von „Mikrohistorie" mit globalen Strukturen und Begriffen, die Verallgemeinerung lebensweltlicher Erfahrungen, die quellenkritische Interpretation der Aussagen von Zeitzeugen, also einer mündlichen Geschichte (oral history). Aus all diesem geht hervor, dass auch Alltagsgeschichte nicht theorielos betrieben werden kann, dass sie ihren Anspruch, einen Perspektivenwechsel im Sinne einer „Geschichte von unten" zu praktizieren, nur in Verbindung mit methodischer Reflexion einlösen kann (Niethammer 1980, 240).

Die kritische Auseinandersetzung mit der Alltagsgeschichte hat dem Prozess der wissenschaftstheoretischen Selbstvergewisserung der Historie in den 1970er Jahren deutlichere Konturen verliehen. Trotz aller Differenzen in den methodologischen Positionen bestand unter den Befürwortern einer Theoretisierung der Geschichte zunehmend Konsens hinsichtlich der Forderung nach Theorien, die der Besonderheit geschichtlichen Denkens und Forschens Rechnung tragen. Rüsen hat mit seiner „Historik" die Programmatik einer Theorie der Geschichtswissenschaft vorgelegt, deren Aufgabe in dem Abstecken eines Rahmens liegt, „der die verschiedensten Ansätze in eine gemeinsame Problemstellung integrieren könnte" (1976, 18). Die Besonderheit historischer Theorien liegt nach Rüsen in der komplementären Verbindung narrativer und konstruktiver Aspekte, somit im „narrativen Konstrukt", das als konstitutives Moment des historischen Erkenntnisprozesses zu sehen ist: „Ich möchte also behaupten, daß es eine theorielose Geschichte gar nicht gibt. Jeder Geschichte liegt ein konstruktiver Entwurf des zu Erzählenden zugrunde, den ich narratives Konstrukt nennen möchte. Historische Theorien sind explizite und begründete narrative Konstrukte. Der Terminus ‚Theorie' soll besagen, daß solche Entwürfe von Geschichten nicht beliebig

sind, sondern in die Form von verbindlichen Aussagen über zeitspezifische Handlungszusammenhänge gebracht werden müssen, wenn die Geschichten, die nach ihnen organisiert werden, gut begründete Geschichten sein sollen" (Rüsen 1979, 328).

Die während der letzten zwei bis drei Jahrzehnte veröffentlichten Arbeiten zu methodologischen Fragen der Historie präsentieren zugleich eine Fortführung, Ausdifferenzierung und Neuakzentuierung theoretischer Positionen (Raphael 2003). Die bundesrepublikanische Sozial- bzw. Gesellschaftsgeschichte der 1970er und 1980er Jahre mit ihren Anleihen an US-amerikanischen Modernisierungstheorien blieb mit ihrem grundsätzlich optimistisch gestimmten Grundmuster, ihrer Wachstums- und Fortschrittsprämisse (Eibach 2002, 16) nicht ohne Kritik. Aus Sicht einer Kulturgeschichte (Mergel & Welskopp 1997, Conrad & Kessel 1998, Dinges 2002) wurde nun moniert, dass das Vorgehen der Sozialgeschichte bedeutsame Fragen wie subjektive Erfahrung, Sinnkonstruktion, Weltbilder, Mentalitäten, Lebenswelten, kollektive Bewusstseinsformen u. ä. ausklammere bzw. ignoriere. Im Gewande einer historischen Anthropologie erfolgte eine ungeheure Weiterung historischer Perspektiven, denn geleitet von Transdisziplinarität, dem Überschreiten kultureller und zeitlicher Räume sowie dem Ende verbindlicher anthropologischer Normen eröffnete sich eine Sicht auf die Welt der Geschichte, die in ihrer Phänomenologie nahezu unendlich ist: „Die Geschichtlichkeit des Menschen und die Geschichtlichkeit der Anthropologie bilden zusammen den offenen Horizont für eine offene Frage, die keine geschlossene Theorie und keinen festen Standpunkt mehr zulässt. Konstruktion, Rekonstruktion und Dekonstruktion des historischen Wissens vom Menschen sind nur noch in der Bewegung möglich. Historische Anthropologie beginnt mit der Einsicht, dass es keinen definitiven Begriff vom Menschen gibt" (Wulf & Kamper 2002, 7).

Die Vertreter der Gesellschaftsgeschichte haben sich den Herausforderungen einer

Kulturgeschichte gestellt (Nolte et al. 2000), und so räumte Wehler selbstkritisch ein, dass kulturelle Traditionen, Weltbilder, Sinnkonstruktionen, Mentalitäten von der historischen Sozialwissenschaft zwar theoretisch in ihrer Bedeutung akzeptiert, aber forschungspraktisch über lange Zeit vernachlässigt wurden (Wehler 1998, 145; Wehler 2000, 159 ff.). Ungeachtet dieses Eingeständnisses plädiert Wehler allerdings für die um Fragen der Kulturgeschichte erweiterte ungebrochene Bedeutung der historischen Sozialwissenschaft, da nur sie die Themenfelder von Politik, Wirtschaft und sozialer Ungleichheit thematisiere.

Als weiteres Novum erfolgte in den letzten Jahren eine stärkere internationale Orientierung der deutschen Historie, die den Blick neben Entwicklungen in den USA vor allem auf Forschungen in Frankreich und Großbritannien, aber auch außereuropäischer Länder richtete (Raphael 2006). Die Neuakzentuierung durch Kultur-, neue Ideen- und Mentalitätsgeschichte sowie Internationalisierung des Diskurses bei gleichzeitigem Fortbestehen von Sozial- und Politikgeschichte prägen das vielschichtige und vielfältige Bild moderner Historie. Dabei herrscht Einvernehmen, dass die unterschiedlichen methodischen Zugänge ihre Legitimität besitzen: „Es gibt kein Paradigma der Geschichtsforschung mehr ..., sondern eine Vielfalt von Forschungsstrategien" (Iggers 1996, 101; vgl. auch Goertz 1995; Eibach & Lottes 2002; Raphael 2003; Baberowski 2005). Da der zu erkennende Gegenstand selbst nicht als etwas Objektives und Wahres darstellbar ist, sondern sich nur durch zu rechtfertigende ausgewählte Fragen und Methoden und „vu par un tempérament" interpretieren lässt, ist somit endgültig obsolet geworden, Geschichte als „objektive" Wissenschaft zu verstehen, die erzählt, wie es „wirklich" war. Mit Blick auf Foucaults historischen Ansatz schreibt U. Brieler, dass historische Praxis nichts anderes sein kann „als Interpretation in und an der Gegenwart unter einer aktuellen Fragestellung" (1998, 280). Und H.-J. Goertz resümiert

kurz und bündig: „Geschichte ist der Versuch, ein Verhältnis zur Vergangenheit herzustellen (historia rerum gestarum), nicht die Vergangenheit als solche (res gestae)" (Goertz 2001, 118).

Mit Verweis auf kulturgeschichtliche Überlegungen und eingedenk neuer Uneindeutigkeiten beschreibt Baberowski das Wissenschaftsverständnis der gegenwärtigen Historie wie folgt: „Die Geschichte ist eine Wissenschaft, die den Horizont der Gegenwart erweitert, sie ist ein Gespräch des Historikers mit sich selbst. Denn wer fremden Kontexten begegnet, lernt auch sich selbst und die Welt, aus der man kommt, besser kennen. Die Historik ist ein Organon der Selbsterkenntnis, wie es Ernst Cassirer gesagt hat. Historiker sind Anthropologen des Vergangenen, die mit Texten sprechen, und sie werden dabei vom Interesse der Gegenwart geleitet, in der sie leben. Und weil die Übersichtlichkeit und Eindeutigkeit aus dem Leben der Gegenwart verschwunden ist, weil die Pluralität von Lebensstilen und Kulturen sich jedem Beobachter mitteilt, haben sich auch die Fragen an die Vergangenheit neu gestellt. Die Anthropologisierung der Geschichte, die Rehabilitierung der Kultur und der Sprache für das Verstehen menschlichen Lebens bringt das Bedürfnis der Gegenwart nach dem Verstehen jener Uneindeutigkeit zum Ausdruck, in der wir alle leben. Das Ende der Strukturgeschichte und der Meistererzählungen vom Fortschritt und von der Modernisierung bringt das Unbehagen gegenüber einer Geschichte zum Ausdruck, die von den unterschiedlichen Erfahrungen und Möglichkeiten, die Welt anzuschauen, nichts weiß. Kurz: es gibt immer so viele Wirklichkeiten wie es Menschen gibt, die sie für sich deuten. Eine Geschichte, die vom Menschen abstrahiert, weiß auf das Verlangen der Gegenwart, menschliches Handeln in seiner kulturellen Gebundenheit zu verstehen, keine Antwort" (2005, 26).

3 Von der Geschichte der Pädagogik zur historischen Bildungsforschung

Für die 70er und 80er Jahre des 20. Jahrhunderts lässt sich auch in der Erziehungswissenschaft eine Renaissance der historischen Pädagogik nachweisen (Herrmann 1977, 7), ablesbar an einer zunehmenden Zahl erziehungsgeschichtlicher Darstellungen sowie einer regen methodologischen Diskussion, so dass die noch 1969 von Röhrs getroffene Feststellung, dass es „bisher weder eine Geschichte der pädagogischen Geschichtsschreibung noch eine grundsätzliche methodologische Klärung der vorherrschenden Prinzipien" (282) gibt, keine Gültigkeit mehr besaß. Die in kurzer Abfolge veröffentlichten Arbeiten zu wissenschaftstheoretischen Fragen der Erziehungsgeschichte (Herrmann 1974, 1975, 1980; Böhm 1975; Dudzik 1975; Böhm & Schriewer 1975; Schindler 1976; Krause 1977; Lenhart 1977a u. b; Wittmütz 1977; Reyer 1980; Blankertz 1983) sowie die Arbeiten etwa von Jeismann (1972, 1975), Berg (1973), Leschinsky und Röder (1976), Meyer (1976), Herrmann (1977, 1981), Herrlitz et al. (1981), Flitner (1982) sind hierfür ein eindruckvolles Zeugnis. Die Gründe für ein neues Interesse an der Erziehungsgeschichte sind selbst nur historisch zu verstehen, d. h., sie sind nur erklärbar im Zusammenhang mit der Geschichte der pädagogischen Wissenschaft. Obgleich die historische Forschung in der deutschen Pädagogik auf eine reiche Vergangenheit zurückblicken kann (Krause-Vilmar 1972; Tenorth 2002), lässt sich spätestens in den 1960er Jahren ein allgemeiner Bedeutungsverlust dieser Disziplin feststellen, rein äußerlich erkennbar an einem Abnehmen historischer Arbeiten. Zu den wenigen größeren historischen Monographien dieses Jahrzehnts gehören die Arbeiten von Roessler (1961), Leschinsky und Roeder (1968) und Blankertz (1969).

In der Beurteilung der Ursachen für den geringen Stellenwert der historischen Pädagogik wurden mehrere Gesichtspunkte angeführt. Neben der Tatsache, dass eine stärkere Differenzierung der Erziehungswissenschaft „die Vormachtstellung des historischen Aspekts erschüttert" hat (Furck 1968, 215), wurde vor allem zur Geltung gebracht, dass sich die historische Pädagogik in Anlehnung an die geisteswissenschaftliche Tradition fast ausschließlich mit einer Geschichte der pädagogischen Ideen befasste (eine Ausnahme bilden etwa F. Paulsen; A. Wolff; K. Kehrbach; A. Fischer; vgl. Krause-Vilmar 1972; Schulenberg 1970), die sozialen, politischen und ökonomischen Bedingungsfaktoren von Erziehung jedoch weitgehend unberücksichtigt ließ: „Sie (die geisteswissenschaftliche Pädagogik, d. Verf.) reduzierte … die geschichtlichen Zusammenhänge … in der Mehrzahl der Fälle doch vorwiegend auf Geistes- und Theoriegeschichte, und das Prinzip der Autonomie der Pädagogik verführte nicht selten dazu, die politischen, gesellschaftlichen und wirtschaftlichen Zusammenhänge, in die pädagogische Probleme verflochten waren und verflochten sind, nicht im nötigen Ausmaße zu erforschen" (Klafki 1971, 361). Folgenreich war zweifellos das Unvermögen der geisteswissenschaftlichen Pädagogik, ihr Programm einer historisch-systematischen Wissenschaft in konkrete Forschungspraxis umzusetzen und damit einen Beitrag zur Analyse von Erziehungswirklichkeit zu leisten (Furck 1968, 215; Herrmann 1975, 273). Die „ontologische Fixierung" der geisteswissenschaftlichen Pädagogik auf das „Wesen" der Erziehung bedeutete nicht nur einen Verlust gerade von Geschichtlichkeit (Krause 1977, 6) sowie eine Abstraktion von den realen politisch-sozialen Bedingungen, sondern enthielt – analog der Tradition des Historismus – konservative politische Implikationen: „Die geschichtlichen Analysen der Erziehungssysteme hatten häufig die Funktion, zum Verstehen des Bestehenden beizutragen und es zugleich zu rechtfertigen. Hierdurch wurde die historische Dimension der Erziehungswissenschaft zum stabilisierenden Faktor" (Furck 1968, 215).

Das in den 1970er Jahren wiedererwachte Interesse an der Geschichte ist nach Hamburger auf folgende Faktoren zurückzuführen:

- die unzureichende Aufarbeitung bzw. Verdrängung des Faschismus sowie die Diskrepanz zwischen pädagogischer Traditionsvermittlung und aktuellen Problemen der Erziehungswirklichkeit;
- die notwendig gewordene grundlagentheoretische Auseinandersetzung mit einer „neopositivistischen" Erziehungswissenschaft;
- die Diskussion innerhalb der historischen Fachwissenschaft und deren Einfluss auf eine pädagogische Geschichtsschreibung;
- die Rezeption der kritischen Theorie und die damit verbundene Aufwertung der Historie;
- eine quantitative Ausweitung des Faches und der Forschung im Zuge einer fortschreitenden Institutionalisierung und Differenzierung der Erziehungswissenschaft;
- eine von der Studentenbewegung ausgehende Auseinandersetzung mit marxistischen Wissenschaftstheorien (1977, 6 ff.).

Gemäß der Bestimmung der Erziehungswissenschaft als einer Sozialwissenschaft und dem damit verbundenen Verständnis von Erziehungsgeschichte als Teil einer historischen Sozialwissenschaft wurde nun die Forderung nach einer Sozialgeschichte der Erziehung erhoben. „Das Postulat nach Sozialgeschichte der Erziehung kann als neues Paradigma der erziehungswissenschaftlichen Geschichtsschreibung angesehen werden" (Hamburger 1977, 9). Die Definition einer sozialwissenschaftlich orientierten Historiographie beinhaltete die Forderung nach einer Theoretisierung, wie sie bereits 1963 von Furck erhoben worden war (1963, 277). Analog zur methodologischen Diskussion der Geschichtswissenschaft wurden nun auch in der Erziehungsgeschichte Standortgebundenheit und Perspektivität als zentrale methodische Leitideen des erziehungshistorischen Erkenntnisprozesses herausgestellt. Und auch hinsichtlich der Aufgabenstellung einer historischen Pädagogik herrschte Einmütigkeit (Pöggeler 1966; Lingelbach 1971).

Ausgehend von der Prämisse, dass Erziehungswissenschaft eine Handlungswissenschaft, also praxisbezogen sei, und dass ihr Ziel auf die Veränderung der Erziehungspraxis gerichtet ist, wurde die Funktion der Erziehungsgeschichte in einer kritischen Analyse vergangener Phänomene unter dem Blickwinkel aktueller Fragen gesehen, wodurch Möglichkeiten der Veränderung angebahnt werden. Wiederum war es Furck, der bereits Ende der 1960er Jahre jene Funktionsbestimmung einer kritischen Erziehungsgeschichte vornahm, an die dann die Autoren der 1970er Jahre unmittelbar anknüpften. Er schrieb 1968: „Geschichte hat ... nicht mehr die Funktion, die Entwicklung der Gegenwart aus der Vergangenheit aufzuzeigen und damit zu rechtfertigen, sondern die Funktion, den aktuellen Konflikt zu erklären, sachgerechte Kritik der bestehenden Erziehungsinstitutionen und ihrer Rechtfertigungsversuche zu fördern, um anderen Konzeptionen zur Wirksamkeit zu verhelfen. Das die historische Forschung leitende Interesse bleibt so auf die Veränderung der gegenwärtig bestehenden Erziehungspraxis konzentriert" (217). Maßstab einer derart kritischen Analyse ist das „emanzipatorische" Erziehungsziel einer kritischen Erziehungswissenschaft: „Der Geschichtsprozeß wird also nicht mehr nur unter dem Interesse rekonstruiert: wie ist es gewesen, sondern es wird gefragt: wie sind die Möglichkeiten, die zur Realisierung der Emanzipation vorhanden waren, genutzt bzw. wodurch ist der Fortschritt zur Realisierung der emanzipierten Gesellschaft behindert worden. Maßstab der Kritik ist also das antizipierte Modell einer emanzipierten Gesellschaft" (218).

Die von Furck getroffene Bestimmung des Sinns von Erziehungsgeschichte wurde im Kontext einer emanzipatorischen Pädagogik der 1970er Jahre aufgegriffen und fand nun die entsprechende Resonanz. So definierte Herrmann die Aufgabe der Historie im „Prozeß der Bewußtseinsveränderung in Richtung auf Aufklärung und Emanzipation sowie der Anleitung und Kritik politischer Praxis als

Prozeß der Gesellschaftsveränderung in der Richtung des Abbaus von überflüssiger Herrschaft und von Entfremdung" (1975, 274). Das praktische Erkenntnisinteresse betonte Krause, wenn er darauf verwies, dass pädagogische historische Forschung „pädagogisches Handeln begründen helfen" soll (1977, 34), dass Erziehungswissenschaften als Handlungswissenschaft auf Geschichte angewiesen ist. Auch Lassahn forderte einen aktuellen Praxisbezug der pädagogischen Geschichtsschreibung: „Nicht die Rekonstruktion der Geschichte von den Anfängen her, nicht der Annalencharakter bildet die Ausgangssituation, sondern gerade die Bewältigung ungelöster Fragen" (1975, 74). Und v. Hentig schrieb in seinem Vorwort zu Ariès' Geschichte der Kindheit: „Das ist es vor allem, was ich mir von der Geschichte erhoffe – die Wirkung der Verfremdung, die Herausforderung zur Selbstprüfung, die Erfahrung von Alternativen (1982, 31).

Ungeachtet des Eingeständnisses, dass eine erziehungswissenschaftliche Historik noch aussteht (Herrmann 1975, 280), unternahm Herrmann den Versuch, Grundlinien einer historischen Pädagogik zu entwerfen (1974; 1975). Ausgehend von dem Verständnis der Erziehungswissenschaft als einer Sozialwissenschaft, sah er die Aufgabe erziehungsgeschichtlicher Arbeiten in der Analyse von Sozialisationsprozessen, „die als solche nur in einem konkreten, historisch explizierbaren Kontext sozialen Wandels ... verständlich werden" (1974, 284). Die Einbettung der pädagogischen Historiographie in eine umfassende Theorie der Sozialisation sichert nach Herrmann nicht nur die für eine Sozialgeschichte der Erziehung unabdingbare Berücksichtigung der beiden Bezugspunkte „Erziehung" und „Gesellschaft", sondern begünstigt darüber hinaus eine Erweiterung des traditionellen Gegenstandsbereichs der pädagogischen Historie: „Der realen Komplexität von Aufwachsen, Erziehen, Lernen und Unterrichten im biographischen und soziokulturellen Kontext entspricht das Konzept der Sozialgeschichte des Erziehungs- und Bildungssystems und der Historischen Sozialisationsforschung, das jenen doppelten Bezug im Paradigma ‚Erziehung und Gesellschaft' bzw. ‚Erziehung und Sozialer Wandel' forschungspraktisch präsent hält" (1975, 277).

Aber auch Herrmann kam über das Stadium einer Programmatik nicht hinaus, und damit blieb er den Nachweis schuldig, wie der von ihm benannte doppelte Bezug von Erziehung und Gesellschaft sowohl wissenschaftstheoretisch als auch forschungspraktisch einzulösen und auf welche Weise historische Sozialisationsforschung und Erziehungsgeschichte miteinander zu verknüpfen seien (vgl. auch Reyer 1980). So konnte es nicht ausbleiben, dass vor allem unter methodologischem Aspekt Bedenken gegen die von Herrmann proklamierte pädagogische Historik artikuliert wurden. Ein von Tenorth formulierter Einwand bezog sich auf den Eklektizismus des referierten Ansatzes: „Herrmann bindet ... in sich konträre und in ihrem Verhältnis nicht ausreichend problematisierte Theorien des sozialen Wandels zusammen und beansprucht sie für einen Neuansatz historisch-systematischer Pädagogik, ohne zeigen zu können, in welchem Umfang diese Konzepte bereits jetzt historisch-pädagogische Forschung konstituieren können ... Aus Sammlungen von Theorien mit ungeklärten, durchaus kontrovers diskutierten Voraussetzungen oder ihren Elementen gewinnt die historische Pädagogik indes wohl kaum ‚ihr' Problemfeld" (1975, 148).

Ein weiterer Kritikpunkt richtete sich gegen die Verwendung der Theorie „sozialer Wandel", da sie aufgrund ihrer Weite und Offenheit ungeeignet erschien, gehaltvolle Aussagen über das Verhältnis von Erziehung und Gesellschaft treffen zu können: „Der Begriff ‚sozialer Wandel' ist aber insoweit noch zu weitgreifend und allgemein, solange nicht eine Theorie des sozialen Wandels entwickelt ist, die die expliziten Aufgaben und Möglichkeiten für die Erziehungsgeschichte aufzeigt" (Buhl 1977, 83). Lenhart schließlich machte darauf aufmerksam, dass in der Kategorie des sozialen Wandels bedeutsame theoretische

Vorannahmen über den Zusammenhang von Erziehung und Gesellschaft enthalten sind, die aufgrund bisher unzureichender Erkenntnisse nicht zulässig sind. Damit erschien es prinzipiell problematisch, bereits – sozusagen im Vorwege – eine erziehungswissenschaftliche Theorie sozialen Wandels als Postulat zu formulieren: „Eine solche erziehungswissenschaftliche Theorie sozialen Wandels wäre nur möglich, wenn sich erweisen ließe, daß Erziehung tatsächlich das zentrale Moment im sozialen Wandel darstellt. Tatsächlich kann es doch wohl nur um eine Klärung des Beitrags gehen, den in einer konkreten historischen Situation Erziehung zum sozialen Wandel leistet, also um die ... theoriegeleiteten Frage, ob, wie und inwieweit Erziehungsprozesse mit sozialen Wandlungen verschränkt sind, z. B. ob Erziehung Movens, Medium oder Resultante geschichtlich-gesellschaftlicher Prozesse ist" (Lenhart 1977a, 31 f.).

Mit der Kritik an der Kategorie des sozialen Wandels stand erneut die Frage nach einer Theoretisierung der Erziehungsgeschichte auf der Tagesordnung. Im Unterschied zu einer anfänglichen Euphorik gegenüber einer allgemeinen umfassenden Sozialgeschichte artikulierten Erziehungshistoriker nun eine deutlich kritisch-zurückhaltende Bewertung hinsichtlich der Sinnhaftigkeit einer Verwendung umfassender soziologischer Theorien im Forschungsfeld der Erziehungsgeschichte. So wurde darauf verwiesen, dass die Forschungslage es bislang nicht erlaube, eindeutige Wechselwirkungen zwischen Bildungswesen, Sozialstruktur und politischem System zu identifizieren und dass es vielmehr um die Formulierung historisch fundierter Theorien gehe, die aussagekräftiger zu sein hätten als inhaltsarme funktionale Bestimmungen des Schulwesens. Böhm formulierte in Frageform Kriterien, die über die Angemessenheit von Theorieansätzen in der pädagogischen Historiographie Auskunft geben könnten:

„• Wie können diese Theorien die Wandlungen des Bildungssystems insgesamt erklären,

• wieweit können sie unterschiedliche Entwicklungen auch innerhalb des Bildungssystems erklären und auf einen stringenten gemeinsamen Bezugspunkt zurückführen, und

• wieweit können sie diese Wandlungen in Beziehung setzen zu Veränderungen der sozialen Strukturen und Prozesse allgemein, der politischen und ökonomischen Situation, d. h. der allgemeinen Sozialgeschichte im Sinne von Geschichte der Gesellschaft als Gesamtentwicklung"? (1975, 362 f.).

In der Auseinandersetzung mit der von Offe vertretenen These der Funktionalisierung des Bildungssystems für andere gesellschaftliche Bereiche und ihrer Überprüfbarkeit an historischen Prozessen verwies Böhm auf die Ergänzungs- und Korrekturbedürftigkeit soziologischer Theorien. Wenn man akzeptiert, dass es mit Hilfe historischer Theorien gerade darauf ankommt, „sowohl das Bildungswesen als auch die sozialen Kräfte, mit denen es in Beziehung steht, differenziert zu erfassen und erst nach empirischer Überprüfung die Bestimmungsfaktoren in ihrem gegenseitigen Verhältnis näher zu bestimmen bzw. zu gewichten" sind (1975, 369), so bedeutet dies, dass eine als Sozialgeschichte sich verstehende historische Pädagogik nur Theorien mittlerer Reichweite entwickeln kann. Sinngemäß die gleiche Feststellung traf Tenorth, wenn er schrieb: „Überkomplexe, raumzeitlich in ihrer Gültigkeit nicht gebundene Theorien sind kaum in historische Forschung einzubringen. Sie präformieren eher die Antworten, als daß sie angesichts der verfügbaren Quellen noch Fragen aufschließen. Theorien dieser Qualität stehen zudem innerhalb der Sozialforschung kaum zur Verfügung, oder sie sind für erziehungsgeschichtliche Untersuchungen zu trivial und daher kaum anders in ihrem Wert einzuschätzen als common-sense-Interpretation. Die Schwierigkeit, eine sozialwissenschaftlich gesicherte Theorie der Gesellschaft zu formulieren, belegt außerdem die Gefahr der Ideologisierung historischer Analysen" (Tenorth 1975, 150).

Die in den 1970er und frühen 1980er Jahren angeregt geführte methodologische Debatte der historischen Pädagogik hat durch Anschlüsse an eine neue Ideengeschichte (Foucault 2000; 2003; Lottes 2002), an Kultur-, Mentalitäts- und Alltagsgeschichte (Baacke & Schultze 1979; Mollenhauer 1985; Lüdtke 1989; Groh 1992; Schulze 1994; Mergel & Welskopp 1997; Ariès 1982; Conrad & Kessel 1998), an „neue Politikgeschichte" (Miller-Kipp & Zymek 2006) sowie Internationalisierung des Diskurses (Schriewer 1998, 2007; Lüth 2000; Caruso & Tenorth 2002; Raphael 2003; Fuchs 2004) erneut zu einer Erfolgsgeschichte der historischen Bildungsforschung in der Gegenwart geführt. Sinnbild für eine Renaissance historischer Pädagogik ist das von D. Benner und J. Oelkers 2004 herausgegebene historische Wörterbuch der Pädagogik, das 52 „Grundbegriffe und Grundprobleme der Theorie- und Wissenschaftsgeschichte des pädagogisches Feldes" (Vorwort) versammelt und das sich ausdrücklich zu einer Methodenvielfalt der Darstellung bekennt.

Nach Tenorth (2002) sind es die folgenden drei [→] Paradigmata, die den Gegenstand einer historischen Bildungsforschung bestimmen: ein ideengeschichtliches, ein sozialhistorisches und ein historisch-vergleichendes Paradigma. Im Unterschied zu ihrer konventionellen Vorläuferin, ist die neue Ideengeschichte gekennzeichnet durch Theoriebezug und methodische Reflexion, und der Begriff der Ideen ist „in produktiv-vielfacher Weise neu bestimmt worden, z. B. über den Begriff der Ideologie, mit der Kategorie des Diskurses, in den Dimensionen des Wissens oder der politischen und pädagogischen Rhetorik, zwischen historischer Semantik und Begriffsgeschichte" (Tenorth 2002, 126). Indem Bildung und Erziehung in den Kontext von Herrschaft und Entfremdung, Macht und soziale Kontrolle gestellt werden, eröffnet sich, so Tenorth, der Blick auf eine Sicht von Pädagogik, nämlich die ihres ambivalenten Charakters, der zwischen Kultivierung und Höherbildung des Menschen auf der einen und Disziplinie-

rung und Kontrolle ihrer Adressaten auf der anderen Seite schwankt.

Die gegenwärtige Schwerpunktsetzung in der Sozial- und Alltagsgeschichte ist nach Tenorth gekennzeichnet durch eine umfassendere Berücksichtigung der institutionellen Orte der Erziehung, ein Interesse für Orte nicht-institutioneller und privater Erziehung und vor allem eine erhebliche Erweiterung des Quellenmaterials, das sich nun nicht mehr ausschließlich auf Texte, sondern auf serielle Daten sowie Bilder, Fotos und andere materiale Überlieferungen stützt. Schließlich gewinnt die lange Zeit eher defizitäre historisch-vergleichende Perspektive zunehmend an Relevanz, vor allem durch den Rekurs auf kulturgeschichtliche Fragestellungen. „Nicht die Natur, sondern die Kultur definiert den Raum, in dem die Erziehung lebt und die Historie zeigt uns ihre Gestalt" (Tenorth 2002, 136). Am Beispiel der historischen Analyse der „Geschichten der Pädagogik" in Frankreich und Deutschland analysiert Tröhler (2006) die jeweiligen nationspezifischen Diskursmuster beider Länder und plädiert zugleich, im Interesse des Vermeidens von Ent-Historisierung und Dogmatisierung für eine „Internationalisierung", die „über den Anspruch ‚Vergleichender Pädagogik' hinausgeht: Die empirisch-historische Rekonstruktion von diskursiven Dynamiken ... Diese Rekonstruktion der ideologischen frameworks von Argumenten und Historiographie, die Historisierung des vermeintlich Ewigen, gelingt nur durch Differenz, durch kontextualisierende Analyse von Spannungen und Machtverhältniseen zwischen unterschiedlichen Ideologien, Weltanschauungen, languages oder Diskursen und wird so zur conditio sine qua non einer Bildungsgeschichte, die historisch ist und die deswegen mehr sichtbar machen als belehren will" (Tröhler 2006, 553).

Nicht anders als in der Fachhistorie, so können wir resümieren, herrscht auch in der Historiographie der Pädagogik weitgehend die Überzeugung von der Notwendigkeit und Legitimität einer Methodenpluralität vor, repräsentiert durch Sozial- und Alltagsgeschichte, durch Ideen-, Mentalitäts- und Kulturgeschichte und schließlich durch international-vergleichende Ansätze. Nicht nur Standortgebundenheit und Perspektivität kennzeichnet die pädagogische Historiographie, sondern zugleich die Erkenntnis, dass es nicht nur eine Geschichte der Pädagogik geben kann (Oelkers 1999, 462). Die jüngste methodologische Debatte in der pädagogischen Historiographie offenbart, dass eine vermeintliche Antinomie zwischen historischer und systematischer Vorgehensweise endgültig als überwunden gelten kann und dass Geschichtlichkeit von Perspektive, Methoden und Gegenstand letztlich aufeinander verwiesen sind. Historische Darstellung ist immer auch Neuschöpfung, Konstruktion und sie bedarf der steten Selbstreflexion: „Der reflektierte Ausweis der Ordnungsleistung pädagogischer Historiographie – in ihrem Doppelaspekt von Darstellung und Darstellungsreflexion – lässt sich als ihr systematisches Moment festhalten" (Bellmann & Ehrenspeck 2006, 261). Eine narrative und zugleich theoriegeleitete pädagogische Geschichtsschreibung, so lautet der Konsens, erfordert sehr unterschiedliche methodologische Zugehensweisen, deren jeweilige Rechtfertigung und Bedeutung auf ihre Komplementarität verweist: „Ein wichtiger Befund der Betrachtung von Historiographiegeschichte muss der sein, dass der Gegensatz zwischen theoriegeleiteter historischer Forschung und historischer Narration angesichts seiner langen Geschichte nicht länger als zwingend betrachtet werden kann, sondern dass die eine Form auf die andere gleichermaßen angewiesen ist und dass die Polarität nach einem vermittelnden Ansatz verlangt. Unter den existierenden Vermittlungsversuchen ist der der theoriegeleiteten Narrativität einer" (Lenzen 1993, 22).

4 Historiographie der Behindertenpädagogik

Es kennzeichnet die Historiographie der Behindertenpädagogik bis Ende der 60er Jahre des 20. Jahrhunderts, dass in ihr weder eine methodologische Diskussion geführt noch eine besondere Forschungspraxis etabliert wurde. Die wenigen historischen Arbeiten, die in den 1960er und 1970er Jahren erschienen, trugen mehrheitlich den Charakter rein narrativer Darstellungen, die entweder Ideen- oder Institutionsgeschichte waren und in der Regel die Funktion einer Rechtfertigung bestehender Institutionen und erfolgter Entwicklungen hatten. So beschrieb Beschel 1960 und noch 1976 eine Erfolgsgeschichte der Hilfsschule von den Anfängen bis in die jüngste Gegenwart, und auch die Veröffentlichung von Lesemann (1966) diente der Legitimation des bundesrepublikanischen Sonderschulwesens der Nachkriegszeit. Nicht anders verfuhr Myschker, der 1969 eine Geschichte des Deutschen Hilfsschulverbandes vorlegte, die, ganz im Sinne des Historismus, ein Bild vermeintlicher historischer Realität nachzeichnete.

Parallel zur Entwicklung der Mutterdisziplin sind auch in der Behindertenpädagogik der 1970er Jahre Arbeiten zu verzeichnen, die die traditionellen Pfade historischer Geschichtsschreibung verlassen. Hierzu zählen die kritischen begriffs- und problemgeschichtlichen Studien von Gehrecke (1971) und Speck (1973), aber auch die historisch-vergleichende Untersuchung von Altstaedt (1977) zur Geschichte der Hilfsschule. So distanzierte sich Gehrecke in seiner Schrift „Hilfsschule heute – Krise oder Kapitulation?" unübersehbar von der herrschenden unkritischen Historiographie der Lernbehindertenpädagogik, indem er die Legitimität dieser besonderen Schulform bezweifelte und wohl erstmals auch die bislang unbeachtete Rolle der Hilfsschule im „Dritten Reich" zu einem Thema machte: „Die deutsche Hilfsschulbewegung hatte sich seit 1933 selbst verraten, wobei die Umwertung aller Werte weit in die 20er Jahre zurückzuverfolgen ist" (Gehrecke 1971, 35). In ähnlich kritischer Absicht argumentierte Speck, wenn er schrieb: „Von erheblichem Einfluss auf die Propagierung der ‚Leistungsschule' war während der Zeit des Nationalsozialismus der Zwang zum Nachweis der ‚Brauchbarkeit' des Hilfsschulkindes" (1973, 852).

Das Verdienst der historisch-vergleichenden Studie Altstaedts zur Entwicklung der Hilfsschule in Schweden und Deutschland (1977) liegt in dem konsequenten Bezug der Institution Hilfsschule auf das Elementarschulwesen sowie in dem Versuch, die Entwicklung der Hilfsschule in einen größeren gesellschaftlichen Zusammenhang zu stellen. Allerdings offenbaren der Bezug auf eine globale Gesellschaftstheorie sowie die Vernachlässigung quellenkundlicher Fundierung die Schwäche einer noch in den Kinderschuhen steckenden Historiographie der Behindertenpädagogik. Die geringe Berücksichtigung quellenkundlicher Arbeit sowie der Bezug auf einen sehr langen Zeitraum – Altstaedts Überblick reicht vom Anfang des 19. Jahrhunderts bis in die Gegenwart der 1970er Jahre – erlaubte folgerichtig nur das Aufzeigen sehr allgemeiner Entwicklungstendenzen; die Frage, wie sich das Verhältnis des Hilfsschulwesens zum übrigen Bildungssystem in einer konkreten historischen Situation gestaltete, musste Altstaedt daher weitgehend unbeantwortet lassen. Die eingangs von ihr formulierte These, „daß die Entstehung der Hilfsschule als ein Moment der Konstituierung der Volksschule in Deutschland analysiert werden muß und daß dieselben gesellschaftlichen Triebkräfte, welche die präzisere Funktionalisierung der Volksschule vorantrieben, zugleich die entscheidenden Bedingungsfaktoren für die Entstehung der Hilfsschule bildeten" (1977, 25 f.), ist als Ergebnis historischer Forschung denkbar, jedoch keineswegs sicher. Durchaus vorstellbar ist, dass einzelne Faktoren mit sehr unterschiedlichem Gewicht bei der Konstituierung der Hilfsschule als einem Teil des Elementarschulwesens wirksam wurden. Das aus einer gesamtgesellschaftlichen Theorie abgeleitete Postulat von der Parallelität der

Hilfsschul- und Elementarschulentwicklung war daher zu pauschal, um gerade die Besonderheiten der Hilfsschulentwicklung in den Blick zu bekommen. Die jüngst von Barow (2007) vorgelegte Studie zeigt eindrucksvoll, wie differenziert und widersprüchlich auch in Schweden die Geschichte einer Behindertenpädagogik im letzten Jahrhundert verlief.

Eine methodologische Diskussion um das Selbstverständnis behindertenpädagogischer Geschichtsschreibung entzündete sich erstmals an der Debatte um den so genannten „Strukturwandel" der Hilfsschule, indem wir auf Desiderata traditioneller behindertenpädagogischer Geschichtsschreibung verwiesen und zugleich für eine stärkere Berücksichtigung einer kritischen sozialgeschichtlichen Zugehensweise eintraten (Ellger-Rüttgardt 1973). Das Auftreten einer so genannten „kritischen", nicht selten einem orthodoxen Marxismus verpflichteten Sonderpädagogik und deren Geschichtsverständnis war für uns erneut Anlass, Aufgaben und Ziele einer Geschichtsschreibung der Behindertenpädagogik im Kontext der Debatte von Fachhistorie und Erziehungsgeschichte zu thematisieren und erneut für eine differenzierte und pluralistische Geschichtsschreibung in der Behindertenpädagogik zu plädieren (Ellger-Rüttgardt 1976).

Mit unserem Aufsatz in dem Handbuch der Sonderpädagogik von 1985 unternahmen wir schließlich den Versuch, für die behindertenpädagogische Historiographie den Anschluss an Geschichtswissenschaft und historische Pädagogik zu suchen, indem wir deren Diskussionsstand dokumentierten und für eine Erweiterung des Gegenstandsbereiches, verstärkte quellenkundliche Arbeit, stärkere Theoretisierung, Periodisierung und Regionalisierung der Forschung sowie Methodenvielfalt in der Forschungspraxis warben. Ferner wiesen wir darauf hin, dass eine Historiographie der Behindertenpädagogik die Aufgabe zufiele, die „Wechselwirkung von besonderer und allgemeiner Pädagogik unter dem Blickwinkel ihrer historisch-gesellschaftlichen Besonderheiten zu untersuchen" (Ellger-Rüttgardt

1985, 108) – eine Forderung, die in der folgenden Zeit zunehmend Berücksichtigung in der sonderpädagogischen Geschichtsschreibung fand (Möckel 1988) und gegenwärtig den Stand historischer Forschung in der Behindertenpädagogik präsentiert (Kuhn 2007; Ellger-Rüttgardt 2008).

Wenn wir in der Gegenwart von Sonder- oder Behindertenpädagogik sprechen, dann verstehen wir darunter einen Oberbegriff für die verschiedenen sonderpädagogischen Einzeldisziplinen. Dieses Verständnis ist bereits Ergebnis eines historischen Prozesses, denn am Anfang der Entwicklung vor mehr als 200 Jahren gab es zunächst nur eine Pädagogik der Taubstummen, der Blinden und später auch der Geistesschwachen, aber keine ordnende, übergreifende Begrifflichkeit. Diese erfolgte zum ersten Mal im 19. Jahrhundert mit dem zweibändigen Werk von Jan Daniel Georgens und Heinrich Marianus Deinhardt „Die Heilpädagogik", dessen erster Band 1861 erschien und sich schwerpunktmäßig der „Idiotie" und den „Idiotenanstalten" widmete, gleichwohl aber das Gesamtgebiet der Heilpädagogik im Auge hatte.

Entsprechend der sehr unterschiedlichen Entwicklung der einzelnen sonderpädagogischen Fachrichtungen verwundert es nicht, dass Geschichte der Heil- und Sonderpädagogik bislang vorrangig eine Geschichte der jeweiligen sonderpädagogischen Disziplinen war, und das von Svetluse Solarová herausgegebene Werk „Geschichte der Sonderpädagogik" (1983) spiegelt genau dieses Verständnis wider. Unter Hinweis auf die relativ kurze Geschichte der Sonderpädagogik, ihre starke institutionelle Ausdifferenzierung sowie das „ungenügend gesicherte Selbstverständnis der Sonderpädagogik als wissenschaftliche Disziplin" (8), wurde bewusst auf den Versuch verzichtet, einen übergreifenden theoretischen Rahmen zu entfalten, innerhalb dessen die einzelnen Beiträge einzuordnen wären: „Diese nur angedeutete Heterogenität des Gebietes ... ist Grund dafür, daß wir uns an die historisch gewachsenen Strukturen im praktischen Feld der Sondererziehung gehalten haben. Wir ha-

ben nicht den Mut gehabt, zu ‚wissen', welche übergeordnete theoretische Konzeption es sei, die der historischen Betrachtung Gültigkeit und Maß geben solle ... Der Schwerpunkt liegt deutlich erkennbar auf der historisch gewachsenen Wirklichkeit, also auf der Erziehung selbst, und weniger auf ihrer Theorie" (9). Diese Aussagen sind vielleicht nicht ganz befriedigend, denn sie bleiben die Antwort schuldig, nach welchen Kriterien die „historisch gewachsene Wirklichkeit" interpretiert wurde, aber sie veranschaulichen sehr deutlich die Schwierigkeiten, vor der sich Arbeiten gestellt sehen, deren Ziel die Suche nach verbindenden, einheitsstiftenden Elementen einer Historie der Behindertenpädagogik ist.

Nahezu zeitgleich unternahmen Möckel und Jantzen in jeweils unterschiedlichen theoretischen Bezügen den Versuch, konstitutive Elemente einer Geschichte der Heilpädagogik bzw. einer Sozialgeschichte der Behinderung herauszuarbeiten. Möckels Ausgangsfrage lautete: „Lassen sich so viele Gemeinsamkeiten erkennen, daß nicht nur einzelne sonderpädagogische Fachrichtungen, sondern auch die Sonderpädagogik mehr als nur eine Ideengeschichte hat? Oder anders gefragt: Lassen sich eigentümliche Fragestellungen und Antworten einer Pädagogik der Behinderungen in der Geschichte aller sonderpädagogischen Fachrichtungen nachweisen?" (1979, 119). Möckel sah in fünf Bestimmungsgrößen die Gemeinsamkeit der historischen Entwicklung heilpädagogischer Schultypen begründet. Sie lauten: Existenzsicherung, Emanzipation, von privater Initiative zu öffentlich gesetzlichen Regelungen, Normalisation und Verallgemeinerungen.

Diese formulierten Merkmale können sicherlich als interessante Hypothesen für die historische Erforschung des Sonderschulwesens angesehen werden, es erscheint allerdings fraglich, ob beim jetzigen Stand der Forschung diese ideen- und sozialgeschichtlichen Bestimmungsgrößen bereits als konstitutiv für die gesamte Entwicklung aller sonderpädagogischen Bildungseinrichtungen gelten können. So ist das sozialpolitische Moment der Existenzsicherung zweifellos von großer Bedeutung für die Etablierung der älteren Sonderschulen gewesen, dagegen dürfte es für die Einrichtung der jüngeren Sonderschulen in der zweiten Hälfte des 19. und zu Beginn des 20. Jahrhunderts eine eher untergeordnete Rolle gespielt haben. Hier handelte es sich primär um Ausdifferenzierungsprozesse aus den älteren Sonderschulen bzw. dem Elementarschulbereich, wodurch eine sehr veränderte Ausgangs- und Interessenlage gegeben war. Auch der Begriff der Emanzipation, der die Anerkennung der Bildungsansprüche auch für behinderte Kinder meint, ist unseres Erachtens vor allem geeignet für eine Charakterisierung jener älteren Sonderschulen, die aufgrund der Initiative einzelner, durch den Geist der Aufklärung geprägter Personen, ins Leben gerufen wurden. Die Verwendung der Leitidee Emanzipation ist hingegen für eine Darstellung der Hilfsschulentwicklung äußerst problematisch. Überspitzt formuliert, könnte man sagen: Während durch eine besondere Beschulung die Bildungsfähigkeit blinder und tauber Kinder öffentlich anerkannt wurde, erfolgte durch die Ausgliederung so genannter Schwachbegabter bzw. schwachsinniger Schüler aus dem allgemeinbildenden Schulwesen zumindest partiell die Aberkennung der „normalen" Bildungsfähigkeit – trotz aller anders lautenden Beteuerungen.

Die dritte von Möckel benannte Größe der Entwicklung von der privaten Initiative zu öffentlich gesetzlichen Regelungen repräsentiert eine historische Entwicklungslinie, die vor allem für die älteren Sonderschulen zutrifft; sie kann daher kaum den Wert einer übergeordneten Kategorie beanspruchen.

Vergleichbar dem Begriff der Emanzipation, erscheint es ferner zweifelhaft, ob jener der Normalisation allgemeine Bedeutung für die Geschichte der Behindertenpädagogik beanspruchen kann. Nach Möckel bemüht sich Heilpädagogik „um die Normalisation, d. h. um die Einschränkung spezieller und stigmatisierender Maßnahmen und um die Aufbereitung allgemeiner Ziele und allgemeiner

Maßnahmen für die Zwecke der Heilpädagogik" (1979, 122). Auch hier muss kritisch gefragt werden, ob Heilpädagogik wirklich diese uneingeschränkt positive Wirkung zu allen Zeiten hatte. Den Anteil, ja Schuld, den auch Vertreter der Heilpädagogik zur Zeit des Nationalsozialismus an der Ausgrenzung Behinderter hatten, wird nicht recht sichtbar, wenn Möckel schreibt: „Das Verstecken der Kinder und ihre Vernachlässigung und in der Barbarei des Nationalsozialismus sogar das Morden, all das sind Endpunkte eines animalisch-natürlichen Verhaltens, dem die Sonderpädagogik als eine geschichtliche, genau lokalisierbare Geistesströmung entgegenwirkt. Sie zeigt auf, daß Behinderung sowohl als intra- wie als interpersonelles Phänomen zum Menschen dazugehört, ihn begrenzt und damit zu seiner Normalität gehört" (1979, 123).

Schließlich meinen wir, dass auch der Aspekt der Verallgemeinerung eine nur historisch begrenzte Bedeutung besitzt, nicht jedoch Allgemeingültigkeit für die gesamte Geschichte des Sonderschulwesens beanspruchen kann. So erscheint es nicht vertretbar, eine Parallele zwischen der Verallgemeinerungsbewegung der Gehörlosenpädagogik und den Einrichtungen der jüngeren Sonderschulen herzustellen. Während das Anliegen jener Bewegung innerhalb der Gehörlosenpädagogik gerade in einer engen Fühlungnahme zur allgemeinen Pädagogik lag, artikulierte sich etwa das Interesse der Hilfsschulvertreter in genau entgegengesetzter Richtung: In schulorganisatorischer als auch didaktisch-methodischer Hinsicht sowie in der Definition ihrer Schülerschaft waren sie darauf bedacht, sich von der allgemeinen Pädagogik abzugrenzen – nicht Verallgemeinerung, sondern Besonderung war das erklärte Ziel.

Auch Wolfgang Jantzen unternahm in seinen historischen Veröffentlichungen der 1970er Jahre den Versuch, durch die Verwendung allgemein gültiger Kategorien die Geschichte der Behindertenpädagogik auf ihre Begrifflichkeit zu bringen. Behinderung als Isolation von gesellschaftlichem Erbe ist der zentrale Begriff einer materialistischen Behindertenpädagogik, für die die Entfaltung der historischen Dimension konstitutiv ist: „Eine Abstraktion, die den zu setzenden Ansprüchen an eine materialistische Behindertenpädagogik zu genügen scheint, die es ermöglicht, Behinderungen im Zusammenhang von Widerspiegelung und Aneignung der objektiven Realität zu erkennen, die das Wesentliche aller verschiedenen Formen von Behinderung zum Ausdruck bringt, scheint mir in der Kategorie der Isolation vorzuliegen ... Behindertenpädagogik ist in ihrer Geschichte in zahlreicher Hinsicht mit dem Phänomen der Isolation konfrontiert worden; indem sie jedoch menschliche Persönlichkeitsentwicklung in die Individuen hineinverlegte, nicht Behinderung als eine Isolation vom außerindividuell kumulierten gesellschaftlichen Erbe begriff, verblieb sie begrifflos vor der Vielfalt der Erscheinungen" (1976, 21 f.).

Geschichte ist für Jantzen die Geschichte von Klassenkämpfen, und demzufolge wird auch eine Geschichte der Erziehung von Behinderten vor allem unter einem politisch-ökonomischen Aspekt nachgezeichnet. In den Vorbemerkungen zu seiner „Sozialgeschichte des Behindertenbetreuungswesens" schreibt er: „Eine Sozialgeschichte des Behindertenbetreuungswesens zu versuchen, bedeutet zugleich Sozialgeschichte des Gegenstandes selbst, also der Behinderung als Störung gesellschaftlich-historisch ‚normaler' Reproduktionszusammenhänge ... Historisch ‚normal' bestimmt sich aus dem Arbeits- und Lebenszusammenhang unterschiedlicher Klassen und Bevölkerungsgruppen, bestimmt durch die Verfügungsgewalt über die Produktionsmittel wie über die arbeitsteilige Teilhabe an der Verwendung und Entwicklung der Produktivkräfte ... Aus den Besitz-, Macht- und Herrschaftsverhältnissen der herrschenden Klasse bestimmt sich demnach die ‚normale' Teilnahmefähigkeit am gesellschaftlichen Leben, je spezifiert nach sozialer Lage und den Veränderungen in Produktion und Reproduktion. Hier liegt also der Zusammenhang, vor dem Behinderung als Störung des historisch normalen Reproduktionszusam-

menhanges ... letztlich zu begreifen und zu entschlüsseln ist" (1982, 6 f.). Diese Position wird bestätigt in einer späteren Publikation, wo es heißt: „Ich betrachte die Geschichte der Behinderung und der Behindertenpädagogik als Teil einer Geschichte von Klassenkämpfen ... Die Geschichte der Behindertenpädagogik ist hiervon lediglich ein Spezialproblem" (Jantzen 1992, 46).

Die von Jantzen vertretene Position beeindruckt zweifellos durch ihre theoretische Geschlossenheit und die Weiterung der Sichtweise auf den Sektor der vor-, außer- und nachschulischen Bereiche eines „Behindertenbetreuungswesens". Aber auch aus heutiger Sicht bleibt das kritische Monitum, dass makrohistorische und neo-marxistische Analysen mit ihrem universalhistorischen Erklärungsanspruch, dem Denkmodell der ökonomischen Determinierung, mit ihrer „Neigung zur sozialen Physik" (Raphael 2003, 132, vgl. auch Iggers 1996, 63 ff.) den Blick auf komplexe, divergente, widersprüchliche historische Entwicklungen, auf Subjektivität und Lebenswelt eher versperren. Jantzen wendet sich in dieser frühen Veröffentlichung zwar gegen eine Historiographie, die ausschließlich strukturell verfährt und damit von konkreten Situationen und der ihr handelnden Subjekten abstrahiert (1982, 10 f.), aber das Festhalten an einer vorgefassten, umfassenden Gesellschaftstheorie als tragendem Interpretationsrahmen bleibt davon unberührt. Damit kennzeichnet das methodische Vorgehen nicht die von der Sozialgeschichte geforderte kritische Überprüfung theoretischer Annahmen am empirischen Material, sondern eine starke Indienstnahme von Geschichte als Beleg für die Richtigkeit der vertretenen Gesellschaftstheorie (vgl. auch Groh 1973).

Die von Möckel 1988 vorgelegte „Geschichte der Heilpädagogik" repräsentiert die erste übergreifende Darstellung des Gegenstandes Heilpädagogik. Dabei ist von besonderer Bedeutung, dass Möckel die Geschichte der Heilpädagogik im Referenzsystem von Pädagogik schlechthin thematisiert, denn er postuliert, dass „die Ursprünge der Heilpädagogik (uns) pädagogische Ursprünge (sind)" (1988, 24 f.). Indem Möckel allerdings seinen Blick auf das Scheitern in der Erziehung richtet, sozusagen als zentrale Fragestellung wählt, ferner sein Augenmerk vor allem auf die Entstehung und Entwicklung „der ersten, bahnbrechenden Institutionen" (27) für behinderte Schüler lenkt und schließlich Heilpädagogik eher als Gegenentwurf (gegen Rousseau) zur Allgemeinen Pädagogik ansieht, verharrt er letztlich in einem eingeschränkten behindertenpädagogischen Referenzsystem. Auch in der zweiten Auflage von 2007 – nun mit dem Untertitel versehen „Macht und Ohnmacht der Erziehung" – hat Möckel seinen methodischen Zugang zur Erschließung des historischen Gegenstandes im Grundsatz nicht verändert, denn Ausgangs- und Referenzpunkt seiner Überlegungen ist auch hier die Kategorie des „Scheiterns" (10) sowie der „Zusammenbruch pädagogischer Felder" (242 f., 259, 266), und stärker noch als in der ersten Auflage betont Möckel die christlichen Wurzeln der Heilpädagogik, wenn er unter Bezug auf die erste Auflage von 1988 abschließend schreibt: „Heilpädagogik als historische Bewegung ist eine säkularisierte Fortsetzung der Heilsgeschichte und als solche auf die Ganzheit des Lebens gerichtet" (267).

Wir sind der Meinung, dass die Suche nach spezifischen heil- oder behindertenpädagogischen Kategorien, mit deren Hilfe sich die Geschichte der Behindertenpädagogik interpretieren ließe, in die Sackgasse führt, denn sie hat als Ergebnis gerade das, was von Sonderpädagogen immer wieder beklagt wird: die Abkoppelung von der Allgemeinen Pädagogik. Wenn Bildung und Erziehung behinderter und vernachlässigter Kinder und Jugendlicher als konstitutive Aufgabe der Pädagogik verstanden werden sollen, dann kann es keinen anderen Weg geben, als sich auch in der Historiographie der Behindertenpädagogik auf den zentralen Begriff der Bildsamkeit einzulassen.

Die Pädagogik der Moderne – und hier folgen wir Herrmann (2005) und H.-E. Tenorth (2006) – ist gekennzeichnet durch Ambiva-lenzen und Widersprüche, die sich am Begriff der Bildsamkeit aufzeigen lassen. Bildsamkeit als der zentrale Begriff der Pädagogik „zur Bezeichnung der Erziehbarkeit und Selbstbestimmungsfähigkeit des Menschen" (Benner & Brüggen 2004, 174) schließt als Idee und aus anthropologischer Sicht alle Personen ein, also auch Behinderte, sie gilt demnach universell. In ihrer praktischen Wirksamkeit – und darin liegt zugleich ihr paradoxaler Charakter – führt diese Idee zu Besonderheiten, zur Partikularität, sei es durch spezifische Methoden, besondere Bildungsorganisationen oder aber eigene Professionsgruppen. „In der subtilen Identifikation von Problemen wird die Partikularisierung verschärft und die Differenz und Separierung der Klientel erzeugt, die der an Gleichheit von Bildung und Bildsamkeit orientierte Diskurs an sich verbietet" (Tenorth 2006, 498). In ähnlicher Weise, unter Rekurs auf Störungen der Bildsamkeit, schrieb Bleidick 1978: „Die Idee der Allgemeinen Pädagogik stammt von Herbart. Er hat ihr im Grundbegriff der Bildsamkeit des Zöglings ... das begriffliche Fundament gewiesen. Wenn nun Pädagogik über diese allgemeinen Aussagen hinausgeht, nach den einzelnen speziellen Inhalten der Bildung in den sprachlichen, religiösen, technischen Disziplinen, nach ihren institutionellen Formen in Familie, Schule, Kirche und Staat, nach Erziehungsformen, Bedingungen der Bildsamkeit usw. fragt, fächert sie sich in eine differenzielle Pädagogik besonderer Bereiche auf" (Bleidick 1978, 52 f.).

Ausgangspunkt unserer Geschichte der Sonderpädagogik (2008) war folglich nicht das bereits als Ergebnis historischer Prozesse generierte Besondere der Pädagogik, sondern das Allgemeine, der Universalitätsanspruch auf Bildung für alle. Im Sinne einer „neuen Ideengeschichte" untersuchten wir „Idee und Erweiterung der Bildsamkeit durch die Entdeckung der Bildbarkeit Behinderter" (Ellger-Rüttgardt & Tenorth (1998) in ihren Folgewirkungen für die Definition des Personenkreises, die Form der Institutionalisierung, die pädagogische Praxis (Methoden) sowie für Professionalisierungsfragen und Aspekte einer Selbstvertretung behinderter Menschen. Dabei war Leitmotiv der Darstellung die These von dem ambivalenten Charakter moderner Pädagogik seit dem 18. Jahrhundert und damit die Suche nach der jeweiligen Gestalt einer Pädagogik der Behinderten in unterschiedlichen Zeitepochen, die durch Differenz und Differenzierungsprozesse gekennzeichnet ist: „Die historische Konsolidierung des Fachgebiets Sonderpädagogik zeigt sich als Akt zunehmender Ausdifferenzierung und Spezialisierung der Bemühungen um menschliche Bildbarkeit" (Hofer 2004, 887).

5 Forschungsstand und Desiderata

Wenn Tenorth konstatiert, dass die historische Bildungsforschung in Deutschland „in den letzten zwei bis drei Jahrzehnten eine erstaunliche Karriere gemacht" hat (2002, 123), dann kann dieses positive Urteil mit einem gewissen Recht auch für die Behindertenpädagogik reklamiert werden – ungeachtet der Tatsache, dass nach wie vor viele weiße Flecken bestehen. Der Umstand, dass die historische Forschung innerhalb der Behindertenpädagogik der Nachkriegszeit lange Zeit vernachlässigt war, hat viel mit der verdrängten Epoche des Nationalsozialismus zu tun, und es sollte bis in die späten 1970er Jahre dauern, bis sich die Disziplin auch dieser Epoche zuwandte (Jantzen 1975; Wagner 1977; Höck 1979; Rudnick 1985; Ellger-Rüttgardt 1980, 1986, 1987, 1988 a u. b; Biesold 1988). Der noch vor wenigen Jahrzehnten berechtigte Vorwurf, dass Geschichtsschreibung in der Behindertenpädagogik vernachlässigt, weitgehend theorielos betrieben und in der Regel fernab von der Debatte in der Fachhistorie und der allgemeinen Pädagogik geführt wird, ist somit nicht mehr aufrecht zu erhalten. So ist für die letzten Jahre nicht nur eine Zunahme an historischen Arbeiten und Veröffentlichungen quellenkundlicher Literatur zu verzeichnen (Möckel et al.

1997; Bleidick & Ellger-Rüttgardt 1999 ff.), sondern auch eine stärkere Einlösung der Forderung nach theoriegeleiteter Forschung, wobei in der Regel verschiedene methodologische Verfahren miteinander kombiniert sind (vgl. etwa Bradl 1991; B. Lindmeier 1998; Dreves 1998; Wolfisberg 2002; Barow 2007).

Neuere ideengeschichtliche Studien konzentrieren sich auf Disziplin-, Professions- und Begriffsgeschichte. So thematisierte Christian Lindmeier (1993) die etymologische Bedeutung des Begriffes Behinderung und Ute Weinmann (2003) untersuchte unter normalismustheoretischer Perspektive Werk und Leben von Georgens und Deinhardt, Heinrich Hanselmann, Linus Bopp und Karl Heinrichs. Vera Moser legte eine kritische Wissenschaftsgeschichte der Sonderpädagogik seit ihren Anfängen im 18. Jahrhundert vor, indem sie vor allem die utilitaristische Zielsetzung einer Pädagogik der Aufklärung ideengeschichtlich entfaltete (1995). Erweitert um einen professionstheoretischen Zugang veröffentlichte Vera Moser 2003 eine disziplingeschichtliche Analyse, die, ergänzt durch sozialwissenschaftliche Bezüge, erneut Sonderpädagogik im Kontext erziehungswissenschaftlicher Historiografie verortete. Die geforderte Abkehr von einer besonderen Anthropologie für Behinderte und die erziehungswissenschaftliche Orientierung der Disziplin Sonderpädagogik unterstreicht damit ein Selbstverständnis der jüngeren Behindertenpädagogik, wie sie von Ulrich Bleidick in seiner „Pädagogik der Behinderten" 1978 grundgelegt wurde. Spezifisch professionsgeschichtliche Arbeiten existieren für die Gruppe der Hilfsschullehrer (Ellger-Rüttgardt 1980; Rock 2002) und für die Entwicklung der Heilpädagogik in der Schweiz (Wolfisberg 2005).

Es ist auffallend, dass Untersuchungen mit einer sozial-, alltags- und biografiegeschichtlichen Fragestellung in jüngster Zeit zunehmendes Gewicht in der Behindertenpädagogik gewonnen haben, wobei die spezifischen methodischen Zugehensweisen nicht selten miteinander kombiniert werden. Es liegt auf der Hand, dass eine Alltagsgeschichte, der es um die Sicht der in der traditionellen Geschichtsschreibung bislang stumm gebliebenen Akteure geht, einen für die Behindertenpädagogik äußerst fruchtbaren Perspektivenwechsel verspricht. So konnte am Beispiel der Braunschweiger Hilfsschule gezeigt werden, wie durch die Artikulation der Interessen Betroffener ein Ausschnitt von Schulwirklichkeit lebendig wurde (Ellger-Rüttgardt 1981). Alltagsgeschichtliche Perspektiven eröffnen auch Interviews mit (betroffenen) Zeitzeugen, wie sie etwa bei Ellger-Rüttgardt (1997), Musenberg (2002), Hofmann-Mildebrath (2004) und Barow (2007) Eingang in die historischen Untersuchungen fanden.

Die in der Behindertenpädagogik beobachtbare stärkere Beachtung der Subjektivität behinderter Menschen manifestiert sich folgerichtig zunehmend auch in historischen Arbeiten der Behindertenpädagogik, insbesondere in der Biografieforschung sowie in der Darstellung der Selbsthilfebewegungen. Die Bedeutung der Biografieforschung wird belegt durch die in zweiter Auflage erschienene Porträtsammlung von 26 bedeutenden Heilpädagogen des 20. Jahrhunderts (Buchka et al. 2002). Christian Mürner (2000) wählte den Blick auf 25 international bekannte Persönlichkeiten und skizzierte deren Lebensgeschichte in der Auseinandersetzung mit ihrer Behinderung. Der Israeli und gebürtige Berliner Shimon Sachs begab sich auf die Spuren der professionellen Begleiterin von Janusz Korczak, Stefa Wilczynska, und zeichnete ein eindruckvolles Bild dieser außergewöhnlichen Pädagogin (Sachs 1989). Und wir selbst haben unser biografisches Augenmerk auf einige Frauen in der Sonderpädagogik gerichtet (Ellger-Rüttgardt 2008, 225 ff.).

Renate Fischer und Harlan Lane legten 1993 ein umfangreiches Werk zur internationalen Geschichte der Gehörlosengemeinschaften vor, und Hans-Uwe Feige präsentierte Gehörlosen-Biografien aus dem 18. und 19. Jahrhundert (1999). Herbert Demmel beschrieb den Weg des Bayerischen Selbsthilfebundes für Blinde (1995) von den Anfängen im 19. Jahrhundert bis in die Gegenwart,

und Wolfgang Drave zeichnete auf der Basis mündlicher Quellen (oral history) 15 Lebensbilder blinder Menschen, die die NS-Zeit, Krieg und Nachkriegszeit erlebt haben (1996). H.-G. Heiden & U. Wilken (1993) und P. Fuchs (1999) porträtierten den Mitbegründer der Körper-Selbsthilfebewegung, Otto Perl, und Petra Fuchs (2003) erinnerte an die körperbehinderte Frau Hilde Wulff, die, ähnlich wie Frieda Buchholz, im Dritten Reich widerständig handelte und lange Zeit vergessen war. Hartwig Claußen und Uta Dörfer schließlich verfassten eine Biografie der Schwerhörigen Margarete von Witzleben (2001).

Ungeachtet einer durchaus beeindruckenden Zahl historischer Arbeiten existieren nach wie vor zahlreiche unbearbeitete Forschungsfelder in der behindertenpädagogischen Historiografie. Sie beziehen sich zum einen auf weitere detaillierte zeit- und regionalgeschichtliche Studien, denn nur durch sie ist es möglich, Auskunft zu erhalten über Motive, Rahmenbedingungen sowie Antriebskräfte für die Entstehung und Entwicklung der Bildungsanstrengungen für Behinderte. Dabei ist nach wie vor die Geschichte der Hilfsschule von großem Interesse, da sie nicht nur bis in die Gegenwart besonders umstritten ist (Ellger-Rüttgardt 1980, 2003, 2004, 2005), sondern auch gewissermaßen das Bindeglied zwischen Allgemeiner und Sonderpädagogik bildet und unter internationalem Aspekt weitgehend singulär dasteht.

Für die Zeit des Nationalsozialismus liegen einige neuere Einzeluntersuchungen vor (Richter 1986; Biesold 1988; Jantzen 1993; Brill 1994; Ellger-Rüttgardt 1997, 1998, 2004b, 2006; Hofmann-Mildebrath 2004), auch wenn augenfällig ist, dass viele Forschungen zu diesem Themenkomplex von Disziplinen außerhalb der Sonderpädagogik stammen (etwa Aly 1989; Bock 1986; Sachße & Tennstedt 1992; Schmuhl 1992; Klee 1999, 2001; Henke 2008). Somit ist auch für dieses wohl dunkelste Kapitel der Behindertenpädagogik ein deutlicher Forschungsbedarf zu verzeichnen, der vor allem für quellenkundlich gestützte regionale Forschungen gilt.

Aus Sicht der deutschen Geschichte eröffnet sich seit Ende der Zweistaatlichkeit schließlich ein neues historisches Forschungsfeld auch in der Behindertenpädagogik, denn der Blick auf die Bundesrepublik und DDR hat sich gewandelt. Neben einer separaten Erforschung von Bundesrepublik- und DDR-Geschichte tritt nun die Frage nach einer gemeinsamen Nachkriegsgeschichte, nach einer „asymmetrisch verflochtenen Parallelgeschichte" (Kleßmann 1993), und diese wird wiederum nicht zu bearbeiten sein, ohne dass ihre Vorepoche, also das Dritte Reich, stärker in den Blick genommen wird, und damit auch in der Behindertenpädagogik die weitgehend unbearbeiteten Fragen nach Emigration, Neuanfang, und Remigration verstärkt in den Blick historischen Interesse gerückt werden. Gerade diese jüngste Zäsur deutscher Geschichte belegt aufs Neue, dass geschichtliche Betrachtung niemals etwas Endgültiges, Abgeschlossenes sein kann, sondern stetem Wandel unterliegt.

Aber nicht nur die Bildungseinrichtungen im engeren Sinne bestimmen den Gegenstandsbereich behindertenpädagogischer Geschichtsschreibung, sondern ebenso die außer-, nach- und nebenschulischen Handlungsfelder in ihren vielfältigen Bezügen zu den Nachbardisziplinen Medizin, Psychologie, Theologie und Politik sowie Sozial- und Kulturwissenschaften. Eine stärke Verankerung eines kulturgeschichtlichen Ansatzes sprengt selbstredend die nationalen Grenzen, so, wenn Catherine Wermester (2003) das Bild des Kriegsversehrten und damit von „Behinderung" in der Kunst der Weimarer Republik analysiert, wenn sich Pierre Le Quéau der symbolischen Bedeutung der Zerstörung menschlicher Körper in der Kunst von Otto Dix zuwendet (2003) oder wenn Christian Mürner Behinderung als Metapher in literarischen Zeugnissen aufspürt (1990) bzw. die Darstellung Behinderter in der Medien- und Kulturgeschichte thematisiert (2003). Hinter all diesen Annäherungen steht letztlich, explizit oder unausgesprochen, die von historischer Anthropologie und Geschichtswissenschaft getroffene Aussage, „es gibt keinen

definitiven Begriff vom Menschen (Wulf & Kamper 2002, 7) und „Historiker sind Anthropologen des Vergangenen" (Baberowski 2005, 26). Diese neue Sicht auf den Menschen präsentierte die „selbst-bewußte Darstellung des nichtperfekten Menschen" in der Ausstellung des Deutschen Hygiene-Museums in Dresden von 2001, die den Titel trug „Der (im)perfekte Mensch. Vom Recht auf Unvollkommenheit" (Deutsches Hygiene-Museum 2001). Ein größeres Augenmerk auf die kulturwissenschaftliche Perspektive, die in den angelsächsischen Ländern (vgl. Waldschmidt 2003a; Weisser & Renggli 2004), aber auch in Frankreich (Stiker 1997; Gardou 1999; Foucault 2003; Blanc & Stiker 2003) stärker verankert ist, könnte dazu beitragen, die nach wie vor defizitäre internationale Ausrichtung der sonderpädagogischen Historiografie zu überwinden.

Wie in der Allgemeinen Pädagogik existieren auch in der Behindertenpädagogik nur wenige historisch-vergleichende Arbeiten. Hierzu zählen die bereits erwähnte Publikation von Altstaedt (1977), unsere vergleichende Untersuchung zur Lage behinderter Menschen während des Faschismus in Frankreich und Deutschland (Ellger-Rüttgardt 1990), die historische Analyse von Hofer-Sieber zur Idee der Bildbarkeit behinderter Menschen im ausgehenden 18. und frühen 19. Jahrhundert in Frankreich (2000), Erdélyis Darstellung der ungarischen Heilpädagogik (2002) und Barows Studie der Entwicklung der „Schwachsinnigenfürsorge in Schweden in der Zeit von 1916–1945" (2007), in der sowohl sozial-, ideen-, institutions- als auch alltagsgeschichtliche Aspekte zum Tragen kommen.

Es ist der Anschluss an das weite Feld der Kulturwissenschaften, von dem auch für die historische Behindertenpädagogik wichtige Impulse und neue Denkweisen zu erwarten sind, und es ist nahe liegend, dass die Forschungsrichtung der „Disability Studies" sich genau diesem Feld zuwendet. Nach Waldschmidt benötigt der „andere Blick" der Disabilty Studies nicht nur das „soziale", sondern auch das „kulturelle Modell". So lässt sich „im historischen und kulturanthropologischen Vergleich feststellen, dass Behinderung keine universelle und uniforme Praxis darstellt. Vielmehr findet man über die Jahrhunderte und zwischen den Kulturen große Unterschiede in den Sichtweisen von Behinderung und den Umgangsformen mit behinderten Menschen. Die kulturwissenschaftliche Perspektive bietet somit eine Fülle von möglichen Fragestellungen und einen großen Reichtum an neuen Forschungsthemen" (Waldschmidt 2003b, 17). Die überragende Bedeutung der historischen Dimension wird von Waldschmidt an anderer Stelle betont, wenn sie schreibt: „Ein wichtiger Schwerpunkt der kulturwissenschaftlichen [→] Disability Studies ist die Historisierung der Behinderungskategorie. ‚Behinderung in der Zeit' – diese Formulierung meint, dass Behinderung als geschichtliches Phänomen zu verstehen ist, als eine Begrifflichkeit, die zeitgebunden ist und sich wandelt, die eine Vergangenheit, eine Gegenwart und somit auch eine Zukunft hat. Wenn wir die Konstruiertheit von Behinderung erfassen wollen, benötigen wir Wissen über den Umgang mit behinderten Menschen in früheren Epochen" (a. a. O., 18).

Neubert und Cloerkes legten 1987 (2. Auflage 1994) eine interkulturell-vergleichende ethnologische Studie vor, in der sie aufgrund der vorliegenden internationalen Forschungsliteratur der Frage nachgingen, ob eher kulturell universale oder aber variable soziale Reaktionen auf hoch visible Körper- und Sinnenbeschädigungen zu erwarten sind. Ein wichtiges Ergebnis war, dass die kulturoptimistische Variante einer kontinuierlichen Verbesserung der Lage Behinderter nicht zutreffend ist, dass „Extremreaktionen … auch in Industriegesellschaften noch zum Reaktionsspektrum" gehören (Neubert & Cloerkes 1994, 96) – aber auch die gegenteilige kulturpessimistische Annahme einer generellen Verschlechterung der Lage Behinderter sich nicht belegen lässt. Die kulturell und zeitlich sehr variablen Reaktionsmöglichkeiten werden nach Neubert und Cloerkes bedingt durch Einflussfaktoren, die bestimmt sind durch die Art der Behinderung, den Zeitpunkt des Eintretens der Behinderung und die Situation der jeweiligen Gruppe, in der der behinderte Mensch sich befindet.

Der Ethnologe Klaus E. Müller (1996) analysierte über die Jahrhunderte hinweg und in Bezug auf alte Naturvölker sowie frühe als auch späte Hochkulturvölker die ambivalente gesellschaftliche Funktion sozialer Außenseiter, die wie Behinderte das jeweilige Sozialgefüge und seine Ordnung bedrohen und zugleich auch stabilisieren. Nach Müller werden diese Fremden und Andersartigen abgelehnt, ausgegrenzt und verfolgt und zugleich auch wieder „gebraucht", da ihnen bestimmte hellseherische und heilende Kräfte zugesprochen werden, so etwa in einigen Kulturen geistig Behinderten (Müller 1996, 261). Die „Grenzlinge" gehören jedoch unaufhebbar zur Spezies Mensch und daher kann Müller resümieren, „jeder ist seines Nächsten Krüppel, (a. a. O., 290), denn „generell, im Vergleich zu den Göttern gesehen, sind an sich jedoch alle Menschen Mängelwesen, unzulänglich beschaffen, mit teils erheblichen Schwächen, quasi ‚Behinderte' unterschiedlicher Abstufung" (a. a. O., 189).

So wie Kulturwissenschaft und Ethnologie uns zeigen, standen jene, die Außenseiter und „anders" waren, in einem ambivalenten Verhältnis zur „Kerngesellschaft" oder „Kerngruppe". Die Bandbreite menschlicher Reaktionen reicht vom blumengeschmückten Grab eines behinderten Menschen zur Zeit des Neandertalers (Müller a. a. O., 208) bis hin zur geplanten und organisierten physischen Vernichtung zur Zeit des deutschen Faschismus. Dazwischen liegen alle variablen Formen von gesellschaftlichem Ausschluss und gesellschaftlicher Zugehörigkeit, von Inklusion und Exklusion. Für die historische Behindertenpädagogik ist von Relevanz, in welcher Weise Teilnahme und Ausschluss von Bildung sich für jene gestaltete, die deutlich von der Norm eines Educandus nach Rousseauschem Maß abwichen. Diese Frage leitet das historische Interesse und ist von ungebrochener Relevanz auch für die gegenwärtige Bildungsdiskussion (Ellger-Rüttgardt 2004a, 2005) angesichts der nüchternen Einschätzung, dass – ungeachtet einer „Erweiterung der Behinderungslandschaft durch Zwischenräume und Übergangszonen" – offenbar nicht zu verhindern sein wird, „dass das dichotom strukturierte, normalistische Feld als solches und damit auch die Normalitätsgrenze bestehen bleiben" (Waldschmidt 2003c, 98) und dass bislang noch jede gesellschaftliche Formation den Mechanismen von Inklusion und Exklusion folgte. [→ III: Integration und Exklusion]

Literatur

Altstaedt, Ingeborg (1977): Lernbehinderte. Kritische Entwicklungsgeschichte eines Notstandes: Sonderpädagogik in Deutschland und Schweden. Reinbek

Aly, Götz: Aktion T4 (1989): 1939–1945. Die „Euthanasie"-Zentrale in der Tiergartenstrasse 4. 2., erw. Aufl., Berlin

Ariès, Philipp (1982): Geschichte der Kindheit. München

Baacke, Dieter & Schulze, Theodor (Hrsg.) (1979): Aus Geschichten lernen. Zur Einübung pädagogischen Verstehens. München

Baberowski, Jörg (2005): Der Sinn der Geschichte. Geschichtstheorien von Hegel bis Foucault. München

Barow, Thomas (2007): Die „Schwachsinnigenfürsorge" in Schweden 1916–1945 unter besonderer Berücksichtigung pädagogischer Entwicklungen. Diss. HU Berlin

Bellmann, Johannes & Ehrenspeck, Yvonne: (2006): Historisch/systematisch – Anmerkungen zur Methodendiskussion in der pädagogischen Historiographie. In: Zeitschrift für Pädagogik 52, 245–265

Benner, Dietrich & Brüggen, Friedhelm (2004): Bildsamkeit/Bildung. In: Benner, Dietrich & Oelkers, Jürgen (Hrsg.): Historisches Wörterbuch der Pädagogik. Weinheim, 174–215

Benner, Dietrich & Oelkers, Jürgen (Hrsg.) (2004): Historisches Wörterbuch der Pädagogik. Weinheim

Berg, Christa (1973): Die Okkupation der Schule. Eine Studie zur Aufhellung gegenseitiger Schulprobleme an der Volksschule Preußens (1872–1900). Heidelberg

Beschel, Erich (1960): Der Eigencharakter der Hilfsschule. Weinheim

Beschel, Erich (1976): Geschichte. In: Kanter, Gustav O. & Speck, Otto (Hrsg.): Pädagogik der Lernbehinderten. Handbuch der Sonderpädagogik, Bd. 4. Berlin, 113–147

Biesold, Horst (1988): Klagende Hände. Betroffenheit und Spätfolgen in Bezug auf das Gesetz zur Verhütung erbkranken Nachwuchses, dargestellt am Beispiel der „Taubstummen". Solms

Blanc, Alain & Stiker, Henri-Jaques (ed.) (2003): Le handicap en images. Les représentations de la déficience dans les œuvres d'art. Ramonville Saint-Agne

Blankertz, Herwig (1969): Bildung im Zeitalter der großen Industrie. Pädagogik, Schule und Berufsbildung im 19. Jahrhundert. Hannover

Blankertz, Herwig (1983): Geschichte der Pädagogik und Narrativität. In: Zeitschrift für Pädagogik 29, 1–9

Bleidick, Ulrich (1978): Pädagogik der Behinderten. Grundzüge einer Theorie der Erziehung behinderter Kinder und Jugendlicher. Berlin

Bleidick, Ulrich (1981): Heinrich Kielhorn und der Weg der Sonderschulen. 100 Jahre Hilfsschule in Braunschweig. Braunschweig

Bleidick, Ulrich (2001): Vom Nutzen und Nachteil der Historie für das Leben behinderter Menschen – Ideengeschichtliche Betrachtungen zur Behindertenpädagogik. In: Wachtel Grit & Dietze, Sigrid (Hrsg.): Heil- und Sonderpädagogik – auch im 21. Jahrhundert eine Herausforderung. Aktuelle Denkansätze in der Heilpädagogik und ihre historischen Wurzeln. Weinheim, 11–23

Bleidick, Ulrich & Ellger-Rüttgardt, Sieglind (Hrsg.) (1999 ff.): Studientexte zur Geschichte der Behindertenpädagogik. Neuwied

Bleidick, Ulrich & Ellger-Rüttgardt, Sieglind L. (Hrsg.) (2009): Behindertenpädagogik – eine Bilanz. Bildungspolitik und Theorientwicklung von 1950 bis zur Gegenwart. Stuttgart

Bock, Gisela (1986): Zwangssterilisation im Nationalsozialismus. Studien zur Rassenpolitik und Frauenpolitik. Opladen

Böhm, Winfried (1975): Sozialgeschichtliche Aspekte zum Problem von Schule und Gesellschaft. Vierteljahrsschrift für Wissenschaftliche Pädagogik 51, 360–371

Böhm, Winfried & Schriewer, Jürgen (Hrsg.) (1975): Geschichte der Pädagogik und systematische Erziehungswissenschaft. Festschrift für Albert Reble. Stuttgart

Böhme, Hartmut et al. (2007): Orientierung Kulturwissenschaft. Was sie kann, was sie will. Reinbek

Bradl, Christian (1991): Anfänge der Anstaltsfürsorge für Menschen mit geistiger Behinderung („Idiotenanstaltswesen"): Ein Beitrag zur Sozial- und Ideengeschichte des Behindertenbetreuungswesens am Beispiel des Rheinlandes im 19. Jahrhundert. Frankfurt a. M.

Brieler, Ulrich (1998): Foucaults Geschichte. In: Geschichte und Gesellschaft 24, 248–282

Brill, Werner (1994): Pädagogik im Spannungsfeld von Eugenik und Euthanasie. Die „Euthanasie"-Diskussion in der Weimarer Republik und zu Beginn der neunziger Jahre. Ein Beitrag zur Faschismusforschung und zur Historiographie der Behindertenpädagogik. St. Ingbert

Buchka, Maximilian et al. (Hrsg.) (2002): Lebensbilder bedeutender Heilpädagoginnen und Heilpädagogen im 20. Jahrhundert. München

Buhl, Giselher (1977): Erziehungsgeschichte und das Konzept der „modernen deutschen Sozialgeschichte". In: Lenhart, Volker (Hrsg.): Historische Pädagogik. Wiesbaden, 76–92

Caruso, Marcelo & Tenorth, Heinz-Elmar (2002): „Internationalisierung" vs. „Globalisierung". Ein Versuch der Historisierung. In: Caruso, Marcelo & Tenorth, Heinz-Elmar (Hrsg.): Internationalisierung. Semantik und Bildungssystem in vergleichender Perspektive. Frankfurt a. M., 13–32

Claußen, Hartwig & Dörfer, Uta (2001): Auch einsame Seelen können sehr glücklich sein. Aus dem Leben der schwerhörigen Margarete von Witzleben. Heidelberg

Conrad, Christoph & Kessel, Martina (Hrsg.) (1998): Kultur und Geschichte. Neue Einblicke in eine alte Beziehung. Stuttgart

Conze, Werner (1966): Vom „Pöbel" zum Proletariat. In: Wehler, Hans-Ulrich (Hrsg.): Moderne Deutsche Sozialgeschichte. Köln, 111–136

Conze, Werner (1970): Sozialgeschichte. In: Wehler, Hans-Ulrich: Moderne deutsche Sozialgeschichte. Köln, 19–26

Demmel, Herbert (1995): Durch Nacht zum Licht. Geschichte des Bayerischen Blindenbundes. München

Dinges, Martin (2002): Neue Kulturgeschichte. In: Eibach, Joachim & Lottes, Günther (Hrsg.): Kompass der Geschichtswissenschaft. Göttingen, 179–260

Drave, Wolfgang (1996): „Hier riecht's nach Mozart und nach Toska". Blinde Menschen erzählen ihr Leben. Würzburg

Drave, Wolfgang & Mehls, Hartmut (Hrsg.) (2006): 200 Jahre Blindenbildung in Deutschland (1806–2006). Würzburg

Dreitzel, Hans-Peter (1972): Theorielose Geschichte und geschichtslose Soziologie. In: Wehler, Hans-Ulrich (Hrsg.): Geschichte und Soziologie. Köln, 37–52

Dreves, F. (1998): „… leider zum größten Theile Bettler geworden …": Organisierte Blindenfürsorge in Preußen zwischen Aufklärung und Industrialisierung (1806–1860) Freiburg i. Br.

Dudzik, Brita (1975): Geschichtstheoretische Probleme einer Sozialgeschichte der Erziehung. Informationen zur erziehungs- und bildungshistorischen Forschung 3, 121–138

Eibach, Joachim (2002) Sozialgeschichte. In: Eibach, Joachim & Lottes, Günther (Hrsg.): Kompass der Geschichtswissenschaft. Göttingen, 9–94

Ellger-Rüttgardt, Sieglind (1973): Methodologische Überlegungen zur erziehungsgeschichtlichen Forschung im Bereich der Lernbehindertenpädagogik. In: Zeitschrift für Heilpädagogik, 24, 7, 600–614

Ellger-Rüttgardt, Sieglind (1976): Zur historischen Argumentation einer „kritischen" Sonderpädagogik – Darstellung und Kritik. In: Zeitschrift für Heilpädagogik, 27, 9, 534–549

Ellger-Rüttgardt, Sieglind (1980): Der Hilfsschullehrer. Sozialgeschichte einer Lehrergruppe (1880–1933). Weinheim

Ellger-Rüttgardt, Sieglind (1981): Schulwirklichkeit und Entwicklung der Braunschweiger Hilfsschule. In: Heinrich Kielhorn und der Weg der Sonderschulen. Braunschweig, 267–308.

Ellger-Rüttgardt, Sieglind (1985): Historiographie der Behindertenpädagogik. In: Bleidick, U. (Hrsg.): Handbuch der Sonderpädagogik. 1. Bd. Theorie der Behindertenpädagogik. Berlin, 87–125

Ellger-Rüttgardt, Sieglind (1986): Zur Funktion historischen Denkens für das Selbstverständnis der Behindertenpädagogik. In: Sonderpädagogik 16, 16, 49–61

Ellger-Rüttgardt, Sieglind (1987): „Die Kinder, die waren alle so lieb …" Frieda Stoppenbrink-Buchholz: Hilfsschulpädagogin, Anwältin der Schwachen, soziale Demokratin. Weinheim

Ellger-Rüttgardt, Sieglind (1988a): Hilfsschulpädagogik und Nationalsozialismus: Traditionen, Kontinuitäten, Einbrüche. Zur Berufsideologie der Hilfsschullehrerschaft im Kaiserreich und in der Weimarer Republik. In: Herrmann, Ulrich & Oelkers, Jürgen (Hrsg.): Pädagogik und Nationalsozialismus. 22. Beiheft der Zeitschrift für Pädagogik. Weinheim und Basel, 147–165

Ellger-Rüttgardt, Sieglind (1988b): Die Hilfsschule im Nationalsozialismus und ihre Erforschung durch die Behindertenpädagogik. In: Keim, Wolfgang (Hrsg.): Pädagogen und Pädagogik im Nationalsozialismus. Frankfurt a. M., 129–145

Ellger-Rüttgardt, Sieglind (1990): Außerhalb der Norm. Behinderte Menschen in Frankreich und Deutschland während des Faschismus. Eine vergleichend-historische Studie. In: Berg, Christa & Ellger-Rüttgardt, Sieglind (Hrsg.): „Du bist nichts, dein Volk ist alles". Forschungen zum Verhältnis von Pädagogik und Nationalsozialismus. Weinheim, 88–104

Ellger-Rüttgardt, Sieglind (1997): Frieda Stoppenbrink-Buchholz (1897–1993). Hilfsschulpädagogin, Anwältin der Schwachen, soziale Demokratin. 2. überarb. Aufl. Weinheim

Ellger-Rüttgardt, S. (1998): Der Verband der Hilfsschulen Deutschlands auf dem Weg von der Weimarer Republik in das Dritte Reich. In: Möckel, Andreas (Hrsg.): Erfolg, Niedergang, Neuanfang. 100 Jahre Verband Deutscher Sonderschulen. Fachverband für Behindertenpädagogik. München, 50–95

Ellger-Rüttgardt, Sieglind (2003): Lernbehindertenpädagogik. Studientexte zur Geschichte der Behindertenpädagogik. Weinheim

Ellger-Rüttgardt, Sieglind (2004a): Sonderpädagogik – ein blinder Fleck der Allgemeinen Pädagogik? Eine Replik auf den Aufsatz von Dagmar Hänsel. Zeitschrift für Pädagogik 50, 3, 416–429

Ellger-Rüttgardt, Sieglind (2004b): Sonderpädagogen in Dritten Reich. Der Versuch einer Annäherung. In: Vierteljahresschrift für Heilpädagogik und ihre Nachbargebiete. 73, 350–364

Ellger-Rüttgardt, Sieglind (2005): Prügelknabe Sonderschule – ungeliebte Tochter Sonderpädagogik? In: Zeitschrift für Heilpädagogik 56, 2, 42–55

Ellger-Rüttgardt, Sieglind (2006): Blinde Menschen im Dritten Reich. In: Drave, Wolfgang & Mehls, Hartmut (Hrsg.): 200 Jahre Blindenbildung in Deutschland (1806–2006). Würzburg, 161–171

Ellger-Rüttgardt, Sieglind (2008): Geschichte der Sonderpädagogik. Eine Einführung. München

Ellger-Rüttgardt, Sieglind & Tenorth, Heinz-Elmar (1998): Die Erweiterung von Idee und Praxis der Bildsamkeit durch die Entdeckung der Bildbarkeit Behinderter – Anmerkungen zu einem Forschungsprojekt. In: Zeitschrift für Heilpädagogik 49, 10, 438–441

Erdélyi, Andrea (2002): Ungarische Heilpädagogik im Wandel. Entwicklung und Situation der Heilpädagogik in Ungran angesichts des politischen Systemwandels unter besonderer Berücksichtigung der Geistigbehindertenpädagogik. Würzburg

Feige, Hans-Uwe (1999): „Denn taube Personen folgen ihren thierischen Trieben". Gehörlosen-Biographien aus dem 18. u. 19. Jahrhundert. Leipzig

Fischer, Renate & Lane, Harlan (Hrsg.) (1993): Blick zurück. Ein Reader zur Geschichte von Gehörlosengemeinschaften und ihren Gebärdensprachen. Hamburg

Flitner, Andreas (1982): Konrad, sprach die Frau Mama …: Über Erziehung und Nicht-Erziehung. Berlin

Foucault, Michel (1997): Archäologie des Wissens. Frankfurt a. M.

Foucault, Michel (2000): Die Ordnung des Diskurses. Frankfurt a. M.

Foucault, Michel (2003): Die Anormalen. Vorlesungen am Collège de France (1974–1975). Frankfurt a. M.

Fuchs, Eckhardt (2004): Internationalisierung als Gegenstand der Historischen Bildungsforschung: Zu

Institutionalisierungsprozessen der edukativen Kultur um 1900. In: Liedtke, Max et al. (Hrsg.): Erfolg oder Misserfolg? Urteile und Bilanzen in der Historiographie der Erziehung. Bad Heilbrunn, 231–249

Fuchs, Petra (1999): Otto Perl (1882–1851): Das Recht auf Selbstbestimmung für den „geistig normalen Krüppel". In: Die neue Sonderschule 44, 301–307

Fuchs, Petra (2003): Hilde Wulff (1998–1972) – Leben im Paradies der Geradheit. In: Waldschmidt, Anne (Hrsg.): Kulturwissenschaftliche Perspektiven der Disability Studies. Tagungsdokumentation. Kassel, 63–75

Furck, Carl-Ludwig (1963): Probleme einer Geschichte der Pädagogik. In: Zeitschrift für Pädagogik 9, 262–279

Furck, Carl-Ludwig (1968): Geschichte als kritisches Instrument der Erziehungswissenschaft. Ein Versuch. In: Politische Bildung in der Demokratie. Fritz Borinski zum 65. Geburtstag. Berlin, 215–219

Gardou, Charles (ed.) (1999): Connaître le handicap, reconnaître la personne. Ramonville Saint-Agne

Gehrecke, Siegfried (1971): Hilfsschule heute – Krise oder Kapitulation? Berlin

Gemeinsame Nachkriegsgeschichte? (2007) In: Aus Politik und Zeitgeschichte. Beilage zur Wochenzeitung „Das Parlament", 3

Georgens, Jan-Daniel & Deinhardt, Heinrich Marianus (1861, 1863): Die Heilpädagogik mit besonderer Berücksichtigung der Idiotie und der Idiotenanstalten. 1. Bd. u. 2. Band. Leipzig

Goertz, Hans-Jürgen (1995): Umgang mit Geschichte. Eine Einführung in die Geschichtstheorie. Reinbek

Goertz, Hans-Jürgen (2001): Unsichere Geschichte. Zur Theorie historischer Referentialität. Stuttgart

Groh, Dieter (1973): Kritische Geschichtswissenschaft in emanzipatorischer Absicht. Stuttgart

Groh, Dieter (1992): Anthropologische Dimensionen der Geschichte. Frankfurt a. M.

Habermas, Jürgen (1973): Zur Logik der Sozialwissenschaften. Frankfurt

Hamburger, Franz (1977): Neuere Entwicklung in der erziehungswissenschaftlichen Geschichtsschreibung. In: Lenhart, Volker (Hrsg.): Historische Pädagogik. Wiesbaden, 5–11

Heiden, H.-Günter. & Wilken, Udo (1993): Otto Perl und die Entwicklung von Selbstbestimmung und Selbstkontrolle in der Körperbehinderten-Selbsthilfe-Bewegung. Krautheim

Henke, Klaus-Dietmar (Hrsg.) (2008): Tödliche Medizin im Nationalsozialismus. Von der Rassenhygiene zum Massenmord. Köln

Hentig, Hartmut von (1982): Vorwort zu Ariès, P.: Geschichte der Kindheit. München, 7–44

Herrlitz, Hans-Georg et al. (1981): Deutsche Schulgeschichte von 1800 bis zur Gegenwart. Eine Einführung. Königstein

Herrmann, Ulrich (1974): Historisch-systematische Dimension der Erziehungswissenschaft. In: Wulf, Christoph (Hrsg.): Wörterbuch der Erziehung. München, 283–289

Herrmann, Ulrich (1975): Probleme einer Erziehungswissenschaftlichen Historik. In: Blaß, Josef L. et al. (Hrsg.): Bildungstradition und moderne Gesellschaft. Zur Neuorientierung erziehungswissenschaftlichen Denkens. Festschrift für Hans Hermann Groothoff. Hannover

Herrmann, Ulrich (1977): Schule und Gesellschaft im 19. Jahrhundert. Sozialgeschichte der Schule im Übergang zur Industriegesellschaft. Weinheim

Herrmann, Ulrich (1980): Probleme und Aspekte historischer Ansätze in der Sozialisationsforschung. In: Hurrelmann, Klaus & Ulich, Dieter (Hrsg.): Handbuch der Sozialisationsforschung. Weinheim, 227–252

Herrmann, Ulrich (1981) (Hrsg.): Das „pädagogische Jahrhundert". Volksaufklärung und Erziehung zur Armut im 18. Jahrhundert in Deutschland. Weinheim

Herrmann, Ulrich (2005): Pädagogisches Denken. In: Hammerstein, N. & Herrmann, Ulrich (Hrsg.): Handbuch der deutschen Bildungsgeschichte. Bd. II: 18. Jahrhundert. Vom späten 17. Jahrhundert bis zur Neuordnung Deutschlands um 1800. München, 97–133

Hobsbawm, Eric J. (1984): Von der Sozialgeschichte zur Geschichte der Gesellschaft. In: Wehler, Hans-Ulrich (Hrsg.): Geschichte und Soziologie. Königstein, 331–353

Höck, Manfred (1979): Die Hilfsschule im Dritten Reich. Berlin

Hofer-Sieber, Ursula (2000): Bildbar und verwertbar. Utilitätsdenken und Vorstellungen der Bildbarkeit behinderter Menschen Ende 18. und Anfang 19. Jahrhundert in Frankreich. Würzburg

Hofer, Ursula (2004): Sonderpädagogik. In: Benner, Dietrich & Oelkers, Jürgen (Hrsg.): Historisches Wörterbuch der Pädagogik. Weinheim, 887–902

Hofmann-Mildebrath, Brigitte (2004): Zwangssterilisation an (ehemaligen) Hilfsschülerinnen und Hilfsschülern im Nationalsozialismus – Fakten & Akten gegen das Vergessen – regionalgeschichtliche Studie im Raum Krefeld. Diss. Universität Dortmund

Honneth, Axel & Saar, Martin (Hrsg.) (2003): Michel Foucault. Zwischenbilanz einer Rezeption. Frankfurter Foucault-Konferenz 2001. Frankfurt a. M.

Hurrelmann, Klaus & Ulrich, D. (Hrsg.) (1980): Handbuch der Sozialisationsforschung. Weinheim, 227–252

Iggers, Georg G. (1996): Geschichtswissenschaft im 20. Jahrhundert. Ein kritischer Überblick im internationalen Zusammenhang. Göttingen

Jantzen, Wolfgang (1975): Behinderung und Faschismus. Zum 30. Jahrestag der Befreiung vom Hitlerfaschismus. Behindertenpädagogik in Hessen 14, 4, 150–169

Jantzen, Wolfgang (1976): Materialistische Erkenntnistheorie, Behindertenpädagogik und Didaktik. Demokratische Erziehung 2, 1, 15–29

Jantzen, Wolfgang (1982): Sozialgeschichte des Behindertenbetreuungswesens. München

Jantzen, Wolfgang (1992): Allgemeine Behindertenpädagogik. Bd. 1. Sozialwissenschaftliche und psychologische Grundlagen. Ein Lehrbuch. 2. Aufl. Weinheim

Jantzen, Wolfgang (1993): Eklektisch-empirische Mehrdimensionalität und der „Fall" Stutte – Eine methodologische Studie zur Geschichte der deutschen Kinder- und Jugendpsychiatrie. In: Zeitschrift für Heilpädagogik 44, 7, 454–472

Jeismann, Karl-Ernst (1972): Volksbildung und Industrialisierung als Faktoren des sozialen Wandels im Vormärz. In: Zeitschrift für Pädagogik 18, 315–337

Jeismann, Karl-Ernst (1975): Schulgeschichte seit der Französischen Revolution. Zu zwei Quellenbänden von B. Michael und H.-H. Schepp. In: Zeitschrift für Pädagogik 21, 789–800

Klafki, Wolfgang (1971): Erziehungswissenschaft als kritisch-konstruktive Theorie: Hermeneutik – Empirie – Ideologiekritik. In: Zeitschrift für Pädagogik 17, 351–385

Klee, Ernst (1999): „Euthanasie" im NS-Staat. Die „Vernichtung lebensunwerten Lebens". Frankfurt a. M.

Klee, Ernst (2001): Deutsche Medizin im Dritten Reich. Karriere vor und nach 1945. Frankfurt a. M.

Kleßmann, Christoph (1993): Verflechtung und Abgrenzung. Aspekte der geteilten und zusammengehörigen deutschen Nachkriegsgeschichte. In: Aus Politik und Zeitgeschichte, 29–30, 30–41

Kocka, Jürgen (1972): Theorieprobleme der Sozial- und Wirtschaftsgeschichte. Begriffe, Tendenzen und Funktionen in West und Ost. In: Wehler, Hans-Ulrich (Hrsg.): Geschichte und Soziologie. Köln, 305–330

Kocka, Jürgen (1975): Theorien in der Sozial- und Gesellschaftsgeschichte. Vorschläge zur historischen Schichtungsanalyse. Geschichte und Gesellschaft 1, 9–42

Kocka, Jürgen (1977): Sozialgeschichte. Begriff – Entwicklung – Probleme. Göttingen

Kocka, Jürgen (2000): Historische Sozialwissenschaft heute. In: Nolte, Paul et al. (Hrsg.): Perspektiven der Gesellschaftsgeschichte. München, 5–24

Koselleck, Reinhart (1971): Wozu noch Historie? Historische Zeitschrift 112, 1–18

Koselleck, Reinhart (1977): Standortbindung und Zeitlichkeit. Ein Beitrag zur historiographischen Erschließung der geschichtlichen Welt. In: Koselleck, Reinhart & Mommsen, Wolfgang. J. (Hrsg.): Theorie der Geschichte. Beiträge zur Historik. Bd. 1. München, 17–46

Koselleck, Reinhart (2000): Zeitschichten. Studien zur Historik. Frankfurt a. M.

Kost, F. (1983): Die „Normalisierung" der Schule. Zur Schulhygienebewegung in der zweiten Hälfte des 19. Jahrhunderts. In: Zeitschrift für Pädagogik 30, 769–782

Krause, H. M. P. (1977): Zur Begründungsproblematik der Historischen Pädagogik. Vierteljahresschrift für Wissenschaftliche Pädagogik 53, 1–40

Krause-Vilmar, Dietfrid (1972): Materialien zur Sozialgeschichte der Erziehung. In: Zeitschrift für Pädagogik 18, 357–372

Kreckel, Reinhard (1972): Soziologische Erkenntnis und Geschichte. Opladen

Kuhn, Andreas (2007): Systematik und Geschichte – Zur Entstehung der sonderpädagogischen Problemstellung im Kontext der Anfänge moderner Pädagogik. In: Sonderpädagogische Förderung 52, 404–424

Lassahn, Rudolf (1975): Geschichtlichkeit und Erziehungswissenschaft. In: Böhm Winfried & Schriewer, J. (Hrsg.): Geschichte der Pädagogik und systematische Erziehungswissenschaft. Stuttgart, 65–85

Le Quéau, Pierre (2003): Le temoin d'Otto Dix. In: Blanc, Alain & Stiker, Henri-Jaques (Ed.) (2003): Le handicap en images. Les représentations de la défience dans les œuvres d'art. Ramonville Saint-Agne, 111–123

Lenhart, Volker (1977a): Theorie und Geschichte: Zum Erkenntnisbeitrag erziehungshistorischer Forschung für die Erziehungswissenschaft. In: Lenhart, Volker (Hrsg.): Historische Pädagogik. Wiesbaden, 12–33

Lenhart, Volker (1977b): Thesen zur Binnenstruktur der Erziehungsgeschichte. In: Lenhart; Volker (Hrsg.): Historische Pädagogik. Wiesbaden, 133–141

Lenzen, Dieter (1993): Zum Stand der Historiographiediskussion in Geschichtswissenschaft und Pädagogik. In: Lenzen, Dieter (Hrsg.): Pädagogik und Geschichte. Pädagogische Historiographie zwischen Wirklichkeit, Fiktion und Konstruktion, Weinheim, 7–24

Leschinsky, Achim & Roeder, Peter Martin (1976): Schule im historischen Prozeß. Zum Wechselverhältnis von institutioneller Erziehung und gesellschaftlicher Entwicklung. Stuttgart

Lesemann, Gustav (Hrsg.) (1966): Beiträge zur Geschichte und Entwicklung des deutschen Sonderschulwesens. Berlin

Lindmeier, Bettina (1998): Die Pädagogik des Rauhen Hauses: Zu den Anfängen der Erziehung schwieriger Kinder bei Johann Hinrich Wichern. Bad Heilbrunn

Lindmeier, Christian (1993): Behinderung – Phänomen oder Faktum? Bad Heilbrunn

Lingelbach, Karl-Christoph (1971): Methodische Probleme erziehungsgeschichtlicher Untersuchungen. In: Klafki, Wolfgang et al.: Erziehungswissenschaft. Bd. 3 (Funk-Kolleg Erziehungswissenschaft). Frankfurt, 154–171

Lottes, Günther (2002): Neue Ideengeschichte. In: Eibach, Joachim & Lottes, Günther (Hrsg.): Kompass der Geschichtswissenschaft. Göttingen, 261–328

Lüdtke, Alf (Hrsg.) (1989): Alltagsgeschichte. Zur Rekonstruktion historischer Erfahrungen und Lebensweisen. Frankfurt a. M.

Ludz, Peter C. (1972): Soziologie und Sozialgeschichte. Sonderheft 16 der Kölner Zeitschrift für Soziologie und Sozialpsychologie. Köln

Lüth, Christoph (2000): Entwicklung, Stand und Perspektive der internationalen Historischen Pädagogik am Beginn des 21. Jahrhunderts – am Beispiel der International Standing Conference for the History of Education (ISCHE). In: Götte, Petra & Gippert, Wolfgang (Hrsg.): Historische Pädagogik am Beginn des 21. Jahrhunderts. Bilanzen und Perspektiven. Essen, 81–107

Mann, Golo (1979): Plädoyer für die historische Erzählung. In: Kocka, Jürgen & Nipperdey, T. (Hrsg.): Theorie und Erzählung in der Geschichte. München, 40–56

Mergel, Thomas & Welskopp, Thomas (Hrsg.) (1997): Geschichte zwischen Kultur und Gesellschaft. München

Meyer, Folkert (1976): Schule der Untertanen. Lehrer und Politik in Preußen 1848–1900. Hamburg

Miller-Kipp, Gisela & Zymek, Bernd (Hrsg.) (2006): Politik in der Bildungsgeschichte – Befunde, Prozesse, Diskurse. Bad Heilbrunn

Mills, C. W. (1972): Vom Nutzen der Geschichte für die Sozialwissenschaften. In: Wehler, Hans-Ulrich (Hrsg.): Geschichte und Soziologie. Köln, 85–96

Möckel, Andreas (1976): Die besondere Grund- und Hauptschule. Von der Hilfsschule zum Kooperativen Schulzentrum. Rheinstetten

Möckel, Andreas (1979): Scheitern und Neuanfang in der Erziehung – Vorbemerkungen zu einer Geschichte der Heilpädagogik. Vierteljahrsschrift Sonderpädagogik 9, 118–126

Möckel, Andreas (1988): Geschichte der Heilpädagogik. Stuttgart

Möckel, Andreas (2007): Geschichte der Heilpädagogik oder Macht und Ohnmacht der Erziehung. 2., völl. überarb. Neuaufl. Stuttgart

Möckel, Andreas et al. (Hrsg.): (1997, 1999): Quellen zur Erziehung von Kindern mit geistiger Behinderung. Erster Band: 19. Jahrhundert, Zweiter Band: 20. Jahrhundert. Würzburg

Mollenhauer, Klaus (1985): Vergessene Zusammenhänge. Über Kultur und Erziehung. Weinheim

Mommsen, Hans (1970): Sozialgeschichte. In: Wehler, Hans-Ulrich (Hrsg.): Moderne deutsche Sozialgeschichte. Köln, 27–34

Mommsen, Wolfgang J. (1972): Die Geschichtswissenschaft jenseits des Historismus. Düsseldorf

Mommsen, Wolfgang J. (1977): Der perspektivische Charakter historischer Aussagen und das Problem von Parteilichkeit und Objektivität historischer Erkenntnis. In: Koselleck, Reinhart et al. (Hrsg.): Objektivität und Parteilichkeit. München, 441–468

Mommsen, Wolfgang J. (1981): Gegenwärtige Tendenzen in der Geschichtsschreibung der Bundesrepublik. Geschichte und Gesellschaft 7, 149–188

Moser, Vera (1995): Die Ordnung des Schicksals. Zur ideengeschichtlichen Tradition der Sonderpädagogik. Butzbach-Griedel

Moser, Vera (2003): Konstruktion und Kritik. Sonderpädagogik als Disziplin. Opladen

Müller, Klaus E. (1996): Der Krüppel. Ethnologia passionis humanae. München

Mürner, Christian (1990): Behinderung als Metapher. Pädagogik und Psychologie zwischen Wissenschaft und Kunst am Beispiel von Behinderten in der Literatur. Bern und Stuttgart

Mürner, Christian (2000): Verborgene Behinderungen: 25 Porträts bekannter behinderter Persönlichkeiten. Neuwied

Mürner, Christian (2003): Medien- und Kulturgeschichte behinderter Menschen. Sensationslust und Selbstbestimmung. Weinheim

Musenberg, O. (2002): Der Körperbehindertenpädagoge Hans Würtz (1875–1958). Eine kritische Würdigung des psychologischen und pädagogischen Konzeptes vor dem Hintergrund seiner Biografie. Hamburg

Myschker, Norbert (1969): Der Verband der Hilfsschulen Deutschlands und seine Bedeutung für das deutsche Sonderschulwesen. Nienburg

Neubert, Dieter & Cloerkes, Günther (1994): Behinderung und Behinderte in verschiedenen Kulturen: Eine vergleichende Analyse ethnologischer Studien. Heidelberg

Niethammer, Lutz (1980): Anmerkungen zur Alltagsgeschichte. Geschichtsdidaktik 5, 231–242

Nirje, Bengt (1969): The normalization principle and its human management implications. In: Kugel, Robert B. & Wolfensberger, Wolf (Ed.): Changing patterns in residential services for the mentally retarded. Washington

Nolte, Paul et al. (Hrsg.) (2000): Perspektiven der Gesellschaftsgeschichte. München

Oelkers, Jürgen (1999): Die Geschichte der Pädagogik und ihre Probleme. In: Zeitschrift für Pädagogik 45, 461–483

Peukert, Detlef (1982): Arbeiteralltag – Mode oder Methode? In: Haumann, Heiko (Hrsg.): Arbeiteralltag in Stadt und Land. Neue Wege der Geschichtsschreibung. Argument-Sonderband AS 94. Berlin, 8–39

Pöggeler, Franz (1966): Tatsachenforschung auf dem Gebiet der Erziehungsgeschichte. Pädagogische Rundschau 20, 189–204

Raphael, Lutz (2003): Geschichtswissenschaft im Zeitalter der Extreme. Theorien, Methoden, Tendenzen von 1900 bis zur Gegenwart. München

Raphael, Lutz (2006): Klassiker der Geschichtswissenschaft. Bd. 1 u. 2. München

Reyer, Jürgen (1980): Sozialgeschichte der Erziehung als historische Sozialisationsforschung? Zeitschrift für Pädagogik 26, 51–72

Richter, Gabriel (1986): Blindheit und Eugenik (1918–1945). Freiburg i. Br.

Rittner, Volker (1974): Zur Krise der westdeutschen Historiographie. In: Geiss, Immanuel & Tamchina, Rainer (Hrsg.): Ansichten einer künftigen Geschichtswissenschaft. München, 43–74

Rock, Kerstin (2001): Sonderpädagogische Professionalität unter der Leitidee der Selbstbestimmung. Bad Heilbrunn

Roessler, Wilhelm (1961): Die Entstehung des modernen Erziehungswesens in Deutschland. Stuttgart

Röhrs, Hermann (1969): Allgemeine Erziehungswissenschaft. Eine Einführung in die erziehungswissenschaftlichen Aufgaben und Methoden. Weinheim

Rudnick, Martin (1985): Behinderte im Nationalsozialismus. Von der Ausgrenzung und Zwangssterilisation zur „Euthanasie". Weinheim

Rüsen, Jörn (1976): Für eine erneuerte Historik. Studien zur Theorie der Geschichtswissenschaft. Bd. I (Kultur und Gesellschaft). Stuttgart

Rüsen, Jörn (1979): Wie kann man Geschichte vernünftig schreiben? Über das Verhältnis von Narrativität und Theoriegebrauch in der Geschichtswissenschaft. In: Kocka, Jürgen & Nipperdey, Thomas (Hrsg.): Theorie und Erzählung in der Geschichte. München, 300–333

Sachs, Shimon (1989): Stefa. Stefania Wilczynskas pädagogische Alltagsarbeit im Waisenhaus Janusz Korczaks. Weinheim

Sachße, Christoph & Tennstedt, Florian (1992): Der Wohlfahrtsstaat im Nationalsozialismus. Geschichte der Armenfürsorge in Deutschland. Bd. 3. Stuttgart

Schieder, Theodor (1968): Geschichte als Wissenschaft. München

Schindler, Ingrid (1976): Aufgaben der Erziehungshistorie. Bildung und Erziehung 29, 434–449

Schmuhl, Hans-Walter (1992): Rassenhygiene, Nationalsozialismus, Euthanasie. Von der Verhütung zur Vernichtung „lebensunwerten" Lebens. 1890–1945. Göttingen

Schriewer, Jürgen (1998): Konstruktion von Internationalität: Referenzhorizonte pädagogischen Wissens im Wandel gesellschaftlicher Systeme (Spanien, Sowjetunion & Russland, China). In: Kaelble, Hartmut & Schriewer, Jürgen (Hrsg.): Gesellschaften im Vergleich. Forschungen aus Sozial- und Geschichtswissenschaften. Bern, 151–258

Schriewer, Jürgen (Hrsg.) (2007): Weltkultur und kulturelle Bedeutungswelten. Zur Globalisierung von Bildungsdiskursen Frankfurt a. M.

Schulenberg, W. (1970): Schule als Institution der Gesellschaft. In: Speck, Josef & Wehle, Gerhard (Hrsg.): Handbuch pädagogischer Grundbegriffe. Bd. 2. München, 391–442

Schulze, Winfried (1974): Soziologie und Geschichtswissenschaft. München

Schulze, Winfried (1994): Sozialgeschichte, Alltagsgeschichte, Mikro-Geschichte. Eine Diskussion. Göttingen

Schulze, Winfried & Oexle, Gerhard (2000): Deutsche Historiker im Nationalsozialismus. Göttingen

Solarová, Svetluse (Hrsg.) (1983): Geschichte der Sonderpädagogik. Stuttgart

Speck, Otto (1973): Innerschulische Nachhilfe und eigenständige Sonderschulen gestern und heute. Zeitschrift für Heilpädagogik 24, 10, 846–857

Stiftung Deutsches Hygiene-Museum und Deutsche Behindertenhilfe – Aktion Mensch e. V. (Hrsg.) (2001): Der (im)-perfekte Mensch. Vom Recht auf Unvollkommenheit. Begleitbuch zur Ausstellung Der (im)-perfekte Mensch vom 20. Dezember 2000 bis 12. August 2001. Ostfildern

Stiker, Henri-Jacques (1997): Corps infirmes et sociétés. Paris

Tenorth, Heinz-Elmar (1975): Historische Forschung in der Erziehungswissenschaft und historisch-systematische Pädagogik. In: Böhm, Winfried & Schriewer, Jürgen (Hrsg.): Geschichte der Pädagogik und systematische Erziehungswissenschaft, Festschrift für Albert Reble. Stuttgart, 135–156

Tenorth, Heinz-Elmar (2002): Historische Bildungsforschung. In: Tippelt, Rudolf (Hrsg.): Handbuch Bildungsforschung. Opladen, 123–139

Tenorth, Heinz-Elmar (2006): Bildsamkeit und Behinderung – Anspruch, Wirksamkeit und Selbstde-

struktion einer Idee. In: Raphael, Lutz & Tenorth, Heinz-Elmar: (Hrsg.): Ideen als gesellschaftliche Gestaltungskraft im Europa der Neuzeit. Beiträge für eine erneuerte Geistesgeschichte. München, 497–520

Tenorth, Heinz-Elmar (2008): Geschichte der Erziehung: Einführung in die Grundzüge ihrer neuzeitlichen Entwicklung. Weinheim

Tröhler, D. (2006): Lehrerbildung, Nation und pädagogische Historiographie. Die ‚Geschichten der Pädagogik' in Frankreich und Deutschland nach 1871. In: Zeitschrift für Pädagogik 52, 540–554

Wagner, Wilfried (1977): Behinderung und Nationalsozialismus. Arbeithypothesen zur Geschichte der Sonderschule. In: Bürli, Alois (Hrsg.): Sonderpädagogische Theoriebildung – Vergleichende Sonderpädagogik. Luzern, 159–174

Waldschmidt, Anne (2003a): „Behinderung" neu denken: Kulturwissenschaftliche Perspektiven der Disabilty Studies. In: Waldschmidt, Anne (Hrsg.): Kulturwissenschaftliche Perspektiven der Disability Studies. Tagungsdokumentation. Kassel, 11–22

Waldschmidt, Anne (Hrsg.) (2003b): Kulturwissenschaftliche Perspektiven der Disability Studies. Tagungsdokumentation. Kassel

Waldschmidt, Anne (2003c): Ist Behindertsein normal? Behinderung als flexibelnormalistisches Dispositiv. In: Cloerkes, Günther (Hrsg.): Wie man behindert wird. Texte zur Konstruktion einer sozialen Rolle und zur Lebenssituation betroffener Menschen. Heidelberg, 83–101

Wehler, Hans-Ulrich (1972): Geschichte und Soziologie. Köln

Wehler, Hans-Ulrich (1998): Die Herausforderung der Kulturgeschichte. München

Wehler, Hans-Ulrich (2000): Rückblick und Ausblick – oder: arbeiten, um überholt zu werden? In: Nolte, Paul et al. (Hrsg.): Perspektiven der Gesellschaftsgeschichte. München, 159–168

Weinmann, Ute (2003): Normalität und Behindertenpädagogik. Historisch und normalismustheoretisch rekonstruiert am Beispiel repräsentativer Werke von Jan Daniel Georgens, Heinrich Marianus Deinhardt, Heinrich Hanselmann, Linus Bopp und Karl Heinrichs. Opladen

Weisser, Jan & Renggli, Cornelia (Hrsg.) (2004): Disability Studies. Ein Lesebuch. Luzern

Wermester, C.: Métaphores de la défience dans l'art allemand de la République de Weimar. In: Blanc, Alain & Stiker, Henri-Jacques (Hrsg.) (2003): Le handicap en images. Les représentations de la défience dans les œuvres d'art. Ramonville Saint-Agne, 105–110

Willand, Hartmut (1987): Die Hilfsschule als differenzierende Einrichtung des Niederen Schulwesens. In: Willand, Hartmut (Hrsg.): Sonderpädagogik im Umbruch. Berlin, 1–66

Wittmütz, Volkmar (1977): Zur Problematik einer historischen Pädagogik. Pädagogische Rundschau 31, 126–142

Wolfisberg, Carlo (2002): Heilpädagogik und Eugenik. Zur Geschichte der Heilpädagogik in der deutschsprachigen Schweiz. Zürich

Wolfisberg, Carlo (2005): Die Professionalisierung der Heil- & Sonderpädagogik in der deutschsprachigen Schweiz (1850–1950). In: Horster, Detlef et al. (Hrsg.): Sonderpädagogische Professionalität. Beiträge zur Entwicklung der Sonderpädagogik als Disziplin und Profession. Wiesbaden, 53–66

Wulf, Christoph & Kamper, Dietmar (Hrsg.) (2002): Logik und Leidenschaft. Erträge historischer Anthropologie. Berlin

Zymek, Bernd (2000): Regionalität und Internationalität, Mobilisierung und Egalisierung. In: Benner, Dietrich & Tenorth, Heinz-Elmar: (Hrsg.): Bildungsprozesse und Erziehungsverhältnisse im 20. Jahrhundert. Praktische Entwicklungen und Formen der Reflexion im historischen Kontext. 42. Beiheft der Zeitschrift für Pädagogik. Weinheim, 93–115

Universitäre Geschichte der Sonderpädagogik

Andreas Möckel

Wie in der Pädagogik (Erziehungswissenschaft) allgemein, ging auch in der Sonderpädagogik die Praxis der Theorie voraus. Heilerziehung ist nicht von Universitätspädagogen initiiert worden, sondern entstand aus elementaren Bildungsbedürfnissen behinderter Kinder in spezifischen Notsituationen. Unter dem Gesichtspunkt dieses Stichwortes ist die Geschichte der Heilpädagogik bisher noch nicht ausreichend untersucht worden, doch liegen Teiluntersuchungen vor (z. B. Bleidick 1972; Bachmann 1977; Heese u. a. 1990; Brezinka 1997; Kanter und Schmetz 1999; Ellger-Rüttgardt 2007; Möckel 2007). Man kann drei Phasen unterscheiden, die aufeinander folgen und sich heute gegenseitig ergänzen.

1 Pädagogik als Teilwissenschaft von Theologie, Philosophie und Medizin

Im 18. und zu Beginn des 19. Jahrhunderts behandelten Theologie, Philosophie und Medizin heilpädagogisch relevante Themen. Unabhängig davon entstanden sonderpädagogische Institute, die in der zweiten Generation ihre Lehrkräfte nach dem Prinzip der „Meisterlehre" gewannen. In der Zeit der Aufklärung verlor ein älteres sakrales Verständnis der Behinderungen an Bedeutung und wich einer naturwissenschaftlich orientierten Betrachtung. „Erst als durch die Renaissancephilosophie der Gedanke sich Bahn brach, daß der Mensch als ein Naturwesen aufzufassen sei, welches sich zur Vernunft entwickele, und daß Störungen dieses Prozesses natürliche Ursachen haben könnten, die sich ändern lassen, versuchte man den gehemmten oder geschädigten Kindern eine Hilfe zu bringen" (Flitner 1966, 9).

Pädagogik, seit 1779 Universitätswissenschaft (Ernst Christian Trapp in Halle a. S.), blieb noch lange auf Theologie und Philosophie verwiesen, Heilpädagogik dazu noch auf Medizin und Psychologie. Die heute bestehende universitäre Sonderpädagogik verdankt sich sowohl dem Bedürfnis der Praktiker nach theoretischer Klärung als auch der Differenzierung bestehender Universitätswissenschaften. Die regionalen Erziehungskunden der ersten sonderpädagogischen Institute begründeten sich mit den spezifischen Beeinträchtigungen oder Vernachlässigungen der Kinder, so die Gehörlosenpädagogik durch Michel Abbé de l'Épée (1712–1789) und Samuel Heinicke (1727–1790), die Blindenpädagogik durch Valentin Haüy (1745–1822) und Johann Wilhelm Klein (1765–1848), die Erziehung vernachlässigter Jugendlicher durch Johann Heinrich Pestalozzi (1746–1827) und Johann Hinrich Wichern (1880–1881), die Erziehung geistig behinderter Kinder durch Jean Marc-Gaspard Itard (1774–1838), Edouard Séguin (1812–1880), Johann Jakob Guggenbühl (1816–1863) und Carl Wilhelm Saegert (1809–1879). Diese Begründungen stellten einerseits die physischen Schädigungen oder Verwahrlosungen als Bedingungen der Erziehung fest und behaupteten andererseits die Bildungsfähigkeit der Kinder trotz vorhandener Schäden und Vernachlässigungen. Welche Universitätsdisziplin maßgebliche Bezugswissenschaft für die Heilerziehung sein sollte, blieb lange Zeit unklar.

2 Heilkunde der Erziehung im Rahmen der allgemeinen Pädagogik

Im 19. Jahrhundert findet sich in der allgemeinen Pädagogik die Bezeichnung „Heilkunde der Erziehung". Die mit den Institutionen entstandenen, besonderen Theorien blieben jedoch davon unberührt. Vinzenz Eduard Milde (1777–1853), seit 1805 Professor für Pädagogik in Wien, war der erste, der in seinem „Lehrbuch der allgemeinen Erziehungskunde" (1811 und 1813/1965) „Heilkunde" als eine von vier grundlegenden Operationen der Erziehung systematisch integrierte: Diätetik – die Anlagen erhalten; Bildung – die Entwicklung der Anlagen formell und materiell unterstützen; Heilkunde – die Gebrechen der Anlagen beheben; Selbstbildung – die Zöglinge zur Selbstbildung anleiten. „Da aber die Anlagen geschwächt, zerrüttet, ausgeartet sein können; so soll der Erzieher … in diesem Falle die Gebrechen zu heben, die Fehler zu heilen, den naturgemäßen Zustand herzustellen bemühet sein" (Milde 1965, 47). Er räumte der Heilkunde im Rahmen der Erziehung einen größeren Stellenwert ein als andere, die wie Trapp von „Verhüten" oder wie Friedrich Schleiermacher von „Gegenwirkung" oder wie später Maria Montessori von „Normalisation" sprachen. Die Medizin wirkte besonders auf die Anfänge der Erziehung geistig behinderter Kinder ein: Edouard Séguin erhielt Anregungen vom Psychiater Jean Etienne Dominique Esquirol; Johann Jakob Guggenbühl vom Philosophen und Arzt Ignaz Paul Vital Troxler; Georgens und Deinhardt, Gründer der Heilerziehungsanstalt Levana bei Wien, vom Pädiater Ludwig Wilhelm von Mauthner. Ähnliches gilt auch für die Entstehung von Hilfs-, Schwerhörigen-, Sehbehinderten- und Sprachheilschulen, Schulen für Körperbehinderte und für die Legasthenieforschung. Das in der Heilpädagogik so genannte medizinische Paradigma meint eine erste an der Schädigung eines Kindes orientierte diagnostische und beschreibende, nicht wertende Herangehensweise. Ludwig von Strümpell (1812–1899), Pro-

fessor für Pädagogik in Leipzig, machte diesen Ansatz zur Grundlage seiner „Pädagogischen Pathologie", die sich jedoch nicht durchsetzte.

Jan Daniel Georgens (1823–1886) und Heinrich Marianus Deinhardt (1821–1880) gaben dem Fach eine neue Wendung. Sie fassten zum ersten Mal die bis dahin unverbundenen, auf Institutionen bezogenen Fachrichtungen unter einem, pädagogischem Gesichtspunkt zusammen und wandten ihn auf die Erziehung geistig behinderter Kinder an, ohne die anderen Behinderungen und Vernachlässigungen aus dem Blick zu verlieren. Das Verhältnis von Medizin und Pädagogik setzten sie nicht schon als geklärt voraus: Die Erziehung erweitere ihr pädagogisches Beobachtungsfeld und ihre pädagogische Praxis durch die „Aufnahme des Heil- und Besserungszweckes". Das hänge mit „dem Entwicklungsbedürfnis" der allgemeinen Pädagogik und ihrer „tieferen Fortschrittstendenz innerlichst" zusammen (Georgens und Deinhardt 1863, 226). Erziehen trage in sich die Tendenz zum Heilen. Sie bestritten die Gleichsetzung von unheilbar und bildungsunfähig. Die Begriffe krank (medizinisch) und behindert (pädagogisch) gehören der Sache nach seither verschiedenen wissenschaftlichen Zugängen an. Physische Schäden der Kinder und grob verwahrlosende Erziehung der Eltern stellen die Lebensaussichten behinderter Kinder zwar ernsthaft in Frage, aber trotz dieser organisch oder sozial bedingten Grenze muss Pädagogik darauf dringen, dass ausnahmslos alle Kinder in das System öffentlicher Erziehung einbezogen werden. Das Leben eines Kindes nach einer Heilung mit Defekt oder nach vollständiger familiärer Vernachlässigung wendet sich ohne Erziehung notwendig zum Schlechteren, in krassen Fällen mit der Konsequenz eines tödlichen Ausgangs oder einer kriminellen Karriere. Da Georgens und Deinhardt weder an einer Hochschule noch an einem Seminar lehrten, blieb ihre Wirkung eingeschränkt. Direkt nachweisbar ist sie bei Heinrich Ernst Stötzner und Rudolf Steiner.

Im Jahre 1890 errichtete Johannes Trüper (1855–1921), ein Schüler Wilhelm Reins

(1847–1929), ein heilpädagogisches Heim, das in enger Verbindung mit der Psychiatrie an der Universität Jena stand. Die von ihm 1896 gegründete Zeitschrift „Die Kinderfehler" (ab 1900 „Zeitschrift für Kinderforschung") sollte „Beiträge zur Pathologie der Erziehung liefern" und „alles Fehlerhafte, Regelwidrige, Krankhafte, Herabgeminderte aufsuchen und klarlegen" und die äußeren Symptome, so weit als möglich, „auf tiefer liegende Ursachen zurückführen" (Trüper 1896, zit. nach Möckel u. a. 1999, 35). Sein Lebenswerk wirkte in der Psychiatrie nachhaltiger als in der Pädagogik. Max Isserlin, Professor für Psychiatrie in München, machte nach dem Tode Trüpers die Zeitschrift zu einem Organ der Kinderpsychiatrie.

In der zweiten Hälfte des 19. Jahrhunderts entstanden Sonderschulvereinigungen, die Kongresse und Fortbildungen organisierten, Fachzeitschriften herausgaben und eine beachtliche Fachliteratur schufen, ohne dass sich eine mit der Universitätspädagogik verknüpfte wissenschaftlichen Schule bildete. Meist auf Drängen dieser Vereinigungen folgten schulgesetzliche Regelungen, zuerst für gehörlose, blinde und geistig behinderte Kinder 1874 im Königreich Sachsen, und Prüfungsordnungen, zuerst für Taubstummenlehrer 1878 in Preußen.

3 Heilpädagogik an Universitäten und Fachhochschulen

In der ersten Hälfte des 20. Jahrhunderts bildeten sich in Budapest, Wien und Zürich heilpädagogische Zentren heraus. Schon seit 1900 gab es in Ungarn staatliche, zweijährige postgraduale Ausbildungskurse erst für Taubstummenlehrer, dann zentral auch für Blinden-, Hilfsschul- und Sprachheillehrer. 1922 entstand in Budapest ein Institut für Heilpädagogik (Studiendauer drei Jahre), 1928 eine Hochschule für Heilpädagogik (vier Jahre).

Die bekanntesten Vertreter sind der Neurologe und Psychologe Pál Ranschburg (1870–1945), der den Begriff der Legasthenie prägte, und der Psychologe O. Jósef Vértes (1881–1953).

In Wien entstand eine pädiatrisch ausgerichtete Schule der Heilpädagogik, deren Hauptvertreter Erwin Lazar (1877–1932), Rudolf Allers (1883–1963) und Hans Asperger (1906–1980) sind. Die erste Heilpädagogische Station, die der Kinderarzt Erwin Lazar leitete, regte der Wiener „Pestalozzi-Verein zum Schutz verwahrloster und misshandelter Kinder" an (Brezinka 1997, 397). Der Pädiater Hans Asperger, Autismusforscher und Verfasser einer „Heilpädagogik" (1952), setzte sich – allerdings ohne Erfolg – für die Einrichtung eines Lehrstuhls für Heilpädagogik in der medizinischen Fakultät ein. Die Wiener Schule überschätzte theoretisch und programmatisch die Bedeutung des ärztlichen Anteils an der Praxis der Sondererziehung behinderter Kinder und verzögerte damit „die echte sonderpädagogische Forschung und Theorienbildung im Rahmen eines Pädagogischen Instituts der Philosophischen Fakultät erheblich" (Brezinka 1997, 407). Was der Wiener Schule vorschwebte ließ sich mit der damals entstehenden Kinder- und Jugendpsychiatrie besser verwirklichen als mit einer in sich widersprüchlichen Heilpädagogik ohne Pädagogik.

In Zürich initiierte 1920 ein Zweckverband sonder- und sozialpädagogischer Einrichtungen ein überkantonales Heilpädagogisches Seminar und wählte 1923 Heinrich Hanselmann (1885–1960) zum Direktor. Hanselmann, Taubstummenlehrer und Psychologe, der die Arbeitslehrkolonie und Beobachtungsanstalt Steinmühle bei Frankfurt a. M. geleitet hatte und danach Generalsekretär der Stiftung Pro Juventute geworden war, habilitierte sich an der Universität Zürich in der Philosophischen Fakultät für Heilpädagogik und erhielt unter diesem Namen nach langen Verhandlungen 1931 ein persönliches, kleines Ordinariat – das erste an einer Universität in Europa. Er und sein Nachfolger Paul Moor (1899–1977) verbanden als Hochschullehrer vier Funktionen beispielhaft: 1. Forschung, 2. Lehre, 3. Sonderschullehrerbildung und 4. pädagogisch-psychologische Diagnose und Beratung. Die Schweizer heilpädagogische Schule wirkte erst nach dem Zweiten Weltkrieg in den deutschsprachigen Raum hinein, da die Sonderpädagogik in Deutschland während der NS-Zeit in die sozialdarwinistische Rassenpolitik eingebunden war. Erst nach dem Zweiten Weltkrieg konnten Hanselmanns Lehre von der Entwicklungshemmung und Paul Moors klassische Theorie vom Äußeren und Innern Halt rezipiert werden und bildeten dann für viele Hochschullehrer der ersten Generation die Ausgangslage für eigene sonderpädagogische Theorieentwürfe.

Die Länder der Bundesrepublik und die DDR richteten nach 1945 Lehramtsstudiengänge an Hochschulen ein. Heilpädagogik etablierte sich mit wissenschaftlichen Methoden an Universitäten und bietet seither Studiengänge für Sonderschullehrämter und akademische Abschlüsse, wie Diplom, Magister, Doktor an. Diese Phase begann in Deutschland in den 1920er Jahren mit Universitätskursen (z. B. in München und Berlin), wurde jedoch durch die NS-Zeit unterbrochen. Nach dem Zweiten Weltkrieg empfahl die Ständige Konferenz der Kultusminister (KMK) die Beurlaubung von Volksschullehrern unter Fortzahlung der Bezüge zu Ausbildungslehrgängen von zwei bis vier Semestern Dauer. In den 1970er Jahren führten die meisten Bundesländer ein Studium der Sonderpädagogik im Anschluss an das Abitur von acht bis zehn Semestern ein. Die Konsolidierung des Faches ist zwar abgeschlossen, die Phase wissenschaftlicher, pädagogischer Begründung geht jedoch weiter, wie die schwankenden Bezeichnungen beweisen (Heilpädagogik, Sonderpädagogik, Behindertenpädagogik, Rehabilitationspädagogik u. a.).

Im Jahre 1995 gab es in Deutschland 26 Studienstätten für Sonderpädagogik (Verband Deutscher Sonderschulen 1995). Das Zusammenwirken von Forschung, Lehre, Ausbildung, Diagnostik und Beratung gelang zwar nicht in der gleichen Dichte wie in Zürich, wird jedoch in den meisten sonderpädagogischen Hochschulinstituten angestrebt. Die Zusammenarbeit mit Schulbehörden und Selbsthilfevereinigungen, mit Lehrer- und Elternverbänden war und ist zwar spannungsreich, führte jedoch zu Innovationen, wie zur Einbeziehung schwer geistig behinderter Kinder in das Schulsystem, zu Integrationsversuchen behinderter Kinder in Kindergärten und Grundschulen, zur Errichtung pädagogischer Frühförderstellen, zur Erwachsenenbildung für Behinderte und – in den 1970er Jahren – zu einer gründlichen Erforschung der Situation benachteiligter Jugendlicher.

Seit 1963 gibt es einen Fachkongress der Dozenten an sonderpädagogischen Studienstätten mit internationaler Beteiligung. Es entstanden Handbücher, Fachzeitschriften, wissenschaftliche Reihen, didaktische Materialien, Spezialkongresse und eine lebhafte Grundlagendiskussion mit sich ergänzenden und rivalisierenden Theorien, unterschiedlichen Ansätzen und Präferenzen von Grundbegriffen und methodischen Verfahren. Eine ausreichend trennscharfe und abgewogene Beschreibung des gesamten Feldes sonderpädagogischer Theorien an Universitäten und Fachhochschulen und deren vielfältiger Verknüpfungen mit der Praxis ist in Kürze unmöglich. Alle verbindet der Anspruch einer wissenschaftlichen Sonderpädagogik, deren Grundlage die existenzielle Bedeutung menschlicher Erziehung ist. Unbestritten ist die Notwendigkeit zur Zusammenarbeit mit Nachbarwissenschaften in Theorie und Praxis. Wie in der Pädagogik konkurrieren und ergänzen sich auch in der Sonderpädagogik empirische und geisteswissenschaftliche Methoden. Die Notwendigkeit, pädagogisch-diagnostische und Beratungskompetenzen zu erwerben und weiter zu entwickeln, ist in der Sonderpädagogik früh erkannt worden und fand Unterstützung und Förderung von Seiten der Medizin und der Psychologie (z. B. Alfred Binet und Theodore Simon). Sonderpädagogik steht und fällt mit diesen Kompetenzen, deren Bedeutung im Übergang zu einer Integrationspädagogik und zu einer konsequent organisierten Inklusionspädagogik noch zunehmen wird.

Literatur

Asperger, Hans (1952): Heilpädagogik. Einführung in die Psychopathologie des Kindes für Ärzte, Lehrer, Psychologen, Richter und Fürsorgerinnen. Wien

Bachmann, Walter et al. (1977): Biographien ungarischer Heilpädagogen. Rheinstetten

Bleidick, U. (1972): Pädagogik der Behinderten. Grundzüge einer Theorie der Erziehung behinderter Kinder und Jugendlicher. Berlin

Brezinka, Wolfgang (1997): Heilpädagogik an der Medizinischen Fakultät der Universität Wien. Ihre Geschichte von 1911–1985. In: Zeitschrift für Pädagogik 43, 395–420.

Ellger-Rüttgardt, Sieglind (2007): Geschichte der Sonderpädagogik. München

Flitner, Wilhelm (1957, 1966): Das Selbstverständnis der Erziehungswissenschaft in der Gegenwart. In: Flitner, Wilhelm (1989): Gesammelte Schriften 3. Paderborn, 310–349

Georgens, Jan Daniel & Deinhardt Heinrich Marianus (1861, 1863): Die Heilpädagogik. Mit besonderer Berücksichtigung der Idiotie und der Idiotenanstalten. Bd. I & Bd. II. Leipzig

Hanselmann, Heinrich (1941): Grundlinien einer Theorie der Sondererziehung (Heilpädagogik). Erlenbach-Zürich

Heese, Gerhard et al. (Hrsg.) (1990): Über Hanselmann nachdenken. Ein Kolloquium über das Werk Heinrich Hanselmanns im Zentenarjahr 1985. Beiträge – Diskussionen – Dokumente. Zürich

Kanter, Gustav & Schmetz, Dietmar (1999): Der Verband und der Auf- und Ausbau von Ausbildung und Studium. In: Möckel, Andreas (Hrsg.): Erfolg – Niedergang – Neuanfang. 100 Jahre Verband Deutscher Sonderschulen. Würzburg, 186–207

Milde, Vinzenz Eduard (1811, 1965): Lehrbuch der allgemeinen Erziehungskunde. Paderborn

Möckel, Andreas (2007): Geschichte der Heilpädagogik. Stuttgart, 2. Aufl.

Trüper, Johann (1896): Ungelöste Aufgaben der Pädagogik. Zur Pädagogischen Pathologie und Therapie. Pädagogisches Magazin, (Hrsg. von Friedrich Mann) Heft 71, Langensalza, 1–14. Auszugsweise in: Möckel, Andreas et al. (Hrsg.) (1999): Quellen zur Erziehung von Kindern mit geistiger Behinderung. Bd. 2: 20. Jahrhundert. Würzburg

Verband Deutscher Sonderschulen (Hrsg.) (1995): Sonderpädagogische Förderung in der Bundesrepublik Deutschland. Förderschwerpunkte, Förderung in den Ländern. Lehrerausbildung. Würzburg

Teil II:
Wissenschaftstheoretische Fragestellungen und Probleme

Leib-Seele-Problem[1]

Wolfgang Jantzen

1 Definition, Begriffs- und Gegenstandsgeschichte

Das Leib-Seele-Problem (psychophysisches Problem, Körper-Geist-Problem, mind-body-problem) beinhaltet die Frage nach den Zusammenhängen und der Wechselwirkung von leiblichen und seelischen Vorgängen.

Die Begriffsgeschichte hängt aufs Engste mit der Entwicklung der Reflexion über den Begriff Seele (griech. psyché, lat. anima, engl. soul, franz. âme, ital. anima) zusammen (Ricken u. a. 1995). Die Einführung der Begrifflichkeit scheint auf Homers Trennung von psyché und sóma zurückzugehen. Der Gedanke des Augustinus, die Seele als unsterbliche, immaterielle Substanz in allen Teilen des menschlichen Körpers zu betrachten, die Tierseele dagegen als ausgedehnt und den Körperteilen zugeordnet (ebd.), scheint erneut auf im Substanzendualismus des Descartes. Nichts Denkendes (res cogitans) ist ausgedehnt und nichts Ausgedehntes (res extensa) denkt. Tiere sind seelenlose Automaten. Nur der Mensch ist beseelt und auf Grund dieser Einmaligkeit verfügt er über Affekte (Emotionen), welche Körper und Geist verbinden. Der Versuch des Descartes, über die Zusammenbindung der beiden Substanzen in Form der Affekte einen Monismus zu begründen (vgl. Wallon 1987), scheitert grandios (Vygotskij 1996, 135 ff.), denn auch die Affekte selbst werden strikt in körperliche und geistige getrennt, die über die Zirbeldrüse aufeinander einwirken. Die dem menschlichen Körper als einer seelenlosen Maschine zugeordneten körperlichen Emotionen können durch die auf die Zirbeldrüse einwirkende Seele im Kampf des Willens mit den Leidenschaften überwunden werden; der freie Wille als unmittelbarer affektiver Ausdruck der Seele vermag den Körper in Bewegung zu setzen (ebd. 137, 163 f.). „Dass ein Gedanke von sich aus imstande sei, auch nur ein Hirnatom ein millionstel Millimeter weit zu bewegen, verstößt (jedoch) gegen alle Naturgesetze" (ebd. 133). Die Entwicklung der cartesischen Lehre von den Emotionen führt zu dem schrecklichen Ergebnis, dass die Leidenschaften von dem Leben getrennt werden (ebd. 169 ff.), zur Lehre von der „Sinnlosigkeit der menschlichen Gefühle". Und die Auseinandersetzung um eine Psychologie und Neuropsychologie der Emotionen (Dilthey vs. James und Lange, ebd. 184 ff.) erweist sich lediglich als Streit spiritualistischer und naturalistischer Parteien innerhalb des Cartesianismus.

Es zeigt sich, dass dieser Streit, Ende der 20er/Beginn der 30er Jahre des vergangenen Jahrhunderts von Vygotskij (1996) glänzend analysiert, in den unterschiedlichen Fraktionen der modernen Philosophie des Geistes ebenso fortdauert wie in der Debatte um den sog. „freien Willen".

Dies ist schon darin aufzeigbar, dass in der modernen Debatte der cartesische Versuch, den Widerspruch über eine Lehre der Emotionen aufzulösen, nicht einmal aufscheint. Die im Deutschen widersprüchliche Einheit von Geist und Seele wird durch die Rückverwandlung des englischen „mind" in Geist auf diesen und damit auf rationale Begriffsysteme reduziert. Allerdings bleibt diese rationalistische Variante – nach wie vor innerhalb des Cartesianismus befindlich – ständig damit konfrontiert, dass jede dieser Theorien an der Existenz der „Qualia", d. h. der unmittelbar und nur subjektiv erfahrenen Erlebnisqualitäten, der körperlichen Emotionen und

---

1 Für Annette Roemer-Jantzen, † 18.05.08.

hier vorrangig des Schmerzes zerschellt (vgl. Beckermann 1999, 773). Die Erste-Person-Perspektive, naturalistisch verworfen, taucht als spiritualistischer Stachel immer erneut und scheinbar unerklärbar auf. Die Verdichtung der Ausklammerung dieser Frage in der Idee des philosophischen Zombies, der zwar über die Schmerz bewirkenden Nervenleitungen der C-Fasern verfügt, aber subjektiv keinen Schmerz empfindet (Beckermann 2006, 11), verweist in dieser Hinsicht weit eher auf den gegenwärtigen Zombie-Zustand analytischer Philosophie, als das Problem lösen zu können.

Die spinozanische Alternative, auf die Vygotskij insistiert, ist bis heute nicht aufgegriffen oder hinreichend artikuliert. Bestenfalls erscheint sie im Gewande eines psychophysischen Parallelismus (Rentsch 1980, 193), so auch in der Vorgeschichte (Fechner) und Entwicklung (Feigl) der Lösungsversuche des logischen Positivismus (Heidelberger 2005).

2 Zentrale Erkenntnisse und Forschungsstand

2.1 Analytische Philosophie

Gänzlich außer Frage steht, dass die analytische Philosophie, obgleich gänzlich im Cartesianismus befangen, nicht zu hintergehende Voraussetzungen für die Behandlung des Problems formuliert. In Form des Bieri-Dilemmas hebt sie eine Widerspruchstruktur hervor, die jeder künftiger Lösungsvorschlag zu reflektieren hat (Brüntrup 1996, 20; Metzinger 2007, 14 f.).

Es existieren drei Grundannahmen über die innere Natur der psychophysischen Kausalität, von denen jeweils zwei untereinander vereinbar sind, jedoch unvereinbar mit der dritten:

1. Mentale Phänomene sind nicht physische Phänomene;

2. Mentale Phänomene sind im Bereich physischer Phänomene kausal wirksam;

3. der Bereich physischer Phänomene ist kausal geschlossen.

- Die Annahme 1 in Verbindung mit 2 verletzt als spiritualistische Variante des Cartesianismus die physikalischen Grundgesetze, so z. B. in der dualistischen Theorie von Popper und Eccles (1982). Der objektive Geist (Welt 3 = Welt der Erzeugnisse des menschlichen Geistes) steht über das Verbindungsgehirn [liaison brain] (Welt 1 = physische Welt) mit den psychischen Zuständen (Welt 2 = Welt der mentalen Zustände) in Verbindung. Der selbstbewusste Geist (die cartesische res cogitans) greift in Interaktion mit Welt 1 und 3 das ihm entsprechende heraus. „Es besteht eine reziproke Interaktion zwischen den Welten 1 und 2, und zwischen den Welten 2 und 3 im allgemeinen über die Vermittlung der Welt 1." (ebd. 432)

Eine monistisch-spiritualistische Variante des Leib-Seele-Problems in Form der Annahme einer unsterblichen Geist-Seele als Form des Leibes (Seifert 1989) hat für die gegenwärtige Debatte eher den Rang einer Kuriosität.

Allerdings wirkt der vom Mainstream der analytischen Philosophie als inakzeptabel erachtete interaktionistische Dualismus nach wie vor als Stachel und dringt an unerwarteter Stelle wieder ein, so z. B. in Libets Annahme des Eingreifens des Geistes in die von ihm experimentell herausgearbeiteten neurophysiologischen Korrelate des körperlichen Willensprozesses (Libet 2005).

- Sind Satz 2 und 3 jedoch wahr, dann müssen aufgrund der physikalischen Geschlossenheit mentale Phänomene selbst physische Phänomene sein, so in unterschiedlichen Varianten des Physikalismus. Psychische Phänomene können dann nur ein Irrtum unseres Alltagsverstandes sein, so der eliminative Materialismus Churchlands (Metzinger 2007) oder der Neuroreduktionismus von Crick und Koch („You are nothing but a pack of neurons"). Oder aber es muss in Form von Hilfskonstruktionen begründet werden, wie qualitativ neue psychische Prozesse aufgrund physikalischer Strukturen von unten entstehen, ohne den Widerspruch beheben zu können, keine kausale Rückwirkung auf die niederen Strukturen aufzeigen zu können (Supervenienztheorien, Eigenschaftsdualismus, Epiphänomenalismus; Emergenztheorien; ebd.). Die Auflösung der Problematik erfolgt zwangsläufig nach dem naturalistischen Pol des Cartesianismus.

- Sind Satz 1 und 3 hingegen wahr, so muss die Falschheit von Satz 2 in unser Weltbild integriert werden „Wir täuschen uns darüber, dass es unsere Überzeugungen und Empfindungen, dass es Einsichten in bessere oder bewusst erlebte moralische Gefühle und Willensakte sind, die tatsächlich unser Verhalten kausal determinieren. Es gibt einen Geist und es gibt einen Körper, aber sie sind durch eine unüberbrückbare Kluft voneinander getrennt" (Metzinger 2007, 15). Was bleibt ist der Parallelismus der Identitätstheorien bzw. theoretische Resignation, artikuliert in der Frage von Thomas Nagels berühmtem Essay „What is it like to be a bat?" (1974), als die generelle Unmöglichkeit, Psychisches zu begreifen. Die vorgeblich Spinoza (ohne Wahrnehmung seiner Affektenlehre!) folgenden Identitätstheorien (z. B. Feigl) sind zwar von pragmatischer Bedeutung für die Weiterbehandlung einer Reihe von Fragen (Leib und Seele sind zwei unterschiedliche Aspekte eines identischen Prozesses), klammern jedoch das Problem aus, das zu zentrieren wäre.

In der Debatte der analytischen Philosophie (zu weiteren Positionen vgl. Brüntrup 1996, Metzinger 2007) kaum wahrgenommen, reift in der Kybernetik zweiter Ordnung (Heinz von Foerster) ebenso wie in einer Biologie der Autonomie (Maturana, Varela) mit der Theorie des Eigenverhaltens eine Lösung verschiedener Widersprüche heran, die sich mit einem Neuaufgreifen der spinozanischen Debatte durch Vygotskij in zentralen Punkten trifft.

2.2 Eigenverhalten: Die Kybernetik zweiter Ordnung (Heinz von Foerster)

Lebewesen sind Konstruktionen fern vom thermodynamischen Gleichgewicht, die ihre Zustände durch Selbstorganisation bezogen auf die jeweilige Umwelt autologisch realisieren. Maturana & Varela (1987) haben diesen Prozess als Autopoiesis beschrieben. Er beinhaltet die Organisation von Koordinaten, die ihre Organisation hervorbringen. Allerdings ist dieser Prozess mit Zirkularität schlecht gefasst, besser ist es von Rekursivität zu sprechen. Mathematisch erfolgt dies als Errechnung von Beschreibungen von Errechungen von Beschreibungen, letztlich als Errechnung von Errechnungen, indem das Argument, das eine Errechnung hervorbringt, erneut auf diese angewendet wird. In der systemtheoretischen Terminologie Luhmanns betrachtet handelt es sich bei prozessierenden Systemen „um temporalisierte Systeme, die Stabilität nur als dynamische Stabilität, nur durch die laufende Ersetzung von vorgehenden Elementen durch neue, andere Elemente gewinnen können" (Luhmann 1997, 52). Bezogen auf Sinn bildende Systeme existiert (ausgedrückt in der Formanalyse von G. Spencer Brown, auf die auch von Foerster zurückgreift) das Paradoxon, dass „die in die Form wieder eintretende Form […] dieselbe und nicht dieselbe Form" und „das letzte für Sinnsysteme nicht transzendente Medium […] deshalb der Sinn" ist (ebd. 59). Eine derartige in die Form eintretende Form, die das Argument des gesamten Rechenprozesses darstellt, wird mathematisch als Eigenwert betrachtet bzw. in lebenden Systemen als Eigenverhalten. Lebende Systeme können daher nicht ontologisch, dinghaft beschrieben werden, sondern nur ontogenetisch, prozesshaft in Kopplung an und im Driften mit ihrer Umwelt. Rekonstruiert man diese Dimension des Prozesses, so gelangt man zwangsläufig zu einer Kybernetik zweiter Ordnung, innerhalb derer ein Beobachter keinen auserwählten, fixen Standpunkt mehr hat, sondern selbst historisch und ontogenetisch in diesen Prozess eingebunden ist. Seine Beschreibungen erhalten als Beschreibungen dieses Prozesses folglich nur dann Gültigkeit, wenn sie ihn so beschreiben, dass der Beobachter damit selbst beschrieben wird. Adäquate Beschreibung bedeutet daher Produktion von Eigenverhalten, das auf Eigenverhalten anwendbar ist. Ein Beispiel dieser Rekursivität wäre der Satz „Dieser Satz hat ... Buchstaben." Der entsprechende Eigenwert lautet „dreißig", denn damit beinhaltet der Satz auf sich selbst bezogen, was er aussagt.

Von Foerster (1993) zeigt nun in seinen Arbeiten, dass lebende Systeme notwendigerweise Systeme sind, die auf der Basis von Eigenwerten bzw. Eigenverhalten Verhalten produzieren, also permanent, das, was ihr Leben erhält, auf ihr Leben anwenden. Sie verhalten sich als „kognitive Homöostaten (1993, 47), sowohl bezogen auf die äußere Welt wie die Welt ihres eigenen Körpers. Diesen Körper bilden sie notwendigerweise als in topologischer Hinsicht repräsentative Einheitskugel ab, die konstant gehalten wird, bei Eintragen aller Veränderungen durch Bewegung (ebd.).

Dies entspricht gänzlich der Entwicklungspsychologie von Wallon, wonach erst mit dem Übergang vom Säuglings- zum Kleinkindalter von einer allmählichen Aneignung des eigenen Körpers in Wahrnehmung und Bewegung auszugehen ist. Bis dahin ist der Körper; er existiert, ist aber nicht Gegenstand einer kognitiven Konstruktion.

Diese Konstruktion entsteht durch die (autologischen) Koordinaten der Einheitskugel des Körpers als Eigenraum (ebd. 84ff.). Die sensible Oberfläche des Körpers ist (ebenso wie die interozeptive Oberfläche des Körpers im Verhältnis zum Gehirn) geometrisch auf eine (nichteuklidische!) Einheitskugel abbildbar, als absolute, nichteuklidische Invarianten. Entsprechend bringt ein Berührungs-Reiz der Hirnoberfläche in optischen Arealen einen Seheindruck, in akustischen einen Höreindruck hervor, oder der Aufbau von Gesten triggert symbolische Strukturen in höheren Arealen der Hörrinde, die sonst durch akustische Signale getriggert werden. Diese auto-

logische Einheitskugel bleibt invariant gegenüber allen Deformierungen des Körpers. Erst durch die auf die Sensorik rückgekoppelten Bewegungen erfährt der „beseelte Körper in der Welt" – so Il'enkovs (1994) Zusammenfassung von Spinozas Position – die euklidischen Koordinaten seiner Einbettung. „Nur die Bezugsetzung der Motoraktivität des Organismus mit den so veränderten Erregungen [macht] es ihm überhaupt erst möglich [...], diese Erregungen eindeutig zu interpretieren" (von Foerster 1993, 61).

Dieser ständige operative (= Rechen-)Prozess der Erhaltung einer dem eigenen Sein adäquaten Einbettung in die Welt, also das Prozessieren von Eigenverhalten in struktureller Kopplung, beinhaltet die ständige Redeskription bisheriger Erkenntnisse. Die Umschreibung der kognitiven Konstruktionen aufgrund der sensomotorischen Einwirkung der Umwelt auf die und durch die Konstruktionen des Subjekts geschieht durch Anwendung der Form auf die Form (in Luhmanns Terminologie des Sinns auf den Sinn; bei Piaget durch die Äquilibration kognitiver Strukturen durch Assimilation und Akkommodation). Dies ist ein Prozess der Selbstorganisation, in dem sich das System von Störungen ernährt, die so beschaffen sind, dass es seine Existenz fern vom thermodynamischen Gleichgewicht erhalten kann (ebd. 224). Allerdings bezieht sich dieser Prozess auf zwei Peripherien, auf die der Welt ebenso wie die des eigenen Körpers. Durch doppelte Schließung des Systems wendet dieses die Resultate seiner Berechnung auf die Resultate seiner Berechnung an, was sowohl den Zustand des eigenen Körpers als auch was die Weltperipherie betrifft. Der Organismus selbst „kennt nur eine Umwelt, die die er erlebt" (ebd. 67), nur der äußere Beobachter vermag diese Unterscheidung zu treffen. Trifft man diese aber, so ist festzuhalten, dass wir „mit etwa $2 \cdot 10^8$ äußeren und $2 \cdot 10^{13}$ inneren Reizpunkten eine 100 000-fach höhere Empfindlichkeit des Nervensystems gegenüber Veränderungen der Innenwelt als denen der Außenwelt" erhalten (ebd. 68). Und die „Konzeptualisierung von Beschreibungen der (internen Repräsentation) von Umwelt (entsteht) aus der Konzeptualisierung potenzieller Bewegungen" (ebd. 99). Die Basis des Erlebens sind Rechenprozesse, operative Prozesse, die sich in Form des Herausrechnens von Störungen zwecks Wiedererlangung kognitiver Homöostase immer auf beide Peripherien beziehen, bzw. zwischen ihnen alternieren („funktionelle Alternanzen" im Sinne von Wallon 1997, 88 ff.). Sie sind in kybernetischer Hinsicht das, was Biologie und Philosophie als „mind" bezeichnen. Rechenprozesse selbst aber sind immaterielle Prozesse, mit denen das System seine eigene Regelung regelt bzw. auf der Basis von lokal parallelen Strukturen in lokal parallele Strukturen eingreift. Was nach Seiten der Welt die Genesis von Objekten ist, ist nach Seiten des Systems die Genesis von Eigenwerten (ebd. 109).

Es ist offensichtlich, dass sich auf diesem Wege das Bieri-Dilemma auflöst, das Leib-Seele-Problem selbst aber noch keineswegs gelöst ist.

- Psychische Vorgänge als Rechenvorgänge sind immateriell, haben einen physikalischen Ursprung und wirken in Form von Rekursivität kausal auf ihren Ursprung zurück.
- In ständiger struktureller Koppelung an die reale Welt (durch die sensomotorische Körperperipherie ebenso wie die Welt des eigenen Körpers) realisieren sich kognitive Prozesse als Prozesse der Selbstbeschreibung der Selbstbeschreibung der Selbstbeschreibung verschiedener regulativer Ebenen des lebenden Systems (die Annahmen der Santiago-Schule, Maturana, Varela u. a. fordern Autonomie lebender Systeme von Anfang an [ebd. 297], also auch auf Zellniveau).
- Es existiert ein lokaler Parallelismus von Körper und Geist, dessen Anwendung auf andere lokal parallele Strukturen den globalen Parallelismus von Geist und Körper bricht. Nicht der Körper interagiert mit dem Geist, sondern der „embodied mind" interagiert mit dem „embodied mind" und regelt auf diese Weise seine eigene Regelung.

- Die Erste-Person-Perspektive des Erlebens, des Beobachteten wie des Beobachters, und die Dritte-Person-Perspektive, die der Beobachter zum Beobachteten und der Beobachtete zum Beobachter realisieren, schließen sich nicht aus. Ihre Verschränkung ist grundlegend für die Entwicklung einer naturwissenschaftlich eingeholten Philosophie des Geistes jenseits des Bieri-Dilemmas.
- Unmittelbar einleuchtend ist, dass durch die sensomotorische Kopplung an die Welt, vermittelt durch andere Menschen, Rekursivität zwischen den Individuen entsteht, und dadurch sozial begründete „Objektivität" der Wahrnehmung und der Handlung.

Maturana spricht hier von konsensuellen Bereichen, das sind Bereiche „ineinander greifender Verhaltensweisen, die sich aus der ontogenetisch reziproken Koppelung der Strukturen struktureller plastischer Organismen ergibt" (Maturana 1978, zit. nach von Foerster a. a. O., 297), die also Eigenverhalten des sozialen Systems zwischen den Individuen hervorbringen (Luhmann setzt hier doppelte Kontingenz als elementare Struktur; Schützeichel 2003, 72 ff.).

Bezogen auf den sozialen Verkehr spricht Maturana (2000) vom Konversieren (span.: conversar; von lat.: cum „mit" und versare „umgehen, verkehren"). Bezogen auf das „Linguieren" in der Sprache (spanischer Neologismus: lenguajear; engl. to language; deutsch: in der Sprache sein) gilt: „Als biologisches Phänomen besteht die Sprache aus einem Fließen immer wiederkehrender Interaktionen, welche ein System konsensueller Verhaltenskoordinationen ausbilden [...]. Daraus ergibt sich, dass die Sprache als Prozess nicht im Körper (Nervensystem) der an ihr Teilnehmenden stattfindet, sondern in jenem Bereich konsensueller Umweltkoordinationen, die sich im Fließen ihrer wiederholten Begegnungen ausdrückt" (ebd. 362).

Dann gilt dieses aber für alle konsensuellen Relationen entsprechend Varelas Überlegung: „The mind is not in the head" (zit. nach Rudrauf et al. 2003, 33 ff.). Der Geist ist nicht im Gehirn; er ist nicht drinnen und nicht draußen.

Wenn Lebewesen von Anfang an über Intentionalität verfügen, so Varela (1992) zu einer auch bei Bakterien notwendigerweise anzunehmenden Intentionalität als „surplus of signification", dann realisiert sich auch diese in konsensuellen Bereichen, so z. B. in der temporären Multizellularität von durch Oszillation gekoppelten Bakterien in Bakterienkolonien. Dann müsste allerdings auch schon auf dieser Ebene das Emotionieren (spanischer Neologismus: emocionar) Teil des Eigenverhaltens sein, das Maturana (2000, 365 f.) als zweiten wesentlichen Bestandteil menschlichen Konversierens neben dem Linguieren hervorhebt. „Das Ergebnis ist, dass das menschliche Wesen als Embryo, als Fötus, Kind oder Erwachsener seine Emotionen im kongruenten Leben mit den Emotionen der anderen, menschlichen und nichtmenschlichen Wesen, mit denen er zusammenlebt, erwirbt" (ebd. 367).

Unklar bleibt in den Arbeiten von H. von Foerster ebenso wie in denen der Santiago-Schule (Maturana, Varela), was Emotionen sind, und damit auch unklar, was Seele sein könnte, wenn man in der Rückübersetzung von „mind" ins Deutsche nicht nur die Konnotation Geist, sondern auch Seele erneut aufnimmt.

Allerdings leistet Varela im Versuch einer Neurophänomenologie, d. h. einer naturwissenschaftlichen Aufarbeitung von Husserls Überlegungen zur Intentionalität wesentliche Vorarbeiten, die sich in seinem Versuch einer Überwindung des Cartesianismus sowohl mit Argumenten aus der Neulektüre Spinozas ebenso wie der Aufarbeitung und Weiterentwicklung von kulturhistorischer und Tätigkeitstheorie systematisch verbinden.

2.3 Intentionalität und die erste Person-Perspektive (Varela)

Im Unterschied zur physikalisch-computertechnischen Annahme ist die Zeit innerhalb der Erfahrung eines Menschen (Lebewesens)

nicht linear. „There is always a center, the now moment with a focused intentional content (say, this room with my computer in front of me on which the letters I am typing are highlighted). This center is bounded by a horizon of fringe that is already past (I still hold the beginning of a sentence I just write), and its projects towards an intended next moment (this writing session is still unfinished). These horizons are mobile: this very moment that was present (and hence was not merely described, but lived as such) slips towards an immediately past present" (Varela 1999, 2).

Wie aber lassen sich diese Prozesse neurowissenschaftlich beschreiben, orientiert an einem Begriff von Intentionalität, der diesen Zusammenhang ausdrückt und den Varela in Husserls Phänomenologie findet? Zu unterscheiden sind dabei drei Niveaus der Zeitlichkeit, welche die Konstitution der Erste-Person-Perspektive als Intentionalität ermöglichen (vgl. auch Varela 1997, 2003):

- Das Niveau, das temporalen Objekten und Ereignissen in der Welt eigen ist,
- das Niveau der Akte des Bewusstseins, welche Objekte/Ereignisse konstituieren,
- und drittens ein Niveau, das Husserl als die absolute Zeit kennzeichnet, welche den Fluss des Bewusstseins konstituiert.

Die neurodynamische Basis des ersten Niveaus sind Zell-Ensembles (cell assemblies = CA), die in einem Zeitfenster zwischen 10–100 msek. arbeiten. Sie bilden die unterste Ebene von drei Skalen, die im Verhältnis von 1/10, 1 und 10 (selbst)organisiert sind.

Ihr Zusammenarbeiten sichert die Komplexität der subjektiven Zeit, die mit Husserl als das Verhältnis von Retention, Gegenwart und Protention gedacht werden kann (Abb. 1).

Retention ist „ein Attribut eines geistigen Aktes, das Phasen eines gleichen perzeptuellen Aktes so bewahrt, dass er von der Erfahrung in der Gegenwart unterscheidbar ist. Ihr Schlüsselmerkmal ist der direkte Kontakt mit früheren Erfahrungen" (Varela 1999, 11). Protention ragt dementsprechend in die mögliche Zukunft.

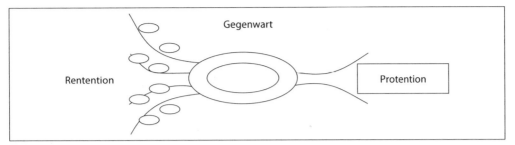

Abb. 1: Konfiguration der Zeit (nach F. Varela: Neurophenomenology of Time Consciousness, 1997)

Zeit ist nicht eine Linie, sondern ein Netzwerk von Intentionalitäten. Gegenwart ist somit das Gleiten (slippage) einer Zukunft in die Gegenwart und der Gegenwart in die Vergangenheit. Retention selbst ist als dynamische Trajektorie zu begreifen.

Auf der Ebene der Selbstorganisation auf dem ersten Niveau (1/10) erscheinen diese Trajektorien als intrinsische zelluläre Eigenschaften von Zellen und Zellensembles in Form einzelner oder als Gruppe nichtlinearer Oszillatoren (die, so könnte man mit von Foerster a. a. O. ergänzen, durch sensomotorische Kopplung der Zellen und Zellensembles an ein Milieu in Anwendung der Form auf die Form Kontingenz entwickeln, sich verhalten). Ordnungsparameter sind folglich Oszillatoren und ihre Kopplung sowie ihre Bindungsbedingungen.

Auf dieser Basis entsteht eine Dynamik von Multistabilität: „In this class of dynamic systems the geometry of phase space needs to be characterised by an infinity of unstable regions and the system flows between them even in the absence of external input. There are no attractor regions in phase space, but rather ongoing sequences of transient visits in a complex pattern of motion, only modulated by external coupling" (ebd. 17).

Demnach sind es die dynamischen Feldrelationen zwischen innen und außen, die in Form der „externalen Kopplung" mit internalen dynamischen Trajektorien den Geist (mind) beschreiben, der nicht im Gehirn und weder außen noch innen ist.

In dieser „Geometrie nichtlinearer Flüsse" basiert die Neurodynamik der Zeit ersicht-lich auf nicht linear gekoppelten Oszillatoren (ebd. 20), wobei für die Protention emotionaler Tonus ebenso wie Affektion durch andere (so mit Bezug auf Lévinas) eine entscheidende Rolle spielen (ebd. 23, 25). „We seek a non-dual synthesis whereby affect is both constitutive of the self, and the same time contains a radical openness or unexpectedness with regards to its occurring" (ebd.).

Eben dieser Weg wird durch die Arbeiten von Vygotskij und Leont'ev eröffnet, innerhalb derer als „Zelle" der psychischen Prozesse, also als Eigenwert, Eigenverhalten oder noch besser als „Eigensystem" im Sinne eines funktionellen Systems [→ IX] bei Vygotskij die emotional-kognitive Einheit des Erlebens ins Zentrum gestellt wird und bei Leont'ev das Erleben in der Tätigkeit als Prozessierung von Sinn und Bedeutungen. Diese systematische anti-cartesische, spinozanische Aufnahme der Affekte sichert den Zugang zur Entwicklung eine monistischen Theorie des Verhältnisses von Geist und Seele zum Leib (Körper) und zur historischen, sozialen, gesellschaftliche Welt.

2.4 Erleben als Zentrum der Erste-Person-Perspektive: Vygotskij

Vygotskijs Leistung ist nicht nur eine tiefgreifende Kritik des Cartesianismus bezogen auf dessen grundlegende Unfähigkeit, eine befriedigende, nicht dualistische Theorie des Psychischen und insbesondere der Affekte zu liefern (Vygotskij 1985, 57 ff., 1996), ist es nicht nur, ein „spinozanisches Programm der Psychologie" in methodologischer Hinsicht weitgehend zu realisieren (Jantzen 2002, 2008), sondern in seinem Spätwerk auch eine Lösung für die Genesis des Erlebens, also den Kern des Leib-Seele-Problems zu liefern, die in methodologischer Hinsicht deutliche Ähnlichkeiten mit den vorweg dargestellten Ansätzen von Heinz von Foerster und Francisco Varela aufweist.

Auf der Basis einer Entwicklungstheorie der Hirnprozesse im Sinn chronogener, dynamischer Lokalisation und der immer erneuten Herausbildung höherer Synthesen (vgl. Vygotskij 1987, 307 ff., 91 ff., 1985, 353 ff.) sowie einer tiefgreifenden Kenntnis der zeitgenössischen Physiologie, Psychologie und Philosophie wird der Dualismus zwischen einer geisteswissenschaftlichen Psychologie der höheren und einer naturwissenschaftlichen der niederen Funktionen für das emotional-kognitive Problem als innerer Kern des Leib-Seele-Problems endgültig in den Arbeiten ab November 1932 überwunden. In einer Psychologie der sozialen Entwicklungssituation – in ihrem Mittelpunkt die [→ III] Zone der nächsten Entwicklung (Vygotskij 1987 53 ff.; Jantzen 2008, 2009) – entsteht der Geist in der Vermittlung von innen und außen als elementare Einheit, „Zelle" psychischer Prozesse (so in Anspielung an Marx' Formulierung der „Zelle" des Warenwerts als Kern einer politischen Ökonomie; MEW 23, Kap. 1). Diese Zelle ist die Wortbedeutung, so in „Denken und Sprechen" als „Einheit von Denken und Sprechen […] „als Einheit von Verallgemeinerung und Verkehr, von Kommunikation und Denken" (Vygotskij 2002, 52).

Es ist ersichtlich: Die Wortbedeutung ist nicht im Gehirn, sie ist weder drinnen noch außen:

- sie ist die Relation zwischen Denken und Sprechen, also der Realisation des Geistes in dem bisher über die soziale Entwicklungssituation angeeigneten fundamentalen Medium der Sprache, der Kultur; in Rückwirkung des Denkens in der Sprache auf die soziale Entwicklungssituation durch das Sprechen;

- sie ist die Relation von Verallgemeinerung und Verkehr, die Relation zwischen dem Grad der Verallgemeinerung, zu welcher der je konkrete Mensch auf gegebenen Entwicklungsniveau in der sozialen Entwicklungssituation, im sozialen Verkehr (russ.: obščenie; engl.: social intercourse im Unterschied zu russ.: kommunikacia, engl.: communication) in der Lage ist, und dem Allgemeinheitsgrad der Begriffsrelationen im sozialen Verkehr, der Allgemeinheitsrelation des Begriffs (ebd. Kap. 6);

- sie ist die Relation von Kommunikation und Denken, die Rückwirkung der Kommunikation auf das Denken, entsprechend Vygotskijs erstem Gesetz höherer, d. h. kulturell, historisch, gesellschaftlich vermittelter psychischer Prozesse, die zunächst zwischen den Individuen, interpsychisch entstehen und dann nach innen wandern, intrapsychisch werden. So entsteht das diskursive Denken aus dem Streit im Kinderkollektiv, der Wille aus der Verlagerung eines äußeren Befehls nach innen.

Insofern ist der Geist, jeweils als dynamische, nichtlineare Feldrelation betrachtet, weder draußen noch drinnen. Aber noch ist diese Analyse nicht vollständig, „denn einen Gedanken ohne das Motiv zu verstehen, dessentwegen der Gedanke geäußert wird, ist noch kein vollständiges Verstehen" (ebd. 262). „Im lebendigen Drama des verbalen Denkens (also in der Erste-Person-Perspektive des Erlebens; W. J.) verläuft die Entwicklung umgekehrt – von dem einen Gedanken hervorbringenden Motiv zur Ausformung des Gedankens selbst …" (ebd. 263).

Entsprechend liegt dieser Feldrelation nach Seiten des Individuums die Einheit des Erlebens (russ.: pereživánie) zugrunde (bei Leont'ev Sinn; vgl. Leont'ev 1979, 2001, 309, 389 ff.), welches sich zu jedem Zeitpunkt mit der produktiven Aneignung der Bedeutungen vermittelt und sich ständig rekursiv umschreibt: als „Neubildung aller Wortbedeutungen, die bereits vorher in der anderen Struktur existierten. Eine Sisyphusarbeit!" (Vygotskij 2000, 368).

Dies verlangt jedoch, die frühere Unterteilung von höheren und niederen Funktionen restlos aufzugeben (vgl. die Kritik dieser cartesianischen Form in Vygotskij 1996), im Sinne der Vermittlung einer rudimentären Form psychischer Systeme (Vygotskij 1985, 319 ff.) mit einer idealen Form (soziale Begriffe, Wortbedeutungen in Kultur und Gesellschaft (Vygotskij 1994). Dieses „Ideelle" (Il'enkov 1994) als Gesamtheit der in jeder historischen Epoche vorhandenen Formen von Kultur, Bedeutungen, habituellen Austauschprozessen (Sinn produzierenden Systemen) ist mehr als die in Sprache niedergelegten symbolischen Formen; es umfasst außer diesen semiotischen Prozessen auch in Arbeit und Praxis verfügbare außersemiotische Prozesse, die nicht oder noch nicht versprachlicht sind [→ II Sinn/sinnhaftes Handeln].

Psychische Entwicklung muss daher als Genesis der Vermittlung von rudimentärer und idealer Form begriffen werden. Das von Vygotskij entwickelte Gesetz der Zone der nächsten Entwicklung (als soziales Eigen-System entsprechend Luhmanns Ort der doppelten Kontingenz, W.J) beinhaltet „das Gesetz der entgegengesetzten Entwicklungsrichtungen analoger Systeme in höheren und niederen Sphären. Das Gesetz der wechselseitigen Verbundenheit des niederen und höheren Systems in der Entwicklung" (Vygotskij 2002, 352). Dies verlangt, dass die rudimentäre Form selbst ein Eigen-System ist, welches die höhere, ideale Form als Voraussetzung und Möglichkeit in sich trägt und durch rekursive Anwendung ihres Arguments auf ihre Entwicklungsresultate sich sozial und psychisch realisiert.

Entsprechend enthält Kapitel 1 von „Denken und Sprechen" nicht nur die oben zitierten Bestimmungen zur Wortbedeutung, sondern auch eine in der bisherigen Rezeption völlig übersehene Passage: „Es existiert ein dynamisches Sinnsystem, das die Einheit der affektiven und intellektuellen Prozesse darstellt. Jede Idee enthält in verarbeiteter Form eine affektive Beziehung zur Wirklichkeit" (Vygotskij 2002, 55).

Wie aber ist dieses Sinnsystem als rudimentäres System zu denken? Den Schlüssel liefert der Vortrag „Das Säuglingsalter" vom November 1932, gleichzeitig Eingangspforte in das Spätwerk (Vygotskij 1987, 91 ff.; vgl. Jantzen 2008).

Cassirer (1923/1994), den Vygotskij kennt und rezipiert hat, bemerkt, dass der Dialektik einer metaphysischen Seinslehre nur dann zu entgehen ist, „wenn ‚Inhalt' und ‚Form', ‚Element' und ‚Beziehung' von Anfang an so gefasst werden, dass beide nicht als voneinander unabhängige Bestimmungen, sondern als miteinander gegeben und in wechselseitiger Determination gedacht erscheinen" (a. a. O., 32). „Jedes einzelne Sein des Bewusstseins hat eben nur dadurch seine Bestimmtheit, dass in ihm zugleich das Bewusstseinsganze in irgendeiner Form mit gesetzt und repräsentiert wird" (ebd. 33). „Will man diesen Sachverhalt, der an sich freilich über die Grenzen des Mathematischen hinausgeht, mit einem mathematischen Gleichnis und Sinnbild verdeutlichen, so könnte man, im Gegensatz zur bloßen ‚Association', den Ausdruck der ‚Integration' wählen. Das Bewusstseinselement verhält sich zum Bewusstseinsganzen nicht wie ein extensiver Teil zur Summe der Teile, sondern wie ein Differential zu seinem Integral" (ebd. 40). „Alles ‚Dasein' im Bewusstsein besteht eben darin und ist nur dadurch, dass es alsbald in solchen verschiedenartigen Richtungen der Synthesis über sich hinausgeht" (ebd.).

Entsprechend der „Gesamtheit seiner Beziehungs- und Formdifferentiale (d r1, d r2, d r3 …)" (ebd. 41), für die Vygotskijs (1987, 125) Pavlovs bedingten Reflex setzt, welcher unbedingtes und gesellschaftliches vermittelt, nach der Gesellschaftlichkeit hin differenziert, baut sich das „Integral des Bewusstseins" (Cassirer ebd.) auf der Basis des angeborenen Instinkts auf, mit Uchtomskij (1923/2004) von Vygotskij als Dominante (vgl. Jantzen 2008), als funktionelles System, als Chronotop, psychophysische Raum-Zeit entsprechend Einsteins Relativitätstheorie gedacht (Bachtin 1986, 262).

Eingebettet in die allgemeinen Gesetzmäßigkeiten chronogener und dynamischer Lokalisation (Vygotskij 1987, 115 ff.) lesen wir: „1. Beim Neugeborenen gibt es keine bedingten Reflexe; es verfügt über angeborene Rektionen vom dominanten Typus. 2. Die bedingten Reflexe entwickeln sich nicht chaotisch, ohne bestimmte Reihenfolge, rein zufällig, sondern in Abhängigkeit von der Entstehung dominanter Reaktionen" (ebd. 120 f.). Dieses instinktive Verhalten umfasst die Ganzheit des Erlebens, denn es ist „ein komplizierter, objektiv zielgerichteter, auf die Befriedigung eines biologischen Bedürfnisses gerichteter und demzufolge objektiv sinnvoller ganzheitlicher Prozess" (ebd. 125). Dieser Prozess aber ist für das Säuglingsalter „der Trieb, das Bedürfnis beziehungsweise, im weiteren Sinne der Affekt. […] Wahrnehmung und Handlung sind durch den Affekt verbunden" (ebd. 127).

Entsprechend entstehen Ebene für Ebene neue („grundlegende") Dominanten (als Ausdruck der neuropsychischen Entwicklung in Form je höherer Synthesen). Diese je neuen Dominanten wirken auf die alten zurück und verbinden jeweils Wahrnehmung und Handlung in neuer Weise bedingt-reflektorisch (vgl. „sensomotorische Rückkopplung" bei von Foerster a. a. O.), setzen einen neuen modus operandi. Die Dominante selbst aber ist „nichts anderes als das physiologische Substrat des Affekts" (Vygotskij a. a. O., 129).

Das Eigensystem der Dominante bringt Affekte hervor, welche Wahrnehmung und Handeln in neuer Weise verbinden, bis mit dem Entstehen einer neuen Dominante diese rekursiv als Argument auf die bisherigen Resultate zur Anwendung kommt, das Eigensystem als emotional-kognitives System evolviert, in der Erste-Person-Perspektive als Evolution der Einheit des Erlebens zu begreifen (Vygotskij 1994). Ersichtlich sind es die Affekte, über die sich das (sinn- und systemhafte) Eigenverhalten des Subjekts mit dem Eigenverhalten der sozialen Systeme und über sie mit dem Eigenverhalten anderer Subjekte vermittelt. Das „Gesetz der entgegengesetzten

Entwicklungsrichtungen analoger Systeme in höheren und niederen Sphären wechselseitigen Verbundenheit […] des niederen und höheren Systems in der Entwicklung" gilt auch für die Affekte (Vygotskij a. a. O.). Die cartesische Zweiteilung niederer, körperlicher und höherer geistiger Emotionen ist überwunden.

„Bekanntlich sind die Hirnsysteme, die mit den affektiven Funktionen verbunden sind, besonders eigenartig eingerichtet. Sie öffnen und schließen das Gehirn, sie sind die aller niedrigsten und die aller höchsten, spätesten, die in ihrer Ausbildung nur dem Menschen eigenen" (Vygotskij 2001, 162).

Der Affekt stellt „das A und O, das Anfangs- und das Endglied, den Prolog und den Epilog der gesamten psychischen Entwicklung dar" (Vygotskij 1987, 130 f.). Die Affekte sind das Substrat des Eigensystems, Ausgangspunkt seiner Form- und Bewegungsdifferentiale (Cassirer). Allerdings dürfen sie nicht apriorisch gesetzt werden, sondern müssen als Substrat, Grundlage des Eigensystems als dieses hervorbringend und von diesem hervorgebracht, als Funktion und nicht als Substanz begriffen werden (vgl. Cassirer 1910/1980). Als grundlegendes Eigensystem kann mit Trevarthen ein auf Stammhirnniveau mit Entwicklung der formatio reticularis entstehendes intrinsisches Motivsystem (intrisic motive formation = IMF) betrachtet werden, das sich als „heart of the developing mind" (Trevarthen et al. 1998, 67) um die 5.–8. Embryonalwoche konsolidiert, sich mit der affektiven Mundmotorik des emotional-motorischen Systems (EMF) durch Einwachsen der Gehirnnerven verknüpft und Vergangenheit, Gegenwart und Zukunft (vgl. Abb. 1) zwischen einem virtuellen Selbst und einem virtuellen Anderen aufbaut, in welchem es einen freundlichen Begleiter (friendly companion) antizipiert (Trevarthen und Aitken 1994, Trevarthen 2001). Was aber sind die Affekte, die Emotionen, die ersichtlich der Kern jedes Begriffs von Seele sind?

2.5 Affekte als Ausdruck des Strebens im Sein zu verbleiben: eine erneute Spinoza-Lektüre

Spinozas Theorie als Parallelismus falsch zu verstehen (Fechner, Feigl) setzt sich bis in die Gegenwart fort (Ruhnau 1998, Pauen 2006). Die Annahme der Verschränkung von Ausdehnung und Denken, Leib und Seele, Körper und Geist durch den Begriff der Zeit (Ruhnau ebd. 199) öffnet zwar einen Denkweg, die „Dynamik der Wirklichkeit" (ebd. 226) zu erfassen, beschreitet ihn aber nicht. Dieser Weg öffnet sich nur in der Diskussion von Spinozas Theorie der Affekte, von Vygotskij (1996) zu Recht als anticartesischer Kern des spinozanischen Programms identifiziert. Dies heißt aber jene Bewegung selbst in den Mittelpunkt der methodologischen Rekonstruktion zu stellen, welche Raum und Zeit in einem rekursiven Prozess der Umschreibung der Affekte durch die Affekte hervorbringt. Ruhnau identifiziert die Genesis der Zeitlichkeit als Umschlag der schaffenden Natur in die geschaffene Natur (a. a. O.), versäumt es aber, das hieraus entstehende „Bestreben, womit jedes Ding in seinem Sein zu verharren strebt" (conatus, quo unaqueque res in suo esse perseverare conatur; Spinoza, Ethik III, LS 8, 1977a, 274 f.) als Ausgangspunkt einer Rekonstruktion des spinozanischen Monismus zu thematisieren.

Im Anschluss an die moderne Debatte um Selbstorganisation und Thermodynamik des Lebendigen ließe sich von hier aus die Nichtlinearität einer dynamischen Entwicklung von Eigenverhalten denken, innerhalb dessen dissipative Strukturen fern vom thermodynamischen Gleichgewicht durch dissipative Strukturen fern vom thermodynamischen Gleichgewicht umgeschrieben werden (vgl. Atkins 1986; Nicolis & Prigogine 1987; Prigogine 1994; Prigogine und Stengers 1993). Auf diesen an anderer Stelle von uns verfolgten Weg der Begründung einer Theorie des Sinns und der Affekte (Feuser & Jantzen 1994) kann hier nur verwiesen werden.

In einer unlängst von Renz (2005) vorgelegten Rekonstruktion erweist sich der conatus,

der Trieb der Selbsterhaltung, als ontologische Basis der Affekte, sowohl der Grundaffekte letitia und tristitia (Freude oder Lust resp. Traurigkeit oder Unlust) sowie der einfachsten zusammengesetzten Affekte amor und odium, Liebe und Hass (ebd. 340). Die zeitliche Struktur des conatus, des Strebens im Sein zu verharren (in Bernsteins [1987] Physiologie der Aktivität [→ Systemtheorie, naturwissenschaftlich] das Streben nach Negentropie; in Maturanas und Varelas Biologie Autopoiesis als Grundlage von Autonomie; in von Foersters Kybernetik das Postulat der kognitiven Homöostase durch Errechnungen von Errechnungen von Errechnungen) bringt auf der Basis von Eigensystemen permanente Operationen zwischen Weltperipherie und Körperperipherie hervor, deren Ausdruck und Bewegungsmoment die Emotionen sind. Die Emotionen, als Ausdruck eines Zeit generierenden Prozesses innerhalb des denkenden Körpers in der Welt, sind ersichtlich der Kern jedes Eigensystems, Generator und Resultat von Eigenverhalten, ohne dass sie als Funktionen dieses Systems substantialisiert werden dürfen. Sie werden von dem Prozess hervorgebracht, den sie hervorbringen. Die erste Idee des denkenden Körpers in der Welt ist die des eigenen Körpers. Indem die Welt auf diesen Körper einwirkt, entstehen die ersten Affekte, je nachdem ob diese Einwirkung den Intentionen des Körpers, verstanden als Transformationen des conatus (appetitus, cupiditas), entspricht oder nicht. Diese Transformationen sind psychosomatisch: appetitus = Trieb; psychisch: cupiditas = Trieb mit dem Bewusstsein des Triebes sowie, ebenfalls psychisch, voluntas = Wille. Entsprechend diesen Einwirkungen leidet der Geist oder er freut sich bzw. vermeidet Leiden oder stellt die Freude vermittels seiner Handlungen wieder her. Insofern realisieren die Affekte als passiones (Leidenschaften) und actiones (Handlungen) die intentionale Struktur der sensomotorischen Rückkopplung.

Emotionen sind bei Spinoza „sehr tief angesetzt" (Renz ebd. 342); Symbole drücken Emotionen nicht nur aus, sie reproduzieren sie. Emotionen kommt demnach im System der psychischen Prozesse die Funktion von Eigenwerten zu, die als Argument jeweils auf das Ergebnis des durch sensomotorische Rückkopplung angestrebten Verbleibens im Sein angewendet werden und es rekursiv redeskribieren (vgl. Jantzen 2001). Sie sind Resultate und Voraussetzung von Eigenverhalten (passiones, actiones) sowie von Eigensystemen (kognitiv affektive Struktur des denkenden Körpers in der Welt). Was Menschen mit den Dingen der Welt am meisten gemeinsam haben, das sind andere Menschen. Durch Reziprozität können sie sich wie von einem Geiste geleitet zu sein, aneinander binden, entweder durch gemeinsame Hoffnung oder Furcht oder den Wunsch, sich für gemeinsam Erlittenes zu rächen (Spinoza 1977b, Kap. VI, § 1; Jantzen 1994,). Beseelung, als (konsensuelle) Kopplung „wie von einem Geiste" geleitet, wird somit als immanenter Prozess zwischen den Menschen verstanden. Die Realisierung des Beseelt-Seins ist das Resultat einer Entwicklung der Affekte durch die Affekte (vgl. Spinoza 1977a, III–V).

Affekte, Emotionen entstehen feldbezogen in Form von Resonanzen oder Interferenzen, so Freeman (1995) zur neuropsychologischen Seite dieser Prozesse. Durch Anwendung auf die Resultate bisheriger, affektiv generierter, sensomotorischer Rückkopplungsprozesse wird Erleben durch Erleben rekursiv redeskribiert.

Folglich sind „Spinozas drei Grundaffekte der cupiditas, der letitia und der tristitia [...] Ausdruck erlebter Seinspotentiale. Als solche sind sie von Kognitionen begleitet, ohne von ihnen verursacht zu sein" (Renz a. a. O., 347). Affekte sind „weder Quasi-Erkenntnisse von Sachverhalten, Dingen, Gütern oder Gefahren, noch haben sie sonst irgendwelche zeichenhafte Funktion. Sie sind primär Ereignisse. Sie sind von außen verursachte Affektionen, die allerdings dadurch emotional bedeutsam werden, dass wir sie an Leib und Seele erleiden" (ebd.).

2.6 Einige Bemerkungen zur neuropsychologischen Natur der Emotionen

Emotionen realisieren sich strikt im Fenster der fließenden Gegenwart. Sie werden durch Emotionen aufgehoben, die sich auf mögliche Tätigkeiten in Form von Handlungen im Prozess von Beurteilung und Entscheidung beziehen, sofern diese größere emotionale Valenz für das Subjekt aufweisen.

Kern dieser Vermittlung, so unsere unterdessen zu einer eigenständigen Theorie der Emotionen ausgearbeitete Hypothese, ist es, Emotionen selbst als multioszillatorische Prozesse zu betrachten, die strikt gegenwartsbezogen zu jedem Augenblick zwischen Körper und Welt die Basis unserer Selbstbewertungsprozesse sind (vgl. Jantzen 1990, Kap. 7 u. 8, 1999; Feuser & Jantzen 1994 [→ X Isolation und Entwicklungspsychopathologie]). Sie sind multioszillatorische Gebilde, die im denkenden Körper zwischen Körper und Welt in jedem Augenblick Kohärenz bilden bzw. zugunsten künftiger Kohärenz außer Kraft setzen. Durch ihnen entsprechende äußere Resonanz können sie mitgenommen und verstärkt werden.

Genau dies zeigen Forschungen zur frühen Bindung. Mutter und Säugling „synchronisieren [...] die Intensität ihres affektiven Verhaltens in Bruchteilen von Sekunden" (Schore 2003, 56). Dieser „Affektsynchronizität" liegen in der Mutter-Kind-Dyade hergestellte Resonanzprozesse durch die anregende Aktivität der Mutter zugrunde. In ihnen erfolgen immer wieder Zustandsübergänge von einem Zustand ruhiger gegenseitiger Aufmerksamkeit zu einem intensiveren positiv affektiven Zustand. Diese Prozesse der Resonanzbildung und der eigenen positiven Erregungen so steuern zu können, dass sie wieder in Ruhezustände zurückkehren, ist die zentrale Entwicklungsleistung im zweiten Lebensjahr (Schore 1994). Und ebenso wie schon Wallon (1984) heben Trevarthen & Reddy (2006) die Rolle der Musik und der Kunst für die soziale Organisation der Emotionen hervor.

Gänzlich in Übereinstimmung mit unseren Annahmen begreift Trevarthen Emotionen als Übergangs-Gleichgewichtszustände (transitional equilibra) „in dem Gesamt der sich wandelnden Motive des Subjekts und der begleitenden autonomen Ausdrucksformen ebenso wie nach außen gerichteter Handlungen und Interessen, welche durch die Motive generiert werden" (Trevarthen 2005, 68). Über die zunächst intrasubjektiv aufgebauten Handlungen greifen Kinder in ihrer Entwicklung zunehmend mittels ihrer Emotionen in ihre Emotionen ein, verlagert sich die emotionale Regulation, so wie dies Vygotskij annahm, von interpsychischen zu intrapsychischen Prozessen.

3 Ausblick

Auf der Basis dieser Erörterungen zeigt es sich, dass unter Aufnahme der Kybernetik Heinz von Foersters, der Neurophänomenologie von Varela sowie einer spinozanischen Theorie der Emotionen in den Traditionen von Vygotskij das Bieri-Dilemma überwunden werden kann und sich Strukturen einer neuen theoretischen Behandlung des Leib-Seele-Problems aufweisen lassen.

Seele wäre damit unsere Bezeichnung für die affektive Intentionalität der Erste-Person-Perspektive, hervorgebracht durch Resonanz, Bindung, Anerkennung, Dialog, Kooperation und Kommunikation mit anderen Menschen. Ein solcher Begriff einer immanenten (nicht transzendenten) Beseelung als Feldrelation (die Seele ist nicht im Körper, sie ist nicht draußen und sie ist nicht drinnen) würde diesen Begriff als basierend auf Eigenwerten, Eigenverhalten und Eigensystemen, die Felder generieren und von Feldern generiert werden (Luhmanns doppelte Kontingenz, Maturanas konsensueller Bereich, aus dem das Konversieren entsteht, Vygotskijs Zone der nächsten Entwicklung), definieren. M. E. könnte damit nicht nur ein Weg zu einer Erfolg versprechenden Behandlung des Leib-Seele-Problems beschritten werden, er würde auch einem mehrfach in der Literatur vorzufindenden Begriff eine neue Kontur geben. Sowohl Nederland (1980) in Bezug auf KZ-Überlebende als auch Wirtz (1989) in Bezug auf Inzest verwenden den Begriff „Seelenmord" als Kern dessen, was heute als Extremtraumatisierung und Posttraumatisches Psychosyndrom behandelt wird, würde er eine bisher kaum wahrgenommene Tiefendimension der Verletzlichkeit der Menschen als Merkmal ihrer Existenz eröffnen (Weil 1981) [→ VIII: Behinderung und Verwundbarkeit].

Literatur

Atkins, Peter W. (1986): Wärme und Bewegung. Heidelberg

Bachtin, Michail M. (1986): Untersuchungen zur Poetik und zur Theorie des Romans. Berlin

Beckermann, Ansgar (1999): Leib-Seele-Problem. In: Sandkühler, H. J. (Hrsg.): Enzyklopädie Philosophie. Bd. 1. Hamburg, 766–774

Beckermann, Ansgar (2006): Mentale Eigenschaften und mentale Substanzen. In: e-Journal Philosophie der Psychologie. Mai, 1–12 http://www.jp.philo.at/texte/BeckermannA1.ptf [10.04.08]

Bernstein, Nicolai A. (1987): Bewegungsphysiologie. 2. Aufl. Leipzig

Brüntrup, Godehard (1996): Das Leib-Seele-Problem. Stuttgart.

Cassirer, Ernst (1980): Substanzbegriff und Funktionsbegriff. Darmstadt

Cassirer, Ernst (1994): Philosophie der symbolischen Formen. Bd. I. Darmstadt

Feuser, Georg & Jantzen, Wolfgang (1994): Die Entstehung des Sinns in der Weltgeschichte. In:. In: Jantzen, Wolfgang: Am Anfang war der Sinn. Marburg. 79–113

Foerster, Heinz von (1993): Wissen und Gewissen. Frankfurt a. M.

Freeman, Walter J. (1995): Societies of brains. Hillsdale, N. J.

Heidelberger, Michael (2005): Wie das Leib-Seele-Problem in den logischen Empirismus kam. In: e-Journal Philosophie der Psychologie. Juni, 1–25. http://www.jp.philo.at/texte/HeidelbergerM1.pdf/ [10.04.08]

Il'enkov, Evald V. (1994): Dialektik des Ideellen. Münster.

Jantzen, Wolfgang (1990): Allgemeine Behindertenpädagogik. Bd. 2. Weinheim

Jantzen, Wolfgang (1994): Spinozas Philosophie und
Fragen der Massenpsychologie. In: Jantzen, Wolfgang: Am Anfang war der Sinn. Marburg, 158–177

Jantzen, Wolfgang (1999): Transempirische Räume –
Sinn und Bedeutung in Lebenszusammenhängen.
In: Fischbeck, Hans-Jürgen (Hrsg.): Wahrnehmung
des Lebens. Neukirchen-Vluyn, 123–144

Jantzen, Wolfgang: Zeit und Eigenzeit als Dimensionen der Behindertenpädagogik. In: Hofmann,
Christiane (Hrsg.): Zeit und Eigenzeit als Dimensionen der Sonderpädagogik. Luzern 2001. 11–34

Jantzen, Wolfgang (2002): The Spinozist programme
for psychology. In: Robbins, Dorothy & Stetsenko,
Anna (eds.): Voices within Vygotsky's non-classical psychology. New York. 101–112

Jantzen, Wolfgang (2008): Kulturhistorische Psychologie heute. Berlin

Jantzen, Wolfgang (2009): Auf dem Weg zu einem
Neuverständnis der „Zone der nächsten Entwick-
lung". In: Siebert, Birger (Hrsg.): Kulturhistorische
Integrationspädagogik. Frankfurt a. M. i. V.

Leont'ev, Alexej N. (1979): Tätigkeit, Bewusstsein,
Persönlichkeit. Berlin

Leont'ev, Alexej N. (2001): Frühschriften. Berlin.

Libet, Benjamin (2005): Mind Time. Wie das Bewusstsein Bewegungen produziert. Frankfurt a. M.

Luhmann, Niklas (1997): Die Gesellschaft der Gesellschaft. Darmstadt.

Maturana, Humberto R. (1978): Biology of language.
In: Miller, George A. & Lenneberg, Elizabeth (eds.):
Psychology and biology of language and thought.
New York, 27–63.

Maturana, Humberto R. (2000): Biologie der Realität.
Frankfurt a. M.

Maturana, Humberto & Varela, Francisco (1987): Der
Baum der Erkenntnis. München

Metzinger, Thomas (2007): Das Leib-Seele-Problem.
Paderborn

Nagel, Thomas (1974): What it is like to be a bat? In:
Philosophical Review, 83, Oct., 435–450

Nederland, William G. (1980): Folgen der Verfolgung: Das Überlebenden-Syndrom. Seelenmord.
Frankfurt a. M.

Nicolis, Grégoire & Prigogine, Ilya: Die Erforschung
des Komplexen. München 1987

Pauen, Michael (2006): Spinoza und die Identitäts-
theorie. In: Hampe, Michael & Schnepf, Robert
(Hrsg.): Baruch de Spinoza. Ethik in geometrischer
Ordnung dargestellt. Berlin. 81–100

Popper, Karl & Eccles, John C. (1982): Das Ich und
sein Gehirn. München

Prigogine, Ilya & Stengers, Isabelle (1993): Das Para-
dox der Zeit. München

Prigogine, Ilya (1994): Mind and matter. Beyond the
Cartesian dualism. In: Pribram, Karl (ed.): Origins:
Brain and self organization Hillsdale, N. J., 3–15

Rentsch, Thomas (1980): Leib-Seele-Verhältnis. In:
Ritter, Joachim & Gründer, Karlfried (Hrsg.):
Historisches Wörterbuch der Philosophie. Bd. 5.
Darmstadt, 185–206

Renz, Ursula (2005): Der mos geometricus als Antirhe-
torik: Spinozas Gefühlsdarstellung vor dem Hintergrund seiner Gefühlstheorie. In: Michel, Paul
(Hrsg.): Unmitte(i)lbarkeit. Gestaltungen und Les-
barkeit von Emotionen. Freiburg, 333–349; http://
www.phil.ethz.ch/people/Mos_geometricus_als_
Antirhetorik.pdf/ [15.04.08]

Ricken, Friedo (1995): Seele. In: Ritter, Joachim &
Gründer, Karlfried (Hrsg.): Historisches Wörterbuch der Philosophie. Bd. 9. Darmstadt, 1–89

Rudrauf, David et al. (2003): From autopoiesis to neurophenomenology: Francisco Varela's exploration
of the biophysics of being. In: Biological Research,
36, 21–59

Ruhnau, Eva (1998): Kausalität und Bedeutung. Hirnphysiologische Grundlagen menschlichen Zeiterle-
bens. In: Hammacher, Klaus (Hrsg.): Spinoza und
die moderne Wissenschaft. Würzburg, 199–230

Schore, Allan N. (1994): Affect regulation and the origin of the self. Hillsdale, NJ

Schore, Allan (2003): Zur Neurobiologie der Bindung zwischen Mutter und Kind. In: Keller, Hei-
di (Hrsg.): Handbuch der Kleinkindforschung.
3. Aufl. Bern, 49–80

Schützeichel, Rainer (2003): Sinn als Grundbegriff
bei Niklas Luhmann. Frankfurt a. M.

Seifert, Jürgen (1989): Das Leib-Seele-Problem und die
gegenwärtige philosophische Diskussion. Darmstadt

Spinoza, Baruch (1977a): Die Ethik. Lateinisch/Deutsch.
Stuttgart

Spinoza, Baruch (1977b): Abhandlung vom Staate. Hamburg

Trevarthen, Colwyn (2001): Intrinsic motives for
companionship in understanding. In: Infant Mental Health Journal, 22, 1–2, 95–131

Trevarthen, Colwyn (2005): Stepping away from the
mirror: Pride and shame in adventures of companionship. In: Carter, C. Sue (ed.): Attachment and
bonding: A new synthesis. Dahlem Workshop Re-
port 92. Cambridge, MA, 55–84.

Trevarthen, Colwyn & Aitken, Kenneth J. (1994):
Brain development, infant communication, and
empathy disorders. In: Development and Psychopathology, 6, 597–633

Trevarthen, Colwyn & Reddy, Vasudevi (2006): Consciousness in infants. In: Velman, Max & Schneider,
Susan (eds.): A companion to consciousness. Oxford http://www.cpdeducation.co.uk/veroc/down-

load/conference/journal/Trevarthen%20&%20 Reddy%202006%20Infant%20Consciousness.pdf/ [10.04.08]

Trevarthen, Colwyn et al. (1998): Children with autism. 2nd. ed. London

Uchtomskij, Alexej A. (2004): Die Dominante als Arbeitsprinzip der Nervenzentren. In: Mitteilungen der Luria-Gesellschaft, 11, 1/2, 25–38

Varela, Francisco (1992): Autopoiesis and biology of intentionality. In: McMullin, Barry & Murphy, Noel (eds.): Autopoiesis and perception: A workshop with ESPRIT BRA 33352 (ADDENDUM) Dublin. 4–14. ftp://www.eeng.dcu.ie/~alife/ mbcm9401/varela.pdf/ [04.05.07]

Varela, Francisco (1997): Una soluzione metodologica al „problema difficile". Neurofenomenologia. In: Pluriverso. Biblioteca delle idee per la civiltà planetaria. 2. http://www.oikos.org/verelaneurofenomenologia.htm/ [10.04.08]

Varela, Francisco (1999): Neurophenomenology of time consciousness. In: Petitot, J. et al. (eds.): Naturalizing phenomenology. Stanford, 266–314. http:// psyche.cs.monash.edu.au/v7/psyche-7-12-thompson.html/ [10.04.08]

Varela, Francisco J. (2003): The cognitive sciences. In: Depraz, Natalie et al. (ed.): On becoming aware. Amsterdam, 115–154

Vygotskij, Lev S. (1985): Ausgewählte Schriften Bd. 1. Köln

Vygotskij, Lev S. (1987): Ausgewählte Schriften Bd. 2. Köln

Vygotskij, Lev S. (1994): The problem of the environment. In: van der Veer, René & Valsiner, Jan (eds.): The Vygotsky reader. Oxford, UK 338–353

Vygotskij, Lev S. (1996): Die Lehre von den Emotionen. Münster

Vygotskij, Lev S. (2001): Das Problem des geistigen Zurückbleibens. In: Jantzen, Wolfgang (Hrsg.): Jeder Mensch kann lernen. Neuwied, 135–163

Vygotskij, Lev S. (2002): Denken und Sprechen. Weinheim

Wallon, Henri (1984): Kinesthesia and the visual body image in the child. In: Voyat, Gilbert (ed.): The world of Henri Wallon. New York, 115–132

Wallon, Henri (1987): Die Psychologie des Descartes. In: Jahrbuch für Psychopathologie und Psychotherapie 7, 157–171

Wallon, Henri (1997): L'évolution psychologique de l'enfant. 10ème ed. Paris

Weil, Simone (1981): Schwerkraft und Gnade. München

Wirtz, Ursula (1989): Seelenmord. Inzest und Therapie. Stuttgart

Menschliche Natur

Neil Roughley

1 Definitionen

Menschen sind „von ihrer Natur her" soziale, vernünftige, sprechende, moralische, auf Witterungsschutz angewiesene, aggressive, mitfühlende, des Lachens fähige, nachahmende, ungefiederte und zweifüßige Wesen – zumindest wenn man einschlägigen Passagen der Philosophiegeschichte, aber auch im Alltag vernehmbaren Aussagen von Personen auf der Straße Glauben schenkt. Den gleichen Quellen kann man auch entnehmen, dass es für Menschen möglich sei, ihrer „Natur" nicht zu entsprechen, ferner, dass dies nicht zu tun, unter Umständen gegen wichtige Normen verstoße und insofern kritikwürdig sei. Gleichzeitig wird die Funktion des Begriffs der menschlichen Natur vielfach darin gesehen, Menschen von anderen Tieren zu unterscheiden. Kurzes Nachdenken genügt, um klar zu machen, dass diese klassifikatorische Funktion mit einer normativen Funktion des Begriffs in einem Spannungsverhältnis steht: Es sind ja gerade Menschen, die von manchen anderen Speziesmitgliedern dazu aufgefordert werden, „ihrer Natur zu entsprechen". Ferner gibt es Mitglieder der Spezies, die „von ihrer Natur her" einzelne der eingangs genannten Eigenschaften nicht besitzen: So wie geistige Behinderung mangelnde Rationalität beinhalten kann, so kann eine physische Behinderung beinhalten, dass jemand das Zweifüßigkeitskriterium nicht erfüllt. Dadurch gehören die Betreffenden aber nicht weniger der Spezies an. Umgekehrt mögen Wesen die genannten Kriterien erfüllen, ohne dadurch Menschen zu werden. Es wird z. B. berichtet, dass Diogenes einen gerupften Hahn in die platonische Akademie brachte, um die Unwahrheit der Charakterisierung der menschlichen Natur durch das Prädikat „ungefiederter Zweifüßler" zu

dokumentieren. Dagegen könnte jemand einwenden wollen, dass der Hahn nicht „natürlich", sondern nur „künstlich", d. h. als Folge der Rupftätigkeit von Diogenes, ungefiedert sei. Insofern gehöre das Ungefiedertsein gerade nicht zu seiner „Natur". Diese Argumentation brächte es aber mit sich, dass weder das Sprechen noch das Moralischsein zur menschlichen Natur gehören würden, da die Entstehung beider das intensive Einwirken anderer Menschen benötigt.

Bei der Rede von der „menschlichen Natur" geht vieles durcheinander. Das hat zwei Gründe: erstens die Tatsache, dass es verschiedene Begriffe der menschlichen Natur gibt, die vielfach nicht auseinander gehalten werden, und zweitens die fehlgeleitete Tendenz, das durch das Wort „Natur" oder „natürlich" Charakterisierte als wertvoll oder gesollt anzusehen. Im Folgenden werden drei Begriffe der menschlichen Natur unterschieden, bevor im letzten Teil des Artikels gezeigt wird, warum aus der Zuordnung zur „menschlichen Natur" im ersten, zweiten oder dritten Sinne nichts Evaluatives oder Normatives folgt.

2 Zentrale Erkenntnisse, Forschungsstand

2.1 Menschliche Natur 1 (MN1): Speszieszugehörigkeit

In einer ersten Redeweise bedeutet an der menschlichen Natur teilzuhaben, dass man ein Mitglied der biologischen Spezies homo sapiens ist. Entgegen dem ersten Eindruck und entgegen einem prädarwinistischen Verständnis beinhaltet dies jedoch nicht, irgendwelche Eigenschaften aktuell zu besitzen. Während

Aristoteles die biologischen Arten einer zeitlosen Klassifikation nach Oberbegriff und unterscheidenden Merkmalen unterwarf, hat die Erkenntnis Darwins, dass Evolution von zufälligen Variationen individueller Organismen abhängt, einer solchen Sicht den metaphysischen Boden entzogen (Hull 1967, 310 ff.; Mayr 1970, 11). Die Evolution gibt es nur deswegen, weil zufällige Variationen den Raum möglicher Weiterentwicklungen der existierenden biologischen Populationen durchspielen. Daher lassen sich aus Sätzen über die Eigenschaften von existierenden Speziesangehörigen keine Sätze über einzelne Eigenschaften ableiten, die weitere individuelle Angehörige der gleichen Spezies besitzen müssen. So wie es Tiger ohne Streifen geben kann, so kann es Menschen ohne Arme oder ohne Herz geben. Solche statistisch unüblichen Individuen verlieren nicht ihren Status als Speziesangehörige, sondern bleiben einfach statistisch unübliche Exemplare.

Aus der Grundprämisse der Evolutionstheorie folgt, so die allgemein akzeptierte Sicht in der Evolutionsbiologie, dass Spezies „historische Entitäten" sind (Hull 1978, 338 ff.; 1984, 19). Damit wird die These zum Ausdruck gebracht, dass die Kernidee, die im Begriff der biologischen Art steckt, die einer spezifischen Abstammung ist. Eine Spezies ist lediglich die Gruppe von Organismen, die sich durch ein bestimmtes Segment eines phylogenetischen Baums repräsentieren lässt.

Diesen Punkt kann man durch den Vergleich mit chemischen Elementen illustrieren. Sollte es z. B. eines Tages keine Atome mit der Atomzahl 79 mehr geben, so gäbe es kein Gold mehr. Es wäre dann trotzdem metaphysisch möglich, dass wieder Entitäten entstünden, die diese Atomzahl besäßen und somit Träger des „Wesens" oder der „Natur" von Gold wären (Hull 1984, 22 f.; Mayr 1987, 157). Bei biologischen Organismen ist dies jedoch anders: Sollte in der Zukunft auf wundersame Weise ein Tier zur Welt kommen, das in allen phäno- wie genotypischen Merkmalen dem Pterodaktylus identisch wäre, so würde es trotzdem nicht zur gleichen biologischen

Art gehören wie sein prähistorischer Doppelgänger. Da der biologische Artbegriff eine Entität herausgreift, die eine kausale Rolle in der Evolution erfüllt, ist das Abstammungskriterium zentral. So gilt auch, dass von Menschen hergestellte Androiden, egal wie sehr sie uns ähneln mögen, keinen Anteil an der menschlichen Natur in diesem Sinne hätten.

2.2 Menschliche Natur 2 (MN2): Die strukturellen Eigenschaften der charakteristischen menschlichen Lebensform

Es gibt einen zweiten Begriff der menschlichen Natur, für den nicht a priori feststeht, dass Wesen mit einer anderen Abstammung als der unsrigen sie nicht besitzen könnten. Dieser zweite Begriff, die MN2, lässt sich als die charakteristische menschliche Lebensform umschreiben. Die Frage nach der MN2 ist, im Gegensatz zur Frage nach der MN1, keine rein biologische Frage. In der „Historia Animalium" (487b 33 ff.) sowie in der „Politik" (1253a 2–29) charakterisiert Aristoteles „den Menschen" als ein „politisches" Lebewesen. Die dadurch vertretene These, dass es für „die Menschen" „wesentlich" ist, „politisch" zu leben, d. h. gemeinsame Ziele zu verfolgen, artikuliert eine Einsicht, die nicht durch die postdarwinistische Unhaltbarkeit des „typologischen Speziesbegriffs" (Mayr 1970, 11) falsch oder leer wird. Eine Explikation des Begriffs der MN2 sollte demnach klarmachen, was der gehaltvolle Sinn von „für die Menschen wesentlich" hier ist.

Dabei muss man, als Folge der Erkenntnisse bezüglich der MN1, zwei Einschränkungen im Hinblick auf das Subjekt solcher Prädikationen wie „ist politisch" vornehmen. Der ersten zufolge handelt es sich nur um solche Speziesmitglieder, die innerhalb eines bestimmten, vielleicht vor 30 000 Jahren einsetzenden evolutionären Zeitraums vorkommen und die eine Konstellation stabiler Eigenschaften aufweisen. Die zweite Einschränkung betrifft die innerhalb dieses Zeitraums existierenden Träger der MN2. Klarerweise wird nicht jeder Speziesangehörige an ihr im vollen Umfang teilhaben. Die Eigenschaften, um die es hier geht, besitzen Menschen also nicht strikt universell, sondern nur generell. Besitzen können sie sie auch in unterschiedlichem Ausmaße.

Das Projekt der Beschreibung der MN2 ist im Prinzip nicht anders als die allgemeine Ethologie irgendeiner Spezies geartet (vgl. Williams 1995, 79). Die Ethologie fragt danach, wie bestimmte Tiere im Allgemeinen leben. Dabei ist es von geringer Bedeutung, dass es zu den Antworten Ausnahmen gibt. Um eine solche Beschreibung zu entwickeln, muss man Eigenschaften herausgreifen, die für die Lebensführung der Speziesangehörigen besonders bedeutsam sind. Dabei beinhaltet die Rede von „Bedeutsamkeit" keine Wertzuschreibung. Stattdessen hat sie einen kausalen Sinn und meint die Eigenschaften, denen bei der Erklärung des Verhaltens der relevanten Organismen am meisten Gewicht beizumessen ist. Aus dieser Perspektive prägen das Sprechen, das Überlegen und die Weitergabe von Wissen und Techniken im gleichen Sinne die menschliche Lebensweise wie die Ausstattung mit Rüssel, enormem Körpergewicht und besonders dicker Bein- und Rückenhaut die Lebensform der Elefanten prägen. Käme ein Elefant mit einem nur sechs Zentimeter langen Rüssel zur Welt, so würde er, falls er überleben könnte, ein elefantenuntypisches Leben führen. Ihm fehlte etwas, was man mit Mary Midgley (2000, 57) eine strukturelle Eigenschaft nennen kann.

Die „menschliche Natur" im Sinne der MN2 besteht also aus den strukturellen Eigenschaften der charakteristischen menschlichen Lebensform. Die Philosophiegeschichte hat verschiedene Kandidaten für eine Inklusion in die MN2 hervorgebracht. Obwohl diese oft als konkurrierend gesehen worden sind, ist dies höchst unplausibel. Zu fragen ist nicht, ob der Mensch „der erste Freigelassene der Natur" (Herder) oder das „animal rationabile" (Kant), als homo loquens oder eher als „das handelnde Wesen" (Gehlen) zu charak-

terisieren ist. Was unter die MN2 fällt, wird sich kaum mit einem einzigen Begriff zusammenfassen lassen. Zu fragen ist stattdessen, wie Eigenschaften wie Freiheit, Vernunft, Sprache und Handlungsfähigkeit zusammenhängen. Die Aristotelische These, dass die spezifische „politische" Natur der Menschen davon abhängt, dass sie sprechende Wesen sind (Pol. 1253a 9 f.), gehört in diesen Zusammenhang.

Die Beschreibung der MN2 kann man aber nicht den Philosophen überlassen. Es gehören auch Eigenschaften hierher, deren Entdeckung erst durch die Entwicklung der empirischen Wissenschaften möglich wurde. Dazu zählen die zuerst von Portmann herausgearbeiteten morphologischen Eigenschaften menschlicher Neugeborener (1951, 26 ff.) ebenso wie die neurowissenschaftlich weitgehend noch zu erforschenden besonderen Bedingungen der Epigenese selektiv stabilisierter Synapsen im menschlichen Gehirn (vgl. Changeux 1986, 264 ff.). Schließlich gibt es keinen Grund, hier Merkmale auszuschließen, die Menschen mit anderen Tieren teilen. Da die relevante Eigenschaftskonstellation ein Evolutionsprodukt ist, dürfte es selbstverständlich sein, dass sie Eigenschaften enthält, die andere Tiere auch besitzen.

2.3 Menschliche Natur 3 (MN3): Interventionslos Gewordenes

Der dritte Begriff der menschlichen Natur, den es hier zu unterscheiden gilt, ist die auf den Menschen angewandte Konzeption der Natürlichkeit, die durch den Gegensatz zum Hergestellten definiert wird (Mill 1874, 375). Dadurch wird der Begriff eines Sets menschlicher Eigenschaften generiert, zu deren Entstehung kein menschliches Handeln kausal beigetragen hat. Wie die MN2 ist die MN3 gradierbar, da ihre Definition es erlaubt, einem Menschen geringeren oder höheren Anteil an ihr beizumessen, je nachdem wie viele seiner Eigenschaften aus einer eingriffsunabhängigen Genese hervorgehen.

Es bestehen bei der Anwendung dieses Begriffs der Natur auf „den Menschen" allerdings erhebliche Schwierigkeiten. Diese folgen aus der Konjunktion der Begriffsbestimmung und eines entwicklungspsychologischen Gemeinplatzes: dass das Werden eines jeden Menschen von Einwirkungen anderer Menschen auf mehrere Weisen massiv abhängig ist. Neben dem Gezeugtsein betreffen diese das nackte Überleben, den Erwerb speziestypischer Fähigkeiten (u. a. die Teilhabe an der MN2) und die Entwicklung eines individuellen psychologischen Profils. Daher ist das Leben eines erwachsenen Menschen in diesem Sinne durch und durch „unnatürlich".

Nun impliziert die Idee des ohne Intervention Gewordenen einen temporalen Bezug, da die Verfassung eines sich entwickelnden Wesens zu unterschiedlichen Zeitpunkten in seiner Entwicklung in unterschiedlichen Graden durch menschliche Interventionen geprägt sein kann. Dabei ist ein nahe liegender zeitlicher Bezugspunkt für die Frage nach der MN3 die Geburt. Menschliche Wesen kommen mit einer ganzen Palette an aktuellen Eigenschaften sowie genetischen Anlagen zur Welt. Entsprechend gibt es eine Verwendung des Ausdrucks „menschliche Natur", die dieses Set an Merkmalen meint, ein Merkmalsset, der mit dem Ausdruck natale MN3 herausgegriffen werden kann. Zur so verstandenen natalen MN3 gehören in der Regel Dispositionen, auf eine bestimmte Weise zu wachsen und speziestypische Emotionen zu entwickeln sowie Fähigkeiten wie die, eine Sprache zu erlernen und ein Selbstwertgefühl aufzubauen. Somit ist eine von Menschen generell besessene natale MN3 eine notwendige Bedingung für das Zustandekommen einer MN2. Dabei ist darauf hinzuweisen, dass die Generalität des Besitzes der relevanten Eigenschaften keine Implikation des Begriffs einer MN3 ist. Der Begriff eines Eigenschaftssets, den „der Mensch" instantiiert und deren Zustandekommen in gar keiner Weise oder nur in eingeschränktem Maße eine kausale Folge früherer menschlicher Handlungen ist, lässt sich auch auf einzelne Speziesmitglieder anwenden. Somit ist es begrifflich durchaus zulässig, von individuellen Naturen im Sinne der MN3 zu reden.

5 Normative Fragen

Aus der Anwendbarkeit keiner der drei Begriffe der menschlichen Natur lassen sich Schlüsse darüber ziehen, was in Bezug auf die so charakterisierten Lebewesen normativ gefordert ist. Dass ein Lebewesen dadurch zur Spezies homo sapiens gehört, dass es die richtige Genealogie besitzt (Teilhabe an der MN1), ist nicht nur eine rein biologische Tatsache wie die Zugehörigkeit zu einer bestimmten Blutgruppe, sondern sagt zudem nichts über aktuell vorhandene Eigenschaften des Wesens aus, die zum Gegenstand positiver Wertungen werden könnten. Die Teilhabe an der MN2 mag es dagegen mit sich bringen, bestimmte Eigenschaften zu besitzen, die wertvoll sind. Dass dies der Fall sei, ist aber keine Konsequenz des Stellenwerts dieser Eigenschaften innerhalb der charakteristischen menschlichen Lebensform, sondern erfordert eine unabhängige werttheoretische Begründung. Das sieht man schon daran, dass manche Merkmale der MN2, etwa charakteristische Formen von Verletzbarkeit, alles andere als Gegenstand primär positiver Bewertungen sind. Eine Spezies kann auch charakteristische „schlechte Gewohnheiten" haben. Schließlich ist die Tatsache, dass eine menschliche Eigenschaft als Ergebnis einer Entwicklung entstanden ist, auf die menschliches Handeln wenig oder gar keinen Einfluss hatte (Teilhabe an der MN3), kein Grund, diese Eigenschaft positiv zu bewerten oder aufrechterhalten zu sollen. Es gehört gerade zur Aufgabe der Medizin, ungünstige Ergebnisse solcher „natürlichen" Entwicklungen zu verhindern, anzuhalten, rückgängig zu machen oder zu kompensieren. Was hierbei als ungünstig zu gelten hat, ist von der Frage der Natürlichkeit unabhängig. Viele Krankheiten und Behinderungen sind in diesem Sinne natürliche Phänomene. Dadurch gewinnen sie offensichtlich nicht an Wert.

Literatur

Changeux, Jean-Pierre (1986): Neuronal man. The biology of mind. Oxford

Hull, David (1967): The metaphysics of evolution. In: The British Journal for the History of Science 3, 309–337

Hull, David (1978): A matter of individuality. In: Philosophy of Science 45, 335–360

Hull, David (1984): Historical entities and historical narratives. In: C. Hookway (Hrsg.): Minds, machines and evolution. Philosophical Studies. Cambridge, 17–42

Hull, David (1986): On human nature. In: Proceedings of the Philosophy of Science Association 2, 3–13

Mayr, Ernst (1970): Populations, species and evolution. Cambridge, MA

Mayr, Ernst (1987): The ontological status of species. Scientific Progress and philosophical terminology. In: Biology and Philosophy 2, 145–166

Midgley, Mary (2000): Human Nature, human variety, human freedom. In: Roughley (2000), 47–63

Mill, John S. (1874): Nature. In: Mill, John S.: Essays on ethics, religion and society. Toronto 1969, 379–402

Portmann, Adolf (1951): Biologische Fragmente zu einer Lehre vom Menschen. Basel

Roughley, Neil (Hrsg.) (2000): Being humans. Anthropological universality and particularity in transdisciplinary perspectives. Berlin

Roughley, Neil (2005): Was heißt menschliche Natur? In: Bayertz, Kurt (Hrsg.): Die menschliche Natur. Welchen und wie viel Wert hat sie? Paderborn, 133–156

Williams, Bernard (1995): Making sense of humanity. In: Williams, Bernard: Making sense of humanity and other philosophical papers. Cambridge, 79–89

Individuum und Gesellschaft

Detlef Horster

1 Von der Antike bis zur Neuzeit

Im griechischen Stadtstaat war die Identität des Einzelnen abhängig von seiner Zugehörigkeit zur Gemeinschaft. Die Menschen waren Bestandteil der Gemeinschaft und Persönlichkeit konnte nur so überhaupt ausgebildet werden. Die Persönlichkeit bestimmte sich durch die Zugehörigkeit zur Gemeinschaft. Nur derjenige gewann Anerkennung als Mensch und konnte selbst von einem gelingenden Leben sprechen, der sich sozial engagierte. „Ein Leben als Einzelner (idiótes) war praktisch kaum möglich, schwierig und unvorteilhaft" (Luhmann 2000, 8). Das war noch bis ins hohe Mittelalter der Fall. Erst im Jahr 1205 konnte die Kirche die Pflicht zur Individual-Beichte auf dem 4. Laterankonzil durchsetzen (vgl. Hahn 2000, 201 f.). Zuvor war ein individuelles Schuldbekenntnis nicht möglich, sondern die Gemeinde bekannte ihre Schuld. In vorhergehender Zeit wäre die Auferlegung individueller Pflichten nicht denkbar und völlig wirkungslos geblieben, weil „die sozialen Bedingungen für einen ersten Individualisierungsschub [...] noch nicht gegeben [waren]" (Hahn 2000, 202).

Erst mit zunehmender Individualisierung konnte das Verhältnis von Individuum und Gesellschaft überhaupt zum Thema werden. Ihm widmeten sich Hobbes, Locke, Rousseau und viele andere (vgl. Horster 2005, 86 ff.).

Bei Hobbes geben die einzelnen Menschen ihre Macht und Freiheit an den Souverän ab. Der freiwillige Übertragungsakt der Rechte ist zugleich die Gründung des Staates. In Lockes Theorie ist es die Gesellschaft, mit der sich der Einzelne identifiziert. Macht und die Freiheit werden nicht wie bei Hobbes an einen anderen Menschen abgegeben, sondern an die Gesellschaft, mit der sich der Einzelne identifiziert, und bei Rousseau garantiert der Gemeinwille die Freiheit des Einzelnen. So sehen wir eine Entwicklung in den Konstruktionen der Philosophen, die kontinuierlich zu einer immer stärkeren Bindung des Einzelnen an seine Gemeinschaft führt. Sie entwickelt sich von einem äußeren vertraglichen Zwang der Vergesellschaftung zu einem inneren, psychischen Zwang. Auch bei Durkheim sorgt die Integrationsfigur „Kollektivbewusstsein" für eine starke Bindung, die stärker ist als jeder Vertrag.

2 Zentrale Erkenntnisse, Forschungsstand

2.1 Émile Durkheim

In segmentären oder tribalen Gesellschaften sei das Kollektivbewusstsein nicht vom Individualbewusstsein unterschieden (vgl. Durkheim 1992, 249 f.). Erst in einer späteren Entwicklung, zu der die fortschreitende Arbeitsteilung beitrage, bilde sich ein vom Kollektivbewusstsein unterschiedenes Individualbewusstsein heraus: „Bei dem zivilisierten Menschen dagegen dringt der Egoismus bis ins Zentrum der höheren Vorstellung vor: Jeder von uns hat seine Ansichten, seine Überzeugungen, seine eigenen Gelüste, an denen er festhält" (Durkheim 1992, 254). Wie aber kann es bei einer solchen Individualisierung überhaupt noch eine Gesellschaft geben? Für Durkheim hat das „Kollektivbewusstsein" sozial-integrative Funktion. Es wird gebildet durch die gemeinsamen religiösen Überzeugungen und Gefühle „der Mitglieder einer bestimmten Gesellschaft" (Durkheim 1992, 128). Dieses wechsle nicht von Generation zu Generation, sondern verbinde aufeinander folgende Generationen miteinander. Und man bezeichne es als kriminell, wenn dieses Kollektivbewusstsein gekränkt oder verletzt werde (vgl. Durkheim 1992, 129). Darum ist die Bestrafung eines Menschen keine Rache, sondern als Verteidigung der Gesellschaft anzusehen (vgl. Durkheim 1992, 136)

Kollektiv- und Individualbewusstsein sind zwei Bewusstseinsweisen. Doch, „obwohl sich die beiden Bewußtseinsformen unterscheiden, sind sie dennoch aneinander gebunden, denn sie bilden zusammen nur ein Bewußtsein und haben zusammen nur ein einziges und gleiches organisches Substrat. Sie sind also solidarisch. Daraus folgt eine Solidarität sui generis, die, aus Ähnlichkeiten erwachsend, das Individuum direkt an die Gesellschaft bindet" (Durkheim 1992, 156). Mit Solidarität bezeichnet Émile Durkheim den Vorgang, der zur „Integration der Gesellschaft beiträgt" (Durkheim 1992, 111). Diese Solidarität bewirkt, dass das Kollektivbewusstsein in das individuelle Bewusstsein hineinreiche, denn „in Wirklichkeit ist dieses menschliche Bewußtsein, das wir vollständig in uns realisieren sollen, nichts anderes als das Kollektivbewußtsein der Gruppe, der wir angehören" (Durkheim 1992, 466).

Die „fundamentalen Bedingungen der sozialen Solidarität" drücken sich in den Moralregeln aus. „Recht und Moral sind die Gesamtheit der Bande, die uns untereinander und mit der Gesellschaft verbinden, die aus einer Masse von Individuen ein kohärentes Aggregat werden lassen. Moralisch ist, könnte man sagen, alles, was Quelle der Solidarität ist, alles, was den Menschen zwingt, mit dem anderen zu rechnen, seine Bewegungen durch etwas anderes zu regulieren als durch die Triebe seines Egoismus, und die Moralität ist um so fester, je zahlreicher und stärker diese Bande sind" (Durkheim 1992, 468). Moral habe die Aufgabe, aus dem Einzelnen „einen integrierten Teil eines Ganzen zu machen" (Durkheim 1992, 468). Ohne Gesellschaft brauche man keine Moral. Und umgekehrt gelte, dass

die Moral verschwindet, sobald das soziale Leben zum Stillstand kommt (vgl. Durkheim 1992, 469).

2.2 Talcott Parsons

Auch für Parsons wird die Verbindung von Individuum und Gesellschaft durch die Bezugnahme aller auf ein gemeinsames Normensystem hergestellt. Soziale Ordnung ist unter den Bedingungen individualisierter Gesellschaft also die normative Regelung interpersonaler Beziehungen. „Normative order […] is always relative to a given system of norms or normative elements, whether ends, rules or other norms. Order in this sense means that process takes place in conformity with the paths laid down in the normative system" (Parsons 1967, 91). Die soziale Ordnung wird durch einen Konsens über die Werte und Normen hergestellt (vgl. Parsons 1967, 75). „Kurz gesagt, die Orientierung des handelnden Subjekts an Werten und Normen ist für die sozialintegrative Herstellung von Ordnung konstitutiv" (Habermas 1981a, 29). Soziale Normen werden nicht als äußere Gewalt verstanden, sondern als Etwas, das der Mensch sich zu Eigen gemacht hat. Sie durchdringen seine Handlungsmotive. „The normal concrete individual is a morally disciplined personality. This means above all that the normative elements have become ‚internal' ‚subjective' to him. He becomes, in a sense ‚identified' with them" (Parsons 1967, 385 f.).

Wie dies geschieht, will Parsons genauer untersuchen. Nach seiner Ansicht spielen die „Value-Orientation-Patterns" eine zentrale Rolle. Diese helfen in einem schrittweisen Selektionsprozess auf der Linie zwischen zwei entgegengesetzten Polen die Handlungen anzuleiten. Parsons ist der Auffassung, dass es für jede beliebige Handlungssituation unausweichlich vier Probleme gibt, die nach binärer Codierung zu entscheiden sind. Diese vier Probleme in genereller Form nennt er „Pattern Variables" und sind die vier folgenden, mit denen Parsons zunächst mehrere Jahre arbeitete (vgl. Jensen 1980, 59):

- Selbstorientierung – Kollektivorientierung (Qualität – Performanz)
- Universalismus – Partikularismus
- diffuses Verhalten – spezifisches Verhalten
- Affektivität – affektive Neutralität.

Das erste Paar, das später die in Klammern gesetzte Bezeichnung erhielt, bezieht sich auf die Struktur der Marktbedingungen, ob man also in einer Handlungssituation eines beispielsweise dienstleistenden Berufes seinen eigenen Vorteil oder den des Gemeinwohls im Blick hat. Dazwischen gibt es eine große Variationsbreite. Die zweite Ebene betrifft die Kriterien der Zuwendung zum anderen (universell oder einmalig), die dritte die Interessenbasis von Beziehungen (ein einzelner Aspekt des ganzen Menschen kann in den Vordergrund treten; für den Pfarrer beispielsweise die Seele) und die vierte die Einstellung zum Gegenüber. Parsons stellte fest, dass zwei Paare die Objektseite betreffen (1 und 2) und zwei die Einstellung der handelnden Person (3 und 4). Er war der Auffassung, dass man es beim Handeln immer mit Systemen des Handelns zu tun hat, in denen sowohl der Handelnde selbst, die subjektive Seite, wie auch die Situation, die objektive Seite also, Berücksichtigung finden muss. Man kommt dann zu folgendem Schema:

Subjektiv	Objektiv
Affektivität	Performanz
Neutralität	Qualität
Spezifität	Universalismus
Diffusität	Partikularismus

In der weiteren Arbeit, die Parsons mit seinen Kollegen Bales und Shils betrieb, stellten sie fest, dass diese vier Variablen eine logische Konvergenz mit Bales' Klassifikation von vier Funktionssystemen des Handelns hatte, bei dem sich die erste Zeile auf das Individuum bezieht, die zweite auf die Gesellschaft und das Ganze insgesamt so aussieht:

Verhaltenssystem physisch adaption (Anpassung)	Personsystem psychisch goal attainment (Zielerreichung)
Sozialsystem interaktiv integration (Integration)	Kultursystem normativ latent pattern maintenance (Struktur- und Werterhaltung)

Entsprechend der Anfangsbuchstaben der Funktionen wird es AGIL-Schema genannt. Nach seiner sich über Jahrzehnte entwickelnden Ansicht resultieren diese vier Subsysteme aus dem physischen, psychischen, interaktiven und normativen Bereich. Die vier Subsysteme des Handelns, das Verhaltenssystem, das Personsystem, das Sozialsystem und das Kultursystem haben unterschiedliche Funktionen für das gesamte System des Handelns und gleichzeitig für die jeweils anderen Subsysteme. Die unterschiedlichen teleologischen Funktionen benennt Parsons so: Anpassung an die Umwelt, Zielerreichung des Handelnden, Integration in das Sozialsystem und Struktur- und Werterhaltung (vgl. Parsons 1976, 87). Das Verhaltenssystem produziert Motive. Die Person Ziele. Die Gesellschaft Normen, die der Sozialintegration dienen. Die Kultur Werte und Strukturen.

Durch Überkreuzung der objektiven und der subjektiven Seite der Value-Orientation-Patterns und in Kombination mit dem AGIL-Schema ergibt sich nun folgendes. „In der schließlich akzeptierten Terminologie wurde das adaptive Problem von der Motivseite durch die Variable ‚Spezifität', von der Objektseite durch die Variable ‚Universalismus' gekennzeichnet; das Problem des ‚goalattainment' durch die Variablen ‚Affektivität' und ‚Performanz'; das ‚integrative' Problem durch die Variablen ‚Diffusität' und ‚Partikularismus' und schließlich das ‚pattern-maintenance and tension-mangement'-Problem durch ‚affektive Neutralisierung' und ‚Qualität'" (Jensen 1980, 63). Wir finden also eine Variable aus dem subjektiven Bereich und eine Variable aus dem objektiven Bereich in dualer Codierung jeweils einem Funktionssystem zugewiesen. Daraus ergibt sich dann für eine Handlung folgender Phasenverlauf, der als Beobachtungsraster dient:

A: Beim Bestreben nach maximaler Adaption ist die Orientierung gegenüber den Objekten gekennzeichnet durch „Universalismus" und „Performanz", die Einstellung der Handelnden durch „Spezifität" und „Neutralität".	G: Beim Streben nach maximaler Bedürfnisbefriedigung ist die Orientierung gegenüber Objekten gekennzeichnet durch „Performanz" und „Partikularismus"; die Einstellung der Handelnden durch „Affektivität" und „Spezifität".
I: Das Streben nach System-Integration ist auf der Objektseite durch „Partikularismus" und „Qualität" und die Einstellung der Handelnden durch „Diffusität" und „Affektivität" gekennzeichnet.	L: Das Streben nach maximaler Latenz ist auf der Objektseite gekennzeichnet durch „Qualität" und „Universalismus" und auf der Subjektseite durch „Neutralität" und „Diffusität".

Wir sehen also, dass alle „Pattern Variables" verknüpft sind: Affektivität und Performanz, Neutralität und Qualität, Spezifität und Universalismus, Diffusität und Partikularismus. Es entsteht eine Art Muster (pattern) des Handelns, das verallgemeinert werden kann, also eine in allem Handeln regelmäßig wiederkehrende Struktur hat, durch die Individuum und Gesellschaft miteinander verknüpft sind.

2.3 Jürgen Habermas

Bei Habermas findet die Sozialintegration durch die Lebenswelt statt. Zunächst: Es gibt verschiedene Lebenswelten. Die Bauarbeiter bevölkern ihre spezifische, für Bauarbeiter typische Lebenswelt, die für andere Menschen nicht ihre Lebenswelt ist und die der Student, der während der Semesterferien auf dem Bau arbeitet, nicht teilt. Andere Menschen haben eine andere Lebenswelt, die nur von ihresgleichen geteilt wird (vgl. Habermas 1981b/2, 185). Was aber ist die eine Lebenswelt, auf die

sich alle Gesellschaftsmitglieder beziehen? Sie besteht nach Habermas aus Routinen, Rollen, soziokulturell eingeübten Lebensformen oder kurz: den Konventionen, die in Sprache „konserviert" sind (vgl. Habermas 1981b/2, 190 f.). Die „strukturellen Komponenten der Lebenswelt [sind] Kultur, Gesellschaft und Person. Kultur nenne ich den Wissensvorrat, aus dem sich die Kommunikationsteilnehmer, indem sie sich über etwas in einer Welt verständigen, mit Interpretationen versorgen. Gesellschaft nenne ich die legitimen Ordnungen, über die die Kommunikationsteilnehmer ihre Zugehörigkeit zu sozialen Gruppen regeln und damit Solidarität sichern. Unter Persönlichkeit verstehe ich die Kompetenzen, die ein Subjekt sprach- und handlungsfähig machen, also instandsetzen, an Verständigungsprozessen teilzunehmen und dabei die eigene Identität zu behaupten" (Habermas 1981b/2, 209).

In der Gesellschaft werden kommunikative Handlungen oder soziale Interaktionen vollzogen. Damit diese nicht misslingen, müssen sich die Gesellschaftsmitglieder auf die von ihnen geteilte Lebenswelt beziehen. Und gleichviel ob die kommunikativen Handlungen eine explizit sprachliche Form annehmen oder nicht, sind sie auf einen Kontext von Handlungsnormen und Werten bezogen, der Gesellschaft ausmacht und den Habermas „Lebenswelt" nennt. Die Lebenswelt ist für ihre Bewohner deshalb von so hoher Selbstverständlichkeit, weil man sie sich nicht ständig bewusst macht. Die Lebenswelt wird erst bewusst, wenn es Probleme gibt. Beispielsweise wird bei abweichendem Verhalten die Lebenswelt thematisiert. Der Abweichende bezieht sich in der konkreten Situation nicht auf die von allen Gesellschaftsmitgliedern geteilte Lebenswelt, sondern auf eine mit eigenen Normen.

2.4 Niklas Luhmann

Menschliche Individuen sind in Luhmanns Theorie nicht Bestandteile der Gesellschaft oder Einheiten, die in ihrem Zusammenwirken Gesellschaft ausmachen, sondern Menschen sind Umwelt für die Gesellschaft. Was bedeutet dieses ungewöhnliche Theoriedesign? Auch schon bei Durkheim und Parsons wurden Person und Sozialsystem unterschieden, aber nicht so, dass zu ermitteln war, was individuell und was gesellschaftlich ist. Individuen sind nach Luhmann autopoietische Systeme, die nur das integrieren, was in ihre Systemstruktur integrierbar ist, d. h. sie orientieren sich „zwangsläufig an der eigenen Bewußtseinsgeschichte, wie eigenartig diese auch verlaufen sein mag" (Luhmann 1984, 363). Darum wendet Luhmann sich gegen die Auffassung, dass man Soziales nur als Kombinatorik individueller Handlungen erklären könne, so als ob es keine Eigenständigkeit des Sozialen gäbe (vgl. Willke 1996, 318).

Dass diese Unterscheidung plausibel ist, kann man leicht mit einem Beispiel erhellen. Nach der Zeit des Nationalsozialismus hatte es in den deutschen Westzonen und später in der Bundesrepublik einen sozialen Systemwechsel von der Diktatur zur Demokratie gegeben. Das System Gesellschaft hatte sich 1945 geändert, die psychischen Systeme hingegen nicht. Die Mentalitäten sind – trotz des demokratischen Gesellschaftssystems – über Jahre hinaus die gleichen geblieben wie während des nationalsozialistischen Systems. 1953 noch war die Mehrheit der bundesrepublikanischen Bevölkerung der Auffassung, dass die Widerstandskämpfer dem Ansehen des deutschen Volkes in der Welt geschadet hätten. Und 1956 waren noch 49 % bundesrepublikanischer Eltern dagegen, Schulen nach Widerstandskämpfern zu benennen. Zu der Zeit hatten wir den Nationalsozialismus bereits 11 Jahre hinter uns. Man stelle sich für einen Augenblick vor, was gewesen wäre, wenn die Gesellschaft tatsächlich nichts anderes als die Kombinatorik menschlichen Denkens und Handelns wäre.

Wie aber sieht dann das Verhältnis von Individuum und Gesellschaft in Luhmanns Theorie aus? In seiner Konstruktion nehmen die Individuen Informationen aus der Umwelt, das ist die Gesellschaft, auf, wenn diese Informationen an den eigenen Bewusstseinsstrom anschlussfähig sind. Die Informationen fädeln sich sozusagen ein, während der Bewusstseinsstrom weiterläuft. Im Schutz der Grenze zu seiner Umwelt, also zur Gesellschaft, kann jedes einzelne psychische System Struktur und Komplexität aufbauen, so dass Individualität entstehen kann. „Wir addieren uns nicht zu einem Sozialsystem. Wir sind eingeschlossen in unsere Köpfe, und da kommen wir nicht hinaus. Aber gemeinsam (durch unsere Beiträge) sind wir beteiligt an der Produktion eines Sozialsystems, das sich, um es vorläufig metaphorisch auszudrücken, von uns ablöst, seine eigenen Gesetzmäßigkeiten hat und entsprechend dieser Gesetzmäßigkeiten und Eigenarten beobachtet werden muß" (Fuchs 1993, 22 f.).

Die Operation des Sozialsystems ist Kommunikation: „Die Gesellschaft besteht nicht aus Menschen, sie besteht aus Kommunikation zwischen Menschen" (Luhmann 1981, 20). Kommunikation gibt es allerdings nur, sagt Luhmann – und nun werden die menschlichen Individuen zur Gesellschaft in Beziehung gesetzt –, wenn es Bewusstsein gibt, das die Kommunikation in Gang hält und reproduziert.

„Kommunikation [kann] weder Wahrnehmungen aufnehmen noch selbst Wahrnehmungen produzieren" (Luhmann 1995, 20). Damit es Gesellschaft geben kann, muss es menschliche Individuen mit Bewusstsein geben. Das Bewusstsein wird als Zwischenspeicher für kommunikative Informationen gebraucht (vgl. Luhmann 1997, 104). Bewusstseinssystem und soziales System müssen miteinander in Verbindung treten, also Anschlussmöglichkeiten finden, soll soziale Kommunikation möglich sein. Dadurch, dass es zu keinem direkten Anschluss eines psychischen Systems an ein anderes kommen kann (vgl. Luhmann 1995 25), sondern dass dies über den Umweg der Kommunikation geschehen muss, bekommt die Kommunikation ihre Bedeutung als eigenständiges geschlossenes System, das immer da und zugänglich sein muss (vgl. Luhmann 1990, 24). Ein

Drittel der Menschheit schläft immer. Werden die Menschen wach, müssen sie mit ihrem Bewusstsein an die während ihres Schlafes weiter bestehende Kommunikation anschließen können.

Luhmann hat damit das Verhältnis von Individuum und Gesellschaft durch die Unterscheidung und gleichzeitige Verknüpfung von Bewusstsein und Kommunikation gedeutet und damit eine Antwort auf die Ordnungsfrage moderner Gesellschaft gegeben: Auch für ihn ist – wie für Habermas – die Kommunikation das Medium der Sozialintegration.

Literatur

Durkheim, Émile (1992): De la division du travail social [1930], deutsch: Über die soziale Arbeitsteilung. Studie über die Organisation höherer Gesellschaften [1977]. Einleitung: Luhmann, Niklas „Arbeitsteilung und Moral. Durkheims Theorie". Nachwort: Müller, Hans-Peter & Schmid, Michael: Arbeitsteilung, Solidarität und Moral. Eine werkgeschichtliche und systematische Einführung in die ‚Arbeitsteilung' von Émile Durkheim. Frankfurt a. M.

Fuchs, Peter (1993): Niklas Luhmann – beobachtet. Eine Einführung in die Systemtheorie, 2. durchges. Aufl. Opladen

Habermas, Jürgen (1981a): Talcott Parsons – Problem der Theoriekonstruktion. In: Matthes, Joachim (Hrsg.): Lebenswelt und soziale Probleme. Verhandlungen des 20. Deutschen Soziologentages zu Bremen 1980. Frankfurt a. M., 28–48

Habermas, Jürgen (1981b): Theorie des kommunikativen Handelns, 2 Bände. Frankfurt a. M.

Hahn, Alois (2000): Zur Soziologie der Beichte und anderer Formen institutionalisierter Bekenntnisse: Selbstthematisierung und Zivilisationsprozess. In: Hahn, Alois: Konstruktionen des Selbst, der Welt und der Geschichte. Aufsätze zur Kultursoziologie. Frankfurt a. M., 197–236

Horster, Detlef (2005): Sozialphilosophie. Leipzig

Jensen, Stefan (1980): Talcott Parsons. Eine Einführung. Stuttgart

Luhmann, Niklas (1981): Politische Theorie im Wohlfahrtsstaat. München

Luhmann, Niklas (1984): Soziale Systeme. Grundriß einer allgemeinen Theorie. Frankfurt a. M.

Luhmann, Niklas (1990): Die Wissenschaft der Gesellschaft. Frankfurt a. M.

Luhmann, Niklas (1995): Die Kunst der Gesellschaft. Frankfurt a. M.

Luhmann, Niklas (1997): Die Gesellschaft der Gesellschaft. Frankfurt a. M.

Luhmann, Niklas (2000): Die Politik der Gesellschaft, herausgegeben von André Kieserling. Frankfurt a. M.

Parsons, Talcott (1967): The structure of social action. A study in social theory with special reference to a group of recent european writers (1st ed. 1937). Fifth Printing. New York

Parsons, Talcott (1976): Zur Theorie sozialer Systeme, herausgegeben und eingeleitet von Stefan Jensen. Opladen

Willke, Helmut (1996): Ironie des Staates. Grundlinien einer Staatstheorie polyzentrischer Gesellschaft. Frankfurt a. M.

Erkenntnistheorie/Erkenntnis[2]

Herbert Schnädelbach

1 Der Begriff ‚Erkenntnistheorie‘

Der Ausdruck ‚Erkenntnistheorie‘ wird erst in der zweiten Hälfte des 19. Jahrhunderts zu der uns vertrauten Bezeichnung einer philosophischen Teildisziplin (vgl. Zeller 1862), was aber nicht bedeutet, dass die Philosophen sich nicht schon viel früher mit Fragen der Erkenntnis beschäftigt hätten; zu nennen wären hier klassische Texte von Platon, Aristoteles, Descartes, John Locke, David Hume und vor allem Immanuel Kant. Dass in diesem neuen Titel das Wort ‚Philosophie‘ nicht mehr vorkommt, verweist auf den historischen Kontext, in dem er aufkommt: Die Universitätsphilosophie, die in der Hochblüte des „deutschen Idealismus" (Fichte, Schelling, Hegel) einen wissenschaftlichen Führungsanspruch erhoben hatte, war nach der Jahrhundertmitte in eine tiefgreifende Identitätskrise geraten; sie galt angesichts der großen Erfolge der Natur- und Geschichtswissenschaften plötzlich als rückständig und überholt, und sie musste nun ihrerseits ihre Wissenschaftlichkeit erst unter Beweis stellen. Die Mehrzahl der Philosophieprofessoren folgte deshalb dem Vorbild der Historiker und betrieb Philosophiegeschichte im großen Stil, oder sie wählten den Weg der klassischen Philologie und beschäftigten sich mit der Edition und Interpretation der großen Texte der philosophischen Vergangenheit. Die auch heute verbreitete Vorstellung, Philosophie sei eine „Geisteswissenschaft", d. h. eine historisch-hermeneutische Disziplin, die das philosophische Erbe zu verwalten und zu pflegen habe, geht bis auf jene Zeit zurück, und die meisten professionellen Philosophen haben lange Zeit nichts dagegen unternommen, weil sie um ihren wissenschaftlichen Ruf fürchteten.

In dieser Situation klang ‚Erkenntnistheorie‘ modern und fortschrittlich, und dies auch deswegen, weil die neue Zuwendung zu einem alten philosophischen Thema gar nicht von Fachphilosophen ausging, sondern von Fachwissenschaftlern (Friedrich Albert Lange, Hermann von Helmholtz u. a.), die dagegen protestierten, dass dilettantische Autoren mit großem publizistischem Geschick die neueren naturwissenschaftlichen Forschungsergebnisse mit dem Anspruch unter die Leute brachten, damit eine materialistische Weltanschauung zu begründen. Diesem „Vulgärmaterialismus", den auch Marx und Engels kritisierten, war nur durch die Untersuchung der Bedingungen entgegenzutreten, unter denen wir überhaupt zu Erkenntnissen gelangen können. Dabei orientierte man sich vor allem an den Ergebnissen der sinnesphysiologischen Forschung (Johannes Peter Müller), die zeigten, dass z. B. von einer einfachen Abbildung oder Widerspiegelung der Wirklichkeit im menschlichen Gehirn keine Rede sein konnte. Die Erkenntnistheoretiker verstanden sich somit primär als Erkenntniskritiker, und die philosophisch Gebildeten unter ihnen sahen sich bald auf die vernunftkritischen Werke von Kant verwiesen. Die junge Kantbewegung, die sich unter dem Motto „Zurück zu Kant!" später zum Neukantianismus in seinen verschiedenen Richtungen verdichtete, tat ihr Übriges, um die Erkenntnistheorie nach Kantischem Vorbild zur Grundlage des wissenschaftlichen Philosophierens überhaupt zu erheben; wer nicht nur Philosophiehistoriker bleiben oder ins Lager der unverbindlichen Literaten abwandern wollte, musste erkenntniskritisch beginnen.

---

2 Dieser Artikel gibt die Grundlinien meines Buches „Erkenntnistheorie zur Einführung" Hamburg 2002 wieder.

Die Frage war dann freilich: Wo endet die Philosophie als Erkenntnistheorie und wird selbst Wissenschaft? Dies brachte seit dem Beginn des 20. Jahrhunderts Philosophen dazu, die wissenschaftliche Philosophie, die nicht einfach Naturwissenschaft und nicht bloß Geisteswissenschaft sein wollte, mit Erkenntnistheorie überhaupt zu identifizieren. Da die Erkenntnisprozesse ja längst auch von Psychologen, Physiologen und Sozialwissenschaftlern untersucht wurden, über deren empirische Methoden man als Philosoph ja nicht verfügt, lag es nahe, die genuin philosophische Erkenntnisforschung auf logische und methodologische Fragen einzuschränken. So entstand die moderne Wissenschaftstheorie, die sich lange als komplementäre Ergänzung der etablierten wissenschaftlichen Praxis und dadurch selbst als unbestreitbar wissenschaftlich verstehen konnte. Dabei kam der von Russell, Frege, Wittgenstein und Carnap begründeten Analytischen Philosophie besondere Bedeutung zu, und so gelangte Richard Rorty zu dem wohlbegründeten Urteil, die klassische Analytische Philosophie sei in Wahrheit eine Fortsetzung des klassischen erkenntniskritischen Programms mit sprachanalytischen Mitteln (vgl. Rorty 1981).

2 Einwände gegen die Erkenntnistheorie

Obwohl die Erkenntnistheorie heute als Teil der Theoretischen Philosophie allgemein anerkannt und somit in den meisten Studienordnungen vertreten ist, sieht sie sich immer wieder zwei grundlegenden Einwänden ausgesetzt, die lauten: Sie sei überflüssig und überdies unmöglich. So wird behauptet, erkenntnistheoretische Überlegungen seien entbehrlich, denn es gebe Erkenntnis, sie finde erfolgreich statt, und im Übrigen wüssten die Experten in den einzelnen Wissenschaften selbst am besten Bescheid über die angemessenen Methoden und Kriterien, zumal die Kritik

der Forschungsergebnisse fester Bestandteil ihrer alltäglichen Praxis sei. Deswegen bräuchten die Forscher nicht erst auf die Philosophen zu warten, die ja meist nicht viel von ihrer Sache verstünden und sich als „Erkenntnistheoretiker" offenbar im Wissenschaftsbetrieb nur unentbehrlich machen wollten. Der andere Einwand versucht, dem erkenntnistheoretischen Projekt direkt einen Selbstwiderspruch nachzuweisen. Schon John Locke hatte vorgeschlagen, vor der Erörterung sachhaltiger, d. h. vor allem metaphysischer Fragen erst einmal zu untersuchen, ob unser Verstand überhaupt fähig ist, sie mit Gründen zu beantworten, und Kant und die späteren Erkenntnistheoretiker waren ihm darin gefolgt. Dagegen hatte schon Hegel eingewandt, das erinnere ihn an den „weisen Scholasticus", der sich vornahm, erst dann ins Wasser zu gehen, wenn er schwimmen könne, denn: „Das Erkenntnisvermögen untersuchen heißt, es erkennen. Die Forderung ist also diese: man soll das Erkenntnisvermögen erkennen, ehe man erkennt" (Hegel 1970, 333 f.). Tatsächlich scheint sich somit die Erkenntnistheorie als ein widersinniges Unterfangen zu erweisen, denn wenn es sich dabei um eine Theorie handeln soll, muss es sich um Erkenntnis handeln, also um eine Erkenntnis der Erkenntnis, was bedeutet, dass der Erkenntnistheoretiker genau das, was er erst begründen möchte, bereits voraussetzen muss, um mit seinem Geschäft beginnen zu können. Vor allem dieses zweite Argument hat seitdem nicht nur Hegelianer immer wieder überzeugt, aber auch das erste muss entkräftet werden, wenn man die Erkenntnistheorie als ein nicht nur unentbehrliches, sondern vor allem fruchtbares Projekt verteidigen will.

Zunächst ist darauf hinzuweisen, dass der Themenbereich der Erkenntnistheorie breiter ist als der der [→] Wissenschaftstheorie, denn der umfasst auch die vorwissenschaftlichen und unseren Alltag prägenden kognitiven Phänomene. Gerade hier geht es häufig darum, ob etwas so ist, wie es behauptet wurde, oder ob es sich dabei um bloße Meinungen handelt. Die Meinung, es gebe halt nur Meinungen, ist ziemlich verbreitet, aber damit können wir im Ernst nicht leben; also müssen wir, wenn es hart auf hart geht und auf Grund von Tatsachen entschieden werden muss, auch einmal grundsätzlich werden und uns Gedanken über die Differenz zwischen Wissen und Meinen, Wahrheit und Irrtum machen. Wenn wir damit beginnen, haben wir bereits das Arbeitsfeld der Erkenntnistheorie betreten. Außerdem gab es in der Geschichte der Wissenschaften immer wieder Situationen, in denen man mit den vertrauten Verfahren der Erkenntnisgewinnung und -bewertung nicht mehr weiterkam und prinzipielle Fragen stellen musste: Was tun wir hier eigentlich? Warum treten wir auf der Stelle? Sind wir nicht in eine Sackgasse des Erkenntnisfortschritts geraten? Der trostlose Zustand der herkömmlichen Metaphysik war es, der Locke und Kant zu einem grundlegenden Reformprogramm motivierte, das zum methodischen Vorbild der späteren Erkenntnistheorie werden sollte (vgl. Kant, Vorrede zu Prolegomena 1783). Ähnlich geschah es mit der Grundlagenkrise der Mathematik und den Herausforderungen der modernen Physik, denn beides ließ sich mit dem traditionellen Selbstverständnis der Mathematiker und Physiker nicht länger vereinbaren, so war man plötzlich zu wissenschaftstheoretischen Grundlagendiskussionen genötigt.

Erkenntnis- und Wissenschaftstheorie sind also primär Antworten auf Situationen tiefgreifender Skepsis, in denen es zweifelhaft geworden ist, ob das, was wir als Erkenntnis im alltäglichen und wissenschaftlichen Sinn anstreben und benötigen, überhaupt möglich ist. Dass es sinnlos sei, vor allem Erkennen diese Frage überhaupt zu stellen, ist keineswegs ausgemacht, denn tatsächlich bringen wir, wenn wir überzeugt sind, etwas erkannt zu haben, immer schon eine Vormeinung darüber mit, was die Begriffe ‚Erkennen‘, ‚Wissen‘ und ‚Wahrheit‘ bedeuten. Sich diese vorgängigen Überzeugungen bewusst zu machen, zu erörtern und wenn möglich zu korrigieren, ist kein unsinniges Unternehmen, und man kann zeigen, dass auch in der Wissenschaftsgeschichte solche Untersuchungen nötig waren, um Forschungskrisen zu bewältigen. Es geht also in der Erkenntnistheorie nicht um ein zirkelhaftes Erkennen des Erkennens, sondern um eine Analyse und Kritik dessen, was wir als implizite Vorstellungen über die Möglichkeiten und Geltungskriterien des Erkennens bereits ins Spiel gebracht haben, wenn es aktuell um Erkenntnis geht. Hinzu kommt, dass in vielen Fällen die erkenntniskritische Analyse gar nicht von Fachphilosophen, sondern von bedeutenden Wissenschaftlern wie David Hilbert, Albert Einstein oder Werner Heisenberg selbst durchgeführt wurde, und zwar mit höchst wichtigen wissenschaftlichen Konsequenzen; spätestens hier erweist sich der Sinnlosigkeitsverdacht gegen erkenntnis- und wissenschaftstheoretische Untersuchungen als sinnlos. Dass die heute primär von Fachleuten mit philosophischem Bildungshintergrund betrieben werden, hat kontingente historische Gründe, und zwar meist den ganz trivialen Grund, dass die Forscher in der Regel für solche Grundsatzdebatten keine Zeit haben.

3 Aufgaben der Erkenntnistheorie

Der Zirkeleinwand gegen die Möglichkeit von Erkenntnistheorie setzt somit voraus, solche Untersuchungen seien von derselben Art wie die Erkenntnisprozesse, die hier in klärender und kritischer Absicht untersucht werden sollen, und genau dies ist nicht der Fall. Um das zu verdeutlichen, sind die erkenntnistheoretischen Aufgaben genauer zu bestimmen. Da sind zunächst die *explikativen* Aufgaben zu nennen, d. h. hier geht es um die Klärung der Grundbegriffe, die wir im gedanklichen Umgang mit Erkenntnisphänomenen und -problemen verwenden. Die Unterschiede zwischen ‚Meinung‘, ‚Glauben‘ und ‚Wissen‘ sind dabei ebenso hervorzuheben wie die zwischen den einzelnen Wissensformen ‚Wahrnehmung‘, ‚Erfahrung‘ oder ‚Theorie‘. Auch über den Wahrheitsbegriff wird man sich verständigen müssen oder darüber, was es bedeutet, einen Sachverhalt zu erklären. Dies führt unmittelbar zu den *normativen* Fragen, die die Geltung von Erkenntnisbehauptungen betreffen: Welche Kriterien wollen wir gelten lassen, und wie kann man feststellen, ob sie erfüllt sind? Dann aber geht es auch um *deskriptive* Aspekte des Erkennens, denn was wir in der Erkenntnistheorie erläutern und beurteilen wollen, muss zunächst zutreffend beschrieben sein. Man muss von den Erkenntnisprozessen, um die es geht, eine Menge verstehen, um dazu in explikativer und normativer Hinsicht etwas Ernstzunehmendes sagen zu können; sonst droht die Falle der *„metascience of science fiction"* (Stegmüller), die an der Wissenschaftswirklichkeit vorbeizielt.

4 Was ‚Erkenntnis' und ‚Wissen' bedeuten

Das Wort ‚Erkenntnis' kommt im Alltagsdiskurs ziemlich selten vor, und dann meist im Zusammenhang polizeilicher Ermittlungen, die z. B. zu bestimmten, jemanden belastenden „Erkenntnissen" geführt haben sollen. Wenn heute ein Studienanfänger zur Universität kommt und dort sagt, er strebe nach Erkenntnis, wird man ihn ungläubig belächeln. Es scheint sich somit hier um einen Ausdruck zu handeln, der sich im Jargon der Fachphilosophen verselbstständigt hat, und für den es sonst kaum Verwendung gibt. Unklar ist, wie bei manchen ähnlichen deutschen Wörtern, ob man mit ‚Erkenntnis' den Prozess des Erkennens oder die Ergebnisse meint, und so muss sich offenbar die Erkenntnistheorie mit beidem befassen. Wichtig ist außerdem die Differenz zwischen Kennen und Erkennen bzw. zwischen Kenntnis und Erkenntnis, denn nur bekannt sein mit etwas oder jemandem, bedeutet noch nicht, es oder sie oder ihn erkannt zu haben. Wenn man sagt, man kenne Hamburg, muss man freilich eine Men-

ge erkannt haben, was Hamburg betrifft; erst dann kennt man sich hier aus, aber wer kann schon sagen, er habe Hamburg erkannt? Das Wort ‚Erkenntnis' transportiert die Idee der Vollständigkeit, des erschöpfenden Abschlusses eines Erkenntnisvorgangs, der im Idealfall schließlich zu „gesicherten" Erkenntnissen geführt habe, wie wir zu sagen pflegen. Diese bemerkenswerte Fremdheit des Erkenntnisbegriffs legt es nahe, in der Erkenntnistheorie lieber mit dem weniger belasteten Begriff des *Wissens* zu operieren, denn der ist besser vereinbar mit das Tatsache, dass das, was wir zu wissen glauben, in der Regel unvollständig und verbesserungsbedürftig ist.

Folgt man bei der Explikation von ‚Wissen' der Grammatik, so kann man zwar etwas wissen, aber das ist eine abgekürzte Redeweise; in der Regel weiß man etwas über etwas, und so weiß man nicht einfach den Kirschbaum, sondern z. B. dass der Kirschbaum blüht. Das Verb ‚wissen' fordert somit stets die Ergänzung durch einen ganzen Satz; „X weiß, dass p" ist die Normalform von Wissenssätzen. Das ‚p' ist dabei eine Abkürzung für den Fachausdruck ‚Proposition', der die Bedeutung von Aussagesätzen bezeichnet, und deswegen nennt man die These, dass unser Wissen immer satzartig ist, die Propositionalitätsthese. Sie bezieht sich nicht nur auf alle Fälle von ‚wissen', sondern auch auf sämtliche verwandte epistemische, d. h. Wissensformen betreffende Ausdrücke wie wahrnehmen, sehen, hören, vermuten, meinen, glauben etc. Dies mag als gewaltsam erscheinen, wenn man an Beispiele denkt wie „Anna sieht den blühenden Kirschbaum", aber wenn dieses Sehvermögen etwas mit Wissen zu tun haben soll, muss man es schon verstehen als „Anna sieht, dass da ein Kirschbaum ist und dass er blüht". Nicht alles Sehen ist epistemisches Sehen, und dies gilt auch für die anderen angeführten Verben. Der älteren Erkenntnistheorie war dies nicht unbekannt, wenn sie sich bei der Erklärung nicht an der Grammatik, sondern an der traditionellen Logik orientierte. So betont Kant, dass die bloße Wahrnehmung noch keine Erkenntnis bereitstellt, sondern dass dies erst auf der Ebene von Wahrnehmungsurteilen möglich wird, und da ist dann schon der Verstand als das logische Urteilsvermögen im Spiel. Hinzu kommt, dass von Wissen erst die Rede sein kann, wenn man sich auch irren könnte, d. h. wenn das, was man zu wissen glaubt, wahr oder auch falsch sein kann. Der gesehene Kirschbaum kann weder wahr noch falsch sein, aber das, was Anna epistemisch zu sehen glaubt, kann sogar aus zwei Gründen falsch sein, nämlich dass es sich nicht um einen Kirschbaum handelt und dass er gar nicht blüht.

Dass Wissen Urteile erfordert, also propositional ist, hat die traditionelle Erkenntnistheorie bis in unsere Tage nicht daran gehindert zu behaupten, Wissen sei eine Beziehung zwischen dem Bewusstsein und einem Gegenstand; noch heute ist an dieser Stelle von der „Subjekt-Objekt-Relation" die Rede. Dabei handelt es sich um einen Mythos, der auf grammatischen Missverständnissen beruht und der hauptsächlich auf die berühmte scholastische Definition der Wahrheit als *adaequatio rei et intellectus* (Angemessenheit von Sache und Intellekt) zurückgeht. Hätte man freilich ‚res‘ sofort mit ‚Angelegenheit‘ oder ‚Sachverhalt‘ übersetzt, was grammatisch ohne weiteres möglich ist, wäre man auch hier schon zur Propositionalitätsthese gelangt, denn der Intellekt kann sich ja nur in der Form von Urteilen einer Angelegenheit oder eines Sachverhalts versichern. So aber verstand man unter der *res* in der Regel singuläre Gegenstände oder Objekte, und damit war man in die Falle der Subjekt-Objekt-Relation getappt. Unterstützt wurde dies durch die uralte, mindestens bis auf Platon zurückgehende Tradition, alles Wissen nach dem Vorbild des Sehens auszulegen, aber eben nicht im Sinn des epistemischen Sehens, dass immer ein „… dass p" verlangt, sondern nach dem Modell des Gegenübers von sehender Seele und gesehenem wahren Seienden. Auch wir sind manchmal noch Platoniker, wenn wir z. B. meinen, es genüge, etwas zu sehen, um es zu erkennen, aber dann vergessen wir, was wir im Fall des Erkennens alles von diesem Etwas gesehen haben, also lauter einzelne Sachverhalte, die sich auf das Etwas beziehen.

Richtig ist freilich, dass sich unser Wissen seinem Anspruch nach auf etwas bezieht, also etwa auf den Kirschbaum, und diese Relation des „Sich beziehens-auf …" nennt man in der modernen Terminologie *Referenz*. Was aber hinzutreten muss, damit man etwas wissen kann, ist eine *Prädikation*, also „…blüht", und beides zusammen ergibt erst einen Kandidaten für Wissen: „Der Kirschbaum blüht".

Sich bei der Analyse des Wissens allein an der Referenz zu orientieren, hatte außerdem zur Folge, dass man die meisten Wissensphänomene im Subjekt-Objekt-Schema gar nicht unterbringen konnte. Bei Kirschbäumen mag das noch angehen, aber was ist im Bereich dessen, was wir über die Gravitation, die biologische Evolution oder den Ersten Weltkrieg wissen, Subjekt und was Objekt? Ist das Bewusstsein der Physiker, Biologen oder Historiker das Subjekt und bilden die „Gegenstände" Gravitation, die Evolution oder der Erste Weltkrieg das Objekt? Richtiger und weniger irreführend ist es hingegen, das Wissen im Spannungsfeld zwischen Sätzen, Aussagen, Behauptungen, Hypothesen und Theorien auf der einen Seite und den Tatsachen andererseits anzusiedeln, und hier ist dann auch der Ort von Wahrheit und Irrtum. Sätze sind wahr, wenn der Sachverhalt, den sie meinen, so besteht, wie er im Satz gemeint war; sonst sind sie falsch, und das gilt auch für alle komplexeren propositionalen Gebilde wie Hypothesen oder Theorien. Bleibt man hingegen bei dem Modell „Bewusstsein-Gegenstand" oder bei der „Subjekt-Objekt-Relation", so kommt man, was die Wahrheit betrifft, letztlich zu der völlig unverständlichen Behauptung des deutschen Idealismus nach Kant, sie bestehe in der „Identität von Subjekt und Objekt".

Vom Bewusstsein (*intellectus*) und seinen Vorstellungen als demjenigen zu sprechen, was im Fall der Übereinstimmung mit Gegenständen ‚Wissen‘ genannt werden kann, wird freilich dadurch nahe gelegt, dass wir Wissen in der Tat Subjekten als Zustand oder abrufbaren Besitz zuschreiben; somit scheint es stets etwas Subjektives zu sein. Hinzu kommt, dass das Deutsche rein sprachlich einen engen Zusammenhang zwischen Wissen und *Gewissheit* suggeriert, was etwa im Englischen nicht der Fall ist – ,*knowledge*' und ,*certainty*' haben etymologisch nichts miteinander zu tun. Wir verstehen sehr gut, warum die neuzeitliche Philosophie mindestens seit Descartes nach Wissen strebte, dass gewiss ist, denn wir geben uns selbst nur selten mit Ungewissheiten zufrieden. Gleichwohl ist Gewissheit ein subjektiver, also psychischer Zustand oder Sachverhalt, und dies gilt für Wissen nur in Ausnahmefällen (vgl. Wittgenstein 1970). Dass es ursprünglich einmal von jemandem gewusst wurde – also von Newton oder Darwin – verhinderte nicht, dass es ohne Angabe des wissenden Subjekts in Lehrbücher, Lexika, Ausbildungsprogramme etc. einging und dadurch intersubjektiv zugänglich wurde. Man kann das Wissen zwar im Unterschied zur Gewissheit als einen epistemischen Zustand oder Sachverhalt verstehen, z.B. als eine bestimmte Art von Überzeugung; aber Überzeugungen lassen sich im Unterschied von psychischen Phänomenen ablösen von den Subjekten, die sie haben und erleben, und dadurch „objektivieren", wie man sagt. Dann handelt es sich um Überzeugungen, bei denen öffentlich darüber diskutiert werden kann, ob sie bloß subjektiv sind, oder von allen geteilt werden können, und das ist genau dann der Fall, wenn sie *wahr* sind. Somit können wir Wissen als den Inbegriff *wahrer Überzeugungen* bestimmen.

Die angedeutete Differenz zwischen Subjektivität und Objektivität mag in der Vergangenheit dazu beigetragen haben, die Wahrheit im Verhältnis von Subjekt und Objekt zu vermuten. Dass die Objektivität der Ort der Wahrheit ist, kann man daraus ersehen, dass wir für Redeweisen wie „subjektiv wahr" keine rechte Verwendung haben. Gleichwohl ist Objektivität zwar eine notwendige, aber keine hinreichende Bedingung des Wahrseins, denn die meint nur, dass sich das angebliche Wissen auf etwas und nicht auf nichts bezieht, also auf etwas Subjekt-unabhängiges referiert.

Wahr wird das als objektiv beanspruchte Wissen nur dadurch, dass das, was dabei von dem Referenzobjekt ausgesagt wird, auch stimmt.

Gleichwohl ist diese Explikation von ,Wissen' noch nicht vollständig, denn es könnte der Fall sein, dass ich der Überzeugung bin, dass in diesem Augenblick in Japan ein Erdbeben stattfindet, und dass dies auch tatsächlich der Fall ist, wie ich nachträglich erfahre; ich hätte also in diesem Augenblick wirklich eine wahre Überzeugung gehabt, aber ich dürfte dies sicher nicht schon Wissen nennen. Um hier zufällig Wahres auszuschließen, muss man verlangen, dass jemand Gründe anzugeben vermag, die ihn dazu berechtigen, seine Überzeugungen für wahr zu halten. Damit gelangen wir zu der heute allgemein anerkannt generellen Charakterisierung des Wissens als *wahrer, gerechtfertigter Überzeugung.*

5 Geltungsfragen: ,Wahrheit'

Es ist hier legitim, den explikativen Fragen der Erkenntnistheorie einen breiteren Raum einzuräumen, weil die Grammatik der epistemischen Ausdrücke der Ort und der Ursprung der meisten einschlägigen Missverständnisse ist. Dies ändert nichts an dem außerordentlichen Gewicht der *normativen* Probleme, d.h. der Geltungsfragen, denn die waren es ja vor allem, die die Klassiker der Erkenntnistheorie zu ihren Anstrengungen veranlasste. Dass dabei häufig die explikativen Aspekte vernachlässigt wurden und man dadurch häufig bei grammatisch erzeugten Scheinproblemen wie der „Subjekt-Objekt-Relation" ankam, hat vor allem die moderne sprachanalytische Philosophie gezeigt, hinter deren Einsichten man nicht mehr zurückgehen sollte. Den Bereich des Normativen betreten wir, wenn wir nicht dabei stehen bleiben zu fragen, was wir mit dem wichtigsten Geltungsbegriff, also dem der Wahrheit meinen, sondern wenn es darum geht zu zeigen, wie wir feststellen können, ob etwas wahr ist oder nicht. Wir brauchen dann ein Wahrheitskriterium, und es liegt auf der Hand, dass hier alle Auskünfte von dem jeweils vorausgesetzten Wahrheitsbegriff abhängen (vgl. Künne 2004, 116 ff.). [→ Wissenschaft und Wahrheit]

Versteht man unter Wahrheit die *Korrespondenz* von Satz und Tatsache, wird man versuchen, Sätze zu verifizieren, d. h. auf Grund von Erfahrung oder Beobachtung als wahr zu erweisen. Da dies für Allsätze wie „Alle Schwäne sind weiß" nicht möglich ist, weil man niemals alle Schwäne zusammenbekommt, schlug Karl R. Popper vor, solche Sätze so lange beizubehalten, wie sie nicht falsifiziert, also als falsch erwiesen sind, und dazu genügt ein einziges Gegenbeispiel: ein einzelner schwarzer Schwan. Bei Sätzen, die Dispositionen benennen wie Zerbrechlichkeit oder Brennbarkeit, muss man sich mit indirekten Bestätigungen begnügen, denn man kann ja nicht die Venus von Milo vom Sockel stürzen, um zu beweisen, dass sie zerbrechlich ist, denn dann ist sie zerbrochen. Da die Theorien, die man noch weniger direkt verifizieren kann, der Wissenschaften bestes Teil sind, muss man hier zufrieden sein, wenn es gelingt, empirische Fakten beizubringen, die zumindest den Schluss nahe legen, dass sich die jeweilige Theorie bewährt hat. In diesem Sinn haben Popper und der [→] Kritische Rationalismus die Idee der kritischen Prüfung propagiert, die man als eine abgeschwächte Version des Falsifikationsprinzips auffassen kann.

Das Korrespondenzmodell der Wahrheit führt auf große Schwierigkeiten, weil nicht einzusehen ist, wie man Sätze und Tatsachen miteinander vergleichen kann, denn wir haben ja nur Sätze. Einen Ausweg scheint die Auskunft zu eröffnen, Wahrheit bestehe in der *Kohärenz*, d. h. der stimmigen Verträglichkeit von Sätzen untereinander in einer Theorie. Dann wird bei der kritischen Überprüfung alles auf den Versuch hinauslaufen, die fraglichen Sätze in ein vorhandenes Ganzes einzuordnen oder gegebenenfalls ein alternatives System zu konstruieren, bis wieder alles passt. Richtig daran ist, dass sich Sätze

und Satzkomplexe in einem Satzsystem nicht untereinander widersprechen dürfen, wenn das Ganze wahr sein soll, aber das ist nur ein negatives Kriterium der Wahrheit, denn es gibt eben auch kohärente Wahnsysteme, die keinen Widerspruch enthalten und doch mit der Wirklichkeit nichts zu tun haben. Die Diskurstheoretiker schließlich haben die Wahrheit abhängig zu machen versucht von der Möglichkeit, die strittigen Sätze oder Behauptungen unter idealen, d. h. unverzerrten Bedingungen argumentativ zu rechtfertigen; was danach allgemeiner *Konsens* wäre, könne man als wahr anerkennen. Die Schwierigkeit hier besteht darin, dass wir über die idealen Bedingungen nicht verfügen und somit die Idee des idealen Konsenses nicht als Wahrheitskriterium verwenden können. Tatsächlich haben alle Wahrheitstheorien bestimmte Schwächen, und keine von ihnen deckt alle Intuitionen ab, die wir mit der Vorstellung verbinden, dass etwas wahr sein könne und dies auch feststellbar sei. So muss der normative Diskurs der modernen Erkenntnistheorie als unabgeschlossen gelten; er ist nach wie vor der Kampfplatz kontroverser Überzeugungen. Hinzu kommt, dass sich die Geltungsprobleme in den verschiedenen Wissenschaften sehr verschieden stellen – in der Mathematik anders als in der Biologie oder der Geschichtswissenschaft. Dass man Wissen als wahre, gerechtfertigte Überzeugung zu verstehen hat, ist weitgehend Konsens, aber wie man im konkreten strittigen Fall entscheiden kann, ob es sich wirklich um Wissen handelt, ist ziemlich umstritten.

6 Der komplexe Diskurs der Erkenntnistheorie

Dass die Explikation des Wahrheitsbegriffs nicht ausreicht, um zu einem brauchbaren Wahrheitskriterium zu gelangen, zeigt an, dass man den explikativen Diskurs der Erkenntnistheorie mit dem normativen nicht einfach vermengen darf; das gilt ebenso umgekehrt: Bedeutungsfragen und Geltungsfragen lassen sich nicht aufeinander reduzieren. Dass sich auch deskriptive Aufgaben der Erkenntnistheorie stellen, wurde schon gesagt, denn man muss wissen, wovon dabei die Rede ist. So ist auch nichts gegen die empirischen und historischen Disziplinen einzuwenden, die sich mit den geschichtlichen, sozialen, psychischen und physiologischen Tatsachen und Prozessen befassen, die die wirklich ablaufenden kognitiven Prozesse bestimmen – im Gegenteil: Die Philosophen sollten sie nach Kräften zur Kenntnis nehmen, um ihre eigenen Theorien zu verbessern. Nicht akzeptabel sind aber alle Ansprüche von Wissenschaftlern, die auf die Behauptung hinauslaufen, alle Bedeutungs- und Geltungsfragen der Erkenntnis ließen sich mit den Mitteln der empirischen Beschreibung und Erklärung tatsächlich geschehender Kognition und ihrer Bedingungen beantworten, und damit sei die philosophische Erkenntnistheorie überflüssig. In der Regel steckt dabei eine systematische Vermengung verschiedener Diskursarten dahinter. So behauptete die Evolutionäre Erkenntnistheorie, alle philosophischen Probleme des Erkennens ließen sich im Rückgriff auf die Stammesgeschichte der Menschheit im Verlauf der evolutionären Anpassung auflösen, aber sie musste dabei einen normativ gehaltvollen Begriff des Erkennens voraussetzen, denn wie wollte sie sonst zeigen, dass es sich bei der Evolution menschlicher Überzeugungen tatsächlich um Erkenntnisse und nicht um gigantische Irrtümer und Illusionen handelt. Und dies gilt erst recht für die moderne Hirnphysiologie mit ihren Behauptungen, es handele sich bei dem, was sie da elektronisch messen, um Vorkommnisse menschlicher Kognition. Es ist eben nicht möglich, die explikativen und normativen Fragen der Erkenntnistheorie allein mit deskriptiven Mitteln zu beantworten und dies auch deswegen, weil sie zumindest implizit bereits beantwortet sein müssen, damit man sich den Tatsachen des Erkennens zuwenden kann. So ist die Erkenntnistheorie ein offenes Projekt, das wohl nur in interdisziplinärer Zusammenarbeit weiter verfolgt werden kann, aber eben auch nicht ohne mit Mitarbeit der Philosophen.

Literatur

Bieri, Peter (Hrsg.) (1987): Analytische Philosophie der Erkenntnis. Frankfurt a. M.

Danto, Arthur C. (1996): Wege zur Welt. Grundbegriffe der Erkenntnistheorie. München

Gariel, Gottfried (1993): Grundprobleme der Erkenntnistheorie. Von Descartes bis Wittgenstein. Paderborn

Grundmann, Thomas (Hrsg.) (2001): Erkenntnistheorie. Positionen zwischen Tradition und Gegenwart, Paderborn

Hegel, Georg Wilhelm Friedrich (1970): Werke (Theorie Werkausgabe). Band 8. Frankfurt a. M.

Kant, Immanuel (1783/1989): Prolegomena zu einer jeden künftigen Metaphysik, die als Wissenschaft wird auftreten können. Stuttgart

Künne, Wolfgang (2004): ‚Wahrheit'. In: Martens, Ekkehard & Schnädelbach, Herbert (Hrsg.): Philosophie. Ein Grundkurs. Reinbek

Rorty, Richard (1981): Der Spiegel der Natur. Eine Kritik der Philosophie. Frankfurt a. M.

Schnädelbach, Herbert (1972): Erkennen, Erkenntnis. In: Ritter, Joachim & Gründer, Karlfried (Hrsg.): Historisches Wörterbuch der Philosophie. Bd. 2. Basel, Sp. 643 ff.

Schnädelbach, Herbert (1972): Erkenntnistheorie, Erkenntnislehre, Erkenntniskritik. In: Ritter, Joachim & Gründer, Karlfried (Hrsg.): Historisches Wörterbuch der Philosophie. Bd. 2. Basel

Schnädelbach, Herbert: Erkenntnistheorie zur Einführung. Hamburg 2002

Schneider, Robert: Erkenntnistheorie im 20. Jahrhundert. Klassische Positionen. Stuttgart 1998

Wittgenstein, Ludwig (1970): Über Gewissheit. Frankfurt a. M.

Zeller, Eduard (1862): Ueber Bedeutung und Aufgabe der Erkenntnistheorie. Heidelberg

Wertfreiheit und Wertgebundenheit der Wissenschaft

Christian Illies

1 Was sind Wissenschaften?

Wissenschaften sind der Versuch, die Welt und uns selbst in ihr zu erklären und zu verstehen, indem systematisch Erkenntnisse darüber gewonnen und in einen Zusammenhang gestellt werden. Dieser Erkenntnisprozess setzt Wahrnehmungen und Erfahrungen voraus, aber auch das Denken, mit dem allein Erfahrungen sinnvoll gedeutet und geordnet werden können.

Wissenschaften unterscheiden sich vielfältig. Sie haben vor allem spezifische Gegenstände – die Naturwissenschaften untersuchen die Natur, die Sozial- und Kulturwissenschaften (oft auch Geisteswissenschaften genannt) den Menschen und seine sozio-kulturelle Welt. Damit ist auch eine jeweils andere Methodik verbunden: Naturwissenschaften versuchen primär Zusammenhänge zu erklären, indem sie beobachten und gesetzmäßige Regelmäßigkeiten suchen, die in Theorien dargestellt werden können. Die Geisteswissenschaften dagegen müssen ‚tiefer' in die Phänomene eintauchen als es die bloße Beobachtung von Außen erlaubt. Der Sinn von Handlungen oder anderen Kulturphänomenen lässt sich nur dadurch herausfinden, dass man selbst der kulturellen Lebenswelt angehört; nur dann können wir sie wirklich verstehen. In diesem Sinne unterschied Wilhelm Dilthey die ‚verstehenden' Geistwissenschaften von den ‚erklärenden' Naturwissenschaften [→ Erklären und Verstehen].

In der Regel setzt man heute die Geistes- und Naturwissenschaften methodisch weniger scharf voneinander ab als Dilthey, unter anderem weil auch Geisteswissenschaftler Erklärungen suchen (etwa, indem sie den Aufschwung Polens unter Kasimir den Großen mit den aus Deutschland vertriebenen Juden erklären). Und auch die Naturwissenschaftler müssen vieles verstehen, um überhaupt erklären zu können (etwa was eine ‚Theorie' ist). Aber Diltheys Einteilung bietet gleichwohl einen nützlichen Rahmen, um die jeweils spezifischen Weisen zu klären, in der Wissenschaften „wertfrei" oder „wertgebunden" sind oder sein sollen.

2 Wertfreiheit und Wertgebundenheit

Was ist darunter zu verstehen? Die ‚Wertfreiheit' der Wissenschaften bedeutet, dass ihre Erkenntnisse lediglich beschreibend sind, also Tatsachen und Zusammenhänge darstellen, aber keine Sachverhalte bewerten (moralisch oder in einem andern Sinne) und insofern auch nicht die Grundlage für irgendwelche Werte bilden können. Wissenschaften erklären uns, was ist, aber sagen uns nichts darüber, ob etwas gut, erstrebenswert oder in anderer Weise ausgezeichnet ist.

Dagegen wurde eingewandt, dass diese Wertfreiheit der Wissenschaften ein falscher Mythos sei und man durchaus von einer ‚Wertgebundenheit' der Wissenschaften auszugehen habe. Denn alle Wissenschaften seien von Werturteilen durchzogen und viele ihrer Einsichten nur als Werturteile adäquat verstanden. Zum Beispiel würden oft Sachverhalte und Beziehungen nicht nur beschrieben, sondern zugleich als positive oder negativ eingeschätzt – man denke an „Gesundheit" oder „Krankheit" als leitende Konzepte der medizinischen Forschung.

Die ‚Wertgebundenheit' kann aber auch in einem anderen Sinne diskutiert werden, nämlich als Verweis auf eine besondere moralische

Verantwortung des Wissenschaftlers, die aus seiner Arbeit erwächst. So wird argumentiert, dass etwa ein Atomphysiker die möglichen Folgen seiner Erkenntnisse stets mitbedenken müsse und sein Forschen auch davon lenken lassen solle; also durchaus manche Dinge besser nicht untersuche, weil sie ein zu gefährliches Wissen hervorbringen. Er könne sich nicht damit entschuldigen, dass alles Wissen ‚wertfrei‘ sei und die Verantwortung allein bei der Politik liege, etwa weil diese entscheide, ob man Atomwaffen entwickle oder einsetze.

Friedrich Dürrenmatt hat in dem Theaterstück „Die Physiker" dieses Problem besonderer Verantwortung dramatisch zugespitzt. Drei Physiker in einem Irrenhaus haben unterschiedliche Auffassungen von Wertfreiheit und Wertgebundenheit der Wissenschaft. Der Physiker ‚Newton‘ bestreitet eine besondere Verantwortung des Wissenschaftlers für die Verwertung seiner Erkenntnisse: „Ob die Menschheit den Weg zu gehen versteht, den wir bahnen, ist ihre Sache, nicht die unsrige." Dagegen verwehrt sich der geniale Physiker Möbius, der einwendet, dass „Gedanken Sprengstoff" seien. Deswegen hat er sich freiwillig in die Irrenanstalt begeben, denn nur so kann er die Welt vor seinen gefährlichen physikalischen Erkenntnissen schützen. Aber vergeblich: Möbius scheitert am Ende des Stücks und der Zuschauer bleibt mit dem beunruhigenden Eindruck zurück, dass niemand eine wissenschaftliche Einsicht davor schützen kann, von Menschen mit ihrem irren Machtwillen zum Schlimmsten genutzt zu werden.

3 Die Wertfreiheit der Naturwissenschaft

Warum wird argumentiert, dass die Naturwissenschaften wertfrei seien? Für lange Zeit entsprach diese keinesfalls dem Verständnis des naturforschenden Menschen. Ganz im Gegenteil, sah er die Natur als Ausdruck geistiger Wirklichkeiten und in ihr gerichtete Kräfte am Werk, etwa miteinander ringende und sich in Naturgewalten manifestierende Götter und Dämonen. Aristoteles ging sogar davon aus, dass alle Naturdinge ein ihnen eigenes Ziel hätten, auf das sie ausgerichtet seien – und prägte mit dieser Auffassung für fast zwei Jahrtausende das Vorgehen der Wissenschaften, die deswegen vor allem nach dem Wesen der Dinge suchten. Dies zeigt sich auch an einer ganz anderen Fragestellung, denn die späte Antike und das Mittelalter folgten Aristoteles' Unterscheidung von vier Weisen, nach dem ‚Warum?‘ eines Ereignisses zu fragen. Diesen Fragen entsprachen als Antwort vier unterschiedliche Typen von Ursachen: Warum gibt es diesen Trinkbecher? Mit Aristoteles wollen wir, wenn wir so fragen, erstens die Materialursache des Bechers herausfinden (er ist aus gebranntem Ton), zweitens die Formursache (er wurde in einer bestimmten Form getöpfert), drittens die Wirkursache (ein Töpfer hat ihn auf diese Weise geformt) und schließlich die Zielursache (er wurde zur Benutzung als Trinkgefäß geschaffen). Die vierfache Warum-Frage lässt sich nach Aristoteles für alle Ereignisse und Dinge aufwerfen, also auch für Naturdinge wie Steine, Pflanzen oder Tiere. Allerdings gibt es nicht immer vier Ursachen-Antworten; manchmal können wir sinnvollerweise nur Wirk- und Zielursache bestimmen. Warum fällt zum Beispiel ein Stein? Die Wirkursache könnte sein, weil er sich von einer Felskante gelöst hat; die Zielursache aber ist, dass er nach unten zu seinem natürlichen Ort strebt, den Aristoteles für alles Feste in der Erdmitte lokalisiert. Eine wichtige ‚Ursache‘ für die Fallbewegung sieht er daher in dem Stein selbst; es ist dessen naturgegebenes Ziel.

Im letzten Satz müssen wir den Ausdruck Ursache in Anführungsstriche setzen, denn Ziel-Ursachen fallen nicht mehr unter den modernen Begriff der Ursache. Die moderne Naturwissenschaft begann im 16. Jahrhundert vor allem mit einem radikalen Wandel im Ursachenbegriff. Galileo Galilei (1564–1642), der Begründer der modernen Physik, verwarf die aristotelische Ursachenlehre und suchte nach den ‚wahren' Ursachen. Er begründete damit das moderne Verständnis, das von einer festen Beziehung zwischen Ursache und Wirkung ausgeht, die sich idealerweise mathematisch ausdrücken lässt. Nach der von Galilei begründeten Physik fällt der Stein nicht zur Erde, weil er dorthin streben würde, sondern weil zwischen Massen Anziehungskräfte wirksam sind, die den kleinen Stein zur großen Erde ziehen. Die moderne Naturwissenschaft kennt keine natürlichen Orte und kein Streben der Dinge, sondern versucht, Wirkzusammenhänge in der Welt zu entdecken, Hypothesen über diese aufzustellen, sie mathematisch zu beschreiben und mit Experimenten zu überprüfen. Die Ursache eines Ereignisses B ist damit das zeitlich vorausgehende Ereignis A, das notwendigerweise B zur Folge hat. Andere Typen von Erklärungen werden kategorisch abgelehnt. Dieses Programm war und ist so erfolgreich und prägend, dass wir heute unter dem Begriff ‚Ursache' wie selbstverständlich nur noch ‚Wirkursache' verstehen.

Das neue Ursachenverständnis erklärt auch die These von der Wertfreiheit der Wissenschaft. Denn die Welt erscheint dem modernen Wissenschaftler als eine Ansammlung von Dingen, die ohne Ziel oder Absicht lediglich nach starren Gesetzen bewegt werden. Wenn es aber keine natürlichen Ziele gibt und nichts mehr irgendwohin strebt, dann ist auch nichts mehr da, was in dieser Welt erstrebenswert wäre – die Welt ist ‚frei' von eigenen Werten. Sie ist „entzaubert", so nennt es der Soziologe und Philosoph Max Weber (1864–1920), denn sie erscheint uns ohne eigenen Sinn oder Bedeutung als etwas, das im Prinzip rational vollständig zu entschlüsseln und durch Wissenschaft und Technik beherrschbar ist.

Wenn die Welt keine eigenen Werte enthält, so müssen alle vermeintlichen Werte von Außen in die Welt hineingelesen werden. Zum Beispiel halten wir nahrhafte Früchte für gut, weil sie unserem Wohlbefinden dienen, aber nicht, weil sie an sich gut wären. Nur für sich betrachtet sind sie neutral wie alles ande-

re in der Welt. Philosophisch hat David Hume (1711–1776) erstmals diese Einsicht formuliert bzw. als allgemeine Regel gefasst, die heute auch als ‚Humes Gesetz' bezeichnet wird: Die Erkenntnis der Wirklichkeit sagt uns nur, wie die Dinge sind. Aber daraus, wie etwas ist, lasse sich nicht direkt schließen, wie es sein solle. Denn der Ist-Zustand (z. B. die Hungerödeme eines Kindes) gibt uns keine Information über irgendwelche Ideale oder Werte, also darüber, wie die Dinge sein sollten (z. B., dass es gut wäre, dem Kind Nahrung zu geben). Sollensaussagen sind demnach nur möglich, wenn wir unsere Maßstäbe der Bewertung an die Welt herantragen.

4 Die Wertfreiheit der Sozial- und Kulturwissenschaften

Folgen wir der Diltheyschen Differenzierung und wenden uns nun den verstehenden Wissenschaften zu. Es scheint zunächst gar nicht auf der Hand zu liegen, dass Ökonomie, Sozial- und Kulturwissenschaften grundsätzlich ‚wertfrei' sein sollten, denn schließlich ist ihr Gegenstandsbereich durchdrungen von Werten. Diese gehören zu dem Innersten aller Kulturen, ja, was Menschen in einem Kulturkreis wertvoll erscheint, charakterisiert die jeweilige Kultur. Spricht das nicht dafür, die Wertfreiheitsthese auf die Naturwissenschaften zu beschränken?

Max Weber hat in den Aufsätzen „Die Objektivität sozialwissenschaftlicher und sozialpolitischer Erkenntnis" von 1904 und später in „Der Sinn der Wertfreiheit der der soziologischen und ökonomischen Wissenschaften" von 1917 argumentiert, dass die verstehenden Wissenschaften ebenso wenig Werturteile begründen könnten wie die Naturwissenschaften. Es sei „niemals Aufgabe einer Erfahrungswissenschaft (…), bindende Normen und Ideale zu ermitteln, um daraus für die Praxis Rezepte ableiten zu können" (Weber 1904, 149). Gewiss sei die Kulturwelt von

Wertsetzungen durchdrungen, räumt Weber ein, aber wenn die Wissenschaften solche Wertsetzungen verstehen und erklären wollten, dann betrachteten sie diese als soziale Phänomene bzw. Tatsachen und enthielten sich selbst jeder Bewertung. Um etwa zu untersuchen, wie die Pädagogik im 20. Jahrhundert den sich selbst bestimmenden Schüler immer ins Zentrum rückt und Autorität als Wert schwindet, soll der Wissenschaftler zu diesem pädagogischen Ideal keine Stellung beziehen, weder befürwortend noch ablehnend. Jedenfalls zunächst für seine Untersuchungen – später steht es ihm frei, auch eine Meinung zu haben, was wir pädagogisch tun sollten. Aber seine eigene Meinung kann nicht aus der objektiven Betrachtung der Tatsachen (hier der Entwicklung pädagogischer Ideale) stammen. Und auch die Ergebnisse seiner Untersuchungen werden keine Werturteile sein. Es ist ein gewaltiger Unterschied, ob ich analysiere, was Menschen für wichtig, gut oder schlecht halten und diese Wertvorstellungen einordne (etwa ihre Herkunft oder Wirkung untersuche), oder ob ich einer Einstellung zustimme bzw. sie ablehne, also selber werte. Der Hexenglaube ist für die Wissenschaft in gleicher Weise eine soziale Tatsache wie die Walddorfpädagogik, die Geschichte Polens oder die sich wandelnden Moralvorstellungen der Völker.

Gewiss, ich kann als Wissenschaftler zu meinem Untersuchungsgegenstand wertend Stellung beziehen und werde es oft tun, das räumt Max Weber durchaus ein. Ein Wissenschaftler, der den Hexenglauben untersucht, wird diesen wohl auch ablehnen (so ist jedenfalls zu hoffen). Aber diese Zurückweisung folgt nicht aus seinen wissenschaftlichen Einsichten, sondern gründet auf Werten, die er unabhängig von seiner wissenschaftlichen Arbeit hat – hier wohl vor allem einer Achtung vor dem Menschen und einem Ideal geschlechtlicher Gleichberechtigung. Natürlich wird, wer Misshandlungen von Menschen empörend findet, auf viel Empörendes in den Akten der Hexenprozesse stoßen; sie werden sein ablehnendes Werturteil bestärken. Aber

dennoch ist es nach Weber sein von außen mitgebrachtes Urteil, das ihn die Fakten in diesem Licht sehen lässt. Fände er nichts Abstoßendes an der Missachtung anderer Menschen, dann würde ihn auch die wissenschaftliche Untersuchung von Beispielen solcher Missachtung nicht zu einem neuen Werturteil führen.

Die These der Wertfreiheit verbindet sich häufig, und so auch bei Max Weber, mit einer anderen These, die von vielen ihre notwendige Entsprechung gesehen wird: die These der Vernunftferne aller Werturteile. Nicht nur sei die Wissenschaft wertfrei, sondern auch jedwede Vernunft in dem Sinne wertfremd, als sie nicht mit ihren Mitteln Werte entdecken oder begründen kann. Dazu tauge das Denken bzw. unsere Vernunft nicht. Ihre eigene Leistung besteht darin, empirische Zusammenhänge aufzudecken (weswegen sie die Grundlage empirischer Wissenschaften ist); darüber hinaus haben wir nur Spekulationen. Deswegen seien Wertentscheidungen nicht ‚vernünftig‘, sondern letztendlich unbegründbare individuelle Grundentscheidungen und Glaubensakte. „Je nach der letzten Stellungnahme ist für den Einzelnen das eine der Teufel und das andere der Gott, und der Einzelne hat sich zu entscheiden, welches für ihn der Gott und welches der Teufel ist" (Weber 1919, 604).

Damit hätten wir den sich ergänzenden Gegensatz zwischen objektiver Wissenschaft und subjektiver Wertentscheidung. Religion wie Ethik, beide verstanden als das Bemühen um Antworten auf solche letzten Wertfragen, sind nach Weber daher in einem Zauberreich des Irrationalen beheimatet, wo Gefühle, unbewusste Neigungen, ja „Magie" statt der klaren Vernunft herrschen. Und entsprechend seien Konflikte zwischen Werten nicht rational auflösbar, sondern steigerten sich zu Glaubenskriegen, zu einem „tödlichen Kampf" zwischen den verschiedenen Positionen (Weber 1917, 507).

Doch trotz solcher spitzer Formulierungen bestreitet Weber nicht, dass wir etwa für gesellschaftliches Handeln, also die Politik, durchaus wirtschafts- und sozialpolitische Wertungen benötigen – solange wir uns nicht vormachen, diese Wertungen ließen sich von der Wissenschaft beziehen. Sie sind Grundentscheidungen, die jedem Vernunftgebrauch vorausgehen – auch wenn bei ihrer Umsetzung die Vernunft (bzw. empirische Wissenschaft) dann sehr wohl eine Rolle spielt, indem sie uns die geeigneten Mittel für die Umsetzung der Werte bzw. Handlungsziele angibt. Denn wer die Zusammenhänge in der Wirklichkeit mit wissenschaftlicher Vernunft begriffen hat, der kann dieses Wissen auch anwenden, um zu zeigen, wie man ein vorgegebenes Ziel erreicht: „Nur wo bei einem absolut eindeutig gegebenen Zweck nach dem dafür geeigneten Mittel gefragt wird, handelt es sich um eine wirklich empirisch entscheidbare Frage" (1917, S. 517). Ferner vermag die Vernunft die Folgen einer Umsetzung von Werten bzw. Zielen zu benennen und gibt Informationen darüber, was man bei der Umsetzung alternativer Ziele wird erreichen können oder in Kauf nehmen müssen. All das sind Aufgaben, für die wir nach Weber die Wissenschaft benötigen – und ein verantwortungsbewusster Politiker zeichne sich gerade dadurch aus, dass er sich ihrer bedient. Aber es berührt nicht seine Werturteile, geschweige denn, dass es sie begründen könnte, sondern setzt sie voraus.

5 Der Streit um die Wertfreiheit der Wissenschaften

Die Frage nach der Wertfreiheit der Wissenschaften hat im 20. Jahrhundert immer wieder für heftige Streitereien gesorgt. Zur Zeit Webers kam es zum „Werturteilsstreit", in den 1960er und 1970er Jahren dann zum so genannten „Positivismusstreit", der viele Gemüter erregte und manche Bücher füllte. Die Auseinandersetzung ist nie eindeutig entschieden worden, aber die damaligen Kombattanten sind unterdessen teils verstorben, teils zu tattrig (oder auch altersweise), um ihre Fehden weiterzuführen. Gegenwärtig kann man daher von einem Waffenstillstand aus Mangel an Kämpfern sprechen.

Um was ging es? Auf der einen Seite waren Philosophen in der Nachfolge Max Webers, die vehement an dessen Position festhielten: Die empirische Wissenschaft muss wertfrei sein, nur dann kommt sie zu rational kontrollierbaren, objektiven Ergebnissen. So argumentierten vor allem Karl Popper und Hans Albert, Philosophen, die dem [→] „Kritischen Rationalismus" zugerechnet werden. (Von ihren Gegnern wurde ihnen vorgeworfen, damit die Position des philosophischen ‚Positivismus' zu vertreten. Dieser Vorwurf ist zwar unberechtigt, hat aber dennoch dem Streit seinen Namen gegeben.)

Unversöhnlich standen dagegen die Vertreter der [→] „Kritischen Theorie", einer vom Marxismus bestimmenden Denkrichtung, die vor allem durch Theodor W. Adorno und Jürgen Habermas geprägt wurde. Sowohl der Natur- wie der Gesellschaftswissenschaft warf diese Schule vor, ihre eigene Wertgebundenheit zu verkennen. Notwendigerweise seien Wissenschaften, jedenfalls ab einer bestimmten ‚Reife', von gesellschaftlichen Interessen bestimmt und mit bestimmten Anwendungen verbunden, in diesem Sinne also wertgebunden. Welches sind diese Werte? Naturwissenschaftlich-technisches Wissen diene letztlich einem Verwertungsinteresse an der Natur, hinter dem der Grundwert menschlicher Herrschaft über die Natur stehe. „Wissen ist Macht", so hatte das bereits Francis Bacon (1561–1626) programmatisch zusammengefasst. Die sozialwissenschaftliche und gesellschaftswissenschaftliche Forschung – und entsprechendes gilt dann auch für die Pädagogik – habe jeweils ein Ideal gesellschaftlichen Zusammenlebens oder individueller Lebensentfaltung, dem sie verpflichtet sei.

Aber ist das ein gültiger Einwand gegen die Wertfreiheitsthese? Bereits Weber akzeptiert, dass es ein Erkenntnisinteresse des Forschers gibt, sieht darin aber keinen Einwand; das sei eine Frage der Motive, die einen zur

Wissenschaft bringen, aber es bedeute nicht, jedenfalls bei einem guten Wissenschaftler, dass seine empirischen Ergebnisse von der Interessenlage bestimmt wären oder sie deswegen sogar zu Werturteilen würden. Aber es bleibt fraglich, ob sich der Einwand so einfach zurückweisen lässt. Denn wenn die Erkenntnisinteressen nicht nur die Fragerichtung angeben, sondern auch die Methodik, mit der wir zu Antworten kommen, dann wird man vermuten müssen, dass sie auch für die Ergebnisse relevant sind. Das „Wie man in den Wald hineinruft, so schallt es heraus" gilt hier vielleicht doch – und damit würden Wertvorstellungen eine zentrale Rolle bei den Wissenschaften spielen. Diese Wertgebundenheit gelte es anzuerkennen, und zudem seine Forschung mit den richtigen Werten zu verbinden. Das ist die These der Kritischen Theorie, denn wer meine, wertfrei Wissenschaft zu betreiben, unterstütze damit nur die jeweils vorherrschenden Interessen bzw. Werte. So sollte es das eigentliche Ziel der Sozialwissenschaften sein, den Menschen zu emanzipieren und ein herrschaftsfreies Zusammenleben zu ermöglichen, also eine Welt, in der niemand andere unterdrücke oder sich dienstbar mache. Nur wer das im Auge habe, stelle die richtigen Fragen, nämlich die nach existierenden Machtverhältnissen und Möglichkeiten, diese zu überwinden. Die angebliche Wertfreiheitsthese verfestige dagegen die herrschenden Ungerechtigkeiten, indem sie diese nicht in Frage stelle, sondern so handele und untersuche, als sei sie eine gegebene (und damit unveränderliche) Tatsache.

Eine moderne Variante dieser Debatte dreht sich um die Frage, ob nicht sogar der Gegenstand vieler Wissenschaften sozial konstruiert sei, und deswegen keineswegs als „nüchterne" Tatsache zu verstehen, die man untersuchen wolle. Die feministische Wissenschaftstheorie etwa wittert hinter vielen vermeintlich unvoreingenommenen Standpunkten die sich selbst bestätigende Perspektive des gut etablierten weißen männlichen Forschers, der in Fragestellungen wie Antworten im Wesentlichen seine eigene Stellung wissenschaft-

lich untermauern wolle. So habe die Frage nach der Eigenart von Mann und Frau gar keine oder kaum eine biologische Grundlage („sex"), sondern sei ein kulturelles Konstrukt („gender"). Deswegen sei der Versuch, wissenschaftlich nach Unterschieden zwischen den Geschlechtern zu suchen, lediglich ein voreingenommenes, also im schlechten Sinne wertgeladenes Programm, um angeblich „naturgegebene" Unterschiede zu finden, die dann der kulturell-politischen Dominanz der Männer und bestimmter Weisen der Sexualität dienten. Die feministische Wissenschaftstheorie steht allerdings vor dem Problem zu zeigen, inwiefern ihr eigener Ausgangspunkt („gender") adäquater, das heißt nicht voreingenommen sein soll. Aber die feministische Wissenschaftstheorie ist sicher dort konstruktiv, wo sie hilft, perspektivische Verzerrungen in der Forschung aufzudecken. In der Tat muss sich die Wissenschaft immer wieder fragen, ob sie tatsächlich „objektiv" vorgeht, oder von vorwissenschaftlichen „Mythen" (so nannte das Popper) gelenkt wird, also unbewusst Werturteile in die Arbeit hineinschmuggelt, die sie dann als vermeintlich empirische Ergebnisse wieder ans Licht holt.

6 Wertgebundenheit des Wissenschaftlers

Während es bisher darum ging, ob die Ergebnisse der Wissenschaft unmittelbar zu Wertungen führen, lässt sich auch fragen, ob es besondere Werte gibt, die der Wissenschaftler beachten muss – bzw. ob er eine besondere Verantwortung hat. Diese Verantwortung hat zwei Seiten, nämlich eine wissenschaftsinterne Verantwortung und eine externe Verantwortung – die erste gegenüber den anderen Wissenschaftlern, die zweite gegenüber der Allgemeinheit der Menschen.

Was ist die interne Verantwortung? Man kann darunter das Berufsethos des Wissenschaftlers verstehen, also die „Regeln sauberen wissenschaftlichen Arbeitens und fairer Konkurrenz unter dem Höchstwert der bestmöglichen objektiven Wahrheitssuche und -sicherung" (Lenk 1991, 56). Oder, wenn wir von den Werten sprechen wollen, die der Wissenschaftler als Orientierung nehmen sollte, so wären zu nennen Wahrheit und Objektivität, aber auch intellektuelle Redlichkeit, Kritisierbarkeit und eine Unabhängigkeit von fremder (etwa politischer) Einflussnahme. Das heißt konkret für Naturwissenschaftler, bei ihrer Datengewinnung große Umsicht walten zu lassen. Für die Geistes- und Sozialwissenschaften gilt dasselbe, sofern sie mit empirischem Material arbeiten. Dazu kommt aber eine besondere Sorgfaltspflicht in Hinsicht auf die Klarheit, das Argumentieren und Begründen ihrer Positionen und Interpretationen. Und gerade hier erliegen viele Geistes- und Sozialwissenschaftler der Versuchung, mit Wortungetümen, aufgeblasenen Fachsprachen und Schwammigkeiten des Ausdrucks über fehlende Begründungen hinwegzutäuschen. Ein zunehmend wichtiger Bereich ist auch die Ehrlichkeit gegenüber der Herkunft von Gedanken: Im Zeitalter des Internet erliegen manche der Versuchung des copy-paste; eigenes Denken und Arbeiten wird durch schamloses Zusammenfügen irgendwelcher Textbausteine aus dem Internet ersetzt, bei denen keine Quellenangabe hinzugefügt wird. Für Pädagogen wird man bei der wissenschaftlichen Arbeit vor allem den Wert der Unabhängigkeit betonen, denn in besonderer Weise steht ihre Arbeit im Zentrum widerstreitender politischer und ideologischer Interessen. Das zeigt etwa der jahrzehntelange Kampf um die Gesamtschule in Deutschland, bei dem alle Seiten immer wieder Wissenschaftler fanden und finden, die genau ihre Vorstellungen belegen – und mögen sie noch so abwegig sein.

Die meisten Werte der internen Verantwortung sind nicht nur für den Wissenschaftler wichtig, wenn er forscht, sondern auch in anderen Zusammenhängen des menschlichen Lebens von allgemeiner Bedeutung. Ehrlichkeit gilt gemeinhin als eine zentrale Tugend, und viele Ethiker haben grundsätzlich dafür plädiert, dass wir offen für andere und ihre Kritik sein sollten. Und doch könnte man die Beachtung dieser Werte gerade für den Wissenschaftler fordern: Die meisten von ihnen sind die Voraussetzung für wissenschaftlichen Fortschritt. Denn nur wer der Wahrheit verpflichtet ist, nach objektiven Einsichten strebt und sich auch für Kritik anderer öffnet, aber nicht wer willfährig politischen Interessen dient, wird die Wissenschaft weiterbringen. (Allerdings lässt sich auf diese Weise nicht für alle Werte des Wissenschaftlers argumentieren – Fairness gegenüber anderen ist zum Beispiel für wissenschaftliche Einsichten nicht nötig.) In ähnlicher Weise hat Hilary Putnam für eine solche Theorie der intrinsischen Wertorientiertheit der Naturwissenschaften argumentiert. Jede empirische Wissenschaft sei notwendigerweise an die Werte Kohärenz, Komplettheit, funktionale Einfachheit und instrumentelle Effizienz gebunden, weil nur sie die rationale Akzeptanz einer wissenschaftlichen Theorie darüber ermöglichten, wie die Welt sei. Das bedeutet für Putnam sogar, dass wir die empirische Wirklichkeit so, also wertgeladen, sehen müssen, da ihre Sicht von unseren Theorien abhängig ist.

Die externe Verantwortung betrifft die verantwortbaren, also vorhersehbaren und damit dem Wissenschaftler zurechenbaren Folgen wissenschaftlich-technischen Handelns. Sie wird auch häufig unter dem Schlagwort „Wissenschaftsethik" diskutiert. Angestoßen wurde die Debatte vor allem durch die Nuklearforschung, deren erschreckende Auswirkungen der riesige Atompilz über Hiroshima sichtbar machte – bezeichnenderweise sind die drei Wissenschaftler bei Dürrenmatt ebenfalls Physiker. Aber längst sind die durch wissenschaftlich-technische Veränderungen hervorgerufenen Probleme auch in anderen Bereichen deutlich geworden. Beispiele sind die allgegenwärtige ökologische Krise (erstmal durch den Club of Rome ins öffentliche Bewusstsein gebracht) oder die Verarmung gesellschaftlichen und kulturellen Lebens durch die Unterhaltungsmedien (wie sie Neil Postman in „Wir amüsieren uns zu Tode", 1992, meisterhaft beschreibt). Hans Jonas, dessen Spätwerk vor allem diese externe Verantwortung des Wissenschaftlers untersucht, nennt in dem Buch „Das Prinzip Verantwortung" verschiedene Gründe, warum die heutige Wissenschaft nicht mehr die Verantwortung bei Politikern und Technikern allein abladen darf. Dazu zählt vor allem die Reichweite technischer Eingriffe; was wir technisch tun, verändert die Welt in beispielloser und meist irreversibler Weise, sowohl hinsichtlich der Ausmaße als auch der Zeiträume. (Man denke nur an die Jahrtausende, die der Zerfall unseres radioaktiven Abfalls benötigt.) Dazu kommt die Komplexität von Wirkungen und Wechselwirkungen in einer vielfach vernetzten Welt, bei denen das, was wir in Europa tun, zum Beispiel auch Auswirkungen auf das Klima in Australien hat. Durch die enge Verbindung von Forschung und technischer Umsetzung, wie sie je im Experiment als Herzstück vieler Wissenschaften deutlich wird, ist auch die Grenze zwischen reiner Einsicht und praktischer Umsetzung aufgehoben. Deswegen geben Wissenschaftler den Politikern oder der Industrie fertige Mittel in die Hand, deren Wirkungen diese in der Regel gar nicht mehr einschätzen können, weil ihnen der Sachverstand fehlt. Es ist so zu einem teilweise dramatischen Auseinanderklaffen zwischen wissenschaftlichem Wissen, Vermögen und Orientierung gekommen.

Unterdessen wird weitgehend anerkannt, dass den Forschern hier eine besondere externe Verantwortung zukommt, gerade weil sie oft allein den Sachverstand haben zu beurteilen, welche Auswirkungen es haben könnte, wenn der Zauberbrei aus ihren Labortöpfen überquillt. Sie müssen die Folgen ihrer Untersuchungen mitbedenken, und das schließt die geplanten wie die ungeplanten Folgen ein, die vorhersehbaren wie die unvorhersehbaren (so schwierig es auch ist, gerade das Unvorher-

sehbare mitzubedenken …). Da die Fachwissenschaftler oft zu spezialisiert sind, um die komplexen Auswirkungen – etwa auch die gesellschaftlichen – zu überschauen, hat sich ein eigener Forschungszweig „Technikfolgenabschätzung" entwickelt, der sich in besonderer Weise den Risiken von neuen Technikentwicklungen widmet.

Gibt es auch eine externe Verantwortung der Geistes- und Sozialwissenschaftler? Obgleich die Auswirkungen des hier erworbenen Wissens meist weniger offensichtlich die Allgemeinheit gefährdet, sollte man diese Verantwortung keinesfalls unterschätzen. So lassen sich tiefenpsychologische Erkenntnisse ausgezeichnet in der Werbung einsetzen, um Menschen zum Kauf von sinnlosen Konsumgütern wie braunen Erfrischungsgetränken oder Designerjeans zu manipulieren. Wahlen können gewonnen werden, weil Meinungsumfragen vor der Wahl einen „Trend" ausmachen, dem die Mehrheit nun folgen will. Und schließlich kam es vielfach zu verheerenden Auswirkungen bei der Umsetzung falscher soziologischer Gesellschaftstheorien wie des Kommunismus, für den Abermillionen ihr Leben lassen mussten. All das sollte bedenklich stimmen, obgleich es keine einfache Antwort gibt, was es hinsichtlich der externen Verantwortung des Geistes- und Sozialwissenschaftlers bedeutet. Ganz allgemein lässt sich sagen, dass zweierlei folgt, wenn wir die externe Verantwortung ernst nehmen: Einerseits, dass wir auch weiterhin über den Menschen, seine Kultur und Gesellschaft, nachdenken und Theorien entwickeln sollten, weil wir ohne diese nicht wissen, welche Weichen wir für unsere Zukunft stellen sollen. Andererseits müssen wir aus der Geschichte lernen, dies mit äußerster Umsicht zu bewerkstelligen; nach dem bekannten Satz von Karl Popper haben gerade diejenigen, die den Himmel auf Erden errichten wollten, in der Regel anderen eine Hölle bereitet.

Auch der Pädagoge und Sonderpädagoge, ob er nun mehr in der Praxis oder in der Forschung arbeitet, hat eine externe Verantwortung, vor allem gegenüber seinen Schutzbefohlenen. [→ II Ethische Grundlagen; III Ethik des pädagogischen Prozesses]. Denn er geht ja täglich mit Menschen um, die in besonderer Weise von ihm abhängig sind. Der Pädagoge oder die Pädagogin wird sich deswegen ethischen Entscheidungen gar nicht entziehen können, weil er sich stets fragen muss, welche Ziele er erreichen und welche Werte er vermitteln will. Was immer er tut, hat auf die Schüler Auswirkungen; er kann ihnen Welten öffnen oder verschließen. Und wie die Nukleartechnologie hat pädagogisches Handeln eine kaum abschätzbare Reichweite: Es kann schicksalhaft für ein ganzes Leben sein, welche Lehrer man hatte – und da man selbst oft an andere weitergibt, was man im Guten wie im Schlechten erlebt hat, kann es sogar über Generationen hinaus Menschen beeinflussen.

Literatur

Lenk, Hans (1991): Zur praxisnahen Ethik der Verantwortung in den Wissenschaften. In: Lenk, Hans (Hrsg.): Wissenschaft und Ethik. Frankfurt a. M., 54–75

Putnam, Hilary (1982): Vernunft, Wahrheit und Geschichte. Frankfurt a. M.

Weber, Max (1904/1985): Die Objektivität sozialwissenschaftlicher und sozialpolitischer Erkenntnis In: Weber, Max: Gesammelte Aufsätze zur Wissenschaftslehre. Hrsg. von Johannes Winckelmann. Tübingen, 146–148

Weber, Max (1917/1985): Der Sinn der Wertfreiheit der soziologischen und ökonomischen Wissenschaften. In: Weber, Max: Gesammelte Aufsätze zur Wissenschaftslehre, Hrsg. von Johannes Winckelmann. Tübingen, 489–540

Weber, Max (1919/1985): Wissenschaft als Beruf. In: Weber, Max: Gesammelte Aufsätze zur Wissenschaftslehre. Hrsg. von Johannes Winckelmann. Tübingen, 582–613

Theorie und Praxis

Reinhard Mocek

1 Historische Relativität von Theorie und Praxis

Wer in der (sonder-)pädagogischen Praxis arbeitet, weiß, dass eine theoretische Schrift zur Erklärung verschiedener Verhaltensweisen äußerst hilfreich sein kann. Derartige Schriften bauen meist auf breiter Erfahrung auf, verallgemeinern das oft Beobachtete und haben somit einen vorgreifenden Erklärungseffekt. Auf der anderen Seite kommt die Kritik an pädagogischen Theorien oft genug aus dem praktischen Erfahrungsfeld. Das eine geht nicht ohne das andere. Das gilt auch für die jeweils vorherrschenden [→] Paradigmen, mit denen man Behinderung entweder als Erscheinungsform eines sozial bedingten Zustands oder als genetisches Phänomen zu erklären versuchte.

In der zweiten Hälfte des 19. Jahrhunderts stieg die Zahl der durch die schlechten Arbeits- und Lebensbedingungen arbeitenden Klassen chronisch geschädigten und damit sozial behinderten Menschen steil an. Der Bericht der englischen Gesundheitskommission von 1863 über die Lage der Töpfer spricht Bände: „Die Töpfer als eine Klasse, Männer und Weiber, repräsentieren eine entartete Bevölkerung, physisch und geistig entartet." Und weiter: „Die ungesunden Kinder werden ihrerseits ungesunde Eltern, eine fortschreitende Verschlechterung der Rasse ist unvermeidlich" (zit. n. Lange 1907, 113). So schlimm die damaligen Zustände waren, die Schlussfolgerung der Kommission war theoretisch falsch. Die Bevölkerungsschicht der Töpfer, die augenscheinlich von den Verelendungserscheinungen besonders betroffen war, war nicht genotypisch entartet, sondern phänotypisch! Es wäre eine Sache verbesserter Arbeits- und Ernährungsbedingungen gewesen, und zumindest die Kinder dieser „degenerierten"

Töpfer hätten sich so entwickeln können wie die Kinder der englischen Oberschichten. Die Wissenschaft hatte diesen Unterschied zwischen genotypisch (in den Erbanlagen liegende Entwicklungsfaktoren) und phänotypisch (in den Umweltbedingungen liegende Entwicklungsfaktoren) noch nicht in der späteren reinen Form herausgearbeitet. Aber auch diese „reine Form" der Gegenüberstellung von genotypisch und phänotypisch ist nicht ganz richtig, da hier spezifische Wechselwirkungen vorliegen. Das Beispiel zeigt, dass es keine ein für allemal gültige pädagogische wie soziologische Theorie gibt. Die Entwicklung wissenschaftlich relevanter Praxen wie auch Theorien hängt vom allgemeinen Entwicklungsstand der Gesellschaft und damit verbunden der Wissenschaft ab.

2 Definition und Ursprünge der Wortbedeutung von Theorie und Praxis in der griechischen Philosophie

Bei den frühen griechischen Dichtern ist „praxis" [→ II] gleichbedeutend mit den Worten „vollführen", „etwas zustande bringen", auch „Handlungsgeschäfte tätigen" und schlicht „Erfolg haben". Sokrates fasst Eupraxia als Vorgang und Resultat des menschlichen Bemühens auf, das er als wichtigste menschliche Aufgabe sieht. Erfolg, Glück und Wohlergehen stehen für diesen Begriff, der folglich eine Kehrseite hat: Misserfolg oder, von Sokrates nicht besonders hochgeschätzt, das Zufallsglück. Sein Schüler Platon verknüpft ausdrücklich Erfolg und Lebensglück mit dem guten Handeln und verleiht dem Praxisbegriff eine explizit ethische Bedeutung. Es ist dann Aristoteles, der die Reichweite von „praxis" auslotet, um nach den Handlungsintentionen und -spezifika der Götter, aller kosmischen Gegebenheiten, der Tiere und Pflanzen sowie, dies dann in erster Linie, des politischen Gemeinwesens zu fragen. Hier wird die folgenreiche Unterscheidung zwischen individuellem Handeln und dem Handeln gesellschaftlicher Gemeinschaften getroffen. Während man in diesem Verständnis durchaus unseren heutigen Praxisbegriff als Inbegriff von Tätigsein wiederfindet, hat der Theoriebegriff eine weniger eindeutige Geschichte.

Bei den alten Griechen steht „theoria" zunächst für das intentionslose Schauen und enthält eine ausgesprochen kontemplative Orientierung. Spätere Philosophien haben die erkenntnistheoretische und wissenschaftstheoretische Seite des Theoriebegriffs in den Vordergrund gerückt, allerdings weniger seine dialektische Verknüpfung mit dem Praxisbegriff. Theorie als durch prüfbare Methoden hergestellte Verallgemeinerung praktisch erworbener Daten ist die einfachste Form von Theorie.

3 Theorie und Praxis als Kategorien der neueren Philosophiegeschichte

Marx und Engels gewinnen ihr Theorie-Praxis-Verständnis nicht aus dem philosophischen Nichts. Sie orientieren sich an der klassischen deutschen Philosophie: Immanuel Kant, Johann Gottlieb Fichte und Georg Wilhelm Friedrich Hegel.

Kant befreit im Geiste der Aufklärung den Praxisbegriff von seiner unspezifischen Verwendung, Praxis ist nur diejenige Tätigkeitsform, die mit dem Begriff der Freiheit verknüpft ist. „Praktisch ist alles, was durch Freiheit möglich ist" (Kant 1877, KrV, A, 607). Das wahre sittlich gerichtete Handeln ist insofern frei, als es aus sich aus dem handeln-

den Subjekt heraus bestimmt ist. Damit wird der Blick auf Handlungen und handlungsrelevante Gegenstände gerichtet, die sich nicht auf Naturkausalität beziehen, sondern auf moralisch-praktische Prinzipien menschlichen Handelns. Der Theoriebegriff wird dem Praxisbegriff untergeordnet, denn menschliches Tun ist für Kant zunächst nicht als Hervorbringung des Gegenständlichen wichtig, es sind die moralischen Maßstäbe, die diesem Handeln als Richtschnur wegweisend vorangehen. Nicht auf äußere Güter sei das Streben des Handelns aus, nicht Glück und Liebe machen das Tun moralisch; nur die Befolgung der Grundsätze der obersten Sittlichkeit vermögen dies. Diese obersten Prinzipien, deren Ausarbeitung er, vor allem in der „Kritik der reinen Vernunft" (1781/1877), lebenslange Aufmerksamkeit zuwandte, stellen selbst eine Praxisform dar, die uns die Maximen unseres Handelns vorschreibt. In theoretischer Erscheinungsform – als System von moralischen Anweisungen – ist die Morallehre selbst praktisch. Dazu bedarf es der nötigen Einsicht in die moralischen Handlungsziele wie in den Endzweck der Vernunft als Grundsatz aller Handlungen.

Die Praxis als Freiheitsbegriff musste allerdings aus der moralphilosophischen Hülle befreit werden – eine Aufgabe des nachkantschen Philosophierens. Doch weder Fichte noch Hegel konnten diesen Durchbruch erzielen.

Für Fichte ist die Tathandlung derjenige philosophische Akt, in welchem das absolute Ich sich in seinem Sein verdinglicht. Das Wissen darum, dass die uns umgebende Welt letztlich aus unserem eigenen Vermögen entsprungen ist, gibt uns, d.h. dem handelnden Menschen, die Gewissheit menschlicher Freiheit. Das Selbstbewusstsein des Ichs in der Welt seiner Handlungen wird zum Ausgangspunkt. Für eine politische Theorie der Befreiung ist dies jedoch schwer zu dekodieren.

Hegel nimmt dem Begriff des Praktischen die durch Kant verliehene Exklusivität. „Praktisch" ist auch der einfache Vorgang der „Umwandlung des Unorganischen zum

Zweck des Lebendigen" (Hegel, Encyklopädie, § 356, 622), was, da gänzlich naturkausal, ein Vorgang der Unfreiheit sei. Hegels idealistisches Weltgebäude versperrt ihm den Weg, die Kantsche Freiheitsidee als praktischen Prozess zu einer Philosophie der Befreiung fortzuführen. Es müsse der empirischen Gegenwart selbst überlassen bleiben, wie sie „aus ihrem Zwiespalt herausfinde" (Hegel 1925, ND 1974, 356). Das aber sei keine unmittelbare praktische Sache und keine Angelegenheit der Philosophie.

Es leuchtet ein, dass von jenen, die ein eminent praktisches Interesse an der Veränderung der bestehenden Verhältnisse hatten, diese Schlussfolgerung und die damit verbundene resignative Haltung zurückgewiesen wurden. so durch die „wahren Sozialisten" oder die Junghegelianer. Die Erkenntnis der Abläufe von Geschichte und ein selbstbestimmter Umgang mit der Zukunft tauchen als praktische Forderungen an nachhegelsches Denken in den Schriften von Bruno Bauer und Moses Hess auf. Mit feurigen Lettern verewigt sich der große Ludwig Feuerbach in der nachhegelschen und vormarxschen Philosophie der Praxis: Die Philosophie hat das menschliche Wesen in seiner Totalität zu erfassen, den Menschen in der Gemeinschaft mit anderen Menschen zu bestimmen und diese Gemeinschaftlichkeit befreit zu denken von den Beschränkungen eines religiös verbrämten Menschseins. Gott ist das (praktische) Wesen des Menschen, weshalb die Menschenliebe den Gottesglauben ersetzen muss. Dieser neue Glaube des Menschen an den Menschen bildet die unmittelbare Voraussetzung der Marxschen These von der Selbstbefreiung des Menschen als praktische, historische Tat. „Die Philosophen haben die Welt nur verschieden interpretiert, es kömmt drauf an, sie zu verändern" (Marx 1958, 3, 7).

Bei Marx nähert sich der Begriff der philosophischen Theorie dem Begriff der Praxis wieder an. Um die Befreiung der Menschen von sozialen Bedrängungen praktisch zu machen, bedarf es einer Theorie nicht nur des menschlichen Wesens, sondern gleichfalls einer Theorie der historischen Werke der Menschen, konzipiert als Geschichte der materiellen Produktivkräfte, die in ihrer historisch letzten Phase unter der Verfügungsmacht des Kapitals stehen. Einsicht in die Bewegungsgesetze der kapitalistischen Formation bildet für Marx und Engels die unabdingbare Voraussetzung für deren Zerschlagung. Der praktische, revolutionäre Prozess der Unterdrückten bedarf der theoretischen Anleitung. Die Notwendigkeit einer solchen Verknüpfung tritt ein, wenn die Lage der Unterdrückten unter den herrschenden Verhältnissen ausweglos ist, neue Verhältnisse zu ihrer Verwirklichung drängen. Dies wird als Zeit der proletarischen Revolutionen beschrieben. Marxens früher Satz, wonach die „Theorie zur materiellen Gewalt" wird, sobald sie „die Massen ergreift", wird zum geflügelten Wort der marxistischen Bewegung (1844. Marx 1979, 385). Was gefordert war, könnte man die Denkungsart einer weltverändernden Praxis nennen. Denkungsart ist mehr als das bloße Verfolgen einer Hypothese oder ein auf ein Paradigma zurückgehender Leitsatz zur Interpretation ganzer Erkenntnisbündel. Die Denkungsart zieht ihre Gewissheit aus der Geschichte der menschlichen Gestaltung von Gesellschaft; sie prüft die historisch-geschichtliche Praxis auf ihre Verläufe, aber vor allem auch die Schicksale jener, die dem Geschichtsprozess bislang ihr Gesicht verliehen haben, ohne ihr eigenes zeigen zu können. Die menschliche Selbstentfremdung hat dazu geführt, dass sich der Arbeiter im Arbeitsprozess außer sich und nur außerhalb des Arbeitsprozesses bei sich fühlt. Sie führt als Selbstentfremdung zur Unsichtbarkeit des menschlichen Antlitzes.

Wie könnte nun eine konstruierte Praxis aussehen, die diese Entfremdung verhindert und lebenswerte Bedingungen schafft? Auf sie zielt Marx und Engels sozialtheoretischer kategorischer Imperativ, „alle Verhältnisse umzuwerfen, in denen der Mensch ein erniedrigtes, ein geknechtetes, ein verlassenes, ein verächtliches Wesen ist" (Marx 1844, 1979, 385). Diejenigen, die der menschlichen Lebensbasis ihre Kraft geben, diejenigen die für ihre Herren Praxis gestalten, erheben nun den historischen Anspruch, Verhältnisse umzuwerfen, eine neue Praxis zu gestalten. Ihre kategorienarme Philosophie des Seins drängt zu einer Denkungsart auf den Gipfeln des europäischen Philosophierens: von Kants moralischem Tathandeln bis zur revolutionären Praxisphilosophie von Marx und Engels.

Das Weitere ist bekannt. Eine Millionenarmee der einstmals Entrechteten formiert sich zum letzten Kampf. An ihre Spitze gelangen zunächst diejenigen, die einer solchen historischen Mission das philosophische Geleit geben. Verstrickt in Machtkampf und Intrigenspiel verkommt der große Impuls in den Händen der späteren Mächtigen. Das Überschreiten der ursprünglichen Praxis missgestalteter Lebensverhältnisse gerät auf Abwege. Eine vorgebliche historische Mission taugt nur noch zu propagandistischer Befestigung des inzwischen sattelfesten Bösen. Der Akt des Bewusstwerdens, des Umschlagens vom Sein zum Bewusstsein endet in der Katastrophe. Das zur Tat werdende revolutionäre Bewusstsein des Proletariats erreicht den Gegner nicht. Die Chance zur Konstruktion einer neuen Praxis, die dem Marxschen kategorischen Imperativ in moderner Form entsprechen könnte, ist vertan.

Der praktische Prozess der Gestaltung des Realsozialismus ließ die ursprüngliche Gewissheit der Marxschen Analyse in ein gesellschaftstheoretisches Zwielicht geraten. Schon die Erringung der politischen Macht durch die Bolschewiki 1917 ließ Zweifel aufkommen, ob die sozialistische Revolution in einem Lande siegreich sein könne, das noch längst nicht an den Grenzen der kapitalistischen Verwaltung der materiellen Produktivkräfte angelangt war. Die Marxsche Formationsanalyse wurde einem machtpolitischen Programm geopfert; die entsprechende theoretische Lücke schloss W. I. Lenin mit der These vom Sieg der sozialistischen Kräfte an der schwächsten Stelle des kapitalistischen Weltsystems.

Doch auch die Veränderungen im kapitalistischen Reproduktionsprozess in den modernen kapitalistischen Staaten erforderten eine weit reichende Korrektur tragender Momente der Marxschen Gesellschaftstheorie, nicht zuletzt der Verelendungstheorie sowie der reformierenden Kraft der Gewerkschaftsbewegung. Einer der frühesten Kritiker der blinden Fortschreibung des alten theoretischen Gerüstes ist Rudolf Hilferding, ihm folgen u. a. Georg Lukács, Antonio Gramsci, Lucien Sève, Jürgen Habermas, Pierre Bourdieu und Andre Gorz. Sie beteiligen sich an diesem Erneuerungsprozess aus Anteilnahme an den Geschicken der neueren Arbeiterbewegung. Traditionell bürgerlich-kritischen Traditionen folgen Hannah Arendt, Edmund Husserl und viele andere, die einer zeitgerechten Neubearbeitung der Marxschen Geschichtsphilosophie zuarbeiteten. In erster Linie geht es um die Überprüfung der neuen soziologischen Gestaltungen der kapitalistischen Gesellschaft im 20. Jahrhundert. Die Öffnung der marxistischen Theorie als erneuerter Philosophie der Praxis für aktuelle Sachlagen der kapitaldominierten Welt heute und der Blick auf die Praxen von Millionen von Menschen in den Ländern der dritten Welt, verbunden mit der schöpferischen Erarbeitung eines griffigen ökologischen Konzeptes, könnten der Welt neue theoretische wie praktische Horizonte öffnen.

4 Theorie und Praxis als Kategorien der Wissenschaftstheorie und des naturwissenschaftlichen Erkenntnisprozesses

Moderne Lexika zur Erkenntnistheorie der Naturwissenschaften lehren, dass Theorie und Praxis nicht immer aufeinander bezogen sein müssen. Beide haben einen eigenen Sinn, eine eigene Bedeutung. Unser Problem spaltet sich in drei Betrachtungsebenen auf: die des Praktischen; die des Theoretischen; und die des Praxis-Theorie-Bezuges. Zu allen drei tritt eine historische, etymologische und philosophische Struktur hinzu. Letztere kann nochmals in einen gnoseologischen und in einen soziokulturellen Strang aufgeteilt werden, sehen wir einmal von den vielen Sonderbedeutungen ab, die z. B. in der chinesischen Philosophie oder in anderen Denksystemen nachweisbar sind. Versuchen wir also, dieses komplizierte Bedeutungsknäuel zu entwirren.

Da wäre zum ersten der Bezugsrahmen von Theorie und Erfahrung als Basis allen wissenschaftlichen Wissens festzuhalten; zum zweiten die Konstruktion von Praxen (d. h. bestimmter Entwicklungsformen des Erkenntnisprozesses) und zum dritten die Frage nach dem sozialtheoretischen Hintergrund von Theorie und Praxis auch in der naturwissenschaftlichen Forschung.

4.1 Theorie und Erfahrung

Die Beziehung von Theorie und Erfahrung begleitet unser Leben; sie ist nicht nur eine in den Wissenschaften vorkommende Relation, sie charakterisiert jeden individuellen Lebensprozess. Sie ist eine wesentliche Grundlage für die Entwicklung der menschlichen Kulturen. Wir sprechen hier mit Absicht im Plural, denn verschiedene Umwelten und dadurch bedingte unterschiedliche Lebensformen haben die Pluralität der menschlichen Kulturen hervorgebracht. Klimatische Besonderheiten, Eigenheiten der von den Umwelten gebotenen Baumaterialien, den Lebensräumen entsprechende tierische Produkte, all dies bedingte unterschiedliche Erfahrungswelten, differenziertes Wissen über die Natur, die Abhängigkeit des sozialen Lebens von diesen äußeren Bedingungen. Und andererseits führte es zur Akkumulation von Wissen, um diese äußeren Bedingungen zu bessern, sie den Bedürfnissen angemessener anzupassen. So kam auch die erste Vorstellung von Fortschritt in die Reflexionen über Natur und Gesellschaft.

Die Erfahrung greift in alle Vorgänge rund um die menschliche Existenz und in diese selbst ein. Das Erlernen eines Werkzeuggebrauchs führt zu immer gelungeneren Produkten. In diesem Vorgang liegt eine Entwicklung, die sowohl die Handfertigkeit als auch die Einsicht in die Strukturen des Vorgangs selbst betrifft. Mit dem akkumulierten Wissen der sozialen, produktiven Menschheitsgeschichte entsteht auch das, was relativ spät erst mit dem Wort Theorie bezeichnet wird.

Verstehen wir unter Theorie zunächst eine bestimmte Form der Verarbeitung, eine Verallgemeinerung des Erfahrungswissens über große Zeiträume hinweg. Um eine anerkannte Theorie zu sein, bedarf es des Kriteriums der Nachprüfbarkeit. Dieses Nachprüfen stellt zum einen selbst eine Antriebskraft zu stets Besserem und Vollkommenerem dar, zum anderen bleiben die aus dem gesellschaftlichen Leben hervorgehenden Aufgaben über größere Zeiträume nie die gleichen. Größere Häuser, funktionsgerecht ausgebaut, auf sicherem Grunde, versorgt mit Wasser und angenehm beheizt – so das Niveau der römischen Städte zu einer Zeit, da andere Völker noch in Zelten lebten und aus Brunnen schöpften.

Im Zusammenhang mit dem Städtebau, aber auch mit der sich entwickelnden Kriegskunst bildete sich das Ingenieurwesen heraus. Die Statik, die Nutzung von Einsichten über die Bewegungen des Wassers oder in die Wärmeleitfähigkeit verschiedener Materialien, die Erfindung des Schießpulvers, des Kompasses und Vieles mehr bildete den Grundbestand von erfahrungsgestützter Theorie.

Allerdings verlief die Geschichte der Beziehung von Theorie und Erfahrung weder geradlinig noch einfach. So zeigt schon der Vergleich der römischen Stadt mit den Zelten der nomadisierenden Völker, dass riesige Unterschiede in der Verdinglichung von Erfahrungen zu theoretischen Erkenntnissen bestanden. Logik, Mathematik und Geometrie entstanden in der geistigen Welt der antiken Wissenschaften, erfuhren große Anerkennung und praktische Anwendung. Aus sich selbst herauswachsender Theorie – z. B. Algebra und Geometrie – kam es zu praktischen Anwendungen, ohne dass man diesen

Theorien eine in jedem Punkte funktionierende Praxis-Grundlegung zuerkennen kann. Gesellschaftliche Bedürfnisse kamen hinzu: Landvermessung, Abrechnung von Steuern, die Navigation auf den Meeren u. a. m.

In der [→] Wissenschaftstheorie wird zur Beschreibung dieses Theorie-Typs der Begriff der am Muster der Mathematik orientierten axiomatischen Theorien verwendet im Unterschied zu den in den Erfahrungen wurzelnden Basis- oder Protokollsätzen.

Bis in das heutige wissenschaftstheoretische Wissen hinein ist die Annahme einer „Theoriebeladenheit" von Erfahrung und Beobachtung ein zwar sprachlich umstrittener, aber in seiner Aussagenatur anerkannter Grundsatz – allerdings nicht im Sinne einer bestimmten Theorie. Erfahrungssätze können ebenso in höhere theoretische Einsichten wie in gegenteilige Vorurteile einmünden. Sinnestäuschungen sind so alt wie die Wissenschaft. Dass die Erde eine Kugel ist, ist der naiven Beobachtung in den seltensten Fällen einsichtig. Zudem ist die Aufgliederung des Abstraktionsgrades von Theorien ein unübersehbares Argument gegen eine Verabsolutierung der Theoriebeladenheit von Erfahrung und Beobachtung. Es geht nicht nur um sinnliche Wahrnehmungen auf der Stufe der Alltagspraxis, sondern auch um Wahrnehmungen, die wir mit der Sensibilisierung unserer Sinnesorgane durch Instrumente erzielen. So bildet das Elektronenmikroskop auch „nur" eine Form sinnlicher Wahrnehmung, allerdings eine mit unvergleichlicher Verfeinerung.

Theorien höherer Abstraktion – so die allgemeine Relativitätstheorie Einsteins – entstehen nicht allein durch Beobachtungstatsachen, sondern durch die spezifische synthetische Urteilskraft eines kundigen Theoretikers. Für manche Theorien gilt, dass erst im Nachhinein der Beobachtungsnachweis erbracht werden kann, so für Einsteins spezielle Relativitätstheorie. Dies gilt auch für viele kosmogonische Theorien über die Zustände im Weltall. Hier begegnet uns das Problem der Falsifikation. Verifikation und Falsifikation von Theorien bilden das Zentralglied einer jeden Wissenschaftstheorie. Verifikation – Nachweis der Richtigkeit einer Theorie – ist mit Falsifikation – Nachweis der Unrichtigkeit einer Theorie – eng verbunden. „The proof of the pudding is in the eating," so Friedrich Engels (1892. 1973, 530). Und in den Naturwissenschaften ist es wohl auch so, dass in der Praxis des wissenschaftlichen Experimentes oder der technischen Umsetzung sich herausstellt, ob ein bestimmter theoretischer Lehrsatz stimmt oder nicht.

Den Begriff der „Wahrheit" zur Bezeichnung „es stimmt" verwendet man seit den Einsprüchen der Philosophen seit längerem nicht mehr, da „Wahrheit" einen absolut hohen Übereinstimmungsgrad von These und Prüfergebnis voraussetzt. Viele mit höherem Allgemeinheitsgrad ausgestattete Theorien sind in der Regel „wahr mit Ausnahmen" oder, wie man in der dialektischen Philosophie zu sagen vorzieht, sie sind „relativ wahr". Die relative Wahrheit ist eine Konzession an die Tatsache, dass es zu vielen Theorien nicht nur die berüchtigten Ausnahmen gibt, sondern dass die diesen Theorien zugrunde liegenden Beobachtungsfelder schwer abzugrenzen sind. So gilt die Theorie der Synthetischen Evolution – die aktuelle Entwicklungsform der Darwinschen Theorie – als relativ wahr, weil der aus Beobachtung oder Archäologie zu entnehmende Beschreibungskontext in vielen Fällen nicht eineindeutig ist. Dennoch gilt der moderne Darwinismus als eine der gesichertsten naturwissenschaftlichen Theorien hohen Abstraktionsgrades.

In verschiedenen Wissenschaftstheorien wird dieser Sachverhalt mit dem Begriff der „gegenwärtig bestmöglichen Theorie" interpretiert (Janich et al. 1974, 25). Ihr Gegenstück bilden „hypothetisch-deduktive Theorien", die auf den Aufbau eines Theoriensystems von zunächst einfachen, sodann stetig komplexer werdenden Theorien verzichten und damit auch auf die in diesen Theorien eingelagerten Wahrheitswerte. Wir stoßen hier auf die Frage nach der Wertigkeit vergleichbarer Theorien. Wenn auf das Modell des Aufbaus von unten nach oben verzichtet wird, stellt sich die Frage nach der Güte (um nicht zu sagen Richtigkeit) verschiedener Theorien. Nach Popper sind alle Theorien zunächst einmal so gut (oder schlecht) wie die anderen. Wie gut sie jeweils sind, entscheidet sich durch ihre Anwendbarkeit und Erklärungskraft, also auf rein erkenntnispraktischem Wege (Popper 1972). Insofern sollte man sich hüten, aus ideologischen Gründen zwischen konkurrierenden Theorien zu entscheiden.

Das ist in den Sozialwissenschaften oft der Fall. Max Webers Theorie, dass die Geburtsstunde des Kapitalismus in Europa mit der Reformation eng verbunden ist, da diese christliche Grundsätze wie Sparsamkeit und Wahrnehmung sozialer Verpflichtungen zum ethischen Handlungsauftrag des Kapitalisten erhob, gilt als Gegentheorie zur Erklärung der kapitalistischen Akkumulation durch die marxistische Theorie. Hingegen haben viele von den Wissenschaften formulierte Naturgesetze absolute Gültigkeit – nehmen wir als Beispiel das Fallgesetz. Aber auch hier gibt es eine Einschränkung. Ändert man die Fallbedingungen, gilt es in seiner reinen Form nicht mehr. Dies kann geschehen, wenn der fallende Körper selbst in einem fallenden Körper eingeschlossen oder der Fallraum magnetisierenden Wirkungen ausgesetzt ist. Schließlich wären noch Wettervorhersagen zu nennen, die heute wesentlich besser als noch vor zehn Jahren apparativ fundiert, d. h. durch Beobachtung gestützt, jedoch oft nicht zuverlässig sind. Hier liegt der Grund für theoretische Irrtümer (da es sich um Verlaufsaussagen handelt, gehören sie zu den theoretischen Aussagen) in der inneren Dynamik der Wetterlagen und -gebilde, die nicht deterministisch zu erfassen sind, sondern eher chaostheoretisch.

Im Großen und Ganzen gilt für wissenschaftliche Theorien, dass sie letztlich in praktisch erfahrenen Vorgängen wurzeln, die in sinnreich erdachten Experimenten wiederholbar gemacht werden. Ein direkter Bezug zur Erfahrung im alltäglichen Sinne existiert in der hoch entwickelten Wissenschaft

kaum noch. Das Gesamt wissenschaftlicher Theorien bietet jedoch spezifische Zuordnungssysteme für neue Erfahrungen, über die theoretische Aussagen eingeordnet werden. Theoretische Systeme in verschiedenen Wissenschaften sind weitgehend in sich geschlossen, was sie zugleich praktischer macht, da sie hierdurch für die für diese Wissenschaft relevanten Praxen besonders „empfindlich" sind.

4.2 Konstruktion von Praxen

Die Natur in ihrer Ursprünglichkeit, als das fremde, andere Gegenüber zu erkunden, dies hat für die meisten Wissenschaftler den alten Sinn längst verloren. Auch die in älteren Wissenschaftstheorien hochgeschätzte Leaderrolle bestimmter Denkstile, nach denen sich Erkenntnissuche wie Wissensverarbeitung richtet, wird nicht mehr als treibendes Moment der Erkenntnisorientierung und -entwicklung anerkannt. Ludwik Fleck konnte zeigen, dass sich moderne naturwissenschaftliche Forschung viel weniger entlang tradierter Denkstile bewegt, sondern vor allem „Laborstile" das Forschungshandeln dirigieren (Fleck 1935). Mit den von Thomas S. Kuhn in die Diskussion gebrachten [→] Paradigmen glaubte man epocheprägende Prinzipien der Interpretation von forschungsleitenden Theorien ausmachen zu können (Kuhn 1973), die vereinende Kraft so genannter Wissenschaftlerschulen vor sich zu haben. Obwohl man diese Maßstäbe in der Wissenschaftsgeschichte natürlich noch anwenden kann, verliert sich in solch monokausalen Annahmen – das *eine* Paradigma, die *eine* große Persönlichkeit, der *eine* problemlösende Denkstil usw. – die Komplexität des tatsächlichen Erkenntnisfortschritts. Die hohe Zeit einer ausschließlich paradigmatischen Betrachtung von Wissenschaftsentwicklungen hat sich inzwischen relativiert. Großes Interesse verdient das [→] Paradigma-Konzept nach wie vor durch die Rätselhaftigkeit der Ablösungsrituale. Paradigmen werden in aller Regel nicht widerlegt, sondern „vergehen"; man wendet sich anderen

Fragen zu, ohne die alten alle erschöpfend behandelt zu haben.

Seit geraumer Zeit stehen wissenschaftstheoretische Konzepte im Vordergrund, in denen die experimentelle, theoretisch-kognitive, organisatorische, technisch-apparative und teamförmige Aggregation im Forschungsprozess betont wird. Komplexe Abläufe und Ablaufgewissheiten sind entscheidend für die Nachvollziehbarkeit des Erforschten. Im Mittelpunkt stehen dabei die vorhandenen Ressourcenensembles, die oft genug die alleinige Voraussetzung für die Wiederholung bestimmter Experimente sind. Für den Genetiker – für jedes andere Wissenschaftsgebiet gilt dies entsprechend – stehen die „Modellorganismen" bereit, d. h. über Jahre gezüchtete genetisch reine Varianten eines Insektes, Wirbellosen oder Säugers. Selbstredend ist auch das eine Realität – aber ist es noch die objektive Realität des beobachtenden und beschreibenden Forschens früherer Biologenjahre? Im Grunde genommen ist es bereits ein Stück Forschungsarbeit, sagen wir der ersten Generation, das hier zur Weiterverarbeitung ansteht. Alle bis hierher aufgezählten Forschungsabteilungen wirken spezifisch zusammen, bilden eine komplexe Experimentallandschaft. Aber auch diese ist keineswegs auf den „reinen Erkenntnisgewinn" gerichtet. Die Verbindung zum Auftraggeber, zu den Finanzinteressen, zu wissenschaftspolitischen Forschungsträgern – all das konstituiert soziotechnische Netze, in die Wissenschaften eingebunden sind und ohne die der Forschungsprozess nicht mehr beschreibbar ist. Nicht wenige Themen haben inzwischen eine enge Beziehung zu politischen Interessenlagen. Schon längst geht es sich nicht mehr nur um privatkapitalistische Verwertung. Stärker in den Mittelpunkt rücken politisch betonte Zukunftsfelder, so z. B. Beiträge zum ökologischen Überleben der Menschheit. Dass die Politik gezielt Forschungspolitik betreiben muss, ist keine Frage mehr. Wissenschaft und Politik, so der Wissenschaftsforscher Mitchell Ash, bilden „Ressourcennetze füreinander" (2002). Diese wissenschaftssoziologische Interpretation von naturwissenschaftlicher Forschung, fußend auf früheren Analysen von Ernst Cassirer, Bruno Latour oder neuerdings Hans-Jörg Rheinberger (2006), stecken einen umfassenden politisch-professionellen Handlungsrahmen ab, den man früherer Naturwissenschaft nicht im Entferntesten zuschreiben konnte.

Die Konstruktion neuer Praxen ist kein Vorrecht der naturwissenschaftlichen Erkenntnis. Nicht in jedem Fall führt sie zu derart komplexen Gestaltungen. Die informationstechnologischen Praxen des Computerzeitalters beschreiten völlig andere Wege. Der produktive Mensch hat den Fähigkeitsrahmen seines Intellekts objektiviert. Er kommuniziert mit dem Produkt dieser Objektivierung. Praxis wird zu einer neuen Form der Subjekt-Subjekt-Interaktion, deren mensch- wie weltverändernde Potenziale noch längst nicht realisiert, geschweige den ausgeschöpft sind.

Auch in den Sozialwissenschaften bestehen hinlänglich viele konstruierte Praxen. Jede Befragung funktioniert nur über die Zurechtstellung einer ausgewählten repräsentativen Zahl von Bürgern. Gelegentliche Pannen warnen vor zuviel Vertrauen in entsprechende Methodologien. In der Archäologie bildet nicht selten ein einziger Fund – so die Himmelsscheibe von Nebra – den Ausgangspunkt für eine umfangreiche Neuinterpretation der Arbeits- und Lebensverhältnisse sowie der geistigen Kultur der Jungsteinzeit.

In wissenschaftsphilosophischer Hinsicht handelt es sich bei diesen Veränderungen um konstruierte Praxen, die ihre Besonderheiten längst nicht mehr nur aus objektiven Sachständen erfahren. Hier ist Praxis nicht mehr die Auseinandersetzung mit einem anderen Wirklichen, sondern die theoretische Schaffung neuer Realitätszonen. Sie ist nicht mehr Orientierung auf das Äußerliche, das durch Tätigkeit in Besitz genommen wird, sondern Prozess der Formung und Formierung eines immer profilierteren gesellschaftlichen Subjekts.

Theoretische Konstrukte sind das Gegenstück konstruierter Praxen. Oft genug sind sie in der Praxis des Lebens ebenso wie in den vorwiegend technischen Wissenschaften nicht sofort anwendbar. Meist ist dann die Theorie (noch) nicht ausreichend, so z. B. in Pharmazie und Medizin. Neue Medikamente müssen erst in die Vielfalt physiologischer Lebensvorgänge „eintauchen", ehe sie genehmigungsreif sind. Die motorisierte Luftfahrt brauchte nahezu ein Vierteljahrhundert vom ersten misslungenen Flugversuch zum endlich erfolgreichen Hüpfer. Bis zur Atlantiküberquerung dauerte es noch lange. Die Unstimmigkeit des Theoretischen ist in aller Regel einem unentwickelten Niveau geschuldet. Betrachtet man diese Beispiele genauer, dann war es nicht die Theorie, die den Sieg über eine sperrige Praxis erzielte, sondern das schier unendliche Tüfteln der Mechaniker, das alte erkenntnispraktische Prinzip von „trial and error", das zum Erfolg führte.

Auf einem hohen Niveau der Wissenschaft kommt es zur Umkehrung der Gewichtigkeit von Theorie und Praxis. Es gibt kaum noch Erkenntnisbereiche, die nur auf dem praktischen Geschick ihrer Bearbeiter fußen. Praktisch erschlossene Wirklichkeiten beziehen sich auf das den menschlichen Sinnen zugängliche Gemachte, doch dies ist zugleich ein Stück theoretisch erschlossene Wirklichkeit, so an der Entwicklung der Luftfahrt zu sehen, wo heute kein „trial and error" mehr zugelassen ist.

Dieses Zusammenwirken praktischer und theoretischer Erkenntnisschritte begegnet uns in besonders starken Maße bei der Erforschung und „Beherrschung" verschiedener Ökosysteme. Aber theoretisch erschlossene Wirklichkeiten als solche bringen erst die großen Sensationen von Wissenschaft und Technik hervor. Von der theoretischen „Betrachtung" der Mondrückseite bis zur wirklichkeitsgetreuen Modellierung des Atoms, von der Simulation von Informationsübertragungen bis zur Nanotechnik spannt sich der Siegeszug des theoretischen Denkens.

Literatur

Ash, Mitchell (2002): Wissenschaft und Politik als Ressourcen füreinander. In: Bruch, Rüdiger & Kaderas, Brigitte (Hrsg.): Wissenschaften und Wissenschaftspolitik. Stuttgart

Capelle, Wilhelm (1958): Die Vorsokratiker. Berlin

Cassirer, Ernst (1989): Zur Logik der Kulturwissenschaften. 5. Aufl. Darmstadt

Engels, Friedrich (1892, 1973): Die Entwicklung des Sozialismus von der Utopie zur Wissenschaft. In: Marx-Engels-Werke (MEW), Bd. 19. Berlin

Fleck, Ludwik (1935, 1994): Entstehung und Entwicklung einer wissenschaftlichen Tatsache. Frankfurt a. M.

Gramsci, Antonio (1980): Zu Politik, Geschichte und Kultur. Frankfurt a. M.

Habermas, Jürgen (1985): Der philosophische Diskurs der Moderne. Frankfurt a. M.

Hegel, Georg Friedrich Wilhelm (1817, 1966): Enzyklopädie der Wissenschaften. Berlin

Hegel, Georg Friedrich Wilhelm (1925, 1974): Vorlesungen über die Philosophie der Religion. Berlin

Janich, Peter et al. (1974): Wissenschaftstheorie als Wissenschaftskritik. Frankfurt a. M.

Kant, Immanuel (1877): Kritik der reinen Vernunft. Text der Ausgabe 1781. Hrsg. von K. Karl Kehrbach. 2. Aufl., Leipzig o. J.

Knorr-Cetina, Karin (2002): Wissenskulturen. Frankfurt a. M.

Kuhn, Thomas S. (1962, 1973): Die Struktur wissenschaftlicher Revolutionen. Frankfurt a. M.

Lange, Friedrich Albert (1865, 1910): Die Arbeiterfrage. Ihre Bedeutung für Gegenwart und Zukunft. Neu hrsg. v. Franz Mehring. Berlin

Latour, Bruno & Woolgar, Steve (1986): Laboratory life. The constitution of scientific facts. Princeton

Lukács, Georg (1923, 1967): Geschichte und Klassenbewusstsein. Neuwied

Marx, Karl (1844, 1979): Zur Kritik der Hegelschen Rechtsphilosophie. In: MEW, Erg.Bd. 1. Berlin

Marx, Karl (1845; 1958): Thesen über Feuerbach. In: MEW, Bd. 3, Berlin

Negt, Oskar (1996): Marx. Ausgewählt und vorgestellt von Oskar Negt. München

Popper, Karl R. (1972): Logik der Forschung. Tübingen

Rheinberger, Hans-Jörg (2006): Epistemologie des Konkreten. Studien zur Geschichte der modernen Biologie. Frankfurt a. M.

Erklären und Verstehen

Detlef Horster

Seit es Pädagogik und Sonderpädagogik als Wissenschaft gibt, ist die Frage nach dem Verhältnis von Theorie und Praxis virulent. Man spricht gern davon, dass die Theorie praxisrelevant, dass eine Verbindung von Theorie und Praxis sichtbar oder dass der Brückenschlag zwischen Theorie und Praxis gewährleistet sein müsse. An den Formulierungen lässt sich leicht ablesen, dass die Verantwortung für das Gelingen dieser Verbindung der Theorie aufgebürdet wird. Wissenschaftler zeigen sich oft hilflos, wenn Praktiker ihnen vorhalten, dass man mit ihrer Theorie nichts anfangen könne. Sehen wir uns darum die sozialwissenschaftlichen Begriffe Beschreiben, Erklären und Verstehen an. Man kann etwas beobachten und beschreiben, was man gesehen hat. Das geschieht mit Hilfe von Begriffen. Man kann das Gesehene erklären. Das geschieht auf der Basis von Theorien, die empirische Daten bündeln und eine verbindende Gesetzmäßigkeit feststellen. Für das Verstehen muss der Sinn der Handlungen des Gegenübers erfasst werden. Diesen versteht man als Praktiker am besten, wenn man mittels Selbstreflexion den Sinn des eigenen Handelns versteht. Beschreiben, Erklären und Verstehen zu erlernen, muss darum das Ziel einer universitären pädagogischen und sonderpädagogischen Ausbildung sein. Dass man mit diesen Fähigkeiten eine höher qualifizierte [→ II] Praxis durchführen kann, ist eine zunächst zwar evidente Behauptung, muss und wird sich jedoch in der praktischen Arbeit erst erweisen können.

1 Beschreiben

Immanuel Kant sagt: „Gedanken ohne Inhalt sind leer, Anschauungen ohne Begriffe sind blind" (KrV, B 75). Daraus ergibt sich, dass es Denken überhaupt nicht gäbe, wenn es nicht mit der Anschauung in Verbindung gesetzt würde. Jede [→] Erkenntnis hat demnach zwei Quellen. Sie kommen nur in engem Zusammenhang vor. Erkenntnis kann überhaupt nur so geschehen. Der Erkenntnisprozess ist demnach eine Einheit von Wahrnehmung, Erfahrung und Denken.

Dies ist auf der Ebene der Alltäglichkeit so zu erklären: Menschen nehmen nur die Dinge wahr, von denen sie einen Begriff haben. Ich fuhr früher beispielsweise mit dem Zug zur Schule. Nachdem ich schon zwei Jahre gefahren war, nahmen wir im Kunstgeschichte-Unterricht romanische Kirchen durch. Als ich dann nach Hause fuhr und aus dem Fenster des fahrenden Zuges blickte, standen überall romanische Kirchen herum. Die wurden nicht extra für mich dahin gestellt. Die standen schon immer da, nur hatte ich sie nie gesehen. Dies macht deutlich, dass Denken oder Wahrnehmen allein keine Erkenntnis ausmachen können. Ich konnte die romanischen Kirchen nicht sehen, als ich noch keinen Begriff von ihnen hatte. Umgekehrt konnte ich ohne ihre Anwesenheit den Begriff „romanische Kirche" nicht füllen.

Das gilt ebenso für die soziale Wahrnehmung. Der Psychiater Rosenhahn hat – laut einer Meldung der „Hannoverschen Allgemeinen Zeitung" Nr. 274 vom 23. November 2002, Seite 14 – dazu ein Experiment durchgeführt. Er schleuste Scheinpatienten in psychiatrische Kliniken ein. Damit wollte er herausfinden, ob das Klinikpersonal Gesunde von Kranken unterscheiden kann. Das Ergebnis: Nicht einer der zwölf Scheinpatienten wurde als solcher erkannt. In einem anderen Experiment kündigte er einer Klinik an, dass demnächst Scheinpatienten eingeliefert würden, um die Klinik zu testen. Daraufhin fand jeder Fünfte neue Patient wenigstens einen Mitarbeiter, der ihn als Scheinpatienten entlarvte, obwohl tatsächlich kein einziger Scheinpatient eingeliefert wurde. Hier sieht man ebenfalls, dass Wahrnehmung und Begriff zusammen gehören, um sichere Erkenntnisse machen zu können.

Kant wollte mit der Erfahrungserkenntnis die menschliche Erkenntnis auf einen sicheren Boden stellen und vor Spekulationen bewahren, die zu nichtssagenden Ergebnissen führen. Er scheidet damit das Gebiet einer Naturerkenntnis, als einem Gebiet echter Sachen, von einem anderen Denken, das zwar ebenso möglich ist, sich jedoch nicht auf Erfahrung gründen kann, wie die in der Neuzeit beliebten Gottesbeweise. Erkenntnis sollte nicht über die Erfahrungsgrenzen hinausgehen. Eine solche sichere Erkenntnis zu begründen, setzte sich Kant zur Aufgabe. Der Titel „Kritik" in seinen drei zentralen Werken bedeutet für Kant, Erkenntnis nur in den sicheren Grenzen der Erfahrung zuzulassen. Sichere Erkenntnis ist nach Kants Auffassung nicht möglich, wenn man über die Grenzen der Erfahrung hinausgeht. An dieser Stelle müssen wir uns fragen, was Erfahrung für Kant bedeutet. „Das leitende Modell ist folgendes: Es ist zunächst durch Empfindung, Wahrnehmung etwas ‚gegeben'. Dadurch wird ein ‚Fundament' für weitere Erkenntnis gelegt" (Kaulbach 1969, 90 f.). Viele Wahrnehmungen derselben Sache verdichten sich zur Erfahrung. Das ist mit Erfahrung im Kant'schen Sinne gemeint. Dennoch ist – wie die Beispiele aus den psychiatrischen Kliniken eben zeigten – hier ebenfalls nicht unbedingt eine zuverlässige Erkenntnis gegeben. Das zeigt, wie wichtig es ist, seine Erfahrungen im Hinblick auf die Wahrnehmung stets erneut zu überprüfen. Wie geschieht das?

2 Erklären

Dies geschieht am besten mittels plausibler Theorien, z. B. durch die Habermassche. Was sind Theorien? Theorien können sehr verschiedene Funktionen in der Wissenschaft haben. Was für uns wichtig ist, ist die erklärende und vereinheitlichende Kraft wissenschaftlicher Theorien. Typischerweise findet ein bestimmter Erfahrungsbereich, der wohl gut beschrieben, jedoch nicht wirklich erklärt ist, eine Erklärung durch eine wissenschaftliche Theorie. „Man denke an die Planetenbewegung, für die ziemlich genaue mathematische Beschreibungen für eine lange Zeit bekannt waren. Aber eine Erklärung dieser Bewegungen ist ein anderes Problem. […] Die für eine lange Zeit beste Erklärung ist von Isaac Newton gegeben worden. Newtons Theorie forderte eine Gravitationskraft als ein erklärendes Hilfsmittel. Eine solche Gravitationskraft ist ein typischer Bestandteil wissenschaftlicher Theorien, denn es handelt sich um etwas, das nicht direkt beobachtet werden kann" (Hoyningen-Huene 2002, 20). In der neuzeitlichen Naturwissenschaft stehen die Gegenstände in Relation zum Gravitationsgesetz. Das Verhalten einzelner Gegenstände kann mittels des Gravitationsgesetzes erklärt werden. Doch wo ist das Gravitationsgesetz? Kann man es sehen oder anfassen? Das gerade nicht. Wissenschaftliche Theorien haben die „Fähigkeit, kausale Erklärungen zu geben, die ganze Bereiche von Phänomenen vereinheitlichen. Newtons Gravitationstheorie beispielsweise erklärte und vereinigte so verschiedene Phänomene wie den freien Fall von Äpfeln, die Bewegung von Planeten und die Existenz der Gezeiten. Die Theorie strukturierte systematisch einen großen Bereich anscheinend verschiedener Phänomene, indem sie eine einheitliche quantitative kausale Erklärung lieferte: alle diese Phänomene haben die Gravitation als ihre Ursache" (Hoyningen-Huene 2002, 20).

Ebenso gibt es für die Deutung sozialer Phänomene unterschiedliche Theorien, z. B. die Habermassche auf der einen und die Luhmannsche auf der anderen Seite. Auf die Unterschiede will ich nicht eingehen. Desgleichen nicht auf die Frage, welche von beiden plausibler ist. Doch erwähnt sei, dass sich mit der Luhmann'schen Grundunterscheidung von System und Umwelt ungemein viele unterschiedliche gesellschaftliche Phänomene erklären lassen, von den Aktionen und den Denkweisen einzelner Menschen über kleine Gruppen, wie die Familie, bis hin zur globalen Gesellschaft.

3 Verstehen

Wilhelm Dilthey hat die Unterscheidung von Erklären und Verstehen aufgenommen und die Methode des Verstehens „als eine für die Geisteswissenschaften charakteristische Methode" (Wright 1974, 20) entwickelt, weil eine grundlegend andere Problemsituation in beiden Wissenschaftszweigen vorliege (vgl. Apel 1979, 59). Seit Dilthey erhebt die Geisteswissenschaft einen methodologischen Autonomieanspruch (vgl. Apel 1979, 21). Dilthey war der Auffassung, dass der Sozialwissenschaftler allein durch Beobachtung keinen Zugang zur sozialen Welt erhält. Dennoch sind die Geistes- und Sozialwissenschaften „echte Erfahrungswissenschaften. Auch sie sind [wie die Naturwissenschaften] auf Tatsachen gegründet, auf die Tatsachen des Bewusstseins" (Gadamer 1985, 164). Der Sozialwissenschaftler muss der Lebenswelt seines Beobachtungsgegenstands selbst angehören. Nur so ist der Sinn von Handlungen überhaupt identifizierbar. Auf der Basis des eigenen Sinnhorizonts lässt sich der Sinn der Handlungen anderer verstehen. „Das Verstehen ist ein Wiederfinden des Ich im Du" (Dilthey 1910/1970, 235), oder eine „verstehende Identifikation mit dem Anderen" (Apel 1979, 66). Das ist das hermeneutische Motiv Wilhelm Diltheys. Er war der Überzeugung, dass eine solche annäherungsweise Ermittlung des Sinns der Handlung eines anderen Menschen, der beobachtet wird, so vollzogen werden muss, dass er sich vorstellt, welches der Sinn seiner Handlung in einer ähnlichen Situation wäre. Der Beobachter erkenne nun – und darin liegt nach Dilthey das Wechselverhältnis (Dilthey 1910/1970, 190) – die eigenen Sinnstrukturen umso besser, als

er sie bei den anderen Menschen erkennt. „So lernt er sich auf dem Umweg des Verstehens selber kennen" (Dilthey 1910/1970, 99). Dies schlägt bei Dilthey wiederum dadurch zum Vorteil aus, dass der Beobachter die Sinnstrukturen bei den anderen besser erkennt usw. Das nennt Hans-Georg Gadamer die „Produktivität des hermeneutischen Zirkels" (1985 ff., 224). Eine philosophische Hermeneutik sagt nichts anders, als dass Verstehen nur dadurch möglich ist, dass „der Verstehende seine eigenen Voraussetzungen ins Spiel bringt" (Gadamer 1985 ff., 109). Hermeneutik ist die Kunst des Verstehens, „die überall dort erfordert ist, wo der Sinn von etwas nicht offen und unzweideutig zutage tritt" (ebd. 92). Hermes der Götterbote, von dessen Namen der Begriff abgeleitet ist, hatte die Botschaften der Götter entweder wörtlich zu überbringen oder in für die Menschen verständliche Sprache zu übersetzen. Hermeneutik hat den unaufhebbaren und notwendigen Abstand „der Zeiten, der Kulturen, der Klassen, der Rassen – oder selbst der Personen" zu vermitteln (ebd. 109). Dies ist auf den Abstand zu übertragen, den wir zu behinderten Menschen haben, die zu verstehen sind, um so den Abstand zwischen ihnen und uns zu vermitteln [→ III Rehistorisierende Diagnostik]. Darum hat Hermeneutik solch hervorragende Bedeutung für Sonderpädagogen. Hermeneutik „schließt stets eine Begegnung mit den Meinungen des anderen ein, die ihrerseits zu Worte kommen" (ebd. 116). Gadamer definierte Hermeneutik einmal als die tiefe Überzeugung, dass mein Gegenüber auch etwas zu sagen habe. „Das Verstehen bewegt sich nach dieser Auffassung von vornherein auf einer höheren Reflexionsstufe als das naturwissenschaftliche Erkennen" (Apel 1985, 302).

Was nun genau ist „Verstehen" nach Dilthey? Ist es der beschriebene Austausch zwischen Zweien? Nicht nur, darüber hinaus ist es mehr. Hier kommt der in der Sekundärliteratur zu Wilhelm Dilthey vielfach traktierte „objektive Geist" ins Spiel. Dazu sagt Dilthey selbst: „Der individuelle Gesichtspunkt, welcher der persönlichen Lebenserfahrung anhaftet, berichtigt und erweitert sich in der allgemeinen Lebenserfahrung. Unter dieser verstehe ich die Sätze, die in irgendeinem zueinandergehörigen Kreise von Personen sich bilden und ihnen gemeinsam sind. Es sind Aussagen über den Verlauf des Lebens, Werturteile, Regeln der Lebensführung, Bestimmung von Zwecken und Gütern. Ihr Kennzeichen ist, dass sie Schöpfungen des gemeinsamen Lebens sind. Und sie betreffen ebenso sehr das Leben der einzelnen Menschen als das der Gemeinschaft" (Dilthey 1910/1970, 160). Das nennt Dilthey die Objektivation des Geistes. Das ist durchaus vergleichbar mit dem, was Habermas Lebenswelt nennt. Darum kann die Lebenswelt nur mittels der verstehenden hermeneutischen Methode erfasst werden.

Eine Kausalerklärung im Bereich der Geistes- und Sozialwissenschaften sei gänzlich undenkbar, sagt Dilthey (vgl. 1910/1970, 187). Sie sei allein schon begriffslogisch ausgeschlossen, denn die Gegenstände der Geistes- und Sozialwissenschaften seien Menschen, die Handlungsfreiheiten haben. Ein Mensch kann sich etwas vornehmen und eine Ereigniskette in Gang setzen. Der ursprünglich gefasste Entschluss muss nicht vom Anfang bis zum Ende die Ursache mit der Wirkung verbinden. So geschieht es oft bei Wahlprognosen, dass die Befragten bekunden, zur Wahl gehen zu wollen und eine bestimmte Partei zu wählen. Auf dem Weg zum Wahllokal kommt Ärger über eine Entscheidung der präferierten Partei hoch, und man wählt anders. Ähnlich unzusammenhängend sind Ursache und Wirkung in dem Fall, den Georg Henrik von Wright anführt: Juden wurden im Mittelalter aus Deutschland ausgewiesen und in Polen aufgenommen. Sie ermöglichten den Aufschwung Polens unter Kasimir dem Großen (vgl. Wright 1974, 139 f.). In diesem Fall kann man ebenfalls nicht sagen, dass die Ursache diese Wirkung erzielen sollte. Juden sind aus Deutschland ausgewiesen worden, damit das von ihnen vermeintlich bewirkte Unheil auf diese Weise von Deutschland abgewendet werden könnte. Oder ein Beispiel auf der individuellen Ebene: Meine Tochter zieht nach Gießen, um dort bei angesehenen Professoren ihres Fachs zu studieren. Dort lernt sie ihren Freund kennen. Es gibt in diesem Fall ebenfalls kein durchgängiges Ursache-Wirkungs-Verhältnis, denn sie zog nicht nach Gießen, um dort einen neuen Freund kennen zu lernen.

Zusammenfassend muss man festhalten, dass das Verstehen die kognitive Mehrleistung in den Erkenntnismethoden von Sozial- und Geisteswissenschaften ist. Mit der Unterscheidung von Erklären und Verstehen hat Wilhelm Dilthey die Geistes- und Sozialwissenschaften mit einer spezifischen Erkenntnismethode konstituiert. Und dies muss – wie Karl-Otto Apel betont – „als echte und unwiderrufliche Entdeckung [Diltheys] betrachtet werden" (Apel 1985, 343). Dilthey gilt als Begründer der Geisteswissenschaften und hat ihr „einen neuen, methodisch tragfähigen Sinn gegeben" (Orth 1985, 10). Es gibt noch einen Wermutstropfen, auf den Karl-Otto Apel hinweist: „Es braucht nicht geleugnet zu werden, dass mit der angedeuteten Erweiterung des Wissenschaftsbegriffs Gefahren verbunden waren und immer noch verbunden sind: Gefahren im Sinne der rationalen Unkontrollierbarkeit der Methoden, der übersteigerten spekulativen Ansprüche oder des fließenden Übergangs von der Geistes-Wissenschaft in die weltanschauliche Konfessionsliteratur und in die ideologie-politische Agitation. Diesen Gefahren stehen jedoch ebenso unbestreitbar jene anderen gegenüber, die mit der szientistischen Restriktion verbunden waren und sind" (1979, 73).

Wenn ich jetzt zurückkomme auf das eingangs aufgestellte Diktum, dass die Wissenschaft den Brückenschlag zu leisten habe, der die [→] Theorie mit der Praxis verbindet, so muss man sagen, dass eine theorielose Praxis etwas sieht, bestenfalls beobachtet und beschreibt, vielleicht Erfahrungen macht, doch nichts zu erklären weiß und darüber hinaus nicht wirklich verstehen kann. Erst eine wissenschaftliche Fundierung macht das und damit eine bessere Praxis möglich. Einsteins Wort, dass „die ganze Wissenschaft nur eine Verfeinerung des alltäglichen Denkens" sei, erlangt damit seine volle Gültigkeit (vgl. Hoy-ningen-Huene 2002, 25).

Literatur

Apel, Karl-Otto (1979): Die Erklären-Verstehen-Kontroverse in transzendentalpragmatischer Sicht. Frankfurt a. M.

Apel, Karl-Otto (1985): Diltheys Unterscheidung von ‚Erklären' und ‚Verstehen' im Lichte der Problematik der modernen Wissenschaftstheorie, in: Ernst Wolfgang Orth (Hrsg.): Dilthey und die Philosophie der Gegenwart, Freiburg, 285–347

Dilthey, Wilhelm (1910, 1970): Der Aufbau der geschichtlichen Welt in den Geisteswissenschaften. Frankfurt a. M.

Gadamer, Hans-Georg (1985): Wilhelm Dilthey nach 150 Jahren (Zwischen Romantik und Positivismus. Ein Diskussionsbeitrag). In: Ernst Wolfgang Orth (Hrsg.): Dilthey und die Philosophie der Gegenwart. Freiburg, 157–182

Gadamer, Hans-Georg (1985 ff.): Gesammelte Werke. 10 Bände, Tübingen, Bd. 2

Hoyningen-Huene, Paul: Die Systematizität von Wissenschaft, unter: http://archiv.ub.uni-bielefeld.de/wissensgesellschaft [26. Juni 2002]

Kaulbach, Friedrich (1969): Immanuel Kant. Berlin 1969

Orth, Ernst Wolfgang (1985): Dilthey und die Gegenwart der Philosophie. In: ders. (Hg.), Dilthey und die Philosophie der Gegenwart, Freiburg, 7–27

Wright, Georg Henrik von (1974): Erklären und Verstehen. Aus dem Englischen von Günther Grewendorf und Georg Meggle. Frankfurt a. M.

Paradigma/Paradigmawechsel

Geert-Lueke Lueken

1 Definition, Begriffs- und Gegenstandsgeschichte

Der Ausdruck „Paradigma" (griech. παράδειγμα) bedeutet Beweis, Beispiel, Muster, Modell, Urbild, Vorbild, Musterbeispiel. In verschiedenen wissenschaftlichen Kontexten hat der Ausdruck auch spezifischere Bedeutungen. So bezeichnet man z. B. die Reihe „amo, amas, amat …" als Paradigma der lateinischen a-Konjugation, während in der Wissenschaftsphilosophie etwa Euklids Geometrie oder Darwins Evolutionstheorie, also ganze Theorien oder Theoriengruppen als Paradigmen gelten. Von Paradigmen ist bereits bei Platon und Aristoteles im Zusammenhang mit der „Ideenlehre" die Rede. Dieser platonische Hintergrund ist allerdings in der heutigen Wissenschaftsphilosophie kaum noch präsent.

Die Verwendung des Ausdrucks „Paradigma" in Bezug auf die Wissenschaftsgeschichte findet sich erstmals bei G. Ch. Lichtenberg, etwa wenn er vom „kopernikanischen System" sagt, es sei „gleichsam das Paradigma, nach welchem man alle übrigen Entdeckungen deklinieren sollte" (nach: Rentsch 1989, 78). In die moderne Wissenschaftsphilosophie wurde der Paradigmabegriff jedoch erst von Thomas S. Kuhn mit seinem Buch über „Die Struktur wissenschaftlicher Revolutionen" (1962/dt. 1970) nachhaltig eingeführt. Dabei schließt Kuhn auch an Ludwik Fleck an, der in seinen medizinhistorischen Studien auf die für die Forschung konstitutive Rolle des „Denkstils", der ein wissenschaftliches „Denkkollektiv" prägt, aufmerksam gemacht hat (Fleck 1935). Kuhn greift den Paradigmabegriff bei Ludwig Wittgenstein auf, um Flecks Rede von Denkstilen und Denkkollektiven in der Wissenschaftsgeschichte zu präzisieren. Bei Wittgenstein sind Paradigmen Muster, Standards, Maßstäbe oder Vergleichsobjekte, wie etwa Farbmuster oder das Urmeter in Paris. Ein solches Paradigma ist nicht Gegenstand, sondern Mittel wissenschaftlicher Forschung. Es dient als ein vorbildliches Vergleichsobjekt, um andere Gegenstände daran messen und beurteilen zu können. Kuhn versteht unter Paradigmen „allgemein anerkannte wissenschaftliche Errungenschaften, die für eine gewisse Zeit einer Gemeinschaft von Fachleuten modellhafte Probleme und Lösungen liefern" (Kuhn 1970, 10). Gelegentlich verwendet Kuhn den Paradigmabegriff auch in einem weiteren Sinne für „die gesamte Konstellation von Überzeugungen, Werten, Techniken usw., die die Mitglieder einer Gemeinschaft teilen" (Kuhn 1970, 186).

Nach Kuhns Rekonstruktionen zur Wissenschaftsgeschichte (etwa der Geschichte der Chemie) findet bei wissenschaftlichen Revolutionen ein Paradigmawechsel statt. Was als modellhafte wissenschaftliche Errungenschaft oder Problemlösung gilt, ja das ganze Netz von Überzeugungen, Werten und Maßstäben, Methoden und Techniken einer Wissenschaftlergemeinschaft (scientific community) ändert sich. Da nach Kuhn der Paradigmawechsel auch eine Änderung der Maßstäbe von wissenschaftlicher Rationalität und Erkenntnisfortschritt einschließt, kann der Paradigmawechsel mangels eines gemeinsamen oder neutralen Maßstabs nicht mehr als ein rationaler Vorgang oder Fortschritt rekonstruiert werden. Jedes Paradigma führt seine eigenen Maßstäbe mit sich. So führt der Kuhnsche Begriff des Paradigmawechsels zum Problem der Inkommensurabilität. Wissenschaftsphilosophisch läuft diese Rekonstruktion wissenschaftlicher Revolutionen auf einen Relativismus wissenschaftlicher Weltbilder hinaus.

Ausgehend von Kuhns weiterem Paradigmabegriff ist die Rede von Paradigma und Paradigmawechsel in den 1970er Jahren über die Philosophie der Naturwissenschaften hinaus in weitere Bereiche der Philosophie und Sozialwissenschaften eingegangen – und schließlich auch in den öffentlichen Sprachgebrauch, etwa in Werbung und Politik. Wo immer eine grundlegende Neuorientierung, ein Umdenken oder Richtungswechsel beansprucht wird, wird inzwischen von einem Paradigmawechsel gesprochen. Durch diesen verallgemeinerten Gebrauch der Ausdrücke „Paradigma" und „Paradigmawechsel" haben diese erheblich an Trennschärfe und Aussagekraft verloren.

2 Zentrale Erkenntnisse, Forschungsstand

Die ungeheure Wirkung, die Kuhn mit seinen Rekonstruktionen zu wissenschaftlichen Revolutionen hatte, ist nur vor dem Hintergrund der Entwicklung der Wissenschaftsphilosophie im 20. Jahrhundert zu verstehen. In der ersten Hälfte des 20. Jahrhunderts war diese vom Konzept einer Wissenschaftslogik dominiert, wie es programmatisch im Logischen Empirismus entwickelt worden war. Das Programm war, sämtliche wissenschaftlichen Begriffe und Aussagen mit Mitteln der formalen Logik in einem einheitlichen formalen System darzustellen und damit die Grundlage für eine Einheitswissenschaft (unified science) zu schaffen. War das Projekt zunächst an der Vorstellung eines logischen Aufbaus der Wissenschaftssprache von unten (Beobachtung, Erfahrung) nach oben (allgemeine, theoretische Sätze) orientiert, so setzte sich unter dem Einfluss von Otto Neurath und Willard V. O. Quine die holistische bzw. kohärentistische Vorstellung eines Netzes von Aussagen durch, das, in sich widerspruchsfrei, nur an seinen Rändern lose mit der Erfahrung oder Beobachtung verbunden sei. Diese Verschiebung im Programm

der Wissenschaftslogik war Ausdruck einiger hartnäckiger Probleme bei der Ausgestaltung des wissenschaftslogischen Programms, die schließlich dazu beitrugen, die Dominanz der Wissenschaftslogik durch eine historisch-soziologische Perspektive in der Wissenschaftsphilosophie zu verdrängen.

Zu den hartnäckigeren Problemen gehörten das Verhältnis von Theorie und Erfahrung sowie die Frage nach dem Theorienvergleich. Die Wissenschaftslogik ging davon aus, dass sie es vor allem mit drei Klassen von Sätzen zu tun habe, mit den (a) analytischen (und logischen) Sätzen, die eigentlich nur Sprachregeln ausdrücken, aber keinen empirischen Gehalt haben, (b) den generellen empirischen Sätzen, die allgemeine empirische Gesetze theoretisch darstellen, und (c) den singulären empirischen Sätzen, die einzelne Beobachtungen ausdrücken. Aufgrund von Schwierigkeiten, diese Unterscheidungen hinreichend präzise zu fassen, wurde die Unterscheidung von analytischen und empirischen Sätzen ebenso verabschiedet wie die Annahme theorienneutraler Beobachtungssätze. Stattdessen war von einer „Theoriebeladenheit" der Beobachtung auszugehen. Damit war die Basis für einen Theorienvergleich anhand ihres empirischen Gehalts weggebrochen. An die Stelle trat das Konzept einer logischen Reduktion einer Theorie auf die andere. Das Konzept einer logischen Reduktion setzte allerdings voraus, dass zentrale Ausdrücke und Sätze in der reduzierenden und in der reduzierten Theorie dasselbe bedeuten, eine Annahme, die von Feyerabend einer radikalen Kritik unterzogen wurde. So häuften sich im Programm der Wissenschaftslogik die Probleme, und es bahnte sich eine neue Perspektive in der Wissenschaftsphilosophie an. Statt sich weiter primär auf logische Fragen zu konzentrieren, wurde die reale Wissenschaftsgeschichte [→ Wissenschaftstheorie und Wissenschaftsgeschichte] in den Blick genommen und nach neuen begrifflichen Mitteln zu deren Rekonstruktion gesucht. Für diese wissenschaftsphilosophische Perspektive stehen neben Kuhn etwa auch Norwood R. Hanson, Stephen E. Toulmin oder Paul K. Feyerabend.

In Kuhns „Die Struktur wissenschaftlicher Revolutionen" sind Paradigmen (im engeren Sinne) konkrete wissenschaftliche Leistungen bzw. Problemlösungen, über deren vorbildlichen Charakter in einer Wissenschaftlergemeinschaft Konsens besteht. Aufgrund ihres Vorbildcharakters liefern sie der weiteren Forschung Orientierung, weniger durch explizite Regeln, eher durch Suche nach analogen Problemen und Lösungen. Die am Paradigma orientierte Forschung nutzt die Problemlösungskraft des Paradigmas, um neue Probleme, die Ähnlichkeiten mit den paradigmatisch schon gelösten Problemen aufweisen, in analoger Weise zu lösen. Das Paradigma leitet die Forschung nicht durch Anwendung expliziter methodischer und logischer Regeln auf neu auftretende Probleme, es leitet die Forschung vielmehr ‚holistisch', indem es ein ganzes Netz von Begriffen, Methoden und Techniken liefert, das auch die Suche nach neuen Problemen ausrichtet. Mit dieser Sicht wendet sich Kuhn von der bis dahin vorherrschenden „Wissenschaftslogik" ab, in der Wissenschaft in erster Linie als ein System von Aussagen induktions- und deduktionslogisch analysiert wurde.

Mit dem Paradigmabegriff gelingt Kuhn demgegenüber eine historisch angemessenere Rekonstruktion der Wissenschaftsentwicklung. Er entwickelt ein Schema der Wissenschaftsentwicklung, dem zufolge sich eine wissenschaftliche Disziplin aus einer vor-paradigmatischen Phase über eine normalwissenschaftliche Phase, die von einem Paradigma geleitet ist, in eine revolutionäre Phase gelangt, aus der dann wieder eine normalwissenschaftliche Phase hervorgeht, die von einem neuen Paradigma regiert wird. In der vor-paradigmatischen Phase einer Wissenschaft gibt es noch keinen verbindlichen Forschungsrahmen, kein vorherrschendes Paradigma, sondern verschiedene Ansätze und Schulen, aber kein gemeinsames Bild einer Wissenschaftlergemeinschaft von ihrer Disziplin. Hat sich dann ein Paradigma etabliert, so geht die Wissenschaft in eine normalwissenschaftliche Phase über, in der sich die Forschung am etablierten Paradigma orientiert. Unlösbare Probleme werden in einer normalwissenschaftlichen Phase als Anomalien bei Seite gestellt. Wenn sich allerdings die Anomalien häufen und verschärfen, gerät das Paradigma in eine Krise. Treten dann konkurrierende, alternative Paradigmen auf, beginnt eine revolutionäre Phase der betreffenden Disziplin, in der das alte von einem neuen Paradigma verdrängt wird. Hat sich das neue Paradigma durchgesetzt, so kann auf dessen Basis eine neue normalwissenschaftliche Phase beginnen.

Da Paradigmen nach Kuhn holistisch verfasst sind [→ Holismus] und das ganze für eine Disziplin konstitutive Netz von Grundbegriffen, Überzeugungen, Sichtweisen und Praktiken einschließen, leben die Vertreter des alten und des neuen Paradigmas gewissermaßen „in verschiedenen Welten" (Kuhn 1970, 121). So kann der Übergang zu einem anderen Paradigma nicht argumentativ ausgetragen oder logisch rekonstruiert werden, denn beim Paradigmawechsel ändern sich auch die Bedeutungen grundlegender Begriffe, die Standards rationaler Argumentation und das Verständnis der Wissenschaft selbst. Verschiedene Paradigmen sind nach Kuhn inkommensurabel. Sie können nicht an einem gemeinsamen Rationalitätsstandard beurteilt werden, weil sie selbst jeweils unterschiedliche Rationalitätsstandards einschließen. Dass sich aus seinen Rekonstruktionen ein wissenschaftsphilosophischer Relativismus ergibt, hat Kuhn keineswegs willkommen geheißen. In seinem begrifflichen Rekonstruktionsrahmen aber schienen relativistische Konsequenzen unvermeidlich zu sein. Entsprechend kontrovers waren dann die wissenschaftsphilosophischen Reaktionen und Weiterentwicklungen.

Kuhns Gebrauch von „Paradigma" und „Paradigmawechsel" hat sich als terminologisch nicht sehr präzise erwiesen. So hat Margaret Masterman (in: Lakatos & Musgrave 1970) mehr als 20 unterscheidbare Bedeutungen von „Paradigma" bei Kuhn aufgezeigt. Zudem ergab sich der Verdacht eines Erläuterungszirkels in Kuhns Rede von „Paradigma" und „Wissenschaftlergemeinschaft". Für Kuhn wurde das zum Anlass, „Neue Überlegungen zum Begriff des Paradigmas" (in: Kuhn 1977) anzustellen und zur Präzisierung den Ausdruck „disziplinäre Matrix" einzuführen. Eine disziplinäre Matrix ist gemeinsamer Besitz der Vertreter einer Fachdisziplin und besteht aus verschiedenen Elementen, darunter vor allem symbolische Verallgemeinerungen, Modelle und Musterbeispiele. So hat Kuhn den weiten Paradigmabegriff durch den der disziplinären Matrix und den engeren durch den des Musterbeispiels (engl. „exemplar") erläutert. Mit dieser Klärung waren die Probleme der Inkommensurabilität und des Relativismus allerdings noch nicht erledigt.

Aus dem Umfeld des von Karl R. Popper begründeten [→] Kritischen Rationalismus, der eine auf dem Falsifikationsprinzip und dem Theorienpluralismus beruhende Variante der Wissenschaftslogik darstellt, sind vor allem drei Reaktionen einschlägig.

1. Popper selbst sieht in Kuhns Rede von Paradigmen und Inkommensurabilität in erster Linie einen Ausdruck eines den Irrationalismus befördernden „Mythos des Rahmens" (in: Lakatos/Musgrave 1970). Theorien und Begriffssysteme seien keine Käfige, die wir nur in einem irrationalen Kraftakt verlassen könnten und die sich einer wissenschaftlich-rationalen Beurteilung mittels der Falsifikationslogik entziehen würden. Auch wendet sich Popper gegen das Konzept der von einem Paradigma geleiteten Normalwissenschaft und hält dem ein pluralistisches Konzept vom Theorienwettbewerb entgegen.

2. Imre Lakatos versucht, das Kuhnsche Modell der Wissenschaftsentwicklung mit Poppers Falsifikationismus zu verbinden (in: Lakatos & Musgrave 1970). Bei Lakatos tritt an die Stelle des Paradigmabegriffs der Begriff des wissenschaftlichen Forschungsprogramms, an die Stelle des Paradigmawechsels das Konzept der Verdrängung eines degenerierenden Forschungsprogramms durch

ein progressives Forschungsprogramm. Da diese Verdrängung keineswegs irrational, sondern nach Kriterien der Problemlösungskraft und der heuristischen Potenz eines Forschungsprogramms abläuft, kann sie auch als eine Art Falsifikation verstanden werden, wobei kein Forschungsprogramm endgültig bestätigt oder widerlegt werden kann.

3. Paul K. Feyerabend, der zumindest teilweise vom Kritischen Rationalismus beeinflusst ist, sieht durchaus Ähnlichkeiten zwischen seinem Theoriebegriff und Kuhns Paradigmabegriff und vertritt mit Kuhn sowohl die historisch-soziologische Perspektive als auch die Inkommensurabilitätsthese, teilt aber mit Popper die Kritik am Konzept der Normalwissenschaft (in: Lakatos & Musgrave 1970). Der Poppersche Pluralismus wird so bei Feyerabend zu einem wissenschaftstheoretischen Relativismus des anything goes radikalisiert.

Zu den bemerkenswerten Wirkungen Kuhns gehört auch die Entwicklung des strukturalistischen Theorienkonzepts bei J. D. Sneed und Wolfgang Stegmüller. Hier wird, ähnlich wie bei Lakatos, ein neuer begrifflicher Rahmen geschaffen, um alte wissenschaftslogische Konzepte mit Kuhns Rekonstruktionen zur Wissenschaftsgeschichte verträglich zu machen und die wissenschaftliche Rationalität vor relativistischen Konsequenzen zu schützen. Der nun vorgeschlagene non-statement-view besteht darin, wissenschaftliche Theorien nicht mehr als Systeme von Aussagen aufzufassen. Eine Theorie oder auch ein Paradigma wird in dieser strukturalistischen Wissenschaftstheorie mengentheoretisch als ein n-Tupel, also eine Menge mit n Elementen dargestellt, zu denen in erster Linie ein mathematischer Strukturkern und die intendierten Anwendungen, aber auch noch einige andere Elemente gehören. Ein Paradigmawechsel wird als ein Theorienwandel aufgefasst, bei dem der mathematische Strukturkern betroffen ist. Inkommensurabilität erscheint nicht mehr als Problem, schon weil es nicht mehr darum geht, Kriterien wissenschaftlicher Rationalität mit normativem Anspruch zu explizieren, sondern lediglich darum, einen formalen Apparat zur Beschreibung der Wissenschaftsentwicklung bereit zu stellen.

3 Ausblick

Für die wissenschaftsphilosophische Rekonstruktionsarbeit hat sich der weitere Paradigmabegriff Kuhns als zu vieldeutig und grob erwiesen. Das hat sich an den verschiedenen Bemühungen gezeigt, diesen Begriff durch andere zu ersetzen, von dem der „disziplinären Matrix" über den des „wissenschaftlichen Forschungsprogramms" bis hin zum strukturalistischen Theoriebegriff. Zudem hat der weite Paradigmabegriff durch seine Popularisierung zunehmend an Kontur verloren. Weiterhin profitieren kann die Wissenschaftsphilosophie vom engeren Paradigmabegriff, macht er doch auf die Rolle von Modellen, Musterbeispielen und Analogisierungen in der wissenschaftlichen Forschung und Darstellung aufmerksam, und damit auf einen zentralen Aspekt wissenschaftlicher Rationalität, der sich einer bloß formalen Wissenschaftslogik entzieht.

Literatur

Bayertz, Kurt (1981): Wissenschaftstheorie und Paradigmabegriff. Stuttgart

Fleck, Ludwik (1935): Entstehung und Entwicklung einer wissenschaftlichen Tatsache. Einführung in die Lehre vom Denkstil und Denkkollektiv. Basel

Hoyningen-Huene, Paul (1989): Die Wissenschaftsphilosophie Thomas S. Kuhns. Rekonstruktion und Grundlagenprobleme. Braunschweig

Kuhn, Thomas S. (1962/1970): The Structure of Scientific Revolutions. 2nd ed. Chicago 1970. Dt.: Die Struktur wissenschaftlicher Revolutionen. Frankfurt a. M. 1967, 2. Aufl. 1976

Kuhn, Thomas S. (1977): Die Entstehung des Neuen. Studien zur Struktur der Wissenschaftsgeschichte, Krüger, Lorenz (Hrsg.): Frankfurt a. M.

Lakatos, Imre & Musgrave, Alan (Eds.) (1970): Criticism and the Growth of Knowledge. London. Dt.: Kritik und Erkenntnisfortschritt. Braunschweig 1974

Rentsch, Thomas (1989): Paradigma. In: Ritter, Joachim & Gründer, Karl (Hrsg.): Historisches Wörterbuch der Philosophie, Bd. 7. Basel, 74–81

Stegmüller, Wolfgang (1973): Theorie und Erfahrung II/2: Theorienstrukturen und Theoriendynamik. Berlin

Monismus/Dualismus

Hans Heinz Holz

1 Definition

Die Definition des Monismus-Begriffs ist so vielfältig wie die weltanschaulichen Reaktionen auf das als Monismus deklarierte philosophische Programm. Am neutralsten im Philosophischen Wörterbuch von Georg Klaus und Manfred Buhr: „Einheitslehre", mit der Erläuterung: „Einheitlicher Name für eine Klasse von Weltanschauungen, die die Einheit der Welt als eine grundlegende Bestimmung der Wirklichkeit anerkennen" (1964, 823). Am parteiischsten im Wörterbuch der Philosophie von Fritz Mauthner, wo dem Stichwort ein veritabler Essay gewidmet ist, in dem es heißt: „Niemals kann dieses einzelne Wirklichkeitswissen zu einer Einigkeit führen, die eben darum ein Gefühl genannt werden mußte. … Ist der Mensch erst ganz durchdrungen von dem Gefühle der Einigkeit seiner selbst und der Natur, der Einigkeit seines Erlebens, seines Seins, und Denkens, dann werden für ihn die Scheinkämpfe zwischen Dualismus und Monismus zu einem Maskenspiel, an dem er keinen Anteil mehr nehmen kann. Die Masken sind dumm geworden. Es ist ja nicht wahr, daß auf den Gebieten, bis zu denen die modischen Monisten überhaupt vordringen, von einer Verdrängung des alten Dualismus die Rede sein kann. … Goethe, der Todfeind aller Wortschälle und aller -isten, der sich nun die Glorifizierung durch die Monisten gefallen lassen muß, hat sein Lebelang auf dem Gebiete des Wirklichkeitswissens das Geheimnis der Zweiheit, der Anderheit, der Polarität zu erforschen gesucht. Und wie Goethe alle Weisen seit jeher" (Mauthner 1910/11, Bd. 2, 98).

Beide Kennzeichnungen sind in gewisser Weise richtig, greifen aber gegenüber dem theoriegeschichtlichen Phänomen zu kurz.

Den weltanschaulichen Sinn des Monismus fasst treffend das Wörterbuch der philosophischen Begriffe von Regenbogen und Meyer zusammen: „Im weiteren Sinne versteht man unter Monismus seit dem 19. Jahrhundert jede philosophische Lehre und Weltanschauung, die im Gegensatz zum Verharren bei zwei Prinzipien (Dualismus) und zur Annahme einer ursprünglichen Vielheit (Pluralismus) eine letzte Einheit erstrebt oder annimmt, aus der sich alles entwickelt oder entwickeln läßt, auf die sich daher auch alles Zwiespältige und Mannigfaltige zurückführen lassen muß" (Regenbogen und Meyer 1998, 427).

Hier aber wird der methodologische Sinn zu wenig beleuchtet. Die beste knappe Definition ist im „Vocabulaire technique et critique de la philosophie" zu finden: „So nennt man jedes philosophische System, das die Gesamtheit der Dinge als reduzierbar auf eine Einheit betrachtet: sei es unter dem Gesichtspunkt ihrer Substanz, sei es unter dem der (entweder logischen oder physischen) Gesetze, durch die sie geordnet sind, sei es schließlich unter dem Gesichtspunkt der Moral" (Lalande 1902/1903, 631).

Als philosophischer Terminus ist der Begriff nicht älter als die deutsche Aufklärung. Er taucht erstmals bei Christian Wolff (1723) auf und wird von Friedrich Christian Baumeister (1735) in seine Philosophischen Definitionen aufgenommen, während das erste deutschsprachige Wörterbuch von Johann Georg Walch (1726) den Begriff noch nicht kennt. Wolff stellt Monismus und Dualismus als dogmatische Einseitigkeiten einander gegenüber, hat dabei aber nicht, wie Leibniz, deren dialektische Vermittlung vor Augen, sondern zieht sich skeptisch auf die Unvollständigkeit unseres Wissens zurück, die weltanschauliche Abschlusskonzepte nicht erlaubt: „Und scheinet es mir noch viel zu zeitig zu sein, daß man, wie z. B. Cartesius getan, gewisse allgemeine Gründe, als Elemente der Dinge setzet, daraus man alles durch bloßen Verstand herleiten will, was in der Natur möglich ist. Wo man einmal diesen Schluß gefasset, da hänget man seinen Gedanken nach und fänget an zu dichten, wenn es die Umstände noch nicht leiden, daß man hinter die Wahrheit kommen kann" (Wolff 1723, Vorrede ohne Paginierung).

Zur Bezeichnung einer Einstellung oder Strömung wird der Begriff seit der Mitte des 19. Jahrhunderts, und er verengt sich dann auf ein empiristisch zu begründendes Bild des Naturganzen. Aus einem wissenschaftlichen Erklärungsmodell wurde eine rein auf diesseitige erfahrbare Zusammenhänge gerichtete populärwissenschaftliche Weltanschauung, die dem vordialektischen Materialismus der französischen Aufklärung nahestand; im Bund der Monisten organisierten sich Menschen, die im Gegensatz zu religiösen Projektionen und Institutionen die Erarbeitung eines Weltbilds auf der Grundlage des naturwissenschaftlichen Erfahrungswissens anstrebten. Zentraler Bezugspunkt war die Naturphilosophie Ernst Haeckels, vor allem sein in vielen Auflagen und Volksausgaben erschienenes Werk „Die Welträtsel" (Haeckel 1899).

2 Gegenstand und Reichweite des Begriffs

2.1 Religionsgeschichtlich

Das Begriffspaar Monismus/Dualismus bezieht sich ursprünglich auf einen religionsgeschichtlichen Sachverhalt: Ist die Weltschöpfung die Tat eines Gottes und ist der Weltlauf von diesem einen Gott bestimmt? Oder sind es zwei gegensätzliche Mächte, die miteinander um die Herrschaft kämpfen, die Prinzipien des Guten und des Bösen, des Lichtes und der Finsternis? Insbesondere auf dem Boden vorderasiatischer Kulturen haben diese religiösen

Gegensätze der Wirklichkeitsdeutung in großen Bewegungen ihren Ausdruck gefunden: Der strikte Monotheismus von Judentum und Christentum, der Dualismus des Zoroaster (Ahura Mazda und Ahriman als Gegengottheiten) und unter seinem Einfluss der Manichäer, schließlich die in die frühen christlichen Gemeinden einsickernde, aus orientalischen Quellen gespeiste Gnosis; ein Großteil der frühchristlichen Literatur ist der Auseinandersetzung mit dem gnostischen Denken gewidmet.

In der Tat ist es schwierig, einen monotheistischen Glauben zu bewahren, wenn man Güte und Gerechtigkeit des allmächtigen Gottes und die Liebe zu den Menschen und der Kreatur als seine Wesensmerkmale ansieht. Dann muss erklärt werden, wie das Böse, das Unrecht und das Leiden in die Welt kommen (Theodizee-Problem). Der Mythos von den gefallenen Engeln und dem Teufel als ihrem Anführer hat ja schon wieder dualistische Züge, die deutlich hervortreten, wenn Kardinal Joseph Ratzinger, der spätere Papst Benedikt XVI., den Teufel nicht als Symbolfigur, sondern als personale Wirklichkeit bezeichnet (Holz 2006).

2.2 Psychologisch

Eine sich an der archetypischen Geltung irrationaler Mythologeme orientierende Psychologie hat den religiösen Dualismus in säkularisierter Form erneuert. Carl Gustav Jung entdeckt in der anima christiana „ein Wissen um das Vorhandensein eines Widersachers", durch das die monistische Konstruktion durchbrochen wird, das Böse nur als Mangelerscheinung, als privatio boni jedes endlichen und daher nicht unendlich und universell guten Wesens aufzufassen. Jung zieht zu dem logischen (auf die Denkform bezogenen) Gegensatz von „einzigartig und allgemein" die ontische (auf die reale Substanzform bezogene) Parallele „geistig – materiell" und gesellt dazu das ethische Äquivalent „gut – böse". So gelangt er zu einer dualistischen Psychologie auf einer metaphysischen Grundlage: „Als Geist bezeichnet man jenes Prinzip, das im Gegensatz zur Materie steht. Darunter denkt man sich eine immaterielle Substanz oder Existenz, die auf höchster und universalster Stufe als Gott benannt wird" (Jung 1945, 386). Dass diese Nebeneinanderstellung dieser Begriffspaare ganz verschiedene Realitäts- und Aussageebenen auf gleicher Stufe anordnet, wird in dieser Konstruktion übersehen. Solche Dualismen lassen sich schnell in Wortkaskaden weiterschwemmen: Ordnet man den Geist der apollinischen Gestalt- und lichten Astralwelt zu, und die Seele dem dionysischen Rausch und dem dunklen chthonischen Reich der Mutter-Materia, kann man schnell den „Geist als Widersacher der Seele" (Klages 1929) stilisieren und kommt zwischen Nietzsche und Jung zu Ludwig Klages. Da werden dann die aus der Innerlichkeit der Seele aufsteigenden Bilder zur wahren Welt, während die Welt der Dinge, vom Geist erfasst und definiert, zum bloßen Schein herabsinkt; aus der Dualität Sein – Bewusstsein, Außen – Innen wird der antagonistische Dualismus von Geist – Seele, Ding – Bild: „Das Bild wird von der Seele empfangen … das Ding ist in die Welt vom Bewußtsein hineingedacht … An das Bild kann ich mich zwar erinnern, aber ich kann es nicht im Urteil vergegenwärtigen; auf das Ding, weil es jetzt das nämliche wie damals ist, kann ich mich jederzeit denkend beziehen" (Klages 1922, 78 f.).

In diesem metaphysischen Dualismus ging die Aufklärungspsychologie unter, die die Einheit der psychischen Leistungen konzipiert und nicht gattungsverschieden separiert, sondern graduell differenziert hatte: von den klaren bis zu den dunklen, von den deutlichen bis zu den verworrenen Vorstellungen. Ja, Leibniz hat sogar die Einheit von körperlicher und seelischer Substantialität zu fassen versucht, indem er die Seele als die „substantielle Form" des Körpers bezeichnete und damit gegen den cartesischen Dualismus von res cogitans (denkender Substanz) und res extensa (ausgedehnter Substanz) die strukturelle Einheit des Unterschiedenen betonte (Holz 1997, 261 ff.).

2.3 Ontologisch-erkenntnistheoretisch

Vom Dualismus des Descartes konnten sich auch die nach-hegelschen Kritiker des deutschen Idealismus nicht lösen, weil sie in Hegels Formulierungen über die Idee als das eigentlich Wirkliche die Substantialisierung des Geistigen auf Kosten der Materie zu finden vermeinten und nicht erkannten, dass Hegel damit das Verhältnis der Repräsentation des Materiellen im Denken zum Materiellen selbst bezeichnete. So betrachtete der Logiker Adolf Trendelenburg (1802–1872), der hier stellvertretend für eine Haupttendenz des 19. Jahrhunderts stehen mag, den Dualismus als die Grundstruktur der Philosophie überhaupt: „Wie kommt das Denken zum Sein? Wie tritt das Sein in das Denken? Diese Frage bezeichnen wir als die Grundfrage. Wenn die Wahrheit für die Übereinstimmung des Denkens mit dem Sein erklärt wird, so ist diese Frage in dem Wort Übereinstimmung verdeckt. Wie bringt das Denken diese Übereinstimmung hervor und zwar auf eine solche Weise, daß es selbst der Übereinstimmung gewiß wird. … Es ist gar leicht, diesen Anfang, der in einer Trennung von Denken und Sein begründet ist, als dualistisch zu verschreien. Wir scheuen diesen Dualismus nicht, den die neueste Philosophie, wie den bösen Feind, glaubt überwunden zu haben" (Trendelenburg 1840, Bd. I, 105).

Friedrich Engels hat diesen Gedanken dann in das marxistische Philosophieverständnis übernommen: „Die große Grundfrage aller, speziell neueren Philosophie ist die nach dem Verhältnis von Denken und Sein." Er bezeichnet die „Frage nach dem Verhältnis des Denkens zum Sein, des Geistes zur Natur" als „die höchste Frage der gesamten Philosophie. Je nachdem diese Frage so oder so beantwortet wurde, spalteten sich die Philosophen in zwei große Lager. Diejenigen, die die Ursprünglichkeit des Geistes gegenüber der Natur behaupteten … bildeten das Lager des Idealismus. Die anderen, die die Natur als das Ursprüngliche ansahen, gehören zu den verschiedenen Schulen des Materialismus. Etwas anderes als dies bedeuten die beiden Ausdrücke: Idealismus und Materialismus ursprünglich nicht" (Engels MEW Bd. 21, 274 f.).

Bei Trendelenburg als rein ontologischer Dualismus zweier verschiedener Seinsbereiche gedacht, wird bei Engels dieser ontologische Dualismus zugleich zum typologischen Dualismus weltanschaulicher Systematisierungen und ihrer wissenschaftsphilosophischen Begründung. Zu Recht betont Engels, dass diese strikte theoretische Trennung sich erst in der neueren Philosophie, das heißt seit Descartes, dominant durchsetzt. Denn erst die erkenntnistheoretische Wende, die Descartes mit der Frage nach der im Ich zu findenden Begründung der Erkenntnisgewissheit vollzieht, machte die Differenz von Denken und Sein (wie Trendelenburg sie dann knapp formulierte) zu einem metaphysischen Problem. Hier stoßen wir auf eine wissenschaftsgeschichtliche Schnittstelle, an der die Geschichte der Probleme in ihrer systematischen und, wie sich zeigen wird, praktischen Bedeutung auf die Tagesordnung gesetzt wird. Nach Kants Verbannung des Dings-an-sich aus dem Reich der Erkennbarkeit, das heißt der Reduktion der Erkenntnis auf die Bewusstseinsformen der Erscheinungen, und Hegels Restitution der Einheit von Sein und Erkennen, musste die Kontroverse zwischen Dualismus und Monismus unversöhnbar werden.

3 Systematische Aspekte

Als metaphysische Weltanschauungskonzeption ist der Monismus in der Form einer philosophischen Schulrichtung (wie der Dualismus als religiöse Glaubenslehre) obsolet geworden. Als Problem ist die philosophische Frage nach der Einheit der Welt (ebenso wie die theologische nach dem Ursprung des Bösen) seit den Anfängen kosmologischen und ontologischen Denkens erhalten. Die Einheit der Welt kann als „totalisation" vom Subjekt her eine transzendentale, das heißt eine Bewusstseinsleistung oder eine historisch-praktische, das heißt ein Handlungsresultat sein; sie kann vom Objekt her als die einheitliche Struktur der Naturgesetze oder der Beziehungsformen der Seienden in wechselseitiger Reflexion/Widerspiegelung gedacht werden. Kein Denken kommt aber umhin, die Mannigfaltigkeit der Wissensdaten und der ihnen entsprechenden Gegenstände zu einer systematischen Einheit zu verknüpfen, und ist darum tendenziell monistisch. Verknüpfen, also die Einheit einer Vielheit herzustellen, ist die apriorische Verfassung des Denkens. Die Vielheit der Erscheinungen in letzter Instanz monistisch als eine Welt, dualistisch als Gegensatz von Sein und Bewusstsein oder pluralistisch als eine Menge von verschiedenen Substraten zu betrachten, ist jeweils einseitig und verwickelt sich in Aporien. Von Platon über Nikolaus von Kues und Leibniz bis zu Hegel und Marx reichen die Versuche, in einer dialektischen Theorie der Einheit des Unterschiedenen – oder logisch: des „übergreifenden Allgemeinen" eine Systemform zu entwickeln, in der diese Gegensätze aufgehoben, das heißt zugleich erhalten und überwunden sind. [→ materialistische Dialektik]

Literatur

Baumeister, Friedrich Christian (1735): Philosophia definitiva. Görlitz

Engels, Friedrich (1962): Dialektik der Natur. In: Marx-Engels-Werke (MEW), Bd. 20. Berlin, 305–570

Engels, Friedrich (1962): Ludwig Feuerbach und der Ausgang der klassischen deutschen Philosophie, Marx-Engels-Werke (MEW), Bd. 21. Berlin, 259–307

Geymonat, Ludovico (1980): Grundlagen einer realistischen Theorie der Wissenschaft. Köln

Haeckel, Ernst (1899): Die Welträthsel. Bonn http://www.zeno.org/Philosophie/M/Haeckel,+Ernst/

Holz, Hans Heinz (2005): Weltentwurf und Reflexion. Stuttgart

Holz, Hans Heinz (2006): Ratzinger. Marxistische Blätter. 6, 72 ff.

Jung, Carl Gustav (1945): Zur Psychologie des Geistes. In: Eranos-Jahrbuch XIII. Zürich, 385–448

Jung, Carl Gustav (1948): Über das Selbst. In: Eranos-Jahrbuch XVI. Zürich, 285–315

Klages, Ludwig (1922): Vom kosmogonischen Eros. München

Klages, Ludwig (1929): Der Geist als Widersacher der Seele. Leipzig

Klaus, Georg & Buhr, Manfred (Hrsg.) (1964): Wörterbuch der Philosophie. Leipzig

Lalande, André (1902–1903): Vocabulaire technique et critique. Paris

Leibniz, Gottfried Wilhelm (1965): Kleine Schriften zur Metaphysik. Hrsg. und übers. von Hans Heinz Holz. Frankfurt a. M.

Mauthner, Fritz (1910/11): Wörterbuch der Philosophie. München

Regenbogen, Armin. & Meyer, Uwe (Hrsg.) (1998): Wörterbuch der philosophischen Begriffe. Hamburg

Sartre, Jean Paul (1967): Kritik der dialektischen Vernunft. Reinbek

Trendelenburg, Adolf (1840): Logische Untersuchungen. Berlin

Walch, Johann Georg (1726): Philosophisches Lexicon. Leipzig

Weizsäcker, Carl Friedrich von (1971): Die Einheit der Natur. München

Wolff, Christian (1723): Vernünftige Gedanken von den Wirkungen der Natur. Halle

Wolff, Christian (1735): Psychologia rationalis. Halle

Dogma/Dogmatismus

Hans Heinz Holz

1 Definition

Kaum ein Begriff des Theoriespektrums ist so durch Missverständnisse, Vorurteile und Emotionen verdorben, wie der des Dogmas und davon abgeleitet des Dogmatismus. Die meisten Wörterbücher verbinden das Wortpaar – im besten Falle nach einer historisch-philologischen Herkunftserklärung – sofort mit den Konnotationen der unkritischen, voreingenommenen, sich aufnötigenden und sogar mit Gewalt durchgesetzten Meinung, die der Wahrheit den Weg versperrt. Den Gipfel postmoderner Beliebigkeit des Meinens gegenüber theoretischer Fundierung stellt wohl die Formulierung dar: „Schon die Vorstellung einer geschlossenen und durchdachten Theorie ebnet den Weg zur Dogmatisierung dieses Denkens" (Löser 1995, 806).

Im allgemeinen Sprachgebrauch, der auch in die Wissenschaften eingedrungen ist, wird der Begriff Dogma negativ konnotiert. Voreingenommenheit, Einseitigkeit, Sturheit, Unfähigkeit oder mangelnde Bereitschaft zur Diskussion, ja Meinungsdiktatur werden damit verknüpft. Philosophisch hat diese Abwertung ihren Ursprung in Kants Kritizismus, der sich als Grundhaltung philosophischen Denkens und als Maßstab der Sorgfalt bei der Erforschung der Wahrheit durchgesetzt hat. In der nicht katholischen Öffentlichkeit verbindet sich mit dem Begriff des Dogmas, seit der Aufklärung vom Rationalismus heftig bekämpft, die Intoleranz, die im Anspruch der katholischen Glaubenslehre auf Unfehlbarkeit und Verpflichtung für die Gläubigen gesehen wird.

Dieser Anspruch führt sich auf Augustinus zurück, der die Glaubenssätze (articuli fidei) als Gesetze Gottes auffasste, allerdings den Begriff Dogma nur im negativen Sinne auf die Häretiker anwandte. Aber erst durch das Tridentinische und das Erste Vatikanische Konzil bekommt Dogma den zwingenden Verordnungscharakter (dogmata sunt placita deorum – placita sind die juristisch geltenden Dekrete).

Befreien wir uns von dem ganzen Gestrüpp! Eine Reihe von griechischen Substantiven auf die Endung -ma, die von Verben abgeleitet sind, bezeichnen das Ergebnis des verbalen Vorgangs: pragma ist das von Tun (prattein) Hervorgebrachte, tagma das durch Aufstellung und Ordnung Gesetzte. Die Endung -ma deutet auf ein bestimmtes, einzelnes Resultat; für die Ganzheit von Vorgang und Resultat gibt es eigene grammatische Formen: Praxis, Taxis usw. So meint dogma eine wohl umschriebene Einheit von Inhalten des dokein, und dokein heißt in einem weiten Sinne „meinen", „sich über etwas eine Auffassung bilden", „ein Bild machen", „etwas einschätzen" und daherkommend „es schätzen" (davon viel später christlich doxa = gloria, der Ruhm des Herrn). Immer wird dokein vortheoretisch gebraucht, auch wenn es später terminologisch in der Philosophie als Gegensatz zur Wahrheit verengt wird – bei Platon und in seiner Nachfolge. Dokein benennt das, was der Alltagsverstand sich über Gott und die Welt denkt, nicht die begreifende Einsicht (noein, noesis, noema). Das Ganze des dokein ist die doxa, die bestimmte Meinung über einen Sachverhalt oder Sachverhaltskomplex das dogma.

2 Zentrale Erkenntnisse

Die Vorgeschichte des Begriffs in der Philosophie geht bis auf die Stoa zurück, ohne jedoch je mit dem heute verbreiteten negativen Wertakzent verbunden zu sein. Es ist in der Antike eher ein nebensächlicher Terminus. Im ersten deutschen Wörterbuch der Philosophie von Johann Georg Walch (1726) kommt das Wort gar nicht vor. Vielmehr gibt es nur den Begriff Meinung (doxa). Und als Motto bezieht sich Walch auf Luther: „O doxa, o doxa, qua est communis noxa" – Meinung, Meinung, was bist Du für ein allgemeiner Schaden.

In Begriffen wie pragma, tagma, dogma, paradigma, noema ist impliziert, dass der zu einem Handlungs- oder Gedankenzusammenhang zusammengefasste Inhalt strukturiert ist, also eine gewisse innere Systematik besitzt. Darum haben die Griechen noch einmal und mit gleitenden Übergängen unterschieden doxa = die allgemeine, theoretisch nicht gesicherte (aber durchaus lebensbrauchbare) Meinung; dokounta = die einzelne Meinung über bestimmte Dinge und Sachverhalte; dogma = die systematisch verknüpfte und begründete Lehrmeinung über einen Problembereich.

So erklärt sich die Bedeutungsentwicklung: Begründete Lehrmeinungen grenzen sich gegeneinander durch die verschiedenen Begründungen ab. Um der Systematik willen vereinseitigen sie sich. Der Vorwurf des Dogmatismus entsteht: Starrsinnigkeit des Festhaltens an einer Meinung ohne Rücksicht auf überzeugende andere Argumente. Das muss nicht so sein. Es gibt zahlreiche Lehrstuhlinhaber für theologische Dogmatik, die in diesem Rahmen einander widersprechende Lehrmeinungen vertreten (bis hin zu Häresien).

Sagen wir es ganz unverblümt und ungeschützt: Es gibt keine theoretische Systematik ohne Dogmatismus. Selbst die am meisten die Dogmen bekämpfen – die Verfechter des kritischen Rationalismus wie Popper oder die französischen Dekonstruktivisten [→ Moderne und Postmoderne] (1977), die jede Systematik verwerfen, vertreten ihr Credo mit einem strengen, ja intoleranten Dogmatismus.

An dieser Erscheinungsform berühren wir den antinomischen Wesenskern der Dogmen-Bildung. Wer einen theoretischen Entwurf vorgibt, muss ihn, wenn er ihn vertritt, für wahr halten. Natürlich gibt es auch Lüge, Fälschung, Tauschung – aber doch nur als subjektive Deformationen des Wahrheitsanspruchs; in der Aussage beziehen sich die Sache und die ausgesagte Bedeutung aufeinander, aber in einer Differenz, und in dieser Differenz ist sprachlich die Möglichkeit der Lüge angelegt (Holz 1956). Eine Behauptung mit dem Bewusstsein ihrer Unwahrheit ist strikt zu unterscheiden vom Irrtum, bei dem die in ihm enthaltene Unwahrheit subjektiv für wahr gehalten wird, im Gegensatz zur Lüge ist der Irrtum ein Moment der Wahrheit im Prozess der Wahrheitsfindung selbst.

Damit nähern wir uns weiter der Dialektik des Dogmatismus. Das Dogma setzt sich, das heißt den Inhalt seiner Aussage, als wahr. Es gibt nur eine Wahrheit, also muss das Dogma ihm widersprechende Meinungen ausschließen. In der Konsequenz, dass die Wahrheit nur eine ist und nicht eine Pluralität von Wahrheiten, erscheint das Dogma als absolut. Der Dogmatismus lässt im Namen der Wahrheit keine Andersheit, keine Abweichung zu. Er terrorisiert die Gedanken.

Wie dem entgehen, ohne in Relativismus zu verfallen, der letztlich überhaupt keine Wahrheit anerkennt? Am Ende einer langen Untersuchung über das Einssein und Anderssein der Wahrheit schließt Platon: „So also soll das gesagt sein, dass – wie es scheint – das Eins, ob es nun ist oder nicht ist, es selbst und die Anderen sowohl im Verhältnis zu sich selbst als auch zu einander, alles auf alle Weise ist und auch nicht ist und scheint und auch nicht scheint" (Platon, „Parmenides", 166 c 1–4). Nun ist das von Platon gewiss nicht relativistisch gemeint (wie seine anderen Dialoge zeigen); und auch nicht pluralistisch in dem Sinne, in dem heute wissenschaftsphilosophisch von Pluralismus gesprochen wird. Für Platon steht wie für jeden ernsthaften Philosophen fest: Es gibt nur eine Wahrheit. Wie ist eine Welt zu denken, in der dieser rätselvolle Satz gelten soll und die doch nur in einer Wahrheit abgebildet werden kann?

Die Antwort auf diese Frage hat erst Leibniz gegeben, er entwirft ein Weltmodell in dem die eine Wahrheit als ganze zugleich die Pluralität der Perspektiven einschließt (Holz 1958, 1997, 261 ff.). Jedes Einzelne (jede Monade) ist ein Spiegel der ganzen Welt, und dieses Gespiegelte ist dasselbe in allen Monaden und die eine für sie geltende Wahrheit. Aber als Einzelnes an einer Stelle in Raum und Zeit spiegelt jede Monade die Welt in der Perspektive ihres Ortes, ihres „point de vue", und darum anders als jede andere Monade. In diesem Weltmodell werden Nähe und Ferne – als Termini nur metaphorisch zu verstehen – zu Parametern der Genauigkeit der Spiegelung und zum Index des Grades der Übereinstimmung zwischen Individuen.

Ein Modell ist kein Abbild der Wirklichkeit, sondern eine analoge Konstruktion ihrer Struktur. Die „Leibniz-Welt" (Scholz 1961) lässt die Einheit sich in einer Pluralität von Perspektiven vergegenwärtigen, jedes Dogma kann aus einer Perspektive gerechtfertigt werden, ohne andere Dogmen ausschließen zu müssen. Um seinen dogmatischen Gehalt und Anspruch zu sichern, muss die Genauigkeit geprüft werden, mit der es die Wirklichkeit spiegelt. Es muss in sich konsistent sein. Es muss mit anderen Dogmen kompatibel oder kombinierbar und strukturell auf sie abbildbar sein. Kurz, es gibt eine Reihe von Kriterien, denen ein Dogma genügen muss, um ein beachtenswertes Lehrstück und nicht bloß eine Gedankenspielerei zu sein.

So verstanden ist Dogmatismus die Substitution einer Perspektive für eine allseitige Wahrheit. Die im Dogmatismus gesetzte Ansicht ist nicht eo ipso falsch, sondern einseitig. Damit sie ihre Einseitigkeit im Verhältnis zur Wahrheit bestimmen und rechtfertigen, will sagen sich reflektieren kann, bedarf sie der Toleranz (Holz 2002), des Respekts vor anderen Perspektiven und gegebenenfalls deren Berücksichtigung. Legitimer, sich reflektierender Dogmatismus und nicht-sektiererische Toleranz sind keine Gegensätze. „Anything goes" ist nicht die Negation des Dogmatismus, sondern die Beliebigkeit in der

Wissenschaft, mithin das Ende der Wissenschaft. Der Gegensatz zum bornierten Dogmatismus ist die Integration der Toleranz in die Struktur des Dogmas und allgemein in die Konstitution der Dogmatik. Oder in der Formel der dialektischen Logik: Dogmatik ist das Übergreifen ihrer selbst und ihres Gegenteils, der Toleranz.

Die Sprache macht diese Zweideutigkeit im adjektivischen Wortgebrauch kenntlich, „dogmatisch" kann man das starre Festhalten an einer einseitigen Ansicht nennen, aber auch ein Lehrstück, das sich durch innere Geschlossenheit auszeichnet. Alle großen philosophischen Systeme – Spinoza, Wolff, Fichte, Hegel (um Beispiele zu nennen) – sind in diesem zweiten Sinne dogmatisch. Alle Systeme können aber auch im ersten Sinne dogmatisch verengt werden – von den Glaubensbekenntnissen der frühen Konzilien (Nicaea, Chalcedon) bis zu den Erstarrungsformen in der Neuscholastik und im Marxismus gibt es Beispiele genug.

Bedeutungsverschlechterung von Wörtern ist ein der Sprachgeschichte vertrauter Vorgang. Das große Grimmsche Wörterbuch belehrt uns darüber. Oft vollzieht sich der Vorgang im Zusammenhang mit der Klassenspezifik herrschender Sprachgewohnheiten (W. Krauss). Sprache ist immer in der Entwicklung, man kann und soll ihren lexikalischen Wandel nicht eindämmen, wenn man sich auch gegen banalisierende Überfremdungen wehren muss, wie sie sich jetzt z. B. durch die weltweite Verbreitung von Amerikanismen vollzieht. Aber es gibt Wörter, die aus dem Verfall gerettet werden müssen, weil sie unverzichtbare Momente unseres Weltverhältnisses benennen und mit ihnen der Begriff und die Methodik einer weltanschaulichen Einheit des Denkens verloren gingen. Die bürgerliche Gesellschaft hat im Fortschreiten kapitalistischer Verkehrsformen immer mehr die Formen der Philosophie zersetzt, die das Ganze als eine systematische Ordnung ausdrückten. Wie die Ordnung der Produktion durch die Anarchie des Warenmarktes geregelt werden soll, so die Ordnung im Denken durch den Pluralismus der Meinungen.

Seit dem Ausgang des 18. Jahrhunderts gerieten nach und nach die Titelworte für die Bemühungen, die auf die Einheit des Denkens und in der Folge auf die systematisch begründeten Normen des Verhaltens zielten, in Verruf. So auch das Wort Dogma.

Zuerst war es Spekulation, sodann Metaphysik, vom Positivismus verketzert. Diktatur – noch bei Marx im altrömischen Sinne als Staatsform der Republik in einer Not- oder Übergangszeit verstanden – wird zur Schreckensherrschaft. Die Kategorie Totalität, die eng mit dem Begriff Dogma verbunden ist, ist unentbehrlich für jede Systematik und wird heute mit Totalitarismus zusammengebracht. Die Liste ließe sich vielfach verlängern

Die Tendenz ist gleicher Weise die Zersetzung von Strategien zum Entwurf übergreifender Sinneinheiten, die eine Interpretation des Einzelnen aus seinem Beziehungszusammenhang ermöglichen. Stattdessen wird das Faktum isoliert.

3 Schlussfolgerung

Diesem Verdikt ist auch der Begriff Dogma zum Opfer gefallen. Die in ihm wie in allen totalisierenden Begriffen (Sartre 1967) angelegte Zweideutigkeit, perspektivisch oder absolut gebraucht werden zu können, verlangt von Fall zu Fall eine ideologiekritisch-dialektische Reflexion beim eigenen Gebrauch des Begriffs wie bei der Kritik an anderen. Das erfordert Denken, Eindringen in die Aspektvielfalt des Wirklichen.

Dogmen im klassischen Sinne sollten dabei Wegweiser sein, nicht Festlegungen. Als Terminus der erkenntnistheoretischen Reflexion, einschließlich der Offenheit für Selbstkritik ist Dogmatik durchaus eine positive und legitime Form, in der das Denken sich zum Gedachten organisiert.

Literatur

Holz, Hans Heinz (1956): Leistung der Sprache als Aufklärung und Verschleierung. In: Niekisch, Ernst (Hrsg.): Der Gesichtskreis. Joseph Drexel zum 60. Geburtstag. Berlin

Holz, Hans Heinz (1958): Leibniz. Stuttgart

Holz, Hans Heinz (1997): Einheit und Widerspruch. Bd. 1. Die Signatur der Neuzeit. Stuttgart

Holz, Hans Heinz (2002): Rationalität und Toleranz. In: Sitzungsberichte der Leibniz-Sozietät. 56, 5, 119–128

Löser, Christian (1995): Dogmatismus. In: Haug, Wolfgang Fritz (Hrsg.): Historisch-Kritisches Wörterbuch des Marxismus. Berlin, 802–809

Sartre, Jean Paul (1967): Kritik der dialektischen Vernunft. Reinbek

Scholz, Heinrich 1961): Leibniz (1942). In: Scholz, Heinrich: Mathesis Universalis. Abhandlungen zur Philosophie als strenge Wissenschaft. Basel, 128–151

Teil III: Theorien

Systemtheorie, sozialwissenschaftlich: Luhmann

Christina Huber

Niklas Luhmann geht in seiner Systemtheorie davon aus, dass es Systeme gibt (Luhmann 1984, 30). Es heißt also nicht, wie vielfach unterstellt, dass es Systeme gibt, sondern dass Luhmann in seiner Theorie davon ausgeht, dass es Systeme gibt. Sie sind demnach ein Konstrukt für die Welterfassung, denn „die Welt ist äußerst komplex, die aktuelle Aufmerksamkeitsspanne intentionalen Erlebens und Handelns demgegenüber sehr gering" (1970, 74).

Da Luhmann an seine Systemtheorie den Anspruch der „*Universalität* der Gegenstandserfassung" (Luhmann 1984, 9, Hervorhebungen i. O.) stellt, d. h. da die Systemtheorie alles Soziale und nicht nur Ausschnitte davon behandeln will, muss sie auch sich selbst als einen ihrer Gegenstände behandeln und beschreiben. „Diese Anforderungen kulminieren in der Notwendigkeit, die Systemtheorie als Theorie selbstreferentieller Systeme anzulegen" (1984, 31).

1 Systeme

1.1 Selbstreferentialität von Systemen

Selbstreferentielle Systeme haben die Fähigkeit, „Beziehungen zu sich selbst herzustellen und diese Beziehungen zu differenzieren gegen Beziehungen zu ihrer Umwelt" (1984, 31). Sie können also zwischen Selbst- und Fremdreferenz oder zwischen System und Umwelt unterscheiden. Damit ist das „zentrale Paradigma" (ebd. 242) der Luhmann'schen Systemtheorie benannt: Die Differenz von System und Umwelt. In dieser Differenz liegt der „Ausgangspunkt jeder systemtheoretischen Analyse" (ebd. 35). Unter Umwelt wird alles

verstanden, was nicht System ist. Dies schließt nicht aus, dass die Umwelt eines Systems wiederum aus Systemen bestehen kann. Ganz im Gegenteil: „Die Umwelt enthält eine Vielzahl von mehr oder weniger komplexen Systemen, die sich mit dem System, für das sie Umwelt sind, in Verbindung setzen können. Denn für die Systeme in der Umwelt des Systems ist das System selbst Teil ihrer Umwelt und insofern Gegenstand möglicher Operationen" (ebd. 249). Wenn man sich dies vor Augen führt, wird deutlich, dass Umwelt notwendigerweise immer komplexer ist als das System. Damit das System mit dieser Umweltkomplexität umgehen kann, ist es auf Struktur angewiesen. Darunter versteht Luhmann Erwartungen des Systems in Bezug auf seine Umwelt. Diese Erwartungen schränken den kontingenten Möglichkeitsspielraum, den die komplexe Umwelt bietet, ein (ebd. 397).

Da selbstreferentielle Systeme dem Prinzip der Selbsterhaltung und Selbstorganisation unterliegen, also autopoietisch und folglich operativ geschlossen sind, können sie ihre Strukturen nur durch eigene Operationen aufbauen und verändern (1998, 93). Ein direkter Kausalzugriff der Umwelt auf das System ist nicht möglich (1984, 478). Dies bedeutet nicht, dass die Umwelt ohne jeglichen Einfluss auf das System bleibt, denn Systeme gehen strukturelle Kopplungen mit Systemen ihrer Umwelt ein. Strukturelle Kopplungen bestimmen zwar nicht, was im System geschieht, doch sind sie für die Autopoiese des Systems notwendig, denn ohne sie würde das System aufhören zu existieren (1998, 100 ff.). Anhand der strukturellen Kopplungen kann letztlich erklärt werden, „dass Systeme sich zwar völlig eigendeterminiert [aufgrund ihrer operativen Geschlossenheit, Anm. d. Verf.], aber im großen und ganzen doch in einer Richtung entwickeln, die von der Umwelt toleriert wird" (ebd.

118). Denn sobald es in der strukturell gekoppelten Umwelt eines Systems zu Veränderungen kommt, kann dies im System zu Irritation führen. Das System muss dann entscheiden, ob es sich durch diese Irritation determinieren lässt oder nicht. Oft sind solche Irritationen erfolgreich, oft aber auch nicht. Irritationen führen nicht immer zu den gewünschten Veränderungen des irritierten Systems.

1.2 Typen autopoietischer Systeme

Grundsätzlich können drei Typen autopoietischer Systeme ausgemacht werden: Biologische, psychische und soziale Systeme. Diese Systemtypen unterscheiden sich in der Art der Operationen, mittels derer ihre Reproduktion stattfindet. Biologische Systeme operieren auf der Grundlage von Leben, d.h. sie (re)produzieren Zellen, Organe oder ganze Organismen. Bekannte biologische Systeme sind etwa das Nervensystem oder der Blutkreislauf. Psychische Systeme oder Bewusstseinssysteme dagegen operieren auf der Grundlage von Gedanken. Innerhalb des Systems reiht sich ein Gedanke an den nächsten, ermöglicht ein Gedanke den nachfolgenden. Soziale Systeme bedienen sich der Kommunikation als Operationsform. Jeder soziale Kontakt in Form von Kommunikation begründet also ein soziales System (1984, 33).

Die Operationen psychischer und sozialer Systeme unterliegen – im Gegensatz zu den Operationen biologischer Systeme – einem Sinnzwang, d.h. „der Sinnbezug aller Operationen [ist] sowohl für psychische als auch für soziale Systeme eine unerlässliche Notwendigkeit" (ebd. 141). Unter Sinn versteht Luhmann die Differenz von aktual Gegebenem (Aktualität) und Möglichem (Potenzialität) (ebd. 111). Da die Umwelt immer mehr Möglichkeiten (Potenzialität) bietet, als ein System selbst sich aneignen und verarbeiten kann, d.h. weil die Umwelt stets komplexer ist als das System, ist das System zu Selektionsprozessen gezwungen. Bei der Reduktion der Komplexität des Möglichen durch Se-

lektion wirkt Sinn unterstützend, indem „er bestimmte Anschlussmöglichkeiten nahelegt und andere unwahrscheinlich oder schwierig oder weitläufig macht oder (vorläufig) ausschliesst" (ebd. 94). Psychische und soziale Systeme können – eben anders als biologische Systeme – Systemgrenzen und Umwelten in sinnhafte Strukturen und Prozesse einbeziehen (ebd. 64).

Diese Gemeinsamkeit von psychischen und sozialen Systemen verweist auch darauf, dass diese beiden Systemtypen in hohem Maße aufeinander angewiesen sind: Die eine Form von Systemen könnte ohne die andere nicht entstehen und bestehen (ebd. 92). Die operative Geschlossenheit psychischer Systeme hat zur Folge, dass es der Umwelt verschlossen bleibt, was in einem psychischen System vor sich geht. Die Gedanken eines psychischen Systems können sich nicht direkt an die Gedanken eines anderen psychischen Systems anschließen. Die Koppelung psychischer Systeme ist nur über Kommunikation, d.h. in Form von sozialen Systemen möglich. Aufgrund der unterschiedlichen Operationsweisen psychischer und sozialer Systeme können diese aber nicht unmittelbar aneinander angeschlossen werden, denn psychische Systeme können nicht kommunizieren. Doch ist es möglich, ein psychisches System strukturell an eine Kommunikation zu koppeln, welche dann kommuniziert. Diese strukturelle Kopplung von Bewusstsein und Kommunikation wird über die Form Person – im Sinne einer Adresse für Kommunikationen – möglich: „Psychische Systeme, die von anderen psychischen oder von sozialen Systemen beobachtet werden, wollen wir Personen nennen" (ebd. 155).

2 Soziale Systeme: Interaktion, Organisation, Gesellschaft

Den Hauptfokus seiner Theorie legt Luhmann auf die sozialen Systeme. Die oben erwähnte Differenz von System und Umwelt kann innerhalb von Systemen beliebig wiederholt werden, das heißt innerhalb von Systemen kann es zur Ausdifferenzierung weiterer System/Umwelt-Differenzen und damit zur Ausbildung von Subsystemen kommen (1984, 37). Dementsprechend lassen sich bei den sozialen Systemen auch verschiedene Ebenen der Systembildung unterscheiden: Interaktionssysteme, Organisationssysteme und Gesellschaftssysteme (1975; 1984, 16 f.).

Bei Interaktionssystemen wird die Grenze zwischen System und Umwelt über das Selektionsprinzip der Anwesenheit geregelt. „Interaktionssysteme kommen dadurch zustande, dass Anwesende sich wechselseitig wahrnehmen" (1975, 10). Mit Hilfe reflexiven Wahrnehmens wird Kommunikation und damit die Partizipation an einem Interaktionssystem möglich (1984, 560; 2002, 102 f.).

Die Kommunikation zwischen zwei Personen – als Form psychischer Systeme – zeichnet sich stets durch eine Unbestimmtheit aus, da die an der Interaktion Teilnehmenden nie wissen können, was im Gegenüber vorgeht resp. wie dieses auf die Kommunikation reagieren wird. Luhmann verwendet hierfür den Begriff der doppelten Kontingenz. Damit psychische Systeme durch die Kontingenz ihrer Umwelt nicht überfordert werden, bilden sie bestimmte Erwartungen in Bezug auf eine Situation resp. das Handeln eines Gegenübers aus (1984, 148 ff.). Innerhalb von Interaktionssystemen sind diese Erwartungen häufig geprägt durch herrschende Rollendifferenzierungen, die regeln, wer sich wie zu verhalten hat. Im Interaktionssystem Unterricht werden Erwartungen bspw. über die komplementäre Rollendifferenzierung in Lehrperson und Schüler geregelt: „Der Lehrer darf immer [kommunizieren, Anm. d. Verf.]. Die Schüler müssen sich auf das Wahrnehmen des Wahrgenommenwerdens stützen; sie müssen sich melden" (2002, 105).

Organisationen sind „Systeme, die aus Entscheidungen bestehen und die Entscheidungen, aus denen sie bestehen, durch die Entscheidungen, aus denen sie bestehen, selbst anfertigen" (1988, 166, Hervorhebungen i. O.).

Eine grundlegende Entscheidung, welche Organisationen fällen, betrifft die Regulierung der Systemgrenzen. Denn im Gegensatz zu Interaktionssystemen reicht bei Organisationssystemen die Anwesenheit alleine nicht aus, um Teil eines Systems zu sein. Die Zugehörigkeit zu einer Organisation ist stets an Bedingungen in Form von Mitgliedschaftsregeln geknüpft und diese werden durch die Organisation selbst entschieden, d. h. festgelegt.

Indem Organisationen mit ihren Entscheiden die dauerhafte Reproduktion bestimmter Operationen (Interaktionen, Kommunikationen) sichern, nehmen sie eine für die Gesamtgesellschaft wichtige Position ein. Die Organisation Schule etwa regelt über Stundenpläne die Häufigkeit des Zustandekommens des Interaktionssystems Unterricht und sichert damit die Aufrechterhaltung des Erziehungssystems.

Gesellschaft schließlich wird als dasjenige soziale System verstanden, „das alle sozialen Operationen [Kommunikationen, Anm. d. Verf.] einschließt und alles andere ausschließt" (2002, 13). Es ist also *das umfassende Sozialsystem aller kommunikativ füreinander erreichbaren Handlungen*" (1975, 11, Hervorhebungen i. Orig.). Angesichts der Globalisierungsprozesse kann davon ausgegangen werden, dass es heute nur noch ein Gesellschaftssystem gibt: Die „Weltgesellschaft" (1975, 11; 1984, 585).

2.1 Funktional differenzierte Gesellschaft

Die Gesellschaft hat sich im Laufe der Zeit in verschiedene Formen ausdifferenziert. Diese evolutionäre Entwicklung nimmt ihren Ausgangspunkt darin, dass jede Form der Differenzierung in ihren Entwicklungsmöglichkeiten begrenzt ist und infolgedessen neue Formen notwendig werden (1998, 611). Die ursprünglichste Form gesellschaftlicher Differenzierung, die Luhmann ausmacht, ist die segmentär differenzierte Gesellschaft, in welcher verschiedene Segmente (Familien, Produktionsgemeinschaften, Stämme) als gleichberechtigte Teilsysteme der Gesellschaft fungierten. Diese Differenzierungsform ging in eine hierarchisch-stratifizierte (geschichtete, ständische) Differenzierungsform über, in welcher die einzelnen Teilsysteme (etwa: Adel und Volk) rangmäßig ungleich waren. In einem vorläufig letzten Schritt wandelte sich die Gesellschaft hin zu einer funktional-differenzierten, d. h. es haben sich gesellschaftliche Subsysteme (Funktionssysteme) ausgebildet, die eine Universalzuständigkeit für je eine spezifische Funktion gegenüber der Gesamtgesellschaft übernehmen und damit zu deren Aufrechterhaltung beitragen: Rechtssystem, Politisches System, Wirtschaftssystem, Wissenschaftssystem, Erziehungssystem usw. (ebd. 131).

Allen drei Differenzierungsformen ist gemeinsam, dass sich die System/Umwelt-Differenz innerhalb des Gesellschaftssystems reproduziert und sich infolgedessen Subsysteme der Gesellschaft (Segmente, Straten, Funktionssysteme) ausdifferenzieren. Luhmann betont, dass es sich bei allen drei Gesellschaftstypen immer nur um vorherrschende (primäre) Differenzierungsformen handelt. Vorgängige Differenzierungsformen lassen sich demnach auch in Gesellschaften erkennen, die sich neu- oder andersartig differenziert haben: „Adelsgesellschaften [sind] primär stratifikatorisch differenziert, aber sie behalten eine segmentäre Differenzierungsform in Haushalte bzw. Familien bei, um dem Adel Endogamie zu ermöglichen und Adelsfamilien von anderen Familien unterscheiden zu können. Bei funktionaler Differenzierung findet man auch heute noch Stratifikation in der Form von sozialen Klassen und auch noch Zentrum/Peripherie-Unterschiede, aber das sind jetzt Nebenprodukte der Eigendynamik der Funktionssysteme" (ebd. 612).

2.2 Funktionssysteme

Um zu verdeutlichen, was Funktionssysteme sind, wird im Folgenden vor allem das Erziehungssystem skizziert. Die Funktion des Er-

ziehungssystems besteht darin, „Fähigkeiten von Menschen zu entwickeln und in ihrer sozialen Anschlussfähigkeit zu fördern" (2002, 15). Unter sozialer Anschlussfähigkeit muss hier insbesondere die Kommunikationsfähigkeit verstanden werden, zumal Kommunikation die grundlegende Operationsweise von Gesellschaft ist. Durch die Förderung sozialer Anschluss- und damit Kommunikationsfähigkeit erbringt das Erziehungssystem auch eine Leistung gegenüber anderen Funktionssystemen der Gesellschaft, denn deren Selbsterhaltung ist nur gesichert, wenn Kommunikationen an das System angeschlossen werden können, d. h. wenn psychische Systeme (oder Personen als Form psychischer Systeme) die Kommunikation innerhalb der anderen Funktionssysteme aufrecht erhalten. In diesem Sinne betont Luhmann denn auch: „Wenn man annimmt, dass die Gesellschaft aus Menschen bestehe, geht es in der Erziehung gewissermaßen um ihre Substanz. Es lässt sich dann kaum etwas Wichtigeres denken als die Sorge dafür, dass die Menschen die Formen und Verhaltensweisen erreichen, die gesellschaftliches Zusammenleben ermöglichen" (ebd. 15).

Mit Erziehung bezeichnet Luhmann alle Kommunikationen, „die in der Absicht des Erziehens in Interaktionen aktualisiert werden" (ebd. 54). Mit dieser Definition der grundlegenden Operation des Erziehungssystems schließt Luhmann bewusst die „absichtslose Erziehung" – also die Sozialisation – aus (ebd.). Die Intentionalität von Erziehung deutet schon darauf hin, dass es nicht gleichgültig ist, was die Erziehungskommunikation bei der zu erziehenden Person auslöst. Das Lernverhalten der zu erziehenden Person wird stets kommentiert, d. h. es wird bewertet inwiefern die angestrebten Ziele erreicht wurden und es wird verglichen, wer diese Ziele besser und wer sie schlechter erreicht. Daraus folgt: Die Intentionalität der Erziehungskommunikation „gebärt aus sich heraus zwei ungleiche Kinder, nämlich Erziehung und Selektion" (ebd. 62). Das Erziehungssystem verfolgt also gleichsam eine doppelte Funktion innerhalb des Gesellschaftssystems.

Funktionssysteme können nur operieren, wenn Medien vorliegen, die im System bearbeitet werden, d. h. welche durch die Operationen des Systems Form gewinnen. Das Medium des Wirtschaftssystems etwa ist das Geld. Dieses gewinnt erst mit konkreten Zahlungen eine quantitativ bestimmbare Form (1997, 14 f.). Im Erziehungssystem wird das Medium „Lebenslauf" geformt. Das im Erziehungsprozess vermittelte Wissen kann einem Individuum neue Perspektiven und Möglichkeiten in Bezug auf die Formung bzw. Ausgestaltung seines Lebenslaufes bieten (2002, 98).

Schließlich verfügen alle Funktionssysteme über Programme und Codes, anhand derer sie ihre Kommunikationen beobachten und steuern. Die Codes legen fest, worauf die Kommunikation in einem bestimmten Funktionssystem bezogen ist. Im Rechtssystem trifft man auf die Codierung recht/unrecht, d. h. jegliche im Rechtssystem stattfindende Kommunikation dreht sich darum, ob etwas rechtens ist oder nicht. Die Zuordnung der Kommunikation zu einer Seite des Codes erfolgt mittels Programmen, „die festlegen, unter welchen Bedingungen die Zuteilung des positiven bzw. negativen Wertes richtig erfolgt" (1998, 362). Im Rechtssystem sind es die Gesetze, die festlegen, ob etwas recht oder unrecht ist. Das Programm des Erziehungssystems sind die Lehrpläne. Diese schreiben einerseits vor, welche Inhalte im Unterricht vermittelt werden müssen. Die Kommunikationen des Erziehungssystems werden also auf der Grundlage der Codierung vermittelbar/nicht-vermittelbar beobachtet. Andererseits bieten die Lehrpläne auch die Grundlage für die Selektion also für die Entscheidung, ob gelernt wurde, was gelernt werden muss und wie gut etwas gelernt wurde. Es gibt also im Erziehungssystem eine Zweitcodierung gut/schlecht resp. besser/schlechter. Diese Doppelcodierung ist eine Ausnahme in Luhmanns Theorie, das Erziehungssystem ist das einzige System, das über eine solche Doppelcodierung verfügt.

3 Gesellschaftliche Folgen von Behinderung – eine systemtheoretische Diagnose

Behinderung erschwert die Kopplung von psychischen Systemen resp. von psychischen und sozialen Systemen (Wetzel 2004, 338). Dies beruht im Wesentlichen darauf, dass Behinderung Kommunikation erschwert oder stört. Ausgehend von dieser Erkenntnis formuliert Peter Fuchs die These, dass „Behinderung soziale Systeme zumindest auf der Ebene der Interaktion so strapaziert, dass Exklusion (im Extremfall: Exkommunikation) erwartbar wird" (Fuchs 2002, o. S.).

Im Bereich des Wirtschaftssystems zeigen sich diese Exklusionstendenzen ganz besonders deutlich. Grundsätzlich beschäftigen sich Wirtschaftsorganisationen nicht mit der Thematik der Behinderung, diese wird für sie erst dann relevant, wenn die Gewinnmaximierung davon tangiert ist (Wetzel 2004, 305). Leistet ein Arbeitnehmer – bspw. aufgrund einer Behinderung – nicht den erwünschten Beitrag zur Gewinnmaximierung, dann werden innerhalb der Wirtschaftsorganisation Entlassungsentscheide gefällt und der entsprechende Arbeitnehmer wird aus der Organisation ausgeschlossen. [→ V Soziale Exklusions- und Desintegrationsrisiken]

Auch im Erziehungssystem lassen sich Exklusionstendenzen beobachten. Wie weiter oben ausgeführt, ist die Selektion eine der beiden Funktionen des Erziehungssystems. Das Erziehungssystem unterscheidet Schüler danach, ob sie besser oder schlechter lernen. Damit erbringt es gleichsam eine Leistung für die Wirtschaftsorganisationen, die aufgrund der Zeugnisse – in welchen ausformuliert ist, wie gut ein Schüler gelernt hat – entscheiden, wen sie einstellen und wen nicht. Die Selektionsfunktion des Erziehungssystems bezieht sich aber nicht nur auf die Zukunft der Schüler, sondern findet auch innerhalb des Erziehungssystems selbst statt. Innerhalb des Erziehungssystems haben sich verschiedene Subsysteme ausdifferenziert. So gibt es heute ein Regel- und ein Sonderschulsystem. Schüler mit Behinderungen werden ausgesondert, da sie den Unterricht innerhalb des auf Homogenität ausgerichteten Regelschulsystems irritieren und strapazieren.

Diese Exklusionstendenzen ziehen zweierlei Folgen nach sich. Zum einen führen sie zur Ausdifferenzierung spezialisierter Systeme, zum anderen entstehen innerhalb der Gesellschaft immer wieder Protestbewegungen (Luhmann 1998, 847 ff.), welche die Ungleichheiten in der Gesellschaft resp. die Exklusion thematisieren und damit sichtbar machen.

Protestbewegungen können Systeme irritieren und damit Systemänderungen nach sich ziehen. So hat in der Schweiz eine Protestbewegung, welche die Gleichstellung von Menschen mit Behinderungen forderte, das politische System so irritiert, dass das so genannte Behindertengleichstellungsgesetz geschaffen wurde, welches Benachteiligungen, denen Menschen mit Behinderungen ausgesetzt sind, verhindern, verringern oder beseitigen soll. Gerade auch bei Wirtschaftsorganisationen können Protestbewegungen zu Irritationen führen, nämlich dann, wenn die Protestbewegung zum Boykott von Unternehmen aufruft und diese so zwingt, sich mit dem Protestthema – also etwa der Inklusion oder Einstellung von Menschen mit Behinderungen – auseinanderzusetzen.

Es sind aber nicht nur Protestbewegungen, die zu Änderungen in der Gesellschaft führen. So lässt sich beobachten, dass die Exklusion von Menschen mit Behinderung [→ II Integration und Exklusion] zur Bildung neuer Systeme geführt hat, welche sich denjenigen Menschen annehmen, die aus anderen Systemen exkludiert werden. Auf der gesamtgesellschaftlichen Ebene hat sich bspw. das (sekundäre) Funktionssystem der Sozialen Hilfe ausdifferenziert, „das mittels des Codes von Helfen versus Nichthelfen Defizite kompensiert und in der Gesellschaft und stellvertretend für die Gesellschaft Inklusionsprobleme der Bevölkerung betreut, die von anderen Funktionssystemen der Gesellschaft nicht mehr aufgegriffen werden und von der Politik

alleine, also wohlfahrtsstaatlich, nicht mehr betreut werden" (Baecker 1994, 95). Innerhalb dieses Funktionssystems haben sich diverse Organisationssysteme (als Subsysteme) ausdifferenziert, welche sich unterschiedlichen Aufgaben widmen: Wohneinrichtungen für Menschen mit geistiger Behinderung, Integrationsorganisationen, Sozialämter usw.

Die Ausdifferenzierung neuer Systeme lässt sich auch innerhalb des Erziehungssystems beobachten. So hat sich mit der Behindertenpädagogik eine besondere Form der Pädagogik etabliert, die sich derjenigen Schüler annimmt, welche aus dem Regelunterricht ausgeschlossen werden oder zumindest von diesem Ausschluss bedroht sind. Die Behindertenpädagogik übernimmt grundsätzlich denselben Auftrag oder dieselbe Funktion wie das Erziehungssystem und dennoch lassen sich einige wichtige Unterschiede ausmachen. Für beide Systeme – das Erziehungssystem und das System der Behindertenpädagogik – ist Kommunikation grundlegend. Beide wollen bei Schülern Veränderungen auslösen, so dass diese an jeder Kommunikation, welche die Gesellschaft (re)produziert, teilnehmen – sich also an die verschiedensten Systeme anschließen – können (Baraldi et al. 1998, 50). In der Behindertenpädagogik scheint dieser Auftrag einen ganz besonderen Stellenwert zu haben: „Die heilpädagogische [behindertenpädagogische, Anm. d. Verf.] Aufgabe besteht im Besonderen darin, einerseits Kommunikationshindernisse auszuräumen bzw. überwinden zu helfen, und andererseits soziale Annäherungs- und Bindungsprozesse zu stützen" (Speck 2003, 280). Interessant ist, dass es der Behindertenpädagogik gelingt, eine Paradoxie des Erziehungssystems aufzulösen: Erziehung im Regelschulsystem findet auf der Grundlage von Lehrplänen statt, welche für alle Schüler gelten. D. h. es wird allen Schülern der gleiche Input angeboten und davon ausgegangen, dass die Schüler auch denselben Output liefern sollten. Dies ist aber nicht möglich, da Schüler einerseits über (individuelles) Bewusstsein verfügen und sich andererseits auch bezüglich ihrer Herkunft unterscheiden und infolgedessen individuell verschieden mit der von der Lehrperson angebotenen Information umgehen (Luhmann 1996, S. 25 f.). Dem System der Behindertenpädagogik gelingt es, diese Paradoxie aufzulösen, da es nicht auf der Grundlage von Lehrplänen operiert, sondern auf der Grundlage von Förderplänen, die auf die zu erziehende Person zugeschnitten und nicht allgemeingültig sind. Im Gegensatz zu den Lehrplänen tragen sie damit dem Umstand Rechnung, dass die zu erziehenden Personen Individuen sind. Gleichzeitig ist dieser „Vorteil" des Programms Förderplan systemwidrig, da er Selektion im Vergleich mit anderen – als eine der beiden Funktionen des Erziehungssystems – verhindert (Bleidick 1997, 144).

In der Funktion solcher Systeme, die sich den Exklusionsproblemen innerhalb der Gesellschaft annehmen, zeigt sich eine gewisse Ambivalenz: Einerseits zielen diese Systeme darauf ab, sich selbst überflüssig zu machen. Sie wollen aus der Gesellschaft ausgeschlossene Menschen in die Gesellschaft (re)inkludieren, was – wenn man dies konsequent weiterdenkt – irgendwann zu einer Vollinklusion führen müsste. Andererseits lässt sich beobachten, dass sich solche Systeme – da auch sie autopoietisch sind – stets reproduzieren: „Sehr viele Leute leben mittlerweile auf dem Hintergrund der Exklusionsdrift, die sich nicht beseitigen lässt, aber beseitigt (oder unsichtbar) gemacht werden soll" (Fuchs 2002, o. S.). Das heißt, dass diese Systeme ein Interesse daran haben, dass weiterhin Menschen aus Systemen der Gesellschaft exkludiert werden, so dass sie weiterhin bestehen können. Wetzel spricht in diesem Zusammenhang auch von einem Interventionsparadox: „Mit jeder ‚integrativen' Intervention betreibt es [das Funktionssystem Soziale Hilfe, Anm. d. Verf.] gleichzeitig Nicht-Integration im Rahmen der weiter fortschreitenden funktionalen Ausdifferenzierung von Gesellschaft. Mit jeder Operation trägt auch sie zur Erhaltung der für sie ausschlaggebenden Differenz bei. Alle Intervention zur Autonomisierung des Klienten ist immer auch eine Operation zur Aufrechterhaltung von Abhängigkeiten bzw. Asymmetrien" (Wetzel 2004,

103). Ähnlich ergeht es der Behindertenpädagogik, die den paradoxen Versuch unternimmt, „Selektionsfolgen des eigenen Funktionssystems aufzuarbeiten, indem sie mit der gleichen Codierung die Re-Selektion der Ausselektierten betreibt" (106; gegenüber dem Original korrigiert, d. Verf.).

In diesem Sinne kann davon ausgegangen werden, dass solche spezialisierten Systeme, die Exklusion von Menschen mit Behinderung aus den verschiedenen Systemen innerhalb der Gesellschaft nicht wirklich verhindern oder stoppen können. Ganz im Gegenteil verhindern sie so vielmehr, dass die Gesellschaft sich mit ihren Exklusionsmechanismen beschäftigen muss. Die Ausdifferenzierung von solchen spezialisierten Systemen führt also zu einer eigentlichen Inklusion in Exklusionsbereiche der Gesellschaft und in diesem Sinne könnten sie gar als „Pseudo-Inkludierer" bezeichnet werden. Dies bedeutet nun nicht, dass diese Systeme ihre eigentliche Funktion, also die (Re-)Inklusion von Menschen in die Gesellschaft, nicht wahrnehmen. Doch müssen sie diese Paradoxie, die sich aufgrund ihres Selbsterhaltungstriebes und aufgrund von Systemzwängen gleichsam ergibt, reflektieren.

Literatur

Baecker, Dirk (1994): Soziale Hilfe als Funktionssystem der Gesellschaft. In: Zeitschrift für Soziologie 23, 2, 93–110

Baraldi, Claudio et al. (1998): GLU. Glossar zu Niklas Luhmanns Theorie sozialer Systeme. Frankfurt a. M.

Bleidick, Ulrich (1997): Nachdenken über Heilpädagogik – Ein Plädoyer für Kontingenz. In: Vierteljahresschrift für Heilpädagogik und ihre Nachbargebiete (VHN) 66, 2, 140–162

Fuchs, Peter (2002): Behinderung und Soziale Systeme. Anmerkungen zu einem schier unlösbaren Problem. In: Das gepfefferte Ferkel. Online-Journal für systemisches Denken und Handeln, Mai 2002. http://www.ibs-network.de/ferkel/fuchs-behinderungen.shtml [30.01.2004]

Goffman, Erving (1975): Stigma. Über Techniken der Bewältigung beschädigter Identität. Frankfurt a. M.

Luhmann, Niklas (1970): Soziologische Aufklärung. In: ders.: Soziologische Aufklärung 1. Aufsätze zur Theorie sozialer Systeme. Opladen, 66–91

Luhmann, Niklas (1975): Interaktion, Organisation, Gesellschaft. Anwendungen der Systemtheorie. In: ders.: Soziologische Aufklärung 2. Aufsätze zur Theorie der Gesellschaft. Opladen, 9–20

Luhmann, Niklas (1984): Soziale Systeme. Grundriss einer allgemeinen Theorie. Frankfurt a. M.

Luhmann, Niklas (1988): Organisation. In: Küpper, Willi & Ortmann, Günther (Hrsg.): Mikropolitik. Rationalität, Macht und Spiele in Organisationen. Opladen, 165–185

Luhmann, Niklas (1996): Das Erziehungssystem und die Systeme seiner Umwelt. In: Luhmann, Niklas & Schorr, Karl Eberhard (Hrsg.): Zwischen System und Umwelt. Fragen an die Pädagogik, 14–52

Luhmann, Niklas (1997): Erziehung als Formung des Lebenslaufs. In: Lenzen, Dieter & Luhmann, Niklas (Hrsg.): Bildung und Weiterbildung im Erziehungssystem. Lebenslauf und Humanontogenese als Medium und Form. Frankfurt a. M., 11–29

Luhmann, Niklas (1998): Die Gesellschaft der Gesellschaft. Frankfurt a. M.

Luhmann, Niklas (2002): Das Erziehungssystem der Gesellschaft. Frankfurt a. M.

Luhmann, Niklas & Schorr, Karl Eberhard (1999): Reflexionsprobleme im Erziehungssystem. 2. Aufl. Frankfurt a. M.

Speck, Otto (2003): System Heilpädagogik eine ökologisch reflexive Grundlegung. München

Wetzel, Ralf (2004): Eine Widerspenstige und keine Zähmung. Systemtheoretische Beiträge zu einer Theorie der Behinderung. Heidelberg

Systemtheorie, naturwissenschaftlich: Anochin, Bernštejn

André Frank Zimpel

1 Die russischen Wurzeln der Systemtheorie

Die amerikanischen Wurzeln der Systemtheorie, zu denen beispielsweise die legendären Macy-Konferenzen [→ Kybernetik] gehören, sind mittlerweile einer breiten wissenschaftlich interessierten deutschsprachigen Öffentlichkeit gut bekannt. Dagegen ist die russische Systemtheorie für viele noch unerforschtes Neuland.

Eine der hervorstechendsten Persönlichkeiten der russischen Systemtheorie ist der Mathematiker Ljapunov (1857–1918). Seine Theorie der Stabilität von Systemen beschäftigt sich mit der Entwicklung von Störungen, die als Abweichung von bestimmten Zuständen dynamischer Systeme auftreten. Der nach ihm benannte Ljapunov-Exponent erfasst die Geschwindigkeit, mit der sich je nach Vorzei-

chen zwei nahe beieinander liegende Punkte im Phasenraum eines dynamischen Systems voneinander entfernen oder annähern. Der Realteil des Ljapunov-Exponenten kennzeichnet den dynamischen Charakter eines Systems. Ist er positiv, handelt es sich zumeist um ein instabiles chaotisches Systemverhalten; ist er negativ, handelt es sich dagegen um ein stabiles Systemverhalten, das zum Beispiel dissipativ oder periodisch sein kann. Ljapunov-Diagramme, dargestellt auf Computerbildschirmen, erfreuen sich heute einer ähnlichen Beliebtheit wie die Fraktale Mandelbrots (Markus 1995).

Ein ebenfalls frühes Beispiel für einen einflussreichen russischen Systemtheoretiker ist der Arzt, Philosoph, Ökonom, Soziologe und Schriftsteller Bogdanov (1873–1928). Er suchte nach Organisationsprinzipien, die für alle denkbaren Systeme gültig sind. Mit seinen or-

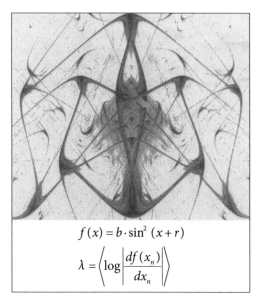

$$f(x) = b \cdot \sin^2 (x + r)$$

$$\lambda = \left\langle \log \left| \frac{df(x_n)}{dx_n} \right| \right\rangle$$

Abb. 1: Ljapunov-Diagramm

ganisatorischen Überlegungen zur weltweiten Dynamik wollte er einem von ihm befürchteten Rückfall der zivilisierten Welt in die Barbarei entgegenwirken. Den Ausweg sah er in einer nachhaltigen systemtheoretischen Bewältigung von Krisen und Katastrophen in einer globalisierten Kultur. Er nannte seine die engen Grenzen der wissenschaftlichen Disziplinen sprengende Theorie „Tektologie" (τεκτον, griech. für Handwerker, Baumeister, Künstler). Ziel der tektologischen Analyse ist die Lösung konkreter praktischer Probleme der Menschheit (Bogdanov 1962). Insofern nahm die Tektologie die Entwicklung der systemtheoretischen Organisationslehre und der Handlungsforschung vorweg. Sie beeinflusste beispielsweise nachhaltig die Allgemeine Systemtheorie Bertalanffys (1950).

2 Bewegungsinvarianz und Rückkoppelung: Nicolai A. Bernštejn

Ein weiterer Vordenker und Pionier der Theorie der Bewegungsstabilität ist der Mediziner und Biomechaniker Bernštejn (1896–1966) [→ IX Entwicklung der Bewegung; Selbstorganisation der Bewegung]. Er widmete sein wissenschaftliches Werk der Untersuchung wechselseitiger Einflüsse zwischen biologischen und psychologischen Komponenten in tierischen und menschlichen Aktivitäten. Ein Ergebnis seiner Forschung ist die Bewegungsinvarianz: Bewegungen, wie zum Beispiel ein Hammerschlag, bleiben gleich, trotz der großen Anzahl möglicher Varianten, in denen Schulter-, Ellenbogen- und Handgelenk dabei aufeinander abgestimmt sein können.

Für die exakte Verlagerung des Endglieds einer Kette von Bewegungen muss es dem Gehirn in irgendeiner Weise gelingen, die große Zahl der Freiheitsgrade aufeinander abzustimmen. Für Bernštejn besteht die Hauptaufgabe der Bewegungskoordination darin, die überschüssigen Freiheitsgrade der Bewegungsglieder zu reduzieren. Fertigkeiten beruhen auf Korrekturmechanismen, die sich entwickeln, indem sie eine große Anzahl von Variablen eines Bewegungsorgans immer mehr einschränken, bis die Bewegungsaufgabe möglichst kraftsparend, also ohne überflüssige Bewegungen, gelöst werden kann. So fand Bernštejn (1988) im Handlungsziel und dem daraus abgeleiteten Bewegungsprogramm den entscheidenden Schlüssel, der ihm die Tür zu einem systemischen Verständnis der menschlichen Bewegungen eröffnete.

Die sensorische Rückkoppelung erweist sich als entscheidendes Korrektiv der Bewegungsdynamik. Das ideell vorweggenommene Handlungsziel ermöglicht kybernetische Rückkoppelungsschleifen über ein efferentes (vom Gehirn an die Muskeln gesendetes) motorisches Innervationsmuster auf verschiedenen Ebenen des Zentralnervensystems. In diesem Handlungsprogramm stimmt sich die Erregbarkeit aller beteiligten sensorischen und motorischen Elemente schon im Voraus auf eine Bewegung ein.

Die praktischen Folgerungen aus Bernštejns Untersuchungen sind vielfältig: Bei der Entwicklung einer Fertigkeit sollte die Aufmerksamkeit nicht auf Komponenten des Bewegungsablaufs selbst, sondern auf das Handlungsziel gerichtet sein.

Die Entscheidung für ein Handlungsziel erzeugt einen spezifischen Orientierungsanlass zur Analyse der Ausgangssituation. Die implizite gedankliche Vorwegnahme der künftigen Bewegung erzeugt simultan das Bewegungsprogramm, die Einstellung des Organismus auf die Bewegung.

Die kybernetische Rückkoppelung zwischen erwarteten und tatsächlichen Wahrnehmungen aus verschiedenen Sinneskanälen bildet die eigentliche Basis für eine flüssige Bewegungssteuerung und das Bewegungslernen.

Bewegungsprogramme entwickeln sich nicht linearkausal als starre Ereignisfolgen, sondern als kreiskausale Rückkoppelungsschleifen, in denen die Korrekturmechanismen von entscheidender Bedeutung sind.

Die innere Rückkoppelung über die Dehnungsrezeptoren in den Muskeln, abgestimmt mit dem Gleichgewichtssinn, und die äußere – meist visuelle – Rückkoppelung erfüllen bei der Entwicklung von Fertigkeiten unterschiedliche Korrekturaufgaben. Das Nervensystem greift auf diese Korrekturmechanismen je nach Bedarf zu. Während der Entwicklung einer Fertigkeit wächst meistens der Anteil der Korrekturen durch innere Rückkoppelung auf Kosten der Korrekturen durch äußere Rückkoppelung an.

Die Koordination der Bewegungen erfolgt in Bernštejns Theorie also im Prozess der Überwindung der überflüssigen Freiheitsgrade des sich bewegenden Organs. Dabei geht es ihm nicht in erster Linie um eine Fixierung oder Hemmung überzähliger Freiheitsgrade, sondern um deren Einsparung im Sinne einer Einschränkung des Überflüssigen.

Bernštejn sieht in der Koordination keine selbstständige Tätigkeit. Koordination ist für ihn eher ein Mittel zu dem Zweck, sich gewandt aus jeder beliebigen Lage herauszuwinden und jede beliebig entstandene Bewegungsaufgabe flexibel zu meistern.

Jede Tätigkeit wird nach Bernštejn durch komplizierte und vielfältige Signale der Umwelt und der Eigenwahrnehmung gesteuert.

Diese Signale erreichen verschiedene miteinander verbundene sensomotorische und propriozeptive Nervenzentren, die diese Signale zu ganzheitlichen Mustern zusammenfassen. Der Grad, in dem einzelne Nervenzentren involviert sind, kennzeichnet die neuropsychologische Struktur einer Tätigkeit.

Bildlich gesprochen spielt sich eine Tätigkeit zugleich in verschiedenen Etagen des Nervensystems ab. Diese Etagen oder Ebenen sind jedoch von unterschiedlicher Bedeutung. Nur eine von ihnen kann jeweils die Führung übernehmen, während die anderen zeitweilig in den Hintergrund treten müssen. Bewusstseinsfähig sind nur die Signale der jeweils führenden Ebene.

Besonders interessant für die Pädagogik ist die Möglichkeit der Aufteilung der Bewegungssteuerung zwischen zwei Personen. So kann ein Erwachsener, der beispielsweise die Hand eines Kleinkinds führt, das mit einem Löffel spielt, der Bewegungssteuerung des Kindes eine neue Richtung vermitteln. Indem der Erwachsene den Löffel so führt, dass er mit der Öffnung nach oben waagerecht gehalten wird, ändert sich allmählich die neuropsychologische Struktur der Tätigkeit des Kindes: Neue Ebenen der Bewegungssteuerung treten in den Vordergrund und andere treten in den Hintergrund.

War das Bewegungsziel anfänglich, den Löffel wie jeden anderen beliebigen Gegenstand in irgendeiner Weise zum Mund zu führen, ist das Ziel nun ein anderes: das Balancieren des Löffels zum Mund entsprechend seiner Werkzeugfunktion. Dadurch wird die afferente Rückkoppelung der Bewegung auf ein komplizierteres gegenständliches Niveau angehoben.

Aus Bernštejns theoretischen Positionen lässt sich eindeutig ableiten, dass ein solcher Bewegungsdialog nur gelingen kann, wenn die Aktivität des Kindes nicht unterdrückt wird. Denn die Aktivität des Kindes selbst ist es ja, aus der die notwendigen Korrekturmechanismen hervorgehen sollen. Nur indem das Kind den Eingriff des Erwachsenen in die eigene Bewegungssteuerung als willkommene Abwechslung einbaut, kann es das neue Handlungsziel spielerisch übernehmen. Im Falle eines gelungenen Bewegungsdialogs macht sich das Kind das neue Ziel zu eigen, wiederholt die neu erlernte Bewegung zunehmend selbstständiger und greift kleine Hilfen dankbar auf.

schenneuronen erhalten die Efferenzkopien in Form rückgekoppelter Erregungsschleifen so lange aufrecht, bis das erwartete Handlungsergebnis eintritt. Sollte das erwartete Handlungsresultat ausbleiben, kommt es zu einer Orientierungsreaktion mit der Folge einer Korrektur des efferenten Musters.

3 Funktionelle Systeme: Pjotr K. Anochin

In ähnlicher Weise wie Bernštejn untersuchte der sowjetische Physiologe Anochin (1898–1974) Rückkoppelungsmechanismen, die komplexe Verhaltensakte ermöglichen. Er prägte dafür den Begriff des funktionellen Systems. Sein Modell eines funktionellen Systems [→ IX] lässt sich in vereinfachter Form wie folgt darstellen:

Das Startsignal für eine Bewegung geben auslösende Afferenzen (Nervensignale aus den Sinneszellen), eingebettet in die Umgebungsafferenz (die Gesamtheit der auf das Nervensystem einwirkenden relativ konstanten Signale). Die Umgebungsafferenzen wechselwirken in der retikulären Formation des Stammhirns auch mit Erregungsmustern, die Gedächtnisinhalten und Motivationen entsprechen. Die Afferenzsynthese im Gehirn ist die Folge einer Konvergenz der Erregungen an ein und demselben Neuron. Ergebnis der Afferenzsynthese ist die Entscheidung für ein Ziel.

Die Zielentscheidung erzeugt nun ein Muster efferenter, von Hirnnerven zu den Muskelspindeln weitergeleiteten Erregungen. Dieses efferente Muster, auch Efferenzkopie genannt, fasst Anochin (1978) als eine Art Handlungsprogramm auf. Es ermöglicht infolge der Erwartungshaltung eine implizite Handlungsvorhersage. Durch rückläufige Rückkoppelung wird die Handlungsausführung in einem Handlungsakzeptor überprüft. Nach Anochins Vorstellung übernehmen die Axonkollateralen im Nervensystem die Funktion dieses Handlungsakzeptors. Die Zwi-

4 Kulturhistorische Schule (Vygotskij, Lurija, Leont'ev)

Sowohl Bernštejns als auch Anochins kybernetische Modellierung von Bewegungsabläufen regte Untersuchungen zur Rehabilitation von Bewegungsstörungen durch Vertreter der Kulturhistorischen Schule (Vygotskij, Lurija, Leont'ev u. a.) an. Denn Funktionen, die durch Verletzung bestimmter Hirnabschnitte gestört sind, sind nach diesen kybernetischen Modellen prinzipiell wiederherstellbar. Dazu versucht die hirnverletzte Person, die gestörte Funktion zunächst über die umständliche, voll entfaltete Struktur der ursprünglichen Handlung zu erreichen. Dann ersetzt sie den durch die Hirnverletzung ausgefallenen Teil der Handlung durch eine erhalten gebliebene Operation. Schließlich lernt die betroffene Person über wiederholtes Üben, die Handlung wieder zu verkürzen.

Ein einfaches Beispiel ist der Verlust der Lesefertigkeit infolge einer Verletzung des vorderen Abschnitts des Hinterhauptlappens der Großhirnrinde. Obwohl elementare Funktionen des Sehens erhalten geblieben sind, kann die betroffene Person die Gestalt von Buchstaben nicht mehr erfassen. Dieser Verlust der Lesefähigkeit kann durch geeignete rehabilitative Maßnahmen relativ schnell wieder hergestellt werden. Die verloren gegangene optisch-motorische Operation muss dazu nur durch eine manuell-motorische Operation ersetzt werden. Dazu umfährt der Patient die Buchstaben mit einer Bleistiftspitze. Mit der Zeit fügt sich diese neue Operation in die entfaltete Handlung ein. Durch wiederholtes

Üben lernt der Patient erneut, die Handlung zu verkürzen.

Verallgemeinernd lässt sich das Wesen funktioneller Hirnsysteme wie folgt charakterisieren:

- Sie funktionieren als einheitliches Organ. Haben sich funktionelle Hirnsysteme erst einmal entwickelt, nehmen die von ihnen getragenen psychischen Prozesse einen unmittelbaren Charakter an. Ehemals über kulturelle Umwege vermittelte Fähigkeiten der Raumorientierung sowie des quantitativen und logischen Denkens erscheinen nun so, als handelte es sich um unvermittelte, spontan verfügbare Hirnfunktionen.
- Sie sind relativ beständig. So kann beispielsweise die Visualisierbarkeit von taktil wahrgenommenen Formen bei spät erblindeten Personen noch jahrzehntelang erhalten bleiben.
- Sie besitzen eine außerordentliche Fähigkeit zur Kompensation. Einzelne Komponenten funktioneller Hirnsysteme lassen sich durch andere ersetzen.

Literatur

Anochin, Pjotr K. (1953): Obščie principy kompensacii narušennych funkcii i ich fisiologičeskoe obosnovanie. Moskau

Anochin, Pjotr K. (1974): Biology and neurophysiology of the conditioned reflex and its role in adaptive behavior. Oxford

Anochin, Pjotr K. (1978): Beiträge zur allgemeinen Theorie des funktionellen Systems. Jena

Bernštejn, Nicolai A. (1947): O postroenii dviženij. Moskau

Bernštejn, Nicolai A. (1988): Bewegungsphysiologie. 2. Aufl. Leipzig

Bertalanffy, Ludwig v. (1950): An outline of general system theory. In: The British Journal for the Philosophy of Science. Band I, 134–165

Bogdanov, Alexandr A. (1925–1929): Vseobščaja organizacionnaja nauka: tektologija. 3 Bde. Moskau

Bogdanov, Alexandr A. (1926): Allgemeine Organisationslehre, Tektologie. Zweibändige Ausgabe. Berlin

Geronimus, Jakov Lazarevič (1954): Alexander Michailowitsch Ljapunow (1857–1918) Stabilitätsprobleme der Bewegung. Berlin

Ljapunov, Alexander M. (1892): Obščaja zadača ob ystojčivosti dviženija. Char'kov

Markus, Mario (1995): Ljapunow-Diagramme. In: Spektrum der Wissenschaft 4, 66–73

Sozialwissenschaftliche Beiträge

Winfried Kronig

Behindertenpädagogik findet nicht in einem gesellschaftsfreien Raum statt. Das gilt für die alltägliche Praxis in pädagogischen Situationen. Das gilt auch für das systematische Nachdenken in der Theoriebildung. Die fast schon aufdringliche Trivialität dieser Aussage verliert sich schnell, wenn man nur schon nach ihrem Stellenwert oder nach den daraus zu ziehenden Konsequenzen fragt. Obschon das Denken in gesellschaftlichen Zusammenhängen für die Behindertenpädagogik keineswegs neu ist und sozialwissenschaftliche Zugänge inzwischen zu ihrem gewohnten Repertoire gehören, ist man weit von der Entwicklung einer konsensfähigen Vorstellung entfernt, wie die Beziehungen zwischen Behinderung und Gesellschaft zu denken sind. Dies lässt sich mit uneinheitlichen Auffassungen innerhalb der Behindertenpädagogik erklären, oder vielleicht noch ergiebiger mit uneinheitlichen Auffassungen in den Sozialwissenschaften selbst. Diese koexistierende Vielfalt mag man in guter behindertenpädagogischer Tradition als einen Wert an sich ansehen. Sie wird aber spätestens dann zum Problem, wenn sich gegenseitig ausschließende theoretische Aussagen gleichzeitig ein gewisses Ausmass an allgemeingültiger Erklärungskraft für sich beanspruchen. Behinderung als individuelle Tragik, als Ergebnis gestörter Wahrnehmungen zwischen Menschen oder als gesellschaftlich erzeugte Idee mit durchaus funktionalem Charakter? Es wäre noch der günstigste Fall, wenn hier lediglich in einer wissenschaftlich unerwünschten Weise derselbe Begriff für verschiedene Phänomene verwendet werden würde.

1 Über importierte Hilfen und importierte Probleme

Das Attribut ‚sozialwissenschaftlich‘ wird gelegentlich in einem doppelten Sinn verwendet. Gerade in pädagogischen Zusammenhängen erinnert es an die geläufige Aufteilung der Pädagogik in eine geisteswissenschaftliche und in eine sozialwissenschaftliche Richtung. So spricht Kron in seiner wissenschaftstheoretischen Einführung von einem sozialwissenschaftlichen Paradigma, unter dem sich bestimmte Denk- und Forschungstraditionen vereinigen und zu dessen Gemeinsamkeiten beispielsweise die empirische Grundlegung der pädagogischen Erkenntnis gehört (Kron 1999, 266 f.). Einige Seiten später verwendet er Sozialwissenschaften durchaus schlüssig als disziplinären Sammelbegriff, der die Soziologie, die Politikwissenschaft, die Wirtschaftswissenschaften und in einem weiteren Sinn die Ethnologie und die Pädagogik umfasst und schlussfolgert daraus, dass für sie unmöglich dasselbe Paradigma gelten kann (ebd., 279). Ähnlich resümiert Forster, dass die Sozialwissenschaften bislang nicht den Stand der Vereinheitlichung in der Methodik erreicht haben, der ihnen die Entwicklung eines gesicherten Wissens erlauben würde (Forster 2004, 20). Ein nach diesem Verständnis gesichertes Wissen ist auch kaum innerhalb einer dieser Disziplinen zu finden. Gestützt auf die

jeweiligen erkenntnistheoretischen Positionen entwickelten sich in der Soziologie unter anderem funktionalistische, materialistische oder interpretative Ansätze, die jeweils eine völlig unterschiedliche Konzeption des komplexen und umstrittenen Phänomens Gesellschaft entwerfen (Übersichten z. B. bei Esser 1993, Wiswede 1998, Weiss 1993). Schon zu Beginn der 1980er hat sich Luhmann über die „multiple Paradigmatase“ beschwert und diese als akutes Krisensymptom gewertet (Luhmann 1984, 50), das gegenwärtig aber einfach als „chronisch“ hingenommen wird (Müller 2001, 49), ohne dabei das regulative Ideal integraler Theoriebildung gänzlich aufzugeben (vgl. Gershoff & Schimank 2006). Der noch am weitesten gehende Konsens besteht lediglich darin, dass es einige ernst zu nehmende Sozialtheorien, nicht aber die Sozialtheorie gibt. Einige dieser führenden soziologischen Konzepte haben Eingang in die Standardwerke der Wissenschaftstheorie gefunden. So werden bei Seiffert (1992) beispielsweise die [→] Systemtheorie und die Handlungstheorie ausführlich abgehandelt. Wie nahe wissenschaftstheoretische Kontroversen oftmals an der Soziologie diskutiert worden sind, zeigt exemplarisch die später unter der eher verwirrenden Bezeichnung ‚Positivismusstreit‘, Vertreter des reinen Positivismus waren nicht anwesend, bekannt gewordene Auseinandersetzung zwischen Popper (1962) und Adorno (1962) an der Arbeitstagung der Deutschen Gesellschaft für Soziologie von 1961. Die Diskussion derart fundamentaler Unterschiede der Wissenschaftskonzeption ist inzwischen an neutralere Orte wie etwa Einführungsvorlesungen verbannt. Als ungelöste Divergenzen strukturieren sie zumeist unterschwellig dennoch bis heute Forschungspraxis und sorgen für allerlei teils kuriose Missverständnisse.

Eine klassische Orientierungshilfe in der Vielfalt der Sozialtheorien und gleichzeitig ein sehr altes Problem der Soziologie ist die Unterscheidung von makrosoziologischen und mikrosoziologischen Ansätzen. Auf die einfach formulierte Frage gebracht: Inwieweit sind Personen kreative Akteure der eigenen

Biografie [→ V Sozialisation, Biografie und Lebenslauf] und inwieweit ist die scheinbar individuelle [→] Biografie das Ergebnis allgemeiner sozialer Kräfte? Schon um die Jahrhundertwende prägte Simmel die Vorstellung von gesellschaftlichen Positionen, die überindividuell existieren, und von Individuen, die in diese Positionen hineingeboren werden (Simmel 1908, 236 f.). Nach dieser Auffassung wird der gesellschaftliche Status nicht von einer Person erworben, wie in späteren Theorien beschrieben, sondern er wird ihr zugewiesen. Makrotheorien, wie die Theorie der sozialen Systeme von Niklas Luhmann oder die Diskurstheorie und die Beschreibung der Disziplinargesellschaft von Michel Foucault, verfolgen das vorrangige Ziel, grundlegende Funktionsprinzipien der Gesamtgesellschaft herauszuarbeiten. Gegenstand sind demnach grössere soziale Gebilde, kollektive Prozesse oder je nach Theorie definierte Strukturen. Anders die Mikrotheorien, die nach den typischen Interaktionen zwischen Individuen fragen. Zu den mikrosoziologischen Ansätzen zählen beispielsweise der methodologische Individualismus und die Theorien der rationalen Wahl (z. B. Esser 1990, Boudon 1974, Wiesenthal 1987) oder das in der Behindertenpädagogik mit Enthusiasmus aufgenommene Stigma-Konzept [→ II Stigma und Vorurteil] von Erving Goffman (1967). Eben Letzteres zeigt, dass eine mikrosoziologische Perspektive nicht in jedem Fall den willensfreien Akteur behauptet. Nicht nur ist Goffman später wegen der den Stigmatisierten unterstellten Passivität kritisiert worden (z. B. bei von Ferber 1976), auch das Handeln der Stigmatisierenden ist in dem Konzept eingeschränkt und durch sozialpsychologisch erklärbare Determination vorhersagbar.

Am Beispiel der auch für die Behindertenpädagogik relevanten Debatte um die ungleiche Bildungsverteilung in verschiedenen Bevölkerungsgruppen lässt sich die Rivalität mikro- und makrosoziologischer Perspektiven aktuell mitverfolgen (vgl. Kronig 2007). Rational Choice-Modelle im Anschluss an Boudon (1974) sehen den Bildungserfolg als kumulier-

tes Ergebnis individueller Entscheidungen. Bildungsungleichheiten entstehen durch primäre und sekundäre Sozialisationseffekte, welche unterschiedliche mathematisch berechenbare Erfolgswahrscheinlichkeiten und damit unterschiedliche Bildungsambitionen generieren. Strukturbezogene Theorieangebote hingegen sehen den Bildungserfolg als ein vorhersehbares Ergebnis sozialer Reproduktionsmechanismen. Den gesellschaftlichen Selektionsauftrag aus funktionalen Zwängen und Interessen heraus überinterpretierend, neigt das Bildungssystem zur schichtspezifischen Auslese. Das gleichzeitige Bemühen um die Aufrechterhaltung des Glaubens an das Leistungsprinzip geschieht dabei vor allem durch die formale Gleichbehandlung, welche erst die Umdeutung von kulturellem Erbe in individuelle Verdienste ermöglicht (Bourdieu & Passeron 1971, Rolff 1967). Jüngere Modelle der rationalen Wahl versuchen insofern eine Annäherung an den Theoriekonkurrenten, als dass sie strukturelle Elemente bewusst einbeziehen (z. B. Erikson & Jonsson 1996, Breen & Goldthorpe 1997).

Eine Annäherung findet auch auf einer grundsätzlicheren Ebene der Theorieentwürfe statt. Einige Autoren haben von Beginn weg die Überbrückung der Kluft zwischen individuellem Handeln und sozialen Strukturen in ihren Konzepten angestrebt. In einem ausführlichen Überblick diskutiert Annette Treibel (2006, Kap. 7–10) unter anderem die Theorie kommunikativen Handelns von Jürgen Habermas, die Figurationen von Norbert Elias, das Habitusmodell und die Feldtheorie von Pierre Bourdieu oder die Strukturationstheorie von Anthony Giddens. Die unbestreitbaren Vorzüge dieser theoretischen Arbeiten sollen aber nicht darüber hinwegtäuschen, dass auch hier die Verbindung von Mikro- und Makrotheorie innerhalb des jeweiligen theoretischen Konzepts und damit sehr unterschiedlich geschieht (eine Diskussion möglicher Grenzen z. B. bei Barlösius 2004).

Die grundsätzliche Frage, ob sich die Entwicklung moderner Gesellschaften mit den Merkmalen Konsens und Kontinuität oder aber besser mit sozialen Konflikten beschreiben lässt, bietet eine weitere Orientierungshilfe für die Einteilung von Sozialtheorien. Der Strukturfunktionalismus bei Talcott Parsons und Robert Merton und die Theorie sozialer Systeme von Niklas Luhmann unterstellen ein immanentes Streben der Gesellschaft nach Harmonie. Anders die Sozialtheorien im Anschluss an Karl Marx und Max Weber, welche eine spannungsgeladene Gesellschaft skizzieren, die ihre hauptsächlichen Energien in Verteilungskämpfe um soziale Güter investiert (zentrale Begriffe bei Schäfers & Kopp 2006). Theorien zur sozialen Ungleichheit tendieren, der Natur ihres Gegenstandes folgend, eher zu einer gesellschaftlichen Konzeption des zweiten Typs. Soziale Ungleichheit liegt dort vor, wo die Möglichkeiten des Zugangs zu allgemein verfügbaren und als erstrebenswert erachteten sozialen Gütern und Positionen, die mit ungleichen Macht- und Interaktionsmöglichkeiten ausgestattet sind, dauerhafte Einschränkungen erfahren und dadurch die Lebenschancen von Individuen oder Gruppen beeinträchtigt oder begünstigt werden (Kreckel 1992, 17). Sie resultiert also entweder aus ungleicher Ausstattung oder aber aus ungleichen Zugangsbeschränkungen (ausführlich bei Hradil 2001, Barlösius 2004). Obschon moderne Schließungstheorien ehemalige Exklusionsregeln als zunehmend irrational und illegitim entlarven, da sie nicht auf individuellem Erwerb beruhen (Murphy 2004, 122f.), häufen sich soziale Ungleichheiten immer noch entlang gesellschaftsstrukturierender Merkmale wie Geschlecht, soziale und nationalstaatliche Herkunft an. In jüngerer Vergangenheit war eine Konzentration auf die systematische Erforschung der Auswirkungen von ungleichheitsgenerierenden Merkmalskombinationen zu beobachten. Zum Beispiel wenn die berufliche Integration von jungen Frauen aus Zuwandererfamilien oder die Bildungsbiografie von männlichen Jugendlichen aus unterprivilegierten Familien untersucht wird. Schon Dahrendorfs Kunstfigur des katholischen Arbeitermädchens vom Lande stand für die kumulative Wirkung von mehreren Merkmalen (Dahrendorf 1965, 56), die sich seither zum Jungen aus Zuwandererfamilien aus der unterprivilegierten Stadtagglomeration gewandelt hat. Sozialwissenschaftlich gesehen wäre es ein Differenzierungsschub für die behindertenpädagogische Theoriebildung, wenn sie behinderte Personen konsequent auch als Frauen oder Männer, junge oder ältere, einkommensschwache oder nicht, zugewanderte oder nicht, leistungsstarke oder nicht usw. wahrnehmen würde.

2 Die Sozialwissenschaften in der Behindertenpädagogik

Bis hier wurde das Verständnis von einer Behindertenpädagogik als wissenschaftliche Disziplin impliziert, die sich der Begrifflichkeiten von Bezugsdisziplinen wie der Soziologie bedient. Mit einigen Gründen kann man sich jedoch fragen, ob nicht die Poppersche Kritik an der traditionellen Fächerung der Disziplinen auf die Behindertenpädagogik besonders zutrifft, und sie „ein abgegrenztes und konstruiertes Konglomerat von Problemen und Lösungsversuchen" ist (1962, 238), eine Ansammlung verschiedener angewandter Disziplinen. Die beachtliche Heterogenität ihrer Klientel rechtfertigt zumindest Verwunderung darüber, wie man diese in einer Disziplin zusammenfassen konnte. Um beispielsweise ein gemeinsames Element zwischen Sigmatismus und Lernbehinderung zu finden, ist man vermutlich gezwungen, den soziologischen Begriff der Devianz zu bemühen. Genauso wenig lassen sich Arbeiten zur Didaktik bei geistiger Behinderung in einen unverkrampften Zusammenhang mit dem Problem der beruflichen Integration bei einer Sehbehinderung bringen. Immerhin stellt Forster (2004, 23) zu Recht fest, dass drei der vier oft zitierten Paradigmen zur Behinderung von Ulrich Bleidick (1977) auf soziologisches Denken zurückgehen. Das gilt für den interaktionistischen Ansatz, der unter dem Einfluss des Amerikanischen Pragmatismus bei George Herbert Mead, Herbert Blumer (exemplarisch bei Albrecht 2002) und später bei Erving Goffman Behinderung als ein Produkt aus Zuschreibungsprozessen versteht. Das gilt für jene Ansätze, welche Behinderung als institutionsgebundenen Begriff sehen und deren Entstehung in einen Zusammenhang mit den Systemgesetzlichkeiten des Bildungssystems stellen. Und das gilt schließlich auch für gesellschaftstheoretische Ansätze, welche Behinderung als eine der Folgen sozialer Reproduktion sehen. Wissenssoziologisch betrachtet könnte man vielleicht sogar den individualtheoretischen Ansätzen eine gesellschaftliche Wirkung nachweisen, wenn man in den medizinischen und den psychologischen Modellen die historische Möglichkeit der Loslösung der von religiösen Interpretationen geprägten Schuldzuschreibungen bei einer Behinderung sehen will. Wenn der Begriff Behinderung ein zentraler Begriff der Behindertenpädagogik ist und wenn weiter dieser Begriff zumindest teilweise sozialwissenschaftlich aufzufassen ist, dann ist die Behindertenpädagogik selbst in großen Teilen eine Sozialwissenschaft. [→ Allgemeine Behindertenpädagogik; II Behinderung als sozialwissenschaftliche und kulturwissenschaftliche Theorie]

In Kontrast zum generellen Erklärungsanspruch soziologischer Behinderungsbegriffe kristallisiert sich das soziologische Denken in der Behindertenpädagogik in einer Weise, welche eher die Züge einer speziellen Teildisziplin aufweist. Schon in seinem wegweisenden Sammelband von 1972 führt Walter Thimm die bis heute verbreitete Bezeichnung „Soziologie der Behinderten" ein (1972, vgl. auch 2006). Später folgen spezifische Publikationen und Sammelbände z. B. von Runde und Heinze (1979), Cloerkes (1997, 2003), Forster (2004), Waldschmidt und Schneider (2007) oder allgemeine Einführungen mit sozialwissenschaftlichem Charakter z. B. bei Jantzen (1987) oder Haeberlin (2005). Die Konstituierung einer spezialisierten Teildisziplin innerhalb der Behindertenpädagogik

ist jedoch mit einigen Anschlussproblemen verbunden. Etwa dem ungeklärten Verhältnis zu der anwendungsorientierten Hauptdisziplin (Waldschmidt & Schneider 2003), der bislang mangelnden fachlichen Auseinandersetzung mit der Allgemeinen Soziologie (Forster 2004, 17), die in ungünstigen Fällen zu einer Reduktion von Sozialtheorien auf ein griffiges Format – der vorliegende Beitrag sei hier nicht ausgenommen – oder gar ihre Degradierung zu alles erklärenden und alles legitimierenden Schlagworten mit sich bringen kann. Ungeklärt wäre selbst noch der Gegenstand einer solchen Teildisziplin. Sind es die Behinderten und ihre Lebenslagen oder die Nichtbehinderten und ihre sozialen Reaktionen auf Behinderung, oder ist es die Klärung der Kategorie Behinderung im Sinne der oben beschriebenen Paradigmen? Waldschmidt und Schneider plädieren für eine Fortsetzung der sozialwissenschaftlichen Auseinandersetzung mit der Kategorie Behinderung unter der neuen Bezeichnung Soziologie der Behinderung (Waldschmidt & Schneider 2003). Mit der Klärung des Kernbegriffs der Hauptdisziplin beschäftigt, könnte man diese aber kaum noch als Teildisziplin auffassen. Wenn man die Disziplinenstrukturierung vorerst als zweitrangig sieht, könnte das eigentliche Problem in zwei Kernfragen gefasst werden. Welche sozialen Bedingungen und Mechanismen sind an der Erzeugung oder der Deklaration von Behinderung beteiligt? Und welche sozialen Implikationen sind mit einer Behinderung verbunden?

3 Gesellschaftliche Deklaration bzw. Erzeugung von Behinderung

In der Europäischen Union leben zirka 38 Millionen Menschen, die als behindert bezeichnet werden, was etwa einem Anteil von 10 % der Bevölkerung entspricht. Das Bemerkenswerte ist jedoch die Breite der Varianz zwischen den

Mitgliedstaaten. In Rumänien sind es rund 5,8 %, in Finnland sind es 32,2 % (Eurostat 2003). Bei der Erklärung dieser Unterschiede dürften individualtheoretische Modelle schnell an ihre Grenzen stoßen. Derart große Abweichungen in den Prävalenzraten [→ Sozialepidemiologie] sind eher ein Indiz für Differenzen in der Deklarationspraxis und im Verständnis von Behinderung (vgl. u. a. Europäische Kommission 2002). Ähnlich große Unterschiede sind auch auf kleinerem Raum zu finden. So schwankt das Risiko für Kinder aus Zuwandererfamilien, als lernbehindert diagnostiziert zu werden, zwischen den Schweizer Kantonen bis um das Zehnfache und zwischen den Deutschen Bundesländern bis um das Siebenfache (vgl. Kronig 2003, 133 ff.). Es sieht so aus, als ob es vorbei an allen wissenschaftlichen Definitionen eine regional variierende Auffassung darüber gibt, was eine Lernbehinderung ist. Eine der messbaren Folgen sind überaus große Leistungsüberschneidungen zwischen Schülern aus Sonderklassen für Lernbehinderte und Schülern aus Regelklassen, wie sie schon von Schmalohr in den 1960ern festgestellt worden sind (Schmalohr 1962, vgl. auch Untersuchung und Forschungsüberblick Kronig et al. 2000, 15 ff.).

Derartige Befunde wurden zwar in vereinzelten Publikationen periodisch skandalisiert, blieben aber eigenartig folgenlos. Als ginge es vor allem darum, die historische Trennung zwischen Normalem und Besonderem krampfhaft und kontrafaktisch zu allen Erkenntnissen aufrechtzuerhalten, als handle es sich um eine Normalität um der Normierung willen im Foucault'schen Sinn. Das sich gegenseitig definierende Begriffspaar „Normalität" und „Behinderung" wird auch in scheinbar aufgeklärten Gesellschaften fast schon anachronistisch normativ gelesen. Während konsequent statistische Auffassungen von Normalität, wie sie von Emil Durkheim zu Beginn des 19. Jahrhunderts eingeführt worden sind (vgl. Durkheim 1984), eher ein „subversives Dasein" (Waldschmidt 2004, 143) führen. Die meisten Merkmale, entlang derer die verschiedenen Arten von Behinderung definiert werden,

sind in der Bevölkerung kontinuierlich normalverteilt. Es gibt keinen natürlichen Bruch, der eine dichotome Trennung in ‚normal' und ‚behindert' nahe legen würde. Nach Kelly (1986, 1115) ist die Verwendung von zumeist dichotomen Kategorien auf einem Kontinuum mit erkenntnistheoretischen Problemen verbunden, da ähnliche Dinge als gleich und ab einer oft genug künstlich gesetzten Grenze als verschieden konstruiert werden. Dies widerspricht der logischen Struktur des Konstrukts.

Von sozialwissenschaftlicher Bedeutung sind dabei die sich mehrenden empirischen Hinweise, dass sich die reguläre wie auch die sonderpädagogische Selektion im Bildungssystem gegenüber den sozialstrukturellen Merkmalen wie der nationalstaatlichen und der sozialen Herkunft oder dem Geschlecht nicht neutral verhalten und damit an der Reproduktion von gesellschaftlichen Ungleichheiten mitbeteiligt sind. Gerade das Bildungssystem als zentrale pädagogische Einrichtung der Gesellschaft hat nicht nur die allen vertraute pädagogische Seite, bei der es um den Erwerb von kulturellen Inhalten geht, sondern auch die soziologische Seite, bei der es um den Erwerb von günstigen Ausgangspositionen für die spätere soziale Positionierung geht. Das Leistungsprinzip, als Legitimationsinstrument für die gesellschaftliche Umdeutung von Varianz in Devianz, wird dabei oftmals eher inszeniert, als dass man sich nach ihm richten würde. Allein schon die kumulierende Kombination von Geschlecht, Nationalstaat und sozioökonomischem Status führt dazu, dass die Chancen der Bildungsteilnehmer auf den Besuch einer weiterführenden Schule trotz gleicher Leistung zwischen 80 und 30 % variieren (Kronig 2007, 212 f.). Als ebenfalls definierende und zuteilende Instanz sind behindertenpädagogische Institutionen in den Bildungswettbewerb mehr involviert als sie sich manchmal den Anschein geben wollen. Beispielsweise ist es nicht nur so, dass Kinder aus Zuwandererfamilien vermehrt an Sonderklassen überwiesen werden, sondern dass damit das Risiko einer Überweisung für heimische Kinder drastisch sinkt. In Analogie zu den Prozessen der „Unterschichtung" auf dem Arbeitsmarkt (vgl. Hoffmann-Nowotny 1973, 24) eröffnen sich durch die Zuwanderung für heimische Kinder und Jugendliche zusätzliche Aufstiegsmöglichkeiten (Kronig et al. 2000, 14 f.). Auch die behindertenpädagogische Förderung hat einen ideellen Wert und einen instrumentellen Nutzen.

Mit der sozialwissenschaftlichen Dekategorisierung sind personenbezogene Behinderungsbegriffe zunehmend als ungültig angesehen worden. Aber das Verständnis von Behinderung als „soziale Konstruktion" (einführend zum Begriff Gergen 2002, Hacking 1999) ermöglicht graduelle Mehrdeutigkeiten. Bewertungen von Behinderung sind gesellschaftlich festgelegt, so dass der soziale Status von Trägern konstruiert ist. Behinderungen werden durch die spezialisierten Institutionen hervorgebracht oder zumindest aufrechterhalten. Die Normen, auf deren Grundlage die Definition von Behinderung erfolgt, sind nicht naturgegeben, sondern sozial konstruiert. Behinderung existiert überhaupt nicht in einem außersozialen Sinn. Trotz der relativen Popularität konstruktivistischer Positionen (z.B. Watzlawick 2007) können sozialwissenschaftliche Beiträge zur Dekonstruktion nicht immer einwandfrei einer wissenschaftstheoretischen Position, etwa jener des radikalen Konstruktivismus (König & Zedler 1998, 224 ff.), zugeordnet werden. Das gilt ebenso für die zunehmend auch im deutschen Sprachraum wichtige Impulse setzenden [→ II] Disability Studies (Überblicke in den Sammelbänden Albrecht et al. 2001, Waldschmidt & Schneider 2007), bei denen bisweilen eine, aus Sicht der wissenschaftstheoretischen Diskussion im deutschen Sprachraum, eigenwillige Mischung von Positionen auffällt, wenn z.B. ungezwungen an materialistische und an postmodernistische Auffassungen angeknüpft wird (zusammenfassend z.B. Thomas 2004, Scotch 2002). Dennoch müsste man erwarten, dass eine Forschungsrichtung, die sich in Abgrenzung zu traditionellen Studien versteht, einen einheitlichen

Behinderungsbegriff verwendet. Aber gerade dieser scheint in jüngerer Vergangenheit der Hauptgegenstand von Kontroversen zu sein. Viele der in den führenden amerikanischen ‚Disability Studies Quarterly' und den britischen ‚Disability and Society' publizierten Arbeiten weisen zwar medizinische Modelle von Behinderung zurück, verwenden aber das kontrastierende soziale Modell von Behinderung in unterschiedlichen Bedeutungszusammenhängen. Behinderung als eine soziale Benachteiligung, die aus einer medizinisch oder psychologisch diagnostizierbaren Schädigung entsteht. Und ein konkurrierendes Verständnis, das die Objektivität der scheinbar natürlich vorkommenden Schädigung infrage stellt und damit auch die Auftrennung von Schädigung und Behinderung (ausführlich bei Cole 2007, Waldschmidt 2007, Schillmeier 2007, Dederich 2004).

Widersprüche bleiben in jedem Fall übrig: Obwohl viele Behinderung als institutionenfixiert, situativ, relativ, prozessual und gesellschaftlich konstruiert ansehen, wird sie nach wie vor zumeist beim einzelnen Individuum diagnostiziert, und dies in einem fast schon inflationären Ausmaß (Kronig 2005). So wie auch die Interventionen zumeist beim einzelnen Individuum ansetzen.

4 Gesellschaftliche Folgen einer Behinderung

Zum weiter oben aufgeführten Beispiel von Rumänien und Finnland zurückkehrend, könnte man sich fragen, in welchem Land man als Person mit geringerem Leistungsvermögen leben möchte. In einem Land, in dem eine Hilfsbedürftigkeit diagnostiziert wird, die entsprechenden Ansprüche geltend gemacht werden können und die angemessenen Hilfen eingeleitet werden, oder in einem Land, in dem überhaupt niemand merkt, dass man behindert ist? Der ernsthafte Hintergrund dieses Gedankenspiels ist die behindertenpädagogische Notwendigkeit, zugleich aber sozialwissenschaftliche Ambivalenz sonderpädagogischer Diagnosen. Es war gerade diese Gleichzeitigkeit von Unterstützung und Stigmatisierung, von Förderung und Diskreditierung, welche der langjährigen Integrationsdebatte (Überblick zur Empirie bei Bless 1995) immer wieder neuen Anschub verliehen hat. Dieses „Janusgesicht des Behinderungsbegriffs" (Bleidick 1996, 30 f.) bleibt zwar auch in integrativen Schulformen weitgehend bestehen (z. B. Wocken 1996, 34 f.). Dennoch konnte Powell (2003) eindrücklich zeigen, wie allein schon die unterschiedliche Kategorisierung von Behinderung in Deutschland und in den USA gravierende Unterschiede in den Biografien der Betroffenen bewirkt.

Die gesellschaftlichen Folgen einer Behinderung, über vielfältige Determinanten vermittelt (vgl. Cloerkes 1997), sind weder eine historische (vgl. Haeberlin 2005, 99 ff.) noch eine geographische (vg. Neubert & Cloerkes 1987) Konstante. An der Verflechtung zwischen sozioökonomischem Status und Behinderung wird deutlich, dass die sozialen Implikationen einer Behinderung mit einiger Wahrscheinlichkeit Behinderung von neuem generieren. An dem von Jantzen Mitte der 1970er Jahre beschriebenen Zusammenhang hat sich kaum etwas Grundlegendes verändert: Behinderungen führen oft genug zu einer Abwärtsmobilität. Und mit sinkender sozialer Position steigt der relative Anteil Behinderter (Jantzen 1974, 103). Auch wenn man nicht alle Thesen zu der Beck'schen Risikogesellschaft (Beck 1986) teilen mag, kann die Prekarität der gegenwärtigen sozioökonomischen Lage von Personen, die als behindert gelten (vgl. Maschke 2003), durch gesellschaftliche Veränderungen zunehmen. So sind leistungsschwache Schülerinnen und Schüler die Stiefkinder der Bildungsexpansion (Kronig 2007, 52 ff.), welche den Risiken sich verändernder Bedingungen auf dem Ausbildungs- und auf dem Arbeitsmarkt am meisten ausgesetzt sind. Die Vorenthaltung ökonomischer Selbstständigkeit führt dann wieder an den Anfang der These von Jantzen. Mit der Ausweitung

auf die Weltbevölkerung nimmt der Zusammenhang zwischen Armut und Behinderung beängstigende Ausmaße an. Schätzungen gehen davon aus, dass rund 50 % der weltweiten Behinderungen direkt durch Armut ausgelöst werden (British Department for International Development 2000, 3), aber nur etwa 2 % der Betroffenen in den Schwellenländern Zugang zu spezifischen Serviceleistungen haben (Centre for Human Rights 1993).

Das gesellschaftliche Verständnis, die soziale Genese und die sozialen Folgen von Behinderung sind eng miteinander verknüpft. Es gibt wissenschaftstheoretische Überlegungen, welche die Vermutung unterstützen würden, dass die weitere Aufklärung dieser Zusammenhänge durch eine sozialwissenschaftlich sensible Behindertenpädagogik langfristig auf eben diese zurückwirkt und sie dadurch mitstrukturiert.

Literatur

Adorno, Theodor W. (1962): Zur Logik der Sozialwissenschaften. In: Kölner Zeitschrift für Soziologie und Sozial-Psychologie 14, 249–263

Albrecht, Gary L. (2002): American pragmatism, sociology and the development of disability studies. In: Barnes, Colin et al. (eds.): Disability studies today. Cambridge, 18–37

Albrecht, Gary L. et al. (eds.) (2001): Handbook of disability studies. Thousand Oaks

Barlösius, Eva (2004): Kämpfe um soziale Ungleichheit. Machttheoretische Perspektiven. Wiesbaden

Beck, Ulrich (1986): Risikogesellschaft. Auf dem Weg in eine andere Moderne. Frankfurt a. M.

Bleidick, Ulrich (1977): Pädagogische Theorien der Behinderung und ihre Verknüpfung. In: Zeitschrift für Heilpädagogik 28, 207–229

Bleidick, Ulrich (1996): Pädagogik der Behinderten: Ein Ausblick. In: Opp, Günther & Peterander, Franz (Hrsg.): Focus Heilpädagogik – Projekt Zukunft. München, 28–35

Bless, Gérard (1995): Zur Wirksamkeit der Integration. Forschungsüberblick, praktische Umsetzung einer integrativen Schulform, Untersuchungen zum Lernfortschritt. Bern

Boudon, Raymond (1974): Education, opportunity, and social inequality. Changing prospects in western society. New York

Bourdieu, Pierre & Passeron, Jean-Claude (1971): Die Illusion der Chancengleichheit. Stuttgart

Breen, Richard & Goldthorpe, John H. (1997): Explaining educational differentials. Towards a formal rational action theory. In: Rationality and Society 9, 275–305

British Departement for International Development (2000): Disability, poverty and development. London

Centre for Human Rights (1993): Human rights and disabled persons (Study Series 6). Geneva

Cloerkes, Günther (1997): Soziologie der Behinderten. Eine Einführung. Heidelberg

Cloerkes, Günther (Hrsg.) (2003): Wie man behindert wird. Teste zur Konstruktion einer sozialen Rolle und zur Lebenssituation betroffener Menschen. Heidelberg

Cole, Phillip (2007): The body politic: Theorising disability and impairment. In: Journal of Applied Philosophy 24, 169–176

Dahrendorf, Ralf (1965): Bildung ist Bürgerrecht. Plädoyer für eine aktive Bildungspolitik. Hamburg

Dederich, Markus (2004): Behinderung, Körper und die kulturelle Produktion von Wissen. In: Forster, Rudolf (Hrsg.): Soziologie im Kontext von Behinderung. Theoriebildung, Theorieansätze und singuläre Phänomene. Bad Heilbrunn, 142–157

Durkheim, Emile (1984): Die Regeln der soziologischen Methode. Frankfurt a. M.

Erikson, Robert & Jonsson, Jan O. (1996): Explaining class inequality in education: The Swedish test case. In: Erikson, Robert. & Jonsson, Jan O. (eds.): Can Education be equalized? Stockholm, 1–63

Esser, Hartmut (1990): „Habits", „Frames" und „Rational Choice". Die Reichweite von Theorien der rationalen Wahl. In: Zeitschrift für Soziologie 19, 231–247

Esser, Hartmut (1993): Soziologie. Allgemeine Grundlagen. Frankfurt a. M.

Europäische Kommission (Hrsg.) (2002): Definition des Begriffs „Behinderung" in Europa. http://ec.europa.eu/employment_social/index/complete_report_de.pdf

Eurostat (Hrsg.) (2003): Beschäftigung behinderter Menschen in Europa 2002. Europäische Gemeinschaft, Thema 3 – 26/2003. Bearbeitet von Dupré, Didier und Kaarjalainen, Antti

Forster, Rudolf (2004): Das Phänomen der Behinderung als soziale Struktur und soziales Verhalten – Erste Aspekte einer ‚Soziologie im Kontext von Behinderung' zwischen beschreibender ‚Sozialkunde' und differenzierter Gesellschafts- und Sozialtheorie. In: Forster, Rudolf (Hrsg.): Soziologie im Kontext von Behinderung. Theoriebildung, Theorieansätze und singuläre Phänomene. Bad Heilbrunn, 20–48

Gergen, Kenneth J. (2002): Konstruierte Wirklichkeiten. Eine Hinführung zum sozialen Konstruktionismus. Stuttgart

Gershoff, Rainer & Schimank, Uwe (Hrsg.) (2006): Integrative Sozialtheorie? Esser – Luhmann – Weber. Wiesbaden

Goffman, E. (1967): Stigma. Frankfurt a. M.

Hacking, Ian (1999): Was heißt soziale Konstruktion? Zur Konjunktur einer Kampfvokabel in den Wissenschaften. Frankfurt a. M.

Haeberlin, Urs (2005): Grundlagen der Heilpädagogik: Bern

Hoffmann-Nowotny, Hans-Joachim (1973): Soziologie des Fremdarbeiterproblems. Stuttgart

Hradil, Stefan (2001): Soziale Ungleichheit in Deutschland. Wiesbaden

Jantzen, Wolfgang (1974): Sozialisation und Behinderung. Gießen

Jantzen, Wolfgang (1987): Allgemeine Behindertenpädagogik. Bd. 1: Sozialwissenschaftliche und psychologische Grundlagen. Weinheim

Kelly, Georg A. (1986): Die Psychologie der persönlichen Konstrukte. Paderborn

König, Eckhart & Zedler, Peter (1998): Theorien der Erziehungswissenschaft. Weinheim

Kreckel, Reinhard (1992): Politische Soziologie der sozialen Ungleichheit. Frankfurt a. M.

Kron, Friedrich W. (1999): Wissenschaftstheorie für Pädagogen. München

Kronig, Winfried (2003): Das Konstrukt des leistungsschwachen Immigrantenkindes. In: Zeitschrift für Erziehungswissenschaft 6, 126–141

Kronig, Winfried (2005): Expansion der Sonderpädagogik. Über absehbare Folgen begrifflicher Unsicherheiten. In: Vierteljahresschrift für Heilpädagogik und ihre Nachbargebiete, VHN 74, 94–103

Kronig, Winfried (2007): Die systematische Zufälligkeit des Bildungserfolgs. Theoretische Erklärungen und empirische Untersuchungen zur Lernentwicklung und zur Leistungsbewertung in unterschiedlichen Schulklassen. Bern

Kronig, Winfried et al. (2000): Immigrantenkinder und schulische Selektion. Bern

Luhmann, Niklas (1984): Soziale Systeme. Grundriss einer allgemeinen Theorie. Frankfurt a. M.

Maschke, Michael (2003): Die sozioökonomische Lage behinderter Menschen in Deutschland. In: Cloerkes, Günther (Hrsg.): Wie man behindert wird. Heidelberg

Müller, Hans-Peter (2001): Soziologie in der Eremitage? In: Barlösius, Eva et al. (Hrsg.): Gesellschaftsbilder im Umbruch. Soziologische Perspektiven in Deutschland. Opladen, 37–63

Murphy, Raymond (2004): Die Rationalisierung von Exklusion und Monopolisierung. In: Mackert, Jürgen (Hrsg.): Die Theorie sozialer Schließung. Tradition, Analysen, Perspektiven. Wiesbaden, 111–130

Neubert, Dieter & Cloerkes, Günther (1987): Behinderung und Behinderte in verschiedenen Kulturen. Eine vergleichende Analyse ethnologischer Studien. Heidelberg

Popper, Karl R. (1962): Die Logik der Sozialwissenschaften. In: Kölner Zeitschrift für Soziologie und Sozial-Psychologie 14, 233–248

Powell, Justin J. W. (2003): Constructing disability and social inequality early in the life course: the case of special education in Germany and the United States. In: Disability Studies Quarterly 23, 57–75

Rolff, Hans-Günter (1967): Sozialisation und Auslese durch die Schule. Heidelberg Überarbeit. Neuausg. 1997, Weinheim

Runde, Peter & Heinze Rolf G. (Hrsg.) (1979): Chancengleichheit für Behinderte: Sozialwissenschaftliche Analysen für die Praxis. Neuwied

Schäfers, Bernhard & Kopp, Johannes (Hrsg.) (2006): Grundbegriffe der Soziologie. 9., überarb. und aktual. Aufl. Wiesbaden

Schillmeier, Michael (2007): Zur Politik des Behindert-Werdens. Behinderung als Erfahrung und Ereignis. In: Waldschmidt, Anne & Schneider, Werner (Hrsg.) (2007): Disability Studies, Kultursoziologie und Soziologie der Behinderung. Erkundungen in einem neuen Forschungsfeld. Bielefeld, 79–99

Schmalohr, Emil (1962): Gruppennorm des „HAWIK" im Hilfsschulüberweisungsverfahren. In: Zeitschrift für Heilpädagogik 13, 165–176

Scotch, Richard K. (2002): Paradigms of american social research on disability: What's new? In: Disability Studies Quarterly 22, 23–34

Seiffert, Helmut (1992): Einführung in die Wissenschaftstheorie. Bd. 3. Handlungstheorie, Modallogik, Ethik, Systemtheorie. 2., überarb. Auflage. München

Simmel, Georg (1908): Soziologie. Untersuchungen über die Formen der Vergesellschaftung. Leipzig

Thimm, Walter (2006): Behinderung und Gesellschaft. Texte zur Entwicklung einer Soziologie der Behinderten. Heidelberg

Thimm, Walter (Hrsg.) (1972): Soziologie der Behinderten – Materialien. Neuburgweier

Thomas, Carol (2004): How ist disability understood? An examination of sociological approaches. In: Disability & Society 19, 569–583

Treibel, Annette (2006): Einführung in soziologische Theorien der Gegenwart. 7., aktual. Aufl. Wiesbaden

von Ferber, Christian (1976): Zum soziologischen Begriff der Behinderung. In: Zeitschrift für Heilpädagogik 27, 416–423

Waldschmidt, Anne & Schneider, Werner (2003): Soziologie der Behinderung. Aktueller Stand und Perspektiven einer speziellen Soziologie. In: Allmendinger, Jutta (Hrsg.): Entstaatlichung und soziale Sicherheit. Verhandlungen des 31. Kongresses der Deutschen Gesellschaft für Soziologie in Leipzig 2002. 2 Bde. und CD. Opladen

Waldschmidt, Anne & Schneider, Werner (Hrsg.) (2007): Disability Studies, Kultursoziologie und Soziologie der Behinderung. Erkundungen in einem neuen Forschungsfeld. Bielefeld

Waldschmidt, Anne (2004): Normalität – ein Grundbegriff in der Soziologie der Behinderung. In: Forster, Rudolf (Hrsg.): Soziologie im Kontext von Behinderung. Theoriebildung, Theorieansätze und singuläre Phänomene. Bad Heilbrunn, 142–157

Waldschmidt, Anne (2007): Macht – Wissen – Körper. Anschlüsse an Michael Foucault in den Disability Studies. In: Waldschmidt, Anne & Schneider, Werner (Hrsg.) (2007): Disability Studies, Kultursoziologie und Soziologie der Behinderung. Bielefeld, 55–77

Watzlawick, Paul (Hrsg.) (2007): Die erfundene Wirklichkeit. München

Weiss, Hilde (1993): Soziologische Theorien der Gegenwart. Darstellung der großen Paradigmen. Wien, New York

Wiesenthal, Helmut (1987): Rational Choice. Ein Überblick über Grundlinien, Theoriefelder und neuere Themenakquisition eines sozialwissenschaftlichen Paradigmas. In: Zeitschrift für Soziologie 16, 434–449

Wiswede, Günter (1998): Soziologie. Landsberg

Wocken, Hans (1996): Sonderpädagogischer Förderbedarf als systemischer Begriff. In: Sonderpädagogik 26, 34–38

Naturwissenschaftliche Beiträge

Dominik Gyseler

1 Definition

Um den Inhalt naturwissenschaftlicher Beiträge für die Sonderpädagogik bestimmen und deren Relevanz und Reichweite einschätzen zu können, muss zunächst definiert werden, was in diesem Beitrag unter Sonderpädagogik und Naturwissenschaften verstanden wird. Die Sonderpädagogik beschäftigt sich mit der Theorie und Praxis der Erziehung, Bildung und Therapie von Menschen, deren Entwicklung beeinträchtigt verläuft oder voraussichtlich verlaufen wird und bei denen deshalb sonderpädagogische Maßnahmen erforderlich werden (Hoyningen-Süess & Gyseler 2005). Der Auftrag der Sonderpädagogik als Wissenschaft besteht darin, Entwicklungsbeeinträchtigungen systematisch zu beschreiben und zu erklären, damit sonderpädagogische Maßnahmen gezielt erarbeitet, durchgeführt und überprüft werden können.

Um diesen Auftrag erfüllen zu können, ist in Theorie und Praxis eine Zusammenarbeit mit verschiedenen Bezugsdisziplinen erforderlich. Die Naturwissenschaften sind traditionellerweise ein wesentlicher Teil dieser Bezugsdisziplinen. Sie umfassen wissenschaftliche Disziplinen, die sich mit der belebten und unbelebten Natur befassen, wobei die Biologie, die Chemie und die Physik als die drei klassischen Disziplinen der Naturwissenschaften gelten.

In den letzten Jahren ist jedoch aus der Sicht der Sonderpädagogik eine klare Fokussierung auf Beiträge aus den Neurowissenschaften zu erkennen. Zu den Neurowissenschaften zählen jene Disziplinen, die sich mit dem Aufbau und den Funktionen von Nervensystemen befassen. Der Schwerpunkt der folgenden Ausführungen liegt deshalb auf der Frage, inwiefern und inwieweit neurowissenschaftliche Erkenntnisse für die Theorie und Praxis der Sonderpädagogik von Bedeutung sind.

2 Begriffs- und Gegenstandsgeschichte

Im Laufe der Geschichte des Einbezugs neurowissenschaftlicher Erkenntnisse für die Sonderpädagogik wurden verschiedene Schwerpunktsetzungen vorgenommen. Sie waren zum einen abhängig vom Gegenstandsbereich der Sonderpädagogik zu diesem Zeitpunkt, zum anderen aber auch vom vorherrschenden neurowissenschaftlichen Erkenntnisstand. Die Idee, Erkenntnisse über das menschliche Gehirn für die Behandlung von Fragen der Erziehung und Bildung einzusetzen, findet sich bereits Mitte des 19. Jahrhunderts im Rahmen der Phrenologie. Deren Grundidee bestand darin, mentale Eigenschaften, insbesondere aber Charakterzüge wie eine Neigung zur Kriminalität, bestimmten Hirnregionen zuzuordnen und über die Schädelform einschätzen zu können. Nicht zuletzt die Diagnostik über die Schädelform führte dazu, dass die Lehre einer soliden empirischen Überprüfung nicht standhalten konnte.

Die Idee der funktionalen Differenzierung des Gehirns wurde jedoch zentraler Bestandteil späterer neurowissenschaftlicher Theorien. Seit den 1980er Jahren und dem breiten Einsatz bildgebender Verfahren in den Neurowissenschaften ist eine Qualität der empirischen Überprüfung dieses Ansatzes möglich. Mit bildgebenden Verfahren wie der funktionellen Magnetresonanztomographie (fMRI) oder der Positronenemissionstomographie (PET) kann gemessen werden, wie stark bestimmte neuronale Regionen aktiviert sind, während eine Aufgabe ausgeführt wird. In den letzten 25 Jahren wuchs die Anzahl solcher Daten stark an, und es wurden Fachgebiete wie die Neuropädagogik und die Neurodidaktik aus der Taufe gehoben, die sich wesentlich auf diese Befunde stützen.

Die bis heute ausführlichste Systematik zur Rezeption neurowissenschaftlicher Erkenntnisse durch die Sonderpädagogik legte Wolfgang Jantzen vor (Jantzen 1990). Im Kern versucht er dabei eine Theorie der menschlichen Entwicklung zu entfalten, die mit ausgewählten neurowissenschaftlichen Befunden, so zum Beispiel zur biologischen Selbstorganisation des Menschen, kompatibel ist. Zusammengeführt in einem entwicklungsneuropsychologischen Theoriegebäude, wird schließlich davon eine pädagogische Anthropologie abgeleitet, die Aussagen zur Lernfähigkeit, Bildsamkeit und Erziehbarkeit von Menschen umfasst – insbesondere zu jenen, deren Entwicklung beeinträchtigt verläuft.

3 Zentrale Probleme

Um die Würdigung neurowissenschaftlicher Beiträge für die Sonderpädagogik systematisch vornehmen zu können, müssen drei zentrale Probleme behandelt werden:

- Was sollen die Neurowissenschaften? Diese Frage muss von der Sonderpädagogik behandelt werden. Je nach Gegenstandsbereich und Auftrag der Sonderpädagogik sind andere Fragen an die Neurowissenschaften zu richten. Vor diesem Hintergrund geht es zunächst einmal um die prinzipielle Frage, ob die Sonderpädagogik überhaupt neurowissenschaftliche Grundlagen hat.
- Was können die Neurowissenschaften? Die Grundlage des Einbezugs neurowissenschaftlicher Erkenntnisse in die Sonderpädagogik bilden systematische Überlegungen darüber, in welchem Verhältnis neurowissenschaftliche, psychologische und erziehungswissenschaftliche Aussagen zueinander stehen. Mit dieser Frage beschäftigt sich die Neurophilosophie.
- Was wissen die Neurowissenschaften? Wenn geklärt ist, was die Neurowissenschaften aus der Sicht der Sonderpädagogik sollen und aus der Sicht der Neurophilosophie können, stellt sich die Frage, inwieweit empirische Befunde zu ausgewählten Problemstellungen vorliegen. So ist vorstellbar, dass die Neurowissenschaften zu einer sonderpädagogischen Fragestellung zwar prinzipiell relevante Befunde beitragen können, dies aber noch nicht empirisch umgesetzt wurde.

4 Zentrale Erkenntnisse

Die Frage, was die Neurowissenschaften sollen, ist an die Sonderpädagogik gerichtet. Wie einleitend ausgeführt, besteht das Ziel des Einbezugs neurowissenschaftlicher Beiträge darin, Entwicklungsbeeinträchtigungen beschreiben und erklären zu können. Im Bereich der theoretischen Grundlagen der Sonderpädagogik sollen Entwicklungsbeeinträchtigungen diagnostiziert und prognostiziert werden; im Bereich der praktischen Grundlagen sollen sonderpädagogische Maßnahmen auf dieser Basis erarbeitet werden; und im Bereich der normativen Grundlagen sollen die Maßnahmen legitimiert und überprüft werden.

Die Frage, was die Neurowissenschaften können, wird in erster Linie im Rahmen der Neurophilosophie behandelt. Die Neurophilosophie befasst sich auf zwei Ebenen mit dem Verhältnis zwischen Gehirn und Geist: Während dem auf der ontologischen Ebene das Verhältnis zwischen neuronalen und mentalen Prozessen diskutiert wird, steht auf der epistemologischen Ebene das Verhältnis zwischen neurowissenschaftlichen und psychologischen Erkenntnissen im Zentrum (vgl. Kim 2006; Pauen 2001). Auf der ontologischen Ebene sind zunächst einmal materialistische und dualistische Positionen zu unterscheiden.

Heute wird in der Regel eine materialistische Position vertreten, wonach alle mentalen Prozesse neuronal realisiert werden, da mentale Prozesse immer auch neuronale Prozesse sind. Dies steht in Abkehr von dualistischen Positionen, nach denen mentale Prozesse zu einer anderen Entität als neuronale Prozesse gezählt werden und so prinzipiell auch unabhängig von diesen auftreten können.

Die überwiegende Mehrheit der neurowissenschaftlichen Forschungsprogramme geht innerhalb der verschiedenen Spielarten materialistischer Positionen von der so genannten Identitätstheorie, genauer der Typen-Identitätstheorie, aus [→ Leib-Seele-Problem]. Dieser Auffassung nach ist jeder Typ eines mentalen Zustandes oder Prozesses identisch mit einem bestimmten Typ eines neuronalen Zustandes oder Prozesses, was im Grunde genommen einer Präzisierung des Prinzips der funktionalen Differenzierung des Gehirns gleichkommt. Davon zu unterscheiden ist die schwache Variante der Identitätstheorie, die Token-Identitätstheorie, nach der jeder mentale Zustand irgendeine neuronale Realisierung hat (Pauen 2001). Diese Typen-Identität ist dabei im Sinne einer Identität a posteriori zu verstehen: Mentale Prozesse wie beispielsweise die Fähigkeit, die Emotionen seiner Mitmenschen einschätzen zu können, sind identisch mit bestimmten neuronalen Prozessen. Welche neuronalen Prozesse dies nun aber im Einzelnen sind, steht nicht a priori fest; vielmehr ist das Gegenstand neurowissenschaftlicher Forschung.

Auf der Grundlage dieser neurophilosophischen Position ist es prinzipiell möglich, kognitive und sozio-emotionale Entwicklungsbeeinträchtigungen mit Hilfe neurowissenschaftlicher Erkenntnisse besser zu verstehen, insofern psychologische Erkenntnisse nicht nur bestätigt, sondern sogar präzisiert werden können. Es kann aber zugleich dargelegt werden, was neurowissenschaftliche Beiträge nicht können. So sind neuronale Prozesse empirisch zwar immer in Bezug zu mentalen Prozessen zu stellen; mentale Prozesse werden aber nicht reduziert auf neuronale Prozesse oder gar eliminiert, so wie es zum Beispiel die Position des ‚eliminativen Materialismus' fordert.

Akzeptiert man die bisherigen Aussagen darüber, was neurowissenschaftliche Beiträge sollen und können, so können zentrale Fragestellungen der Sonderpädagogik formuliert werden, zu denen die Neurowissenschaften einen wesentlichen Beitrag leisten können:

• Was genau ist bei Menschen mit Entwicklungsbeeinträchtigungen beeinträchtigt – was hingegen nicht? Diese Frage ist auf die Erhebung und Interpretation neuronaler Korrelate bestimmter mentaler (Dys-) Funktionen ausgerichtet.
• Warum ist die Entwicklung beeinträchtigt? Diese Frage hat zwei Facetten: Zum einen sollen Entwicklungsbeeinträchtigungen auf der Ebene der Entwicklungsneurobiologie beschrieben und erklärt werden, zum anderen sollen die sozialen Einflussfaktoren, die zur Entstehung und Aufrechterhaltung der Entwicklungsbeeinträchtigung beitragen, hinsichtlich Art, Zeitpunkt, Häufigkeit und Intensität spezifiziert werden.
• Inwieweit und wie ist die Entwicklungsbeeinträchtigung zu beeinflussen? Diese Frage steht beispielsweise in Zusammenhang mit dem Konzept der neuronalen Plastizität.

Der aktuelle Forschungsstand soll nun diesen drei leitenden Fragestellungen entlang dargelegt werden. Es wird jeweils anhand eines ausgewählten Themenbereichs exemplarisch gezeigt, welche empirischen Befunde vorliegen. Dazu werden die Themenbereiche Rechenstörungen (Dyskalkulie), Aufmerksamkeits-/Hyperaktivitätsstörung (ADHS) und frühkindlicher Autismus verwendet.

5 Aktueller Forschungsstand

Für die Darstellung, was neurowissenschaftliche Erkenntnisse zur Frage beitragen können, was genau beeinträchtigt ist und was nicht, eignet sich das Fallbeispiel der Dyskalkulie (Rechenstörungen). Darunter wird eine Entwicklungsstörung schulischer Fertigkeiten verstanden, die im Kindesalter auftritt und in erster Linie dadurch charakterisiert ist, dass die schulischen Rechenleistungen deutlich schlechter sind als es die Intelligenz (wobei IQ ≥ 70) vermuten ließe.

In aktuellen Studien werden Kinder mit [→ VII] Dyskalkulie beim Absolvieren bestimmter mathematischer Aufgaben untersucht und mit Kindern ohne Dyskalkulie verglichen. Dabei zeigt sich, dass sie Schwierigkeiten beim Schätzrechnen, kaum aber beim exakten Rechnen haben. Dabei aktivieren sie zwar dasselbe Netzwerk von Hirnregionen wie die gesunden Gleichaltrigen, jedoch in deutlich tieferer Intensität. Dieser Unterschied manifestiert sich insbesondere im intra-parietalen Sulcus. Dieser Teil des Scheitellappens ist dann aktiviert, wenn Zahlen abstrakt-räumlich verarbeitet werden und bildet die Grundlage für die Entwicklung eines so genannten mentalen Zahlenstrahls. Je älter und geübter die Kinder und Jugendlichen sind, desto besser sind ihre Rechenleistungen und desto stärker sind die spezifischen neuronalen Netzwerke aktiviert, die mit diesen Fähigkeiten einhergehen.

Eine Hauptaussage der aktuellen Studien lautet denn auch, dass bei Kindern mit einer Dyskalkulie in erster Linie die Fähigkeit zur räumlich-abstrakten Repräsentation von Zahlen beeinträchtigt ist. Demgegenüber scheint die sprachliche Repräsentation von Zahlen kaum beeinträchtigt zu sein. Diese neurowissenschaftlichen Erkenntnisse allein beinhalten zwar noch keine sonderpädagogischen oder therapeutischen Indikationen, können aber einen Bestandteil einer interdisziplinären Ausarbeitung spezifischer Maßnahmen sein.

Eine zweite leitende Fragestellung, bei der neurowissenschaftliche Erkenntnisse berücksichtigt werden sollten, lautet, warum ausgewählte Formen von Entwicklungsbeeinträchtigungen auftreten. Für die Behandlung dieser Frage eignet sich das Fallbeispiel [→ VII]

Aufmerksamkeitsdefizit-/Hyperaktivitätsstörung (ADHS). Sie umfasst Unaufmerksamkeit, Impulsivität und Hyperaktivität und kann bei 3 % bis 6 % der Kinder und Jugendlichen von vier bis 16 Jahren diagnostiziert werden.

Bis vor wenigen Jahren war die dominierende These jene, wonach sich diese Gruppe durch exekutive Dysfunktionen auszeichnet. Exekutive Funktionen dienen der Verhaltenskontrolle, verstanden als die Fähigkeit, das eigene Verhalten zielgerichtet und flexibel zu steuern und dabei unangemessene Handlungen zu Gunsten angemessener Handlungen zu unterdrücken. Auf der neuronalen Ebene korrespondiert diese Fähigkeit mit der Aktivität bestimmter Teile des präfrontalen Kortex (PFC). Aktuelle neurowissenschaftliche Studien zeigen aber, dass die komplexe Symptomatik einer ADHS nicht durch einen einzelnen Faktor, zumal einen derart allgemeinen wie der Verhaltenskontrolle, erklärt werden kann. Vielmehr steht die Suche nach neuronalen Netzwerken bzw. multiplen Bedingungsfaktoren im Zentrum.

Diese Differenzierung wird mit der jüngst vorgeschlagenen Unterscheidung zweier Formen der Verhaltenskontrolle angelegt: Währenddem die Kontrolle kognitiver Prozesse die reine Funktionsfähigkeit kognitiver Prozesse sichert, bezieht die davon zu unterscheidende Kontrolle affektiver Prozesse den Umstand mit ein, dass eine Verhaltenskontrolle in vielen Situationen, zum Beispiel im schulischen Unterricht, zusätzlich durch affektive Prozesse erschwert wird. Die Kontrolle affektiver Prozesse beinhaltet die Fähigkeit, die Verhaltenskontrolle auch in affektiv-emotional aufgeladenen Situationen, welche die Steuerung der Erregung und Motivation erfordern, aufrechterhalten zu können.

Die kognitive Verhaltenskontrolle steht in Zusammenhang mit einem neuronalen Netzwerk, das neben dem präfrontalen Kortex Teile der Basalganglien umfasst. Sie ist beeinträchtigt, weil den Kindern und Jugendlichen zu wenig bewusst ist, welche Ereignisse in einem Lernprozess wann erwartet werden können und deshalb die ungerichtete Aufmerksamkeit erhöht ist. Die affektive Verhaltenskontrolle dagegen geht mit der Aktivierung anderer neuronaler Regionen einher, so zum Beispiel mit Teilen des limbischen Systems. Sie ist beeinträchtigt, weil eine Bevorzugung kleiner, unmittelbarer Belohnungen gegenüber größeren, verzögerten Belohnungen vorherrscht. Die Frage, wie diese Aversion wiederum zu erklären ist, ist allerdings noch weitgehend offen und Gegenstand aktueller neurowissenschaftlicher Forschung.

Hinsichtlich der Frage, die sich auf den Einfluss externer Einflussfaktoren auf die Entstehung und Aufrechterhaltung der ADHS bezieht, konnten bislang jedoch nur vergleichsweise vage Erkenntnisse gewonnen werden. So werden unsichere Bindungsbeziehungen, fehlende Strukturen und Rituale oder inkompetente Erziehungsstile als beeinträchtigende familiäre Einflussfaktoren propagiert. Gleichzeitig wird mit Verweis auf die neurowissenschaftlichen Erkenntnisse gefordert, dass der schulische Unterricht klar strukturiert und anfordernd sein sollte. Insgesamt liegen jedoch auf der Ebene der Entwicklungsneurobiologie präzisere Erkenntnisse vor als auf der Ebene sozialer Einflussfaktoren.

Die dritte leitende Fragestellung lautet, wie und inwieweit ausgewählte Formen von Entwicklungsbeeinträchtigungen gezielt beeinflusst werden können. Zur Würdigung des Forschungsstandes in diesem Bereich eignet sich das Fallbeispiel [→ X] Autismus. Gekennzeichnet ist Autismus durch eine Beeinträchtigung der sozialen Interaktion, der verbalen und non-verbalen Kommunikation sowie durch repetitives Verhalten. Wenn im Folgenden von Studien zu Autismus die Rede ist, wird immer auf das ganze Spektrum autistischer Störungen Bezug genommen, das sowohl den frühkindlichen Autismus als auch das Asperger-Syndrom umfasst.

Das Wissen um die spezifische Gehirnentwicklung bei Menschen mit Autismus konnte in den letzten Jahren merklich erweitert werden. Neuroanatomische Studien zeigen,

dass deren Gehirn im Kindesalter größer und schwerer als das Durchschnittsgehirn ist. Zwar scheinen sich Volumen und Gewicht des Gehirns während der Adoleszenz wieder zu normalisieren; im Alter von 6 bis 14 Monaten, einer kritischen Phase der Hirnentwicklung, sind jedoch die größten Unterschiede erkennbar. Kritisch ist diese Phase deshalb, weil während dieser Zeit die einzelnen Neuronen durch Synapsen miteinander verschaltet werden, damit funktionsfähige, spezialisierte neuronale Netzwerke entwickelt werden können. Bei Kindern mit frühkindlichem Autismus nun ist die neuronale Architektur lokal im Vergleich zum Normalfall zu feinmaschig, global zu grobmaschig. Nahe beieinander liegende Neuronenhaufen sind also durch eine Vielzahl von Synapsen miteinander verbunden, währenddem weiter auseinander liegende Neuronenverbände kaum Verbindungen miteinander eingehen.

Diese besondere Hirnarchitektur von Menschen mit Autismus führt zu einer spezifischen Wahrnehmung und Verarbeitung von Informationen. So können Informationen nicht systematisch verarbeitet und weitergeleitet werden, sondern verharren in einem lokalen Chaos überzähliger synaptischer Verbindungen. Dies erschwert die Entwicklung spezialisierter neuronaler Netzwerke, welche die neurobiologische Basis für die Entwicklung grundlegender Fähigkeiten, beispielsweise im sozio-emotionalen Bereich, darstellen So weisen neurowissenschaftliche Befunde deutlich darauf hin, dass die Fähigkeit, seinen Mitmenschen bestimmte Gedanken und Gefühle zuzuschreiben, von spezialisierten neuronalen Netzwerken realisiert wird. Diese Netzwerke entwickeln diese bestimmten Fähigkeiten aber nicht automatisch, sondern auch aufgrund von Erfahrungen, in diesem Fall mit menschlichen Gesichtern. Ein prinzipielles Interesse an menschlichen Gesichtern ist im Normalfall genetisch angelegt, weshalb im Normalfall bereits unmittelbar nach Geburt die ersten Erfahrungen gemacht werden können und damit die ersten Schritte hin zu einem spezialisierten neuronalen Netzwerk.

Kinder mit frühkindlichem Autismus hingegen zeigen kaum Interesse an menschlichen Gesichtern und machen deshalb auch kaum Erfahrungen.

Die mangelnde Aktivität der Amygdala signalisiert, dass Gesichter bei Menschen mit Autismus kaum eine sozio-emotionale Bedeutung aufweisen. Ihre Aufmerksamkeit wird deshalb nicht auf sozio-emotional relevante Ausschnitte des Gesichts – namentlich auf die Augen – gelenkt, sodass diese Informationen nicht in die weiter verarbeitenden Systeme eingespeist werden. Währenddem die Amygdala eine entscheidende Rolle in der Steuerung der Aufmerksamkeit spielt, ist die Formation der Fusiform Face Area (FFA) auf die Verarbeitung von Gesichtern spezialisiert. Eine ihrer zentralen Aufgabe ist das (Wieder-) Erkennen von Gesichtern. Die Funktionstüchtigkeit und die Spezifität dieser Region sind dabei vorwiegend von Erfahrungen abhängig – Erfahrungen, die Kinder mit Autismus nicht machen, weil sie dem Gesicht kaum Aufmerksamkeit schenken. Im Falle der Expertise von Gesichtern finden die prägenden neuronalen Spezialisierungsprozesse im Alter von 6–12 Monaten statt. Kinder mit Autismus ziehen zudem lokale Details der Betrachtung des Ganzen vor und fokussieren meistens den Mund und weniger den Rest des Gesichts, vor allem nicht die Augen. Dies erklärt aber auch, warum Menschen mit Autismus durchaus in der Lage sind, Gesichter wieder zu erkennen, denn dazu können ja beliebige Merkmale des Gesichts herangezogen werden.

Hier stellt sich letztlich die Frage nach der neuronalen Plastizität neuronaler Netzwerke und im Einzelnen danach, inwieweit sich intensives Training überhaupt auf die neuronalen Strukturen und Funktionen des Gehirns auswirken kann. Lange Zeit herrschte die Annahme vor, dass diese neuronalen Netzwerke unter allen Bedingungen und irreversibel dysfunktional sind. Neue Erkenntnisse widersprechen dieser Annahme und geben Hinweise auf Bedingungen, unter denen die genannten Dysfunktionen nicht zu beobachten sind. So wird beispielsweise in einer neueren Einzelfallstudie von einem Knaben mit Autismus berichtet, der in der Lage ist, bestimmte Comicfiguren auf einem bemerkenswerten Niveau zu unterscheiden, wobei Aktivitäten sowohl in der Amygdala als auch in der FFA verzeichnet werden. Ganz allgemein scheint die Vergrößerung von Strukturen oder Aktivierung von Funktionen des Gehirns abhängig zu sein von der Dauer und Intensität der entsprechenden Tätigkeit.

Hinsichtlich der Lenkung der [→ VII] Aufmerksamkeit und damit auch dem Machen von Erfahrungen kann eine Art Prinzip der Komplexitätsreduktion vermutet werden: Je geringer die Menge, je klarer die Konturen und je weniger unsystematische Bewegung eine Informationsquelle (z.B. das menschliche Gesicht) auszeichnen, desto eher ist eine Aufnahme und Verarbeitung der Informationen möglich. Diese Erkenntnisse können als neurowissenschaftliche Grundlegung für die Entwicklung eines Förderansatzes für Kinder und Jugendliche mit Autismus dienen, der insbesondere auf deren sozio-emotionale Entwicklung ausgerichtet ist. Drei Eckpfeiler lassen sich aus den vorliegenden Erkenntnissen ableiten: Erstens sollten Kinder mit Autismus in die Lage versetzt werden, möglichst viele Erfahrungen mit Gesichtern sammeln zu können. Zweitens ist das Machen solcher Erfahrungen von der Fähigkeit abhängig, die Aufmerksamkeit gezielt auf die relevanten Informationen, in diesem Falle insbesondere die Augen des Gegenübers, lenken zu können. Und drittens ist diese Aufmerksamkeitssteuerung nur dann möglich, wenn die Komplexität der Anforderungen so gering wie möglich ist, wobei sie im Verlauf der Förderung in den genannten Dimensionen (Kontext, Kontur, Bewegung) systematisch gesteigert werden soll. Offen ist im Moment jedoch die Frage, inwieweit diese neuronalen Regionen im späten Kindes- oder gar im Jugendalter überhaupt noch zu beeinflussen sind.

6 Ausblick

Akzeptiert man bestimmte neurophilosophische Aussagen zum Verhältnis zwischen neurowissenschaftlichen, psychologischen und erziehungswissenschaftlichen Erkenntnissen, ist es prinzipiell möglich, menschliche Lern- und Verhaltensmerkmale und insbesondere Entwicklungsbeeinträchtigungen mittels neurowissenschaftlicher Erkenntnisse besser zu verstehen. In den folgenden Jahren ist diesbezüglich nochmals ein erheblicher empirischer Erkenntniszuwachs zu erwarten, insbesondere in sonderpädagogisch relevanten Gebieten wie Autismus, Aufmerksamkeitsdefizit-/Hyperaktivitätsstörungen, Dyskalkulie, Lese-Rechtschreib-Störungen oder schweren Formen von Verhaltensauffälligkeiten. Die Aufgabe der Sonderpädagogik als Wissenschaft wird es sein, ihre theoretischen, praktischen und normativen Grundlagen so zu reflektieren, dass eine angemessene Rezeption neurowissenschaftlicher Beiträge vorgenommen werden kann und nicht mit falsch verstandenen Auffassungen zum Reduktionismus verhindert wird.

Literatur

Frith, Uta & Hill, Elisabeth L. (2004): Autism: mind and brain. Oxford

Gyseler, Dominik (2006): Problemfall Neuropädagogik. In: Zeitschrift für Pädagogik 52, 4, 555–570

Hoyningen-Süess, Ursula & Gyseler, Dominik (2005): Erziehung und Bildung hoch begabter Kinder und Jugendlicher: Überlegungen aus sonderpädagogischer Sicht. In: Zeitschrift für Heilpädagogik 56, 12, 497–506

Jantzen, Wolfgang (1990): Allgemeine Behindertenpädagogik – Ein Lehrbuch. Bd. 2: Neurowissenschaftliche Grundlagen, Diagnostik, Pädagogik und Therapie. Weinheim

Kim, Jaegwon (2006): Philosophy of mind. Cambridge

Pauen, M. (2001): Grundprobleme der Philosophie des Geistes und die Neurowissenschaften. In: Pauen, Michael & Roth, Gerhard (Hrsg.): Neurowissenschaften und Philosophie. München, 83–122

Schultz, Robert T. (2005): Developmental deficits in social perception in autism: the role of the amygdala and fusiform face area. In: International Journal of Developmental Neuroscience 23, 2–3, 125–141

Pragmatismus

Helmut Pape

1 Definition

Pragmatismus (vom griech. Wort pragma, Handlung) bezeichnet eine von der Praxis des Lebens der Menschen ausgehende Philosophie, die als erste in den USA entstanden ist und seit etwa 1985 in Europa und Deutschland intensiv diskutiert wird (vgl. die Beiträge in Hetzel et al. 2008). Der Begriff des Pragmatismus knüpft an Kants Gebrauch von „pragmatisch" in der „Anthropologie in pragmatischer Absicht" und in der „Kritik der reinen Vernunft" an. Die Entscheidung für „Pragmatismus" statt „Praktikalismus" (wie von James vorgeschlagen) begründet Peirce mit dem Unterschied zwischen praktisch und pragmatisch in der Philosophie Kants. Während „pragmatisch" in Kants Anthropologie eine Betrachtung des Menschen bezogen auf einen bestimmten Zweck wie die Verbesserung einer geistigen Fähigkeit meint, bedeutet „praktisch" die Beziehung auf eine von einzelnen Zwecken unabhängige Moralität. Andere Bezeichnungen für den Pragmatismus sind „Pluralismus", „radikaler Empirismus" (James), „Pragmatizismus" (Peirce), „Humanismus" (F. C. S. Schiller). Der Pragmatismus wurde in den Diskussionen jenes Metaphysical Club konzipiert, der um 1870 an der Harvard Universität in Cambridge für einige Jahre existierte. Peirce und James griffen dort mit ihrer Sicht von Erkenntnis auf die Auffassung des Psychologen Alexander Bain und des Logikers J. Venn (1870, viii) zurück, die eine Überzeugung (belief) als die Bereitschaft verstanden, gemäß einer Aussage zu handeln.

2 Gegenstandsgeschichte, Probleme und Ergebnisse

Alle Pragmatisten verbindet die Auffassung, dass die Praxis, insbesondere gemeinsames Handeln und Sprachgebrauch, den nicht aufhebbaren Ausgangspunkt für alles menschliche Denken bildet. Der klassische Pragmatismus wurde von Peirce (1839–1914) zusammen mit James (1842–1910) um 1878 als eine logische und erkenntnistheoretische Methode des Philosophierens konzipiert und später von James auf die Interpretation metaphysischer und religiöser Begriffe durch individuelle Erfahrungen angewendet (zu den verschiedenen Beiträge von James und Peirce zur Entstehung des Pragmatismus vgl. Pape 2002). Durch John Dewey (1859–1952) wurde der Pragmatismus anhand pädagogischer, ästhetischer, ethischer, sozial- und gesellschaftspolitischer Fragen weiterentwickelt, konkretisiert und erweitert. Der absolute Idealist Josiah Royce, Freund und Kollege von James in Harvard, Briefpartner von Peirce, entwickelte den „absoluten Pragmatismus" (Royce 1913) und machte aus Peirces erkenntnistheoretischem Begriff der „Gemeinschaft der Forschenden" die „Gemeinschaft der Interpretation".

In der Tradition des klassischen Pragmatismus stehen in der Folge G. H. Mead, C. W. Morris, C. I. Lewis und W. V. O. Quine, die das Programm der drei Gründer nur in Teilen fortsetzen. Vertreter pragmatischer Philosopheme außerhalb der USA um 1900 sind F. C. S. Schiller in England, Papini und Calderoni in Italien sowie Jerusalem in Deutschland, Bergson in Frankreich. Vaihinger sowie Simmel und Gehlen in Deutschland wurden damals durch den Pragmatismus beeinflusst. Als „Neopragmatisten", die den Pragmatismus mit teils großen Veränderungen fortführen, gelten Philosophen wie der skeptische Relativist R. Rorty, der interne Realist H. Putnam, der methodisch-pragmatische Idealist N. Rescher, aber auch der Sozialphilosoph R. Bernstein, der Sprachphilosoph R. Brandom und der Kulturphilosoph C. West. Ebenso kann der einflussreiche Neohegelianer J. Margolis als Neopragmatist gelten. Gegenüber Rorty und Putnam entwickelt er einen überaus kritischen, an Dewey und Hegel anschließenden Zugang zum Pragmatismus (West 2004).

Dem philosophischen Pragmatismus geht es nicht, wie immer wieder in der Tagespresse und in Lexika behauptet wird, darum als einzige Werte oder Erkenntnisziele die Nützlichkeit, den individuellen Erfolg oder eine „auf den praktisch erfolgreichen Daseinsvollzug gerichtete Geisteshaltung" (Der Große Brockhaus, Band 17, 214) zu vertreten. Im Gegenteil, es geht um eine Verbesserung von Denken und Theorie, indem praktische Konsequenzen für die Verbesserung des theoretischen Denkens genutzt werden.

Der theoretische Kern des klassischen Pragmatismus ist der Vorschlag, die Bedeutung einer Überzeugung durch die Beziehung zur [→ II] Praxis und zum Handeln zu charakterisieren. 1878, in der Gründungsurkunde des Pragmatismus „How to Make Our Ideas Clear" (5.388–410; ‚5.388' bezeichnet den fünften Band und den 388. Abschnitt in Peirce 1931–1958.) formuliert Peirce eine Regel, durch die unser Denken auf diese Weise geklärt werden soll. Diese Regel, die James und Peirce ab 1900 „Pragmatische Maxime" nennen (PM), lautet: „Überlege, welche Wirkungen, die denkbarerweise praktische Bedeutung haben könnten, wir dem Gegenstand unseres Begriffs in unserer Vorstellung zuschreiben. Dann ist unser Begriff dieser Wirkungen das Ganze unseres Begriffs des Gegenstands" (5.402). Diese Regel fordert dazu auf, beim Nachdenken über komplizierte Themen eine Beziehung zwischen verschiedenen Arten von Begriffen herzustellen. Nämlich auf die folgende Weise: Der Begriff des Gegenstandes soll durch den Begriff seiner praktischen Wirkungen konkretisiert und geklärt werden. Diese begriffstheoretische Formulierung der PM (so Murphey 1962 und Quine 1970) hat ihren Grund in Peirces Auffassung von Sprache: Begriffe sind ein Spezialfall der Darstellung von Relationen. Peirces PM ist eine allgemeine Regel, die auf schlussfolgerndes und wahrheitsorientiertes Denken eingeschränkt ist. Wahre, Erkenntnis erweiternde Folgerungen können wir begründet nur dann ziehen, wenn wir uns auf Gegenstände beziehen, mit denen das Handeln umgeht: Die Erfahrung der praktischen Wirkungen eines Gegenstandes klärt die Bedeutung einer Aussage, weil sie die Bezugnahme auf einen Gegenstand mit den erfahrbaren Handlungen verknüpft, die ihn einschließen. Dieser Zusammenhang besteht schon in unserem alltäglichen Lernen an der Erfahrung und wird in den Experimentalwissenschaften genutzt: Jede theoretische Hypothese (Überzeugung) wird nur dann überprüfbar, wenn sie in eine mögliche Reihe experimenteller Schritte umgesetzt wird. Man kann deshalb zeigen (Misak, 1991), dass die Erkenntnis- und Wissenschaftstheorie des Pragmatismus durch eine offene Semantik der Beziehung auf künftige Handlungen beschreibbar ist (Pape 1997, 2002).

James und Peirce unterscheiden sich stark darin, wie sie die Bedeutung erwartbarer Konsequenzen und der individuellen Erfahrung bewerten. Nach Peirces eher verallgemeinernder Interpretation der PM können einzelne praktische Wirkungen und Handlungen nur dann bedeutungsklärend sein, wenn sie mittels individueller Erfahrungen zur Entwicklung von „konkreter Vernünftigkeit" (5.3) beitragen. Peirce betont die Beziehung einzelner Handlungen auf die Entwicklung des Denkens: Die allgemeine Bedeutung von Be-

griffen kann nur durch eine zweckgerichtete Beziehung auf die Zukunft erfasst werden. Peirce schränkt schon früh die Anwendbarkeit der PM auf „intellektuelle Begriffe", d. h. auf solche ein, die nicht Sinnesqualitäten, sondern die allgemeine Struktur des Denkens, der Argumentation und des Verhaltens betreffen: Folglich ist z. B. nicht „Rot", jedoch „Härte" pragmatisch klärbar.

Der Pragmatismus liefert ein Verfahren der Bedeutungskonkretisierung, nicht von Bedeutung überhaupt. Pragmatisch ist nur ein relativer Grad von Klarheit durch handlungsrelevante Beziehungen zwischen unseren Überzeugungen erreichbar. Nach Peirce ist der Pragmatismus keine allgemeine Bedeutungstheorie: „der Pragmatismus beabsichtigt nicht zu sagen, worin die Bedeutungen aller Zeichen bestehen, sondern legt nur eine Methode dar, wie die Bedeutungen der intellektuellen Begriffe, jene, von denen unser Schließen abhängen könnte, bestimmt werden kann" (5.8). Der Pragmatismus von Peirce ist also keine Methode der Sinnkritik (wie z. B. K. O. Apel 1976, 173 f. meint) oder gar eine Theorie des Wesens der Bedeutung.

Die Klärung durch praktische Konsequenzen soll aber auch nicht – wie dies der empiristische Verifikationismus versucht – empirisch sinnvolle Sätze der Wissenschaft von sinnlosen der Nicht-Wissenschaft (Religion, Metaphysik, Kunst) abtrennen und jede Bedeutung eines Begriffs auf Beobachtung reduzieren. Peirce besteht darauf, dass die allgemeine, zukünftige Bedeutung nicht auf einzelne Handlungen reduzierbar ist und James (1897, 1–31) zeigt, dass auch wissenschaftlich nicht entscheidbare Überzeugungen (z. B. in religiösen Fragen) pragmatisch sinnvoll sein können, wenn sie für die individuell gelebte Erfahrung bedeutungsvoll sind. In den Pragmatismus-Vorlesungen von 1907 stellt James die von vielen Seiten angegriffene These auf, dass in einer Hinsicht die Wahrheit und Nützlichkeit einer Aussage oder eines Gedankens gleichbedeutend sind: „„Das Wahre' ist, um es kurz zu sagen, nichts anderes als das, was uns auf dem Wege des Denkens vorwärts bringt, so wie ‚das Richtige' das ist, was uns in unserem Benehmen vorwärts bringt. Dabei meine ich vorwärtsbringend in jeder Art und vorwärtsbringend im ganzen und großen. Denn was der gegenwärtigen Erfahrung entspricht, das wird einer künftigen Erfahrung vielleicht nicht in gleich befriedigender Weise entsprechen" (James 1907, 140 f.). Einen Gedanken, der wahr ist, erfahren wir gerade dadurch, dass er den Verlauf unseres Denkens fördert und voranbringt. Denn was den Ablauf des Denkens „vorwärts bringt", sind jene Überzeugungen, die unsere Gedanken regelmäßig mit erfolgreich durchgeführten Handlungen oder Wahrnehmungen verknüpfen. Denn Denken – „Denken" (thought) ist James' Begriff für alle Arten bewusster geistiger Prozesse – erfahren wir insofern relational als der Erfolg durch den das Denken sein Ziel erreicht, die Beziehung zu einer Handlung herstellt. Die Beziehung auf eine Handlung wird somit zur Bedingung für die Erfahrung des Denkens. Wenn ein Gedanke „wahr" ist, so stellen wir dies dadurch fest, dass der Verlauf unseres Denkens und Wahrnehmens „vorwärts gebracht" wird: Eine Wahrheit ist nützlich, wenn sie den Zusammenhang des Denkens in seinen Verlauf bewahren kann. Nur in diesem Sinne ist es für die Erfahrung mit einem Gedanken dasselbe, über ihn zu behaupten, er sei wahr oder er sei nützlich (ebd. 128). Der Jamessche Pragmatismus setzt also die Konzeption des „Bewusstseinsstroms" in Erkenntnistheorie um. Die zeitgenössischen Kritiker von James wie Rickert, Russell und Moore haben diesen Zusammenhang übersehen. Sie haben fälschlich James' Rede vom Vorwärtsbringen und von Nützlichkeit mit egoistischem Nutzen für das Individuum gleichgesetzt. Die Egoismus-Interpretation ist aber auch falsch, weil James – wie das obige Zitat (1907, 140 f.) zeigt – eine Gleichwertigkeit von Nützlichkeit und Wahrheit nur für den Fall des Bestehens der Wahrheit behauptet. Außerdem zeigt Hilary Putnam (1995, 140 ff.; 1997, 166–185), dass die Kritiker von James' Thesen über Wahrheit nicht bemerken, dass James keine Wahrheitsdefinition, sondern nur eine Charakterisierung von Wahrheit liefert. Andere Jamesschen Thesen über Wahrheit – dass sie eine absolute, aber auch eine normative, regulative Bedeutung hat – haben Kritiker ebenfalls nicht berücksichtigt. [→ Wissenschaft und Wahrheit]

Der radikalste Vertreter des heutigen Neopragmatismus, R. Rorty, setzt die Tradition der Ignoranz gegenüber dem, was die Pragmatisten vertreten haben, fort. Er schreibt dem klassischen Pragmatismus vor allem die These zu, dass alles Wirkliche, das alltäglichen Handlungen und Erfahrungen implizit ist, nicht nur untrennbar vom Normativen ist, sondern Wirklichkeit nur als normativ bestimmte Sprachverwendung erfasst wird. Deshalb kann es in der Philosophie niemals allein um die Erkenntnis von Wahrheit und Wirklichkeit gehen (Rorty 1982, Einleitung, xiii–xvii, und die ersten fünf Aufsätze, 3–89). Für Rorty ist die westliche Tradition der Philosophie mit der Suche nach der Wahrheit über das unveränderliche Wesen der Wirklichkeit identisch. Folglich ist für ihn durch den Pragmatismus von James und Dewey die Philosophie beendet und überwunden. Damit widerspricht Rorty, nach eigenem Verständnis und dem seiner Kritiker (Mounce 1997), dem, was der klassische Pragmatismus ausdrücklich beansprucht. Er weist Peirces, James' und Putnams Vorschlag zurück, Wahrheit als regulatives Prinzip des forschenden Verhaltens zu fassen: „Weil wir ... ‚die Wahrheit entdecken' nicht als ein menschliches Projekt denken können, erscheinen uns Peirces und Putnams ‚Ziel-der-Forschung'-Versionen des Absolutismus [von Wahrheit und Wirklichkeit] als fehlgeleitet" (Murphy 1990, 3–4). Rortys Deutung des Pragmatismus als Anti-Philosophie beruht auf zwei Annahmen, die den drei klassischen Pragmatisten fremd sind. Erstens nimmt Rorty an, dass die vom Pragmatismus geforderten praktischen Konsequenzen theoretische Begriffe nicht interpretieren können, sondern aufheben: Philosophische Begriffe werden durch ihren pragmatischen Sinn nicht rekonstruiert, sondern beseitigt. Zweitens glaubt Rorty, dass eine positive pragmatische Philosophie nicht möglich ist, die sich vom Paradigma der Wesenserkenntnis löst und die theoretische Bedeutung des Praktischen in eine neue philosophische Theorie umsetzt.

Die drei klassischen Pragmatisten haben traditionelle Metaphysik zwar kritisiert und wie Dewey eine „Erneuerung der Philosophie" (Dewey 1920) gefordert, doch war für sie der Pragmatismus nicht das Ende, sondern die Weiterführung von Philosophie im neuen Gewand. James hat seinen radikalen Empirismus (James 1912) zu einer Metaphysik der Erfahrung erweitert, so dass sein neutraler Monismus subjektive und objektive Anteile jeder Erfahrung, z. B. Relationen und Relata, miteinander identifiziert und identitätsphilosophisch deutet. Dewey wollte durch die prozesstheoretische Rekonstruktion der Philosophie und die Überwindung ihrer Dualismen eine bessere Methode und ein besseres Verständnis von Erfahrung und Natur (Dewey 1925) erreichen. Peirce entwarf eine evolutionäre Metaphysik, ein kosmogonisches Bild der Evolution des Kosmos, in dem drei Strukturelemente – Zufall, Existenz und zielgerichtete Entwicklung – sich auseinander entwickeln (Peirce 1991, Pape 2004). Peirce meinte, dass Wahrheit über eine von uns unabhängige Wirklichkeit ein regulatives Prinzip, eine „Hoffnung" der Forschung ist, die als letzte Meinung eine normative Rolle spielen kann. Die normative Rolle Wahrheit als letzte Meinung bedeutet, dass zu keinem Zeitpunkt eine Überzeugung absolut wahr sein kann, dass es aber stets sinnvoll ist, weiterhin nach wahren Meinungen zu suchen.

Rorty bestreitet aber, dass Peirces Philosophie zum Pragmatismus zu rechnen ist. Denn niemand könne ohne den Glauben an ein unveränderliches Wesen der Dinge und Gegenstände eine regulative Konzeption von Wahrheit vertreten. Wahrheit als idealer Zustand sei einfach absolute Wahrheit im traditionellen Sinne. Rorty verkennt, um was für eine Metaphysik es geht: Peirces Metaphysik ist die prozessontologische Version eines logischen Idealismus (Pape 1997, 153–184), die kein unveränderliches Wesen der Dinge behauptet. Erstens, weil es keine Dinge gibt, sondern nur

Prozesse, die sich regional zu einzelnen Dingen stabilisieren. Zweitens, weil die von uns unabhängige Wirklichkeit keinerlei unveränderliches Wesen hat, das wir metaphysisch nennen müssten. Die Wirklichkeit ist für uns ein Modus teils unabhängiger, teils abhängiger Veränderlichkeit, die das, was auch wirklich ist, stets noch hervorbringen wird. Der normativ idealisierte Grenzzustand der letzten Meinung ist jene Idealisierung des Entwicklungsprozesses menschlicher Erkenntnis, die konsistent verfolgt werden kann, selbst wenn alle einzelnen Erkenntnisprozesse beliebig weit fortgeführt werden. Margolis argumentiert, dass Rorty und Putnam nicht berücksichtigt haben, dass Peirce, James und insbesondere Dewey mit dem Pragmatismus auf ein neues philosophisches Verständnis der menschlichen Situation und Wirklichkeit zielen. Ein Verständnis, das sich von der Sprachfixierung der Philosophie des 20. Jahrhunderts löst und die menschliche Praxis in der Zeit des kontingenten Lebens in den Blick nimmt. Diese Situation des Menschen versteht Dewey z. B. als unbestimmte Situation. Sie ist aber bestimmbar durch offene Prozesse einer Praxis, für die Menschen im Denken und Handeln selbst mit dem gelingenden „Vorwärtsbringen" ihres Lebens gestalten und einstehen.

Literatur

Apel, Karl-Otto (1976): Von Kant zu Peirce: Die semiotische Transformation der Transzendentalen Logik. In: Apel, Karl-Otto: Transformation der Philosophie. Bd. 2. Frankfurt a. M.

Apel, Karl-Otto (1975): Der Denkweg des C. S. Peirce. Frankfurt a. M.

Bernstein, Richard J. (1971): Praxis and Action. Philadelphia

Der Große Brockhaus (1983): 18. Aufl., Wiesbaden, Bd. 17.

Dewey, John (1920): Reconstruction in philosophy. New York; dt.: Die Erneuerung der Philosophie. Hamburg 1989

Dewey, John (1925): Experience and nature. New York; dt.: Erfahrung und Natur. Frankfurt a. M., 1995

Hetzel, Andreas et al. (Hrsg.) (2008): Pragmatismus. Philosophie der Zukunft? Weilerswist

James, William (1897): The will to believe. In: James, William: The will to believe and other essays in popular philosophy. New York

James, William (1898): Philosophical conceptions and practical results. (http://www.archive.org/details/philosophicalcon00jameuoft)

James, William (1907): Pragmatism. A new name for some old ways of thinking. New York; dt.: Der Pragmatismus. Ein neuer Name für alte Denkmethoden. Oehler, Klaus (Hrsg). Hamburg 1977

James, William (1912): Essays in radical empiricism. Perry, Ralph Barton (ed.). New York

James, William (1920): Collected essays and reviews. Perry, Ralph Barton (ed.). New York

Kuhn, Friedrich (1996): Ein anderes Bild des Pragmatismus – Wahrscheinlichkeitstheorie und Begründung der Induktion als maßgebliche Einflußgrößen in den „Illustrations of the Logic of Science". Frankfurt a. M.

Margolis, Joseph (2004): Die Neuerfindung des Pragmatismus. Weilerwist (Im Orig.: Reinventing pragmatism, Ithaca, 2002)

Misak, Cheryl J. (1991): Truth and the end of inquiry – A Peircean account of truth. Oxford

Mounce, Howard O. (1997): The two pragmatisms. London

Murphey, Murray G. (1962): The development of Peirce's philosophy. Cambridge, MA

Murphy, John (1990): Pragmatism from Peirce to Davidson. Boulder

Pape, Helmut (1997): The logical structure of idealism. Peirce and the Search for a logic of mental processes. In: Brunning, Jacqueline & Forster, Paul (Ed.): The rule of reason – The philosophy of C. S. Peirce. Toronto

Pape, Helmut (2002): Der dramatische Reichtum der konkreten Welt. Der Ursprung des Pragmatismus im Denken von William James und Charles S. Peirce. Weilerswist

Pape, Helmut (2004): Charles S. Peirce zur Einführung. Hamburg

Peirce, Charles S. (1931–1958): Collected papers of Charles Sanders Peirce. Hartshorne, Charles & Weiss, Paul (Ed.): Bd. I–VI, 1931–35; Burks, Arthur W. (Ed.): Bd. VII u. VIII. Cambridge, MA; 2nd ed. 1958

Peirce, Charles S. (1991): Naturordnung und Zeichenprozeß – Schriften über Semiotik und Naturphilosophie. (Hrsg.) Helmut Pape. Frankfurt a. M.

Putnam, Hilary (1995): Pragmatismus – Eine offene Frage. Frankfurt a. M.

Putnam, Hilary (1997): James's theory of truth. In: The Cambridge companion to William James. Cambridge.

Quine, Willard V. O. (1960): Word and object. Cambridge, MA

Royce, Josiah (1913): The problem of christianity. 2 Vol. New York

Venn, John (1870): On some of the characteristics of belief, scientific and religious. Cambridge (reprint: Bristol 1990)

West, Cornel (1989): Prophetic pragmatism. In: Goodman, Russell B. (Ed.), Pragmatism. London 1995

West, Cornel (2004): Die Neuerfindung des Pragmatismus. Weilerwist

Strukturalismus

Erich Otto Graf

1 Definition, Begriffs- und Gegenstandsgeschichte

Strukturalismus bezeichnet eine Theoriestrategie in den Sozial- und Geisteswissenschaften. Strukturalistische Konzepte sind vor allem in den Disziplinen der Linguistik, Literaturwissenschaft, Psychoanalyse, Psychologie, Soziologie und Anthropologie entwickelt und angewendet worden.

Im Verständnis des Strukturalismus beinhaltet Struktur eine implizit bleibende logische Organisation sozialer Verhältnisse. Der Strukturbegriff des Strukturalismus begründet einen Doppelcharakter von Struktur: Struktur ist immer abstrakte, organisierende Form und zugleich konkrete Verwirklichung des Abstraktums. Folgerichtig bemüht sich der Strukturalismus, die Existenz solcher oftmals unbewussten Strukturen zu zeigen, in dem er sie anhand ihrer wahrnehmbaren Verwirklichungen verstehbar und erklärbar macht. Der grundlegende und universelle Gegensatz, der die mentalen Prozesse aller Kulturen durchzieht, ist die Opposition von Natur und Kultur. Damit ist ein universelles Denkmuster gefunden, das sich für das vergleichende Studium historischer menschlicher Verhältnisse im Sinne des Strukturalismus verwenden lässt.

Die Wurzeln des Strukturalismus liegen in der Sprachwissenschaft und in der Semiotik [→ VII Zeichen und Semiose]. Der aus Genf stammende und dort lehrende Ferdinand de Saussure (1857–1913) gilt als Begründer der modernen Linguistik und der strukturalistischen Denkweise. De Saussure hatte in seinen postum veröffentlichten Vorlesungen (Cours linguistique général) einen Weg gezeigt, wie sich Sprach-, Zeichen- und Kulturphänomen unter denkstilmäßig einheitlichen Grundsätzen untersuchen und beschreiben lassen. Darin bestand das Versprechen und die Hoffnung des strukturalistischen Ansatzes (linguistic turn).

Der Strukturalismus als sozialwissenschaftlicher Denkstil entsteht nach dem Zweiten Weltkrieg in Frankreich unter dem Einfluss, den das Werk von Claude Lévi-Strauss (1908–2009) auf das sozialwissenschaftliche Denken auszuüben beginnt, insbesondere über das 1948 erschienene Werk „Die elementaren Strukturen der Verwandtschaft".

Der Erfolg des Strukturalismus in Frankreich nach dem Zweiten Weltkrieg stand im Zusammenhang mit einer Krise des ideologischen Denkens der Linken im Zusammenhang mit den stalinistischen Verbrechen. Dieser neue Denkstil ermöglichte es, eine kritische Analyse gesellschaftlicher Strukturen und Zusammenhänge vorzunehmen, ohne sich dogmatisch [→ Dogma] auf den Marxismus festlegen zu müssen. Den Höhepunkt seines Einflusses erlebte das strukturalistische Denken in den 60er und 70er Jahren des 20. Jahrhunderts.

Die Brücke zum Marxismus und zum Diskurs in den Sozialwissenschaften schuf der französische Philosoph Louis Althusser (1918–1990), der als der einflussreichste marxistische Philosoph des späten 20. Jahrhunderts gilt. Althusser war akademischer und intellektueller Lehrer einer ganzen Reihe wichtiger französischer Intellektueller, wie etwa Michel Foucault (1926–1984), Jacques Derrida (1930–2004), Nicos Poulantzas (1936–1979) und Bernard-Henri Lévy (*1948). Sein Einfluss blieb allerdings weitgehend auf den lateinischen Sprachraum beschränkt. Im Zentrum seines Werkes steht seine stark struktural ausgerichtete Lektüre des Kapitals (vgl. Althusser/Balibar 1972, 1977). Dabei wird gezeigt, dass Ereignisse überdeterminiert sein können, was analog zur Freudschen Lektüre des Traumes heißt, dass sie sich nicht auf eine einfache Kausalität zurückführen lassen, sondern als das Ergebnis mehrerer miteinander verflochtener und sich selbst gegenseitig wieder beeinflussender Faktoren zu verstehen sind. Darin spielen die institutionell latenten Bedeutungsanteile für die Verhaltenssteuerung der Akteure eine wichtige Rolle. Althusser ist dabei unter anderem von Jacques Lacan (1901–1981) und seiner strukturalistischen Lesart der freudschen Psychoanalyse, die stark von de Saussures Linguistik geprägt ist, beeinflusst worden, ebenso wie von der politischen Theorie Antonio Gramscis (1891–1937), aus welcher er das Konzept der Hegemonie übernimmt. In seinem Ansatz finden sich zudem Spuren der Philosophie Spinozas (1632–1677) sowie von der Epistemologie und Wissenschaftstheorie Gaston Bachelards (1894–1965).

2 Zentrale Erkenntnisse, Forschungsstand

Der Strukturalismus sucht grundsätzlich nach dem Muster, das verbindet (Gregory Bateson 1904–1980). Diese Verbindung gilt es aufzudecken, um über seine Entdeckung den strukturierenden Zusammenhang zu verstehen. Struktur ist grundsätzlich ein Konstrukt des Beobachters. Dabei werden vor dem Hintergrund des durch den Denkstil ausgeübten Denkzwangs die strukturell beschreibbaren Merkmale eines Phänomens oder eines Bündels von Phänomenen beschrieben; das dergestalt nicht Beschreibbare fällt aus der Perspektive. Die Beschreibung erfolgt zunächst segmentiert, und über die Verbindung der einzelnen Segmente werden anschließend die Zusammenhänge (re-)konstruiert.

Das Programm des Strukturalismus besteht im Versuch, transkulturelle, ahistorische und abstrakte Gesetze zu entdecken, die ähnlich stabile Qualitäten für sich beanspruchen können, wie dies die Naturgesetze tun.

Claude Lévi-Strauss hat mit seinen ethnologischen Beiträgen gezeigt, wie die Struktur von Familien, Clans und Mythen systematisch beschrieben und vergleichbar gemacht werden kann. Das von Althusser entwickelte Konzept der ideologischen Staatsapparate vermag die Prozesse der gesellschaftlich gesteuerten Selbstkonstruktion der Subjekte zu erklären, indem es zeigt, wie durch strukturell aufgezwungene Rituale und die Anrufung großer Subjekte wie Gott, Nation, Natur die Subjekte sich über diese Unterwerfung als frei zu empfinden vermögen. Für die Sonderpädagogik ist die vom Althusser-Schüler Michel Foucault (1926–1984) entwickelte Konzeption der Dispositive der Macht [→ VI Macht, Herrschaft, Gewalt] von besonderer Bedeutung, in welcher Ideologie ebenfalls als materiell, als durch den Körper gehend – also biopolitisch im eigentlichen Sinn des Wortes – betrachtet wird. So lassen sich synchron diachronische Phänomene in eine Ordnung bringen. Diese analytische Stärke des Strukturalismus ist allerdings auch seine große Schwäche, fällt es doch schwer, in einer solchen Perspektive Entwicklungen und Veränderungen zu erfassen. Und es wird dem Denkstil vorgeworfen, dass die strukturalistische Perspektive Veränderungsprozesse und Entwicklungen nicht zu erklären in der Lage ist.

3 Ausblick

Als grundsätzlich schwach erscheint der strukturalistische Denkstil dort, wo es darum geht, die Fragen zu beantworten, wie denn gesellschaftliche Strukturen und kulturelle Formationen, die mit Macht und Zwang verknüpft sind, verändert werden können. Die 50er und 60er Jahre des 20. Jahrhunderts kennzeichnen Aufstieg und Höhepunkt des Strukturalismus, der den Zenit seines Einflusses zu Beginn der 70er Jahre erreicht, um in der zweiten Hälfte dieses Jahrzehnts sehr rasch an Einfluss einzubüßen. Diese Zeit ist stark von neuen sozialen Bewegungen geprägt, neben anderen sind hier insbesondere die Frauenbewegung und die Ökologiebewegung zu nennen, welche mit neuen Fragestellungen rasch und deutlich Einfluss auf den sozialwissenschaftlichen Diskurs zu nehmen beginnen. Die Fragestellungen nehmen an Heterogenität zu und parallel damit findet diese Heterogenität auch ihren Niederschlag in der Institutionalisierung neuer Disziplinen (wie etwa der gender studies, der Umweltnaturwissenschaften usw.) Der Denkstil des Strukturalismus erweist sich für die nun anstehenden, sich kulturwissenschaftlich orientierenden Fragestellungen als wenig griffig und eher veraltet. Dieses neue Programm wird durch den Poststrukturalismus mit Vertretern wie etwa Jean Baudrillard, Judith Butler, Hélène Cixious, Jacques Derrida, Gilles Deleuze und Félix Guattari, Michel Foucault, Luce Irigaray, Julia Kristeva, Jacques Lacan, Ernesto Laclau, Jean-François Lyotard und anderen vorangetrieben. Sie gewinnen ab Mitte der 1970er Jahre mit ihren Arbeiten, die zwar auf den strukturalistischen Ansätzen aufbauen, ihn aber auf dem Hintergrund der an ihm formulierten Schwächen kritisieren, laufend auf jene wissenschaftlichen Debatte an Einfluss, in denen zuvor der Strukturalismus vorherrschend gewesen war. In einem gewissen Sinne wird das strukturalistische Programm im Poststrukturalismus im hegelschen Sinne aufgehoben, d. h. negiert und gleichzeitig weitergeführt.

Literatur

Althusser, Louis & Balibar, Etienne (1972): Das Kapital lesen. Hamburg

Althusser, Louis (1977): Ideologie und ideologische Staatsapparate. Hamburg

Dosse, François (1996): Geschichte des Strukturalismus. Das Feld des Zeichens, 1945–1966. Vol. 1. Hamburg

Dosse, François (1988): Geschichte des Strukturalismus. Die Zeichen der Zeit. 1967–1991. Vol. 2. Hamburg

Foucault, Michel (1974): Die Ordnung der Dinge. Eine Archäologie der Humanwissenschaften. Frankfurt a. M.

de Saussure, Ferdinand (1967): Grundfragen der allgemeinen Sprachwissenschaft. 2. Auflage mit neuem Register und einem Nachwort von Peter von Polenz. Berlin 1967 (Übersetzung der frz. Originalausgabe v. 1916)

Lévi-Strauss, Claude (1969): Strukturale Anthropologie. Frankfurt a. M.

Lévi-Strauss, Claude (1973): Mythologica III. Der Ursprung der Tischsitten. Frankfurt a. M.

Kritischer Rationalismus

Fynn Ole Engler

1 Definition, Begriffs- und Gegenstandsgeschichte

Der kritische Rationalismus ist eine der einflussreichsten und wichtigsten Strömungen der modernen Wissenschaftstheorie. Zentrales Anliegen des kritischen Rationalismus ist eine methodologische Beurteilung der empirischen Einzelwissenschaften. Seine Vertreter gehen von der prinzipiellen Fehlbarkeit wissenschaftlichen Wissens und praktischen Handelns aus und betonen den immer nur vorläufigen und hypothetischen Charakter menschlichen Erkenntnisvermögens. Dies führt zu der Konsequenz, dieses immer wieder aufs Neue methodisch zu hinterfragen. Der kritische Rationalismus steht hierbei allen Versuchen einer absoluten Rechtfertigung wissenschaftlicher Erkenntnisse wie auch einer Letztbegründung normativer Überzeugungen und Werte skeptisch gegenüber. Gleichfalls geht er davon aus, dass unser Wissen über die Welt als Ganzes stetig zunimmt. Wissenschaftliche Theorien können sich der Wahrheit stückweise und immer besser annähern, obwohl ein umfassendes Wissen unerreichbar ist. Bleibt unser Wissen demnach unvollständig und erweist sich nicht als unfehlbar, insofern beständig die Möglichkeit besteht, einen Irrtum zu begehen, so setzt dies aus Sicht des kritischen Rationalismus eine demokratische und pluralistische Gesellschaft voraus, die den kritischen Austausch unterschiedlicher Meinungen zulässt und offen ist, scheinbar feststehende Meinungen und Theorien zu korrigieren.

Seinen Ursprung hat der kritische Rationalismus in den Schriften von Karl Popper (Popper 1935, 1945). Entscheidend für die Herausbildung des kritischen Rationalismus waren die teils revolutionären Umwälzungen des naturwissenschaftlichen Weltbildes in Folge der Relativitäts- und der Quantentheorie zu Anfang des 20. Jahrhunderts. In diesem Zusammenhang unterlagen die seit Jahrhunderten für wahr gehaltenen Auffassungen der klassischen Physik einer umfangreichen Revision. Dies führte bei den Vertretern des kritischen Rationalismus zu der Überzeugung, dass die Gültigkeit wissenschaftlicher Theorien stets methodisch überprüfbar bleiben muss, indem empirisch nachprüfbare Vorhersagen aus einer

Theorie abgeleitet und mit den Ergebnissen von Beobachtungen und Experimenten verglichen werden. „Ein empirisch-wissenschaftliches System muß an der Erfahrung scheitern können" (Popper 1935, 15). Stimmen dabei die Vorhersagen mit den experimentellen Resultaten überein, so darf die in Frage stehende wissenschaftliche Theorie bis zum nächsten ernsthaften empirischen Test als vorläufig bewährt angesehen werden. Wird die Theorie jedoch durch das Experiment nicht bestätigt, gilt sie nach strenger Überprüfung der experimentellen Resultate als falsifiziert und sollte im Sinne der wissenschaftlichen Redlichkeit durch eine gehaltvollere Theorie ersetzt werden.

Neben den wissenschaftlichen Revolutionen in Verbindung mit der modernen Physik gaben die gescheiterten politischen Versuche in der ersten Hälfte des 20. Jahrhunderts eine Weltherrschaft zu errichten und damit verbundener kriegerischer und totalitärer Machtstrukturen bei kritischen Rationalisten den Ausschlag für ihre grundlegende Überzeugung, dass einzig und allein eine offene und demokratische Gesellschaftsordnung, die auf einer „Sozialtechnik der kleinen Schritte" (Popper 1945, Buch I, Kapitel 9) beruht und utopischen Plänen widerspricht, entsprechende politische und normative Rahmenbedingungen für einen steten Fortschritt menschlichen Wissens und ein besseres Verständnis der Welt zur Verfügung stellt.

Eine konsequente Fortführung der Gedanken des kritischen Rationalismus liefert das Werk von Hans Albert (Albert 1968). Dieses beschäftigt sich vor allem mit dem Begründungsproblem, wobei man unter der Führung einer kritischen Vernunft angesichts der umfassenden Fehlbarkeit menschlichen Wissens auch vor den Grundlagen der eigenen Position nicht halt machen sollte, was schließlich notwendig Entscheidungen in Bezug auf bestimmte Normen und Werte voraussetzt, die selbst keiner zureichenden Begründung bedürfen. In der Auseinandersetzung mit der Frankfurter Schule stand der Begriff des Positivismus im Zentrum einer vielfach jedoch eher ernüchternd unfruchtbar gebliebenen Debatte (Adorno, Albert, Habermas, Popper 1969). In Verbindung mit der historischen Wende in der Wissenschaftstheorie in den 1960er und 1970er Jahren haben Thomas S. Kuhn, Imre Lakatos und Paul Feyerabend eine nachhaltige Kritik am kritischen Rationalismus geübt (Kuhn 1962, Lakatos 1970, Feyerabend 1975). Wichtige Diskussionspunkte waren hierbei die historische Adäquatheit methodologischer Regeln und Normen, die soziologischen Aspekte in den empirischen Wissenschaften, die Konzeption der Wahrheitsnähe in Verbindung mit dem stetigen Wachstum wissenschaftlichen Wissens sowie weitergehende methodologische Fragen, die neben dem Rechtfertigungs- zunehmend auch den Entdeckungszusammenhang der Konstruktion wissenschaftlicher Theorie und damit wiederum heuristische Probleme in den Blickpunkt des wissenschaftstheoretischen Interesses rückten.

2 Zentrale Erkenntnisse, Forschungsstand

2.1 Abgrenzungs- und Induktionsproblem

Unter dem Abgrenzungsproblem verstehen kritische Rationalisten die Frage nach zweckmäßigen Kriterien, die eine Unterscheidung zwischen wissenschaftlichen und metaphysischen Aussagen gestatten. Als erstes Kriterium für eine solche Abgrenzung schlagen sie die Falsifizierbarkeit wissenschaftlicher Satzsysteme vor. Dieses logische Kriterium hängt von der Form allgemeiner Sätze ab, die nicht aus einfachen Sätzen ableitbar sind, gleichwohl mit diesen in Widerspruch treten können. Grundlegend hierfür ist der modus tollens der klassischen Logik. Neben dieser formallogischen Forderung die Beziehung zwischen Sätzen betreffend geben kritische Rationalisten als zweites Kriterium in einem normativen Sinne die Entschlussfreudigkeit empirischer Wissenschaftler an, eine durch die experimentelle Beobachtung bedrohte wissenschaftliche Theorie auch tatsächlich aufzugeben. Hierbei sollte die methodologische Regel geltend gemacht werden, dass wissenschaftliche Satzsysteme nicht beständig durch die Anreicherung mit ad hoc-Hypothesen gerettet werden. Gleichwohl sind diese gestattet, insofern sich der empirische Gehalt einer wissenschaftlichen Theorie, d. h. ihre Möglichkeit an der Erfahrung scheitern zu können, mit den zusätzlichen Annahmen nachhaltig erhöht.

Indem kritische Rationalisten die Falsifizierbarkeit als Abgrenzungskriterium vorschlagen, widersprechen sie allen induktionslogischen Versuchen einer sicheren Rechtfertigung von wissenschaftlichen Satzsystemen auf der Basis einfacher und durch die experimentelle Beobachtung erzielter Erfahrungssätze. Der dabei für induktive Schlüsse notwendige Nachweis der Geltung eines Induktionsprinzips lässt sich nicht führen, insofern entsprechende Begründungsversuche in einen unendlichen Regress, einen fehlerhaften Zirkel oder einen als dogmatisch aufgefassten Apriorismus münden (Münchhausen-Trilemma). Durch ihre alternative Auszeichnung einer deduktiven Methode der Nachprüfung entgehen kritische Rationalisten dem Problem der Rechtfertigung induktiver Schlüsse. Daneben werden metaphysische Aussagen auf der Grundlage des Abgrenzungskriteriums nicht als sinnlos abgetan, sondern es wird stattdessen angenommen, dass sich diese vielfach im Laufe der wissenschaftlichen Entwicklung in wissenschaftliche Aussagen umwandeln können. Überdies können metaphysische Aussagen häufig eine gewisse heuristische Stärke entfalten, indem sie Wissenschaftler bei der Konstruktion ihrer Theorien leiten.

2.2 Theorienwahl und empirischer Gehalt wissenschaftlicher Theorien

Um entscheiden zu können, welche wissenschaftliche Theorie unter alternativen Ansätzen auszuwählen ist, ziehen kritische Ra-

tionalisten einen Vergleich bezüglich ihres jeweiligen empirischen Gehalts heran. Unter dem empirischen Gehalt einer wissenschaftlichen Theorie verstehen sie die Anzahl ihrer empirisch überprüfbaren Aussagen. Dabei gilt, dass die Wahrscheinlichkeit einer wissenschaftlichen Theorie mit der Zunahme ihres empirischen Gehalts abnimmt. Je höher der Grad der empirischen Überprüfbarkeit einer wissenschaftlichen Theorie ist, umso besser lässt sich diese durch experimentelle Beobachtungen falsifizieren. Auf diese Weise ist die Falsifizierbarkeit wissenschaftlicher Theorien eng mit ihrem empirischen Gehalt verknüpft. Gleichfalls liefert der empirische Gehalt wissenschaftlicher Theorien ein rationales Maß für ihre Wahrheitsnähe. Eine ideale vollständige Beschreibung der Realität wäre dabei die wahre wissenschaftliche Theorie, die ein Maximum an empirischem Gehalt besitzt. Jede mögliche experimentelle Beobachtung würde für die wahre wissenschaftliche Theorie eine potenzielle Falsifikation darstellen.

2.3 Wissenschaftlicher Fortschritt und vergleichende Wahrheitsnähe

Der kritische Rationalismus geht von einem kontinuierlichen Fortschritt in den empirischen Einzelwissenschaften aus. Dabei vertritt er die Auffassung, dass sich wissenschaftliche Theorien im Laufe ihrer Entwicklung objektiv der Wahrheit annähern können und dabei mehr und mehr Wissen über die Realität anhäufen. Welche Theorien schließlich der Wahrheit am nächsten kommen, lässt sich mit Bezug auf ihren empirischen und logischen Gehalt durch einen Vergleich und im Ergebnis einer rationalen Entscheidung ermitteln. In diesem Zusammenhang hat Popper seine Konzeption einer vergleichenden Wahrheitsnähe definiert (Popper, 1963, Kap. 10). Eine wissenschaftliche Theorie A ist demnach wahrheitsnäher und stimmt mit den Tatsachen besser überein als eine Theorie B, wenn a) der Wahrheitsgehalt der beiden wissenschaftlichen Theorien miteinander vergleichbar ist, b) entweder der

Wahrheitsgehalt von B geringer ist als der von A und der Falschheitsgehalt von A geringer oder gleich dem von B, oder der Wahrheitsgehalt von B geringer oder gleich ist dem von A und der Falschheitsgehalt von A geringer ist als der von B. Der Wahrheitsgehalt einer Theorie wird dabei aufgefasst als die Klasse aller wahren Konsequenzen dieser Theorie und ihr Falschheitsgehalt ist die Klasse aller falschen Konsequenzen. Gleichwohl ist Poppers Verfahren eines rationalen Vergleiches zwischen ziemlich falschen wissenschaftlichen Theorien hinsichtlich ihrer Wahrheitsnähe logisch undurchführbar. So konnte gezeigt werden, dass immer dann, wenn man zu einer ziemlich falschen Theorie eine wahre Aussage addiert, auch eine weitere Falschheit erzeugt wird (Tichy, 1974).

2.4 Raffinierter Falsifikationismus und wissenschaftliche Forschungsprogramme

In kritischer Auseinandersetzung mit einem auch von Popper vertretenen methodologischen Falsifikationismus hat Imre Lakatos Anfang der 1970er Jahre die Position eines raffinierten Falsifikationismus entwickelt (Lakatos 1978). Danach ist ein bestimmtes wissenschaftliches Forschungsprogramm akzeptabel, wenn es langfristig betrachtet einen teilweise bewährten Überschuss an empirischen Gehalt gegenüber seinen Vorgängern oder konkurrierenden Forschungsprogrammen besitzt. Die Struktur eines wissenschaftlichen Forschungsprogramms setzt sich dabei zusammen aus einem harten Kern sowie einer positiven und negativen Heuristik. Der harte Kern enthält wissenschaftliche Aussagen, die zunächst aufgrund einer Entscheidung der Wissenschaftler als empirisch unwiderlegbar angesehen werden. Dazu zählen die grundlegenden Annahmen eines Forschungsprogramms wie z. B. die Newtonschen Grundgesetze der klassischen Physik. Die negative Heuristik stellt den Wissenschaftlern Strategien zum Schutz des harten Kerns zur Verfügung. Daneben bietet die

positive Heuristik Direktiven, denen zur progressiven Entwicklung eines wissenschaftlichen Forschungsprogramms gefolgt wird. Erweist sich ein Forschungsprogramm im Laufe seiner Entwicklung auf lange Sicht als empirisch progressiv, so kann die Entscheidung von Wissenschaftlern, diesem zu folgen, im Nachhinein als rational eingeschätzt werden. Die Falsifikation eines spezifischen Forschungsprogramms hat für den raffinierten Falsifikationisten lediglich noch historischen Charakter und erweist sich aus methodologischer Sicht weder als hinreichend noch als notwendig für den wissenschaftlichen Fortschritt.

2.5 Entdeckungs- und Rechtfertigungszusammenhang

War Popper in der „Logik der Forschung" noch dafür eingetreten, den Entdeckungszusammenhang der Konstruktion wissenschaftlicher Theorien unter den Bereich der Erkenntnispsychologie einzuordnen, rückt dieser unter Berücksichtigung der Konzeption der Neuartigkeit empirischer Tatsachen neben dem Rechtfertigungszusammenhang in den Fokus der Erkenntnislogik. Unter einer neuartigen empirischen Tatsache wird dabei eine Tatsache im Lichte einer wissenschaftlichen Theorie verstanden, die nicht zur Konstruktion der entsprechenden Theorie herangezogen worden ist, durch diese aber auf eine überzeugende Art und Weise erklärt wird (Zahar 1989). Daraufhin unterstützt die neu entdeckte Tatsache die Theorie nachhaltig und kann zu ihrer Rechtfertigung herangezogen werden. Methodologisch ist der Rechtfertigungszusammenhang auf diese Weise mit dem Entdeckungszusammenhang verbunden.

3 Ausblick

Zukünftig könnten sich kritische Rationalisten an umfangreichen Studien beteiligen, die lange Zeiträume der Wissenschafts- und Wissensgeschichte überspannen und eine rationale Rekonstruktion dieser unter methodologischen Aspekten zum Ziel haben. Dabei sollten neben dem Rechtfertigungszusammenhang auch heuristische Aspekte im Zusammenhang mit der Entstehung wissenschaftlicher Forschungsprogramme eine zunehmende Bedeutung erhalten. Hierbei gilt es zu beurteilen, ob und in welchem Maße radikale Brüche bei der Entwicklung des wissenschaftlichen Wissens eine Rolle gespielt haben, und wie sich entsprechende Transformationsprozesse nachträglich verständlich machen lassen. Entsprechende Rekonstruktionen sollten darüber hinaus weiterreichende kulturelle und soziologische Kontexte heranziehen, in denen Wissenschaftler ausgebildet werden, ihre Theorien entwickeln und gegen Konkurrenten verteidigen. Gegen die Versuche, einen voraussetzungslosen Naturalismus zu verteidigen, betonen kritische Rationalisten normative und metaphysische Bedingungen menschlichen Erkenntnisvermögens und wägen diese argumentativ gegeneinander ab (Wendel 1997, Zahar 2007, Engler 2008). Dies ermöglicht ihnen, neben der eigentlichen Wertfreiheit der Wissenschaft normative und metaphysische Aussagen auf einem meta-wissenschaftlichen Niveau einzuschätzen und zu diskutieren, was angesichts der Herausforderungen der moder-

nen Wissenschaft im 21. Jahrhundert wissenschaftsphilosophisch Perspektiven eröffnet.

Literatur

Adorno, Theodor W.; Albert Hans; Habermas, Jürgen; Popper, K. (1969): Der Positivismusstreit in der deutschen Soziologie. Hamburg

Albert, Hans (1968): Traktat über kritische Vernunft. Tübingen

Engler, Fynn Ole (2008): Wissenschaft und Realismus. Tübingen

Feyerabend, Paul (1975): Wider den Methodenzwang. Skizze einer anarchistischen Erkenntnistheorie. Frankfurt a. M.

Kuhn, Thomas S. (1962): Die Struktur wissenschaftlicher Revolutionen. Frankfurt a. M.

Lakatos, Imre (1978): Die Methodologie der wissenschaftlichen Forschungsprogramme. Braunschweig

Popper, Karl (1935): Logik der Forschung. Wien

Popper, Karl (1945): Die offene Gesellschaft und ihre Feinde. Tübingen

Popper, Karl (1963): Vermutungen und Widerlegungen. Das Wachstum der wissenschaftlichen Erkenntnis. Tübingen

Tichy, Pavel (1974): On Popper's definitions of verisimilitude. In: British Journal for the Philosophy of Science 25, 155–160

Wendel, Hans Jürgen (1997): Die Grenzen des Naturalismus. Tübingen

Zahar, Elie (1989): Einstein's revolution. A study in heuristic. La Salle, IL

Zahar, Elie (2007): Why science needs metaphysics. A plea for structural realism. La Salle, IL

Kritische Theorie

Gerhard Schweppenhäuser

1 Definition

Kritische Theorie beschreibt ihre Gegenstände nicht bloß so, wie sie nun einmal sind; sie interessiert sich dafür, wie sie sein könnten oder

sollten. Ihre Diskurse sind nie nur deskriptiv, sondern immer auch normativ. Sie analysieren die bestehende soziohistorische Wirklichkeit, indem sie deren Möglichkeiten und die Hindernisse ihrer Aktualisierung beschreiben. Anders als im Theorieparadigma der analytischen Wissenschaftstheorie wird Gesellschaft als struktureller Zusammenhang begriffen, der in sich widersprüchlich ist. Zwischen den Möglichkeiten zur Gestaltung gesellschaftlichen Zusammenlebens und seiner Wirklichkeit bestehen Brüche, die rekonstruiert werden, um sie praktisch abzubauen. Ziel ist die Konstruktion eines gesellschaftlichen Allgemeinen in der Absicht, die Subsumtion des Individuell-Besonderen unter das Allgemeine zu beenden. Die normative Instanz Kritischer Theorie ist das vernünftig begründete Interesse an der Abschaffung des Leidens, welches aus den Strukturen warenproduzierender Konkurrenzgesellschaften erwächst. [→ VI Gesellschaftsentwicklung und soziale Gerechtigkeit]

„Kritische Theorie" ist ursprünglich der Name eines theoretischen Modells, das zu Beginn der 1930er Jahre dem Forschungsprogramm des Frankfurter Instituts für Sozialforschung unter Leitung von Max Horkheimer zugrunde lag. Es sollte aktuelle Erkenntnisse aus den Sozialwissenschaften disziplinübergreifend verbinden und, gemäß normativen Kategorien aus der materialistischen Philosophie, zu einer Erkenntnis des gesellschaftlichen Ganzen organisieren. Historischer Anlass für dieses Forschungsprojekt war die ökonomisch-politische Krise der liberalen Demokratien im Übergang zu Varianten autoritärer Herrschaft, die von der Zustimmung der Beherrschten getragen wurden.

2 Begriffs- und Gegenstandsgeschichte

2.1 Erste Phase

Die Kritische Theorie ging davon aus, dass die Entfaltung der technisch-wissenschaftlichen Produktivkräfte im 20. Jahrhundert es möglich machen würde, Entwürfe einer gerechten, freien und selbstbestimmten Organisation der gesellschaftlichen Beziehungen zu verwirklichen, welche zuvor lediglich utopi-

sche Gegen-Phantasien gewesen waren. Dem Praktisch-Werden der Vernunft stehe einzig die obsolet gewordene private Aneignung des gesellschaftlichen erarbeiteten Mehrprodukts im Wege; diese sei weder vernünftig noch moralisch zu rechtfertigen.

Insoweit bewegte sich die Kritische Theorie im Marx'schen Theorieparadigma. Sie trat aus dessen Grenzen hinaus, weil sie begreifen wollte, wieso Menschen, deren „objektives" Interesse in gesellschaftlicher Autonomie bestehen müsste, „subjektiv" ihrer gesellschaftlichen Fremdbestimmtheit zustimmen. Warum wählen und bejahen Menschen faschistische und nationalsozialistische Herrschaftsformen? Wieso geben sie Freiheit zugunsten von Fremdbestimmung auf? Das hatte eine ökonomische Grundlage, nämlich die Krise der kapitalistischen Reproduktion nach jener ersten Phase der Globalisierung, die mit dem Ersten Weltkrieg zu Ende ging. Aber es hatte auch psychologische und kulturelle Gründe. Der psychische Apparat der Menschen, die Lebensformen der Kultur und die Gebilde der Kunst sind von einem Widerspruch geprägt: auf der einen Seite das Versprechen von Autonomie und Freiheit für alle, auf der anderen die Herrschaft eines partikularen Elements der ökonomischen Reproduktion. Das Gesetz der Mehrwertschöpfung schwingt sich zu universaler Herrschaft auf.

Das war der systematische Ort für die Einbindung von Sozialpsychologie (E. Fromm) und Kulturtheorie (T. W. Adorno, L. Löwenthal, W. Benjamin) ins Forschungsprogramm, in dem Horkheimer und H. Marcuse die Spezialisten für Philosophie waren, F. Pollock für Wirtschaftstheorie und F. Neumann für politische Theorie.

Fromm entwickelte die sozialpsychologische Kategorie des autoritätsgebundenen Charakters: Menschen neigen dazu, auf sozialen Druck mit Identifikation und Konformismus zu reagieren; daraus entstehen wiederum innere Konflikte, die durch Identifikation mit der bedrohlichen Autorität nur scheinbar aufgelöst werden. Die Eigenlogik kultureller Produktion und Rezeption wurde von Marcuse,

Adorno, Löwenthal, Kracauer und Benjamin unter dem Aspekt untersucht, dass in der kulturellen Sphäre soziale Sachverhalte mit einem eigenen „Sprachkode" anschaulich gemacht werden. Ästhetische Erfahrung kann sowohl ideologische Verklärung des Bestehenden sein als auch der Ort eigensinniger Wahrnehmungen, Empfindungen und Wunschproduktionen, die das Bestehende und seine Geltung relativieren. [→ IX Ästhetik]

Die Erweiterung der Kritik der politischen Ökonomie durch Psychologie und Kulturtheorie unterschied die Kritische Theorie vom Sowjetmarxismus, der sich in ihrer internen Analyse schon früh als staatssozialistische Variante autoritärer Herrschaft erwiesen hatte und daher nie den Status einer authentischen gesellschaftlichen Alternative haben konnte. Horkheimer führte den Namen „Kritische Theorie" im Jahre 1936 ein, weil er das neue Theoriemodell klar von der marxistischen Orthodoxie abgrenzen und wissenschaftspolitische Schwierigkeiten im westeuropäischen und US-amerikanischen Exil vermeiden wollte.

Kritische Theorie ist immer auch kritische Wissenschaftstheorie gewesen. Sie grenzte sich sowohl von affirmativer Metaphysik ab, welche die Welt durch transhistorische oder quasinatürliche Wesenheiten erklären wolle, als auch vom Neo-Positivismus, dessen naturwissenschaftsfixiertes Weltbild keine soziohistorischen Strukturen und Gesetzmäßigkeiten begreifen könne, sondern auf die Beschreibung quantifizierbarer Fakten fixiert sei. Horkheimer arbeitete sich u. a. an der Wissenschaftstheorie des Franzosen Poincaré, an Diltheys Lehre vom Geschichtsverstehen, an der Heideggerschen Ontologie und an Schelers Anthropologie ab. Anknüpfungspunkte waren der von Marx kritisch reflektierte Totalitätsbegriff Hegels, aber auch Nietzsches „Philosophie am Leitfaden des Leibes" und seine paradoxe Radikalisierung des individuellen Glücksanspruchs.

Man kann die Kritische Theorie in dieser ersten Phase als „Theorie der ausgebliebenen Revolution" bezeichnen. In der zweiten Phase, um die Mitte der 1940er Jahre, wurde sie eine „Theorie der unmöglichen Revolution". Im Mittelpunkt stand nun die Grundlagenreflexion auf die Möglichkeiten und Grenzen eines aufgeklärt-humanen Naturverhältnisses. Wurde in der ersten Phase versucht, das problematische Selbstverhältnis vergesellschafteter Menschen in der Gegenwart zu erhellen, so wandte man sich jetzt dem problematischen Selbstverhältnis der Menschen als Naturwesen zu – und damit den Bedingungen der Möglichkeit solchen Erhellens. Im Zentrum stand die Kritik einer „instrumentellen Vernunft", die sich nur noch als Mittel für Zwecke versteht, die man ihr vorgibt.

2.2 Zweite Phase

Der Prozess verwissenschaftlichter Aufklärung wird in der Dialektik der Aufklärung von Horkheimer und Adorno (1947) als Verstrickung von Selbst- und Fremdbestimmung rekonstruiert. Dabei werden verschiedene Theorien innovativ verbunden: u. a. Webers Konzept des okzidentalen Rationalismus; Nietzsches Genealogie der Gewaltgeschichte aller Kulturen; Freuds Theorie der Selbstdestruktionsgefahr, in der jede Kultur schwebt, weil sie Triebverzicht gebietet, der ein aggressives Potenzial in den Menschen aufbauen kann; und nicht zuletzt Marx' Theorie der fremdbestimmten Arbeit und des ungerechten Tauschs, aus dem in der warenproduzierenden Gesellschaft der Mehrwert entspringt.

Fortschreitende Aufklärung macht die Menschen in der Neuzeit demnach immer selbstbestimmter im Selbsterhaltungskampf mit den Naturbedingungen ihrer Reproduktion. Aber da Selbsterhaltung voraussetze, dass man zur Gewalt gegen sich selbst fähig ist, würden die Fortschritte der Freiheit vom Fortschreiten der Herrschaft begleitet. Das Selbst erhalte sich mittels Selbstbeherrschung und zahle den Preis, dass es dabei auf seine Selbsterhaltungsfunktionen zusammenschrumpft. Freiheit durch Naturbeherrschung manifestiere sich als gesellschaftliche Unfreiheit. Die

Eigenlogiken von Herrschaft und Tauschwertökonomie und der Verallgemeinerungszwang naturwissenschaftlicher Methoden würden über die freie Entfaltung individueller Formen der Wahrnehmung, des Ausdrucks, des Denkens, Fühlens und Empfindens dominieren. [→ Macht, Herrschaft, Gewalt] Dies wird als universalgeschichtlicher Verlauf rekonstruiert, aus dem es kein Entrinnen gebe. Dennoch sollte das nicht pessimistisch Lähmung bewirken, sondern nüchternes Erkennen und Standhalten, ungebundenes kritisch-philosophisches Denken und behutsame Erweiterung von Freiheitsspielräumen durch nonkonformistisches Handeln ermöglichen.

Kritische Theorie fragte also zunächst nach der Konstitution eines widerständigen, revolutionären gesellschaftlichen Subjekts. Marx, der die ökonomischen und sozialen Bewegungsgesetze seiner Epoche wissenschaftlich (re-) konstruierte, hatte versucht, das gesellschaftliche Gesamt-Subjekt als „Proletariat" aus geschichtsphilosophischer Notwendigkeit herzuleiten. Lukács formulierte die Einsicht, dass es ohne den subjektiven Faktor eines Klassenbewusstseins keine revolutionäre Erhebung geben könne (und zog damit Lenins Kritik auf sich). Im Entwurf des Frankfurter Instituts wurde das gesellschaftliche Subjekt individuiert: eine lockere Gruppe kritischer Intellektueller, die das Forschungsprojekt des interdisziplinären Materialismus in den hegemonialen Kulturkampf der Zivilgesellschaft einbringen. Die Kritische Theorie der 1940er Jahre ist für einen „eingebildeten Zeugen" formuliert worden, der als philosophischer Beobachter und Platzhalter fungiert, d. h. als kontrafaktische Instanz. Der nonkonformistische Intellektuelle, der sich an diesen „Zeugen" wendet, ist auf sich selbst und seine kognitive und ästhetische Widerstandskraft angewiesen.

Eine wichtige Rolle spielte in dieser Phase die neue, universale Reichweite der audiovisuellen Massenmedien. Massenkultur ist für die Kritische Theorie keine Kultur der Massen mehr, sondern systematisch organisierte, manipulative Herrschaftstechnik. In den 1940er Jahren entstand in den westlichen Industriestaaten eine globale Kulturindustrie. Es geht dort nicht mehr um Authentizität, neue ästhetische Erfahrung oder fröhliche Unterhaltung, sondern um die Realisierung von Tauschwert beim Verkauf von Waren. Darum ging es früher auch schon, aber nicht nur; es gab anarchisch wilde Elemente in den Volkskünsten und kompromisslose Avantgarden. Nun sollte es tendenziell nur noch Entertainment geben. Die Produkte wurden auf dem neuesten Stand des Wissens über der Psychologie und Kommunikation ausgetüftelt. Dahinter standen monopolistische Konzerne; der freie Markt war, so die Theorie von Horkheimer, Adorno und Pollock, praktisch abgeschafft und die Konsumenten Versorgungsempfänger geworden, die verbrauchen, was man ihnen zuteilt.

Parallel zur philosophischen Theoriebildung fand im Kreise des Instituts aber auch stets empirische Sozialforschung statt. Das prominenteste Beispiel ist die Untersuchung zur Anfälligkeit für autoritäre Propaganda in den USA, die zeigte, dass die „autoritäre Persönlichkeit" (die Ich-schwache und nicht zur Selbstbestimmung aus Freiheit fähige Charakterstruktur) auch im „Land der Freien" zuhause ist. Die Studie wurde 1950 publiziert und machte die Gefährdung kapitalistischer Demokratien deutlich, gleichsam von innen in den autoritären Staat überzugehen, wenn Menschen sich „mit realer Macht schlechthin, vor jedem besonderen Inhalt" identifizieren (Adorno).

Kennzeichnend für die Kritische Theorie in den 1950er und 1960er Jahren ist die Zweigleisigkeit von radikaler, skeptischer Philosophie und anwendungsorientierter, auf eine kritische Pädagogik ausgerichteter Forschung, deren normative Grundlagen Demokratiefähigkeit, Autonomie und Mündigkeit sind [→ III Allgemeine Pädagogik]. Adorno und Horkheimer arbeiteten nach der Rückkehr aus dem Exil daran mit, dass die Kultur- und Bildungsinstitutionen der Bundesrepublik Deutschland demokratisch inspiriert wurden. Sie begriffen die „Erziehung der Erzieher" als wirksamstes Mittel gegen das „Nachleben des Faschismus"

(Adorno) und gegen neue Formen des Totalitarismus und des Nationalismus. Das Ende der 1940er Jahre wieder in Frankfurt errichtete Institut setzte sich für die stärkere Gewichtung des politischen Schulunterrichts und für die historische Bewusstseinsbildung ein, v. a. über die Verbrechen des nationalsozialistischen Deutschlands, sowie für Antisemitismusforschung, Aufwertung von Soziologie und Kriminologie an den Universitäten sowie für die akademische Institutionalisierung der Psychoanalyse.

Fremdbestimmtheit durch gesellschaftliche Macht-, Eigentums- und Konkurrenzverhältnisse, so die leitende Annahme, führt dazu, dass Selbsterhaltung ohne vernünftige Zielbestimmung zum Fetisch wird; dadurch wird bürgerliche „Kälte" allmählich zur allgemeinen Disposition. „Kalte" Menschen seien unfähig, andere Menschen, Lebewesen oder Dinge affektiv zu besetzen. Der administrativ geplante Massenmord an den europäischen Juden sei nichts anderes als die grauenvollste Erscheinungsform einer Gesellschaft, deren objektive ökonomische und politische Verfassung autonome, kritische Subjektivität verhindert. Adornos Satz: „Die Forderung, dass Auschwitz nicht noch einmal sei, ist die allererste an Erziehung", prägte einen Diskurs, der die Studentenrevolte der 1968er Jahre mit auslöste und die „kritische Erziehungswissenschaft" der 1970er Jahre (K. Mollenhauer, W. Klafki und H. Blankertz) sowie die Debatten über Erinnerungspolitik in den 1980er und 1990er Jahren nachhaltig beeinflusste.

3 Weiterführung der Kritischen Theorie

In den späten 1960er und in den 1970er Jahren hat Jürgen Habermas versucht, die normativen Grundlagen der Kritischen Theorie weiter zu explizieren und an den zeitgenössischen Diskurs der Sozial- und Kommunikationswissenschaften anzubinden. Seine Reformulierung der Kritischen Theorie als Theorie des kommunikativen, d. h. verständigungsorientierten, Handelns geht von der egalitären Denkfigur aus, dass sich Menschen im Diskurs über ihre eigenen, emanzipatorischen Erkenntnisinteressen selbst bzw. gegenseitig aufklären. Forschung wird bei Habermas als Prozess der Konstitution von Intersubjektivität verstanden, die auf die rationalen Grundlagen der Alltagskommunikation zurückgreift und sie ins Bewusstsein bringt. In der Alltagssprache stecke bereits das Ideal gleichberechtigter Verständigung. Die durch die systemischen Imperative Macht und Geld verzerrten Rahmenbedingungen der Alltagskommunikation würden jedoch verhindern, dass die Idee herrschaftsentlasteter Verständigung praktisch verwirklicht wird. In gemeinsamer Besinnung und diskursiver Verständigung über die implizit geteilten Vorannahmen über die Bedingungen geglückter Verständigung könnten sich potenziell alle Kommunikationsteilnehmer ihrer gemeinsamen Interessen versichern. Das gilt sowohl für die Alltagskommunikation als auch für die Kommunikation in der scientific community. Massenkultur wird bei Habermas und seinen Schülern nicht mehr als reine Ideologieproduktion aufgefasst; sie kann sowohl Ideologieproduktion als auch zugleich Steuerungsmedium egalitärer Verständigung sein.

Heute lassen sich in der deutschsprachigen Landschaft der Kritischen Theorie grob drei Gebiete unterscheiden:

1. Philosophen und Soziologen, die sich mehr oder weniger „orthodox" auf Horkheimer und Adorno beziehen, wenn sie diese Denktradition philologisch vergegenwärtigen und neuere kulturelle und soziale Phänomene untersuchen (z. B. D. Claussen, G. Schmid Noerr, A. Schmidt, H. Schweppenhäuser, R. Tiedemann u. C. Türcke);
2. Soziologen, Kommunikationswissenschaftler und Philosophen, die den Habermas'schen Paradigmenwechsel mit- und nachvollzogen haben (z. B. A. Honneth, S. Müller-Doohm u. C. Offe) bzw. ihn behutsam modifizieren (z. B. A. Wellmer);

3. Wissenschaftler und Autoren, die sich in pädagogischer, politisch-sozialer und Medien-Praxis zwischen den Paradigmen bewegen (z. B. A. Kluge, O. Negt u. Dieter Prokop). Seit 1995 bietet die Zeitschrift für kritische Theorie ein Forum für das Gespräch zwischen eher „frankfurterischen" Varianten mit anderen, aber verwandten Formen sozialkritischen, praxisphilosophischen Denkens, und für Versuche, aktuelle gesellschaftliche, kulturelle und wissenschaftliche Phänomene mit Hilfe von Kategorien der Kritischen Theorie zu analysieren, sowie für den internationalen Diskurs der Kritischen Theorie.

Literatur

Adorno, Theodor W. (1986 ff.): Gesammelte Schriften in 20 Bänden. Frankfurt a. M.

Demirovic, Alex: Der nonkonformistische Intellektuelle. Die Entwicklung der Kritischen Theorie zur Frankfurter Schule. Frankfurt a. M. 1999

Horkheimer, Max (1937): Traditionelle und kritische Theorie. In: Zeitschrift für Sozialforschung 6, 2, 245–292

Horkheimer, Max (1987 ff.): Gesammelte Schriften in 19 Bänden. Frankfurt a. M.

Horkheimer, Max & Adorno, Theodor W. (1947): Dialektik der Aufklärung. Amsterdam

Jay, Martin: Dialektische Phantasie. Die Geschichte der Frankfurter Schule und des Instituts für Sozialforschung 1923–1950. Frankfurt a. M. 1991

Schmid Noerr, Gunzelin: Gesten aus Begriffen. Konstellationen der Kritischen Theorie. Frankfurt a. M. 1997

Schmidt, Alfred: Zur Idee der Kritischen Theorie. Elemente der Philosophie Max Horkheimers. München 1979

Wiggershaus, Rolf: Die Frankfurter Schule. Geschichte. Theoretische Entwicklung. Politische Bedeutung. München 2001

Psychoanalyse

Helmut Däuker

Die Psychoanalyse ist neben behavioristisch-lerntheoretisch, gestalt- und kognitionspsychologisch orientierten Ansätzen die bedeutendste und einflussreichste psychologische Theorie der letzten hundert Jahre. Obwohl ihre Erkenntnisgehalte nicht nur seitens der akademischen Psychologie immer wieder in Frage gestellt wurden, sind zentrale theoretische Konzepte wie ‚Verdrängung', ‚Fehlleistung' (Freud'scher Versprecher), ‚Unbewusstes' oder ‚Regression' zum Allgemeingut geworden und haben inzwischen auch Eingang in die Umgangssprache gefunden. Begründer und wichtigster Theoretiker der Psychoanalyse ist Sigmund Freud (1856–1939), der in einem 1926 für die „Encyclopaedia Britannica" verfassten Artikel zwei Bedeutungen der Psychoanalyse unterscheidet: „1. eine besondere Behandlungsmethode neurotischer Leiden, 2. die Wissenschaft von den unbewussten seelischen Vorgängen, die auch treffend ‚Tiefenpsychologie' genannt wird" (Freud 1934, 300). Freud selbst war der Meinung, dass die Bedeutung der Psychoanalyse als „Wissenschaft des Unbewussten" ihre Bedeutung als Therapiemethode übertreffen wird (301).

1 Die Psychoanalyse als klinisch-therapeutische Methode

Wesentliche Anregungen verdankte Freud einem von dem Wiener Nervenarzt Josef Breuer entwickelten neuen psychotherapeutischen

Verfahren, das sich vor allem der Hypnose bediente. Beide veröffentlichten 1895 die berühmt gewordenen „Studien über Hysterie", in denen am Beispiel ausführlicher Falldarstellungen sowie theoretischer Konzeptualisierungen die Bedeutung unbewusster, vor allem affektiver psychischer Inhalte und Mechanismen für die Entstehung neurotischen Leidens herausgearbeitet werden. Freud veränderte jedoch bald die therapeutische Technik, indem er die Hypnose durch die Methode der freien Assoziation ersetzte. Seelisches Leiden wurde von ihm ursächlich im Zusammenhang mit verdrängten, d. h. dem Betroffenen unbewussten Wünschen, Ängsten und Erinnerungen gesehen, die sich einerseits aus triebhaften, vor allem sexuellen Impulsen, andererseits aus unzulänglich verarbeiteten Erlebnissen herleiten ließen. Ätiologisch bedeutsam sind dabei nicht nur real erlebte Traumatisierungen, sondern auch die sich aus triebhaften Wünschen speisenden unbewussten Phantasien. Als wesentlich zum Verständnis des psychoanalytischen Behandlungsprozesses erwies sich dabei das Konzept der ‚Übertragung'. Mit diesem Begriff fasste Freud seine Beobachtungen zusammen, dass Patienten regelmäßig eine bestimmte Gefühlsbeziehung zum Psychoanalytiker aufbauen bzw. einnehmen, in die, ihnen unbewusst, Wünsche, Ängste, Erwartungen, Einstellungen sowie liebevolle oder feindselige Regungen einfließen. Dabei handelt es sich zum einen um Wiederholungen biografisch bedeutender Beziehungsmuster, zum anderen aber auch um Neuschöpfungen, die sich der jeweils einmaligen Konstellation Patient – Psychoanalytiker verdanken. Das Übertragungskonzept erhält seine überragende Bedeutung dadurch, dass es im Hier und Jetzt der therapeutischen Begegnung einen Zugang zu unbewusst-vergangenen sowie unbewusst-gegenwärtigen Wünschen, Impulsen, Ängsten, Gedanken, Gefühlen, Einstellungen usw. inklusive der dabei beteiligten Konfliktebenen ermöglicht. Letzteres verweist auf eine weitere Grundannahme der Psychoanalyse, der zufolge das Moment des Konflikthaften zum Verständnis des Psychischen überhaupt

unverzichtbar ist und auf allen Ebenen psychoanalytischer Theoriebildung – klinisch, therapeutisch, persönlichkeitstheoretisch, anthropologisch sowie metapsychologisch – gegenwärtig ist. Für Freud selbst waren dabei Konflikte im Rahmen des Ödipuskomplexes zentral, der sich durch die Liebe und das sexuelle Begehren einem Elternteil bei gleichzeitigen aggressiven Regungen dem anderen gegenüber auszeichnen. Dem Übertragungskonzept korrespondiert dasjenige der ‚Gegenübertragung', womit Einfluss und Beteiligung des Psychoanalytikers am und auf den therapeutischen Prozess erfasst werden soll. Zu ergänzen ist außerdem das Konzept des ‚Widerstandes', womit all das zusammengefasst wird, was auf Seiten des Analysierten einem tieferen Verständnis seines Unbewussten entgegenarbeitet (Laplanche & Pontalis 1973, 622). Von Freud selbst stammt der Vorschlag, dass jede Forschungsrichtung, die sich neben der Anerkennung des Unbewussten auf die Konzepte Übertragung und Widerstand berufe, Psychoanalyse heißen dürfe (Freud 1914a, 54). Außer im einzeltherapeutischen Bereich kommt die Psychoanalyse als therapeutisches Verfahren auch in der Gruppentherapie und Supervision zur Anwendung. Um die notwendige Verbindung von Empirie und Theoriebildung zu gewährleisten, sprach Freud (1926, 293) vom „Junktim zwischen Heilen und Forschen", wodurch sich die methodologischen Probleme im Hinblick auf die komplementären Pole Empirie und Theorie allerdings nur partiell lösen ließen.

2 Die Psychoanalyse als wissenschaftliche Theorie des Unbewussten

Die erste und wichtigste Grundannahme der Psychoanalyse lautet, dass das Psychische/Mentale nicht mit dem Bewusstsein gleichgesetzt werden dürfe. Darauf aufbauend entwickelte Freud verschiedene Konzeptualisierungen dessen, was er den ‚psychischen Apparat‘ nannte (1900). Gemeint ist damit ein Ensemble verschiedener funktioneller Systeme wie Wahrnehmung, Denken, Erinnerung, Affekte, Aufmerksamkeit, Phantasieren usw., deren Aktivität gleichzeitig mit energetischen Vorstellungen in Verbindung gebracht wurden (‚Triebenergie‘, ‚Libido‘, ‚Besetzung‘, ‚Gegenbesetzung‘). Ausgehend von einer monistisch-naturalistischen Auffassung des Psychischen/Mentalen versuchte Freud zunächst im „Entwurf einer Psychologie" (1895) eine neurobiologische Fundierung des psychischen Apparates zu realisieren. Unzufrieden mit dem Ergebnis – bedingt auch durch das im Vergleich zu heute weitaus geringere Wissen über die neuronalen Grundlagen des Psychischen – wand er sich ganz der Psychologie zu, ohne die Aussicht auf eine spätere Kooperation mit der Neurophysiologie ganz preiszugeben (1914b, 144). Es folgen psychologische Modelle des Aufbaus und Funktionierens der menschlichen Persönlichkeit: zunächst das sog. ‚topografische Modell‘, demzufolge die drei Systeme Unbewusst, Vorbewusst und Bewusst unterschieden werden (1900). Die Übergänge vom einen zum anderen System unterliegen dabei Zensuren. So kommt es infolge von Abwehroperationen wie Verdrängung zur Bildung des dynamisch Unbewussten, das man sich metaphorisch als einen Ort oder Behälter psychischer Inhalte vorstellen kann, welche den Systemen ‚Vorbewusst‘ und ‚Bewusst‘ als nicht akzeptabel erscheinen. Die oben erwähnte Methode des freien Assoziierens hat dabei den Sinn, einen Zugang zu den in diesem Sinne dynamisch unbewussten Inhalten zu ermöglichen. Später entwickelt Freud ein weiteres, ebenfalls dreischichtiges Modell, das sog. Strukturmodell (1923) mit den Instanzen Es, Ich und Über-Ich. Während das Es alles genetisch Angelegte, den Triebpol und das dynamisch Unbewusste der Persönlichkeit ausmacht, durch das Über-Ich Gewissen, Moral und Ideale repräsentiert sind, trägt das Ich als Träger von Funktionen wie Wahrnehmung, Erinnerung, Abwehr (z. B. Verdrängung), Realitätsprü-

fung usw. die Bürde einer Vermittlung zwischen den Instanzen. Die dabei involvierten Konflikte werden als unaufhebbar betrachtet und führen bei Überschreitung einer kritischen Schwelle zu Symptombildungen: Ängsten, Depressionen, Zwangserscheinungen, psychosomatischen Erkrankungen, sexuellen Funktionsstörungen und/oder anderen psychopathologischen Manifestationen.

Die Vorstellung, dass die menschliche Psyche als konflikthafte Konstellation psychischer Instanzen oder Systeme beschreibbar ist, wird ergänzt durch Annahmen über verschiedene Modi des Ablaufs psychischer Prozesse. So wird zwischen Primärvorgang und Sekundärvorgang unterschieden, wobei der erste, im Es vollständig dominierende, ausschließlich dem Lustprinzip gehorcht, während der Sekundärvorgang dem Realitätsprinzip unterliegt.

Dem monistisch-naturalistischen Ansatz folgend, dass Psychisches/Mentales und Organismisch/Körperliches nicht substantiell getrennt werden können [→ Monismus; Leib-Seele-Problem], hält die Psychoanalyse daran fest, dass das Verhältnis zwischen körperlichen Bedürfnissen und deren psychischer Repräsentation (Repräsentanz) theoretisch berücksichtigt und konkretisiert werden muss. Dafür steht – bei Freud noch an zentraler Stelle – der Begriff ‚Trieblehre‘ bzw. Triebtheorie (1938, 70 f.). Auch hier liegen mehrere Entwürfe vor, beginnend mit der Gegenüberstellung von Sexual- und Selbsterhaltungstrieben (1915), bis zu Freuds letztem, naturphilosophisch-spekulativ ausgreifendem Modell von Lebens- (Eros) und Todestrieb (Destruktionstrieb; Thanatos). Sexual- und Selbsterhaltungstriebe wurden dabei zum Eros zusammengefasst, dessen Ziel es sei, „immer größere Einheiten herzustellen und so zu erhalten, also Bindung, das Ziel des anderen im Gegenteil, Zusammenhänge aufzulösen und so die Dinge zu zerstören" (1938, 71). Unschwer zu erkennen ist bei allen Modellvorstellungen, dass die Psychoanalyse auf allen Ebenen des Psychischen als Konfliktpsychologie konzipiert ist.

Festzuhalten bleibt, dass kaum ein Bestandteil der psychoanalytischen Theorie nicht mehr oder weniger radikaler Kritik ausgesetzt war – das gilt auch psychoanalyseintern – und das Ansehen der Psychoanalyse im akademischen sowie im öffentlichen Bereich starken Schwankungen unterliegt. Bemerkenswert erscheint, dass in Zeiten massiver Kritik und schwindendem Einfluss der Psychoanalyse wie in den letzten fünfzehn Jahren des 20. Jahrhunderts namhafte Neurowissenschaftler wie der Nobelpreisträger Eric Kandel konstatierten: „Dieses Schwinden ist zu bedauern, da die Psychoanalyse immer noch die kohärenteste und intellektuell befriedigendste Sicht des Geistes darstellt" (2006, 120).

3 Psychoanalytische Kulturtheorie

Auf der Basis von Psychologie des Unbewussten, Trieblehre und Strukturtheorie legten Freud und andere (Rank 2000) theoretische Entwürfe zur kulturellen Entwicklung, Anthropologie und Sozialpsychologie vor, die bis heute in den Kultur- und Sozialwissenschaften über großen Einfluss verfügen. Bedeutende kulturtheoretische Schriften Freuds sind etwa „Totem und Tabu" (1908), „Das Unbehagen in der Kultur" (1930) oder „Der Mann Moses und die monotheistische Religion" (1939). Der dabei zu Grunde gelegte Gedanke eines unaufhebbaren Antagonismus von Natur und Kultur trug zum Ruf Freuds als Kulturpessimisten bei. Wirkungsmächtig ist die Psychoanalyse neben der Kulturforschung (Horkheimer & Adorno 1973) bis heute in folgenden Bereichen: Ethnopsychoanalyse (Devereux 1978; Parin & Morgenthaler 1993), Religionswissenschaft (Girard 1994); Kunst- und Kunsttheorie (Waelder 1973); Literaturwissenschaft (Starobinski 1973); Philosophie (Ricoeur 1974; Deleuze & Guattari 1974; Cavell 1997); Feminismus/Gender Studies (Butler 2001; Flaake & King 1992, Kristeva 1990; Irigaray 1991) sowie

Film- und Kinotheorie (Zwiebel & Mahler-Bungers 2007).

4 Entwicklung und Ausblick

Die Anfänge der Psychoanalyse liegen in Wien des ausgehenden 19. Jahrhunderts. Ein zunächst kleiner Kreis um Freud bildet die Keimzelle der Psychoanalyse, die sich als ‚Bewegung' versteht. Weitere wichtige Zentren werden bald die Schweiz (neben Zürich die von Eugen Bleuler geleitete Klinik Burghölzli), Berlin, wo 1920 die erste, auf psychoanalytischer Grundlage konzipierte Poliklinik eröffnet wurde, und Budapest. Parallel dazu fand die Psychoanalyse in Großbritannien, den Vereinigten Staaten und ca. von 1913 an in Italien, Frankreich, im osteuropäischen Raum, Belgien und Skandinavien Verbreitung. Am 30. März 1910 gründen Sigmund Freud und Sandor Ferenczi in Nürnberg die Internationale Psychoanalytische Vereinigung (IPV), deren erster Präsident C. G. Jung wird. Diese Situation ändert sich vor allem nach 1933 dramatisch: die den Nationalsozialisten als ‚jüdische Wissenschaft' verhasste Psychoanalyse bzw. deren Vertreter sollen vernichtet oder zur Emigration gezwungen werden. Freud selbst flieht 1938 mit einem Teil seiner Familie nach England. Die meisten Psychoanalytiker – etwa drei Viertel – emigrieren in die Vereinigten Staaten, ein Viertel nach Großbritannien, eine Minderheit nach Südamerika (Argentinien, Brasilien). Entsprechend verlagern sich die Zentren aus dem deutschen in den englischen Sprachraum – vor allem New York und London –, aus der IPV wurde die International Psychoanalytic Association (IPA). In der zweiten Hälfte des 20. Jahrhunderts gewinnt die Psychoanalyse sowohl in der Psychiatrie und Psychotherapie als auch in den Geisteswissenschaften einen wachsenden Einfluss. Mit dem stärker werdenden Aufkommen kognitiv-behavioraler Ansätze in der Psychotherapie und einer ca. seit den 1980er Jahren einsetzenden Tendenz in der Psychiatrie zu einem biologisch und genetisch ausgerichteten Verständnis psychischen Leidens verliert die Psychoanalyse allerdings wieder an Terrain. Da, wo sie sich eindeutig klinisch-hermeneutisch ausgerichtet definiert, wird ihr oft mangelnde Wissenschaftlichkeit im Sinne empirischer Fundierung und neurobiologischer Validierung vorgeworfen. Gleichzeitig wird nach wie vor die noch nicht genügend vollzogene Trennung vom Freudschen ‚Biologismus' kritisiert. Angesichts dieser Kritik erscheint es wiederum bemerkenswert, dass zentrale theoretische Kategorien der Psychoanalyse wie ‚Unbewusstes' oder ‚Verdrängung' durch die moderne Hirnforschung eine deutliche Bestätigung erfahren (Solms & Turnbull 2004).

Aus der Binnenperspektive betrachtet fällt eine sich durch die Geschichte der Psychoanalyse ziehende Abfolge von Abspaltungen, Dissidenz, Schulenbildungen und institutionellen Brüchen auf. Dies beginnt mit Alfred Adler, der nach seiner Trennung von Freud (1911) die sog. ‚Individualpsychologie' begründet. Zwei Jahre später geht auch C. G. Jung eigene Wege und nennt seine Variante der Tiefenpsychologie ‚Analytische Psychologie'. Andere prominente Kritiker der Freudschen Auffassungen sind Otto Rank, Wilhelm Reich oder Karen Horney. In dem Maße, wie die Freudschen Konzeptualisierungen an Integrationskraft einbüßten bzw. sich als revisionsbedürftig erwiesen, bildeten sich vor allem in der zweiten Hälfte des 20. Jahrhunderts theoretisch und klinisch unterschiedlich ausgerichtete Strömungen, die allerdings nicht zwangsläufig Abspaltungen und Brüche nach sich zogen. Um die heutige Situation zu charakterisieren, hat sich der Begriff eines psychoanalytischen Pluralismus (Cooper 2001) oder Multi-Paradigmatismus (Schühlein 1999) etabliert. Als wichtigste Gruppierungen lassen sich nennen: Im angloamerikanischen Bereich die Ichpsychologie (H. Hartmann; vgl. Rapaport 1973), die Objektbeziehungstheorie (M. Balint, D. W. Winnicott, W. R. D. Fairbairn; vgl. Kernberg 1988), die Selbstpsychologie (Kohut 1981) und die Kleinianische bzw. Postkleinianische Rich-

tung (M. Klein, W. R. Bion; vgl. Bott-Spillius 1995). Der strukturalen Linguistik nahe steht der aus Frankreich kommende Lacanianismus (Gondek 2006). In Deutschland entwickelt sich eine auf dem Begriff des ‚szenischen Verstehens' aufbauende psychoanalytische Hermeneutik (Argelander 1970; Lorenzer 2002). Die Psychoanalyse spielt darüber hinaus eine wesentliche Rolle bei entwicklungspsychologisch orientierten Forschungsprojekten wie der auf John Bowlby zurückgehenden Bindungstheorie (Fonagy 2003) und der Säuglingsforschung (Stern 1992; Dornes 2000). [→ X Isolation und Entwicklungspsychopathologie] Beflügelt durch die von Seiten der Neurowissenschaften bestätigte Bedeutung des unbewusst Mentalen und anderer psychoanalytischer Konzepte hat sich die Neuropsychoanalyse (Kaplan-Solms &/Solms 2000) inzwischen fest etabliert. Generell gilt, dass im klinisch-therapeutischen Bereich und den darauf aufbauenden Theorien intersubjektiv bzw. relational ausgerichtete Ansätze an Bedeutung gewannen (Altmeyer & Thomä 2006).

Die Psychoanalyse ist geradezu prototypisch als eine Disziplin zu bezeichnen, die sich weder den Natur- (science) noch den Geisteswissenschaften (humanities) eindeutig zuordnen lässt. Ihr großer theoretischer Reichtum liegt darin, dass die von ihr entwickelten theoretischen Konzepte Subjektivität in Beziehung zum (neuro-)biologischen Fundament ebenso wie zur intersubjektiv-gesellschaftlichen Einbettung zu begreifen gestatten. Dieser genuin interdisziplinäre Ansatz ist jedoch immer hochgradig durch theoretische, methodologische und institutionelle Probleme belastet, welche der Psychoanalyse als wissenschaftlicher Disziplin wie als Institution ein hohes Maß an integrativer Kompetenz abverlangen.

Literatur

Altmeyer, M. & Thomä, H. (2006): Die vernetzte Seele. Stuttgart

Argelander, H. (1970): Das Erstinterview in der Psychotherapie. Darmstadt

Bott-Spillius, Elizabeth (1995): Melanie Klein heute. Bände I und II. Stuttgart

Butler, Judith (2001): Psyche der Macht. Frankfurt a. M.

Cavell, Marcia (1997): Freud und die analytische Philosophie des Geistes. Stuttgart

Cooper, Arnold M. (2001): Psychoanalytischer Pluralismus. In: Bohleber, Werner & Drews, Sibylle (Hrsg.): Die Gegenwart der Psychoanalyse – die Psychoanalyse der Gegenwart. Stuttgart, 58–77

Deleuze, Gilles & Guattari, Felix (1974): Anti-Ödipus. Frankfurt a. M.

Devereux, Georges (1978): Ethnopsychoanalyse. Frankfurt a. M.

Dornes, Martin (2000): Die frühe Kindheit. Frankfurt a. M.

Fonagy, Peter (2003): Bindungstheorie und Psychoanalyse. Stuttgart

Flaake, Karin & King, Vera (1992): Weibliche Adoleszenz. Frankfurt a. M.

Freud, Sigmund (1895): Studien über Hysterie. In: GW Band I. Frankfurt a. M., 75–312

Freud, Sigmund (1895): Entwurf einer Psychologie. In: GW Nachtragsband. Frankfurt a. M.

Freud, Sigmund (1900): Die Traumdeutung. In: GW Band II/III. Frankfurt a. M.

Freud, Sigmund (1908): Totem und Tabu. In: GW Band IX. Frankfurt a. M.

Freud, Sigmund (1914a): Zur Geschichte der psychoanalytischen Bewegung. In: GW Band X. Frankfurt a. M., 43–113

Freud, Sigmund (1914b): Zur Einführung des Narzissmus. In: GW Band X. Frankfurt a. M., 137–170

Freud, Sigmund (1915): Triebe und Triebschicksale. In: GW Band X. Frankfurt a. M., 209–232

Freud, Sigmund (1923): Das Ich und das Es. In: GW Band XIII. Frankfurt a. M., 235–289

Freud, Sigmund (1926): Zur Frage der Laienanalyse. In: GW Band XIV. Frankfurt a. M., 207–296

Freud, Sigmund (1930): Das Unbehagen in der Kultur. In: GW Band XIV. Frankfurt a. M., 419–506

Freud, Sigmund (1934): Psycho-Analysis. In: GW Band XIV. Frankfurt a. M., 297–307

Freud, Sigmund (1937): Der Mann Moses und die monotheistische Religion. In: GW Band XVI. Frankfurt a. M., 101–246

Freud, Sigmund (1938): Abriss der Psychoanalyse. In: GW Band XVII. Frankfurt a. M., 63–138

Girard, René (1994): Das Heilige und die Gewalt. Frankfurt a. M.

Gondek, Hans-Dieter (2006): Jacques Lacans „Rückkehr zu Freud". In: Lohmann, Hans-Martin & Pfeiffer, Joachim (Hrsg.): Freud Handbuch. Stuttgart, 357–366

Horkheimer, Max & Adorno, Theodor W. (1973): Dialektik der Aufklärung. Frankfurt a. M.

Irigary, Luce (1991): Ethik der sexuellen Differenz. Frankfurt a. M.

Kandel, Eric (2006): Psychiatrie, Psychoanalyse und die neue Biologie des Geistes. Frankfurt a. M.

Kaplan-Solms, Karen & Solms, Mark (2000): Neuro-Psychoanalyse. Stuttgart

Kernberg, Otto (1988): Innere Welt und äußere Objekte. München

Kohut, Heinz (1981): Die Heilung des Selbst. Frankfurt a. M.

Kristeva, Julia (1990): Fremde sind wir uns selbst. Frankfurt a. M.

Laplanche, Jean & Pontalis, Jean-Bertrand (1973): Das Vokabular der Psychoanalyse. Frankfurt a. M.

Lorenzer, Alfred (2002): Die Sprache, der Sinn, das Unbewusste. Stuttgart

Parin. Paul & Morgenthaler, Fritz (1993): Die Weißen denken zuviel. Frankfurt a. M.

Rank, Otto (2000): Kunst und Künstler. Gießen

Rapaport, David (1973): Die Struktur der psychoanalytischen Theorie. Stuttgart

Ricœur, Paul (1974): Die Interpretation. Frankfurt a. M.

Schühlein, Johann August (1999): Die Logik der Psychoanalyse. Gießen

Solms, Mark & Turnbull, Oliver (2004): Das Gehirn und die innere Welt. Düsseldorf

Starobinski, Jean (1973): Psychoanalyse und Literatur. Frankfurt a. M.

Stern, Daniel (1992): Die Lebenserfahrung des Säuglings. Stuttgart

Waelder, Robert (1973): Psychoanalytische Wege zur Kunst. In: Deutsch, Helene et al.: Die Sigmund Freud Vorlesungen. Frankfurt a. M.

Zwiebel, Ralf & Mahler-Bungers, Annegret (2007): Projektion und Wirklichkeit. Göttingen

Phänomenologie

Alexandre Métraux

1 Definition

Der Terminus wurde von Johann Heinrich Lambert in dessen Hauptwerk „Neues Organon oder Gedanken über die Erforschung und Bezeichnung des Wahren und dessen Unterscheidung vom Irrthum und Schein" von 1764 zur Denotation eines Abschnitts der Wissenschaftslehre und der in diesem Abschnitt stattfindenden erkenntniskritischen Operationen eingeführt. So hat die Phänomenologie zu untersuchen, aus welchen Kräften der menschliche Schein, der eine Zwischenstellung zwischen dem Wahren und dem Falschen einnimmt, genährt wird und in welchen Formen er sich kundtut. Nach den im „Neuen Organon" getroffenen Aussagen kann der Schein psychischen Ursprungs sein; er kann aber auch durch die Natur der Dinge bedingt sein (beispielsweise in der Fata morgana als eines gespenstisch anmutenden, durch die Brechung von Lichtstrahlen durch unterschiedlich warme Luftschichten verursachten optischen Trugbilds).

Nach der Einführung durch Lambert wurde der Terminus höchst unterschiedlich definiert, von Kant sei es als Lehre von den Grundsätzen der Sinnlichkeit, sei es als Teil der reinen Bewegungslehre; von Hegel, wiederum innerhalb seiner Schriften unterschiedlich, jedoch auch als Teil der Philosophie des subjektiven Geistes; von Franz Brentano unter anderem als beschreibende Psychologie, der die Aufgabe zufällt, die einfachsten, anschaulich gegebenen Anteile des Bewusstseins zu analysieren und zu bestimmen.

Schon diese kürzeste und überaus fragmentarische Erinnerung der Begriffgeschichte zeigt, dass sich unter dem Terminus (und manchmal unter dem unlauter verwendeten Schlagwort) dies und jenes oder doch etwas anderes verbergen kann (zur raschen, indes auch weiterführenden Orientierung vgl. Graumann 2001; Williams 2001; Churchill 2007). Folglich ist man gut beraten, in der Auseinandersetzung mit phänomenologisch sich gebenden Äußerungen die Aufmerksamkeit zunächst auf die Varietät oder die Spielart sowie auf die Zugehörigkeit zu einer Disziplin (Philosophie oder Psychologie oder Soziologie usw.) zu achten. Denn was sich in der einen Sparte phänomenologischer Tätigkeit (etwa in der Transzendentalphänomenologie im Anschluss an Edmund Husserl) tut, braucht für das, was in einer anderen Sparte phänomenologischer Tätigkeit als erreichbar gilt, überhaupt nicht von Belang zu sein.

Im Folgenden wird ohne Anknüpfung an diesen oder jenen Meisterdenker der Phänomenologie gleich welcher Richtung eine Haltung beschrieben, die, sei es für die Erforschung psychischer und psychosozialer Prozesse vornehmlich des Menschen, sei es für den therapeutisch motivierten oder sogar nur aus der Distanz sanft fördernden Umgang mit Menschen, einem anempfohlen wird.

Für die besagte Haltung wie auch für die Empfehlung zu dieser Haltung lassen sich Gründe anführen. Es wird also nicht einfach eine Vorliebe für eine bestimmte Arbeitsmethode und für eine bestimmte Anstandsregel publik gemacht. Vielmehr werden Argumente entfaltet, die anzeigen, warum es plausibel ist, eine Empfehlung für diese Haltung abzugeben, selbst wenn vergleichbare, mitunter ziemlich ähnliche Maximen von anderen sozialwissenschaftlichen Schulen vertreten werden als von der etwas in die Jahre gekommenen Phänomenologie.

2 Forschungsstand

Die Phänomenologie hat sich in den Verhaltens- und Sozialwissenschaften sowie in der Psychopathologie seit etwa 1900 vor allem durch die methodologische Forderung nach Beschreibung der Phänomene im Wie ihrer Gegebenheit, d. h. genau so, wie sie erfahren werden, aber auch nur so, wie sie erfahren sind, und durch empirische Einzelstudien von Wahrnehmungsprozessen, gesellschaftlichen Typisierungen, Formen psychopathologischer Erlebnisformen usw. bekannt gemacht.

So kann man den phänomenologischen Ansatz aus einer Tradition der Philosophie, der Psychologie, der Soziologie oder einer anderen Disziplin ableiten, oder man kann den Versuch unternehmen, ihn aus der Betrachtung einzelner Forschungsoperationen zu legitimieren. An einem Fallbeispiel werden hier unter beabsichtigter Missachtung von Traditionen, insbesondere von traditionellen philosophischen Schulrichtungen, Überlegungen angestellt, die nahe legen, weshalb der phänomenologische Ansatz auch methodologisch vertretbar ist.

Kippfiguren geben jeder Erkenntnistheorie ein Rätsel auf. So heißt es (übrigens mit gutem Grund): Jede Wahrnehmung kommt dadurch zustande, dass ein Gegenstand aufgrund seiner physikalisch bestimmbaren Eigenschaften die Sinnesapparate reizt, dass die Reizung bei Überschreitung eines bestimmten untersten Schwellenwerts auf afferenten Bahnen von den Sinnesapparaten zum Zentralnervensystem gelenkt wird, und dass es dann nach komplexen neuralen Verarbeitungsprozessen zu dem kommt, was man vereinfachend ein Perzept nennt (die gesehene Landschaft, die gehörte Filmmusik, die geschmeckte Schokolade und so weiter). Gemäß dieser hier vereinfachend zusammengefassten Lehre müssten Wahrnehmungsobjekte unter gleichbleibenden Ausgangsbedingungen gleiche Perzepte verursachen. Denn es kann ja nicht sein, dass die Ursache α einmal die Wirkung a, ein andermal die Wirkung b, oder dass die Ursache β einmal die Wirkung a, dann die Wirkung c hervorbringt oder auslöst, ganz gleichgültig, wie man wissenschaftstheoretisch die Begriffe Ursache und Wirkung auch bestimmen mag. Wiederum vereinfachend gesagt heißt das, dass Konstantes durch konstante Ursachen bewirkt wird. [→ IX Sinne und Wahrnehmungstätigkeit]

Nun ist es unübersehbar, dass im Falle der Kippfiguren identisches (konstantes) Reizmaterial (als konstante Ursache) sogar unter unveränderten (konstanten) Bedingungen unterschiedliche Perzepte hervorrufen. So jedenfalls ist es in Hunderten von Experimenten an Hunderten von Versuchspersonen in mehr als einhundertundfünfzig Jahren in Dutzenden von Laboratorien beobachtet und hundertfach beschrieben worden. Bei Kippfiguren sieht man beispielsweise ein einfach gestaltetes, geometrisch anmutendes treppenartiges Gebilde zuerst als aufsteigend, dann als absteigend. Oder man sieht, wie ein Würfel zuerst von einer Fläche in Richtung Auge in den Raum hineinragt und danach von der Wand in den Raum dahinter eindringt. Der Wechsel im Aussehen dessen, was man mit bloßem Auge sieht, manifestiert sich in zwei voneinander deutlich unterscheidbaren Perzepten. Die zwischen dem Perzept P_1 zum Zeitpunkt t_1 und dem Perzept P_2 zum Zeitpunkt t_2 bemerkbaren Differenzen werden damit zu einem Doppelproblem: einerseits zu einem psychologischen Problem, denn die Tatsache überrascht, dass man bei Betrachtung konstanten Reizmaterials Verschiedenes erblickt, und andererseits erkenntnistheoretisch, denn die Tatsache überrascht, dass eine konstante Ursache nicht konstante Wirkungen hervorbringt.

An den Lichtverhältnissen ändert sich nichts, denn diese werden konstant gehalten. An der Entfernung zwischen den Augen und dem Reizmaterial ändert sich auch nichts, denn die Erregungsmuster auf der Netzhaut im Augenhintergrund sind durch die Versuchsanordnung als konstant gesetzt. Und doch sieht man dies, dann etwas anderes, einige Sekunden später wieder dies, dann erneut jenes, und so weiter. Und dabei darf man nicht einmal behaupten, dass das nach unten führende Bild der Treppe ein optische Täuschung, das nach oben führende Bild ein dem Sachverhalt entsprechendes, richtiges Wahrnehmungsbild sei. Denn die eine Auffassung der Treppe ist ebenso annehmbar wie die andere, so dass ein Kriterium fehlt, anhand dessen man beurteilen könnte, welche der beiden perzeptiven Auffassungen die richtige und welche andere eine optische Täuschung sei.

Die zur Auflösung dieses psychologischen und erkenntnistheoretischen Rätsels angebotene, konventionelle Erklärung lautet, dass beim Zustandekommen voneinander abweichender Perzepte hinsichtlich des identischen Reizmaterials subjektive Faktoren (Aufmerksamkeit, frühere Erfahrungen, Assoziationsbildungen oder dergleichen) gleichsam irritierend zu den physikalisch definierten Faktoren hinzutreten. Anders ausgedrückt, P_1 und P_2 sind Funktionen einerseits von äußeren, nach den Regeln der Physik als konstant angesetzten, und andererseits von subjektbedingten, inneren, variablen Faktoren. Diese Erklärung lässt sich (vgl. Gurwitsch 1966, 22; 1975, 12; Kockelmans 1972, 266–275) in folgende Formel überführen:

(I) $P = f_1 (x_a) + f_2 (x_e)$,

wobei x_a die äußeren, physikalisch definierbaren, x_e die vom Wahrnehmungssubjekt abhängigen Bedingungen bezeichnet.

Da die äußeren Bedingungen nach geltender Hypothese als konstant gesetzt sind, lautet die Formel genauer:

(II) $P = const. + f (x_e)$.

Das heißt nun, dass stets subjektbedingte Faktoren für die Variabilität der Perzepte der Außenwelt verantwortlich sind.

Diese Sicht der Dinge beruht allerdings, wie bereits Wolfgang Köhler (1913, 67 ff.) nachwies, auf der Konstanzannahme (siehe zum Konstanzproblem auch die knappen Erläuterungen weiter oben). Diese besagt: Wenn dieselben physikalisch definierten Ereignisse dieselben Elemente des Nervensystems rei-

zen, dann ergeben sich dieselben Empfindungen (vgl. Gurwitsch 1975, 77–78). Daraus folgt, dass die Variabilität der Perzepte ausnahmslos psychischen oder mentalen Faktoren geschuldet ist.

Die Erklärung aufgrund der Konstanzannahme übersieht jedoch eine wichtige, vorgängig bereits zum Zug gelangende Erfahrungstatsache. Erst aufgrund von optischen Wahrnehmungen lassen sich Kenntnisse äußerer Gegebenheiten gewinnen, die sogar dann als variabel in Erscheinung treten (können), wenn an ihrer physischen Bestimmtheit keine noch so geringe Änderung zu beobachten ist. Kippfiguren als solche, welche Erklärung auch immer man für ihr Zustandekommen vorschlägt, sind ihrer optischen Wahrnehmung geschuldet – das klingt zwar etwas befremdend, besagt aber nichts anderes, als dass das Kippen des Aussehens der Figuren in der Struktur des Wahrnehmens angelegt ist und nur über die visuelle Erfahrung zum Objekt welcher Aussagen und Forschungsoperationen auch immer zu werden vermag.

Daraus folgt, dass man nicht von Anfang an mit physikalistischen Annahmen operieren darf, wenn man es mit der Analyse des optischen Wahrnehmens ernst meint. Durch Verallgemeinerung der am Beispiel der Kippfiguren erworbenen Einsichten sind demnach, glaubt man Gurwitsch (1929, 297), die Formeln (I) und (II) durch die Formel (III) zu ersetzen:

(III) $P = f (x_a, x_e)$.

Und diese Formel (III) besagt, dass sowohl subjektbedingte als auch objektbedingte Faktoren von Anfang an und zeitgleich für die Perzept $P_1, P_2, P_3 \dots P_n$ konstitutiv sind.

Bereits in den 70er Jahren des vergangenen Jahrhunderts ergab sich eine erstaunliche Konstellation, die auf eine gewisse Annäherung zwischen dem in der akademischen Psychologie bis dahin dominanten Behaviorismus und dem phänomenologischen Ansatz hindeutet – eine der Grundlagen dieses Ansatzes wurde vorhin skizziert. Offensichtlich ging es darum, die verhaltenssteuernde Umwelt nicht mehr (wie zuvor noch in der orthodoxen Schule des klassischen Behaviorismus) nur noch im Sinne einer objektiven (letztlich physikalisch definierbaren) Reizkonstellation zu bestimmen. Vielmehr werden nun auch kognitive Verarbeitungsmechanismen einbezogen, so dass das ursprüngliche Stimulus-Response-Modell folgerichtig in ein neues Stimulus-Person-Response-Modell transformiert werden musste. Es wurde nicht mehr nur eine vor jeder möglichen Reizung physikalische bestimmbare Reizkonstellation zugrunde gelegt, durch die Verhalten eines Organismus gesteuert wird, sondern – nach Mischel (1973, 259–260) – eine „codierte" Reizkonstellation (im ursprünglichen Zungenschlag des Autors: ein „stimulus as coded"). Im Neobehaviorismus wurden also theoretische Überlegungen formuliert, die ihrer Intention nach auch im Rahmen eines phänomenologischen Ansatzes mühelos vertretbar waren. Das Verhalten wurde nun nicht, wie man es aufgrund der früheren behavioristischen Les- und Lehrart hätte zu erwarten gehabt hätte, als Funktion äußerer Bedingungen definiert:

(IV) V = f (x), sondern als Funktion der zeitgleich gegebenen Umweltbedingungen und der vom sich verhaltenden Organismus verarbeiteten, „kodierten" Reizsituation. Oder, um die Perzept-Formel (III) so zu generalisieren, dass nun das Verhalten als Einheit eingesetzt sei:

(V) V = f (x$_a$, x$_e$), wobei x$_a$ die äußeren Umweltbedingungen, x$_e$ die inneren „Codierungs"-Bedingungen bezeichnen.

Genau sechs Jahrzehnte nach der Widerlegung der Konstanzannahme durch Wolfgang Köhler war im Neobehaviorismus ein Schritt getan worden, durch den der konstitutive Anteil des Subjekts (des sich verhaltenden Organismus) anerkannt und erkenntnistheoretisch integriert wurde. Allerdings war nach Ausführung dieses Schritts statt nur vom Bereich des Wahrnehmens von dem übergreifenden Bereich des Verhaltens die Rede. Was auch immer die Wissenschaften an Erklärungen für das Verhalten

aufzubieten hätten, vorab war die Umwelt im Verhältnis zum sich verhaltenden Organismus durch diesen „codiert", will sagen: auf seine Belange, Vorstellungen, Wahrnehmungen, Erwartungen hin strukturiert und deutend verarbeitet worden. Folgerichtig hieß es dann im Anschluss an Mischel, dass sich jede Umweltsituation für Dritte – phänomenologisch gesprochen – zunächst aus der Weise bestimmt, in der Personen sie (die Umweltsituation) redend und handelnd interpretieren (codieren), und dass sich eine Person (oder das Subjekt) – wiederum phänomenologisch gesprochen – aus der Art und Weise bestimmt, wie jemand sich sprechend und handelnd mit seiner Umwelt auseinandersetzt, ihr gegenübertritt, in sie eintritt, sich in ihr zurechtfindet oder an ihr scheitert, und so weiter.

Von Nostalgie für eine rein beschreibende Vorgehensweise in den Gesellschafts- und Verhaltenswissenschaften, von Introspektion als dem Königsweg zum Verständnis menschlichen Verhaltens und Handeln oder von einer Vorliebe für philosophisch inspirierte Grundpositionen in Theorie und Praxis ist keine Rede mehr. Denn die Analyse von Verhaltensformen beispielsweise im Rahmen des S-P-R-Modells (siehe oben) schließt jede Introspektion radikal aus. Und wenn im Hinblick auf die Erforschung von Handlungsmustern gefordert wird, dass dafür die Messung der Erregungspotenziale in einzelnen Hirnrindenarealen einfach nicht genügt, dann hat auch diese Forderung nicht das geringste mit der Phänomenologie als einem Zweig der Philosophie des 20. Jahrhunderts zu tun, sehr wohl aber mit methodologischen, erkenntnistheoretischen und praktischen Überlegungen wie den vorhin umrissenen.

Fragt sich nur, welche Folgen man aus diesen beiden Fällen zieht. Lässt man sich von der Überzeugung leiten, dass Kippfiguren seltene Ausnahmen im tagtäglichen sensorischen Verkehr des Menschen mit seiner Umwelt sind, dann braucht man an älteren und neueren Wahrnehmungstheorien nicht ein Strichlein zu ändern und kann sie ohne Not ihrem Konkurrenzkampf um die wahre Erklärungen überlassen. Lässt man sich dagegen von der Ansicht lenken, dass das, was an Kippfiguren sich zeigt, für das Verständnis der visuellen und womöglich jeder Wahrnehmung nicht ganz bedeutungslos ist, dann drängen sich einige Folgerungen für die Forschungsmethoden und allgemeiner: für den forschenden und deutenden und interaktiven Umgang mit Menschen auf.

Die Armbewegungen, die in unseren Breiten als Griff zum Telefonhörer gesehen werden, ergeben sich einerseits durch die körperlichen Vermögen der Person, die zum Hörer greift, andererseits durch die physische Beschaffenheit des ergriffenen Gegenstands, und schließlich durch die gesellschaftlich mehr oder weniger eindeutig festgelegten Gebrauchsweisen des Telefonapparats. All das ist selbstverständlich, mag es nun heißen, aus der Beschreibung dieser einfachen Handlung irgendeines Durchschnittsmenschen ist wissenschaftlich nichts zu gewinnen. Und gerade an diesem Punkt wird jene Haltung, die weiter oben als phänomenologisch bezeichnet ist, operativ wirksam. Es wird nämlich nicht bestritten, dass die Armbewegungen beim Griff zum Telefonhörer (oder jede sonstige Körperbewegung) als Muskeltätigkeit analysierbar und mit den wirkungsvollen Instrumenten der Physiologie, Neurologie, Biochemie usw. nach ihren Gesetzmäßigkeiten hin erforschbar sind. Nur wird zusätzlich zu diesen als notwendig, aber nicht als zureichend erachteten Analysen die Forderung erhoben, den von Personen unterlegten oder zugeschriebenen Sinn der Armbewegungen mit dem von den gleichen Personen unterlegten oder zugeschriebenen Sinn des Handlungsgegenstands in Verbindung zu bringen. Erst so wird nämlich verstehbar, warum der Griff zum Telefonhörer für einige Menschen mit Behinderung zur Qual, für andere zur Aufrechterhaltung der letzten Verbindung zu Mitmenschen und für Nichtbehinderte zu einer Angelegenheit wird, die vor lauter Normalität nicht einmal den Gedanken daran aufkommen lässt, dass das Telefonieren nicht für die ganze Menschheit eine Selbstverständlichkeit und für be-

stimmte Personen eine ohne erhebliche Anstrengung nicht vollziehbare Tätigkeit ist. [→ VII Wahrnehmung und Handlung]

In den phänomenologisch orientierten Sozial- und Verhaltenswissenschaften wird die Berücksichtigung derartiger Sinnverweise und -aushandlungen zur Situations- und Strukturanalyse gezählt. Selbstredend geht man bei solchen Situations- und Strukturanalysen nicht allen möglichen, vielleicht auch nur denkbaren Verweisungen ins Endlose nach, sondern lediglich in den Grenzen, in denen sie von den Menschen, um die es geht, auch erfahren werden, und das heißt, soweit sie aus ihrem Verhalten erschließbar sind. Es braucht einem Kind nicht bewusst zu sein, warum der Griff zum Telefonhörer misslingt; analytisch ist es sowohl erforderlich als auch zureichend, die Erfahrungsdimension des manipulativen Nichterreichens und des im Kind aufkommenden Affekts zu erschließen, um diese Form des Nichterreichens von der ebenso erschließbaren Form des Nichterreichens aufgrund einer Verletzung oder eines plötzlich sich manifestierenden Ausfalls zu unterscheiden. Unter „Verhalten" wird hier dann allerdings nicht mehr die behavioristisch verkürzend interpretierte Kette von Muskelzuckung verstanden, sondern prinzipiell sinnhaftes Verhalten und Handeln, das sich auf die Gemachtheit der Gegenstände, deren Primär- und Sekundärfunktionen, deren Physiognomie (Design) sowie auf Lebewesen, deren Absichten, Gewohnheiten und Geschichten einlässt. Mit anderen Worten, aus dem situativen Kontext heraus versteht man die einzelnen Handlungs- und Interaktionssequenzen. Situation und Struktur erweisen sich damit als Bezugssystem in einem zweifachen Sinn: Sie bestimmen das konkrete Beziehungsganze, in dem sich jemand situiert (etwas wahrnimmt, auf etwas hin handelt, an etwas leidet, mit Anderen – Menschen, Tieren, vielleicht auch phantasierten Engeln – kommuniziert, und so weiter), und sie bestimmen das konkrete Beziehungsganze, dessen Sinn oder dessen Bedeutung sich in Handlungen verwirklicht (ausführlicher hierzu in Graumann &

Métraux 1977; zum Vergleich als Forschungs-operation vgl. Nohl 2007).

Der derart gesetzte und/oder ausgehan-delte Sinn ist nicht statisch. Vielmehr steht er unentwegt zur Disposition, kann durch Aus-handeln wieder und wieder modifiziert oder durch bestimmte Lebenserfahrungen aufge-hoben oder schwer in Zweifel gezogen wer-den. Wer Aleksandr Lurijas Geschichten über gravierende, läsionsbedingte Ausfälle des Zentralnervensystems nicht als Ansammlung klinischer Daten über Funktionsstörungen, Lokalisation von betroffener Hirnrindenare-alen oder von Verbindungen zwischen Hirn-arealen liest, sondern als Berichte über die Wiederherstellung von Funktionen oder über dramatische Anpassungen an den Funktions-verlust, erkennt bald, was aus der erschlosse-nen Perspektive von Betroffenen an Sinndyna-mik gewonnen werden kann [→ X Sinn- und systemhafter Aufbau der psychischen Pro-zesse] – und zwar sowohl für die neuropsy-chologische Theoriebildung wie auch für die Anwendung von Rehabilitationstechniken (vgl. hierzu Métraux 2001; zur Thematik des transformierbaren Sinns speziell im Falle von Missbildungen vgl. Ancet 2006).

3 Ausblick

In den vergangenen zwei, drei Jahrzehnten hat die phänomenologische Orientierung, die sich in gewollt kritischer Distanz zum dogmati-schen Objektivismus der Verhaltens- und So-zialwissenschaften entwickelt hatte, zusehends in Operationen qualitativer Forschung diffun-diert. Oder etwas präziser: mehrere Forderun-gen des phänomenologisch orientierten An-satzes haben sich oft mit gleicher Zielsetzung in Vorgehensweisen und Techniken der qua-litativen Forschung wiedergefunden. Damit hat der phänomenologisch orientierte Diskurs zwar begrifflich nicht an Schärfe gewonnen; er hat indes Verbündete gefunden, die ihm eine

nicht zu unterschätzende Stimme leihen, ohne unbedingt zu wissen, welchem geschichtlichen Anliegen sie ihre Stimme leihen.

Literatur

Ancet, Pierre (2006): Phénoménologie des corps monstrueux. Paris

Churchill, Scott D. (2000): Phenomenological psy-chology. In: Kazdin, Alan E, (Ed.): Encyclopedia of Psychology. Vol. 6. Oxford, 162–168

Graumann, Carl Friedrich (2001): Phenomenology in human science. In: Smelser, Neil J. & Balthes, Paul B. (Eds.): International Encyclopedia of the Soci-al & Behavioral Sciences. Amsterdam, Band 17, 11357–11361

Graumann, Carl Friedrich & Métraux, Alexandre (1977): Die phänomenologische Orientierung in der Psychologie. In: Schneewind Klaus A. (Hrsg.): Wissenschaftstheoretische Grundlagen der Psy-chologie. München, 27–53

Gurwitsch, Aron (1966): Studies in phenomenology and psychology. Evanston, IL

Gurwitsch, Aron (1975): Das Bewusstseinsfeld. Ber-lin

Kockelmans, Joseph J. (1972): Gestalt psychology and phenomenology in Gurwitsch's conception of the-matics. In: Embree, Lester (Ed.): Life-World and Consciousness. Evanston, IL, 263–285

Köhler, Wolfgang (1913): Über unbemerkten Empfin-dungen und Urteilstäuschungen. In: Zeitschrift für Psychologie 66, 51–81

Métraux, Alexandre (2002): Über die Narrationslo-gik in der neuropsychologischen Forschung. Refle-xionen auf Aleksandr Lurijas Fallgeschichten. In: Feuser, Georg & Berger, Ernst (Hrsg.): Erkennen und Handeln. Momente einer kulturhistorischen (Behinderten-)Pädagogik und Therapie. Berlin, 208–220

Mischel, Walter (1973): Toward a cognitive social learning reconceptualization of personality. In: Psychological Review 80, 252–283

Mulligan, Kevin (2001): Phenomenology in sociolo-gy. In: In: Smelser, Neil J. & Balthes, Paul B. (Eds.): International Encyclopedia of the Social & Beha-vioral Sciences. Amsterdam, Band 17, 11361–11369

Nohl, Arnd-Michael (2007): Komparative Analyse als qualitative Forschungsstrategie. In: Straub, J., Wei-demann A. & Weidemann, D. (Hrsg.): Handbuch interkulturelle Kommunikation und Kompetenz. Grundbegriffe – Theorien – Anwendungsfelder. Stuttgart, 391–403

Materialistische Dialektik

Hans Heinz Holz

1 Definition

Dialektik ist ein Seinsverhältnis, das sich in Denkformen darstellt, die über die Regeln der formalen Logik hinausreichen. Sie setzt sich (entgegen einer weit verbreiteten Meinung) der formalen Logik nicht entgegen, sondern schließt sie ein als Abbildung eines ausnehmend besonderen Bereichs, nämlich der Aussagen über identische Verhältnisse. Nach Freytag-Löringhoff ist „Logik als Lehre von der Identität zu definieren. Identität wird erst im Zusammenspiel mit Nichtidentität bedeutsam und logisch fruchtbar. Identität ist eindeutig, Verschiedenheit aber vieldeutig und vielgestaltig. Man kann daher logisch Eindeutiges nur dort gewinnen, wo Identität im Spiele ist. Man wird daher sagen dürfen, in jedem Gebiet sei so viel Logik wie Identität" (Freytag-Löringhoff 1955, 14).

Demgegenüber modelliert die Dialektik Sachverhalte (und Aussagen über Sachverhalte), für die Nicht-Identitäten definitiv sind. Zum Beispiel Bewegungen, überhaupt Vorgänge in der Zeit, die Gleichzeitigkeit von einander widersprechenden Bestimmungen, Eigenschaften, Verhaltensweisen an demselben Gegenstand („Einheit der Gegensätze"), die Subsumption des Singulären (des „Falls", des „Individuums", des „Ereignisses") unter Allgemeinbegriffe, die Integration von Vielheit zu einer Einheit und umgekehrt die Differenzierung einer Einheit in eine Vielheit. Sprachliche Ausdrücke verdecken oft das dialektische Problem, wenn wir zum Beispiel von „Elementen" oder „Momenten" einer Sache sprechen, so enthält die Bedeutung dieser Wörter ja selbst schon in anderer Form das Problem der dialektischen Einheit einer Vielheit, das sie auflösen sollen.

Die erste wirklich ausformulierte Theorie der Dialektik, die von den logischen Strukturen und Figuren Gebrauch macht, die eine dialektische Logik gegenüber der aristotelischen formalen Logik zusätzlich und neu beibringt, wurde in der Wissenschaft der Logik Hegels erarbeitet (der an die Analysen in Platons Dialog Parmenides anknüpft). In diese Traditionsreihe gehören in ausgezeichneter Weise Nikolaus von Kues und Leibniz.

2 Grundzüge der Dialektik

Gegensatz-Verhältnisse in der Wirklichkeit – von Friedrich Engels als „Dialektik der Natur" in einem Fragment gebliebenen Entwurf erfasst – stellen sich in unserem Denken als Begriffs-Verhältnisse dar. Hegel hat die Methode ausgebildet, den Übergang eines Begriffsinhalts in einen anderen, „sein" bestimmtes, aus ihm hervorgehendes Anderes, als „Fortbestimmung des Begriffs" zu beschreiben und zu systematisieren. Er war sich aber bewusst, dass es das Sein außerhalb des Denkens, die extramentale Wirklichkeit ist, die der Begriffsbewegung korrespondiert. Die Einheit von Begriff und Sein nennt er Idee, und die äußere Natur verstand er als die dingliche Form der Idee. „Das, womit wir anfingen, war das Sein, das abstrakte Sein, und nunmehr haben wir die Idee als Sein; diese seiende Idee aber ist die Natur" (Hegel 1970 c, Enzyklopädie, § 244, Zusatz). Lenin merkt dazu an: „Übergang der logischen Idee zur Natur. Der Materialismus ist fast mit Händen zu greifen" (LW 38, 226).

Im formalen Aufbau des Wissens, als welchen Hegel das System der Philosophie konstruiert, bedeutet dies den Vorrang des Ideellen als Gestalt des „absoluten Begriffs" vor dem Materiellen als dessen bloße „Erscheinung". Das ist zum mindesten die gängige Hegel-Interpretation (zu der es allerdings eine widerspiegelungstheoretische Alternative gibt: Holz, 1998, Band III). Gegen den Idealismus der Hegelschen Systemkonstruktion haben sich in der Folgezeit die Junghegelianer gewandt, deren noch uneinheitliche Kritik von Marx und Engels aufgenommen und zum Konzept einer materialistischen Dialektik ausgearbeitet wurde.

Eine materialistische Dialektik drängt sich auf, wenn wir die Vielheit der Erfahrungsgegenstände – Dinge und Sachverhalte – unter der Kategorie Welt als Einheit des Mannigfaltigen denken. Der Welt-Begriff ist unabdingbar durch die Bestimmung Unendlichkeit ausgezeichnet (Erster Grundzug der Dialektik: Totalität); selbst wenn die Welt hinsichtlich ihrer Substantialität als eine sehr große, aber endliche Menge von materiellen Seienden gedacht wird, sind die zwischen diesen bestehenden Beziehungen (und die ihnen entsprechenden Bedeutungen) unendlich oder jedenfalls unendlich iterierbar, also immer weiter um neue ergänzbar. Eine unendliche Menge von Seienden und Relationen enthält notwendigerweise solche, die zueinander in Gegensatz stehen und sich widersprechen (Zweiter Grundzug der Dialektik: Einheit der Gegensätze). Die Einheit der Gegensätze schließt die Tendenz ein, deren Widersprüchlichkeit in eine miteinander verträgliche Koexistenz zu bringen – Leibniz nannte das Kompossibilität, Zusammen-möglich-sein; diese Tendenz erzeugt Bewegung als Veränderung der bestehenden widersprüchlichen Ordnung (Dritter Grundzug der Dialektik: Bewegtheit der Materie). In der Bewegung vollzieht sich der Übergang von einem Seinszustand in einen anderen; die beiden Seinszustände sind qualitativ verschieden, der Übergang geschieht aber in einem stetigen Prozess quantitativ ausdrückbarer Veränderungen. Hegel verdeutlichte das durch ein einleuchtendes Bild: „Wie beim Kinde nach langer stiller Ernährung der erste Atemzug jene Allmählichkeit des nur vermehrenden Fortgangs abbricht – ein qualitativer Sprung – und jetzt das Kind geboren ist", so wird das „allmähliche Zerbröckeln" einer Gesellschaft

„durch den Aufgang unterbrochen, der, ein Blitz, in einem Male das Gebilde der neuen Welt hinstellt" (Hegel 1970 a, Vorrede) (Vierter Grundzug der Dialektik: Umschlag von Quantität in Qualität; Einheit von Kontinuität und Diskontinuität). Der Übergang von einem Seinszustand in den auf ihn folgenden ist nicht beliebig, sondern ergibt sich aus der Substitution eines Moments dieses Zustand durch das ihm entgegengesetzte; die Blüte einer Pflanze wird nicht etwa ersetzt durch irgendeinen anderen pflanzlichen Bestandteil – Blatt, Stängel, Wurzel usw. –, sondern durch die Frucht (Fünfter Grundzug der Dialektik: Prinzip der bestimmten Negation). Die Negation eines Zustands führt folglich nicht zu einem Nicht-Sein, sondern zum Nicht-Sein eines bestimmten Zustands, an dessen Stelle ein anderer tritt, der die Negation des vorherigen Zustands in einem neuen aufhebt (Sechster Grundzug der Dialektik: Negation der Negation).

In philosophischer Thesenform hat Lenin diese Grundzüge der Dialektik in seinen Notizen zu Hegels Logik zusammengestellt (LW 38, 212 ff.). Sie stellen das Gerüst eines Theoriegebäudes dar, das in der Geschichte der Philosophie und der Wissenschaften seit ihren Anfängen, natürlich in viel reicherer und differenzierterer Form, ausgearbeitet und begründet wurde.

3 Dialektik – ontologisch und wissenstheoretisch

In der philosophisch-wissenschaftlichen Praxis hat sich die Grundlegung des Dialektik-Verständnisses in zwei verschiedenen Richtungen entwickelt: Zum einen ontologisch an der Problematik des Begriffs von Welt und Natur im ganzen (Engels: Gesamtzusammenhang) orientiert; zum anderen wissenschaftstheoretisch als Methode des Erkenntnisfortschritts, sei es als Denkmodell eines evolutionstheoretisch zu begreifenden Naturprozesses, sei es als eine heuristische Strategie zur Erfassung von Sachverhalten aufgrund der in ihnen auftretenden polaren Strukturen und Widersprüche (Hörz 2006). Eine wissenschaftstheoretische Interpretation der Dialektik setzt materialistisch die vom Denken unabhängige Realität ihrer Gegenstände voraus, kann aber deren Abbildung in Theorien nur als Korrelat von Verfahren bzw. Denkformen ausdrücken und bedürfte zusätzlicher erkenntnistheoretischer Annahmen, um sich objektiv zu begründen.

Ontologisch wird eine materialistische Dialektik im Widerspiegelungstheorem begründet. Da dialektische Prozesse und ihre formale Verfasstheit immer nur in der Form von Begriffskonfigurationen auszudrücken sind, muss das Verhältnis der Begriffe zu der von ihnen ausgedrückten Realität geklärt sein, damit der Begriffsdialektik in der Entsprechung zur Realdialektik ein Seinsstatus oder, anders gesagt, ein Wahrheitswert zugeschrieben werden kann. Dass Begriffe eine ihnen vorgeordnete dingliche oder relationale Wirklichkeit repräsentieren, ist ein Apriori des praktischen Weltverhältnisses; Praxis impliziert eine äußere Gegebenheit, auf die sich eine durch Bewusstseinsvorgänge gelenkte Intention richtet – darauf beruht das so genannte „Kriterium der Praxis", nicht auf dem Ausgang eines Trial-and-error-Experiments. Die Struktur der Repräsentation [→ VII Repräsentationsniveaus] lässt sich metaphorisch durch die Formbestimmtheit der Spiegelung darstellen – wobei der metaphorische Charakter der Modellierung durch die Spiegel-Analogie bedeutet, dass es sich nicht um den Typus einer quasi fotografischen Abbildung handelt. Wenn der Begriff in spiegelbildlicher Abhängigkeit vom Begriffenen steht, so ist er als Erscheinung einer materiellen Wirklichkeit konstituiert; materiell meint dann nicht einfach eine stoffliche Dinglichkeit, sondern ein auf stofflichen Dinglichkeiten beruhendes, in Prozessen ständig erneuertes und verändertes „materielles Verhältnis", wie es bei Marx in Modifizierung des Hegelschen Terminus „substantielles Verhältnis" heißt.

Die Begründung des ontologischen (und nicht nur methodologischen) Status der Dialektik im Praxis-Verhältnis führt zurück auf die in den Ökonomisch-philosophischen Manuskripten von Marx (1985) skizzierte Konzeption der „gegenständlichen Tätigkeit". Die Vielheit der Seienden, die die eine Welt bilden, formt ein Geflecht von näheren und fernerer Beziehungen, das heißt die einzelnen Seienden wirken aufeinander ein; sie sind, indem sie sind, Träger von Kraft (Leibniz: vis activa), und jedes Seiende übt durch diese Kraft einen Einfluss auf andere Seiende und auf bestimmte andere einen bestimmten Einfluss aus. „Ein Wesen, welches seine Natur nicht außer sich hat, ist kein natürliches Wesen, nimmt nicht teil am Wesen der Natur. Ein Wesen, welches keinen Gegenstand außer sich hat, ist kein gegenständliches Wesen. Ein Wesen, welches nicht selbst Gegenstand für ein drittes Wesen ist, hat kein Wesen zu seinem Gegenstand, d. h. verhält sich nicht gegenständlich, sein Sein ist kein gegenständliches." Und als Beispiel: „Die Sonne ist der Gegenstand der Pflanze, ein ihr unentbehrlicher, ihr Leben bestätigender Gegenstand, wie die Pflanze Gegenstand der Sonne ist, als Äußerung von der lebenerweckenden Kraft der Sonne, von der gegenständlichen Wesenskraft der Sonne" (Marx 1985, MEW 40, 578). Das ist ein allgemeines Seinsgesetz; was „Sein" heißt, kann gar nicht anders als durch seine Wirkung, seine Äußerung bestimmt werden. Jedes Seiende hat einen Gegenstand, auf den es wirkt, oder anders gesagt: auf den hin es tätig ist. Es definiert sich durch den Gegenstand seiner Tätigkeit, die Äußerung seiner Kraft; der passive Gegenstand seinerseits wirkt in dieser Beziehung auf den aktiven zurück, die Beziehung ist eine wechselseitig bestimmte (Leibniz: vis passiva; Hegel: bestimmte Reflexion). „Ein ungegenständliches Wesen ist ein Unwesen" (Marx 1985, MEW 40, 578). Weil das Wesen jedes Seienden in seiner gegenständlichen Tätigkeit liegt, kann die Welt im Ganzen als ein System allseitiger Reflexivität oder universeller Wechselwirkung begriffen werden (dialektisch-materialistisches Weltmodell). Anthropologische und handlungstheoretische Konzepte lassen sich so ontologisch fundieren. Relationale und funktionale Beschreibungen ersetzen die substantiellen. Eine dialektische Auffassung verschiebt daher den Sinn von Materialität. Nicht das Substrat, sondern das „materielle Verhältnis" macht diesen Sinn aus. Auf das menschliche Weltverhältnis bezogen bedeutet das eine Transformation des Materialismus-Verständnisses. „Die Frage ob dem menschlichen Denken gegenständliche Wahrheit zukomme – ist keine Frage der Theorie, sondern eine praktische Frage. In der Praxis muss der Mensch die Wahrheit, i. e. Wirklichkeit und Macht, Diesseitigkeit seines Denkens beweisen." (Marx 1958, MEW 3, 5) „Das Höchste, wozu der anschauende Materialismus kommt, d. h. der Materialismus, der die Sinnlichkeit nicht als praktische Tätigkeit begreift, ist die Anschauung der einzelnen Individuen und der bürgerlichen Gesellschaft" (ebd. 7).

4 Praxis

Dass die gegenständliche Tätigkeit des Menschen ein ausnehmend besonderer Modus des gegenständlichen Wesens jedes Seienden ist und demgemäß ontologisch in der allgemeinen Dialektik der Natur fundiert werden kann, besagt noch nichts darüber, dass die menschliche [→ II] Praxis für den Menschen die Erfahrungsregion ist, innerhalb deren er nicht nur sein Verhältnis zur Welt konstituiert, sondern auch die Idee von Welt überhaupt als materiellem Gesamtzusammenhang bildet, der ihn selbst als Teil der Welt einschließt. Die systematische Darstellung ontologischer und kosmologischer Verhältnisse ist erst das Ergebnis von „lebensweltlichen" Erfahrungen, die nicht in der theoretischen Konstruktion, sondern in der tätigen „Verschränkung" mit der Welt gemacht werden. In der sinnlichen Erfahrung, die uns mit der Welt außer uns verknüpft, sind wir uns selbst immer am nächsten: Wir fühlen an uns die Wärme der Sonne und die Kälte des Frostes, die Feuchtigkeit des Regens, den Schmerz einer Verletzung; wir empfinden in uns Hunger und Durst und Geschlechtstrieb. Es sind die

[→ II] Bedürfnisse, in denen wir uns als Zentrum unserer Umwelt erleben und die uns zugleich mit dieser Umwelt verbinden. Was uns zuerst als bedeutsam entgegentritt, ist bezogen auf die Befriedigung der Bedürfnisse. Der Stoffwechsel des Menschen mit der Natur ist anfänglich nur ein biologischer Sachverhalt, der erst im Verlauf der geschichtlichen Menschwerdung zu einem gesellschaftlich-zivilisatorischen wird. Erst in diesem Prozess vergegenständlicht der Mensch die „Welt" als ganze, ihn selbst enthaltende Wirklichkeit; immer aber geht er dabei von der natürlichen Erfahrungsgrundlage aus, dass er für sich selbst das Erste ist.

Aber eben dieser subjektive Primat des Ich erweist sich als ein Schein, dem in der Wirklichkeit die Erzeugung meines Ich, meiner Subjektivität, durch die äußere Welt, die Natur, zugrunde liegt. Meine eigene Bedingtheit als Naturwesen erfahre ich jedoch nicht in der reinen Erkenntnisbeziehung, sondern durch die Tätigkeit, in der ich meine Bedürfnisse befriedige: die Widerständigkeit der Materie, die natürliche Beschränktheit meiner Kräfte, die Geltung der Naturgesetze bilden die Parameter, auf die meine Zwecke sich beziehen müssen, um realisierbar zu sein. So erfahre ich in der Praxis, dass das scheinbar Subjektive – meine Zwecke – eine Widerspiegelung der objektiven Realität der Natur und meines Verhältnisses zur Natur ist. So bewährt und bewahrheitet sich materialistische Dialektik (oder Realdialektik) als die widerspiegelungstheoretische Reflexionsform der primär in Gestalt der Begriffsdialektik konstruierten Einheit der bewegten Welt im ganzen (Natur), die in ihren Bewegungsformen sich in die Vielheit der Arten und Individuen entfaltet (Kant: Spezifikation der Natur). Sie ist die allgemeine Form von Sein und Denken, von der die Logik der Identitäten eine denknotwendige Besonderung ist.

Literatur

Engels, Friedrich (1962): Dialektik der Natur. Marx-Engels-Werke (MEW), Bd. 20. Berlin

Freytag-Löringhoff, Bruno Baron v. (1955): Logik. Stuttgart

Hegel, G. W. F. (1970 a): Phänomenologie des Geistes. Theorie-Werkausgabe. Frankfurt a. M.

Hegel, Georg Wilhelm Friedrich (1970 b): Wissenschaft der Logik. Theorie-Werkausgabe. Frankfurt a. M.

Hegel, Georg Wilhelm Friedrich (1970 c): Enzyklopädie der philosophischen Wissenschaften, Theorie-Werkausgabe. Frankfurt a. M.

Holz, Hans Heinz (1983): Dialektik und Widerspiegelung. Köln

Holz, Hans Heinz (1997–1998): Einheit und Widerspruch. Problemgeschichte der Dialektik in der Neuzeit. 3 Bde. Stuttgart

Holz, Hans Heinz (2003): Widerspiegelung. Bielefeld

Holz, Hans Heinz (2005): Weltentwurf und Reflexion. Versuch einer Grundlegung der Dialektik. Stuttgart

Hörz, Herbert (2006): Dialektik als Heuristik. In: Erwägen – Wissen – Ethik 17, 2, 167–176 & 238–250.

Marx, Karl (1958): Thesen über Feuerbach. Marx-Engels-Werke (MEW), Bd. 3. Berlin, 5–7

Marx, Karl (1985): Ökonomisch-philosophische Manuskripte. Marx-Engels-Werke (MEW), Band 40. Berlin, 465–588

Lenin, Wladimir I. (1964): Konspekt zu Hegels 'Wissenschaft der Logik'. Werke (LW), Band 38, Berlin

Raphael, Max (1937): Erkenntnistheorie der konkreten Dialektik. Paris

Moderne/Postmoderne

Ralf Beuthan

1 Definitionen

Der Ausdruck Postmoderne ('Postmoderne') umfasst verschiedene kulturelle, ästhetische und wissenschaftliche Phänomene, welche als Merkmale eines Epochenumbruchs der Moderne ('Moderne') gedeutet werden. Für die Bestimmung der 'Postmoderne' ist der Gedanke leitend, dass zentrale Ideen der 'Moderne' (wie allgemeiner Fortschritt, individuelle Freiheit, universal gültige Regeln) Einheitsvorstellungen verhaftet bleiben, die pluralen Strukturen nicht gerecht werden. 'Postmoderne' steht in Absetzung vom 'modernen' Primat der Einheit für einen Primat der Pluralität.

Die Begriffe 'Moderne' und 'Postmoderne' werden teils in deskriptiver, teils in normativer Bedeutung verwendet. Beide fungieren einerseits zeitdiagnostisch als Epochenbegriffe. Dabei bezeichnet die 'Postmoderne' die Phase *nach* der 'Moderne'. Andererseits gelten sie auch (weitgehend unabhängig von historischen Phasen) als Ausdruck für theorieleitende Grundüberzeugungen. In zeitdiagnostischer Absicht beschreibt der Begriff der 'Postmoderne' vor allem die Erfahrung einer Pluralität von Lebensstilen, Handlungs- und Wissensformen, welche sich sowohl theoretisch als auch praktisch gegen moderne Klassifikationen und Uniformierungstendenzen sperren.

2 Begriffs- und Gegenstandsgeschichte

Der Terminus 'Postmoderne' tritt vereinzelt bereits im späten 19. Jahrhundert und im frühen 20. Jahrhundert auf. Die Entwicklung des heute maßgebenden Begriffs der 'Postmoderne' nahm ihren Ausgang im Bereich der Ästhetik, zunächst im Kontext der nordamerikanischen Literaturdebatte (1959 bezeichnet Irvin Howe damit eine von der Literatur der klassischen Moderne unterschiedene, zunächst noch negativ konnotierte Gegenwarts-literatur; 1969 betont Leslie Fiedler die positiven Bedeutungselemente, vor allem den Aspekt einer grenzüberschreitenden, nicht-elitären Literatur), dann im Bereich der Architektur (1975 wird der positiv konnotierte Begriff zeitgleich von Charles Jencks und Robert Stern in die Architektur übertragen), später auch im Bereich der bildenden Kunst und Musik. Besonders die breite Diskussion um eine postmoderne Architektur in den 80er Jahren des 20. Jahrhundert (vgl. Heinrich Klotz 1985) führte zu einer weitgehenden Popularisierung der Unterscheidung zwischen ‚Moderne‘ und ‚Postmoderne‘. Nahezu zeitgleich mit der ‚Postmoderne‘-Diskussion im Bereich der Ästhetik ist der Begriff zur Konturierung veränderter gesellschaftlicher Realitäten und modernekritischer Theorieentwürfe auch in der Soziologie (Etzioni 1968) und in der Philosophie (Lyotard 1979) eingeführt worden.

Das vieldiskutierte Problem, ob die ‚Postmoderne‘ eine modernekritische Phase *nach* der ‚Moderne‘ ist, die mit den modernen Grundüberzeugungen bricht, oder ob sie diese fortführt und eine spezifische Form der ‚Moderne‘ ist, hängt mit der Vieldeutigkeit des Ausdrucks ‚Moderne‘ zusammen. Zwei ‚Moderne‘-Konzeptionen sind entscheidend: Eine weiter gefasste Konzeption, die die ‚Moderne‘ mit der „Neuzeit" beginnen lässt, und eine enger gefasste Konzeption, die unter ‚Moderne‘ vor allem die nach-metaphysische Theorietradition seit dem frühen 19. Jahrhundert versteht. Die Tragweite der Unterscheidung wird besonders an den grundsätzlich unterschiedlichen Subjektkonzeptionen deutlich: Während die weiter gefasste Konzeption („Neuzeit") mit der ‚Moderne‘ eine Tradition meint, in der Subjektivität i.S. einer rational zugänglichen, transparenten und theoriefundierenden Selbstgewissheit gedacht wird (Descartes), orientiert sich die enger gefasste Konzeption (19. und 20. Jahrhundert) wesentlich an einem durch Opakheit und Differenzen geprägten Subjektbegriff (z.B. Schopenhauer, Nietzsche, Freud). Bezogen auf die „neuzeitliche" ‚Moderne‘ wird vor allem der Bruch

zwischen ‚Moderne‘ und ‚Postmoderne‘ thematisch, da sich die Vertreter der ‚Postmoderne‘ gerade von der Vorstellung eines sich vollständig rational durchsichtigen, einheitlichen Subjekts distanzieren und die subjektinternen, nicht rational deduzierbaren Differenzen betonen. Andererseits erweist sich die ‚Postmoderne‘ damit zugleich als Fortsetzung der ‚Moderne‘. Die theoretischen Erkundungen einer durch unaufhebbare Differenzen (zu sich selbst sowie zur Allgemeinheit) geprägten Subjektivität seit dem 19. Jahrhundert werden in der ‚Postmoderne‘ auf Grundlage der gesellschaftlichen Erfahrungen des 20. Jahrhundert und einer fächerübergreifenden wissenschaftlichen Diskussion fortgesetzt.

3 Probleme und Ergebnisse

Die starke Affinität der ‚Postmoderne‘ zum Feld der Ästhetik [→ IX] ist nicht nur historisch, sondern auch systematisch begründet. Neben vielfältigen Reflexionen auf ästhetische Aspekte findet sich die Aufwertung ästhetischer Mittel (rhetorischer Stilmittel) zu integralen Komponenten theoretischer Darstellungsform. Zu den favorisierten Merkmalen gehören „Fragmentarisierung", „Hybridbildungen", „Ambiguität", „Mehrfachkodierung", „Ironie", „Pastiche", „Figuralität", „Performanz" (d.h. offene, aktiv mitgestaltbare Prozesse anstelle von Sinnfixierungen), „Zeichencharakter" (vgl. Hassan 1988 und Vester 1993) – in sich differente Strukturen und Prozesse, die nicht mehr einer metaphysischen oder funktionalistischen Einheitslogik folgen.

Der Vorwurf, dass die Betonung der ästhetischen Aspekte Ausdruck eines sich auf alle Lebens- und Theoriebereiche ausbreitenden Ästhetizismus sei und sowohl theoretische als auch praktische Entscheidungen als ein Spiel im Horizont beliebig auswählbarer Möglichkeiten erscheinen ließe, gilt nur einem postmodernistischen Zeitgeist (besonders der 1980er Jahre). Der theoretisch entscheidende

Punkt ist die Frage, welcher Stellenwert dem Begriff der Differenz bzw. der Pluralität eingeräumt wird. Aus der Perspektive der ‚Postmoderne' versucht die ‚Moderne' selbst dort, wo sie mit anti-metaphysischer Geste Heterogenität herausstellt, immer noch Differenzen abstrakten Einheitsvorstellungen unterzuordnen – eine Tendenz, wie sie etwa am Funktionalismus moderner Architektur moniert wird, in der eine übergeordnete ästhetische Programmatik auf Kosten der tatsächlich bestehenden Bedürfnisse und des konkreten Kontextes realisiert wird. Die postmoderne Präferenz für das Ästhetische (welches nicht nur das Schöne, sondern generell alle Wahrnehmungsaspekte umfasst) hängt systematisch mit der Frage nach Logik, Recht und Darstellbarkeit von irreduziblen Differenzen zusammen. Dabei ist die Überzeugung leitend, dass die Wirklichkeit nur angemessen begriffen wird, wenn sie auf ihre konkreten Differenzen und Verflechtungen hin erkannt, und nicht mehr im Spiegel einer metaphysischen, utopischen oder funktionalistischen Einheitslogik betrachtet wird. Innerhalb des postmodernen Bemühens, Differenzen nicht durch eine repräsentationale Struktur zu verkürzen bzw. auszublenden, gewinnt das Feld der Ästhetik paradigmatische Bedeutung: Es werden komplexe Differenzstrukturen jenseits der kritisierten Einheitslogik exemplifiziert. ‚Postmoderne' orientiert sich an Differenzen, wie sie besonders in den Übergängen und Verflechtungen heterogener Elemente (vgl. „Pastiche" und „Bricolage") oder verschiedenartiger Sichtweisen, Ausdrucks- und Sprachformen („Mehrfachcodierung" und „Ironie") ästhetischer Produkte erfahrbar werden.

Die im weitesten Sinne ästhetisch artikulierten Differenzen sind weder unter einem einheitlichen Sinn subsumierbar, noch verhalten sich die heterogenen Elemente bloß indifferent, gleichgültig zueinander, sodass sie „beliebig" kombinierbar wären. Während die Affirmation grundsätzlich nicht homogenisierbarer Differenzen, besonders die Betonung ihrer Produktivität im Sinne eines offenen Sinngeschehens (vgl. „Performanz"), als

Spezifikum der ‚Postmoderne' gilt, sind die Grundzüge der ‚Moderne' demgegenüber die Betonung eines ‚verlorenen' Einheitssinns und der Sehnsucht nach Einheit (Lyotard 1979).

Ausgehend von den positiv konnotierten Differenzerfahrungen etablierte sich eine disziplinübergreifende Theoriediskussion und Konzeptualisierung der postmodernen Strukturen, welche besonders einer ethischen und politischen Leitidee – der Anerkennung von Andersheit und Umgang mit Differenz ohne uniformistische Restriktionen – Rechnung zu tragen versuchte. Besonders in der Soziologie hat die Unterscheidung ‚Moderne'/‚Postmoderne' Eingang gefunden, zunächst noch primär zeitdiagnostisch, dann auch verstärkt im normativen Sinne.

Bereits 1968 diagnostizierte der Soziologe Amitai Etzioni eine durch die Entwicklung neuer Medien und Energietechnologien bedingte postmoderne Gesellschaft. Als Kennzeichen der ‚Postmoderne' werden hier Pluralität und aktive Teilnahme der Individuen an den gesellschaftlichen und politischen Prozessen betont. Ausgehend von der Diagnose eines gesellschaftlichen Wandels im Zeichen neuer Medien und Technologien formulieren verschiedene Soziologen vor allem modernekritische Theorien, in denen das Konzept der ‚Postmoderne' maßgeblich mitgeprägt wurde, ohne dass der Terminus ‚Postmoderne' dabei immer in Anspruch genommen wurde. Während Daniel Bell (1973) mit seinem Begriff der „postindustriellen Gesellschaft" vor allem die technokratische Grundorientierung akzentuiert, arbeitet Jean Baudrillard (1976) einen tiefgreifenden Wandel des Wirklichkeitsbegriffs heraus, in dem die alten Oppositionen von Original/Reproduktion und Wirklichkeit/Fiktion aufgelöst werden. Baudrillards Konzept von „Hyperrealität" (als Resultat eines Prozesses der „Simulation") stellt gleichermaßen die optimistische Version aktiver Teilnahme und die Theorie einer vollständigen sozialen Kontrolle in Frage. Die Diagnose eines Informationszeitalters, in dem die Struktur äquivalenter Reproduktion die Wirklichkeit dominiert, führt bei ihm zu dem Schluss, dass sowohl eine fortschrittsoptimistische als auch eine pessimistische Lesart fehlgehen müssen, da es hier im engeren Sinn gar keine Geschichte (autonomer Akteure) gibt. Ebenso wie bei Baudrillard wird auch bei anderen Autoren eine Doppeldeutigkeit in der zeitdiagnostischen Verwendung des Konzepts der ‚Postmoderne' erkennbar: Einerseits betonen die Theorien einen gegenüber der Moderne neuen Stellenwert der Pluralität von Lebensmodellen und sozialen Rollen; andererseits diagnostizieren sie zugleich (auch aufgrund der neuen medialen Technologien) gegenläufige Prozesse. So begreift etwa Scott Lash (1990) die ‚Postmoderne' vor allem als einen Prozess kultureller Entdifferenzierung, in welchem die funktionalen Differenzierungen der ‚Moderne' und damit verbundene Formen kollektiver Identität aufgelöst werden und Formen der Grenzüberschreitung (Transgression) an Bedeutung gewinnen. Ungeachtet dessen, wie jeweils der gesellschaftliche Wandel zwischen Moderne und Postmoderne genau ausbuchstabiert wird, zeichnen sich in methodischer und in moderne-kritischer Hinsicht Gemeinsamkeiten ab: Alle ‚Postmoderne'-Theorien thematisieren eine geschichtliche Entwicklung der ‚Moderne' unter Einbeziehung verschiedener kultureller Faktoren und diagnostizieren gegenüber der Moderne signifikant veränderte Bedingungen der Herausbildung und Stabilisierung kollektiver oder individueller Identität (vgl. Bauman 1992) – mit dem Ergebnis, dass zwar neue Formen der Identität [→ II] möglich werden, diese aber wesentlich fragiler, offener und unbestimmter als zuvor sind. Dass diese Entwicklung einem Autonomiebestreben [→ II Selbstbestimmung] zu gute kommt, ist dissent. Unstrittig ist, dass sich in verschiedenen gesellschaftlichen Bereichen der ‚Postmoderne' neue soziale und ökonomische Organisationsstrukturen [→ X Netzwerkbildung] herausbilden, die nicht mehr einfachen, lokal gebundenen hierarchischen Strukturen folgen.

Die im Konzept der ‚Postmoderne' maßgebende Annahme von Pluralität erweist sich in zweierlei Hinsicht als normatives Theoriekonzept: Zum einen bildet Pluralität den Maßstab für system- oder totalitätskritische Ansätze. Gerade dann, wenn zeitdiagnostisch keine Pluralität, sondern ein systembedingtes Verschwinden der Differenzen festgestellt wird, kann eine postmoderne Theorie nicht nur deskriptiv verfahren, sondern versucht, verdeckte oder mögliche Pluralität zu thematisieren. Pluralität gilt als ein Ziel gesellschaftlicher Realität, zu dem postmoderne Theorie als Kritik von Uniformierungsprozessen beiträgt. Zum anderen wirkt sich das Pluralitätsgebot auch performativ auf die Theorieform aus. So versucht Baudrillard durch komplexe rhetorische Figuren die enthaltenen einfachen, d. h. informationslogisch auflösbaren Sinngehalte zugleich zu unterlaufen und so performativ das Programm irreduzibler Pluralität einzulösen. Ähnlich argumentiert auch Dietmar Kamper für den Einzug ästhetischer Formen in die Theorie und eine Logik des Unscharfen, um durch „artistische Phantasie" die „Maschinerie der Verwertung" (1988, 169) zu überholen.

Innerhalb der Philosophie wurde der postmoderne Primat von Differenz und Pluralität besonders von Jean-François Lyotard thematisiert. Lyotard diagnostiziert nicht nur das „Ende der Metaerzählungen" (1979), sondern begründet darüber hinaus in seinem Hauptwerk „Le Différend" (1983) den Gedanken irreduzibler Pluralität mit der grundlegend pluralen Struktur der Sprache. Die verschiedenen Regeln und Satzarten der Sprache fügen sich nicht zu einem organischen Ganzen, sondern konstituieren unüberbrückbare Differenzen. Dabei gilt Lyotards Augenmerk den Streitsituationen, die nicht durch Anwendung einer Regel (eines Maßes) gelöst werden können. Aufklärung und Anerkennung solcher „Widerstreit"-Fälle ist wesentlich ethisch motiviert. Gerechtigkeit bedeutet hier, die irreduzible Differenz von Regeln und die strukturell bedingte Sprachlosigkeit (unter der Dominanz einer Regel) aufzuklären.

Eine häufige Kritik an der ‚Postmoderne' lautet, dass die Preisgabe oder Destruktion von einheitlichen Rationalitätsstandards in

Gegenaufklärung und Irrationalismus münde. Demgegenüber ist immer wieder eine Kontinuität von ‚Moderne' und ‚Postmoderne' betont worden. ‚Postmoderne' wird dann nicht als ein Bruch mit dem „Projekt der Moderne" (Habermas 1985) gesehen, sondern als eine reflexive, nicht mehr gegen ihre eigenen Fehlentwicklungen blinde, ‚Moderne' begriffen (vgl. Wellmer 1985). Dementsprechend hat Wolfgang Welsch (1987) den Begriff einer „postmodernen Moderne" eingeführt. Im Anschluss an Deleuzes Modell rhizomatischer Strukturen (Deleuze & Guattari 1976) und an Derridas „Dekonstruktion" tradierter begrifflicher Oppositionen und Analyse verborgener Übergänge (1972) ist besonders von Welsch (1996) versucht worden, eine postmoderne Form der Rationalität zu entwickeln. Seine Konzeption einer „transversalen Vernunft" verfolgt ein Rationalitätsmodell, das Lyotards postmodernem Differenzdenken zu entsprechen sucht, ohne dabei die These strikt getrennter, d. h. übergangsloser Rationalitätstypen übernehmen zu müssen.

Obwohl sich die Unterscheidung ‚Moderne'/ ‚Postmoderne' vor allem als kulturtheoretisches Schema etabliert hat, verlor sie nominell in den Einzelwissenschaften an Bedeutung. Es werden jedoch zentrale Theorieelemente der ‚Postmoderne' weiterentwickelt, ohne explizite Bezugnahme auf die Unterscheidung ‚Moderne'/‚Postmoderne'. Dabei hat sich ein Kernstück postmoderner Methodik erhalten: die grundsätzlich grenzüberschreitende Perspektive, bei der Neues mit Altem, Vertrautes mit Fremden, gedankliche und gesellschaftliche Standards und Normen mit dem, was nicht darin aufgeht, in ein Verhältnis gesetzt werden, ohne dass die Differenzen ausgeblendet oder zugunsten einer Seite entschieden werden. Die postmoderne Perspektivik und das Interesse an faktischen und konzeptionellen Grenzbereichen und Übergängen konvergiert mit dem gegenwärtig verbreiteten doppelten Methodenprogramm: der interdisziplinären Erweiterung und der Analyse von Mikrostrukturen. Dabei zeichnen sich Veränderungen alter Sichtweisen und die Erschlie-

ßung neuer Themenbereiche ab. [→ VIII Behinderung und Verwundbarkeit]

Beispielhaft dafür sind erstens die besonders in der französischen Soziologie diskutierten neuen anthropologischen Ansätze, in denen der Begriff des Menschen nicht mehr anhand der überkommen Natur/Geist-Dichotomie und Anthropozentrik modelliert wird (vgl. Latour 1999). Fragen der Identitätsbildung und sozialer Rollen werden weniger universalistisch und zugunsten kontextueller Betrachtung verhandelt (vgl. Benhabib 1992). Im Anschluss an die postmoderne Kritik des Geistprimats und der autonomen Subjektivität sind inzwischen neue Forschungsbereiche erschlossen worden, in denen das komplexe Verhältnis kultureller, subjektiver und intersubjektiver Prozesse neu beleuchtet wird (vgl. die Etablierung der Medienwissenschaften). Ferner hat sich in der Kulturtheorie ein verändertes, nicht mehr den jeweils eigenen (d. h. zumeist: westlichen) kulturellen Horizont als Maßstab nehmendes, Paradigma [→ II Interkulturalität] weitgehend durchgesetzt.

Literatur

Baudrillard, Jean (1976): L'échange symbolique et la mort. Paris (dt.: Der symbolische Tausch und der Tod. München 1982)

Bauman, Zygmunt (1992): Intimations of postmodernity. London (dt.: Ansichten der Postmoderne. Hamburg 1995)

Bell, Daniel (1973): The coming of post-industrial society. A venture in social forecasting. New York (dt.: Die nachindustrielle Gesellschaft. Frankfurt a. M. 1975)

Benhabib, Seyla (1992): Situating the self. New York (dt.: Selbst im Kontext. Frankfurt a. M. 1995)

Deleuze, Gilles & Guattari, Félix (1976): Rhizome. Introduction. Paris (dt.: Rhizom. Berlin 1977)

Derrida, Jacques (1972): Marges – de la philosophie. Paris (dt.: Randgänge der Philosophie. Wien 1988)

Etzioni, Amitai (1968): The active society. New York (dt.: Die aktive Gesellschaft. Eine Theorie gesellschaftlicher und politischer Prozesse. Opladen 1975)

Habermas, Jürgen (1985): Die Neue Unübersichtlichkeit. Kleine Politische Schriften V. Frankfurt a. M.

Hassan, Ihab (1988): Noch einmal. Die Postmoderne. In: Hoffmann, Gerhard (Hrsg.): Der zeitgenössische amerikanische Roman, Bd. 3: Autoren. München, 365–373

Kamper, Dietmar (1988): Nach der Moderne – Umrisse einer Ästhetik des Posthistoire. In: Welsch, Wolfgang (Hrsg.): Wege aus der Moderne: Schlüsseltexte der Postmoderne-Diskussion. Berlin, 163–174

Klotz, Heinrich (1985): Moderne und Postmoderne. Architektur der Gegenwart 1960–1980. 2. durchges. Aufl. Braunschweig

Lash, Scott (1990): Sociology of Postmodernism. London

Latour, Bruno (1999): Politiques de la nature: Comment faire entrer les sciences en démocratie. Paris (dt.: Das Parlament der Dinge: für eine politische Ökologie. Frankfurt a. M. 2001)

Lyotard, Jean-François (1979): La condition postmoderne. Rapport sur le savoir. Paris (dt.: Das postmoderne Wissen. Graz 1986)

Lyotard, Jean-François (1983): Le différend. Paris (dt.: Der Widerstreit. München 1987)

Vester, Heinz-Günter (1993): Soziologie der Postmoderne. München

Wellmer, Albrecht (1985): Zur Dialektik von Moderne und Postmoderne. Vernunftkritik nach Adorno. Frankfurt a. M.

Welsch, Wolfgang (1987): Unsere postmoderne Moderne. Berlin

Welsch, Wolfgang (1996): Vernunft. Die zeitgenössische Vernunftkritik und das Konzept der transversalen Vernunft. Frankfurt a. M.

Kybernetik

André Frank Zimpel

1 Steuerung als mathematisches Problem

Kybernetik ist das Teilgebiet der Mathematik, das sich mit rekursiven Reglungsvorgängen in signalverarbeitenden Systemen beschäftigt. Die Kybernetik entwickelte sich bis heute zu der führenden Wissenschaft von den Zusammenhängen zwischen Signal und Bewegungssteuerung. Zentrale Begriffe der Kybernetik sind System, Information und Steuerung. Abstrakte kybernetische Systeme verallgemeinern Steuerungsvorgänge in den unterschiedlichsten Bereichen: Technik, Ökonomie, Soziologie, Biologie, Medizin, Psychologie und Pädagogik.

Dieser transdisziplinäre Charakter der Kybernetik ist möglich, weil sie bewusst die an den Steuerungsprozessen beteiligten konkreten materiellen und energetischen Gegebenheiten vernachlässigt. Beschreibungsformen für kybernetische Vorgänge sind zumeist operational geschlossene und selbstbezügli-

che mathematische Funktionen oder Algorithmen, kurz: Iterationen. Diese mathematischen Darstellungsformen ermöglichen die Berechnung von Stabilisierungsgraden und Optimierungsvorgängen offener Steuerungssysteme.

Die theoretische Kybernetik verallgemeinert Gesetzmäßigkeiten der Bewegungsprozesse abstrakter kybernetischer Systeme. Ihre Teildisziplinen sind [→] Systemtheorie, Informationstheorie, Regelungstheorie, Optimierungstheorie, Automatentheorie, Spieltheorie und Algorithmentheorie.

Die angewandte Kybernetik widmet sich der Lösung konkreter Fragestellungen und Konfliktsituationen. Charakteristisch für die angewandte Kybernetik ist ebenfalls die transdisziplinäre Modellbildung und Arbeitsweise. Besondere Erfolge hat die Kybernetik auf dem Gebiet der Entwicklung künstlicher Rechenmaschinen, Regelungsautomaten und in der Nachrichtentechnik vorzuweisen. Aber auch in den Wirtschaftswissenschaften nimmt der Einfluss kybernetischer Modelle stetig zu. Die

Kybernetik ermöglicht aber auch den mathematischen Zugriff auf höher entwickelte kybernetische Systeme, die über die Fähigkeit zur Anpassung an sich veränderte Umweltbedingungen, die Fähigkeit zum Lernen und zur Weiterentwicklung besitzen.

2 Geschichte der Kybernetik

Zwei Grundlagenwerke markierten im 20. Jahrhundert den Beginn des Informationszeitalters; beide erschienen im Jahre 1948. Gemeint sind Shannons Buch „Eine mathematische Theorie der Kommunikation" und Wieners Buch „Kybernetik". Letzteres trug den Untertitel „Regelung und Nachrichtenübertragung in Lebewesen und Maschine". Das erste Buch führte die Maßeinheit „bit", eine Abkürzung für „binary digit", als Maß für die Unsicherheit H einer Nachricht ein (Shannon & Weaver 1998, 50):

$$H = -\sum_{i=1}^{n} p_i \, ld(p_i) \text{ bit pro Symbol.}$$

Das zweite Buch rückte die Untersuchung und Nutzung kreiskausaler Prozesse in den Mittelpunkt des wissenschaftlichen Interesses: Der amerikanische Mathematiker Wiener (1894–1964) prägte den Begriff „Kybernetik" für Regelsysteme, die sich selbst durch Rückkoppelungsschleifen steuern. Philosophisch beeinflussten ihn maßgeblich die Werke von Spinoza und Leibniz: „… Leibniz denkt ebenso dynamisch, wie Spinoza geometrisch denkt" (Wiener 1968, 65).

Für Wiener war das 18. Jahrhundert das Zeitalter der Uhren und das 19. Jahrhundert das Zeitalter der Dampfmaschinen. Im 20. Jahrhundert sah er das Zeitalter der Nachrichten- und Regelmaschinen. Seinen Begriff der Kybernetik führt er auf das englische Wort „governor" (deutsch: Leiter/in, Chef/in) zurück. 1868 bezeichnete der Physiker James Clerk Maxwell Fliehkraftregler als „governors". Das Wort „governor" ist eine

lateinische Verfälschung des griechischen Wortes „κυβερνητης" (kybernetes) für Steuermann. Wiener sah in der Steuermaschine eines Schiffes das Urbild für Rückkoppelungsmechanismen. Das griechische Wort „κυβερνητικός" (kybernetikos) bezeichnet die Kunst, ein Schiff zu steuern.

Wiener hoffte, dass die Kybernetik neben militärischer Nutzung auch neue Wege für die Steuerung von Prothesen für fehlende Gliedmaßen und Sinnesorgane aufzeigen wird. Diese Hoffnung hat sich fraglos erfüllt. So werden heute zum Beispiel in Deutschland jährlich hunderte so genannter Hirnschrittmacher in die Basalganglien von Menschen, die unter Parkinson, schweren Depressionen, Epilepsie, Zwangsstörungen oder Kopfschmerzen leiden, eingepflanzt. Ein kleiner batteriegetriebener und chipgesteuerter Impulsgeber unter der Haut der Brustmuskulatur steuert Elektroden im Gehirn. Diese tiefe Hirnstimulation ermöglichte schon in einigen Fällen eine drastische Reduktion wirkungsloser Medikation.

Der Humus, auf dem die Idee der Kybernetik ihre größte Wirkung entfaltete, waren zehn interdisziplinäre Konferenzen, die so genannten Macy-Konferenzen, zwischen 1946 und 1953. Die 1930 in den USA gegründete Macy-Stiftung unterstützt hauptsächlich interdisziplinäre medizinische Forschungsprojekte.

Die zwölfjährige Tochter von Josiah Macy, Jr., Kate Macy, litt unter einer plötzlichen Lähmung ihrer Beine. Die erste Macy-Konferenz war deshalb eine Zusammenkunft von Neurologen und Muskelforschern, die gemeinsam darüber nachdachten, was die Erkrankung verursachen könnte. Experten aus anderen Wissenschaftsdisziplinen erweiterten das Diskussionsspektrum der Konferenzen. In der dritten Konferenz kamen sie auf die Lösung des Problems: Die Ursache war ein fehlender Botenstoff, den der Körper des Mädchens nicht produzierte. Dieser Botenstoff war notwendig, um elektrische Impulse von der Nervenzelle auf die Muskelfaser zu übertragen. Ein Medikament, das diesen

Botenstoff ersetzte, reichte aus, damit Kate Macy das Laufen wieder erlernen konnte. Als ihr Vater starb, stiftete sie das Erbe zur Fortführung der Konferenzen (Foerster & Bröcker 2002, 165–166).

Foerster übernahm ab der sechsten Macy-Konferenz die Herausgabe der Tagungsbände. Auf seine Initiative erhielten die Konferenzen den Titel „Kybernetik". Die mittlerweile legendären Macy-Konferenzen leiteten tatsächlich das Informationszeitalter ein. Sie trugen maßgeblich dazu bei, dass Computer heute in allen Lebensbereichen präsent sind. Damit bewirkten sie indirekt auch eine verbesserte Teilhabe von Menschen unter den Bedingungen verschiedenster Behinderungen an unserer Gesellschaft.

3 Lernende Maschinen

1961 stellte Wiener überraschende Überlegungen über lernende und sich selbst reproduzierende Maschinen an (Wiener 1968, 204). Daraus entwickelte er den Gedanken einer geschichtsabhängigen Programmierung zweiter Ordnung, die Onto- und Phylogenese ermöglicht. Er erläuterte diese Überlegungen am Beispiel des Schachspielens: „Es ist nicht sehr schwierig, Maschinen herzustellen, die auf irgendeine Weise Schach spielen" (Wiener 1968, 207).

Die Konstruktion einer lernenden Schachmaschine hielt er jedoch noch für schwierig: „... tatsächlich ist die perfekte Entwicklung der Technik, eine Maschine zu bauen, die Meisterschach spielen kann, noch nicht erreicht." (Wiener 1968, 208).

Am 10. Februar 1996 schlug Kasparow noch den Schachcomputer Deep Blue vier zu zwei. Die Revanche im Mai 1997 konnte der verbesserte Computer allerdings schon für sich entscheiden. Deep Blue konnte in einer Sekunde 200 Millionen mögliche Züge abwägen. Allerdings verfügte dieser Computer noch nicht über die Fähigkeit, aus Fehlern zu lernen. Ein unter Leitung Fogels (Vollwinkel 2006, 144) entwickeltes Schachprogramm ist mit drei neuronalen Netzwerken ausgestattet. Es verfügt bereits über eine Selbstoptimierungsstrategie, die durchaus als Fähigkeit zum Lernen angesehen werden kann. Der Oberbegriff für diese Art von Programmen ist „Evolutionäre Programmierung".

Die Entwicklung lernender Maschinen leistet Grundlagenforschung für ein besseres Verständnis menschlichen Lernens. Der Kybernetiker und Pädagoge Frank stellt folgerichtig fest: „Man kann die Pädagogik geradezu als Teilgebiet der Kybernetik bezeichnen" (Frank 1993, S. 7). Ein hervorragendes Beispiel für die Anwendung der Kybernetik auf ein behindertenpädagogisch relevantes Thema ist der schon klassische Text von Sievers (1982) mit dem Titel: „Frühkindlicher Autismus". Sie erklärt Besonderheiten der Verarbeitung von Information bei Autismus. Sievers gelingt es, mit wenigen Mitteln alle Kardinalsymptome von Autismus anhand eines mathematisch-kybernetischen Modells zu erklären. Für solche Modelle gilt: Eine Hypothese sollte mit möglichst wenig Voraussetzungen möglichst viele Tatsachen erklären. Wenn sich alle wesentlichen Symptome eines Syndroms aus einem einzigen kybernetischen Modell ableiten, kann dieses Modell sowohl häufige als auch Sonderfälle entschlüsseln.

Auch Piaget nutzte systematisch mathematische Rückkoppelungsmodelle, um Phänomene der geistigen Entwicklung zu erklären. Als wichtiges Argument für seine Theorie bezog er sich auf das Modell „order from noise" (Ordnung aus dem Rauschen, auch stochastische Resonanz genannt) des Physikers Foerster (Piaget 1976, 180).

Der Physiker Heinz von Foerster (2003b) widmete seinen berühmten Artikel über das Eigenverhalten der Entwicklungstheorie Piagets. Sowohl Piaget als auch Foerster waren davon überzeugt, dass die Nutzung des Spezialwissens der Naturwissenschaften – allerdings ohne die Methode der Reduktion – zur Lösung der Probleme in den Geisteswissenschaften einen wichtigen Beitrag leisten kann.

4 Kybernetik zweiter Ordnung

Auf Foerster geht auch der Begriff „Kybernetik zweiter Ordnung" zurück. Sie fordert, den Beobachter eines Systems ebenso wie das System selbst zu beschreiben und zu erklären. Insofern widmet sie sich der Beobachtung der Beobachtung und ersetzt den Begriff einer objektiven Realität durch Eigenwerte kognitiver Systeme.

Die Begriffe „Eigenwert" und „Eigenfunktion" gehen auf den Mathematiker Hilbert (1862–1943) zurück. Er hatte sie um die Jahrhundertwende eingeführt. Der Hilbert-Raum verallgemeinert den euklidischen Vektorraum, indem Vektoren durch Funktionen ersetzt werden. Operatoren im Hilbert-Raum besitzen im Allgemeinen „Eigenfunktionen" und „Eigenwerte". Foerster dehnte die Bedeutung des Begriffs „Eigenwert" eines Operators auf zwei Bereiche aus:

1. Fixpunkte von Iterationsgleichungen bezeichnet er auch als Eigenwerte, wie zum Beispiel die Eins als Eigenwert einer Folge von Quadratwurzeln.

$$\sqrt{\sqrt{\sqrt{\sqrt{\sqrt{\sqrt{...\sqrt{\sqrt{x}}}}}}}} = 1$$

Als Eigenfunktion der Differentialrechnung bezeichnet er zum Beispiel die Exponentialfunktion (Potenzfunktion mit der Eulerschen Zahl e als Basis).

$$\frac{d}{dx}e^x \rightarrow e^x$$

2. Menschliches Eigenverhalten bildet ebenfalls Eigenwerte, wie zum Beispiel räumliche Vorstellungen von Objekten und ihrer Umgebung. Eine n-te Beobachtung B_n eines Objektes ist das Ergebnis der Koordinationen von Koordinationen von Koordinationen … einer Ausgangsbeobachtung B_0.

$$B_{n+1} = K\big(K\big(K\big(...K\big(K\big(B_0\big)\big)\big)\big)\big) = K^n(B_0)$$

1970 demonstrierte Foerster (2003a) in seinem biologischen Computerlabor der Universität Illinois in Champain/Urbana seine Auffassung in einem Experiment. Er zeigte, dass Erwachsene sich komplizierte Objekte, die außerhalb ihres Erfahrungshorizonts liegen, anfänglich auf die gleiche sensomotorische Weise erschließen müssen wie Säuglinge. Gezeigt wurde dies anhand vierdimensionaler Körper. Genauso wie dreidimensionale Objekte an einem zweidimensionalen Computerbildschirm dargestellt werden können, lassen sich vierdimensionale Objekte in einem dreidimensionalen Raum darstellen, der mit einer Stereobrille simuliert wird.

Zwei Steuerungshebel, die sich jeweils in drei Richtungen hin und her bewegen lassen, ermöglichen vierdimensionale geometrische Operationen. Aufgaben, wie zum Beispiel einen kleinen Hyperwürfel in einen größeren ohne Deckel zu steuern, lernten die meisten Versuchspersonen schon nach zwanzig bis vierzig Minuten. Versuchspersonen, die nur zuschauen durften, blieb der Sinn der Handlungen verborgen. Sie hatten die geometrischen Operationen zwar intellektuell erfasst, ein Verstehen im Sinne eines wirklichen Begreifens wollte sich jedoch bei ihnen nicht einstellen.

Foerster hat mit seiner kybernetischen Forschung und Theoriebildung der empirisch-experimentellen Kognitionsforschung nach dem Zweiten Weltkrieg eine völlig neue Richtung gegeben: Das Verhalten eines lebendigen Organismus wird weder monokausal von innen noch von außen gesteuert, sondern es steuert sich selbst, indem es Eigenverhalten bildet. Dieses Eigenverhalten entwickelt sich analog zu Fixpunkten in mathematischen Iterationsgleichungen, die am Computer als Fraktale dargestellt werden können, und ist vor allem unter den Namen „Autopoiese" und „Selbstorganisation" populär geworden. Das Sich-selbst-Schaffen, die Autopoiese, stellen die chilenischen Neurobiologen und Kybernetiker Maturana und Varela (1998) als das Hauptkriterium für lebende Systeme heraus. Während sie Störungen ausgleichen, durchlaufen autopoietische Systeme immer neue, nur zeitweilig stabile Zustände. Ihr Verhalten erinnert an einen ins Stolpern geratenen Menschen, der sich verzweifelt durch Beschleunigung seines Schrittes und Rudern mit den Armen aufrecht zu halten versucht. Wahrnehmung (Sensorik) und Bewegung (Motorik) sind in diesem Modell eine untrennbare Einheit.

Ein Beispiel ist der Vorgang des Sehens: Lichtphotonen, die auf unsere Augen fallen, zerstören Pigmente in den Stäbchen- und Sichelzellen. Das Sehen mit den Augen ist nicht eine passive Reaktion auf Licht, sondern die aktive Kompensation dieser Zerstörung, eben die Neubildung dieser Pigmente.

Solche autopoietischen, sich selbst stabilisierenden Einheiten bedürfen einer ganz spezifischen Anordnung ihrer Teile. Der Tanz unterschiedlicher Anordnungen bewirkt gleichzeitig, dass die Lebendigkeit erhalten bleibt. Diese Stabilität, die sprichwörtliche Unverwüstlichkeit des Lebens, ist der Eigenwert dieser Einheiten. Die innere, dynamische Seite eines von außen beobachtbaren Verhaltens betrachtet Varela aus seiner ausschließlich operationalen, nichtfunktionalistischen Perspektive wie Foerster als Eigenverhalten. Gemeint ist damit die ständige Präsenz selbstorganisierender dynamischer Tendenzen, sich laufend den spezifischen Verhaltenscharakteristika des Systems anzunähern (Varela and Goguen, 1977).

Die kybernetischen Modelle von Eigenwertbildungen helfen, mathematische, bio-chemische, biologische, hirnphysiologische, psychologische, soziologische und sprachwissenschaftliche Aspekte, die behindertenpädagogische Fragestellungen tangieren, systemisch zu reflektieren [→ Isolation].

Literatur

Foerster, Heinz v. & Bröcker, M. (2002): Teil der Welt. Fraktale einer Ethik. Heidelberg

Foerster, Heinz v. (2003a): Objects: Tokens for (Eigen-)behaviors. In: Foerster, H. v.: Understanding understanding. Essays on cybernetics and cognition. New York, 261–271

Foerster, Heinz v. (2003b): Cybernetics of epistemology. In: Foerster, H. v.: Understanding understanding. Essays on cybernetics and cognition. New York, 229–246

Frank, Helmar (1993): Kybernetische Pädagogik. Berlin

Maturana, Humberto R. & Varela, Francisco J. (1998): The tree of knowledge. The biological roots of human understanding. Boston

Piaget, Jean (1976): Die Äquilibration der kognitiven Strukturen. Stuttgart

Shannon, Claude E. & Weaver, Warren (1998): The mathematical theory of communication. Urbana

Sievers, Mechthild (1982): Frühkindlicher Autismus. Köln

Vowinkel, Bernd (2006): Maschinen mit Bewusstsein. Weinheim

Varela, Francisco J. & Goguen, Joseph A. (1977): The arithmetic of closure. In: Trappl, Robert (Ed.): Progress in Cybernetics and Systems Research. Band 3. New York, 48–63

Wiener, Norbert (1968): Kybernetik. Regelung und Nachrichtenübertragung in Lebewesen und Maschine. Reinbek

Teil IV:
Methoden und methodologische
Fragestellungen und Probleme

Methodologie und Methode

Wolfgang Jantzen

1 Definitionen

Der Begriff Methode (griech: méthodos; lat.: methodus; franz.: méthode; engl.: method; span: método) ist abgeleitet aus metá (hinterher, hernach) und hodós (Weg) und bezeichnet im engeren Sinne des Wortes den „Nachgang im Verfolgen eines Zieles im geregelten Verfahren" (Ritter et al. 1980, 1304) bzw. allgemeiner „eine mehr oder weniger scharf umrissene Verfahrensweise zur Erreichung vorgegebener Ziele" (Mehrtens 1990, 403). Nach Dingler (zit. nach Ritter et al. a. a. O., 1330) bestehen „die ersten Fundamente der Methodik [...] allein in aktiven Tätigkeiten, anders formuliert in der Fähigkeit zu solchen, nicht aber in Aussagen, Axiomen, Grundsätzen, Prinzipien usw.". Ähnlich Wittgenstein: „Wissenschaftliche und philosophische Argumentationen [haben] keinen anderen Ausgangspunkt [...] als das lebensweltlich vertraute Handeln und die in ihm relevanten Probleme" (zit. nach ebd.). Ihre Qualität bemisst sich jeweils „nach dem Erfolg, der mit ihrer Anwendung verbunden ist" (Mehrtens 1990, 408). Methoden wären demnach aus Handlungen abgezogene, geronnene Operationen, verdinglichte Verfahren, die zur Verfolgung eines Zieles erneut instrumentell eingesetzt werden können.

Als solche mit Erfolg verwendete und zu Operationen geronnene Verfahrensweisen werden sie zwangsläufig Teile institutioneller Wirklichkeiten (vgl. Berger & Luckmann 1980), in denen sie angewendet werden und die sie hervorbringen und damit zugleich Gegenstand entsprechender Legitimationsstrategien und Herrschaftspraktiken (Stengers 1997). Dies verlangt notwendigerweise ihre Reflexion in Form allgemeiner und spezieller Methodologie ebenso wie – von dieser unterscheidbar – die Reflexion von Wissenschaft als historischem und sozialem Prozess selbst als Gegenstand der Wissenschaftstheorie (Mocek 1990).

Methodologie selbst ist ein Begriff, der erst im 17. Jahrhundert entsteht (Geldsetzer et al. 1980, 1379). Allgemein bezeichnet Methodologie ein Gebiet, das Methoden zum Gegenstand hat. „X ist eine Methodologie, wenn X eine Theorie (i. w. S.) ist, die deskriptiv Methoden eines vorgegebenen Bereichs und deren Eigenschaften zum Gegenstand hat oder/ und präskriptiv solche zur Anwendung unter bestimmten Bedingungen empfiehlt bzw. von deren Anwendung abrät" (Mehrtens 1990, 403).

Die Auseinandersetzung mit Methodenvielfalt ebenso wie mit Methodenwiderspruch ist hierbei kennzeichnend für die gegenwärtige methodologische Diskussion (insbesondere naturwissenschaftliche vs. geisteswissenschaftliche, nomothetische, erklärende vs. idiographische, verstehende Methoden). [→ Erklären und Verstehen]

2 Begriffs- und Gegenstandsgeschichte, zentrale Probleme

Die Begriffs- und Gegenstandsgeschichte von Methodologie und Methode umfasst das gesamte Gebiet der Humanwissenschaften. Auf dem Gebiet der Behindertenpädagogik ist eine entsprechende Diskussion noch sehr jung, unterentwickelt und zu Teilen einseitig. Einen Überblick über die bis 1988 erfolgte Diskussion gibt Lenzen (1988).

Die Unterentwicklung dieser Debatte hängt u. a. mit einem historisch noch begrenzten Selbstverständnis zusammen, das sich mehr und mehr für komplexere Fragen öffnet (vgl.

Beck 1994, 41 ff.). Die hieraus resultierende wissenschaftliche, methodologische und praktische Fokussierung insbesondere auf Prozesse schulischer Erziehung und Bildung verengt jedoch den Blick für das Gesamtproblem sozialer Teilhabe, und führt zudem immer erneut in die Falle eines „Technologiedefizits" (Beck ebd. 84 ff.). Denn „eine Theorie pädagogischen Handelns steht [...] vor dem Problem, Ziele bestimmen zu wollen, deren Eintreten nicht kausal aufbereitet werden kann, Handlungssicherheit nicht über Technologien vermitteln zu können, und gleichzeitig vor dem Hintergrund der Normproblematik Ziele zu legitimieren, die eher als Prozesse zu denken sind" (ebd. 87).

Ein Weg aus dieser problematischen Situation eröffnet sich zum einen durch die Entwicklung eines Blicks auf das Gesamtproblem der sozialen Teilhabe, zum anderen durch Paradigmenverknüpfung im Rahmen interdisziplinärer Theoriekonstruktion sowie durch Mehrdimensionalität der Betrachtungsweisen. Hierzu gehört vor allem auch der Diskurs unterschiedlicher methodologischer Begründungsverfahren, welcher bei durchaus gegebener Differenz erstaunliche Übereinstimmungen zutage fördert (vgl. Beck und Jantzen 2004). Für die Entwicklung der Behindertenpädagogik als synthetische Humanwissenschaft wäre daher eine Bewältigung der Paradigmenkongruenz bei gleichzeitiger Mehrdimensionalität der Betrachtungsweisen und der Entwicklung wohlbegründeter vereinheitlichender Theorien nicht nur auf dem Gebiet der inhaltlichen, sondern vor allem auch der methodologischen Aspekte des Faches erforderlich, die in mehrfacher Weise ins Spiel kommen.

Erstens ist die Behindertenpädagogik zwar Pädagogik, bedarf aber, an der Schnittstelle aller Humanwissenschaften befindlich [→ Allgemeine Behindertenpädagogik], einer vertieften methodologischen Reflexion ihrer axiomatischen Grundlagen (vgl. Jantzen 1987 Kap. 3, 1990, 2008). Wie also ist methodologisch und inhaltlich Erklärungswissen im Kontext aller Humanwissenschaften zu generieren?

Darüber hinaus ist Behindertenpädagogik praxisbezogene Wissenschaft mit dem Ziel, Prozessen der Exklusion, der Unterwerfung unter Gewalt, der Reduktion auf Natur und/oder Schicksal entgegenzuwirken. Dies geschieht zwangsläufig in einem gesellschaftlichen und institutionellen System, das diese Verhältnisse hervorbringt [→ VI Institution und Organisation]. So sind für die Institution geistige Behinderung [→ II Behinderung als Institution] das Verdecken von Nihilierungswünschen, im Extremfall von Todeswünschen [→ III Integration und Exklusion] ebenso wie die Verdinglichung von Entwicklungsprozessen in etikettierenden Diagnosen und Behandlungstechniken konstitutiv [→ VII Begabung, Intelligenz, Kreativität]. Die notwendige Negation dieser Prozesse in Form der Herstellung sozialer Teilhabe als Prozess der Deinstitutionalisierung verweist auf die methodologische Dimension der Reflexion des eigenen Handelns und der eigenen Beobachterrolle ebenso wie auf die Möglichkeit, auf Technologie zurückgreifen zu können, ohne zu verdinglichen. Wenn jenseits derartiger Verdinglichung Basaglias Definition der doppelten Realität des psychisch Kranken auch für alle Bereiche der Behindertenpädagogik gilt – und vermutlich für Prozesse der Exklusion weit darüber hinaus –, so hat auch dies Folgen für die methodologische und methodische Diskussion. Wenn der psychisch Kranke, so Basaglia (1974, 15), einerseits „ein Ausgeschlossener ist, ein gesellschaftlich Gebrandmarkter", andererseits ein Mensch mit einer psychopathologischen Problematik, die es ideologisch und dialektisch zu entschlüsseln gilt, so bedeutet dies nicht nur Demokratisierung und Wiedergewinnung aller bürgerlichen Rechte als Aufhebung des Ausschlusses sowie Deinstitutionalisierung [→ VI Institutionalisierung und De-Institutionalisierung] als Aufhebung der ideologischen Reduktion auf Natur und Schicksal durch Diagnosen und Behandlungstechniken (vgl. Jantzen 2003, 2005), sondern als dialektische Entschlüsselung auch gemeinsames Leben und Lernen, in welchem der/die vordem Ausgegrenzte zur wesentlichen Instanz der Verifizierung aller Aussagen über ihn/sie wird.

So bemerkt Heinrich Hanselmann bereits in seiner Habilitationsschrift aus dem Jahre 1923: „Nur die Tatsache, dass Blindenpsychologie bis in die letzte Zeit fast ausschließlich von Sehenden [...] betrieben worden ist, lässt verstehen, warum dieses – aber auch alle Psychologie der Mindersinnigen – so wenig fruchtbar war, ja am eigentlichen Problem vorbeiging" (Hanselmann 1997, 82). [→ II Disability Studies; → II Behindertenbewegung]

Entsprechend hätte im Mittelpunkt der methodologischen und methodischen Reflexion der Behindertenpädagogik einerseits der Aufbau unterschiedlicher Wissensbereiche zu stehen, die andererseits eng miteinander verknüpft sind. Komponenten eines solchen als Prozess gedachten Systems der Behindertenpädagogik als Wissenschaft sind: *Erklärungswissen* (Aufbau der Behindertenpädagogik als synthetische Humanwissenschaft), *Handlungswissen* (Technologieproblem), *Reflexionswissen* (Verantwortung im Prozess der Teilhabe an Ausgrenzung wie an deren Aufhebung) und *Partizipationswissen* (die letzte und entscheidende Instanz der Verifikation von Theorie und Praxis ist der Andere – also der behinderte Mensch als Subjekt/ Objekt von Theorie und Praxis). Zu der Ausarbeitung eines solchen Systems haben unterschiedliche Positionen bisher in unterschiedlicher Weise beigetragen. Ihre Beiträge und Erkenntnisse bedürfen in inhaltlicher und methodologischer Hinsicht einer Diskussion und Weiterentwicklung. „Insofern muß die Arbeit an den Begriffen und Theorien und vor allem an ihren Kernen begonnen werden, um von dort aus durch Klärung der Beziehungen zwischen einzelnen Elementen oder Kernen zu einer Systematik zu gelangen. Ohne solche neuen konstitutiven Anstrengungen bleibt es [...] bei der Konstatierung von Mehrdimensionalität – und bei zuviel Kontingenz, was den Gegenstandsbereich betrifft – stehen. Die Alternative zu einem solchen Programm sind

Schulen, die unverbunden nebeneinander stehen und nur noch aus sich heraus verstehbar sind" (Beck & Jantzen 2004).

Dabei bewegen sich unterschiedliche methodologische Positionen sehr deutlich aufeinander zu. So ist u. a. Quines Weiterführung der analytischen Philosophie hervorzuheben, die ins Zentrum des inneren Zusammenhangs von Beobachtungs- und Theoriesätzen führt. Der netzartige Zusammenhang theoretischer Sätze erweist das Popper'sche Falsifikationskriterium nur als begrenzt haltbar. Theorien wären demnach netzartige Systeme von Begriffen bezogen auf netzartige Zusammenhänge (Systeme) der realen Welt (Quine 1995). Zum zweiten verweisen Fortführungen der Hegelschen Dialektik, in mathematisch-logischer Form vor allem über die Arbeiten von Gotthard Günther (1991, Lorenz 2004) vermittelt, sowie über die Kybernetik zweiter Ordnung von Heinz von Foerster (1993) auf die notwendige Differenzierung von System und systembildendem Faktor und treten hierbei wiederum in enge Berührung mit methodologischen Diskussionen im Bereich des [→] dialektischen Materialismus, sowohl im Bereich philosophischer Argumentation (Il'enkov 1969, Richter 1985, Nuzzo 2003) als auch in den Bereichen der Sozialwissenschaften, der Psychologie (insb. Vygotskij; vgl. Jantzen 2008), der Biologie und der Neurowissenschaften (Anochin 1974, Lurija 1992).

3 Zentrale Erkenntnisse und aktueller Forschungsstand

3.1 Einzelnes und Allgemeines als Gegenstand der Methodologie

Bezogen auf die marxistische Diskussion des Verhältnisses von Allgemeinem und Einzelnen, in deren Mittelpunkt die Methodologie des Aufsteigens vom Abstrakten zum Konkreten steht, hält Il'enkov fest: „Jeder Schritt der

Analyse, jeder Akt der Reduktion des Konkreten aufs Abstrakte muß von Anbeginn das ‚Ganze' im Blick haben, das von der Vorstellung, der lebendigen Anschauung verhüllt wird und dessen Spiegelung das oberste Ziel der theoretischen Arbeit ist (wohlgemerkt: nur soweit es sich um diese handelt, soweit der Mensch sich mit der Welt nur auf theoretischer Ebene beschäftigt)" (Il'enkov 1971, 92). Das Ganze existiert demnach im Einzelnen als dem historischen Besonderen des Allgemeinen, dem „konkret Allgemeinen". Es existiert als System. Die Genesis dieses Systems kann durch die Gewinnung eines bzw. mehrerer systembildender Faktoren erarbeitet, rekonstruiert, verstanden werden. Derartige systembildende Faktoren heißen in der Terminologie von Marx bzw. Vygotskij „Zellen" oder „elementare Einheiten" bzw. „Eigenwerte" in der Terminologie von Heinz von Foerster (für die Behindertenpädagogik vgl. Zimpel, 1998, 2008) bzw. sind als systembildende Faktoren das je „abstrakt Allgemeine". Bevor ich diesem Kategoriensystem in methodologischer Hinsicht weiter nachgehe, ein Beispiel.

3.1.1 Ein Beispiel

Das konkret Allgemeine sei die Situation einer jungen Frau in einer Einrichtung, welche dort als harter Kern vom harten Kern galt. Mehrfache Nulllinien-EEGs verbunden mit der Diagnose Hydranencephalie (Hydrocephalus bei gleichzeitig fehlendem Großhirn) kennzeichnen die Situation, in der wir begonnen hatten, über Prozesse von Bildung und Erziehung neu zu reflektieren und sie in Gang zu setzen [→ IX Anencephalie]. Ohne Zweifel ist der zentrale systembildende Faktor für ihre Situation die soziale Isolation [→ II Isolation und Partizipation] in der Einrichtung (reduziert auf satt und sauber in immer erneuten Situationen struktureller Gewalt), in der einfachste sensomotorische Muster, über die sie verfügte, nicht aufgenommen, nicht reziprok erwidert wurden (Foge & Tweitmann 1999, Jantzen 2001). Aber dies löst nicht alle Fragen.

Welche Bedeutung hat die Hydranencephalie als spezifische Bedingung der Vermittlung zwischen Individuum und sozialer Welt für die Entwicklung der Persönlichkeit? Wie also haben wir Hirnprozesse als Ganzes zu denken, um diese Bedingung der Möglichkeit aufzuspüren und die Frage „Wie viel Gehirn braucht ein Mensch?" (Zieger 2004) überzuführen in jene entscheidende „Wie viel Mensch braucht ein Mensch?"

Das Sammelreferat von Lorber (1983) enthält u. a. die Geschichte eines Jungen mit dieser Diagnose, der gehen gelernt hatte sowie Ansätze von Sprache benutzte. Und die vier Fallberichte von Shewmon et al. (1999) zeigen sensomotorische Bewusstseinsentwicklung bis hin zu Ansätzen von Sprache und zur Wahrnehmung des eigenen Spiegelbildes. Keine Frage, dass Paresen oder epileptische Anfälle [→ IX Cerepralparesen; → IX Epilepsie] die soziale Isolation bei Hydranencephalie massiv vergrößern können, keine Frage aber, dass alle geschilderten Kinder außerordentlich stark von Bindung gebenden Personen profitiert haben. Wir dürfen daher für die Rekonstruktion der von uns aufgegriffenen Geschichte davon ausgehen, dass es hier wie bei allen anderen Formen schwerer Behinderung sich gleichzeitig auch um Formen der „self-fulfilling prophecy" handelt, die spezifischer medizinischer Methodologie und institutioneller Praxis geschuldet sind (Shewmon et al. a. a. O.).

Und die Schlussfrage der Autoren „Do subcortical structures possess ‚vertical' plasticity?" kann auf dem Hintergrund zweier Forschungsstränge in jeder Beziehung positiv beurteilt werden.

Zum einen zeigen Forschungen zur Intelligenz höherer Vögel, die bekanntlich über keinen Neokortex verfügen, dass auch sie alle Niveaus der sensomotorischen Intelligenz durchlaufen bis in den Grenzbereich der symbolischen Intelligenz. [→ VII Evolution und Entwicklung des Psychischen] Allerdings scheinen die Niveaus der symbolischen Intelligenz selbst an die zyklische Ausprägung neokortikaler Strukturen (Thatcher 1994) gebunden zu sein. [→ VII Repräsentationsniveaus des Psychischen]

Zum anderen legt es Edelmans Theorie des neuronalen Darwinismus [vgl. Jantzen 2003b] nahe, dass das thalamisch-kortikale System sich von allen anderen Hirnbereichen durch Re-Entry Prozesse unterscheidet: ca. 80 % aller Verbindungen sind rückgekoppelt (Edelman & Tononi 2000). Und an dieses System selbst sind nach Auffassung der Autoren niederere ebenso wie höhere sprachliche Bewusstseinsprozesse gebunden. Der thalamische Teil dieses Systems aber ist bei Hydranencephalie voll erhalten und funktionsfähig.

3.1.2 Methodologische Folgerungen aus dem Beispiel

Zum einen folgert aus diesem Beispiel, dass das theoretische Durcharbeiten von empirisch fundierten Theorien und Forschungsbeständen aus anderen Fachgebieten als der Pädagogik von höchster Bedeutung für die Bestimmung der behindertenpädagogischen Theorie, Systematik und Praxis ist. [→ Theorie und Praxis]

Insofern ist der Auffassung von Wember ausdrücklich zu widersprechen: „Wer im Bereich der Sondererziehung und Rehabilitation solche Falsifikationsversuche (im Rahmen eines empiristisch verstandenen Falsifikationsprinzips; d. V.) nicht wagt, riskiert, sich in Theorien zu verlieren, die in der Praxis gar nicht anwendbar sind bzw. die gar nicht auf wirkliche Verhältnisse zutreffen" (2003, 31). Dagegen gilt: Wer die im Sinne von Quine existenten theoretischen Netzwerke im Gesamt der Humanwissenschaften als Caveats der je theoretischen Planung von Forschung nicht beachtet, wird Banalitäten produzieren und Prozesse der self-fulfilling prophecy immer erneut in Gang setzen.

Zum anderen zeigt es sich, dass weitere systembildende Momente im Spiel sind, in enger Verflechtung mit den durch Isolation gestörten Austauschprozessen. Das abstrakt Allgemeine selbst ist also ein System von Zellen, elementaren Einheiten, Eigenwerten, ein System von Systemen. [→ Systemtheorie] Dabei gilt: „Ein System ist seinerseits kein Ding oder gegebenes Wesen, das absolut über seine Tei-

le hinaus existieren kann. Es besteht nur als dynamischer Prozeß einer Selbstkonstitution durch alle seine Momente hindurch" (Nuzzo 2003, 47).

Selbstverständlich verfügen auch Kinder mit Hydranencephalie über jenes von Trevarthen et al. (1994) auf retikulärer Ebene hervorgehobene Intrinsische Motivsystem als neuronale Basis aller psychischen Entwicklungsprozesse, als „heart of the developing mind" (Trevarthen et al. 1998), das auf einen freundlichen Begleiter zielt. [→ VIII Intersubjektive Kommunikation] Selbstverständlich ist auch ihr Gehirn offen und angewiesen auf soziale Resonanzbildung und selbstverständlich gilt auch für sie Vygotskijs allgemeines Gesetz der [→ III] Zone der nächsten Entwicklung als elementare Einheit aller pädagogischen Prozesse. [→ Allgemeine Behindertenpädagogik]

3.2 Aufsteigen vom Abstrakten zum Konkreten

3.2.1 Ausgangsabstraktionen: Von der lebendigen Anschauung zum Begriff

Wie gewinnt man eine allgemeine Abstraktion, die keine platonische Idee ist, sondern ein Regularitätsprinzip, das bestimmte Prozesse hervorbringt? Ersichtlich, so zeigt die erneute Lektüre der wenigen methodologischen Ausführungen von Marx zu dieser Frage (1983, insb. 34 ff.) ebenso wie die bahnbrechende moderne Interpretation Spinozas, ist dies möglich durch das Zurückverfolgen von Prozessen nach dem Prinzip des hinreichenden Grundes (Della Rocca 2008). Dieses Prinzip ebenso wie der konsequente Naturalismus von Spinozas Theorie bzw. der konsequente Materialismus von Marx' ökonomischer Theorie ebenso wie seiner Bewusstseinstheorie (Mamardashvili 1986, Il'kenov 1994) bewirken einen Druck in Richtung der Vereinheitlichung der Theorie.

An der zitierten Stelle finden sich bei Marx auch jene Bemerkungen zum Verhältnis von Abstraktem und Konkretem, die Gegenstand vieler Erörterungen gewesen sind und von Lurija (1984) auch explizit auf das Gebiet der Psychologie angewendet wurden. Genau jenes und nur jenes kann die entsprechende Abstraktion sein, die die äußerste Einfachheit der Genesis des zu untersuchenden Gegenstandes in Keimform fasst, ohne diesen durch Reduktionismus irreversibel in Teile zu zerlegen.

„Das Konkrete ist konkret, weil es die Zusammenfassung vieler Bedingungen ist, also Einheit des Mannigfaltigen" (Marx a. a. O., 35). Um es in dieser Konkretheit geistig zu reproduzieren, bedarf es, bezogen auf die „Kritik der Politischen Ökonomie" (der Kritikbegriff hier im Sinne Kants verwendet als Untersuchung der Bedingungen der Möglichkeit), „ökonomische(r) Systeme, die von dem Einfachen wie Arbeit, Teilung der Arbeit, Bedürfnis, Tauschwert aufsteigen bis zum Staat" (ebd.). Das Aufsteigen vom Abstrakten zum Konkreten, also die Rekonstruktion des Konkreten als geistig Konkretes ist „nur die Art des Denkens, sich das Konkrete anzueignen, es als geistig Konkretes zu reproduzieren" (ebd.).

Und erst diese Reduktion der Arbeit „sans phrase" auf ihren Doppelcharakter als konkrete, gebrauchswertschaffende und abstrakte, durch Energiedurchsatz wertschaffende (physikalische) Arbeit sowie ihre Vermittlung im Begriff der Ware erarbeitet dann jene „Zelle", jene elementare Einheit, jenes abstrakt Allgemeine, jenes Fraktal, jenen Eigenwert, der Ausgangspunkt der systematischen Darstellung der kapitalistischen Produktion (und in Ansätzen Gesellschaft) im „Kapital" von Karl Marx ist (Marx 1979, vgl. Jantzen 2006a). Ähnlich Vygotskijs Suche nach der „Zelle" der Psychologie (Vygotskij 1985, 233; Jantzen 2008), die er sowohl im emotional-kognitiven Erleben (als inneres übergreifendes Allgemeines) als auch in der Wortbedeutung als sozial übergreifendes Allgemeines herausarbeitet. [→ Allgemeine Behindertenpädagogik] Vygotskijs Buch „Denken und Sprechen" (2002) ist in dieser Hinsicht die erste und einzige Darstellung der Genesis der Wortbedeutung als übergreifendes Allgemeines, gekoppelt an den zugleich festgehaltenen Begriff des Erlebens und verbunden mit der Vermittlung von rudimentärer und idealer Form der Begriffsbildung über die Wortbedeutungen zu jedem Zeitpunkt der Entwicklung (Zone der nächsten Entwicklung; ebd. 349). Aus dieser Sichtweise sind alle Entwicklungsprozesse, auch die bei geistiger Behinderung, einheitlich als sinn- und systemhafter Aufbau psychischer Prozesse in differenten, Isolation oder Partizipation realisierenden sozialen Verhältnissen zu begreifen (vgl. Vygotskij 1993, Jantzen 2007). [→ X Isolation und Entwicklungspsychopathologie] In diese sind die Individuen zu jedem Zeitpunkt durch Kommunikation und sozialen Verkehr in struktureller Koppelung (ein Begriff von Maturana und Varela 1987) bzw. doppelter Kontingenz (so die [→] Systemtheorie von Luhmann 1984) hineinversetzt. Sie „driften" mit und in ihnen (Maturana & Varela, ebd.).

In diesem Prozess der Herausarbeitung einer allgemeinen Abstraktion stößt das Denken auf verschiedene Ebenen der Verallgemeinerung, auf denen jeweils eine adäquate Justierung der Begriffe zwischen einem abstrakten und konkreten Pol verlangt ist. Unter Bezug auf Hegel, Vygotskij sowie verschiedene andere Autoren (vgl. Jantzen 1987, Kap. 3) lassen sich verschiedene Ebenen von Abstraktion und erneuter Konkretion unterscheiden. Vorausgesetzt ist ein Realkonkretum, eine natürlich-gesellschaftliche historische Umwelt mit einer spezifischen qualitativen und quantitativen Ausbreitung und Tiefe kultureller, idealer Prozesse in ihrer „Semiosphäre" (Lotman 1990), ein auf dieser Ebene aufbauendes durch Wahrnehmung und Beobachtung gewonnenes Vorstellungskonkretum und ein durch Eingriffe in die Welt durch eigene Handlungen hervorgebrachtes Gedankenkonkretum, das in sich selbst in verschiedenen Ebenen evolviert und existiert und in Vermittlung zu und in den sozialen Prozessen einer ständigen rekursiven Umschreibung unterliegt.

Die verschiedenen Ebenen wissenschaftlicher Wahrnehmung im hierarchisch und horizontal angesiedelten System der Wissenschaft bei permanenter rekursiver Umschreibung mit je gegebener Erweiterung des Handlungsraumes durch neue Theorien, die zu neuen Handlungen führen, die neue Theorien hervorbringen, sind nur ein Spezialfall dieser allgemeinen system- und prozesshaften Struktur.

Entscheidend in der je gegebenen Erweiterung des Handlungsraumes ist hierbei die ebenen- und bereichsadäquate Justierung der Begriffe (je weiter ein Begriff in seinem Umfang nach unendlich strebt, desto mehr geht sein Inhalt gegen Null; Vygotskij 1985, 280 bzw. 80 – dies ließe sich an in der Behindertenpädagogik allzu häufig und undifferenziert verwendeten Begriffen wie System, Autonomie, Dialog u. a. m. leicht aufzeigen). Beobachtungswissen muss ständig in Erklärungswissen überführt werden, und Erklärungswissen muss ständig vertikal und horizontal justiert werden. Dies verweist auf jenes Netz theoretischer Begriffe, von dem bei Quine die Rede ist.

Dabei ist ein Reduktionismus nach unten ebenso wie nach oben zu vermeiden (Lurija 1984). Von der Höhe Hegels Pavlov und Bechterev zu kritisieren, heißt mit Kanonen auf Spatzen schießen, jede Ebene bedarf eines adäquaten Maßstabes ihrer Begrifflichkeit (Vygotskij 1985, 250). „Die dialektische Methode ist durchaus nicht einheitlich – in der Biologie, der Geschichte, der Psychologie. Benötigt wird eine Methodologie, das heißt ein System vermittelter, konkreter, dem Maßstab der jeweiligen Wissenschaft angemessener Begriffe" (ebd.). Vom Vorgehen her vergleichbar bemerkt Luhmann (1984, 12): „Jede Begriffsbestimmung muß [...] als Einschränkung weiterer Begriffsbestimmungen gelesen werden. Die Gesamttheorie wird so als ein sich selbst limitierender Kontext aufgefasst." Und jede begriffliche Arbeit bedarf der Strenge von Klosterregeln, so Vygotskij (1985, 68; 2008, 64).

Für das Vorgehen auf den unterschiedlichen Ebenen liegt eine Vielzahl von Methoden vor. Entscheidend scheint mir zu sein, dass, welche Methode auch immer zur Anwendung kommt, die Ganzheit des Einzelnen

als konkret Allgemeines in ihren zahlreichen Vermittlungen nicht aus dem Auge verloren werden darf. Der naive Glaube an quantitative, mathematische Methoden bei gleichzeitiger Abwertung qualitativer Methoden, der vielfältig in der behindertenpädagogischen Forschung vorherrscht (vgl. Haeberlin 2003), ist der Sache restlos unangemessen. Die Mathematik hat sich nach den Inhalten zu richten – so jedenfalls das Vorgehen der Physik (vgl. Gleick 1993 am Beispiel des Denkens von Richard Feynman) oder der Kybernetik (von Foerster 1993, Zimpel 2008). Exemplarisch für eine angemessene Denkweise, welche die Reichhaltigkeit des Vorstellungskonkretums bei Transformation in theoretische Überlegungen erhält, ist die „Grounded Theory" von Glaser & Strauss (1998), bei der bei gleichzeitiger Verwendung vielfältiger Methoden der Bearbeitung und Datensicherung eine gesättigte Lösung die Voraussetzung für die theoretische Abstraktion ist; ähnlich auch Lurija & Art'ëmeva (2002) sowie Jantzen (1990, Kap. 9) bezogen auf Probleme diagnostischen Vorgehens.

Wie aber erfolgt die Transformation jener verständigen Abstraktionen, „Keimzellen", Eigenwerte der untersuchten Prozesse zurück in die Wirklichkeit und damit die theoretische Entschlüsselung des Vorstellungskonkretums als nunmehr innere Reichhaltigkeit begriffener innerer Prozesse und Zusammenhänge?

Da wir selbst diesen Prozess insbesondere am Beispiel der [→ III] Rehistorisierenden Diagnostik verbunden mit Prozessen der Deinstitutionalisierung beschrieben haben (Jantzen & Lanwer-Koppelin 1996, Jantzen et al. 1999, Jantzen 2003a, 2005, Lanwer 2006) erörtere ich das Problem vor allem auf diesem Hintergrund.

3.2.2 Über den Begriff zur Praxis

Verwenden wir Begriffe wie Isolation und Partizipation, Erleben und Wortbedeutung (bzw. bei Leont'ev 1979 im Aufgreifen von Vygotskijs Überlegungen Sinn und Bedeutungen in der Tätigkeit) oder einen aus Vygotskijs Spät-

werk rekonstruierten entfalteten Begriff einer Zone der nächsten Entwicklung (Jantzen
2006 b) verbunden mit weiteren (neuro-bio-
logischen, psychologischen und sozialwissenschaftlichen) Kategorien in einem wohlgeord-
neten, relationalen System des Denkens, das
generell vom sinnhaften und systemhaften
Aufbau des Psychischen aller Menschen ausgeht, so können wir nun den Übergang vom
abstrakt Allgemeinen zum konkret Allgemeinen vollziehen (z. B. in Form des oben angesprochenen Beispiels). Wir nutzen diese Kategorien im Sinne von Basaglias Frage nach einer
Rekonstruktion der Gestalt des Kranken, „wie
sie gewesen sein musste, bevor die Gesellschaft
mit ihren zahlreichen Schritten der Ausschlie-
ßung und der von ihr erfundenen Anstalt mit
ihrer negativen Gewalt auf ihn einwirkte" (Basaglia 1974, 15). Ergänzt und erweitert werden muss diese Frage im Sinne der gesamten
sozialen Konstruktion der Lebensgeschichte
nach dem und in dem Ausschluss. Und ihre
Beantwortung verlangt die Nutzung unserer
Begriffe (Erklärungsprinzipien, „Zellen", dem
Netz unserer verständigen Abstraktionen) „als
Sonden, mit denen das theoretisch kontrollierte System sich der Realität anpasst" (Luhmann
1984, 13). Zugleich aber machen diese Begriffe
die Reichhaltigkeit der Realität als sinnhaften
und systemhaften Prozess begreifbar, ein Prozess, der neue Fragen nach neuen Aspekten
des Begreifens aufwirft und immer wieder aufwerfen muss. Die Antwort auf Basaglias Frage
lautet dann zu unserer Überraschung: „So wie
ich!" Wir erleben hier im „Aufsteigen vom Abstrakten zum Konkreten", in einem Übergang
vom Erklären zum Verstehen die Konkretheit
der Wahrheit in der Lebenssituation des Anderen als emotionale Berührung.

„Diese Berührung, aus der Diskussion
um Psychotherapie auch als positive Gegenübertragung bekannt, ist wesentliche Voraussetzung des Übergangs vom Erklären zum
Verstehen. Sie durchbricht die systematische
Dissoziation [...], die Ausschluss und gesellschaftliches Unverständnis gegenüber dem/
der Betroffenen insgesamt und damit auch in
mir erzeugt haben, und ermöglicht Empathie.

Indem ich mich in die Möglichkeit versetze,
dass ich es hätte sein können, der diesen Bedingungen ausgesetzt war, wird aus dem ‚Fall
von' des oder der Anderen nunmehr ein Fall
von Meinesgleichen. Indem ich mich in dem
Anderen als Möglichkeit meiner eigenen Existenz spiegele, werde ich für einen Augenblick
emotional überwältigt, berührt" (Jantzen &
Lanwer 1996, 26).

Allerdings kann diese Gegenübertragung
auch in erneute [→ X] Dissoziation umschla-
gen, sofern das Leid des oder der Anderen in
mir die Erinnerung an eigenes Leid auslöst
und ich mich dann dem Anderen nicht als be-
griffenem Anderen in einem Überschuss an
Empathie zuwende (als der „Figur des armen
Kranken", Basaglia 1973, 12) oder mich durch
Abspaltung meines eigenen Schmerzes und
jenen des Anderen meine Empathie neutrali-
siere (Jantzen 2005, 129 ff.). Beides jedoch zer-
bricht die sicherere Übertragungsbrücke, die
reflexiv kontrollierte Empathie, welche Voraussetzung jeder Anerkennung ist, die diesen
Namen verdient (Farber 1995).

Wir stoßen hier auf ein philosophisch altes
Problem, dass jeder Begriff, indem er Begriff
ist, zugleich Affekt ist, so Spinoza (1989), in
Lehrsatz 14, Teil IV der „Ethik", dass nämlich
die wahre Erkenntnis des Guten und Schlechten einen Affekt nicht zu hemmen vermag,
sofern sie wahr ist, „sondern allein, sofern sie
als Affekt angesehen wird". D. h., kognitive
Wahrheit und affektive Gewissheit fallen im
Akt der Vernunftwerdung zusammen.

Und wir stoßen auf eine Bemerkung von
Hegel, die zunächst unverständlich erscheint:
„Das Wahre, das als solches ist, existiert auch.
Indem es nun in diesem seinem äußeren Dasein unmittelbar für das Bewusstsein ist und
der Begriff unmittelbar in Einheit bleibt mit
seiner äußeren Erscheinung, ist die Idee nicht
nur wahr sondern schön. Das Schöne bestimmt sich dadurch als das sinnliche Scheinen der Idee" (HW 13, 1970, 151).

Wenden wir uns jedoch Heinz von Foersters Gedanken über die notwendige Rekursivität der Humanwissenschaften zu, so erscheint dieser Gedanke in anderem Licht.

Von Foersters Theorem lautet: „Die Naturge-setze werden von Menschen geschrieben. Die Gesetze der Biologie müssen sich selbst schrei-ben" (1993, 343).

Eine Theorie des Gehirns muss also so an-gelegt sein, dass sie sich selbst schreibt (ebd.). Und entsprechend müsste eine Theorie psy-chischer Systeme so angelegt sein, dass sie an-gewendet sich zugleich im Bewusstsein des Beschreibenden als Theorie von dessen eige-ner Situation schreibt. Dieser Schutz vor der je möglichen Verdinglichung meiner Handlun-gen (Handlungswissen), vor der je möglichen fehlenden Reflexion meiner Verantwortung (Reflexionswissen), vor der je fehlenden Re-flexion des Beitrags des vordem ausgegrenz-ten Anderen zum Verständnis der Situation (Partizipationswissen) ist konstitutiv für den Übergang zum praktischen Handeln in ei-nem begriffenen sozialen Feld von Isolation und Partizipation, von Anerkennung und Ausgrenzung, dessen Teil ich selbst bin.

Die Kategorien, die systemischen, prozess-haften Zustände des abstrakt Allgemeinen gehen in der Situation der pädagogischen, diagnostischen, therapeutischen, sozialen An-erkennung durch mich hindurch, werden af-fektiv besetzt als praktischer Begriff meiner Würde als nicht knechtisches Subjekt, um einen Ausdruck aus dem Abitursaufsatz von Karl Marx zu verwenden. Ich gebe im „begrei-fenden Erkennen" (Holzkamp 1983) der Situa-tion einen anderen Inhalt als zuvor und ordne damit die Verhältnisse neu, ohne jedoch de-ren Dauer garantieren zu können. Denn der Prozess des Aufsteigens vom Abstrakten zum Konkreten ebenso wie der Prozess des Verblei-bens im Konkreten ist diskontinuierlich. Er ist ständig gefährdet und kann nur durch metho-dologische Kontrolle meines Handelns durch mich selbst oder durch bedeutsame Andere je neu justiert werden (dies können ebenso rea-le Andere, z. B. Beratung, Supervision ebenso wie solche aus der Literatur sein).

Diese Überlegungen eröffnen neue Per-spektiven auf das Praxisfeld der Behinderten-pädagogik als synthetischer Humanwissen-schaft, mit dem sie kontinuierlich verknüpft

sein und verknüpft bleiben müssen. In Pa-raphrasierung von Vygotskijs mehrfachem Aufgreifen eines Zitates von Spinoza ist dies eine Frage auf Leben und Tod für die weite-re Entwicklung des Faches. Die Kategorien ei-ner nicht defektbezogenen Pädagogik ebenso wie Praxis der sozialen Teilhabe müssen so durch die Handelnden hindurch gehen (und sich dadurch selbst schreiben), dass die freie Entwicklung der bisher ausgegrenzten, gede-mütigten auf Schicksal und Natur reduzier-ten Anderen zur Bedingung der Möglichkeit meiner eigenen freien Entwicklung wird (vgl. Jantzen 2001 bezogen auf das oben angeführ-te Beispiel).

Eine Idee hiervon gibt das folgende Beispiel aus dem Zen, manchmal auch wiedergegeben nicht als Bogen, sondern als Pfeil, der durch mich hindurchgegangen ist: „Verstehen Sie jetzt", fragte mich einmal der Meister nach ei-nem besonders guten Schuss, was es bedeutet: ‚Es' schießt, ‚Es' trifft?"

„Ich fürchte", erwiderte ich, „dass ich über-haupt nichts mehr verstehe, selbst das Ein-fachste wird verwirrt. Bin ich es, der den Bo-gen spannt, oder ist es der Bogen, der mich in höchste Spannung zieht? Bin ich es, der das Ziel trifft, oder trifft das Ziel mich? Ist das ‚Es' in den Augen des Körpers geistig und in den Augen des Geistes körperlich – ist es bei-des oder keines von beiden? Dies alles: Bogen, Pfeil, Ziel und Ich verschlingen sich inein-ander, dass ich sie nicht mehr trennen kann. Und selbst das Bedürfnis zu trennen ist ver-schwunden. Denn sobald ich den Bogen zur Hand nehme und schieße, ist alles so klar und eindeutig und so lächerlich einfach …"

„Jetzt eben", unterbrach mich da der Meis-ter, „ist die Bogensehne mitten durch Sie hin-durch gegangen" (Herriegel, 1951).

Literatur

Anokhin, Pjotr K. (1974): Biology and neurophysiolo-gy of the conditioned reflex and its role in adaptive behavior. Oxford

Basaglia, Franco (1973): Die negierte Institution. Frankfurt a. M.

Basaglia, Franco (1974): Was ist Psychiatrie? Frankfurt a. M.

Beck, Iris (1994): Neuorientierung in der Organisation pädagogisch-sozialer Dienstleistungen für behinderte Menschen. Frankfurt a. M.

Berger, Peter L. & Luckmann, Thomas (1980): Die gesellschaftliche Konstruktion der Wirklichkeit. Frankfurt a. M.

Della Rocca, Michael (2008): Spinoza. London

Edelman, Gerald & Tononi, Giulio (2000): A universe of consciousness. New York

Farber, Barbara M. (1995): Übertragung, Gegenübertragung und Gegenwiderstand bei der Behandlung von Opfern von Traumatisierungen. In: Hypnose und Kognition, 12, 2, 68–83

Foerster, Heinz von (1993): Wissen und Gewissen. Frankfurt a. M.

Foge, Martina & Tweitmann, Kathrin (1999): Nelly – eine Verständigung mit ihr ist nicht möglich. Video, 14 min. Bremen

Geldsetzer, Lutz (1980): Methodologie. In: Ritter, Joachim & Gründer Karlfried (Hrsg.): Historisches Wörterbuch der Philosophie. Bd. 5 Darmstadt, 1380–1386

Glaser, Barney G. & Strauss, Anselm L. (1998): Grounded Theory – Strategien qualitativer Forschung. Bern

Gleick, James (1993): Richard Feynman. Leben und Werk des genialen Physikers. München

Günther, Gotthard (1991): Idee und Grundriss einer nicht-aristotelischen Logik. 3. Aufl. Hamburg,

Haeberlin, Urs (2003): Wissenschaftstheorie für Heil- und Sonderpädagogik. In: Leonhardt, Annette & Wember, Franz (Hrsg.): Grundfragen der Sonderpädagogik. Weinheim, 58–80

Hanselmann, Heinrich (1997): Die psychologischen Grundlagen der Heilpädagogik. Berlin

Hegel, Georg Wilhelm Friedrich (1970): Vorlesungen über die Ästhetik I. HW 13 Frankfurt a. M.

Herrigel, Eugen (1951): Zen in der Kunst des Bogenschießens. München

Holzkamp, Klaus (1983): Grundlegung der Psychologie. Frankfurt a. M.

Il'enkov, Evald V. (1971): Die Dialektik des Abstrakten und Konkreten im „Kapital" von Karl Marx. In: Schmidt, Alfred (Hrsg.): Beiträge zur marxistischen Erkenntnistheorie. Frankfurt a. M. 3. Aufl., 87–127

Il'enkov, Evald V. (1994): Dialektik des Ideellen. Münster

Jantzen, Wolfgang (1987): Allgemeine Behindertenpädagogik. Bd. 1. Weinheim

Jantzen, Wolfgang (1990): Allgemeine Behindertenpädagogik. Bd. 2. Weinheim

Jantzen, Wolfgang (2001): Nelly – oder die freie Entwicklung eines jeden. Zum Problem der „Nicht-

therapierbarkeit". In: Geistige Behinderung, 40, 4, 325–338

Jantzen, Wolfgang (2003 a): „… die da dürstet nach der Gerechtigkeit" – Deinstitutionalisierung in einer Großeinrichtung der Behindertenhilfe. Berlin

Jantzen, Wolfgang (2003 b): Neuronaler Darwinismus. Zur inneren Struktur der neurowissenschaftlichen Theorie von Gerald Edelman. In: Mitteilungen der Luria-Gesellschaft, 10, 1, 21–41

Jantzen, Wolfgang (2005): „Es kommt darauf an, sich zu verändern …" – Zur Methodologie und Praxis rehistorisierender Diagnostik und Intervention. Gießen

Jantzen, W. (2006 a): Marxismus und Behinderung – Perspektiven einer synthetischen Humanwissenschaft. In: Behindertenpädagogik, 45, 4, 347–380

Jantzen, Wolfgang (2006 b): Die „Zone der nächsten Entwicklung" – neu betrachtet. In: von Stechow, Elisabeth & Hofmann, Christiane (Hrsg.): Sonderpädagogik und PISA. Bad Heilbrunn, 252–264

Jantzen, Wolfgang (2007): Vorwort. In: Meyer, Dagmar: Dissoziation und geistige Behinderung. Bremen, 5–12

Jantzen, Wolfgang (2008): Kulturhistorische Psychologie heute – Methodologische Erkundungen zu L. S. Vygotskij. Berlin

Jantzen, Wolfgang & Lanwer-Koppelin, Willehad (1996): Diagnostik als Rehistorisierung. Berlin

Jantzen, Wolfgang et al. (1999): Qualitätssicherung und Deinstitutionalisierung. Berlin

Lanwer, Willehad (2006): Diagnostik. Troisdorf

Lenzen, Heinrich (1989): Die methodologische Diskussion in der Allgemeinen Heilpädagogik. In: Sasse, Otto & Stoellger, Norbert (Hrsg.): Offene Sonderpädagogik – Innovationen in sonderpädagogischer Theorie und Praxis. Frankfurt a. M., 247–260

Leont'ev, Alexej N. (1979): Tätigkeit, Bewußtsein, Persönlichkeit. Berlin

Lorber, John (1983): Is your brain really necessary? In: Voth, Dieter (Hrsg.): Hydrocephalus im frühen Kindesalter. Stuttgart, 2–14

Lorenz, Kai (2004): Tertium Datur: Gotthard Günthers Entwurf einer logica disponens. Berlin

Luhmann, Niklas (1984): Soziale Systeme. Frankfurt a. M.

Lurija, A. R. (1984): Reduktionismus in der Psychologie. In: Zeier, H. (Hrsg.): Lernen und Verhalten. Bd. 1: Lerntheorien. In: Kindlers „Psychologie des 20. Jahrhunderts". Weinheim, 606–614

Lurija, Alexander R. (1992): Das Gehirn in Aktion. Reinbek

Lurija, Alexander R. & Artëm'eva, E. Yu (2002): Zwei Zugänge der Bewertung der Reliabilität psychologischer Untersuchungen (Reliabilität eines Tatbestands und Syndromanalyse). In: Lurija, Alexander

R.: Kulturhistorische Humanwissenschaft. Hrsg.: Wolfgang Jantzen. Berlin, 186–196

Mamardashvili, Merab: (1986) Analysis of consciousness in the works of Marx. In: Studies in Soviet Thought, 32, 101–120

Marx, Karl (1979): Das Kapital. Bd. 1. Marx-Engels-Werke (MEW) Bd. 23. Berlin

Marx, Karl (1983): Grundrisse der Kritik der politischen Ökonomie. Mark-Engels-Werke (MEW) Bd. 42. Berlin

Maturana, Humberto & Varela, Francisco (1987): Der Baum der Erkenntnis. Die biologischen Wurzeln menschlichen Erkennens. München

Mehrtens, Arndt (1990): Methode/Methodologie. In: Sandkühler, Hans-Jörg (Hrsg.): Europäische Enzyklopädie zu Philosophie und Wissenschaften. Bd. 3. Hamburg, 403–412

Mocek, Reinhard (1990): Wissenschaftstheorie. In: Sandkühler, Hans-Jörg (Hrsg.): Europäische Enzyklopädie zu Philosophie und Wissenschaften. Bd. 4. Hamburg, 952–965

Nuzzo, Angelica (2003): System. Bielefeld

Quine, Willard V. O. (1995): Unterwegs zur Wahrheit. Paderborn

Richter, Gudrun (1985): Gesetzmäßigkeit und Geschichtsprozeß. Logisches und Historisches. Berlin

Ritter, Joachim et al.: Methode. In: Ritter, Joachim & Gründer Karlfried (Hrsg.): Historisches Wörterbuch der Philosophie. Bd. 5. Darmstadt 1980, 1304–1332

Shewmon, D Alan et al. (1999): Consciousness in congenitally decorticate children: developmental vegetative state as self-fulfilling prophecy. Developmental Medicine & Child Neurology, 41, 364–374

Stengers, Isabelle (1997): Die Erfindung der modernen Wissenschaften. Frankfurt a. M.

Trevarthen, Colwyn & Aitken, Kenneth J. (1994): Brain development, infant communication, and empathy disorders: intrinsic factors in child mental health. In: Development and Psychopathology, 6, 597–633

Trevarthen, Colwyn et al. (1998): Children with autism. 2nd ed. London.

Vygotskij, Lev S. (1993): The diagnostics of development and the pedological clinic for difficult children. In: Vygotskij, L. S.: The fundamentals of defectology. Collected Works. Vol. 2. New York. 241–291.

Vygotskij, Lev S. (2002): Denken und Sprechen. Weinheim

Vygotskij, Lev S. (2008): Briefe/Letters 1924–1934. Hrsg.: Rückriem, Georg. Berlin

Vygotskij, Lev S. (1985): Ausgewählte Schriften Bd. 1. Köln

Wember, Franz (2003): Bildung und Erziehung bei Behinderungen – Grundfragen einer wissenschaftlichen Disziplin im Wandel. In: Leonhardt, Annette & Wember, Franz (Hrsg.): Grundfragen der Sonderpädagogik. Weinheim, 12–57

Zieger, Andreas (2004): Wieviel Gehirn braucht ein Mensch? Anmerkungen zum Anencephalie-Problem aus beziehungsmedizinischer Sicht. http://www.a-zieger.de/Dateien/Publikationen-Downloads/Statement_Erfurt_2004.pdf [15.02.09]

Zimpel, André F. (1998): Der Wille zur Norm. Zur Rolle der Eigenzeit in der geistigen Entwicklung. In: Behinderte in Familie, Schule und Gesellschaft. 3, 29–50

Zimpel, André F. (2008): Der zählende Mensch. Was Emotionen mit Mathematik zu tun haben. Göttingen

Qualitative und quantitative Methoden

Mirja Silkenbeumer

Zur Analyse sozialer Phänomene im Kontext der Sonder- und Heilpädagogik steht eine große Auswahl methodisch ausdifferenzierter Erhebungs- und Auswertungsverfahren aus dem Bereich der empirisch qualitativen und quantitativen Sozialforschung zur Verfügung.

Ich werde eine überblicksartige Information über Anwendungsmöglichkeiten, potenzielle Vorteile und Probleme ausgewählter Verfahren zur Bearbeitung (sonder-)pädagogischer Fragestellungen geben. Der Versuch, einen Gesamtüberblick über die unübersichtlichen

Landschaften unterschiedlichster Forschungsfelder und -ansätze sowie über etablierte Methoden in der Sonderpädagogik zu liefern,
scheitert angesichts der breiten Auffächerung
der Sonderpädagogik in ihre vielfältigen Fach-
disziplinen und erfordert mindestens ein –
bislang nicht vorliegendes – eigenständiges
Methoden-(Lehr-)Buch.

1 Qualitative und quantitative Forschungsmethoden – kein unvereinbares Gegensatzpaar

Unter empirischer Sozialforschung wird die
systematische und auf wissenschaftliche Theo-
rieentwicklung zielende Erfassung und Analyse sozialer Wirklichkeit verstanden. Sie bedient
sich verschiedener Forschungsmethoden, also
wissenschaftlicher Verfahren und Techniken
der Erkenntnisgewinnung, mit deren Hilfe
bestimmte Erkenntnisgegenstände untersucht
werden können. Die Forschungsmethoden werden in unterschiedlichen Forschungsansätzen (etwa: Grounded Theory, [→] Objektive
Hermeneutik, Ethnografie) verwendet, diesen
Ansätzen liegen verschiedene methodologische und theoretische Annahmen zugrunde.
Qualitative Daten sind in der Regel Texte (auch
Bilder, Fotos usw.), deren konkrete Bedeutungen kontextsensitiv erschlossen werden, während quantitative Daten abstrakte, in Zahlen
darstellbare Daten für bestimmte Ereignisse
anzeigen.

Es ist inzwischen fast ein Allgemeinplatz
zu betonen, dass eine dichotom-reduktive
Gegenüberstellung qualitativer und quantitativer Forschung, bei der alles, was nicht
der qualitativen Forschungslogik zugeordnet werden kann, quantitativ ist und umgekehrt, nicht fruchtbar ist. Die Sammelbe-
griffe qualitativ und quantitativ finden weite
Verbreitung, auch wenn sie den komplexen
Hintergrund und die wissenschafts- und erkenntnistheoretischen Differenzen zwischen
beiden Forschungszugängen stark verkürzen.

Eine eindeutige definitorische Abgrenzung
von quantitativ versus qualitativ ist schwer
möglich, da beide Kategorien wenig trenn-
scharf und in sich heterogen sind. Merkmale,
die der qualitativen Forschung als „typisch"
zugeschrieben werden, z. B. dass es sich eher
um explorative und hypothesengenerierende
Untersuchungen handelt, finden sich auch in
einigen quantitativen Verfahren. Umgekehrt
zielen nicht alle qualitativen Untersuchungen allein auf die Generierung und Weiterentwicklung von Hypothesen, sondern auch
auf deren Überprüfung (vgl. dazu Hollstein
& Ullrich 2003; von Saldern 1995; Kromrey
2006). Wie noch gezeigt werden wird, zielen
qualitative Methoden darauf, Sinn zu verstehen und interpretativ zu erschließen. Natürlich wird auch in quantitativen Verfahren
interpretiert und sind diese auf Verstehensprozesse angewiesen. Die statistische Analyse
bestimmter Zusammenhänge, etwa zwischen
Gewalterfahrungen im Elternhaus und selbst
ausgeübter Gewalt, gründet auf der Annahme,
dass diese Zusammenhänge nicht unabhängig
von den Handlungsorientierungen und Motiven handelnder Subjekte entstehen und mithin sinnhaft strukturiert sind. In qualitativen
Forschungsansätzen geht es jedoch darum,
die sinnhafte Erschließung der sozialen Praxis selbst methodisch zu ergründen und die
Phänomene in ihrer individuellen Bedeutung
für handelnde Subjekte alltagsnah und kontextsensitiv zu untersuchen. Inzwischen liegen etliche Argumente für die Kombination
beider Forschungsstrategien sowie für eine
Kombination und Integration unterschiedlicher Methoden und Daten und damit für
ein multiperspektivisches und -methodisches
Vorgehen vor (vgl. Treumann 1998; Lamnek
2005; Flick 1995).

Beiden Forschungsrichtungen unterschiedliche Grade an Wissenschaftlichkeit zuzu-
sprechen, ist nicht gerechtfertigt; denn jeweils
geht es – wenn auch in unterschiedlicher Weise – um die kontrollierbare Gewinnung empirischer Erkenntnisse. Der Streit um qualitative und quantitative Forschungsstrategien
innerhalb der einzelnen Wissenschaftsdis-

ziplinen wie der Psychologie, Soziologie und Erziehungswissenschaft scheint noch nicht gänzlich beigelegt, wenn der qualitativen Methodik mitunter lediglich die Rolle als Proto-Wissenschaft und ein Residualbereich zugebilligt wird. In diese Richtung geht letztlich auch folgende Äußerung: „Qualitative Forschung als eigenständiges Forschungsprogramm, das unabhängig von den so genannten quantitativen Verfahren allein gültig sein soll, halte ich für problematisch. Leider verbirgt sich hinter der Maske qualitativer Forschung häufig nur blanker Dilettantismus" (Wellenreuther 2000, 13 f.). Auch wenn es Untersuchungen gibt, in denen Standards qualitativer Forschung (vgl. dazu Steinke 2005) unterlaufen werden, ist doch auf das ausdifferenzierte Spektrum der entfalteten Methoden- und Methodologiediskurse innerhalb qualitativer Forschungsansätze hinzuweisen.

Die Entscheidung für ein quantitatives oder qualitatives Vorgehen zur Erforschung eines interessierenden Gegenstandsbereichs und die Frage nach der adäquaten Methode aus dem breiten Spektrum sozialwissenschaftlicher Methoden lässt sich nicht verallgemeinernd ableiten, sondern muss immer wieder neu für die jeweilige Fragestellung, die Zielsetzung (Exploration, Deskription, Theoriebildung etc.) und vor dem Hintergrund der theoretischen Konzeption der Untersuchung sowie des aktuellen Forschungsstands beantwortet werden. Die Entwicklung eines Untersuchungsdesigns, die Auswahl von Methoden und Verfahrensarten (etwa innerhalb der Jugendforschung) erfolgt also immer im Hinblick auf den jeweiligen Gegenstand und die interessierenden Phänomene (beispielsweise biografische Selbstentwürfe Jugendlicher, spezifische Problemverhaltensweisen, Jugendkulturen etc.). Dies erfordert die Entwicklung charakteristischer Forschungszugänge, sodass vorhandene Methoden dem Untersuchungsgegenstand entsprechend modifiziert und kombiniert werden. Zudem sind spezielle Herausforderungen zielgruppenbezogener Forschung bei der Wahl von Forschungsstrategie und Methoden zu berück-

sichtigen, etwa mit Blick auf die Erforschung von Perspektiven geistig behinderter Menschen (vgl. dazu Wüllenweber 2006; Kulig 2007). Der Zusammenhang von Gegenstand und Methode ist in jeder Untersuchung näher zu reflektieren, um dem Umstand Rechnung zu tragen, dass die gewählte Vorgehensweise die Perspektive auf den Gegenstand (mit-) konstruiert und die Erkenntnismöglichkeiten an die gewählte Methodik gebunden sind (Bergold & Breuer 1992).

2 Qualitative Forschungsmethoden

Generell gilt für die unterschiedlichen Verfahren im Spektrum qualitativer Sozialforschung, dass sich das Einüben und Anwenden von Methoden durch Lektüre zwar anleiten lässt, entsprechende Kompetenzen jedoch erst im Laufe des Erhebungs- und Auswertungsprozesses von Daten ausgebildet werden. Hinter der Bezeichnung „qualitative Methoden" verbergen sich unterschiedlichste grundlagentheoretische und methodologische Positionen sowie Erhebungs- und Auswertungsverfahren. Pointiert formuliert steht im Fokus qualitativer Forschungsansätze die Frage, wie Individuen und Gruppen an der Konstituierung von sozialer Wirklichkeit im Empfinden, Denken und durch ihre Handlungsvollzüge beteiligt sind. Gerade in den Fällen, in denen empirisches Wissen für ein relativ neues Problemfeld generiert werden soll und in denen bedeutsame Informationen über die Struktur des zu erforschenden Felds nicht vorliegen, empfiehlt sich die Wahl qualitativer Methoden. Unterschieden werden kann in rekonstruktive bzw. interpretative Verfahren der Sozialforschung (Bohnsack 2003; Rosenthal 2005), die sich von hypothesenprüfenden und inhaltsanalytischen und subsumtionslogischen Vorgehensweisen (z. B. Mayring 2007) abgrenzen lassen. Entsprechend kann mit Rosenthal festgehalten werden: „Innerhalb qualitativer Studien kann also danach unterschieden werden, ob ihre Interpretationen auf der Häufigkeit des gemeinsamen Auftretens von sozialen Phänomenen oder auf der Rekonstruktion von Wirkungszusammenhängen am konkreten Fall beruhen, ob sie eher einer Überprüfungs- oder Entdeckungslogik von Hypothesen folgen und wie offen ihre Instrumente der Erhebung und der Auswertung sind" (Rosenthal 2005, 14).

Als konstitutiver Kernbestand für die so unterschiedlichen methodologischen und methodischen Richtungen innerhalb qualitativer bzw. interpretativer Forschung kann das hermeneutische Prinzip methodisch kontrollierten Fremdverstehens betrachtet werden. Ullrich und Hollmann (2003) schlagen entsprechend dieser Einschätzung vor, Ansätze qualitativer Verfahren – idealtypisch und zur Orientierung – danach zu klassifizieren, ob mit ihnen eher der Nachvollzug subjektiv-intentionaler Sinngehalte, die Rekonstruktion sozial geteilter Sinngehalte oder die Rekonstruktion latenter handlungsgenerierender bzw. objektiver Sinnstrukturen untersucht werden soll.

2.1 Verfahren der Datenerhebung

Qualitative Forschung versucht durch entsprechende Verfahren der Datenerhebung möglichst alltagsnah Zugang zu den Wahrnehmungen und Definitionsprozessen von Individuen und Gruppen sowie zur Konstitution der sozialen Wirklichkeit in interaktiven Prozessen sozialen Handelns zu erlangen. Um soziale Wirklichkeit weitgehend aus der Perspektive der beforschten Subjekte erfassen und verstehen zu können, muss der Erhebungsprozess so gestaltet werden, dass die grundlegenden Regeln kommunikativen Handelns zum Ausdruck gebracht werden können (Rosenthal 2005; Bohnsack 2003). Grundlegend für verbale Verfahren ist demnach die Annahme, dass die beforschten Subjekte im Forschungsprozess selbst zur Sprache kommen müssen.

Qualitative mündliche und schriftliche Befragungen dienen der detaillierten und kontextsensitiven Erfassung subjektiver Sichtweisen, Alltagstheorien, Selbstinterpretationen und Situationsdeutungen von Personen mit Blick auf einen bestimmten Gegenstandsbereich. Es lassen sich verschiedene Formen der Befragung von Einzelpersonen und Gruppen je nach Grad vorgegebener Strukturiertheit voneinander unterscheiden. Zu den mündlichen Informationsquellen gehören teilstandardisierte oder halboffene Interviews wie das problemzentrierte Interview, die Gruppendiskussion sowie das Experteninterview, zu den offenen Interviews gehört vor allem das narrative Interview (vgl. als zusammenfassende Darstellungen Hopf 2005; Flick 1995; Lamnek 2005). Am konsequentesten wird den Relevanzsetzungen der Befragten beim narrativen Interview gefolgt, welches von Fritz Schütze Mitte der 1970er Jahre entwickelt worden ist und besonders zur Analyse biografischer Strukturen eingesetzt wird. Das narrative Interview zeichnet sich durch theoretisch und systematisch begründete Fragetechniken sowie durch bestimmte Prinzipien der Durchführung und Auswertung aus (vgl. im Überblick dazu Rosenthal 2005; Hopf 2005). Vielfach wird ein Mittelweg zwischen sehr offenen und leitfadenstrukturierten Interviews eingeschlagen wie etwa in dem von Andreas Witzel in den 1980er Jahren konzipierten problemzentrierten Interview (Witzel 2000). Der/die Forscher/in orientiert sich während des Interviews an einem Interviewleitfaden und setzt diesen flexibel (orientiert am Gesprächsverlauf) hinsichtlich der Frageformulierungen, der Abfolge der interessierenden Themen und Nachfragen ein.

Da Erzählungen eigener Erfahrungen die Rekonstruktion handlungsorientierter Einstellungen sowie deren Genese ermöglichen, empfiehlt es sich, auch in Interviews, bei denen nicht lebensgeschichtliche Zusammenhänge, sondern beispielsweise bestimmte institutionelle Zusammenhänge im Vordergrund stehen, das Gespräch so zu führen, dass (zunächst) längere Erzählungen selbst erlebter Ereignisse hervorgelockt werden (Rosenthal 2005, 137). Im Gegensatz dazu wird mit Meinungs- und Begründungsfragen (etwa „Weshalb haben Sie sich für das Studium Sonderpädagogik entschieden?" oder „Warum haben Sie damals keine andere Ausbildung begonnen?") eher zur Argumentation angeregt und einer Frage-Antwort-Struktur gefolgt.

Die Erfassung verbal erhobener Daten erfolgt in der Regel auf Tonband, ergänzend auch audiovisuell unterstützt durch Videoband, um etwa den Ablauf des Interviews und Sprecherwechsel (etwa bei Gruppendiskussionen) bei der Transkription besser kontrollieren zu können. Empfehlenswert ist es, wichtige Zusatzinformationen zu dem geführten Interview in einem Postskriptum (vgl. Witzel 2000) zu erfassen.

Gegenüber der Erhebung verbaler Daten mittels Interviews bieten verschiedene Beobachtungsverfahren in der qualitativen Forschung den Vorteil, dass sie routinierte Handlungsabläufe, situative Ordnungen und Praxen, Diskurse, Wissensbestände und Interaktionen erfassen können, die den Handelnden nicht bewusst zugänglich sind. Ein weiterer Vorteil ist darin zu sehen, dass die Beobachtung soziales Verhalten im Moment des Geschehens festhält und damit nicht von der Fähigkeit oder Bereitschaft von Untersuchungspersonen abhängt, diese Verhaltensweisen zu beschreiben (Lamnek 2005, 553). Zudem ermöglichen Beobachtungsverfahren den Zugang zu den Erfahrungszusammenhängen von Menschen mit Einschränkungen des Verbalisierungs- und Artikulationsvermögens. Beobachtungsverfahren lassen sich hinsichtlich ihres Grads an Systematisierung durch offene bzw. halbstandardisierte Kategorien in Beobachtungsbögen voneinander unterscheiden sowie hinsichtlich der (aktiven oder verdeckten) Partizipation (mit durchaus flexiblen Übergängen und wechselnden Positionen) am Geschehen im Feld durch den Forscher (vgl. als zusammenfassende Darstellung Flick 1995; Lamnek 2005).

Über einen möglichst längeren Zeitraum erfolgende teilnehmende Beobachtung ermöglicht es den Forschenden, an der von außen schwer einsehbaren Alltagspraxis der Beforschten teilzunehmen, birgt jedoch das Problem der begrenzten Perspektive im Beobachten und die Gefahr der unreflektierten Übernahme von Perspektiven aus dem zu untersuchenden Forschungsfeld. Wie bei den qualitativen Interviews wird bei der teilnehmenden Beobachtung oft ein Mittelweg gewählt, indem ein Beobachtungsleitfaden (mit vorab – theoriegeleitet – entwickelten Beobachtungsdimensionen) flexibel eingesetzt wird. Die Beobachtungseinheiten können demnach während des Beobachtungsprozesses modifiziert werden.

Grenzen des Einsatzes ergeben sich bei der Beobachtung dadurch, dass immer nur Ausschnitte der sozialen Realität beobachtet werden können und zudem nicht alle Verhaltensweisen beobachtbar sind. Daher werden in der Feldforschung ergänzend zur teilnehmenden Beobachtung auch Interviews, Experteninterviews oder auch Gruppendiskussionen geführt, um etwas über die Perspektiven und Selbstdeutungen der Handelnden sowie über die Genese ihrer Handlungsorientierungen und Erlebensweisen zu erfahren (vgl. dazu Rosenthal 2005; Lamnek 2005). Bei der Erstellung von Feldnotizen und der detaillierten Protokollierung von Beobachtungen sind Handlungen einzelner oder mehrerer Personen immer eingebettet in einen bestimmten Interaktionsablauf und -zusammenhang zu betrachten. Inhaltlich können für die Protokollierung verschiedene Aspekte bedeutsam sein, etwa die Beschreibung einer bestimmten Verhaltensweise eines Kindes und darauf bezogene Interaktionen zwischen Kindern und die sich daraus ergebenen Konsequenzen für das soziale Feld sowie die sorgfältige Beschreibung des Orts des Geschehens, der Zeit, der situativen Bedingungen etc. und die Regelmäßigkeit oder Einmaligkeit beobachteter Interaktionen und Situationen (vgl. Lamnek 2005, 621). Für die Analyse von Beobachtungen sind Zeichnungen und Fotos (z.B. von der Sitzordnung in einem Klassenraum, vom Tafelbild etc.) sowie Listen mit Zeitangaben wertvolle Ergänzungen.

2.2 Verfahren der Datenauswertung

Zur Datenauswertung stehen unterschiedliche Analyseverfahren bereit (vgl. als zusammenfassende Darstellung Lamnek 2005; Flick 1995). Der Entscheidungsprozess für ein bestimmtes Vorgehen oder die Kombination verschiedener Verfahren sollte – wie Flick (1995, 237) darlegt – neben der Konkretisierung des Auswertungsziels (klar umgrenzte Aussage in ihrer zahlenmäßigen Verteilung oder Vielschichtigkeit und Kontextabhängigkeit von Mustern etc.) vor allem entlang folgender Fragen erfolgen: Welches Interpretationsverfahren kann überhaupt die wesentlichen Aspekte der Fragestellung erfassen? Ist die Interpretationsform geeignet für den Text, entspricht sie der Erhebungsmethode und dem erhobenen Material? Wie offen ist das Verfahren für den Fall und die Fallspezifik? Zu berücksichtigen ist, dass ein Wechseln zwischen verschiedenen Interpretationsformen theoretisch und durch die Fragestellung der Untersuchung begründet werden muss.

In erziehungswissenschaftlichen Untersuchungen findet sich vielfach der Bezug auf das Forschungsprinzip der gegenstandsbezogenen Theoriebildung („grounded theory"), welches in den 1960er Jahren von den Soziologen Glaser und Strauss formuliert und in seiner Folgezeit vor allem von Strauss und Corbin weiterentwickelt wurde (vgl. im Überblick Flick 1995; Lamnek 2005). In der gegenstandsbezogenen Theoriebildung gehen die Prozesse der Datenerhebung und -auswertung ineinander über („theoretical sampling"), dies ermöglicht eine konsequente und kontinuierliche Überprüfung der Gegenstandsangemessenheit der angewandten Methode, der erstellten Kategorien und der sich entwickelnden theoretischen Konzepte. Wissenschaftliche Konzepte und theoretisches Vorwissen bilden den heuristischen Rahmen und dienen der „theoretischen Sensibilität" bei der Anlage, Durchführung und Auswertung der qualitativ erhobenen Daten. Es handelt sich dabei nicht um ein ex ante formuliertes Kategoriensystem, sondern um vorläufige Hypothesen und Kategorien, die in der Auseinandersetzung mit den Daten überprüft, erweitert und modifiziert werden. Das im Rahmen dieses Ansatzes entwickelte Kodierverfahren wird auch theoretisches Kodieren genannt und besteht aus verschiedenen Teilschritten (zusammenfassend Flick 1995, 197 ff.; Böhm 2005). Die Datenerhebung und -auswertung soll dann beendet werden, wenn keine neuen Aspekte mehr zu den entwickelten theoretischen Konzepten hinzukommen, d. h. eine empirische „Sättigung" erreicht ist. In der gängigen Forschungspraxis werden jedoch aus forschungsökonomischen und -pragmatischen Gründen oftmals andere Abschlusskriterien gewählt.

Die Methoden der Auswertung, Analyse und Interpretation von Texten lassen sich (grob) in kodierende und rekonstruktiv-interpretative Verfahren differenzieren. In einzelnen Analysevorgängen können durchaus offene und inhaltsanalytische Verfahren miteinander kombiniert werden. Wohl eine der bekannteren Analysemethoden ist die Qualitative Inhaltsanalyse nach Mayring. Qualitative Inhaltsanalyse will systematisch, streng nach vorab festgelegten Kriterien regel- und theoriegeleitet vorgehen, dadurch ist das Verfahren transparent und relativ leicht erlernbar. Die Analyseeinheiten werden vor der Analyse festgelegt (Kodiereinheit, Kontexteinheit und Auswertungseinheit), das entstehende Kategoriensystem wird jedoch während der Analyse dem Material flexibel angepasst und überarbeitet (Mayring 2007, 53). Vor allem das Vorgehen bei der „strukturierenden Inhaltsanalyse" entspricht einem quantitativen Analyseschritt. Deshalb wird dieser Methode auch eine Zwischenstellung zu quantitativen Verfahren zugesprochen (Hollstein & Ullrich 2003, 41). Geeignet ist der Ansatz vor allem für die auf Reduktion zielende Auswertung größerer Materialmengen. Bei eher explorativen Studien empfiehlt sich dieses Verfahren nicht, da die Notwendigkeit einer allgemeinen Kategoriendefinition und die damit verbundene induktive Bildung von Kategorien die Erkenntnismöglichkeiten zu stark eingeschränkt. Gut geeignet hingegen ist das Vorgehen der Qualitativen Inhaltsanalyse für eine computergestützte Bearbeitung qualitativer Daten (etwa mit dem Programm ATLAS/ti oder MAXqda, vgl. dazu Kelle 2005).

Die unterschiedlichen Varianten sequentieller, rekonstruktiver Verfahren zur Analyse von Datenmaterial reichen von der Interpretationstechnik der [→] Objektiven Hermeneutik über die ethnomethodologische Konversationsanalyse bis zu narrativen Analysen. Während kodierende und kategorisierende Auswertungsverfahren sich im Laufe der Analysen zunehmend von der Gestalt des Textes lösen, lassen sich andere Verfahren gerade vom Prinzip der Sequenzanalyse leiten. Grundlegend für diese Interpretationsverfahren ist die Annahme, „dass Ordnung Zug um Zug hergestellt wird (Konversationsanalyse), dass Sinn sich im Handlungsvollzug aufschichtet [→ objektive Hermeneutik] und dass die Gestalt der Erzählung das Erzählte erst in verlässlicher Form zur Darstellung bringt (narrative Analysen)" (Flick 1995, 218). Methodologisch wird ein sequenzielles Vorgehen damit begründet, dass Praktiken in der sinnstrukturierten Welt sequentiell gegliedert sind und an jeder Sequenzstelle ein Möglichkeitsraum geschlossen wird und ein neuer eröffnet wird. Gefragt wird also gerade auch danach, welche Auswahl Handelnde bzw. Gesprächspartner bei einer bestimmten Sequenz vornehmen, welche Wahlmöglichkeiten sie nicht beachten und was daraus folgt (Rosenthal 2005, 73). Bei der Textanalyse ist dabei nicht nur der manifeste Sinn, sondern gerade auch der latente Sinngehalt einer Erzählung (methodisch kontrolliert und intersubjektiv nachprüfbar) zu erschließen, um die Fallstruktur und das Verhältnis beider Sinnebenen zueinander näher bestimmen zu können.

In einzelnen Analysedurchgängen sind durchaus verschiedene Kombinationen offenerer und inhaltsanalytischer Verfahren denkbar. Zur Bildung einer theoretischen Stichprobe bietet sich gerade bei großen Materialmengen ein Vorgehen an, bei dem vor einer rekonstruktiven und sequenziellen Text-auswertung zunächst eine inhaltsanalytische Vorauswertung durchgeführt wird (Rosenthal 2005, 199 f.). Möglich ist auch, die Auftaktsequenzen und weitere ausgewählte Textpassagen eines Interviews sequenzanalytisch und den übrigen Text nach dem Verfahren des theoretischen Kodierens zu bearbeiten.

Abschließend soll auf einen häufig zu hörenden Einwand gegen qualitativen Forschungszugängen eingegangen werden, der sich auf die in der Regel eher kleinen Fallzahlen und die damit verbundene Annahme bezieht, dass sich das Allgemeine auf jene Phänomene bezieht, die häufig auftreten, und nur das verallgemeinert werden kann, was häufig auftritt. Hingegen wird bei interpretativen Verfahren das Allgemeine nicht im numerischen, sondern im theoretischen Sinne verstanden. Es wird von einer dialektischen Konzeption von „allgemein und individuell", dies bedeutet von der „prinzipiellen Auffindbarkeit des Allgemeinen im Besonderen ausgegangen. Jeder einzelne Fall, der ja immer ein in der sozialen Wirklichkeit konstituierter ist, verdeutlicht etwas über das Verhältnis von Individuum und Allgemeinem. Er entsteht im Allgemeinen und ist damit auch Teil des Allgemeinen. Damit gibt jeder Fall auch Hinweise auf das Allgemeine" (Rosenthal 2005, 75). Im Unterschied zu einem quantitativen Vorgehen wird ein Wirkungszusammenhang am konkreten Fall aufgezeigt und der Gegenstand nicht umfangslogisch auf breiter Datenbasis expliziert. Über Fallkontrastierungen im Modus maximaler und minimaler Differenz und Verfahren der Typenbildung wird das Material hinsichtlich typischer Strukturen expliziert und theoretische Verallgemeinerung angestrebt (ebd.; Lamnek 2005, 180 ff.).

3 Quantitative Forschung

Quantitative Zugänge zielen darauf, Häufigkeiten, Verbreitungen, Wahrscheinlichkeiten oder auch die Regelmäßigkeit des Auftretens bestimmter Phänomene sowie numerische Relationen zwischen verschiedenen Einflussfaktoren auf ein Phänomen zu ermitteln. Der Einsatz quantitativer Methoden ist dann sinnvoll, wenn das zu analysierende soziale Phänomen klar strukturiert ist, so dass Objektbereiche festgelegt, Hypothesen gebildet und Operationalisierungen von Bedingungen vorgenommen werden können. Zentrale Funktionen quantitativer Forschung liegen nach Treumann (1998, 163 f.) „in der mit Hilfe von operationalen Definitionen vollzogenen Konstituierung von Merkmalen, deren einzelne Ausprägungen als klar voneinander geschiedene Kategorien vorliegen, so dass Datenkonfigurationen entstehen können, welche die Form von Häufigkeitsverteilungen annehmen, wenn man die Anzahl der Fälle auszählt, die auf die verschiedenen Variablenausprägungen (Kategorien) entfallen; weiter in der Möglichkeit der Verallgemeinerung von Untersuchungsergebnissen (…), die in Stichproben gewonnen worden sind, auf Populationen beziehungsweise Grundgesamtheiten und schließlich in der Identifizierung von Faktoren, die als kausal wirkend angesehen werden können, indem Scheinzusammenhänge zwischen Variablen mittels experimenteller oder statistischer Verfahren kontrolliert werden können."

Die Aufgaben empirisch-quantitativer Forschung in den Verhaltenswissenschaften beziehen sich vor allem 1. auf die Exploration und Beschreibung eines komplexen sozialen Sachverhalts oder Problemfeldes (deskriptive Forschung, Querschnittsuntersuchung nicht experimenteller Daten), 2. auf die strenge Prüfung von Hypothesen und Theorien (vor allem durch experimentelle und quasi-experimentelle Vorgehensweisen, längsschnittliche Untersuchungen und Interventionsstudien) und 3. auf die Entwicklung und Überprüfung pädagogischer Maßnahmen (z. B. eines Lehrertrainings) und der Programm-Evaluation (Wellenreuther 2000, 36 f.). Ein quantitatives Vorgehen zielt also vorrangig auf das Aufdecken der Gesetzmäßigkeiten und Kausalitäten in Hinblick auf die soziale Realität bzw. auf situatives Handeln und

soziales Verhalten. Dem zirkulären bzw. dialogischen Vorgehen qualitativer Forschungsansätze kann eine lineare Strategie quantitativer Forschung gegenübergestellt werden, die sich darin zeigt, dass der geplante Forschungsprozess in einer bestimmten Reihenfolge durchgeführt wird und keine Modifikationen während der Durchführung mehr vorgenommen werden dürfen (Witt 2001). Sechs Phasen des Forschungsablaufs einer quantitativ-empirischen Untersuchung lassen sich nach Raithel (2006, 25) voneinander unterschieden, in denen jeweils bestimmte Entscheidungen zu treffen sind: 1. Problemformulierung, Problembenennung sowie Theorie- und Hypothesenbildung, 2. Konzeptualisierung (Operationalisierungsvorgang, Konstruktion des Erhebungsinstruments, Festlegung des Forschungsdesigns, Festlegung der Stichprobe, Pretest), 3. Erhebungsvorbereitung und Datenerhebung, 4. Datenaufbereitung (Erstellung der Datenmatrix, Dateneingabe, Datenbereinigung, Datenmodifikation), 5. Datenanalyse (Häufigkeiten und univariate Maßzahlen, bi- und multivariate Analyseverfahren, Hypothesentests, Signifikanztests), 6. Interpretation und Dissemination.

Die Hypothesenbildung und -prüfung nimmt in quantitativen Verfahren einen zentralen Stellenwert ein. Unter einer Hypothese ist im sozialwissenschaftlichen Kontext die „Vermutung über einen Zusammenhang zwischen mindestens zwei Sachverhalten" zu verstehen (Kromrey 2006, 53, Herv. i. Orig.). Die Formulierung von empirisch zu prüfenden Aussagen muss so gestaltet werden, dass sie nicht nur die Vorannahmen der Forschenden bestätigen können, sondern dergestalt, dass sie empirisch widerlegbar sind. Bewiesen werden kann nicht, ob empirisch gehaltvolle Theorien oder Hypothesen „wahr" sind, sie sind also nicht verifizierbar, wohl aber falsifizierbar (vgl. ebd., 38 ff.; Wellenreuther 2000, 44). Differenziert werden kann in die verschiedenen Hypothesenformen der Zusammenhangs-, Unterschieds- und Veränderungshypothesen, die sich aus der jeweiligen Zielsetzung der Untersuchung ergeben. Festzulegen ist zudem der Geltungsbereich einer Hypothese, d. h. wie weit die Hypothese reichen soll.

3.1 Quantifizierende Techniken der Datenerhebung

Eine wichtige Entscheidung im Forschungsprozess betrifft die Frage, ob überhaupt die erforderlichen Erhebungsmethoden bzw. Messinstrumente und Skalen zur Untersuchung des formulierten Problems vorliegen oder ob ein spezifisches Instrument erst zu entwickeln und erproben ist. Bei traditionellen empirischen Untersuchungen ist zu entscheiden, welche Methoden geeignet sind, um die Dimensionen der sozialen Realität adäquat zu erfassen, ohne dass sie durch die Erhebung selbst verändert werden. Neben anderen miteinander verschränkten und nicht als lineare Folge zu begreifenden Entscheidungsschritten im Forschungsprozess (vgl. dazu Kromrey 2006, S. 76 ff.) muss vor der Erhebung die Grundgesamtheit definiert und über Art und Umfang der Stichprobe entschieden werden. Dabei wird festgelegt, ob zur Erreichung des Untersuchungsziels eine Zufallsstichprobe aus der Grundgesamtheit ausreicht oder ob eine geschichtete Stichprobe erforderlich ist. Das Ziel einer Stichprobenbildung ist der „Repräsentativitätsschluss", der nur durch kontrollierte Stichprobenverfahren möglich ist (Raithel 2006, 54).

Zu den quantifizierenden Techniken der Datenerhebungsverfahren gehören standardisierte Formen der Inhaltsanalyse, der Beobachtung und (mündlichen oder schriftlichen) Befragung mit speziellen Mess- und Skalierungsverfahren, standardisierte Testverfahren (z. B. Leistungs- und Persönlichkeitstests) sowie Experimente im Labor oder im Feld. Wie oben bereits erwähnt, eignen sich quantitative Zugänge (etwa in Form standardisierter Befragungen) besonders, um Daten über einen repräsentativen Querschnitt von bestimmten Bevölkerungsgruppen zu ermitteln und Aussagen über ein bestimmtes Phänomen auf der Makroebene gewinnen zu können. Bekann-

te Beispiele für standardisierte Befragungen sind die Shell-Jugendstudien oder repräsentative Befragungen von Schülern, um etwa Informationen über die quantitative Verteilung von durch Schüler begangenen Gewalthandlungen an verschiedenen Schulformen und Zusammenhänge zwischen verschiedenen Wirkungsfaktoren zu ermitteln. Hierbei handelt es sich in der Regel um Querschnittsuntersuchungen (Erhebung findet zu einem Zeitpunkt oder in einer kurzen Zeitspanne statt), die dem deskriptiven Forschungstyp zuzurechnen sind. Über die zeitliche Abfolge von Bedingungen und ihre wechselseitige Bedingtheit liegen in diesen Korrelationsstudien meist keine Informationen vor (Wellenreuther 2000, 105). Beispielsweise sind in der quantitativ-empirischen Jugendgewaltforschung viele wesentliche Korrelate identifiziert, es liegt jedoch noch immer wenig gesichertes Wissen hinsichtlich der Identifizierung von Kausalzusammenhängen vor. Bekannt ist das Beispiel des Zusammenhangs zwischen schlechten Schulleistungen und Gewalt, aus dem jedoch nicht gefolgert werden, dass schlechte Schulleistungen Gewalt verursachen. Hier handelt es sich um ein Korrelat, d. h. einen statistischen Zusammenhang zwischen Gewalt und einem anderen Phänomen. Das Vorliegen von Prädiktoren hingegen kann regelmäßig mit einer höheren Wahrscheinlichkeit zur Gewaltausübung in Zusammenhang gebracht werden (vgl. dazu Eisner & Ribeaud 2003, 190 ff.). Um gesicherte Aussagen über kausale Wirkungszusammenhänge und deren zeitliche Sequenzierung sowie Entwicklungsverläufe und Veränderungen von Verhaltensweisen und Orientierungsmustern machen zu können, sind aufwändige und kostspielige prospektive Untersuchungen (Längsschnitt- und Interventionsstudien) notwendig. In Längsschnittstudien mit einem Paneldesign werden dieselben Individuen in bestimmten Zeitabständen mindestens zweimal befragt.

Beispielsweise bildete das weitgehende Fehlen evaluativer Längsschnittstudien für die Intervention des Freiheitsentzugs bei von zu

Gefängnis verurteilten Straftätern den wissenschaftlichen Ausgangspunkt für die äußerst umfangreiche und aufwändige Studie „Gefängnis und die Folgen" und die Nachfolgestudien „Entwicklungsfolgen der Jugendstrafe" sowie „Labile Übergänge" des Kriminologischen Forschungsinstituts Niedersachsen. Im Rahmen dieser Untersuchung, die vor allem die Entwicklungsfolgen einer Haftstrafe für die betroffenen Jugendlichen fokussiert, wurden quantitative, quersequenzielle und längsschnittliche Designs kombiniert. Ergänzend wurden in einer qualitativen Untersuchung biografische Prozesse rekonstruiert und die weitere biografische Entwicklung im Längsschnitt analysiert (vgl. dazu u. a. die Beiträge in Bereswill & Greve 2001).

Ein Beispiel für eine entsprechende Forschungsfrage, der in Längsschnittuntersuchungen bereits nachgegangen wurde, lautet: Wie stabil sind delinquente Verhaltensmuster im Entwicklungsverlauf bis ins mittlere Erwachsenenalter?

Um Befunde verschiedener Studien miteinander vergleichen zu können, ist auf die Konstanz einzelner Fragebogenmodule und Skalen zu achten. Die Konstruktion des Fragebogens für Befragungen erfolgt nach bestimmten Prinzipien der Frageformulierung und der Fragenbogenkonstruktion. Die Befragungsinhalte müssen in hohem Maße strukturiert sein, deshalb ist neben der Festlegung des Inhalts, der Anzahl und der Reihenfolge der Fragen (Items) und Themen sorgfältig über die verwendeten sprachlichen Formulierungen und Antwortkategorien zu entscheiden. Bei der Formulierung von Fragen sind vor allem die Kriterien Verständlichkeit (einfache Sprache, kommentierte Beispiele, Layout etc.), Eindeutigkeit (konkreter Bezugsrahmen) und Trennschärfe zu berücksichtigen (Wellenreuther 2000, 339; Raithel 2006, 67 ff.). Wichtig ist, dass nicht nach theoretischen Begriffen (etwa Sozialisation, strukturelle Gewalt, emotionale Vernachlässigung) gefragt wird, sondern mehrere darauf bezogene, verständliche Fragen formuliert werden. Wenn noch wenig Orientierungswissen über den untersuchten

Gegenstand vorliegt, eignen sich eher offene Fragen; um diese jedoch quantitativ auswerten zu können, müssen sie kategorisiert werden. Geschlossene Fragen bezüglich vorgegebener Antwortmöglichkeiten lassen sich in Alternativfragen mit zwei Antwortalternativen (z. B. trifft zu/trifft nicht zu) und in Multiple Choice-Fragen mit mindestens drei Antwortmöglichkeiten unterscheiden. In Ratingskalen sind Antwortalternativen graduell abgestuft.

Die Bedeutung eines Pretests (Vorerhebung) empfiehlt sich nicht nur bei schriftlichen Befragungen, da er auch dazu dienen kann, aus den genannten Antworten auf offene Fragen eindeutige und vollständige Kategorien zu bilden. Zur Überprüfung des Fragebogens gehört auch die statistische Auswertung, etwa um die Trennschärfe der Fragen ermitteln zu können (Wellenreuther 2000, 347 f.; Raithel 2006, 62 f.). Ein Hauptanwendungsgebiet für Fragebögen findet sich im diagnostischen Bereich, hier wird oftmals auf bestehende Messinstrumente und Fragebögen zurückgegriffen, um ein bestimmtes Merkmal oder eine Gruppe von Merkmalen (etwa bestimmte Persönlichkeitsdimensionen) zu erfassen. Aus den Problemen von Selbstbeschreibungsverfahren (hinsichtlich Introspektionsfähigkeit, Selbstbewusstheit etc.) sind ergänzend oder alternativ dazu Fremdbeurteilungsverfahren entwickelt worden. So spielen Fragebögen zur Peer-Nomination u. a. in der Aggressivitätsdiagnostik zur Erfassung von (offener und relationaler) Aggressivität sowie prosozialer Verhaltensweisen unter Kindern und Jugendlichen zunehmend eine bedeutende Rolle. Gollwitzer und Banse (2005) haben erstmals ein deutschsprachiges Instrument zum Zweck der gruppenbasierten Aggressivitätsdiagnostik entwickelt (PNSA-Skala) und für die Altersstufe 12–15 Jahre getestet. Messmethode und Messagent werden variiert, indem beobachtungsbasierte Lehrer- und Mitschülerurteile (Fremdbeobachtungen) mit Selbstbeschreibungen kombiniert werden, um dadurch eine validere Messung zu erhalten. Werden Messwerte, etwa antisozialen Verhaltens, unter Berücksichtigung verschiedener Messverfahren gebildet, dann spricht man auch von Konstruktmessungen. Antisoziales Verhalten wird dann als Konstrukt betrachtet, dessen Ausprägung durch Summieren verschiedener Testwerte erfasst wird, z. B. über verschiedene Personen, verschiedene Methoden (Fragenbögen, Interviews, Beobachtungen, offizielle Statistiken etc.) sowie in verschiedenen Situationen und Kontexten (Schule, Elternhaus, beim Spiel in der Gleichaltrigengruppe etc.) (Wellenreuther 2000, 269 f., 300 ff.).

Für bestimmte Bereiche der Sonderpädagogik entstehen bei schriftlichen Befragungen besondere zielgruppenbezogene Probleme und Herausforderungen, wenn Personen nur unzureichend in der Lage sind, einen standardisierten Fragebogen auszufüllen oder standardisierte Fragen im Interview zu beantworten. Der Gegenstand, etwa aggressives Verhalten in bestimmten Situationen, muss den Befragten bewusst zugänglich sein und sie müssen die vorgegebenen Begriffe verstehen. Oberstes methodologisches Prinzip quantitativer Methoden und notwendige Voraussetzung für den Einsatz von der (meisten) statistischen Auswertungsschritte ist die Vergleichbarkeit der Daten neben dem Prinzip der Schaffung identischer Untersuchungsbedingungen und der exakten Wiederholbarkeit der Datengewinnung. Kulig (2007, 121) hebt diese Voraussetzungen für den Einsatz von Fragebögen mit Blick auf Menschen mit geistiger Behinderung hervor: „Fähigkeiten und Fertigkeiten der Menschen sind so verschieden, dass es in den meisten Fällen unmöglich ist, mit einem einheitlichen Instrument eine Stichprobe zu untersuchen bzw. die Ergebnisse sinnvoll miteinander zu vergleichen."

Beobachtungsmethoden in quantitativ ausgerichteten Untersuchungen sollen eine systematische und kontrollierte Verhaltensbeobachtung ermöglichen, die anhand eines standardisierten Beobachtungsrasters protokolliert wird. Die Durchführung – aufwändiger – standardisierter Beobachtungen ist gerade auch als Korrektiv für Erhebungen mit Fragebögen besonders wichtig. Bevor mit einer standardisierten Beobachtung die eigentlichen Daten erfasst werden, müssen zunächst die Beobachtungskategorien definiert und an konkreten Verhaltensbeispielen erläutert werden, danach werden die Modalitäten der Durchführung festgelegt (wer soll wann mit welcher Zeitdauer und in welcher Form beobachtet werden) und schließlich erfolgt eine Beobachterschulung mit dem Ziel, ein Mindestmaß an Beobachterübereinstimmung zu erreichen (Wellenreuther 2000, 294 ff.). Die wiederholten Beobachtungen sollten möglichst unter standardisierten Bedingungen erfolgen (gleiches Beobachtungsverfahren, gleiche Unterrichtsstunden etc.), um die Variabilität gering zu halten. Systematische Beobachtungen sind vor allem dann unentbehrlich, wenn es um nonverbale Kommunikation, um Verhalten statt Aussagen über Verhalten geht, aber auch, wenn die verbalen Fähigkeiten der Untersuchungspersonen stark eingeschränkt sind.

In der Sonderpädagogik wird oftmals mit klinischen Stichproben gearbeitet, etwa um pädagogisch-psychologische Interventionen bzw. Auswirkungen von Fördermaßnahmen durch kontrollierte Einzelfallstudien (oder Gruppenversuchspläne) zu überprüfen (vgl. Kern 1996; Wellenreuther 2000). Hierbei handelt es sich um eine Sonderform des Experiments, bei der der Nachweis erbracht werden muss, dass die erzielten Veränderungen (z. B. mehr prosoziales Verhalten) tatsächlich bzw. sehr wahrscheinlich auf die Intervention (etwa Soziales Training) und nicht auf andere Einflussfaktoren (Störvariablen) rückführbar sind. Häufiger als projektive Experimente sind Ex-post-facto-Studien eines bereits abgeschlossenen sozialen Prozesses anzutreffen, in denen die abhängige und unabhängige Variable erst im Nachhinein bestimmt wird. Vergleichsgruppen werden erst nach der Erhebung bei der Datenauswertung gebildet, wie beim Experiment ist es möglich, Gruppen miteinander zu vergleichen (Ex-post-Randomisierung). Oftmals ist es gar nicht möglich oder gewollt, aktiv unabhängige Variablen zu manipulieren oder die methodisch „reine"

Form des Experiments stößt in den Sozialwissenschaften und der Pädagogik schnell an ihre forschungsethischen Grenzen, so dass nicht-experimentelle oder quasi-experimentelle Studien in der Pädagogik und Psychologie oft größere Bedeutung haben (Raithel 2006, 50 f.).

3.2 Verfahren der Datenauswertung

Bei der Wahl des eingesetzten Erhebungsinstruments sind die Form der Datenaufbereitung sowie die Entscheidung über den Einsatz eines bestimmten Auswertungsprogramms bereits mitzudenken. Erhobene Messwerte und Daten werden im quantitativen Forschungsansatz mit statistischen Verfahren ausgewertet und mit entsprechenden Prüfkriterien konfrontiert, wodurch die anschließende Interpretation angeleitet wird. Die Analyse der erhobenen Daten besteht aus der statistischen Auswertung und der inhaltlich-theoretischen Interpretation der Befunde. Statistische Aggregate bilden die Analyseeinheit in der quantitativen Forschung, damit gemeint ist die „Anhäufung von unabhängigen Variablen (z. B. Einzelpersonen) zum Zweck der Gewinnung statistischer Maßzahlen (z. B. durch Anteils- oder Durchschnittswerte) zur Kennzeichnung von Kollektiven" (Treumann 1998, 160). Sozialwissenschaftliche Daten müssen jedoch bestimmte Voraussetzungen erfüllen, um überhaupt mittels mathematisch-statistischer Verfahren und Methoden bearbeitet werden zu können. Voraussetzung für die Anwendung fast aller statistischer Verfahren ist die Erstellung einer Datenmatrix. Die erhobenen Daten müssen aufbereitet bzw. strukturiert werden; dies erfolgt meistens durch die (numerische) Verkodung der Rohdaten. Grundlage für die Erstellung einer Datenmatrix ist ein Kodeplan, der den einzelnen Fragen des Fragebogens jeweilige Variablennamen zuordnet; dies erfolgt häufig schon bei der Erstellung des Fragebogens (vgl. Raithel 2006, 83 ff.). Die Dateneingabe wird mit einer Prüfung und Korrektur der Eingabefehler und anderer Fehlerquellen abgeschlossen (Datenbereinigung) (ebd., 93 ff.).

Unter „statistischen Operationen sind alle mit quantitativen Daten durchführbaren Berechnungen zu verstehen, die Datenzusammenfassungen bzw. Kennwerte liefern und die deren weitere Analyse beinhalten" (Rogge 1995, 196). Statistische Operationen folgen in erster Linie bestimmten anwendungsorientierten Zielen wie „Zusammenstellung von Daten, Ermittlung von kennzeichnenden Werten der Datenkollektive, Berechnung von Zusammenhangsmaßen, Ermittlung statistisch bedeutsamer Unterschiede (Signifikanztests), Konstruktion und Analyse von Strukturen, Analyse von Zeitverläufen" (ebd.). Statistische Verfahren können entsprechend ihrer Hauptfunktionen in eine deskriptive und eine analytische (schließende) Statistik (auch Interferenzstatistik) unterteilt werden, je nachdem, ob die empirischen Daten als Basis für induktive Schlüsse und Prognosen (Wahrscheinlichkeiten) dienen oder eher im Sinne der Informationsreduktion (etwa Darstellung von Häufigkeiten) und zur Beantwortung einer beschreibenden Fragestellung (Kromrey 2006, 439).

Nur wenn bestimmte Voraussetzungen hinsichtlich der Struktur und Qualität der erhobenen Daten erfüllt sind (vor allem die Zähl- und Messbarkeit der Tatbestände), können aus statistischen Modellen sinnvolle Schlussfolgerungen gezogen werden. Dies gilt insbesondere für multivariate Verfahren, die eine größere Anzahl von Zusammenhängen und Merkmalen (abhängigen Variablen) simultan (z. B. durch Regressionsanalyse, Faktorenanalyse, Clusteranalyse etc.) berücksichtigen und zu den komplexesten statistischen Analysemethoden zählen (vgl. Wellenreuther 2000, 384 f.). Bi- und multivariate Analyseverfahren werden in erster Linie dann angewendet, wenn geprüft werden soll, ob ein theoretisch angenommener Zusammenhang sich statistisch bestätigen lässt und somit signifikant ist. Ein statistischer Zusammenhang liegt dann vor, wenn die Nullhypothese (die keine Assoziation zwischen den Variablen annimmt) zurückgewiesen und stattdessen ein systematischer Zusammenhang bzw. eine alternative Hypothese angenommen werden kann (Raithel 2006, 122). Bei der Ergebnisinterpretation ist zu berücksichtigen, dass auch dann, wenn statistisch kein signifikanter Zusammenhang aufzuweisen ist, dies nicht bedeuten muss, dass in der sozialen Realität kein Zusammenhang vorliegt, sondern nur, dass die Nullhypothese aufgrund der vorliegenden Ergebnisse nicht verworfen werden kann. Dieser Befund kann durchaus eine neue Erkenntnis darstellen. Mit der Größe der Stichprobe steigt die statistische Signifikanz, weshalb immer erst die Relevanz eines Sachverhaltens bestimmt und theoretisch reflektiert werden muss. Hinsichtlich des „Primats der praktischen Relevanz" empirischer sozial-/erziehungswissenschaftlicher Forschung ist mit Raithel hervorzuheben, dass „auch in umgekehrter Richtung nicht eine inhaltsleere blinde Suche nach statistischer Relevanz Sinn sozial-/erziehungswissenschaftlich empirischer Forschung [ist]; hier sollte immer die praktische Relevanz im Sinne einer deduktiven Forschungslogik die höhere Dignität besitzen" (ebd., 184).

4 Reflexivität, Subjekt- und Standortgebundenheit

In der qualitativen Forschung wird die Forderung erhoben, Interpretationen in (Forscher-) Gruppen durchzuführen, um darüber Perspektiven zu triangulieren, Lesarten zu erweitern und Interpretationen zu validieren. So ist etwa bei der Erstellung von Beobachtungsberichten und Fallanalysen sorgfältig zwischen eigener Interpretation und tatsächlich Beobachtetem bzw. Gesagtem zu unterscheiden. Quantitative Ansätze versuchen zwar durch die Verwendung standardisierter Erhebungsinstrumente ein höheres Maß an Objektivität zu erreichen, dennoch findet die Subjekt- und Standortgebundenheit des Forschers oder der Forscherin immer schon Eingang in die „tat-

sächliche" Beobachtung oder Befragung und kommt bereits in der Konzeption der Studie zum Tragen. Das Postulat der Reflexivität des Forschers oder der Forscherin bedeutet für die Analyse erhobener Daten gerade in interpretativen Ansätzen, dass die Situation, in der Interviews und/oder Beobachtungen stattfinden, die Interaktion zwischen Forschenden und Beforschten berührt und damit verbundene Gedanken, Gefühle und Projektionen notiert und in der Forscher-(Supervisions-)Gruppe reflektiert werden sollten. Hier stellt sich die Frage, ob diesem Bereich nicht auch in der quantitativen Forschung mehr Beachtung geschenkt werden sollte. Die Suche der Interviewer oder Beobachter nach der Balance zwischen dem notwendigen Grad an Identifikation, einer von Empathie und Achtung getragenen Haltung, der Herstellung einer vertrauensvollen und offenen Atmosphäre und notwendiger (analytischer und emotionaler) Distanz bzw. Abgrenzung provoziert Rollenkonflikte und mündet in eine dilemmatische Anforderungssituation: „Bei voller Identifikation gibt es keine Distanz und vice versa" (Lamnek 2005, 637). Diese Anforderungssituation stellt sich in verschärftem Maße in qualitativen Forschungsansätzen, dürfte jedoch auch in der quantitativen Forschung (in Ansätzen) zum Tragen kommen und sollte entsprechend reflektiert werden.

Weiterhin sind sowohl in der qualitativen als auch in der quantitativen Forschung ethische Grundsätze bei der Durchführung der Untersuchung zu berücksichtigen. Entsprechenden Prinzipien folgend, dürfen Personen nicht getäuscht werden und sind diese spätestens nach Abschluss der Untersuchung über das eigentliche Ziel und die Fragestellung der Untersuchung aufzuklären (vgl. Deutsche Gesellschaft für Erziehungswissenschaft 1997; Wellenreuther 2000). Im (sonder-)pädagogischen Bereich sind ethische Prinzipien deshalb so nachdrücklich zu beachten, da die untersuchten Personen mitunter nicht ausreichend in der Lage sind, ihre Einwilligung zur Teilnahme an einer Untersuchung zu reflektieren und zu erklären und sich nicht selten in einem Abhängigkeitsverhältnis befinden.

Literatur

Bereswill, Mechthild & Greve, Werner (Hrsg.) (2001): Forschungsthema Strafvollzug. Baden-Baden

Bergold, Jarg B. & Breuer, Franz (1992): Zum Verhältnis von Gegenstand und Forschungsmethoden in der Psychologie. Journal für Psychologie, 1, 1, 24–35

Böhm, Andreas (2005): Theoretisches Codieren: Textanalyse in der Grounded Theory. In: Flick, Uwe et al. (Hrsg.): Qualitative Forschung. Ein Handbuch. 4. Aufl. Reinbek, 475–485

Bohnsack, Ralf (2003): Rekonstruktive Sozialforschung. Einführung in qualitative Methoden. Opladen

Deutsche Gesellschaft für Erziehungswissenschaft (1997): Standards erziehungswissenschaftlicher Forschung. In: Friebertshäuser, Barbara & Prengel, Annedore (Hrsg.): Handbuch Qualitative Forschungsmethoden in der Erziehungswissenschaft. Weinheim, 857–863

Eisner, Manuel & Ribeaud, Denis (2003): Erklärung von Jugendgewalt – eine Übersicht über zentrale Forschungsbefunde. In: Mansel, Jürgen & Raithel, Jürgen (Hrsg.): Kriminalität und Gewalt im Jugendalter: Hell- und Dunkelfeldbefunde im Vergleich. Weinheim, 182–206

Flick, Uwe (1995): Qualitative Forschung. Theorie, Methoden, Anwendung in Psychologie und Sozialwissenschaften. Reinbek

Gollwitzer, Mario & Banse, Rainer (2005): Eine Peer-Nominations-Skala zur Erfassung von Aggressivität und prosozialem Verhalten bei Kindern und Jugendlichen. Empirische Pädagogik, 19, 4, 325–341

Hopf, Christel (2005): Qualitative Interviews – ein Überblick. In: Flick, Uwe et al. (Hrsg.): Qualitative Forschung. Ein Handbuch. 4. Aufl. Reinbek, 349–359

Kelle, Udo (2005): Computergestützte Analyse qualitativer Daten. In: Flick, Uwe et al. (Hrsg.): Qualitative Forschung. Ein Handbuch. 4. Aufl. Reinbek, 458–502

Kern, Horst J. (1996): Einzelfallforschung in der (Sonder)Pädagogik. Multiple Grundraten-Versuchspläne. In: Heilpädagogische Forschung, 22, 3, 131–141.

Kriz, Jürgen (1999): Statistik. In: Asanger, Roland & Wenninger, Gerd (Hrsg.): Handwörterbuch Psychologie. Weinheim, 739–743

Kulig, Wolfram (2007): Forschungsmethoden. In: Theunissen, Georg et al. (Hrsg.): Handlexikon Geistige Behinderung. Stuttgart, 121–123

Kromrey, Helmut (2006): Empirische Sozialforschung. (11., überarb. Aufl.) Stuttgart.

Lamnek, Siegfried (2005): Qualitative Sozialforschung. Lehrbuch. 4., vollst. überarb. Aufl. Weinheim

Mayring, Philipp & Gläser-Zikuda, Michaela (2005): Die Praxis der Qualitativen Inhaltsanalyse. Weinheim

Mayring, Philipp (2007): Qualitative Inhaltsanalyse. Grundlagen und Techniken. 9. Aufl. Weinheim

Nußbeck, Susanne (2005): Forschungsmethoden. In: Hansen, Gerd & Stein, Roland (Hrsg.): Kompendium Sonderpädagogik. Bad Heilbrunn, 192–204

Raithel, Jürgen (2006): Quantitative Forschung. Ein Praxiskurs. Wiesbaden

Rogge, Klaus-Eckart (1995): Basiskarte: Statistische Operationen. In: Rogge, Klaus-Eckart (Hrsg.): Methodenatlas für Sozialwissenschaftler. Berlin, 196–205.

Rosenthal, Gabriele (2005): Interpretative Sozialforschung. Eine Einführung. Weinheim

Saldern von, Matthias (1995): Zum Verhältnis von qualitativen und quantitativen Methoden. In: König, Eckard & Zedler, Peter (Hrsg.): Bilanz qualitativer Forschung. Band I: Grundlagen qualitativer Forschung. Weinheim, 332–371

Steinke, Ines (2005): Gütekriterien qualitativer Forschung. In: Flick, Uwe et al. (Hrsg.): Qualitative Forschung. Ein Handbuch. 4. Aufl. Reinbek, 319–331

Teumann, Klaus (1998): Triangulation als Kombination qualitativer und quantitativer Forschung. In: Abel, Jürgen et al.: Einführung in die empirische Pädagogik. Stuttgart, 154–182

Ullrich, Carsten G. & Hollstein, Betina (2003): Einheit trotz Vielfalt? Zum konstitutiven Kern qualitativer Sozialforschung. In: Soziologie 32, 4, 29–43

Witt, Harald (2001): Forschungsstrategien bei quantitativer und qualitativer Sozialforschung [36 Absätze]. Forum Qualitative Sozialforschung/Forum: Qualitative Social Research (Online-Journal), 2, 1, Januar. http://www.qualitative-research.net/fqs-texte/1-01/1-01witt-d.htm [02.01.2006]

Witzel, Andreas (2000): Das problemzentrierte Interview [26 Absätze]. Forum Qualitative Sozialforschung/Forum: Qualitative Social Research [Online Journal], 1, 1, Januar. http://www.qualitative-research.net/fqs-texte/1-00/1-00witzel-d.htm [03.03.2007]

Wellenreuther, Martin (2000): Quantitative Forschungsmethoden in der Erziehungswissenschaft. Eine Einführung. Weinheim

Wüllenweber, Ernst (2006): Skizzen zur Forschung in Bezug auf Menschen mit geistiger Behinderung. In: Mühl, Hans et al. (Hrsg.): Pädagogik bei geistigen Behinderungen. Ein Lehrbuch für Studium und Praxis. Stuttgart, 566–572

Biographie

Andrea Dlugosch

1 Definition, Begriffs- und Gegenstandsgeschichte

Unter Biographie (im Selbstbezug Autobiographie) wird in einem allgemeinen Sprachgebrauch zunächst die literarische Darstellung der Lebensgeschichte eines Menschen verstanden. Des Weiteren ist der Begriff eingebettet in eine umfassendere wissenschaftliche und philosophiegeschichtliche Tradition. Demzufolge ist „Biografie […] die wissenschaftliche oder literarische Darstellung der Lebensgeschichte von Menschen. Bios bedeutet, aus dem Griechischen stammend, Leben, aber auch Lebensform; Grafe bedeutet Schrift. Biografie ist also gleichsam die Schrift eines Lebens, individuell oder kollektiv" (Marotzki 2006, 22). Systematisch nicht ausgeschlossen, wenn auch seltener vorkommend, wird der Begriff demnach auch in Bezug auf andere soziale Einheiten, z. B. Familien, Gruppen oder ggf. auch Nationen, verwendet, nicht nur in Bezug auf den einzelnen Menschen. „Es handelt sich dann lediglich um ein höheres Aggregationsniveau von Sozialität" (ebd., 23). [→ V Sozialisation und Lebenslauf]

Dem Begriff haftet eine Mehrdeutigkeit an, die durch die inhärente Differenz von gelebtem Leben als Praxis und beschriebenem Leben als textuelle Gestalt, in Erzählform oder in verschrifteter Form, entsteht. Im Unterschied zur eher formalen Struktur des Lebenslaufs, der die Ereignisabfolge von institutionell gerahmten Sequenzen (z. B. Schullaufbahn, beruflicher Werdegang) darstellt, „bezeichnet der Begriff Biographie die subjektive Konstruktion des gelebten Lebens, d. h. das Resultat einer Bedeutungs- und Sinnverleihung, die situativ erfolgt. Biographie bezeichnet somit eine aktive Leistung des Subjektes, durch die Vergangenheit angesichts von Gegenwart und Zukunft reorganisiert wird" (Marotzki 1996, 72). Im Zentrum der biographischen Perspektive steht somit die Temporalität menschlichen Seins als Rahmung für Sinn- und Bedeutungseinheiten des Subjekts.

„Als literarische Gestaltungsform ist Biographie bereits im griechisch-römischen Altertum bekannt. Ihre spezifisch moderne Bedeutung erhält sie mit der Herausbildung des bürgerlichen Individuums, in Europa seit der italienischen Renaissance des 14. und 15. Jahrhunderts, in Deutschland seit dem späten 18. Jahrhundert. In diesem Kontext ist Biographie zunächst Gegenstand allgemeinen philosophisch-geisteswissenschaftlichen Interesses im Zuge der Aufklärung. Mit der Ausdifferenzierung der Einzelwissenschaften im 19. Jahrhundert wird Biographie zu einer Kategorie verschiedener Disziplinen, besonders der Psychologie, Pädagogik, Soziologie, Geschichte und – als literarische Gattung – Gegenstand literaturwissenschaftlicher Forschung. Diese disziplinäre Aufgliederung hat eine zunehmende Differenzierung, unterschiedliche Akzentsetzungen und eigene wissenschaftliche und literarische Konjunkturen des Biographiebegriffs zur Folge" (Alheit & Dausien 1990, 405).

In den unterschiedlichen Aufmerksamkeitsrichtungen auf den Gegenstandsbereich Biographie kommen Charakteristika der disziplinären Perspektiven zum Ausdruck: Während die „Soziologie (…) vor allem (analysiert), wie Gesellschaftsmitglieder gemeinsam Biographien aufbauen, welche gesellschaftlichen Baupläne es dazu gibt und welche sozialen Aufgaben Biographien haben", versucht die Psychologie „insbesondere in ihren psychoanalytischen Varianten, (…) von lebensgeschichtlichen Erzählungen auf grundlegende Persönlichkeitsstrukturen zu schließen oder aber, wie die neuere Entwicklungspsychologie der Lebensspanne, durch die Analyse von mündlich erhobenen Autobiographien gerade die Problematik einer phasenorientierten Gliederung des Lebenslaufs deutlich zu machen". Das Hauptaugenmerk der erziehungswissenschaftlichen Biographieforschung liegt darauf, „Lebensgeschichten unter dem Focus von Lern- und Bildungsgeschichten zu rekonstruieren" (Krüger 1999, 14).

Theorie- und disziplingeschichtlich lassen sich Markierungspunkte benennen, die Konjunkturen des Biographiebegriffs und der biographischen Perspektive in den genannten Disziplinen einleiten. Für die Soziologie ist, trotz darauf erfolgter Einwände, das Werk von William I. Thomas & Florian Znaniecki „The Polish Peasant in Europe and America" in den 1920er Jahren des 20. Jahrhunderts als methodisch innovativ zu bewerten. Es markiert „den Beginn eines explizit biographischen Zugangs in der Soziologie, der sich jedoch – nach dem Niedergang der Chicago School – in den USA nur noch am Rande der soziologischen Disziplin halten konnte. In Deutschland erfuhr er in den 1960er und 1970er Jahren über die Soziologie des Arbeiterbewusstseins, die phänomenologisch inspirierte Soziologie und den Symbolischen Interaktionismus einen Aufschwung … und hat sich seitdem als Forschungsrichtung fest etabliert" (Wohlrab-Sahr 2002, 4).

Die pädagogische bzw. erziehungswissenschaftliche Auseinandersetzung mit dem Gegenstandsbereich Biographie ist eng an psychologische Traditionslinien gekoppelt, wiewohl die Pädagogik selbst, bereits im 18. Jahrhundert, namentlich vertreten durch Rousseau oder auch Niemeyer und Trapp, an der Begründung der Biographieforschung wesentlich mitwirkte (vgl. Krüger 1999, 15). Ecarius weist unter Rekurs auf Vorläufer im 18. Jahrhundert darauf hin, dass die erziehungswissenschaftliche Biographieforschung in den 1920er Jahren im Rahmen der Pädagogischen Psychologie, verbunden mit den Namen Spranger, Bernfeld oder auch Ch. Bühler, ihre „erste Blütezeit" erlebte (Ecarius 1998, 129).

Nach dem Ende der Nazi-Diktatur, durch welche die biographischen Forschungsperspektiven, ob ihrer Unvereinbarkeit mit der verfochtenen Rassen-Ideologie, gestoppt wurden, wuchs nach dem Zweiten Weltkrieg, in Folge des zunächst quantitativ orientierten Mainstreams und der realistischen Wende, Ende der 1960er Jahre sowohl in der Bundesrepublik als auch länderübergreifend (z. B. Frankreich, Italien, USA) allmählich wieder das Interesse an der Biographieforschung. Krüger nennt für diese Entwicklungen wissenschaftsinterne und -externe Gründe. Letztere stehen insbesondere im Zusammenhang mit dem weitreichenden Individualisierungsschub, in dessen Folge traditionelle Orientierungsrahmen erodieren (vgl. Krüger 1999, 16).

Marotzki positioniert die erziehungswissenschaftliche Biographieforschung im Schnittbereich von zwei Traditionslinien: „Zum einen handelt es sich um eine Reaktualisierung geisteswissenschaftlich-hermeneutischer und phänomenologischer Tradition, vor allem der Philosophie Wilhelm Diltheys und Edmund Husserls, zum anderen handelt es sich um die sozialwissenschaftliche Entwicklungslinie des Interpretativen Paradigmas, die im weitesten Sinne als Verstehende Soziologie oder Wissenssoziologie angesprochen werden kann" (Marotzki 1999, 325). Inzwischen erweist sich der Begriff Biographie mit dem damit einhergehenden Konzept für die Erziehungswissenschaften als zentral. Für die Pädagogik ist die Relevanz der Kategorie Biographie offensichtlich: Ein „biographischer Bezug ist der Pädagogik in ihrem Gegenstand vorgegeben" (Schulze 1992, 269). Schulze macht darauf aufmerksam, dass die „neuzeitliche Pädagogik bereits in ihren Anfängen auf den grundlegenden Zusammenhang von Biographie, Gesellschaft, Geschichte und Erziehung hingewiesen hat", wenn auch mit unterschiedlichen Akzentsetzungen (ebd., 269).

2 Zentrale Erkenntnisse, Forschungsstand, Perspektiven

Im Gegensatz zu einer alltagssprachlich vermeintlichen Verkürzung ist Biographie nicht der Ausdruck einer subjektivistischen Position, sondern „als Konzept strukturell auf der Schnittstelle von Mikro- und Makroebene angesiedelt" und dementsprechend am Übergang von Individuum und gesellschaftlichem Kontext zu positionieren (Marotzki 1996, 70). Mit der biographischen Perspektive wird die Synchronizität von Besonderem und Allgemeinem, von Subjektivem und Gesellschaftlichem, von Emergenz und Struktur betont. Im Sinne einer dialektischen Grundfigur fordert diese Perspektive dazu auf, sowohl in der Theorie- und Erkenntnisbildung als auch in Bezug auf die soziale Praxis auf den Dualismus von Subjekt und Gesellschaft und damit verbundene Reduktionismen zu verzichten.

Die Landschaft der Biographieforschung und biographietheoretischer Ansätze in ihren disziplinären Ausprägungen ist durch vielfältige Domänen gekennzeichnet. Diese stehen nicht zwangsläufig miteinander in Beziehung, existieren daher auch parallel in ihrer unterschiedlichen Perspektivität oder sind rhizomartig vernetzt. Dieser Umstand legt nahe, die Kategorie Biographie als transversal einzuschätzen. Biographie als Gegenstandsbereich der Forschung und Wissenschaft ist mehrperspektivisch und mehrdimensional, in seiner Darstellung daher zwangsläufig selektiv und fragmentarisch. Völter u. a. sprechen kennzeichnend für den aktuellen Diskurs daher einleitend auch von einer „Polyphonie der Biographieforschung" (Völter et al. 2005, 9).

Für Lern-, Bildungs- und Entwicklungsprozesse sind insbesondere die folgenden Aspekte relevant: 1. Biographie als Alltagsschema, das Gesellschaftsmitgliedern eine Orientierungsleistung bietet, 2. Biographie(n)/biographische Dokumente als Gegenstand der empirischen Forschung, 3. Biographie als Bezugspunkt pädagogischen Handelns und reflexiver Professionalität.

1. Mit Hilfe des Deutungsmusters Biographie wird alltägliche Lebenspraxis strukturiert. Durch die Rückspiegelung auf die eigene Lebensgeschichte stellt das Individuum Kohärenz inmitten eines Kontextes her, der durch gesellschaftliche Multioptionalität, aber auch Riskanz gekennzeichnet ist. Der hiermit verbundene und durch Martin Kohli in die soziologische Diskussion eingebrachte Terminus Biografizität wird von Alheit als „eine Art ‚Schlüsselqualifikation' moderner Existenz" betrachtet (Alheit 2006, 25). Der sich ausdifferenzierende Kontext verlangt nach einer „Zunahme an Selbstbezüglichkeit und autonomer Auseinandersetzung mit dem eigenen Leben" (Kramer 2007, 83). Diese „‚Biographisierungsprozesse' treffen nicht nur für Erwachsene zu, sondern in immer stärkerem Maße auch für Kinder und kindliche Entwicklungsverläufe" (ebd., 84). Verbunden hiermit sind identitätstheoretische Annahmen, insofern die Frage der Kohärenz des Subjekts im Kontext gesellschaftlicher Diskontinuitäten, trotz pointierter Entgegnungen der letzten Jahre, aktuell bleibt. [→ II Identität] Der disziplinäre Kontext der Behindertenpädagogik wirft in diesem Zusammenhang die Frage auf, inwieweit die als notwendige Schlüsselqualifikation (post-)moderner Existenz eingeschätzte Ressource Biographie auch unter den Bedingungen von Behinderung, Benachteiligung, Risiko und Entwicklungsbesonderheiten konzeptualisiert und ausbuchstabiert werden kann (vgl. Dederich 2001, 124 ff.).

2. Biographien, die anhand von biographischen Dokumenten (z. B. Tagebücher oder Aufsätze) bzw. von erzählten und dokumentierten Selbstpräsentationen über den methodisch kontrollierten Weg rekonstruiert werden können, gewähren Einblicke in konkrete Lebenspraxen. Inzwischen liegt eine Vielzahl von Untersuchungen vor. Krüger bilanziert seit Mitte der 1980er Jahre einen großen Zuwachs an empirischen Projekten. Das Feld der erziehungswissenschaftlichen bzw. der pädagogischen Bio-

graphieforschung ist weit gesteckt: von der biographisch orientierten, historischen Erziehungs- und Sozialisationsforschung, über Studien zu Kinder-, Jugend- und Studierendenbiographien bis zu biographischen Studien in unterschiedlichen erziehungswissenschaftlichen Teildisziplinen, wie z. B. in der Schul- oder Sozialpädagogik (Krüger 1999, 17 ff.).

3. Neben dem generellen Verweisungszusammenhang der Lebensgeschichte für pädagogisches Handeln werden mit Hilfe eines rehistorisierenden Zugangs Entwicklungen und ihre Besonderheiten (re-)konstruierbar. [→ III Rehistorisierende Diagnostik] Biographische Perspektiven in fallrekonstruktiver diagnostischer Absicht werden in den letzten Jahren zunehmend etabliert. Biographien stellen zudem Lerngegenstände dar und bieten in der Selbstthematisierung die Grundlage für die Arbeit an der eigenen Biographie. Weitere Erkenntnisfortschritte können in einer Verbindung des Biographiekonzepts mit dem Resilienzkonzept [→ III Risiko und Resilienz] erwartet werden. Für pädagogisches Handeln kommt es im Einzelfall „dann auf die jeweils konkret vorliegende Ausformung der Prozessstrukturen in ihrer Eigenlogik an und darauf, dass der professionelle Akteur an die lebensgeschichtlich jeweils vorliegenden biographischen Ressourcen anknüpfen kann" (Kramer 2007, 91). Der professionelle Akteur steht zudem selbst in der Anforderung der Selbstbezüglichkeit. Verbindungen zwischen Biographie und Professionalität/Professionalisierung stellen daher einen weiteren Erkenntnissektor dar. Für die Handelnden in pädagogischen Feldern, insbesondere unter erschwerten Bedingungen, bleibt der Zusammenhang von professioneller Entwicklung und Biographie ein wichtiger Baustein einer reflexiven Professionalität (Dlugosch 2003). [→ II Professionalität; X Professionelles Handeln]

3 Ausblick

Die Kategorie Biographie ist, insbesondere im Hinblick auf grundlegende epistemologische Annahmen, voraussetzungsreich. In diesem Zusammenhang stellt sich die Frage der „Biographie als gegenwärtiges Konstrukt oder als Nacherleben von Erlebtem" (Ecarius 1998, 134). Sie wird inzwischen nicht auf einen Aspekt (Konstruktion oder Rekonstruktion) reduziert beantwortet und auch in der Disziplin der Sonder- und Heilpädagogik erörtert (vgl. Dlugosch 2003, 178 ff.).

Die Auseinandersetzung mit systemtheoretischen und konstruktivistischen Positionen bildet anhaltend einen weiteren Teildiskurs ab, der auch methodologische Weiterentwicklungen anstößt. Biographie als interaktionsabhängige Ko-Konstruktion setzt zudem „die interaktive eingebettete Selbstbezüglichkeit des Subjekts in der Konstitution von Erfahrung und in der Bearbeitung erlebter Ereignisse voraus" (Kramer 2007, 83). Damit verknüpft sind Antworten auf die Frage notwendig, wie für biographische Selbstpräsentationen, auch unter (prekären) Bedingungen von Behinderung, Benachteiligung oder Ausgrenzung, konsensuelle Bereiche in Aussicht stehen. Für die Behindertenpädagogik wird es zukünftig darum gehen, an den erziehungs- und sozialwissenschaftlichen Diskurs in biographietheoretischer, empirisch-methodologischer und konzeptioneller Hinsicht Anschlussfähigkeit zu garantieren.

Literatur

Alheit, Peter (2006): Biografizität. In: Bohnsack, Ralf et al. (Hrsg.): Hauptbegriffe Qualitativer Sozialforschung. 2. Aufl. Opladen, 25

Alheit, Peter & Dausien, Bettina (1990): Biographie. In: Sandkühler, Hans-Jörg (Hrsg.): Europäische Enzyklopädie zu Philosophie und Wissenschaften. Bd. 1. Hamburg, 405–418

Dederich, Markus (2001): Menschen mit Behinderung zwischen Ausschluss und Anerkennung. Bad Heilbrunn

Dlugosch, Andrea (2003): Professionelle Entwicklung und Biografie. Impulse für universitäre Bildungsprozesse im Kontext schulischer Erziehungshilfe. Bad Heilbrunn

Ecarius, Jutta (1998): Biographie, Lernen und Gesellschaft. Erziehungswissenschaftliche Überlegungen zu biographischem Lernen in sozialen Kontexten. In: Bohnsack, Ralf & Marotzki, Winfried (Hrsg.): Biographieforschung und Kulturanalyse. Transdisziplinäre Zugänge qualitativer Forschung. Opladen, 129–151

Kramer, Rolf-Torsten (2007): „Biographie" und „Resilienz" – ein Versuch der Verhältnisbestimmung. In: Opp, Günther & Fingerle, Michael (Hrsg.): Was Kinder stärkt. Erziehung zwischen Risiko und Resilienz. 2., völl. neu bearb. Aufl. München, 79–97

Krüger, Heinz-Hermann (1999): Entwicklungslinien, Forschungsfelder und Perspektiven der erziehungswissenschaftlichen Biographieforschung. In: Krüger, Heinz-Hermann & Marotzki, Winfried (Hrsg.): Handbuch erziehungswissenschaftliche Biographieforschung. Opladen, 13–32

Marotzki, Winfried (1996): Neue Konturen Allgemeiner Pädagogik: Biographie als vermittelnde Kategorie. In: Borrelli, Michele & Ruhloff, Jörg (Hrsg.): Deutsche Gegenwartspädagogik, Bd. II. Hohengehren, 67–84

Marotzki, Winfried (1999): Erziehungswissenschaftliche Biographieforschung. Methodologie – Tradition – Programmatik. In: Zeitschrift für Erziehungswissenschaft 2, 3, 325–341

Marotzki, Winfried (2006): Biografieforschung. In: Bohnsack, Ralf et al. (Hrsg.): Hauptbegriffe Qualitativer Sozialforschung. 2. Aufl. Opladen, 22–24

Schulze, Theodor (1992): Biographisch orientierte Pädagogik. In: Petersen, Jörg & Reinert, Gerd-Bodo (Hrsg.): Pädagogische Konzeptionen. Eine Orientierungshilfe für Studium und Beruf. Donauwörth, 269–294

Völter, Bettina et al. (Hrsg.) (2005): Biographieforschung im Diskurs. Wiesbaden

Wohlrab-Sahr, Monika (2002): Prozessstrukturen, Lebenskonstruktionen, biographische Diskurse. Positionen im Feld soziologischer Biographieforschung und mögliche Anschlüsse nach außen. In: BIOS 15, 1, 3–23

Objektive Hermeneutik

Andreas Wernet

1 Zum Forschungsverständnis der Objektiven Hermeneutik

Die Methode der Objektiven Hermeneutik geht auf den Frankfurter Soziologen Ulrich Oevermann zurück. Sie gehört zu den so genannten qualitativen Methoden, die seit den 1960er Jahren eine rapide Entwicklung und Differenzierung erfahren haben. Gemeinsam ist diesen Methoden die Kritik am quantitativen Forschungsparadigma, das bezüglich der Erforschung sozialer Phänomene deshalb als unzureichend angesehen wird, weil die im Kontext dieser Forschungstradition elaborierten Methoden und Forschungsprozeduren keine sinnerschließenden Operationen vorsehen. So wichtig und unverzichtbar die quantitative Erfassung sozialer Phänomene auch ist; damit sind Verstehensprobleme eher aufgeworfen, denn forschungsmethodisch bearbeitet. Zu letzterem bedarf es qualitativer Methoden. [→ Qualitative und quantitative Methoden; Erklären und Verstehen]

Im Kontrast zu den diese Methodenentwicklung der 1960er und 1970er Jahre dominierenden interaktionistischen, sozialkonstruktivistischen und phänomenologischen Ansätzen, die dem Verstehensanspruch methodisch im Modus des lebensweltlichen Nachvollzugs gerecht werden wollen („going native"), orientiert Oevermann sich an strukturalistischen Theoriepositionen (u. a. Lévi-Strauss, Piaget, Chomsky) und verbindet diese mit einem Forschungszugriff, der methodische Bezüge zur „skriptualen Hermeneutik"

(Ricœur) herstellt. So entsteht eine verstehende Methode, deren Ziel es ist, Sinnstrukturen zu rekonstruieren, und deren empirisches Vorgehen auf Textanalyse basiert. Die methodisch und methodologisch originäre Position der Objektiven Hermeneutik besteht in ihrem textmethodischen Ansatz einer verstehenden, wirklichkeitswissenschaftlichen Forschung.

Dieser Ansatz muss zunächst überraschen, scheint doch die methodische Berufung auf die Binnenperspektive der Akteure, auf die Teilnahme an ihrem Alltag und ihrer Lebenswelt und auf das Sichhineinversetzen in ihre Handlungssituation und ihre Handlungsmotive für eine verstehende Forschung ausgesprochen nahe liegend zu sein. Der Ansatz der Objektiven Hermeneutik bestreitet nun nicht die Bedeutung der Evidenzen naturwüchsiger und unmittelbarer Erfahrung als Fundus einer sinnverstehenden Forschung. Dieser liefert aber noch kein Instrumentarium der methodischen Kontrolle einer verstehenden Forschung.

Statt auf die Evidenz der unmittelbaren Erfahrung beruft sich die Objektive Hermeneutik auf die Textförmigkeit sozialer Wirklichkeit. Die Sinnstrukturen der sozialen Wirklichkeit bilden und artikulieren sich in Texten; in sprachlichen und außersprachlichen Ausdrucksgestalten. Die Sinnhaftigkeit und Sinnstrukturiertheit der sozialen Welt vollzieht sich konstitutiv im symbolischen Austausch; in der Erzeugung und Interpretation von Ausdrucksgestalten. Diese konstitutionstheoretische Annahme wendet Oevermann forschungslogisch in das Postulat eines methodologischen Realismus: Eine Methode des Verstehens kann ihre Geltung auf nichts anderes stützen als auf die Angemessenheit ihrer Interpretation von Protokollen sozial erzeugter Ausdrucksgestalten (vgl. Oevermann 1993). Damit ist das Datum einer verstehenden Methode der Geltungsüberprüfung benannt. Es ist der Text, der in der Forschungsperspektive zum Protokoll im Sinne einer „fixierten Lebensäußerung" (Dilthey) wird. Die sinnverstehende Forschung verfügt, so eine zentrale Annahme der Objektiven Hermeneutik, über keine anderen Daten als über Protokolle der zu verstehenden Wirklichkeit. Insbesondere die Vorstellung eines methodischen Zugriffs auf eine primäre, den Protokollen vorgelagerte Wirklichkeit, verwirft die Objektive Hermeneutik.

Wo eine soziale Praxis sich nicht schon selbst protokolliert hat (das gilt z. B. für den medialen öffentlichen Diskurs, aber auch für Tagebücher, Briefwechsel, Schulprogramme usw.), ist die Methode der Objektiven Hermeneutik auf die Erhebung eines Protokolls angewiesen. Den forschungslogisch präferierten Protokolltyp stellen technisch fixierte (aufgezeichnete und transkribierte) Interaktionsprotokolle dar. Damit wird eine gewisse Artifizialität der Datengrundlage in Kauf genommen. Offensichtlich entbehrt es diesen Protokollen der Reichhaltigkeit der unmittelbaren Erfahrung. Dieser sinnlichen, gleichsam ästhetischen Verarmung steht gegenüber, dass sie in strukturanalytischer Hinsicht eine komplexe und strukturell vollständige Datengrundlage darstellen. Obwohl lückenhaft und in einem umfangslogischen Sinne unvollständig, stellen Protokolle, solange der Akt ihrer Erstellung keine „Umdichtung" vornimmt, solange also keine systematische, sinnentstellende Umformung erfolgt, authentische Ausdrucksgestalten der sinnstrukturellen Verfasstheit der protokollierten Handlungspraxis dar.

2 Manifeste und latente Sinnstrukturen

Neben der skizzierten Textförmigkeitshypothese sozialer Wirklichkeit ist eine weitere Prämisse zentral für das Forschungsverständnis der Objektiven Hermeneutik: die Unterscheidung manifester und latenter Sinnstrukturen. Diese Unterscheidung, die begrifflich an die Freudsche Unterscheidung von manifestem Trauminhalt und latentem Traumgedanken anknüpft, ist für Methode, Forschungsverständnis und Forschungsinteresse der Objektiven Hermeneutik von grundlegender Bedeutung. Sie basiert auf der Annahme, dass in die Verfasstheit der sinnkonstituierten Welt sowohl Sinnbezüge eingehen, die den Handelnden als Intentionen, Handlungsmotive oder explizite Sinnentwürfe prinzipiell und unproblematisch zugänglich sind, als auch Sinndimensionen, die gleichsam hinter dem Rücken der Akteure handlungsleitend sind und nicht ohne Weiteres zur Verfügung stehen. Diese latenten Sinnstrukturen stehen in systematischem Spannungsverhältnis zu dem „subjektiv gemeinten Sinn" (M. Weber) der Akteure. Ihre Explikation stellt für das Alltags- und Selbstverständnis der Handelnden insofern eine Zumutung dar, als sie regelmäßig mit Überraschungen, Irritationen oder gar Kränkung der manifesten Sinnentwürfe einhergeht.

Die Objektive Hermeneutik beschränkt sich also nicht auf die Rekonstruktion manifester Sinnzusammenhänge, sondern bezieht die Ebene der latenten Sinnstrukturen in die Analyse mit ein. Und insofern beide Sinnebenen systematisch in einem Spannungsverhältnis zueinander stehen, stellt die Rekonstruktion der im jeweiligen Fall anzutreffenden Konstellation des Spannungsverhältnisses manifester und latenter Sinnstrukturen ein wesentliches Moment der verstehenden Erschließung dar. Die Besonderheit eines Falles zeigt sich also nicht schon in der Besonderheit seiner Sinnzuschreibungen und Sinnentwürfe, sondern erst in dem Spannungsverhältnis, das diese zu latent bleibenden Sinnstrukturen aufweisen und das es je fallspezifisch zu rekonstruieren gilt.

Diese methodische Ausrichtung hat nicht nur forschungslogische, sondern auch forschungspsychologische Implikationen. Sie verlangt dem Interpreten nämlich ab, in Distanz zu alltagsweltlichen Deutungen, denen er ja selbst unvermeidlich verbunden ist, zu treten und an dem Gang der methodisch kontrollierten Sinnrekonstruktion auch dann festzuhalten, wenn die empirisch gewonnenen Einsichten in Dissonanz geraten zu den Gewissheiten der eigenen, lebensweltlichen Sinnhorizonte. Darüber hinaus steht der objektiv-hermeneutischen Fallrekonstruktion die Zustimmung oder das Einverständnis der Akteure in die

Ergebnisse der Analyse als Mittel der Überprüfung oder Bewährung dieser Ergebnisse („kommunikative Validierung") nicht zur Verfügung. Im Gegenteil hat diese Analyse eben wegen der Einbeziehung der Ebene der latenten Sinnstrukturen damit zu rechnen, dass die Akteure die Befunde als unangemessen und unzutreffend abwehren. Je nach konkreter Konstellation und Fragestellung wirft diese Dissonanz auch die forschungsethische Frage der Mitteilung der Befunde auf (vgl. Hildenbrand 2005).

3 Zum methodischen Vorgehen

Der strikten Textbasiertheit des objektiv hermeneutischen Forschungszugriffs korrespondiert der Anspruch, methodische Regeln zu formulieren, deren Befolgung eine intersubjektiv überprüfbare Interpretation erlaubt. In Anlehnung an Popper bezeichnen wir dann eine Interpretation als überprüfbar, wenn sie sich auf Textlesarten stützt, die falsifizierbar sind. Genau darin besteht der Objektivitätsanspruch dieser Methode. Er besteht nicht in der Behauptung letzter, standortenthobener Wahrheiten. Es wird auch nicht der Anspruch erhoben, qua Befolgung der methodischen Regeln eine angemessene Interpretation evozieren zu können: nicht die Genese einer Lesart („context of discovery"), sondern ausschließlich ihre Geltung („context of justification") kann methodisch kontrolliert werden. Und das impliziert, dass die verstehenden Befunde, die unter Befolgung der methodischen Prozeduren vorgenommen werden, grundsätzlich auch durch ein unmittelbares (insofern „unmethodisches"), divinatorisches (Schleiermacher) Verstehen gewonnen werden können. Es geht dieser Methode weder um die Postulierung hermeneutischer Exklusivität noch hermeneutischer Virtuosität; es geht ihr um die Überprüfbarkeit von Verstehensoperationen.

Die Regeln, die die Objektive Hermeneutik vorsieht, ergeben sich fast zwanglos aus dem

methodologisch gewendeten „Sola-scriptura-
Prinzip". Sie versuchen zu gewährleisten, den
Text als Text ernst zu nehmen. Die drei wichtigsten Interpretationsregeln, 1. Wörtlichkeit,
2. Kontextfreiheit und 3. Sequenzialität, werde ich kurz vorstellen und erläutern (ausführlich dazu: Wernet 2009):

1. Wörtlichkeit

Das Prinzip der Wörtlichkeit verpflichtet die
Interpretation auf das Protokoll, so und genau
so, wie es dem Forscher – natürlich als gesichertes – vorliegt. D. h.: Es wird nichts weg-
gelassen, es wird nichts hinzugefügt, es wird
nichts umformuliert. Am einfachsten lässt sich
dieses Prinzip an den von Freud so genannten
Fehlleistungen veranschaulichen. Wenn sich
etwa in einer schriftlichen Einladung die Bezeichnung „Einleidung" findet, dann korrigieren wir diesen „Fehler" nicht, sondern sehen
in ihm einen sinnstrukturell motivierten Ausdruck. Die Korrektur orientierte sich offensichtlich an der manifesten Aussageintention:
der Akteur beabsichtigt, eine Einladung auszu-
sprechen. Erst die Beachtung des Prinzips der
Wörtlichkeit macht den „Fehler" überhaupt zu
einem empirischen Datum der hermeneutischen Erschließung. Er bringt das latente Motiv eines „Leidens" an der Einladung – sehr
prägnant und bezüglich des latenten Motivs
„fehlerfrei" – zum Ausdruck.

Diese wenigen Ausführungen zum Wört-
lichkeitsprinzip machen deutlich, dass die
methodische Verstehensoperation gegenüber
dem alltagsweltlichen Verstehen keine exklu-
siven Regelkenntnisse (zum Regelbegriff der
Objektiven Hermeneutik: Oevermann 1979,
1986) in Anschlag bringt. Die Differenz zum
alltagsweltlichen Verstehen ist vielmehr in
der spezifischen Haltung zum Text zu sehen,
auch diejenigen Sinnschichten zu explizieren,
die die alltagsweltliche Interpretation übersieht und übersehen muss.

2. Kontextfreiheit

Die objektiv-hermeneutische Textinterpreta-
tion basiert auf dem Prinzip, dass ein zu interpretierender Sequenzstrang zunächst unabhängig

von seinem tatsächlichen Äußerungskontext
interpretiert wird. Bevor die situative Stellung einer Äußerung gewürdigt wird, geht es
um die Explikation ihrer situationsunabhängi-
gen Bedeutungsstruktur. Die Grundoperation
der Bedeutungsexplikation besteht darin, bezüglich eines Sequenzstrangs (das kann, abhängig von forschungspragmatischen Erwä-
gungen, ein ganzer Sprechakt sein, kann aber
auch, wie im Beispiel der „Einleidung", ein
einzelnes Wort sein) gedankenexperimentell
Kontexte zu entwerfen. In welchen Kontexten
oder Situationen stellt die Sequenz eine wohl-
geformte Äußerung dar? Daraus ergibt sich
die Formulierung der fallunspezifischen und
insofern allgemeinen Bedeutungsstruktur der
Äußerung. Erst die Gegenüberstellung dieser
Interpretation mit dem tatsächlichen Kontext
führt dann zu einer fallspezifischen oder fall-
typischen Sinnrekonstruktion. Das Ziel dieses Vorgehens ist es, Fallbesonderheiten nicht
schon dadurch zu verschütten, dass die Besonderheit und Eigentümlichkeit einer Äußerung
auf den faktischen Kontext zurückgeführt und
mit ihm erklärt wird.

Auch hier will ich ein einfaches Beispiel
zur Verdeutlichung heranziehen. Wenn etwa
eine Lehrerin einen Schüler an die Tafel bittet
mit den Worten: „Du braucht keine Angst zu
haben", so abstrahieren wir im ersten inter-
pretatorischen Zugriff vom konkreten, schulischen Kontext und fragen: In welchen Situationen und Kontexten ist der Sprechakt „Du
brauchst keine Angst zu haben" als wohlge-
formte Äußerung anzutreffen. Zur Beantwortung dieser Frage entwerfen wir gedanken-
experimentelle Kontexte: So könnte etwa ein
Hundebesitzer sprechen, wenn er sieht, dass
ein Kind vor seinem Hund zurückschreckt;
oder eine Mutter, wenn ihr Kind bei der gemeinsamen Geisterbahnfahrt zu weinen beginnt. Diese Geschichten weisen Gemeinsamkeiten auf, die wir als die kontextunabhängige
Bedeutungsstruktur des Sprechakts explizieren können. Für das hier gewählte Beispiel:
Der Sprechakt erfolgt in einer ermutigenden
Absicht und setzt voraus, dass der Sprecher
unterstellt, es läge für das Gegenüber ein be-

ängstigender Umstand oder eine beängstigende Situation vor, die gleichzeitig für den Sprecher selbst nicht beängstigend ist. Überprüfen lässt sich diese Bedeutungsstruktur durch kontrastierende Gedankenexperimente. Würde ein Kind etwa sagen: „Ich freue mich schon auf meinen Geburtstag", so wäre die Antwort „Du brauchst keine Angst zu haben" absurd. Und würde sich die Mutter selbst in der Geisterbahn fürchten, würde der an das Kind gerichtete Sprechakt eben das Gegenteil („ich habe keine Angst") unterstellen.

Erst wenn die kontextunabhängige Bedeutungsstruktur einer Sequenz expliziert ist, wird der tatsächliche Kontext einbezogen: Eine Lehrerin bittet einen Schüler an die Tafel. Wir haben es also mit einer pädagogischen Ermutigung zu tun, die dem Schüler unterstellt, er habe Angst davor, an die Tafel zu kommen. Erst durch die kontextunabhängige Interpretation wird deutlich, dass damit eine alltägliche Unterrichtssituation als beängstigende Situation gedeutet wird. Darüber hinaus erfolgt die Angstunterstellung klassenöffentlich. Damit wird der adressierte Schüler als ängstlich stigmatisiert. Als Ergebnis dieser natürlich sehr verkürzten Analyse ließe sich dann der fallstrukturelle Befund festhalten, dass das offensichtlich gut gemeinte Motiv der pädagogischen Ermutigung in eigentümlicher Weise darauf beruht, die pädagogische Situation selbst als eine (mindestens potenziell) beängstigende zu unterstellen und zugleich einen symbolischen Integritätsverlust des adressierten Schülers in Kauf zu nehmen. Was als Ermutigung intendiert war (manifest), stellt sich als Verängstigung (latent) heraus.

3. Sequenzialität

Die Objektive Hermeneutik ist eine Methode der Sequenzanalyse. Die Interpretation erfolgt entlang der Ablaufstruktur des Protokolls. Dieses erscheint nämlich als Sequenz, d.h. nicht nur als zeitliches Nacheinander, sondern als ein entlang dieses Nacheinanders strukturiertes oder sich strukturierendes Gebilde. In diesem textlich protokollierten Nacheinander kommt in einem elementaren Sinne die „His-

torizität" sozialer Phänomene in den Blick. Die Prozessualität einer in eine offene Zukunft gerichteten Dynamik lässt sich nicht nur an denjenigen Ereignisketten, dir wir als historisch bezeichnen, beobachten, sondern findet sich auch mikrologisch in jedem Interaktionsverlauf. Fallstrukturen bilden und transformieren sich. Die Rekonstruktion einer Fallstruktur ist eine Rekonstruktion dieses Prozesses der Bildung und Transformation.

Die interpretatorische Regel, dem Gang des Protokolls zu folgen, stößt natürlich auf das forschungspraktische Problem, dass jeweils zu interpretierende Sequenzstränge immer ausschnitthaft sind. Schon die Datenerhebung protokolliert ja lediglich einen Ausschnitt einer sozialen Praxis und liegen umfangreiche Protokolle vor, können diese nicht in Gänze ausführlich interpretiert werden. Die Sequenzanalyse kann also nicht die Ausschnitthaftigkeit vermeiden. Sie vermeidet aber eine inhaltsanalytische Fragmentierung des Textgebildes, indem sie die jeweiligen Ausschnitte als Sequenz behandelt. Die Wahl des Anfangs eines zu interpretierenden Sequenzstranges erfolgt dabei auf der Folie forschungspragmatischer Überlegungen. Die Interpretation schreitet dann aber sequenziell soweit voran, bis sie eine fallstrukturelle Sättigung erreicht hat. Das Prinzip der Sequenzanalyse beruht also auf dem Verzicht auf ein von außen herangetragenes Abbruchkriterium. Erst im Gang der Rekonstruktion erweist sich ein Textausschnitt als Sequenz im Sinne einer sinnstrukturellen Einheit.

4 Abschließende Bemerkungen: Fallrekonstruktion und pädagogische Professionalität

In besonderer Weise versprechen fallrekonstruktive Verfahren einen Beitrag zur wissenschaftlichen Fundierung pädagogischen Handelns zu leisten. Denn die pädagogische Praxis ist nicht nur auf ein angemessenes Verständnis der Problemlagen ihrer Klienten angewiesen (klientenorientierte Kasuistik). Sie muss sich auch auf die Selbstreflexion stützen, um die Strukturprobleme des eigenen Handelns verstehen zu können (akteursorientierte Kasuistik; zu dieser Unterscheidung: Wernet 2006). Beide Dimensionen einer fallverstehenden Professionalisierung [→ II Professionalität; X Professionelles Handeln] sind für pädagogische Interventionen und Problemlösungen von grundlegender Bedeutung. Es bedarf der Möglichkeit, die berufspraktisch intuitiven und erfahrungsgestützten Verstehensprozesse durch ein methodisch kontrolliertes Verstehen zu begleiten, zu hinterfragen und gegebenenfalls zu korrigieren. Für eine diesem Professionsverständnis verpflichtete wissenschaftlich-kasuistische Ausbildung leistet die Objektive Hermeneutik einen wichtigen Beitrag.

Literatur

Garz, Detlef & Kraimer, Klaus (Hrsg.) (1994): Die Welt als Text. Theorie, Kritik und Praxis der objektiven Hermeneutik. Frankfurt a. M.

Hildenbrand, Bruno (2005): Fallrekonstruktive Familienforschung. Anleitungen für die Praxis. 2. Aufl. Wiesbaden

Oevermann, Ulrich et al. (1979): Die Methodologie einer „objektiven Hermeneutik" und ihre allgemeine forschungslogische Bedeutung in den Sozialwissenschaften. In: Soeffner, Hans-Georg (Hrsg.): Interpretative Verfahren in den Sozial- und Textwissenschaften. Stuttgart, 352–434

Oevermann, Ulrich (1986): Kontroversen über sinnverstehende Soziologie. Einige wiederkehrende Probleme und Mißverständnisse in der Rezeption der „objektiven Hermeneutik". In: Aufenanger, Stefan & Lenssen, Margit (Hrsg.): Handlung und Sinnstruktur: Bedeutung und Anwendung der objektiven Hermeneutik. München, 19–83

Oevermann, Ulrich (1993): Die objektive Hermeneutik als unverzichtbare methodologische Grundlage für die Analyse von Subjektivität. Zugleich eine Kritik der Tiefenhermeneutik. In: Jung, Thomas & Müller-Doohm, Stefan (Hrsg.): „Wirklichkeit" im Deutungsprozeß: Verstehen und Methoden in den Kultur- und Sozialwissenschaften. Frankfurt a. M., 106–189

Wernet, Andreas (2006): Hermeneutik – Kasuistik – Fallverstehen. Eine Einführung. Stuttgart

Wernet, Andreas (2009): Einführung in die Interpretationstechnik der Objektiven Hermeneutik. 3. Aufl. Wiesbaden

Diskursanalyse

Jan Weisser

1 Definition

Unter dem Stichwort der Diskursanalyse werden vielfältige empirische Forschungsmethoden und theoretische Zugänge diskutiert, die sich der Rekonstruktion und Vermessung eines ebenso vielfältigen Gegenstandes widmen, dem Diskurs respektive den Diskursen. Unter Diskursen versteht man Praxen der Verständigung, also alle möglichen Formen und Wege des Austausches von Wissen oder, allgemeiner, von Sinn. Auf Grund des hohen Abstraktionsgrades in der Definition des Gegenstandes gibt es zahlreiche Spiel- und Verwendungsarten von Diskursanalysen, in denen je nach Kontext Einschränkungen und Spezifizierungen vorgenommen werden können, etwa in Bezug auf das Medium von Wissen (Text, Bild, Ton), auf fachliche Referenzen (Linguistik, Psychologie, Geschichte, Soziologie), auf Rahmenbedingungen von Praxen (Reden und Ansprachen, wissenschaftliche Kommunikation, Massenmedien, öffentliche Debatten) usw. (vgl. Keller

2004). Die wissenschaftstheoretische Relevanz und Attraktivität der Diskursanalyse liegt darin, dass sie alles zu ihrem Gegenstand haben kann, was als Diskurs identifizierbar ist. Die Diskursanalyse zielt dabei stets auf einen Informationsgewinn zweiter Ordnung. Ihr Thema ist, was auf welche Weise von wem zum Thema gemacht wird und wie das behandelte Thema mit seinen Kontexten interagiert. Auf diese Weise schließt sie an Grundfragen menschlicher Erkenntnispraxis an und übersetzt sie in ein empirisches Forschungsprogramm: Sie will wissen, was gewusst werden kann. In den Diskussionen zur Diskursanalyse werden entsprechend vier Grundprobleme verhandelt: der eigene Kontext, die Frage nach dem Status der „Realität", das Verhältnis von Handeln und Erkennen sowie die Möglichkeit der Analyse unter den Bedingungen der Institution.

2 Wissen, Gesellschaft und Geschichte

Die Diskursanalyse fragt nach Praxen des Wissens, ohne die eine Dimension auf die andere zu reduzieren, sie ist immer zugleich Theorie der Erkenntnis [→ Erkenntnistheorie/ Erkenntnis] und Theorie der Gesellschaft. Im Kontext der deutschsprachigen Karriere von Diskurstheorie und Diskursforschung schließt sie deshalb an die nach dem Zweiten Weltkrieg erneuerte Tradition der Wissenssoziologie an, als deren Neubegründer Peter L. Berger (*1929) und Thomas Luckmann (*1927) gelten. Sie begründeten nicht die Diskursforschung, aber die für die Diskursforschung maßgebende Ausgangsdefinition der Wissenssoziologie: „Wir behaupten also, dass die Wissenssoziologie sich mit allem zu beschäftigen habe, was in einer Gesellschaft als ‚Wissen' gilt, ohne Ansehen seiner absoluten Gültigkeit oder Ungültigkeit" (Berger & Luckmann 2003, 3). In ihren Ausführungen beziehen sie sich auf die deutschsprachige Wissensso-

ziologie der 1920er Jahre bei Karl Mannheim (1893–1947) und Max Scheler (1874–1928). In ihrem Vorhaben der Analyse gesellschaftlicher Konstruktion von Wirklichkeit stützen sie sich zentral auf die Arbeiten des 1939 in die USA ausgewanderten Wieners Alfred Schütz (1899–1959) und dessen von Edmund Husserl (1859–1938) geprägte Phänomenologie der Lebenswelt. [→ II Sinn/sinnhaftes Handeln] In ihrer Grundlegung beziehen sie sich jedoch auf Karl Marx (1818–1883) und Friedrich Engels (1820–1895) und die, vor allem in den Frühschriften dokumentierte Abkehr von der idealistischen Philosophie. Diese theorietechnische Frontstellung ist bis heute das zentrale Moment jeder wissenssoziologischen und in der Folge diskurstheoretischen Fragestellung geblieben (vgl. Knoblauch 2005), weil sie gegen die Idee eines absoluten oder auch nur methodisch absolut gesetzten Wissens jedes Wissen als praktisch hergestelltes Wissen begreift: „Die Menschen sind die Produzenten ihrer Vorstellungen, Ideen pp., aber die wirklichen, wirkenden Menschen, wie sie bedingt sind durch eine bestimmte Entwicklung ihrer Produktivkräfte und des denselben entsprechenden Verkehrs bis zu seinen weitesten Formationen hinauf" (Marx & Engels 1990, 26).

Für die weitere Karriere der Diskursanalyse im letzten Drittel des 20. Jahrhunderts sollten aber nicht nur die in der Wissenssoziologie des 19. und frühen 20. Jahrhunderts transportierten erkenntnis- und gesellschaftstheoretischen Diskussionen bedeutsam werden, die in ihrer Entwicklung im deutschsprachigen Raum durch den Nationalsozialismus unterbrochen oder vernichtet worden waren. Mit „Die gesellschaftliche Konstruktion der Wirklichkeit" von Berger & Luckmann eröffneten sich Möglichkeiten der (Neu-)Aneignung von Arbeiten der Chicago School of Sociology und des amerikanischen [→] Pragmatismus, so etwa der Begriff des Diskursuniversums bei John Dewey (1859–1952) oder der diskursive Wahrheitsbegriff bei William James (1842–1910), respektive in den 1960er Jahren sich entwickelnde qualitative Forschungsmethodologien, beispielsweise bei Erving Goffman

(1922–1982). Aber auch Zugänge zur analytischen Philosophie, z. B. die Theorie der Sprechakte von John Langshaw Austin (1911–1960) und zur Wissenschaftsforschung im Umfeld von Ludwik Flecks (1896–1961) Theorie der Denkstile wurden für die Entwicklung eines empirisch aussagekräftigen Diskursbegriffs relevant, genauso wie die französische Soziologie und die Entwicklungen rund um den [→] Strukturalismus, namentlich bei Michel Foucault (1926–1984). Ebenso bedeutsam waren aber stets „dissidente Theorien" und ihre Forschungsprogramme, etwa der Feminismus oder explizit kritische Theorien, beispielsweise bei Antonio Gramsci (1891–1937) im Zusammenhang mit Folgen des Kolonialismus und Rassismus bei Frantz Fanon (1925–1961) oder im Kontext von psychischer Krankheit und Psychiatrie bei Franco (1924–1980) und Franca (1928–2005) Basaglia. Wissen, das ist die Grundeinsicht der Diskursanalyse, ist immer historisch hergestelltes und verwendetes Wissen, das Gegenstände ebenso zum Sprechen wie zum Schweigen bringt – und genau dadurch als Teil einer diskursiven Praxis lesbar wird.

3 Zentrale Probleme und Ergebnisse

3.1 Das Problem der „Realität"

Nach einer viel zitierten Formel von Foucault sind Diskurse Praktiken, „die systematisch die Gegenstände bilden, von denen sie sprechen" (Foucault 1992, 74). Diskurse sind jene Formen, in denen die Welt ist, wie sie ist. Sie bilden sie nicht ab, sondern sie bringen sie hervor. Sie haben keinen verborgenen Sinn, sondern sie funktionieren nach eigenen Regeln. Hinter ihnen steht keine Intention, sondern sie üben durch die Art und Weise ihres Erscheinens Macht aus. Mit anderen Worten: Diskurse sind jene Positivitäten, in denen die Diskursanalyse die Welt vollständig zugegen hat. Es gibt keine

andere Ontologie als jene, die wir (historisch) für uns selbst sind (Foucault 2001).

Diese radikale Konzeption hat der Diskursanalyse immer wieder Kritik eingebracht. In den entsprechenden wissenschaftstheoretischen Kontroversen ist bis heute das Idealismusproblem (siehe oben) virulent geblieben: Die Diskurstheorie wird idealistisch missverstanden, wenn man ‚den Diskurs' neben ‚die Realität' setzt und von irgendeiner Form der Entsprechung ausgeht. Damit wird die Realität nicht bestritten, sondern gesagt, dass unser Wissen die Realität nicht repräsentiert, sondern formt: Sie ist stets eine angeeignete Realität, eine Welt, mit der wir rechnen. Damit rückt das Moment der Praxis und mit ihm dasjenige der Zeit ins Zentrum der Diskursanalyse: In dem Maße, wie der Diskurs nicht als historische Praxis begriffen wird, steigen die Missverständnisse in Bezug auf das, was ein Diskurs ist, wie im Hinblick auf das, was die Diskursanalyse kann. Diskurse bezeichnen gegenstandskonstituierende Praxen, welche die Welt und ihre kontingenten Ereignisse erkennbar und vermittelbar machen. Und die Diskursanalyse rekonstruiert sie in erster Linie überall dort, wo die ‚gebildeten Gegenstände' umstritten sind. So geht etwa die historische Diskursanalyse von der Beobachtung aus, dass zu einem bestimmten historischen Zeitpunkt nur eine Auswahl möglicher Aussagen zu einer Auswahl möglicher Themen gemacht werden können. Ein Diskurs beinhaltet eine begrenzte Menge von dokumentierten Aussagen, die sich von anderen, die nicht dazu gehören, unterscheiden. Die Frage der Realität wird übersetzt in die Frage aktualisierten Sinns im Unterschied zum möglichen Sinn.

In der konkreten Umsetzung diskursanalytischer Forschung, die nach eigenem Anspruch eine Empirie der Erkenntnis wie der Gesellschaft ist, scheinen die skizzierten methodologischen Grundfragen am deutlichsten an der Frage der Korpusbildung auf: Wie findet man jene begrenzte Menge an Aussagen und wodurch werden sie begrenzt? Die Antwort lautet zunächst, aber noch nicht hinreichend: durch den Forscher respektive die Forscherin, denn ebenso wie Diskurse Praktiken sind, so sind es auch Diskursanalysen. Jemand muss also zunächst ein Thema auswählen, das in einem Diskurs behandelt wird. In einem zweiten Schritt kommt es darauf an, die Positivität des Diskurses zu erfassen, also jene Fundstellen zusammenzutragen, an denen der Gegenstand hervorgebracht und gebildet wird. Forschungsmethodisch ist sicherzustellen, dass der Datenkorpus so angelegt wird, dass er die im Thema angelegten Verweisungs- und Bedeutungszusammenhänge umfassend dokumentiert. Auf diese Weise kann ausgeschlossen werden, dass nichts „draußen" bleibt und zugleich wird die wissenschaftstheoretische Position erfüllt, wonach der Diskurs nicht auf Realität verweist. So kann auch in der empirischen Umsetzung jede essentialistische Begründung von der geschichtslosen „Natur" des Menschen oder der Dinge zurückgewiesen werden.

3.2 Handeln und Erkennen

Ähnlich wie beim Problem der Realität erweist sich auch in Bezug auf die Frage nach dem Verhältnis von Handeln und Erkennen der Begriff der Praxis als zentral. Wenn Wirklichkeiten hergestellt werden, so braucht es dazu Akteure, oder, wie Jäger sagt, „in die Diskurse verstrickte Agenten" (Jäger 1999, 22). Akteure sind nicht so zu verstehen, als würden sie Diskurse manipulieren oder als ihre Vehikel brauchen können, als wären sie Diskursen äußerlich. Sie fungieren in der Diskursanalyse als Operanten oder Artikulatoren, die im Diskurs vollständig anwesend sind. Durch ihr diskursives Handeln erkennen und behandeln sie die von ihnen gebildeten Gegenstände, in die sie zuvor eingeführt wurden. Was wir unter Handeln und Erkennen verstehen, sind Weisen des Tuns in unterschiedlichen sozialen Kontexten. In beiden Fällen geht es um Tätigkeiten (so Jäger mit Bezug auf die Tätigkeitstheorie der kulturhistorischen Schule) respektive um Operationen (im Sinne des Pragmatismus bei

John Dewey, ganz ähnlich auch in der Systemtheorie bei Niklas Luhmann [→ Systemtheorie, sozialwissenschaftlich] (1927–1998)), was vielfache Anschlüsse der Diskurstheorie an evolutionäre Erkenntnistheorien impliziert – und diese zugleich einer gesellschaftstheoretischen Aneignung vorbehält.

Über den Begriff der Operation lassen sich dualistische Fallen in der Aneignung der Diskursanalyse vermeiden, denn er fungiert analog zum allgemeineren Begriff der Praxis [→ Theorie und Praxis] als Alternative zu Gegensätzen wie ‚Ereignis' und ‚Struktur' oder ‚subjektive' und ‚objektive' Wirklichkeit. In der empirischen Praxis leitet er insbesondere dazu an zu beobachten, wie, das heißt mit welchen Mitteln, Gegenstände gebildet werden. Operationen brauchen Zeit: „Wissen (und folglich dann auch: Wahrheit) betrifft stets eine aktuelle Operation, die, indem sie abläuft, schon wieder verschwindet. Man sieht ein, dass […], geht aus von […], nimmt an, dass […] – aber stets nur im Moment. Es gibt keine zeitfreie Erkenntnis" (Luhmann 1998, 129). Kontinuierlich ausgeführte Operationen können sich im Kontext nicht aktualisierter anderer Operationen respektive aktualisierter, aber anders orientierter Operationen zu Formationen kumulieren. Für einen diskursanalytischen Beobachter werden über solche Formationen diskursive Positionierungen sichtbar. Mit dem Begriff der Diskursposition lässt sich in nicht-intentionaler Weise das Verhältnis von Akteuren und Diskursen bestimmen. Die diskursive Positionierung entspricht nicht notwendig einer Absicht, sondern sie ist der Effekt von Unterscheidungen, die ein Akteur durch sein Operieren im Diskurs generiert und die ihm im Diskursverlauf von Dritten als Position zugeschrieben werden kann. Die Diskursanalyse rekonstruiert solche Prozesse, in denen sich Sichtweisen materialisieren und sich als Optiken verkörpern (vgl. Haraway 1996); und sie operiert, selbstverständlich, aufdeckend für den Fall, dass hegemoniale Diskurspositionen vergessen, wie sie möglich wurden. Denn: „Jeder Ort des Wissens ist zugleich ein Ort der Machtausübung"

(Bublitz 2003, 59). Aus dieser Verbindung von Macht/Wissen und basierend auf der Konzeption, dass Diskurse Praxen sind, leitet sich der Begriff der Theoriepolitik respektive der Theorietechnik ab. In der Diskursanalyse stehen sich nicht Formen des Handelns und Formen des Erkennens gegenüber, sondern Diskurse werden als wissensintensive, epistemologische Operationen vorgestellt, die nach bestimmten Regeln (Technik) funktionieren und in der Summe eine Strategie (Politik) bilden, ein Ereignis oder ein Problem zu bearbeiten, evtl. zu lösen.

3.3 Analyse und Institution

Die Diskursanalyse untersucht, wie Diskurse Denk- und Handlungsräume und in diesem Zusammenhang Institutionen hervorbringen. Institutionen [→ VI Institution und Organisation] bezeichnen in einem allgemeinen Sinn Einrichtungen, die (relativ) stabile Muster menschlicher respektive menschlicher und nicht menschlicher Beziehungen bilden und diese über ein Set an Regeln und Annahmen kontrollieren und veralltäglichen, beispielsweise als Schulen, Arztpraxen, Parlamente oder Einkaufszentren. Institutionen sind dauernd in Bewegung, weil sie in den Diskursen der Akteure, die sich in ihnen bewegen oder die sich auf sie beziehen, im Sinne einer langen Gegenwart stets von neuem verhandelt werden. Diese Verhandlungen laufen über das jeweilige Setting, also über die konkreten Möglichkeiten der unterschiedlichen Anordnung sozialer Verhältnisse. Dabei verschränken sich theorietechnische mit theoriepolitischen Momenten zu „Wahrheitsspielen" im Sinne Foucaults, in denen sich gesellschaftliche Kräfteverhältnisse reproduzieren – und dabei stets die Chance auf Transformationen in sich tragen. An diesem

Spiel partizipiert die Diskursanalyse, die gleichermaßen zur Institutionsanalyse wird (Hess, 2001). Es kommt deshalb forschungspraktisch darauf an, wie die Diskursanalyse selbst ihr Verhältnis zu den Themen, die sie für relevant hält, reflektiert. Aus heutiger Sicht und in Bezug auf das Erziehungssystem scheint es (mir) vorrangig darum zu gehen, pädagogisches einschließlich sonderpädagogisches Wissen daraufhin zu befragen, wie es Fixpunkte produziert, die im Effekt dafür sorgen, stabile Teilungspraktiken mit ungleich verteilten Möglichkeiten der Partizipation an gesellschaftlichen Gütern aufrechtzuerhalten. Diskursanalyse ist ihrer Genealogie nach kritische Arbeit.

Literatur

Berger, Peter L. & Luckmann, Thomas (2003): Die gesellschaftliche Konstruktion der Wirklichkeit. Frankfurt a. M.

Bublitz, Hannelore (2003): Diskurs. Bielefeld

Foucault, Michel (1992): Archäologie des Wissens. Frankfurt a. M.

Foucault, Michel (2001): Qu'est-ce que les Lumières? In: Foucault, Michel: Dits et écrits II, 1976–1988. Paris, 1381–1397

Haraway, Donna (1996): Situiertes Wissen. Die Wissenschaftsfrage im Feminismus und das Privileg einer partialen Perspektive. In: Scheich, Elvira (Hrsg.): Vermittelte Weiblichkeit. Feministische Wissenschafts- und Gesellschaftstheorie. Hamburg, 217–248

Hess, Remi (2001): Centre et Périphérie. Paris

Jäger, Siegfried (1999): Kritische Diskursanalyse. Eine Einführung. Duisburg

Keller, Reiner (2004): Diskursforschung. Opladen

Knoblauch, Hubert (2005): Wissenssoziologie. Konstanz

Luhmann, Niklas (1998): Die Wissenschaft der Gesellschaft. Frankfurt a. M.

Marx, Karl & Engels, Friedrich (1990, Orig. 1845/46): Die deutsche Ideologie. Mark-Engels-Werke (MEW), Bd. 3. Berlin

Konstruktivismus

Rolf Werning

1 Definition

Ausgangspunkt des Konstruktivismus sind [→] erkenntnistheoretische Fragestellungen. Dazu gehört die Auseinandersetzung mit Problemen, wie Menschen Erkenntnisse und Wissen aufbauen können und wie die Beziehung zwischen Wissen und Wirklichkeit gestaltet ist. Angesichts der Vielzahl von konstruktivistischen Positionen fällt es schwer, von dem Konstruktivismus zu sprechen. Konstruktivistische Bezüge finden sich u. a. in der Neurobiologie, der Psychologie, der Philosophie, den Sozialwissenschaften, der Literatur- und Sprachwissenschaft sowie der Erziehungswissenschaft. Das verbindende Element dieses „transdisziplinären Paradigmas" (Siebert 1999, 7) liegt in der epistemologischen Setzung Maturanas: „Alles was gesagt wird, wird von einem Beobachter gesagt" (1998, 25). So harmlos dieser Satz klingen mag, liegt darin die Provokation des Konstruktivismus, die so viele – teilweise heftige – Kontroversen ausgelöst hat, begründet. Wenn die Beobachtung der Wirklichkeit an den Beobachter gebunden ist, wenn es keine Beobachtung ohne Beobachter gibt, so ist jede Frage nach dem „Was beobachte ich" mit der Frage nach dem „Wie beobachte ich" untrennbar verbunden. Ein ontologischer Zugang zu einer von dem Beobachter unabhängigen Wirklichkeit wird damit zurückgewiesen. Wahrnehmungen stellen keine Gegebenheiten einer vom Wahrnehmenden unabhängigen Wirklichkeit dar. Grundsätzlich wird damit die Objektivität von Wissen bzw. von Erkenntnis in Frage gestellt. „Objektivität ist die Selbsttäuschung des Subjekts, dass es Beobachten ohne Subjekt geben könne. Die Berufung auf Objektivität ist die Verweigerung der Verantwortung – daher auch ihre Beliebigkeit" (Glasersfeld 1997, 242). Beobachter können Wirk-

lichkeit immer nur im „Möglichkeitsraum ihrer Beobachtungen" (vgl. Willke 1994, 23) oder, anders formuliert, nur auf der Grundlage ihrer Erkenntnismöglichkeiten konstruieren. Diese sind zum einen durch technische Instrumente, wie z. B. Ferngläser, Magnet-Resonanz-Tomographen oder Intelligenztests, und zum anderen durch Sprache, kognitive Strukturen, Begriffe, Theorien und Weltsichten bestimmt. Beobachtungen – und damit jegliche Form von Erkenntnis – können in diesem Sinne keinen Wahrheitsanspruch im Sinne einer Korrespondenz mit einer „Wirklichkeit an sich" beanspruchen, „denn von der Wahrheit verlangt man ja, dass sie objektiv sei und eine Welt beschreibe oder darstelle, wie sie ‚an sich' ist, das heißt, bevor der Beobachter sie durch den Erkenntnisapparat wahrgenommen und begriffen hat. In dieser Situation auch nur von einer Annäherung zu sprechen, das heißt Annäherung an eine wahre Repräsentation der objektiven Welt, ist sinnlos, denn wenn man keinen Zugang hat zur Realität, der man sich nähern möchte, kann man auch den Abstand zu ihr nicht messen" (Glasersfeld 1995, 37).

Der Konstruktivismus weist damit alle ontologischen Aussagen über das Sein der Dinge an sich zurück und stellt die Epistemologie und damit die Fragen „Wie wissen wir?" und „Wie entwickeln wir unser Wissen?" in den Mittelpunkt. Damit schließt konstruktivistisches Denken an einen skeptischen Dualismus in der Philosophiegeschichte an, der eine ontische Wirklichkeit nicht ausschließt, aber ihre objektive Erkennbarkeit negiert. Die Beobachterabhängigkeit von Wirklichkeit hebt dabei den klassischen Dualismus zwischen Subjekt und Objekt auf. Beobachter und Beobachtetes sind zirkulär miteinander verbunden. „Indem wir der Welt in ihrem bestimmten So-Sein gewahr werden, vergessen wir, was wir unternahmen, um sie in diesem So-

Sein zu finden; und wenn wir zurückverfolgen, wie es dazu kam, finden wir kaum mehr als das Spiegelbild unserer selbst in der Welt als Welt. Im Gegensatz zur weit verbreiteten Annahme enthüllt die sorgfältige Untersuchung einer Beobachtung die Eigenschaften des Beobachters" (Varela, zit. nach Watzlawick 1994). Das Subjekt-Objekt-Verhältnis wird demnach relational, interdependent, dynamisch (vgl. Siebert 1999, 7). Ich und Welt bringen sich gegenseitig hervor.

Die Beobachterabhängigkeit von Wirklichkeit und Erkenntnis ist nun aus unterschiedlichen Perspektiven im Rahmen eines konstruktivistischen Paradigmas bearbeitet worden.

2 Forschungsstand und Probleme

2.1 Biologische und neurobiologische Perspektiven

Wesentliche Impulse erhielt diese Diskussion durch die Arbeiten Maturanas und Varelas zur Theorie der Autopoiese. Diese Theorie diente dazu, lebende Systeme zu beschreiben. Autopoietische – also lebende – Systeme sind operational geschlossen und erzeugen und erhalten durch ihr Operieren fortwährend ihre eigene Organisation. „Dennoch ist den Lebewesen eigentümlich, dass das einzige Produkt ihrer Organisation sie selbst sind, d. h., es gibt keine Trennung zwischen Erzeuger und Erzeugnis. Das Sein und das Tun einer autopoietischen Einheit sind untrennbar, und dies bildet ihre spezifische Organisation" (Maturana & Varela 1987, 56). Lebende Systeme reproduzieren die Elemente, aus denen sie bestehen, mit Hilfe jener Elemente, aus denen sie bestehen. Alle Lebewesen besitzen demnach die gleiche autopoietische Organisation, die sie aber mit Hilfe ganz unterschiedlicher Strukturen (z. B. als Pflanzen, als Einzeller, als Fische, Vögel, Reptilien oder Säugetiere etc.) realisie-

ren. „Während der Begriff der Organisation auf die Einheit des zirkulären Produktionsprozesses der Systemkomponenten abstellt, meint der Begriff der Struktur die konkreten Relationen zwischen den Bestandteilen. Diese Struktur, d. h. die jeweilige Abfolge und Verkettung der Bestandteile im fortlaufenden Prozess der Produktion, ist somit auch änderbar. Autopoietische Systeme sind, zumindest solange sie am Leben bleiben, organisations*invariante* und zugleich struktur*veränderbare* Systeme" (Kneer & Nassehi 1994, 49 f., Hervorh. im Orig.).

Autopoietische Systeme können folgendermaßen beschrieben werden:

• Sie sind strukturdeterminiert, das bedeutet, die jeweils aktuelle interne Struktur bestimmt, wie und in welchen Grenzen sich ein Lebewesen verändern kann, ohne seine autopoietische Organisation zu gefährden, also zu sterben.
• Ihre Aufgabe besteht darin, sich selbst zu reproduzieren. Alle anderen Aussagen über ihren Sinn werden durch Beobachter über sie gemacht.
• Sie sind operational geschlossen und können nur mit ihren Eigenzuständen operieren. Sie sind somit von außen (durch die Umwelt) nicht instruierbar bzw. formbar. Dabei sind sie aber durchaus umweltsensibel. Sie können Informationen aufnehmen und verarbeiten. Die Art und Weise der Aufnahme von Umweltinformationen wird aber durch die interne Struktur definiert und nicht durch die Umwelt (Strukturdeterminiertheit). „Die Außenwelt wird nur soweit zur relevanten Umwelt (und von dort kommende Informationen werden nur soweit zu relevanten Informationen), wie sie im System Eigenzustände anzustoßen, zu ‚verstören' vermag" (von Schlippe & Schweitzer 1999, 68). Umweltkontakte können ein autopoietisches System immer nur zu Selbstkontakten anregen.

Die Struktur des Beobachters (als autopoietisches System) konfiguriert somit in spezifischer Weise die Erfahrungen, die er in der

Auseinandersetzung mit der Umwelt macht. Maturana und Varela sprechen hier von der Zirkularität zwischen Handlung und Erfahrung, als Untrennbarkeit von einer bestimmten Art zu sein und einer bestimmten Art die Welt zu erkennen. „Jedes Tun ist Erkennen, und jedes Erkennen ist Tun" (1987, 31).

Konstruktivistisches Denken wird auch durch die Forschung im Bereich der kognitiven Neurobiologie angeregt. Die Grundlage stellt hier die Erkenntnis dar, dass Sinnesorgane und Gehirne eine subjektunabhängige Wirklichkeit nicht abbilden, sondern vielmehr erzeugen. So konstatiert der Neurowissenschaftler Roth: „Das Gehirn kann zwar über seine Sinnesorgane durch die Umwelt erregt werden, diese Erregungen enthalten jedoch keine bedeutungshaften und verlässlichen Informationen über die Umwelt. Vielmehr muss das Gehirn über den Vergleich und die Kombination von sensorischen Elementarereignissen Bedeutungen erzeugen und diese Bedeutungen anhand interner Kriterien und des Vorwissens überprüfen. Dies sind die Bausteine der Wirklichkeit. Die Wirklichkeit in der ich lebe, ist ein Konstrukt des Gehirns" (Roth 1999, 21).

2.2 Viabilität

Nun stellt sich die Frage, ob Menschen demnach völlig unabhängig ihre Wirklichkeit erzeugen können. Hier betonten selbst radikale Konstruktivisten, dass Wirklichkeitskonstruktionen nicht beliebig sind. Statt der Korrespondenztheorie, die von einer möglichst richtigen bzw. wahren Übereinstimmung zwischen dem Wissen und der (ontischen) Wirklichkeit ausgeht, spricht Glasersfeld (1987, 137 ff.) von der „Viabilität". Ausgehend von seinen Wahrnehmungen und Erfahrungen beurteilen Subjekte den Erfolg bzw. Misserfolg ihres Handelns. Bestimmte Konstruktionen ermöglichen erfolgreiches Handeln; damit erweisen sie sich als viabel. Viabilität bezeichnet damit die Gangbarkeit, das Funktionieren bzw. Passen von spezifischen Vorgehensweisen in der eigenen Erfahrungswelt. „Handlungen, Begriffe und begriffliche Operationen sind dann viabel, wenn sie zu den Zwecken oder Beschreibungen passen, für die wir sie benutzen. Nach konstruktivistischer Denkweise ersetzt der Begriff der Viabilität im Bereich der Erfahrung den traditionellen Wahrheitsbegriff, der eine ‚korrekte‘ Abbildung der Realität bestimmt" (Glasersfeld 1997, 43).

Auch aus neurobiologischer Sicht wird eine solche funktionale Beziehung zwischen Wahrnehmung, Wissen und Erkenntnis und Wirklichkeit untermauert: „Gehirne (…) können die Welt grundsätzlich nicht abbilden; sie müssen konstruktiv sein, und zwar sowohl von ihrer funktionalen Organisation als auch von ihrer Aufgabe her, nämlich ein Verhalten zu erzeugen, mit dem der Organismus in seiner Umwelt überleben kann. Dies letztere garantiert, dass die vom Gehirn erzeugten Konstrukte nicht willkürlich sind, auch wenn sie die Welt nicht abbilden (können)" (ebd. 23). Roth verweist weiterhin darauf, dass sich das Wahrnehmungs- und Erkenntnisvermögen des Gehirns nach Kriterien vollzieht, die teils angeboren, teils frühkindlich erworben sind und auch auf späteren Erfahrungen beruhen und nicht dem subjektiven Willen unterworfen sind (vgl. 1999, 125). Damit wendet er sich gegen einen Subjektbegriff des radikalen Konstruktivismus, bei dem die bewusste, individuell konstruierende Funktion des autonomen Ichs aus seiner Sicht überbewertet wird. „Der radikale Konstruktivismus erweckt allerdings den Eindruck, als gebe es im Gehirn eine Instanz, die sich bewusst Modelle über die ‚Welt da draußen‘ macht, sie ausprobiert und sich gleichzeitig fragt, ob es diese Welt überhaupt gibt" (2003, 85). Als Vertreter eines „realistischen Konstruktivismus" plädiert er für die zwar nicht beweisbare, aber für ihn vernünftige Annahme der Existenz einer bewusstseinsunabhängigen Außenwelt, zu der auch reale Gehirne gehören (vgl. 2001, 144).

2.3 Soziale Konstruktion der Wirklichkeit

Gemeinsam ist dem radikalen und dem neuro-biologisch fundierten Konstruktivismus die Individualität des Erkennens. Wissen basiert primär auf der individuellen Konstruktion des Subjekts. Dabei wird jedoch auch schon die soziale Eingebundenheit von Menschen berücksichtigt. Maturana und Varela sprechen von struktureller Kopplung und Netzwerken der Ko-Ontogenese (vgl. 1987, 209). Strukturelle Kopplung bedeutet hier, dass autopoietische Systeme einen Bereich wechselseitig kompatibler Interaktionen herausgebildet haben. Die gegenseitigen Perturbationen passen so zueinander, dass sie wechselseitig in anschlussfähiger Weise verarbeitet werden können. Man spricht in Fällen einer engen Verhaltenskopplung von einem gemeinsamen „Driften" oder einer „Ko-Ontogenese". Soziale Phänomene entstehen dann, wenn „die beteiligten Organismen im wesentlichen ihre individuellen Ontogenesen als Teil eines Netzwerkes von Ko-Ontogenesen verwirklichen" (ebd. 209). Der Aufbau sozialer Systeme setzt damit die auf Dauer konzipierte strukturelle Kopplung ihrer Mitglieder voraus. Dies wiederum erzeugt die wechselseitige Koordination von Verhaltensweisen unter den Mitgliedern einer sozialen Einheit, was Maturana und Varela als Kommunikation bezeichnen (ebd. 210). Hieraus entstehen im zwischenmenschlichen Bereich Koordinationen von Handlungen. So wird im sozialen Miteinander ein konsensueller Bereich entwickelt, der die Grundlage aller weiterführenden Konsensbildung höherer Ordnung bildet, wie sie letztlich durch sprachliche Kommunikation erreicht werden (vgl. Schmidt 1986).

Glasersfeld (1997) differenziert zwischen Viabilität I. und II. Ordnung. Viabilität, als die Passung von Handlungen, Begriffen und Operationen auf höherer Ebene, muss mit anderen geteilt werden und damit sozialverträglich sein. Wirklichkeit ist damit auch hier geteilte Wirklichkeit. „Viabilität auf dieser zweiten Ebene ist in der Tat analog dem,

was die Philosophen die Kohärenztheorie der Wahrheit genannt haben, denn Kohärenz bedeutet nichts anderes als begriffliche Kompatibilität" (ebd. 122.) Ebenso betont Roth, dass sich ein individuelles menschliches Gehirn nur in einer Gruppe von Menschen entwickeln kann. „Damit wir überhaupt zum Menschen werden, benötigen wir ab dem Moment der Geburt die unmittelbare Nähe und die Schlüsselreize anderer Primaten [...] Deshalb muss man Individuum und Sozialverband zusammen sehen. Das individuelle Gehirn braucht die Gegenwart der Gruppe unbedingt und existenziell. Ein Affe allein ist, wie schon Konrad Lorenz bemerkte, überhaupt kein Affe. Und wir sind Affen" (Roth 2001, 157). Trotz dieser sozialen Sensibilität liegt der Focus des radikalen wie des biologisch fundierten Konstruktivismus auf dem einzelnen Subjekt und seinen Erkenntnisprozessen. Hier setzt die Kritik sozialer Konstruktivisten an. Kenneth Gergen, einer der bekanntesten Vertreter, stellt nicht das Individuum, sondern die Beziehung, die Interaktion in den Fokus konstruktivistischer Überlegungen. Er kritisiert, dass die Darstellung von Wissen besonders im radikalen Konstruktivismus vollständig in das Innere des Menschen gelegt wird. Demgegenüber konstatiert er: „Alle bedeutungsvollen Propositionen über das Wahre und das Gute haben ihren Ursprung in Beziehungen. Dies soll den Schauplatz der Erzeugung von Wissen in den Mittelpunkt rücken: den ständigen Prozess der Handlungskoordinierung zwischen Personen. Dadurch soll die Aufmerksamkeit auf den in jedem Augenblick stattfindenden Austausch zwischen zwei oder mehreren miteinander kommunizierenden Personen gerichtet werden, und Bedeutung soll dadurch innerhalb der Muster von wechselseitiger Abhängigkeit angesiedelt werden" (Gergen 2003, 67). Die wesentliche Grundlage der sozialen Konstruktion von Wirklichkeit wird der Sprache zugewiesen. Sprache findet dabei immer in Kontexten statt, die spezifische Koordinationsmuster zwischen den Beteiligten ermöglichen oder verhindern. Gergen spricht in Anlehnung an Wittgenstein von Sprachspielen, die in bestimmten Lebensformen stattfinden. Die Konstruktion von Wahrheit ist aus dieser Perspektive eine Form des Sprechens oder Schreibens, deren Gültigkeit an bestimmte Lebensformen gebunden ist. [→ VIII Person und Sprache] „Auch die Vorstellung, die Welt bestünde aus Atomen, ist auf bestimmte Spiele begrenzt. Das Konzept von der atomaren Zusammensetzung der Welt ist nützlich, wenn wir „das Spiel der Physik" spielen und Experimente über Kernspaltung durchführen. In gleicher Weise können wir behaupten, Menschen besäßen eine Seele, wenn wir an einer Lebensform teilnehmen, die wir Religion nennen. Aus erweiterter Sicht ist die Existenz von Atomen nicht mehr und nicht weniger wahr als die Existenz von Seelen. Beide existieren innerhalb einer bestimmten Lebensform" (53). [→ Leib-Seele-Problem] Diskurs, Dialog, Koordination von Handlungen, gemeinsame Bedeutungsgebung stehen damit im Zentrum sozialkonstruktivistischer Arbeiten.

In ähnlicher Weise argumentiert Siegfried Schmidt, indem er (menschliche) Wirklichkeit als Prozess beschreibt, der sich in Geschichten und Diskursen vollzieht. Unter Geschichten versteht er dabei „einen unter einer Sinnkategorie (von sinnvoll bis sinnlos) geordneten Zusammenhang von Handlungsfolgen eines Aktanten" (Schmidt 2003, 49). Diskurse sind selektiv angelegt. Sie selegieren spezifische Beiträge, „die nach der internen Logik sowie nach der sozialen Positionierung der jeweiligen Diskurse thematisch und formal aneinander anschließbar sind, und synthetisieren sie dadurch zu einem sinnvollen Kommunikationsgeschehen, dass nur thematisch und formal passende Beiträge geleistet werden dürfen" (52). Für Schmidt entsteht Wirklichkeit somit in der Verschränkung und Verknüpfung unserer Geschichten und Diskurse [→ Diskursanalyse]. Dabei fängt keine Geschichte und kein Diskurs voraussetzungslos an. Geschichten knüpfen vielmehr an vorausgegangene Geschichten an, genauso wie Diskurse an vorausgegangene Diskurse anknüpfen. „Kein Mensch schlägt unschuldig,

soll heißen, jenseits der kontingenten Bedingungen der Möglichkeit seines Handelns, die Augen auf" (Schmidt 2003, 58).

Wie auch schon bei Gergen ist es das Anliegen von Schmidt, den Dualismus von Subjekt-Objekt, Realität-Bewusstsein, Innen-Außen, wie er noch im radikalen aber auch im biologisch/neurobiologischen Konstruktivismus angelegt ist, zu überwinden, indem er Wirklichkeit als prozesshaftes Geschehen beschreibt, das sich im Rahmen biographischer Geschichten und sozialer Diskurse entwickelt und erhält. Subjekt und Objekt, Realität und Bewusstsein, Innen und Außen sind damit zirkulär verknüpft und nicht unabhängig voneinander vorstellbar.

Konstruktivistische Perspektiven und insbesondere die Theorie der Autopoiese sind auch von Luhmann (1993) in den 1990er Jahren in die [→] Systemtheorie übernommen worden. Da dieser Ansatz an anderer Stelle dieses Bands intensiver diskutiert wird, muss hier nicht darauf eingegangen werden.

3 Ausblick

Zum Abschluss ist zu betonen, dass der Konstruktivismus keine neue Wahrheit darstellt. Ansonsten tappt man als Konstruktivist in die Falle der Paradoxien: „Es ist objektiv wahr, dass es keine objektive Wahrheit gibt." Konstruktivistische Perspektiven müssen vielmehr rekursiv auch für den Konstruktivismus selbst gelten. Damit geht es nicht um Wahrheit, sondern um Viabilität oder um Problemlösung. Konstruktivismus ist nichts als ein Werkzeug, eine Art der Meta-Beobachtung, die sich daran messen lassen muss, ob sie dem Beobachter hilft, seine Handlungsfähigkeit zu vergrößern.

Aus einer konstruktivistischen Perspektive können auch nicht direkt pädagogische Handlungsorientierungen abgeleitet werden. Vielmehr wirkt sich eine konstruktivistische Haltung auf die Beobachtungen und auf die Handlungen von Pädagoginnen und Pädagogen aus (vgl. Werning & Lütje-Klose 2006,

67 ff.). So werden weder spezifische Objekt-theorien wie zum Beispiel zum [→ IV, VIII] Schriftspracherwerb, zur Entwicklung [→ IV] mathematischer Einsichten oder zur Leistungsmotivation [→ IV Motive eigenaktiven Lernens] etc. überflüssig, noch verwirft der konstruktivistische Ansatz eine erfahrungsorientierte Erforschung von (konstruierter) Wirklichkeit. Vielmehr werden die theoretischen wie empirischen Aussagen als Hypothesen über die Wirklichkeit verstanden. In der Praxis ist dann zu überprüfen, ob sich hieraus hilfreiche, lebensdienliche Handlungsoptionen entwickeln lassen. Das konstruktivistische Paradigma stellt sich so als ein integrativer Ansatz dar, der sich der Komplexität von Wirklichkeit und der Autonomie lebender, psychischer wie sozialer Systeme stellt und sich gegen eine Trivialisierung und Sozialtechnologisierung richtet.

Literatur

Gergen, Kenneth J. (2003): Soziale Konstruktion und pädagogische Praxis. In: Balgo, Rolf & Werning, Rolf (Hrsg.): Lernen und Lernprobleme im systemischen Diskurs. Dortmund 55–80

Glasersfeld, Ernst v. (1987): Wissen, Sprache und Wirklichkeit. Braunschweig

Glasersfeld, Ernst v. (1995): Die Wurzeln des ‚Radikalen‘ Konstruktivismus. In: Fischer, Hans Rudi (Hrsg.): Die Wirklichkeit des Konstruktivismus: Zur Auseinandersetzung um eine neues Paradigma. Heidelberg, 35–46

Glasersfeld, Ernst v. (1997): Radikaler Konstruktivismus: Ideen, Ergebnisse, Probleme. Frankfurt a. M.

Kneer, Georg & Nassehi, Armin (1994): Niklas Luhmanns Theorie sozialer Systeme. 2. Aufl. München

Luhmann, Niklas (1993): Soziale Systeme. Grundriss einer allgemeinen Theorie. 4. Aufl. Frankfurt a. M.

Maturana, Humberto R. & Varela, Francisco J. (1987): Der Baum der Erkenntnis. Bern: Scherz

Maturana, Humberto R. (1998): Biologie der Realität. Frankfurt a. M.

Roth, Gerhard (1999): Das Gehirn und seine Wirklichkeit. Kognitive Neurobiologie und ihre philosophischen Konsequenzen. Frankfurt a. M.

Roth, Gerhard (2003): Aus Sicht des Gehirns. Frankfurt a. M.

Roth, Gerhard (2001): „Wir selbst sind Konstrukte". In: Pörksen, Bernhard: Abschied vom Absoluten. Gespräche zum Konstruktivismus. Heidelberg

Schlippe, Arist v. & Schweitzer, Jochen (1999): Lehrbuch der systemischen Therapie und Beratung. Göttingen

Schmidt, Siegfried J. (1986): Selbstorganisation – Wirklichkeit – Verantwortung. Der wissenschaftliche Konstruktivismus als Erkenntnistheorie und Lebensentwurf. Siegen

Schmidt, Siegfried J. (2003): Geschichten & Diskurse. Abschied vom Konstruktivismus. Reinbek

Siebert, Horst (1999): Pädagogischer Konstruktivismus. Eine Bilanz der Konstruktivismusdiskussion für die Bildungspraxis. Neuwied

Watzlawick, Paul (Hrsg.) (1994): Die erfundene Wirklichkeit. München

Werning, Rolf & Lütje-Klose, Birgit (2006): Einführung in die Pädagogik bei Lernbeeinträchtigungen. München

Willke, Hellmut (1994): Systemtheorie II. Interventionstheorie. Stuttgart

Relationalität als Konstruktionsprinzip

Rolf Werning

1 Definition

Relationalität als Konstruktionsprinzip verweist auf die Überlegung, dass Phänomene nicht an sich, als Entitäten erfass- und beschreibbar sind, sondern dass sie sie immer erst in Relation zu anderen Phänomenen entwickeln und somit nur relational verstehbar und deutbar sind. Dieser Beitrag fußt auf einer konstruktivistischen Grundlage [→ Konstruktivismus]. Die grundlegende These lautet, dass Wirklichkeit immer ko-konstruiert ist und somit als Prozess und Ergebnis von Interaktionen und Kommunikation in Beziehungsnetzwerken zu verstehen ist. Das Thema ist weit gefasst und kann an dieser Stelle nur exemplarisch bearbeitet werden. Dazu sollen drei Dimensionen von Relationalität als Konstruktionsprinzip diskutiert werden: Die Konstruktion von Bedeutung, die Konstruktion von Beziehung und die Konstruktion von Differenz.

2 Dimensionen von Relationalität als Konstruktionsprinzip

2.1 Die Konstruktion von Bedeutung

Die Methode, etwas dadurch zu definieren (und so eine Bedeutung zu verleihen), indem man bestimmt, was das „Etwas" an sich ist und welche inhärente Bedeutung es hat, wurde durch Gregory Bateson in Frage gestellt. Er kritisierte, dass hierbei die entscheidende Rolle des Kontextes und der Relation nicht berücksichtigt wird und forderte: „Man hätte uns etwas vermitteln können über das Muster, das verbindet: Dass alle Kommunikation einen Kontext erfordert, dass es ohne Kontext keine Bedeutung gibt, und dass Kontexte Bedeutungen vermitteln, weil es eine Klassifizierung von Kontexten gibt" (1984, 28).

Er schrieb der Relation beim Verständnis von Phänomenen unterschiedlichster Art eine herausgehobene Bedeutung zu. „Wer die Anordnung von Blättern und Zweigen im Wachstum einer blühenden Pflanze studiert, wird eine Analogie zwischen den formalen Relationen unter Stielen, Blättern und Knospen und den formalen Relationen feststellen, die zwischen verschiedenen Arten von Wörtern in einem Satz bestehen. Er wird ein ‚Blatt' nicht als etwas Flaches und Grünes auffassen, sondern als etwas, das in besonderer Weise auf den Stiel, aus dem es wächst, und

auf den sekundären Stiel (oder die Knospe), der sich in dem Winkel zwischen Blatt und primärem Stiel bildet, bezogen ist. Entsprechend interpretiert der moderne Linguist ein ‚Substantiv' nicht als den ‚Namen einer Person, eines Ortes oder einer Sache', sondern als ein Element einer Klasse von Wörtern, die durch ihre Beziehung auf ‚Verben' und andere Teile innerhalb der Satzstruktur definiert ist. [...] In beiden Gebieten hat man die Relationen als irgendwie primär, die Relata als sekundär aufzufassen. Darüber hinaus wird gefordert, dass die Relationen von der Art sind, dass sie durch Prozesse des Informationsaustauschs hervorgebracht werden" (Bateson 1985, 213 f.). Auch Entwicklungsprozesse können aus seiner Sicht nur verstanden werden, wenn man die Wechselwirkungen berücksichtigt. Zur Verdeutlichung führt er aus, dass zum Beispiel die Evolution des Pferdes vom Eohippus nicht als eine einseitige Anpassung an das Leben auf grasbewachsenen Ebenen zu verstehen ist: „Gewiss entwickelte sich die Grasebene ihrerseits pari passu mit der Evolution der Zähne und Hufe der Pferde und anderer Huftiere. Die Grasnarbe war die evolutionäre Antwort der Vegetation auf die Entwicklung des Pferdes. Es ist der Kontext, der sich entwickelt" (ebd. 215). Die Bedeutung des Kontextes arbeitet er im Rahmen seiner Kommunikationstheorie weiter aus. Durch die Setzung eines Kontextes werden spezifische Mitteilungen eingeschlossen, während andere ausgeschlossen werden. Bedeutungen von Mitteilungen entstehen erst durch die Relation zwischen Mitteilung und Rahmen. Ein Kontext kann somit als ein übergeordneter Sinnzusammenhang interpretiert werden, der dafür sorgt, dass einem Verhalten eine Bedeutung zugeschrieben werden kann. So wie ein Buchstabe nur im Zusammenhang eines Wortes, ein Wort nur im Zusammenhang eines Satzes und ein Satz im Zusammenhang eines Textes eine spezifische Bedeutung erhält, gilt dies auch für Handlungen. Kontexte sind somit Meta-Mitteilungen, die die elementaren Mitteilungen klassifizieren (vgl. Bateson 1985, 374). Der Kontext ‚Boxring' erlaubt z. B. Interaktionen (bzw. Interaktionen bekommen hier eine andere Bedeutung), die in anderen Kontexten (Schulklasse, Supermarkt) aufgrund einer differenten Bedeutungszuschreibung als inakzeptabel angesehen werden. Aus dieser Perspektive entsteht der Sinn von Kommunikation bzw. Interaktion in der Relation zwischen Kontext und Handlung. Kontext ist nach Bateson ein „Terminus für all jene Ereignisse, die dem Organismus mitteilen, unter welcher Menge von Alternativen er seine nächste Wahl treffen muss" (ebd. 374). Dies bedeutet aber auch, dass das Individuum Kontexte erkennen können muss. Es gibt somit spezifische Zeichen, Bateson spricht von Kontextmarkierungen, die Kontexte klassifizieren. So kann das Schellen der Schulglocke als Markierung für den Kontext Unterricht angesehen werden. Der Handschlag von Boxern vor dem Kampf markiert den Kontext ‚sportlicher Wettkampf'. Kontexte haben damit eine orientierende Funktion, indem sie Subjekten anzeigen, welche Handlungen hier zulässig, erwünscht oder aber verboten sind und welche Regeln zu gelten haben. Auch für Lernen entwickelte Bateson logische Kategorien, die die Relationen zwischen Handlung, Kontext und Metakontext aufgreift (vgl. 1985, 362 ff.; Werning 2002, 144 ff.).

2.2 Die Konstruktion von Beziehungen

Dass Beziehungen Ergebnisse von Relationen sind, könnte man als Tautologie bezeichnen. Für Konstruktivisten ist die Konstruktion von Beziehung jedoch ein erklärenswertes Phänomen. Es muss problematisiert werden, wie lebende Systeme, die keinen direkten Zugang zu einer ontischen Umwelt haben, Beziehungen zu anderen lebenden Systemen (die ja in der Umwelt existieren) eingehen können. Ein entscheidender Zugang zu lebenden und damit komplexen und dynamischen Systemen [→ Systemtheorie, naturwissenschaftlich] ist die in den 1970er Jahren von Maturana und Varela entwickelte Theorie der Autopoiese. Autopoi-

etische Systeme sind dadurch gekennzeichnet, dass sie operational geschlossen sind und durch ihr Operieren fortwährend ihre eigene Organisation erzeugen und erhalten: Ein autopoietisches System, oder wie Maturana und Varela in Anlehnung an den kybernetischen Sprachgebrauch formulieren, eine autopoietische Maschine „ist eine Maschine, die als ein Netzwerk von Prozessen der Produktion (Transformation und Destruktion) von Bestandteilen organisiert (als Einheit definiert) ist, das die Bestandteile erzeugt, welche 1. aufgrund ihrer Interaktionen und Transformationen kontinuierlich eben dieses Netzwerk an Prozessen (Relationen), das sie erzeugte, neu generieren und verwirklichen, und die 2. dieses Netzwerk (die Maschine) als eine konkrete Einheit in dem Raum, in dem diese Bestandteile existieren, konstituieren, indem sie den topologischen Bereich seiner Verwirklichung bestimmen" (Maturana und Varela 1982, 184 ff.). Lebende Systeme reproduzieren die Elemente, aus denen sie bestehen, mit Hilfe jener Elemente, aus denen sie bestehen. Alle Lebewesen besitzen demnach die gleiche autopoietische Organisation. Hierunter wird die Einheit des zirkulären Produktionsprozesses der Systemkomponenten verstanden. Diese kann aber durch ganz unterschiedliche Strukturen (z. B. als Pflanzen, als Einzeller, als Fische, Vögel, Reptilien oder Säugetiere etc.) im Kontext jeweils konkreter, gattungsspezifischer und auch individueller Relationen zwischen den internen Bestandteilen realisiert werden. Während die Organisation lebender Systeme – zumindest solange sie am Leben sind – unveränderbar ist, ist die Struktur in den Grenzen der autopoietischen Organisation variabel. Autopoietische Systeme sind dabei strukturdeterminiert; das bedeutet, die jeweils aktuelle interne Struktur bestimmt, wie und in welchen Grenzen sich ein Lebewesen verändern bzw. mit seiner Umwelt interagieren kann, ohne seine autopoietische Organisation zu gefährden, also zu sterben. Ferner sind autopoietische Systeme operational geschlossen und können nur mit ihren Eigenzuständen operieren. Sie sind somit von außen (durch die Umwelt) nicht instruierbar bzw.

formbar. Dabei sind sie durchaus umweltsensibel. Sie können Informationen aufnehmen und verarbeiten. Information ist dabei nach Bateson ein Unterschied, der als Unterschied wahrgenommen wird (vgl. 1985, 453). Die Art und Weise der Aufnahme von Umweltinformationen wird aber durch die interne Struktur und nicht durch die Umwelt definiert (Strukturdeterminiertheit). Dies wird im letzten Teil dieses Beitrags konkretisiert. Umweltkontakte können ein autopoietisches System immer nur zu Selbstkontakten anregen. Gleichwohl interagieren autopoietische Systeme mit der Umgebung in der sie leben und sie interagieren mit anderen autopoietischen wie auch allopoietischen (also nicht lebenden) Systemen. Solche Interaktionen wirken als gegenseitige Quelle von Anregungen – Perturbationen – „und sie lösen gegenseitig bei jeweils anderen Zustandsveränderungen aus – ein ständiger Prozess, den wir als strukturelle Koppelung bezeichnet haben" (Maturana & Varela 1987, 110). Strukturelle Koppelung beschreibt, dass die Interaktionen zwischen zwei (oder mehr) autopoietischen Systemen einen rekursiven oder sehr stabilen Charakter erlangt haben (ebd. 85). Das heißt, die autopoietischen Systeme haben einen Bereich wechselseitig kompatibler Interaktionen herausgebildet. Rekursiv bedeutet dabei: Die gegenseitigen Perturbationen passen so zueinander, dass sie wechselseitig in anschlussfähiger Weise verarbeitet werden können. Wie Bateson im Rahmen der Beschreibung von ko-evolutiven Prozessen ausgeführt hat, betonen auch Maturana und Varela, dass Strukturkoppelungen immer wechselseitig stattfinden (vgl. ebd. 113). Strukturelle Koppelungen – also die Konstruktion stabiler Beziehungsmuster – finden dabei auf unterschiedlichen Ebenen statt. Zunächst einmal ist sie generell zwischen Organismen (vom Einzeller aufwärts) und ihrer Umwelt zu beobachten. Die evolutive Entwicklung von Nervensystemen [→ VII Evolution und Entwicklung des Psychischen] erlaubt dann einerseits eine deutliche Vergrößerung möglicher Zustände des Organismus aufgrund der Vielfalt von sensomotorischen Konfigurationen

(vgl. Maturana & Varela 1987, 192) und andererseits neue bzw. differenziertere Formen struktureller Koppelung, „und zwar durch die Ermöglichung der Verbindung einer großen Vielfalt von inneren Zuständen mit der Vielfalt von Interaktionen, in die der Organismus eintreten kann" (ebd. 192). Koppelungen dritter Ordnung finden statt, wenn sich die Organismen im Verlauf ihrer Ontogenese wechselseitig aufeinander beziehen und Interaktionsmuster ausbilden. Maturana und Varela sprechen hier von strukturellem Driften, „einer Ko-Ontogenese, an der die Organismen durch ihre gegenseitige strukturelle Koppelung beide beteiligt sind, wobei jeder seine Anpassung und Organisation bewahrt" (ebd. 196). Hieraus entwickeln sich soziale Systeme, indem sich die Mitglieder dauerhaft strukturell koppeln und „ihre individuellen Ontogenesen als Teil eines Netzwerkes von Ko-Ontogenesen verwirklichen […]" (ebd. 209). Im zwischenmenschlichen Bereich entwickeln sich hieraus Koordinationen von Handlungen. So wird im sozialen Miteinander ein konsensueller Bereich entwickelt, der die Grundlage aller weiterführenden Konsensbildung höherer Ordnung bildet, wie sie letztlich durch sprachliche Kommunikation erreicht werden (vgl. Schmidt 1986).

2.3 Die Konstruktion von Differenz

Eine zentrale Bedeutung von Relation als Konstruktionsprozess findet sich in der konstruktivistisch fundierten Systemtheorie Niklas Luhmanns [→ Systemtheorie, sozialwissenschaftlich]. Seine Theorie geht von Unterscheidungen oder dem Setzen von Differenzen als Grundprinzip der Konstruktion von Wirklichkeit aus. Die zentrale Leitdifferenz ist die zwischen System und Umwelt. Die Konstruktion von Systemen setzt ihre Abgrenzung von der Umwelt voraus. Dabei existieren weder das System noch die Umwelt unabhängig voneinander. Relationalität existiert vielmehr nach innen und nach außen. Nach innen erzeugen die Elemente mit ihren Relationen das System und gleichzeitig, durch den Aufbau und die Stabilisierung einer Grenze, auch eine Umwelt, die eine Differenzierung von Innen und Außen ermöglicht. Dabei gibt es keine Umwelt an sich, sondern Systeme erzeugen die Umwelt, die sie aufgrund ihrer internen, operational geschlossenen Struktur erzeugen können. Die Umwelt ist somit eine Konstruktion des Systems, welche sie in Relation zu den internen Strukturen erzeugt. Je mehr interne Strukturen ein System ausbildet und damit die interne Komplexität erhöht, desto differenzierter und komplexer wird auch seine (konstruierte) Umwelt werden.

Damit also Relationen zwischen Elementen oder Systemen entstehen, müssen Unterscheidungen getroffen werden. Und Unterscheidungen können nur von Systemen getroffen werden, die fähig sind Differenzen zu setzen. Georg Spencer Brown (1969) stellte in seinem Werk „Laws of Form" die Bedeutung von Unterscheidungen heraus: „Triff eine Unterscheidung – und du erzeugst ein Universum!". Indem Phänomene erkannt bzw. bezeichnet werden, müssen sie von der Umwelt abgegrenzt werden. Die Grundlage jeder Konstruktion ist eine Differenz (oder nach Bateson ein Unterschied, der als Unterschied wahrgenommen wird). Man kann z. B. zwischen lernbehindert/nicht lernbehindert, zwischen begabt/nicht begabt, zwischen Junge/Mädchen oder deutsch/nicht deutsch unterscheiden, wobei bei der Unterscheidung eine der beiden Seiten bezeichnet wird. Diese Bezeichnung einer Seite anhand einer Unterscheidung, also z. B. lernbehindert oder begabt oder Mädchen oder nicht deutsch, macht eine Beobachtung aus (vgl. Kneer & Nassehi 1994, 96 ff.). Das Treffen von Unterscheidungen sind somit die Operationen von Beobachtern, mit denen sie die Welt erzeugen. Dabei beruhen Beobachtungen keineswegs auf einem direkten Kontakt zur Umwelt. Beobachtungen in diesem Sinne bilden keine äußere Wirklichkeit ab. Beobachtungen sind systeminterne Operationen und beschreiben Konstruktionen eines Systems. Dabei können zum einen Selbst- und Fremdbeobachtungen und zum anderen

Beobachtungen erster und zweiter Ordnung unterschieden werden. Die Grundlage der Selbstbeobachtung ist die Setzung einer Differenz zwischen Selbst (System) und Umwelt. Die Bedingung der Relationalität ist somit die Differenzsetzung, indem sich der Beobachter im Prozess der Selbstbeobachtung von der Umwelt als abgrenzbar beschreibt. „Ein Beobachter (ein System, ein Beobachter als System) beobachtet sich selbst, wenn er sich selbst als Beobachter (als System) sieht, d. h. als System in einer Umwelt" (Krause 2001, 196). Fremdbeobachtung bezieht sich auf die Beobachtung anderer Systeme und ihrer Beziehungen. Beobachtungen setzen die Fähigkeit eines Systems voraus zu diskriminieren, indem es Differenzen oder Unterscheidungen setzen und bezeichnen kann. Bezeichnend ist dabei, dass die Beobachtungen in erster Linie etwas über die Logik des Systems, Unterscheidungen zu treffen, aussagt, und nicht über das Phänomen, das beobachtet wird. Beobachtungen öffnen das System gegenüber Differenzen, die es als sinnvoll definiert (vgl. Willke 1994, 15). Beobachtungen sind deshalb immer systeminterne Operationen und stellen keine Abbildungen einer ontischen Umwelt, sondern Konstruktionen des Systems über die Umwelt oder über sich selbst dar. Welche Beobachtungen möglich oder nicht möglich sind, hängt dabei vom Möglichkeitsraum der Beobachtung ab. Dieser ist durch die Instrumente des Beobachtens definiert. Dies sind zum einen Instrumente wie z. B. Ferngläser, Mikroskope, Intelligenztests oder EEGs und zum anderen kognitive Strukturen, Begriffe, Theorien und Weltsichten (vgl. ebd. 23). Je mehr Differenzen ein beobachtendes System setzten kann, desto differenzierter sind seine Konstruktionen der Umwelt.

Das Treffen einer Unterscheidung und die Bezeichnung einer Seite wird dabei als Beobachtung I. Ordnung definiert. Bei der Beobachtung I. Ordnung geht der Beobachter davon aus, dass er von ihm unterschiedene Objekte (also andere Menschen, Gegenstände, Tiere oder abstrakte Konstrukte – wie z. B. Intelligenz oder Hyperaktivität oder Lernbehinderung) in der Außenwelt beobachten kann. Es handelt sich hierbei also um einen nicht-konstruktivistischen Standpunkt. Der Beobachter ist vielmehr bemüht, zwischen sich als Beobachter und dem Beobachteten streng zu unterscheiden – also möglichst objektiv zu sein. Der Beobachter erkennt dabei nur das, was mit Hilfe der getroffenen Unterscheidung erkannt werden kann. Er erkennt nicht, was er mit dieser Differenzsetzung nicht sehen kann. Es gibt jedoch auch die Beobachtung II. Ordnung, die die Unterscheidung beobachtet, die der Beobachtung I. Ordnung zugrunde liegt.

Bei der Beobachtung II. Ordnung versteht sich der Beobachter als Teil dessen, was er beobachtet. Er stellt nicht mehr allein die Frage „Was beobachte ich?", sondern „Wie beobachte ich?". Hiermit kann er die Wahl seiner Unterscheidung beobachten, die die Beobachtung erzeugt („Warum beobachte ich so und nicht anders?"). Die Relevanz bestimmter Unterscheidungen kann so in Frage gestellt werden, um zu überlegen, ob andere Differenzsetzungen sinnvoller bzw. hilfreicher sein könnten. Durch die Wahl spezifischer Differenzsetzungen kann ein Beobachter seine Beziehung zur Welt (die er intern konstruiert) gestalten. Indem er neue Differenzen wählt, kann er neue Wirklichkeiten konstruieren.

3 Ausblick

In Anlehnung an Bateson (1985, 15) kann man diesen Beitrag in dem Satz zusammenfassen: „Zerstöre das Muster und du zerstörst die Bedeutung." Die Wirklichkeit lebt und entwickelt sich in Beziehungen, von denen wir ein Teil sind. Die Gestaltung von Beziehungen im Rahmen struktureller Koppelungen, das Setzen von Differenzen im Prozess der Beobachtungen erzeugt damit unsere Welt, die so ist, wie sie ist; die aber anders sein könnte bzw. anders wird, wenn wir diese Beziehungen und

Differenzen verändern, die unsere Wirklichkeit konstruieren. Auch Wahrheit ist damit nicht mehr unabhängig von ihrer relationalen Einbettung. Sie wird in sozialen Kontexten oder – wie Gergen (2002, 51 ff.) formuliert – in bestimmten Lebensformen entwickelt. Wahrheit entsteht im kommunikativen Prozess und hat ihren Ursprung in Beziehungen (vgl. 2003, 61), genauso wie Dinge – seien es Gene, Zellen, Organe, Pflanzen, Tiere, Menschen, Theorien, Paradigmen etc. – sich nicht an sich, sondern in Relation zu anderen Dingen entwickeln.

Literatur

Bateson, Gregory (1984): Geist und Natur. Eine notwendige Einheit. Frankfurt a. M.

Bateson, Gregory (1985): Ökologie des Geistes. Frankfurt a. M.

Bauer, Joachim (2002): Das Gedächtnis des Körpers. Frankfurt a. M.

Gergen, Kenneth (2002): Konstruierte Wirklichkeiten. Stuttgart

Gergen, Kenneth J. (2003): Soziale Konstruktion und pädagogische Praxis. In: Balgo, Rolf & Werning, Rolf (Hrsg.): Lernen und Lernprobleme im systemischen Diskurs. Dortmund

Kneer, Georg & Nassehi, Armin (1994): Niklas Luhmanns Theorie sozialer Systeme München

Krause, Detlef (2001): Luhmann-Lexikon. 3., neu bearb. und erw. Aufl. Stuttgart

Maturana, Humberto R. & Varela, Francisco J. (1982): Erkennen: Autopoietische Systeme: eine Bestimmung der lebendigen Organisation. In: Maturana, Humberto R.: Erkennen. Die Organisation und Verkörperung von Wirklichkeit. Braunschweig

Maturana, Humberto R. & Varela, Francisco J. (1987): Der Baum der Erkenntnis. Bern

Schmidt, Siegfried J. (1986): Selbstorganisation – Wirklichkeit – Verantwortung. Der wissenschaftliche Konstruktivismus als Erkenntnistheorie und Lebensentwurf. Siegen

Spencer-Brown, George (1969): Laws of Form. London (dt.: Laws of Form – Gesetze der Form, Lübeck 1997

Werning, Rolf (2002): Lernen und Behinderung des Lernens. In: Werning, Rolf et al.: Sonderpädagogik. Lernen, Verhalten, Sprache, Bewegung und Wahrnehmung. München, 129–189

Willke, Hellmut (1994): Systemtheorie II: Interventionstheorie. Stuttgart

Empirismus und Positivismus

Christian Liesen

1 Definition, Begriffs- und Gegenstandsgeschichte

Mit Empirismus wird eine Familie erkenntnistheoretischer Positionen bezeichnet, derzufolge das Erlangen von Wissen abhängig von der Sinneserfahrung ist. Im Gegensatz dazu nimmt ein erkenntnistheoretischer Rationalismus an, dass Wissen unabhängig von der Sinneserfahrung erlangt wird. Empirismus und Rationalismus müssen nicht zwangsläufig konfligieren; sie konfligieren nur, wenn sie sich auf denselben Gegenstandsbereich beziehen. Jemand kann in einem Erkenntnisbereich einem erkenntnistheoretischen Rationalismus folgen (etwa im Bereich der Mathematik), in einem anderen hingegen einem erkenntnistheoretischen Empirismus (etwa im Bereich der Naturerkenntnis). Für den Fall jedoch, dass beide Positionen sich auf denselben Erkenntnisbereich beziehen, müssen sie zusammen betrachtet werden, die eine ist ohne die andere nicht angemessen zu würdigen. So gibt der Konflikt zwischen beiden Auffassungen in dreierlei Hinsicht vertieft Aufschluss: 1. systematisch, hinsichtlich der epistemologischen Position; 2. philosophiehistorisch, hinsichtlich der Kennzeichnung einer bestimmten Epoche; 3. programmatisch, hinsichtlich der Abgrenzung der eigenen Position gegenüber anderen (Engfer 1996).

Unter Positivismus – auch als logischer Empirismus, logischer Positivismus oder Neopositivismus bezeichnet – wird näherhin eine Auffassung verstanden, derzufolge Erfahrung und Logik auf spezifische Weise zusammenwirken, so dass Erkenntnis möglich ist. Zugrunde liegen zwei rigorose Unterscheidungen: Erstens sind wahre Aussagen entweder logisch (analytisch) oder empirisch (synthetisch) wahr. Zweitens sind Aussagen entweder wahrheitsfähig in diesem Sinne oder nicht. Für die Wissenschaftssprache ergibt sich eine entsprechend rigorose Unterscheidung in eine Beobachtungssprache, in der mittels empirisch wahrer Aussagen das empirische Fundament einer Wissenschaft formuliert werden kann, und eine Theoriesprache, in der mittels logisch wahrer Sätze der rationale Zusammenhalt einer Wissenschaft formuliert wird. Aussagen in den Wissenschaften, die weder der Beobachtungssprache noch der Theoriesprache zugeordnet werden können, sind als metaphysische Spekulation oder als unsinnig zurückzuweisen. Zugelassen ist nur, was logisch oder empirisch wahrheitsfähig ist (daher die Bezeichnung „positivistisch"). Diese Auffassung geht zurück auf den in den 1920er Jahren instituierten Wiener Kreis um Moritz Schlick. [→ Kritischer Rationalismus] Mit dem Positivismus verbindet sich dabei zugleich eine aufklärerische Haltung: Erkenntnisprozesse sollen entmystifiziert und von Ideologien und Dogmen befreit werden, die Grundlagen der Erkenntnis sollen so klar wie nur möglich zu Tage treten, Sinnvolles von Sinnlosem, echte Probleme von Scheinproblemen getrennt werden (vgl. etwa Neurath 1979; Schlick 1984; Dahms 1985). Die philosophische Analyse soll so wieder Schritt halten können mit den beispiellosen Entwicklungen in den Naturwissenschaften, für die die auf Kant zurückgehenden Fundierungen naturwissenschaftlicher Erkenntnis nicht mehr ausreichend erscheinen. Letztlich etabliert sich mit dem Positivismus eine umfassende „wissenschaftliche Weltauffassung" (O. Neurath), jedwede wissenschaftliche Erkenntnis betreffend.

2 Zentrale Erkenntnisse, Forschungsstand

2.1 Zur Charakterisierung des Empirismus

Die Charakterisierung des Empirismus kann, wie umrissen, nur im Kontrast mit dem Rationalismus erfolgen. Vorauszusetzen ist dafür der Fall, dass sich beide auf denselben Gegenstandsbereich beziehen. Empiristische Positionen postulieren diesfalls die Abhängigkeit, rationalistische Positionen die Unabhängigkeit des erlangten Wissens über den Gegenstandsbereich von der Sinneserfahrung.

Es lassen sich dann drei Aspekte unterscheiden, systematische, philosophiehistorische und programmatische. Sie sind maßgeblich durch H.-J. Engfer (1996) herausgearbeitet worden.

1. *Systematisch* betrachtet zeichnen sich empiristische erkenntnistheoretische Positionen dadurch aus, dass sie die Erfahrung als Grund unseres Wissens und als Grund des Gehalts unserer Begriffe ansehen, während rationalistische erkenntnistheoretische Positionen eine Grundlegung des Wissens in der Erfahrung ablehnen. Was beispielsweise unser Wissen über die externe Welt angeht und die Begriffe, mit denen wir Erkenntnisse über diese Welt ausdrücken, so nimmt der Empirismus an, dass wir keine andere Quelle für dieses Wissen haben als die Erfahrung. Wissen ist uns a posteriori möglich, Vernunft allein – die Tätigkeit des Geistes – kann uns kein Wissen geben. Rationalistische Positionen halten dagegen, dass unsere Erkenntnis auch a priori sein kann, das heißt intuitiver und deduktiver Natur und unabhängig von Sinneserfahrung: Die Erfahrung reicht keinesfalls aus, um unsere Wissensbestände und Begriffe zu bestimmen, vielmehr muss es – so einige Positionen – etwas gleichsam Angeborenes geben, das durch die Erfahrung allenfalls aktiviert wird. Bei diesen Disputen ist durchaus nicht immer klar, was unter „Erfahrung" verstanden wird. Zwar ist mit dem Begriff der Erfahrung in der Regel die Sinneserfahrung im engeren Sinne gemeint, gebunden an die Tätigkeit unserer Sinnesorgane [→ IX Sinne und Wahrnehmungstätigkeit]; solche Positionen können als sensualistisch bezeichnet werden. Manchmal werden aber auch die inneren Erfahrungen dazugezählt, im Sinne der reflexiven Selbsterfahrung des Geistes, womit die Abgrenzung zu rationalistischen Positionen schwierig wird. Auch ist bei der Interpretation der jeweiligen Positionen Vorsicht angebracht. Beispielsweise ist die empiristische Position nicht zwangsläufig so zu verstehen, dass a) wir Wissen haben und b) dieses Wissen abhängig von Sinneserfahrungen ist. Sie kann auch so verstanden werden, dass falls wir überhaupt Wissen haben, dieses durch Erfahrung gegeben sein muss. Die rationalistische These, dass wir a priori etwas über die Welt wissen können, etwa dass kein Objekt gleichzeitig vollständig zweifarbig oder an zwei Orten sein kann (BonJour 1998), ist für die Empiristin nur Wissen darüber, wie die Dinge sein müssten, falls sie existieren – doch um zu wissen, ob sie existieren, müssen wir sie erfahren. In diesem Sinne kann eine Empiristin für einige Erkenntnisbereiche durchaus die Position des Rationalisten teilen, dass wir kein Wissen aus der Erfahrung haben; für sie folgt daraus, dass wir in diesem Bereich gar kein Wissen haben (Kenny 1986).

2. *Philosophiehistorisch* steht die Unterscheidung von Empirismus und Rationalismus für die kanonische Auszeichnung zweier philosophischer Schulen im 17. und 18. Jahrhundert und ist in dieser Form höchst einflussreich gewesen. So wurde eine „empiristische Schule", zu der unter anderem Francis Bacon, John Locke und David Hume gezählt werden, einer „rationalistischen Schule" gegenübergestellt, vertreten unter anderem durch René Descartes, Baruch de Spinoza und Immanuel Kant. Die Empiristen studierten demzufolge die

Wirklichkeit durch Beobachtung und Experiment (was zudem einer spezifisch britischen Sichtweise zu entsprechen schien; daher die Rede vom „britischen Empirismus"). Die Rationalisten beriefen sich stattdessen auf die Mathematik als mustergültiges Beispiel für angeborene Ideen, mit weitreichenden Konsequenzen für das Verständnis der Vernunft (hier entwickelte sich augenscheinlich aus einem französischen einschließlich „kontinentaleuropäischer Rationalismus"). Solche Gegenüberstellungen sind mit erheblicher Vorsicht zu genießen. Die Positionen der Vertreter dieser Schulen sind weitaus differenzierter, als das Klischee vermuten lässt: Francis Bacon tritt im Novum Organum (1620) für ein Bündnis zwischen dem Experimentellen und dem Rationalen ein, mit geharnischten Worten an die Adresse jener Empiristen und Dogmatiker, die verkennen, dass Erfahrung systematisch gegeben sein müsse. John Locke übt im ersten Buch seines Essays Concerning Human Understanding (1690) scharfe Kritik an der These angeborener Prinzipien und Ideen, tritt im vierten Buch jedoch ebenso klar für die „Realität der Mathematik" und damit die Fähigkeit des Menschen ein, aus seinen eigenen Ideen echtes Wissen zu erlangen. David Hume legt in A Treatise of Human Nature (1739/40) und An Enquiry Concerning Human Understanding (1748) ein komplexes philosophisches Programm vor, das die Metaphysik demontiert, gleichwohl aber empiristische ebenso wie skeptizistische und naturalistische Interpretationen gefunden hat (Topitsch & Streminger 1981; Morris 2008). Bei den Rationalisten setzt René Descartes in den Meditationes (1641) angeborene Prinzipien und Ideen keineswegs umstandslos voraus, sondern entfaltet sie in langen Argumentationsgängen, auch räumt er in der fünften und sechsten Untersuchung der Erfahrung einen gewissen Stellenwert für die Erkenntnis ein. Baruch de Spinoza hält im zweiten Buch der Ethik in geometrischer Ordnung dargestellt (1677) die empirische Erfahrung

für die Ideen des menschlichen Geistes für unentbehrlich. Und Immanuel Kant formuliert im zweiten Hauptstück des zweiten Buches der Kritik der reinen Vernunft (1787) Grundsätze für den empirischen Fortschritt der Erfahrung (Deugd 1966). Alles in allem argumentieren also die vermeintlichen Empiristen in mancherlei Hinsicht entschieden rationalistisch, während die vermeintlichen Rationalisten in mancherlei Hinsicht empiristische Ansätze inkorporieren (Engfer 1996; Loeb 1981). Zudem ist zu unterscheiden, ob Empirismus und Rationalismus dabei als epistemologische Grundposition oder als methodische Maxime wissenschaftlicher Forschung aufgefasst werden.

3. Als Programmbegriff stellen sich verschiedene wissenschaftsphilosophische Strömungen in eine postulierte Traditionslinie des Empirismus, wodurch sie sich zugleich von anderen Positionen abzuheben trachten (Engfer 1996). Der Empirismus erscheint als positives Leitbild mit großer Ausstrahlungskraft für die Methodologie der Wissenschaften, wie etwa an den Arbeiten von Friedrich Eduard Beneke (1832), Auguste Comte (1844), John Stuart Mill (1843), Richard Avenarius (1888–90), Ernst Mach (1886) und in den USA William James (1912) abzulesen ist. Diese programmatische Positionierung, mit der man sich abgrenzend auf eine empiristische Tradition beruft, wird im Positivismus des 20. Jahrhunderts in eine ausgewogenere Betrachtungsweise überführt, welche die Vorzüge nicht nur der empiristischen, sondern auch der rationalistischen Auffassungen hervorheben möchte. Dies wird später dann selbst wieder kritisiert, etwa im [→] Kritischen Rationalismus Karl Poppers (1934).

2.2 Zur Charakterisierung des Positivismus

Eine Charakterisierung des Positivismus ist eingangs bereits erfolgt. Hervorzuheben ist der Anspruch, eine adäquate Theorie der Wissenschaften zu sein, nachdem das synthetische Apriori Kants keine Gültigkeit mehr beanspruchen konnte: Für Kant ist apriorisches Wissen solches Wissen, das „schlechterdings von aller Erfahrung unabhängig" ist (Kant 1787, 3), und sein zentrales Beispiel für ein synthetisches Apriori – ein Urteil, das unabhängig von der Erfahrung empirisch wahr ist – ist die Euklidische Geometrie, die epistemisch unanfechtbar erscheint. Die Relativitätstheorie hatte indessen aber demonstriert, dass der physikalische Raum nicht euklidisch ist. Im Wiener Kreis wird vor diesem Hintergrund die Möglichkeit synthetischer Urteile a priori rundheraus abgelehnt. Wahre Aussagen und sinnvolle Urteile fallen in eine von zwei Klassen: Sie sind entweder logisch (analytisch, a priori) wahr, oder sie sind empirisch (synthetisch, a posteriori) wahr; und das, was in der Metaphysik als Wissen ausgewiesen wurde, ist weder das eine noch das andere und somit als Spekulation oder Unsinniges zurückzuweisen (Uebel 2008). Fortschritte in den Wissenschaften sind stets nur durch die beiden akzeptierten Klassen von Aussagen und Urteilen erzielt worden. Ziel und Leitgedanke des Positivismus war es deswegen, eine gemeinsame Sprache und Methode aller Wissenschaften zu formulieren und die kategoriale Unterscheidung zwischen Natur- und Geisteswissenschaft aus der Welt zu schaffen, zugunsten der Einheit der Wissenschaft (Neurath 1944; Neurath 1979). In dieser Form prägte er die moderne Wissenschaftstheorie nachhaltig.

Der Wiener Kreis hat jedoch keine einheitliche Lesart des Positivismus vertreten, sondern ein Spektrum logisch-empiristischer Positionen der systematischen Erfahrungskontrolle bei teils sehr verschiedenen philosophischen Projekten (Haller 1993; Stadler 1997). Ein Beispiel sind die verschiedenen Auffassungen über die Philosophie selbst: Moritz Schlick (1930) hielt an einer grundsätzlichen Unterscheidung zwischen Philosophie und Wissenschaft fest, Rudolf Carnap (1932) sah sie als rein formales Bindeglied für die Logik der Wissenschaften, und Otto Neurath (1932) verstand sie im Sinne der Einheitswis-

senschaft als eine Art interdisziplinäre Meta-Theorie (zur Diskussion vgl. Uebel 2008).

3 Ausblick

In den Wissenschaften haben Empirismus und Positivismus als Maximen der Erkenntnisgewinnung naturgemäß mehr Beachtung als ihre epistemologischen Fundierungen gefunden. Die Gegenüberstellung von Empirismus und Rationalismus hat schon mit dem logischen Empirismus weitestgehend an Bedeutung verloren, und auch dieser selbst – der sich ja systematisch wie programmatisch auf beide berufen hat – ist kein aktives Forschungsprogramm mehr. Die Zuversicht, die Grundlagen unserer Erkenntnis systematisch und für die Zwecke der wissenschaftlichen Forschung und Theoriebildung einheitlich fassen zu können (und grundsätzlicher: sinnvolle von sinnlosen Sätzen präzise unterscheiden zu können), ist erodiert.

Für die Sonderpädagogik als vergleichsweise junge Wissenschaft sind Einsichten in die Geltungsansprüche wissenschaftlichen Wisens aufschlussreich. Empirismus und Rationalismus sind dafür in systematischer, philosophiehistorischer und programmatischer Hinsicht nach wie vor Referenzpunkte von erheblicher Relevanz, und dasselbe gilt für das aufklärerische Programm des Positivismus. Bei jeglicher Forschung spielen Annahmen über die Struktur der Wirklichkeit und über den erkenntnisadäquaten Zugang zu ihr eine wesentliche Rolle. In einer Zeit, in der zumal im Bildungsbereich allenthalben kurzsichtig nach empirischen Evidenzen verlangt wird, verdient dies mit Sicherheit mehr Beachtung.

Literatur

Avenarius, Richard (1888–90): Kritik der reinen Erfahrung. Leipzig

Bacon, Francis (1620): Novum organum. In: Montague, Basil (Ed.) (1854), Francis Bacon: The Works, Bd. 3. Philadelphia, 343–371

Beneke, Friedrich Eduard (1832): Kant und die philosophische Aufgabe unserer Zeit. Berlin

BonJour, Laurence (1998): In defense of pure reason. Cambridge, MA

Carnap, Rudolf (1932): Überwindung der Metaphysik durch logische Analyse der Sprache. In: Erkenntnis 2, 219–241

Comte, Auguste (1844): Discours sur l'esprit positif. Paris

Dahms, Hans J. (Hrsg.) (1985): Philosophie, Wissenschaft, Aufklärung: Beiträge zur Geschichte und Wirkung des Wiener Kreises. Berlin

Deugd, Cornelis de (1966): The significance of Spinoza's first kind of knowledge. Assen

Descartes, René (1641): Meditationes de prima philosophia, in qua Dei existentia et animae immortalitas demonstratur. In: Schmidt, Andreas (Hrsg.) (2004), René Descartes: Meditationen. Dreisprachige Parallelausgabe Latein – Französisch – Deutsch. Göttingen

Engfer, Hans J. (1996): Empirismus versus Rationalismus? Kritik eines philosophiehistorischen Schemas. Paderborn

Haller, Rudolf (1993): Neopositivismus. Eine historische Einführung in die Philosophie des Wiener Kreises. Darmstadt

Hume, David (1739/40): A treatise of human nature. London

Hume, David (1748): An enquiry concerning human understanding. London

James, William (1912): Essays in radical empiricism. New York

Kant, Immanuel (1787): Kritik der reinen Vernunft (B). In: Schmidt, Raymund (Hrsg.) (1926), Immanuel Kant: Kritik der reinen Vernunft. Nach der ersten und zweiten Original-Ausgabe neu herausgegeben. Hamburg

Kenny, Anthony (1986): Rationalism, empiricism and idealism. Oxford

Locke, John (1690): An Essay concerning human understanding. London

Loeb, Louis (1981): From Descartes to Hume. Continental metaphysics and the development of modern philosophy. Ithaca, NY

Mach, Ernst (1886): Beiträge zur Analyse der Empfindung. Jena

Mill, John S. (1843): A System of logic, ratiocinative and inductive, being a connected view of the principles of evidence and the methods of scientific investigation. London

Morris, William Edward (2008): David Hume. In: Zalta, Edward N. (Ed.), The Stanford Encyclopedia of Philosophy (Winter 2008 Edition), http://plato.stanford.edu/archives/win2008/entries/hume/

Neurath, Otto (1932): Soziologie im Physikalismus. In: Erkenntnis 2, 393–431

Neurath, Otto (1944): International encyclopedia of unified science. 2 Bde. Chicago

Neurath, Otto (1979): Wissenschaftliche Weltauffassung, Sozialismus und logischer Empirismus. Frankfurt a. M.

Popper, Karl (1934): Logik der Forschung. Wien

Schlick, Moritz (1930): Die Wende der Philosophie. In: Erkenntnis 1, 4–11

Schlick, Moritz (1984): Fragen der Ethik. Frankfurt a. M.

Spinoza, Baruch de (1677): Ethica ordine geometrico demonstrata. In: Bartuschat, W. (Hrsg.) (1999), Baruch de Spinoza: Sämtliche Werke, Bd. 2: Ethik in geometrischer Ordnung dargestellt. Hamburg

Stadler, Friedrich (1997): Studien zum Wiener Kreis. Ursprung, Entwicklung und Wirkung des Logischen Empirismus im Kontext. Frankfurt a. M.

Topitsch, Ernst & Streminger, Gerhard (1981): Hume. Darmstadt

Uebel, Thomas (2008): Vienna circle. In: Zalta, Edward N. (Ed.): The Stanford Encyclopedia of Philosophy (Fall 2008 Edition), http://plato.stanford.edu/archives/fall2008/entries/vienna-circle/

Wissenschaft und Wahrheit

Christian Liesen

1 Definition

Dass Wissenschaft und Wahrheit zusammenhängen, kann in mindestens zweierlei Hinsicht verstanden werden. 1. Der erste Fall hat mit der Definition dessen zu tun, was es heißt, etwas zu wissen. Wissen kann man nur, was wahr ist. Insofern die Wissenschaften nach Wissen streben, streben sie daher – begrifflich notwendig – in einem bestimmten Sinne auch nach Wahrheit. 2. Der zweite Fall hat mit der Vorstellung zu tun, die Wissenschaft habe einen privilegierten Zugang zur Wahrheit und die wissenschaftliche Erkenntnis bewege sich auf die Wahrheit zu. Diese Vorstellung ist im Licht der Wissenschaftsentwicklung zu betrachten; hier geht es also um eine historische Einordnung.

2 Zentrale Erkenntnisse, Forschungsstand

2.1 Wissen und Wahrheit

Zunächst ist zu analysieren, was Wissen ist. „Wissen" ist dabei im Sinne propositionalen Wissens zu verstehen, das heißt als Wissen darüber, dass etwas der Fall ist. Es ist auf theoretische Erkenntnis bezogen und ist abzugrenzen von praktischem oder prozeduralem Wissen, das heißt von Wissen darüber, wie etwas getan wird. Praktisches oder prozedurales Wissen ist nicht wahr; es ist eher gut, nützlich oder brauchbar.

Man kann nur wissen, was wahr ist. Umgekehrt kann man nichts Falsches wissen. Dass unser Sonnensystem 100 Planeten hat, ist falsch und gehört daher nicht zu den Dingen, die jemand wissen kann. Zwar kann man sich täuschen und etwas für wahr halten, was nicht wahr ist; man wird aber nur solange sagen, dass man es weiß, wie man annimmt, dass es wahr ist. Mit dem Wahrheitsbegriff können Propositionen also beurteilt werden.

Eine übliche Darstellungsform der Definition von Wissen folgt dem Schema „S weiß, dass p". S bezeichnet das wissende Subjekt und p eine Proposition. Es lässt sich zum Zweck der Definition und Analyse nun eine Liste von Bedingungen angeben in der Form: „S weiß, dass p genau dann, wenn ..." Je nach Ansatz werden dabei unterschiedliche Bedingungen angegeben. So heißt dem so genannten Justified True Belief-Ansatz (JTB) zufolge etwas zu wissen eine gerechtfertigte, wahre Überzeugung haben: JTB kann formuliert werden als „S weiß, dass p genau dann, wenn (i) p wahr ist; (ii) S überzeugt ist, dass p; und (iii) S gute Gründe hat überzeugt zu sein, dass p". Die Wahrheitsbedingung (i), die Überzeugungsbedingung (ii) und die Rechtfertigungsbedingung (iii) definieren zusammengenommen, was es JTB zufolge heißt, etwas zu wissen. Andere Ansätze formulieren andere Bedingungen (genannt seien Reliabilismus, Internalismus und Externalismus; vgl. Steup & Sosa 2005 für eine Diskussion der unterschiedlichen Positionen). Auf den Gehalt und die Unterschiede dieser Ansätze kommt es im Moment aber nicht an. Es genügt hier, auf die Rolle der Wahrheitsbedingung (i) hinzuweisen, die besagt, dass p wahr sein muss: Alle Ansätze halten dies für eine notwendige (wenn auch nicht hinreichende) Bedingung dafür, dass von Wissen gesprochen werden kann und dass sich Wissen von bloßem Glauben oder Meinen abgrenzen lässt. Die anderen beiden Bedingungen, die in JTB vorkommen – die Überzeugungsbedingung (ii) und die Rechtfertigungsbedingung (iii) – haben lebhafte erkenntnistheoretische Kontroversen ausgelöst und in den verschiedenen Ansätzen zu Weiterentwicklungen geführt. Nicht so die Wahrheitsbedingung, denn dass ohne Wahrheit nicht von Wissen gesprochen werden kann, scheint vollkommen klar. Im Zusammenhang von Wissenschaft und Wahrheit ergibt sich somit aus der Analyse dessen, was Wissen ist, dass die Wissenschaft, insofern sie nach Wissen strebt, auf die Wahrheitsbedingung – Propositionen, die wahr sind – nicht verzichten kann.

Weniger trivial ist die Antwort auf die Frage, was es ist, das eine Proposition wahr macht. Welche Kriterien lassen sich angeben, nach denen eine begriffliche Einheit, die mit Wahrheitsanspruch geäußert wird, daraufhin beurteilt werden kann, ob sie wahrheitsfähig ist und falls sie es ist, ob sie wahr ist? Verschiedene Wahrheitstheorien geben darauf verschiedene Antworten. Sie beantworten die Frage nach dem Wesen oder der Natur von Wahrheit, setzen also voraus, dass es Wahrheit gibt, und berufen sich auf unterschiedliche ontologische und epistemologische Positionen. Drei wahrheitstheoretische Ansätze seien angesprochen: Korrespondenztheorie, Kohärenztheorie und Deflationismus.

1. Der Korrespondenztheorie zufolge (Ramsey & Moore 1927; Russell 1912) ist eine Proposition genau dann wahr, wenn es eine Tatsache in der Welt gibt, mit der sie übereinstimmt (korrespondiert). Wahrheit ist die strukturelle Übereinstimmung oder Ähnlichkeit zwischen Proposition und Welt. Korrespondenztheorien werden typischerweise mit einem metaphysischen Realismus in Verbindung gebracht: Es gibt eine objektive Welt, die unabhängig davon ist, was wir über sie denken und wie wir sie beschreiben; unsere Propositionen beziehen sich auf diese Welt; und jede Proposition über die Welt ist entweder wahr oder falsch (zusammenfassend Wright 1992). Moderne Korrespondenztheorien sehen – ontologisch neutraler – die Korrespondenz zwischen wahren Sätzen einer bestimmten Sprache und den Eigenschaften von Referenzobjekten als entscheidend an, fußend auf den Arbeiten Alfred Tarskis über wahre Sätze in formalen Sprachen (sog. semantische Wahrheitskonzeption, vgl. Tarski 1935; Kripke 1975). Sie setzen keine Ontologie voraus, derzufolge es eine objektive Welt gibt. Bis zu welchem Grad die metaphysischen Voraussetzungen einer Korrespondenztheorie dadurch entbehrlich sind, ist umstritten (vgl. etwa Field 1972 vs. Putnam 1985; Vision 2004 für einen Gesamtüberblick).

2. Der Kohärenztheorie zufolge ist eine Proposition genau dann wahr, wenn sie Bestandteil eines kohärenten Systems von Überzeugungen ist. Wahrheit ist die Übereinstimmung zwischen einer Proposition und anderen Propositionen. Kohärenztheorien werden typischerweise mit einem metaphysischen Idealismus in Verbindung gebracht: Es gibt keinen ontologischen Unterschied zwischen einer Überzeugung und dem, was eine Überzeugung wahr macht (und insbesondere keine objektiven Bedingungen, die eine Überzeugung wahr machen würden); die Welt ist eine Ansammlung unserer Überzeugungen; und Propositionen sind wahr in dem Maße, in dem sie Kohärenz mit anderen Überzeugungen besitzen, die für wahr gehalten werden (Rescher 1973; Young 1995; Young 2001).

3. Mit Deflationismus schließlich wird eine Familie von Wahrheitstheorien bezeichnet, in denen Wahrheit jede metaphysische Bedeutung abgesprochen wird: Zu sagen, p sei wahr, ist äquivalent dazu zu behaupten, dass p – weiter nichts. Wahrheit ist eine logische, nach anderen Ansätzen eine redundante Eigenschaft von Propositionen. Es gibt keine metaphysische Eigenschaft, die alle wahren Propositionen gemeinsam hätten, und es gibt keine übergreifende Erklärung für die Eigenschaft von Propositionen, wahr zu sein, wie es die Korrespondenz- und Kohärenztheorien annehmen (den besten Überblick über die Richtungen des Deflationismus bietet Stoljar & Damnjanovic 2007).

Damit von Wissen gesprochen werden kann, sind wahre Propositionen also notwendig, wenn auch noch nicht hinreichend, und es gibt verschiedene Auffassungen darüber, was (wenn überhaupt etwas) Propositionen wahr macht und was Wahrheit ist. Dies gilt für jede Form von Wissen, nicht nur für wissenschaftliches, sondern auch für Alltagswissen.

Worin besteht aber dann die spezielle und oftmals als privilegiert vorgestellte Rolle der wissenschaftlichen Erkenntnis im Zugang zu Wissen und Wahrheit?

2.2 Wissenschaftliches Wissen und Wahrheit

Dieser zweite Fall hat mit der Wissenschaftsentwicklung zu tun. Er hat einerseits eine wissenschaftsinterne Dimension, denn es scheint irgendetwas zu geben, das den Wissenschaften gleichsam immanent ist und das es ihnen erlaubt, besonders zuverlässiges Wissen hervorzubringen. Andererseits hat er eine wissenschaftsexterne Dimension, denn die beispiellosen Erfolge zumal der Naturwissenschaften bei der Beschreibung und Erklärung der Welt – einschließlich der dadurch ermöglichten technologischen Erfolge und bis hinein in solche Bereiche, die für Alltagswissen und Alltagserfahrung gar nicht oder nicht ohne weiteres zugänglich sind – finden gesamtgesellschaftlich Widerhall und prägen gesellschaftliche und kulturelle Horizonte, wovon wiederum die Wissenschaft als soziales Unternehmen berührt wird.

Im Laufe der Zeit sind verschiedene Auffassungen darüber vorgebracht worden, was es ist, das wissenschaftliches Wissen auszeichnet. Sie lassen sich, in grobkörniger Form, vier charakteristischen Sichtweisen zuordnen, die historisch in vier Phasen prägend waren (vgl. Hoyningen-Huene 2008): Die erste Sichtweise unterscheidet episteme, also sicheres Wissen und sichere Erkenntnis, von doxa, bloßem Meinen. Wissenschaftliches Wissen wird als absolut sicheres Wissen angesehen, dessen Gültigkeit durch Deduktion aus für wahr gehaltenen Axiomen bewiesen werden kann. Die zweite Sichtweise nimmt an, dass es ein bestimmtes Set von Verfahrensweisen gibt, mit dem nicht nur durch Deduktion, sondern auch durch Induktion verlässliches Wissen gewonnen werden kann; es gibt strikte Regeln und Prozeduren, die zusammengenommen „die wissenschaftliche Methode" bilden. Das Befolgen der Methode sorgt für den besonderen Status des Wissens. Der dritten Sichtweise zufolge kann wissenschaftliches Wissen auch bei strikter Methodenbefolgung nicht absolut sicher sein; es ist fehlbar. Es behält aber einen besonderen Status, weil es das am besten überprüfte, zuverlässigste Wissen ist. Die vierte Sichtweise hingegen bezweifelt, dass es tatsächlich so etwas wie eine „wissenschaftliche Methode" gibt, aus der heraus sich ein besonderer Status wissenschaftlichen Wissens rechtfertigen ließe. Es ist dann nicht mehr ohne weiteres klar, was – wenn überhaupt etwas – wissenschaftliches Wissen von anderen Wissensformen unterscheidet.

Die erste Sichtweise hat ihre Ursprünge bei Platon und Aristoteles. Vor allem Aristoteles entwickelt und begründet zumal in den Naturwissenschaften eine fächerübergreifende Forschungssystematik und neuartige (axiomatische) Ordnungskriterien, die bis ins 17. Jahrhundert hinein Geltung behalten sollen (Barnes 1995). Er ordnet, systematisiert und erweitert die Wissensbestände seiner Zeit und stellt sie strukturiert und umfassend dar, sowohl in den verschiedenen theoretischen Wissenschaften wie der Mathematik, der Naturwissenschaft und der Theologie als auch in den praktischen und produktiven Wissenschaften wie der Ethik, der Politik, der Kunst, der Rhetorik und Poetik. Im Gegensatz zu Platon nimmt Aristoteles nicht an, dass sich alles Wissen womöglich aus einem einzigen Set wahrer Axiome herleiten ließe. Für ihn machen der konzeptuelle Apparat und die formale Struktur der Wissenschaften die Einheit wissenschaftlichen Wissens aus; sie bedeuten nicht ein bestimmtes

Set von Axiomen, sondern stehen für das Wesen axiomatischen Wissens, das er in seinen Arbeiten zu Metaphysik, Analytik und Logik untersucht (Scholz 1975). Diese Verbindung von wissenschaftlichen und philosophischen Untersuchungen begründet den beispiellosen Einfluss des aristotelisch-scholastischen Weltbildes und der auf Aristoteles zurückgehenden Wissenschaftsauffassung.

Die zweite Sichtweise sieht wissenschaftliche Erkenntnis durch „die wissenschaftliche Methode" fundamentiert. Neben deduktiven Verfahren werden darunter bis weit in das 19. Jahrhundert hinein auch induktive Verfahren verstanden, im Sinne von Schlussregeln, die eine Verallgemeinerung von einzelnen Beobachtungen auf Regularitäten und Gesetzmäßigkeiten gestatten: Sofern die wissenschaftlichen Regeln und Verfahrensweisen bei der Untersuchung der relevanten Gegenstände strikt eingehalten werden, kann demnach durch Induktion ebenfalls sicheres wissenschaftliches Wissen erlangt werden. Induktive Begründungsmuster scheinen in den Wissenschaften allgegenwärtig und sehr erfolgreich zu sein, und obwohl die Grundlagen induktiven Schließens schon vergleichsweise früh energisch kritisiert werden (autoritativ Hume 1739/40, von dem eine bis heute andauernde Debatte ausgeht), bleibt die Idee einer wissenschaftlichen Methode, Induktion inbegriffen, einflussreich.

Die dritte Sichtweise hält zwar an der Idee einer „wissenschaftlichen Methode" fest, relativiert aber den Status des erlangten Wissens. Für den Kritischen Rationalismus ist Wissenschaft ein deduktiver Prozess, in dem Hypothesen formuliert und rücksichtslos getestet werden mit dem Ziel, sie zu falsifizieren; mit der Zeit wird so zwar ein kumulativer Erkenntnisfortschritt erreicht, doch ein Erkennen oder Bestätigen der Wahrheit ist logisch unmöglich (Popper 1934). Induktion wird im Sinne induktiver Inferenz weiterentwickelt, die mit Allgemeingültigkeit nichts zu tun hat (vgl. Carnap 1950; Hacking 1965; die Diskussion um Inferenz dauert an), zugleich sind damit allerdings auch die Geltungsan-

sprüche an wissenschaftliches Wissen deutlich andere.

Die vierte Sichtweise kritisiert unter verschiedenen Perspektiven die Grundlagen, auf denen wissenschaftliches Wissen als besonderes Wissen ausgewiesen worden ist. 1. Historische Analysen lassen es plausibel erscheinen, dass es gerade kein abstraktes Set von strikt zu befolgenden Regeln und Verfahrensweisen gibt, dem die Wissenschaften folgen: Gäbe es ein solches Set, und wäre es strikt befolgt worden, so wären viele bedeutende Entdeckungen und Fortschritte in den Wissenschaften nie erzielt worden (Feyerabend 1975). Eine Historiographie, die die Wissenschaftsentwicklung [→ Wissenschaftstheorie und Wissenschaftsgeschichte] authentisch untersucht, zeigt auf, dass es zwar Fortschritte in den Wissenschaften gibt, dass es aber kein Ziel der Wissenschaften sein kann, bei „der" Wahrheit anzulangen oder sich ihr kumulativ anzunähern (Kuhn 1962). 2. Die Analyse der sozialen und gesellschaftlichen Dimension wissenschaftlichen Wissens rückt unter anderem die Rolle der Artikulatoren dieses Wissens in den Blickpunkt. Wissenschaftspraxis findet in einem sozialen Raum statt, dessen Akteure und dessen Beziehungsgeflecht nicht frei sind von Autorität, Macht und Dominanz, was sehr unterschiedlich beurteilt werden kann (vgl. etwa Kuhn 1962; Feyerabend 1975; Knorr-Cetina 1981; Longino 1990; Kitcher 2001).

3 Ausblick

Wahrheit ist begrifflich notwendig dafür, dass von Wissen gesprochen werden kann, und somit auch für den Begriff wissenschaftlichen Wissens. Ein privilegierter Zugang der Wissenschaften zur Wahrheit lässt sich kaum plausibel begründen; wissenschaftspraktisch scheint er ohnehin entbehrlich zu sein. Wissenschaft strebt nach Vollständigkeit der [→] Erkenntnis, was nicht dasselbe ist wie das Streben nach Wahrheit; sie hat beispiellose Erfolge vorzuweisen, was nicht bedeutet, dass diese gerade durch Wahrheit ermöglicht wurden. Für die Sonderpädagogik ist der Zusammenhang von Wissenschaft und Wahrheit daher vor allem im Licht der Wissenschaftsgeschichte interessant. Verschiedene Auffassungen darüber, was wissenschaftliches Wissen auszeichnet, sind historisch und systematisch in Wissenschaftstheorie und -historiographie analysiert worden. Von dorther wird nicht nur „Wahrheit", sondern auch „Wissenschaft" zum Reflexionsbegriff für die Sonderpädagogik und dient der Untersuchung, Einordnung und Beurteilung ihrer eigenen Entwicklung als wissenschaftliche Disziplin.

Literatur

Barnes, Jonathan (Ed.) (1995): The Cambridge companion to Aristotle. Cambridge, MA

Carnap, Rudolf (1950): Logical foundations of probability. Chicago

Feyerabend, Paul (1975): Against method: Outline of an anarchist theory of knowledge. London

Field, Harty (1972): Tarski's theory of truth. In: Journal of Philosophy 69, 347–375

Hacking, Ian (1965): Logic of statistical inference. Cambridge, MA

Hoyningen-Huene, Paul (2008): Systematicity: The nature of science. In: Philosophia 36, 167–180

Hume, David (1739/40): A Treatise of human nature. Ed. by Norton, D. F. & Norton, M. J. (2007). Oxford

Knorr-Cetina, Karin (1981): The manufacture of knowledge. Oxford

Kitcher, Philip (2001): Science, truth, and democracy. Oxford

Kripke, Saul (1975): Outline of a theory of truth. In: Journal of Philosophy 72, 690–716

Kuhn, Thomas S. (1962): The structure of scientific revolutions. Chicago

Longino, Helen (1990): Science as social knowledge: values and objectivity in scientific inquiry. Princeton, NJ

Popper, Karl (1934): Logik der Forschung. Wien

Putnam, Hilary (1985): A comparison of something with something else. In: New Literary History 17, 61–79

Ramsey, Frank P. & Moore, George E. (1927): Facts and propositions. In: Proceedings of the Aristotelian Society, Supplementary Volumes 7, 153–206

Rescher, Nicolas (1973): The coherence theory of truth. Oxford

Russell, Bertrand (1912): The Problems of Philosophy. Oxford

Scholz, Heinrich (1975): The ancient axiomatic theory. In: Barnes, John et al. (Ed.), Articles on Aristotle, Vol. I: Science, 50–64

Steup, Matthias & Sosa, Ernest (Ed.) (2005): Contemporary debates in epistemology. Oxford

Stoljar, Daniel & Damnjanovic, Nic (2007): The deflationary theory of truth. In: Zalta, Edward N. (Ed.), The Stanford Encyclopedia of Philosophy (Summer 2007 Edition), http://plato.stanford.edu/archives/sum2007/entries/truth-deflationary/

Tarski, Alfred (1935): Der Wahrheitsbegriff in den formalisierten Sprachen. In: Studia Philosophica I, 261–405

Vickers, John (1988): Chance and structure. An essay on the logical foundations of probability. Oxford

Vision, Gerald (2004): Veritas: The correspondence theory and its critics Cambridge, MA

Wright, Crispin (1992): Truth and objectivity. Cambridge, MA

Young, James O. (1995): Global anti-realism. Aldershot

Young, James O. (2001): A defence of the coherence theory of truth. In: Journal of Philosophical Research 26, 89–101

Holismus

Michael Kober

1 Allgemeines und Historisches

Abgeleitet von griech. holos (ganz), ist „Holismus" eine Bezeichnung für eine methodologische Perspektive, nach der die Teile (Elemente oder Konstituenten) eines Ganzen (bzw. eines Systems) nur mit Bezug auf andere Teile dieses Ganzen verstanden werden können; dabei wird von echten Teilen ausgegangen, die nicht identisch mit dem Ganzen sind. Der Holismus grenzt sich von der analytisch-atomistischen Methodologie ab, nach der ein Ganzes sich aus seinen Teilen in dem Sinne zusammensetzt, dass man, um das Ganze zu verstehen, es in seine Bestandteile zerlegt, diese einzeln und unabhängig voneinander erkennend untersucht (Analyse) und dann das Ganze aus den so verstandenen Teilen verständig wieder zusammensetzt (Synthese): Eine Taschenuhr z. B. hat man verstanden, wenn man sie in ihre Einzelteile auseinander nehmen und wieder so in Kenntnis der Ursachen und Wirkungen zusammensetzen kann, dass sie funktioniert. Analytisch-atomistische Methodiken prägten die Naturwissenschaften seit dem 17. Jahrhundert (z. B. Descartes 1637) und wurden oftmals als eine ihrer wesentlichen Grundzüge gesehen, so dass das In-Frage-Stellen oder auch nur Ergänzen dieser Methodiken durch den Holismus als unwissenschaftlich-esoterisch gebrandmarkt wurde (z. B. Popper 1957; Bunge 1979). Diese polemische Verurteilung hat sich als voreilig herausgestellt, holistische Betrachtungsweisen eines Phänomens lassen sich durchaus mit Wissenschaftlichkeit vereinbaren. Freilich, nicht jeder sich als „ganzheitlich" verstehende Ansatz ist auch holistisch: Oftmals verbirgt sich dahinter nur die unbestrittene Tatsache, dass bei komplexen Systemen (wie z. B. dem menschlichen Organismus) Vieles mit Vielem zusammenhängt und folglich mehrere Parameter in die Betrachtung eines Phänomens oder in die Behandlung eines komplexen Problems einbezogen werden müssen.

Eine holistische Methodologie muss nicht leugnen, dass es so genannte intrinsische Eigenschaften von Elementen eines Systems gibt, die tatsächlich atomistisch bestimmt werden können: Intrinsische Eigenschaften eines Menschen sind z. B. sein Gewicht, seine Größe oder seine Zustände im Zentralnervensystem. Darüber hinaus betont der Holismus jedoch, dass es in manchen Systemen auch Elemente geben kann, denen extrinsische Eigenschaften in dem Sinne zugeschrieben werden können, dass sie sich nur in Bezug auf andere Elemente dieses Systems verstehen lassen: Eine extrinsische Eigenschaft eines bestimmten Menschen ist z. B., dass er Vater von x oder Vorsitzender der Organisation o ist. Auch die bezüglich physikalischer Systeme mögliche Aussage „Das Ding d ist im System S das einzige Element mit der Eigenschaft E" ist eine den Holismus voraussetzende Behauptung.

Eingeführt und entwickelt wurde der Terminus „Holismus" im Hinblick auf einen biologischen Kontext (Smuts 1926), aber es war von Beginn an klar, dass sich diese Methodologie nicht auf biologische Phänomene beschränken sollte. Insbesondere A. Meyer-Abich (1948) propagierte ein holistisches Verständnis physikalischer Vorgänge. In der Wissenschaftstheorie wird mit der so genannten Quine-Duhem-These behauptet, dass bei der Überprüfung empirischer Theorien niemals eine Hypothese oder Theorie allein, sondern stets ein umfassendes Netz von Theorien, vielleicht sogar das gesamte empirisch-wissenschaftliche Weltbild auf dem Prüfstand steht (Quine 1953 und 1991). Schon seit ihren Anfangszeiten lässt sich in den Sozialwissenschaften mit Hilfe der Etiketten „Individualismus" und „Kollektivismus" eine methodologische Debatte verfolgen, sich zumeist auf den Holisten E. Durkheim (1895) und den Individualisten M. Weber (1913) bezieht. Die vor allem in den 1950–1960er Jahren engagiert geführte Diskussion war leider von Missverständnissen, Verwirrungen und Polemiken geprägt; gänzlich irreführend erwiesen sich dabei die Versuche, methodologische und politische Ausrichtungen miteinander zu verschränken, also etwa den Individualismus mit dem Liberalismus und den Holismus mit dem Sozialismus (o. ä.) zu verbinden (Bhargava 1998). Zweifellos holistisch verfahren die Systemtheorie in der Soziologie (Luhmann 1984) und die so genannten systemischen Ansätze in der Psychotherapie, die theoretisch auf Bateson (1956) und Watzlawick (1967) zurückgehen. Geprägt von L. Wittgensteins Philosophischen Untersuchungen (1953), haben sich holistische Ansätze seit den 1980er Jahren sowohl in der philosophischen Semantik und in der Philosophie des Geistes (Block 1998, Esfeld 2001) als auch in der Handlungstheorie etabliert (Kober 2005). Aber auch in der Quantenmechanik oder in der RaumZeit-Physik finden sich seriöse holistische Erklärungsweisen (Esfeld 2001). Es gilt jedoch, dass niemand, der einen holistischen Ansatz bezüglich des Phänomens x (z. B. in der Soziologie) vertritt, auch zu einem holistischen Ansatz bezüglich des von x logisch unabhängigen Phänomens y (z. B. in der Physik) verpflichtet ist.

2 Definitionen

Verschiedene Arten von Holismus sollten unterschieden werden: Der epistemische Holismus behauptet, das Erkennen oder Verstehen bestimmter, eben extrinsischer Eigenschaften eines Teils sei nur in Bezug auf das Erkennen und Verstehen anderer Teile eines bestimmten Ganzen möglich. Der ontologische (oder auch metaphysische) Holismus besagt, dass manche Dinge in einem System nicht isoliert von anderen Einzeldingen existieren können, sondern dass es sie nur geben kann, weil es auch andere Dinge in diesem System gibt. Der semantische Holismus schließlich behauptet, dass die Bedeutung von (im Allgemeinen: Begriffs-) Wörtern oder Sätzen nicht ohne Bezug auf andere Wörter oder Sätze spezifizierbar ist. Man könnte z. B. einen ontologischen Holismus verwerfen und meinen, dass eine Welt möglich sei, die allein aus genau einem Stein besteht, und dennoch dem semantischen Holismus zugestehen, dass das Wort „Stein" nur sinnvoll verwendet werden kann, wenn man es in Abgrenzung z. B. zu „Organismus", „mentaler Zustand" oder „Zahl" anzuwenden vermag.

Die Akzeptanz von funktionellen Eigenschaften der Form „x hat die Funktion, z zu tun" scheinen einen Holismus vorauszusetzen. Dieser Verdacht ist nach M. Esfeld unbegründet, wenn man folgende allgemeine Definition des ontologischen Holismus' für beliebige (physikalische, mentale, soziale o. a.) Systeme zugrunde legt: Ein System S ist genau dann holistisch, wenn alle Konstituenten k_1, …, k_n von S jeweils mindestens eine qualitative extrinsische Eigenschaft E_j besitzen, wobei die jeweilige E_j dem jeweiligen k_i nur deshalb zukommen kann, weil k_i Teil von S ist und sich in einem bestimmten Arrangement mit anderen Konstituenten von S befindet (2001, 33). Dann kann man non-holistisch sagen, dass es z. B. die Funktion eines Herzens ist, Blut zu pumpen, ohne behaupten zu müssen, dass es einen Organismus geben muss, in dem das Blut gepumpt wird, denn man könnte ein künstliches Herz schaffen, das entweder atomistisch für sich allein existiert und (kontrafaktisch) Blut pumpen könnte oder das tatsächlich in einen Organismus verpflanzt wird und auch Blut pumpt.

Weil der vorliegende Band der Enzyklopädie einen pädagogischen Schwerpunkt setzt und weil in der Pädagogik die Versuche von Gemeinschaften, ihre Mitglieder zu bestimmten Handlungsfähigkeiten zu verhelfen, reflektiert werden, sollen im Folgenden Holismen in der Handlungstheorie und in der Sozialphilosophie skizziert werden.

3 Holismus in der Handlungstheorie

Mit Ausnahme von denjenigen Szientisten, die menschliches Handeln ausschließlich als von kausal determinierten Ereignissen im Gehirn verursacht betrachten wollen und folglich sowohl eine menschliche Handlungs-, Willens- oder Entscheidungsfreiheit als auch eine menschliche Verantwortlichkeit für Handlungen leugnen, besteht in der philosophischen Handlungstheorie unter Individualisten und Holisten Einigkeit darin, dass menschliches Verhalten wie Reflexbewegungen, Verdauungsprozesse oder andere, sich dem bewussten Wollen entziehenden organischen Vorgänge oder Körperbewegungen von menschlichem Handeln (auch wenn die Trennungslinie unklar ist und einen zumindest epistemischen und semantischen Leib-Seele-Dualismus impliziert [→ Leib-Seele-Problem]) unterschieden werden muss. Denn ein und dieselbe Körperbewegung wie ein bestimmtes Heben einer Hand kann verstanden werden als ein Sich-Melden während einer Diskussionsveranstaltung, als Grüßen eines Bekannten auf der Straße, als Bestellen eines Biers in einer Kneipe o. ä.; weitere Deutungen dieser Bewegung ließen sich ausdenken, etwa dass sie in einer Kultur bedeutet: „Ja, ich nehme die hier anwesende … zu meiner angetrauten Ehefrau." Dies zeigt, dass ein naturwissenschaftliches Beschreiben einer Körperbewegung nicht identisch mit einer Handlungsbeschreibung oder einem Handlungsverstehen sein kann. Vielmehr benötigt das Verstehen einer Handlung Bezüge auf einen (Handlungs-)Kontext, eine Person und die Absichten, die diese Person mit ihrem Verhalten verfolgt (nur dann lässt sich Handeln als ein, grob formuliert, „Verhalten mit Sinn" deuten).

Zum Phänomen des rationalen Handelns gehört, dass eine Person in einem bestimmten Kontext auf der Basis eines Motivs (das sind bestimmte Überzeugungen, emotionale Einstellungen und Wünsche der Person) und in Abwägung von Gründen im Hinblick auf ein bestimmtes Ziel sich frei zu einer bestimmten Handlungsoption entscheidet und die entsprechende Handlung absichtlich ausführt und später dafür auch die Verantwortung übernimmt; dazu muss die Person Teil einer Gemeinschaft sein, die bestimmte Praktiken nach bestimmten Regeln ausübt und deshalb zu beurteilen vermag, ob die entsprechende Handlung erfolgreich war oder korrekt ausgeübt wurde. All diese Begriffe gelten gemäß eines semantischen Holismus als handlungstheoretische Grundbegriffe, die sich nur wechselseitig, d. h. aufeinander bezogen, erklären lassen. Will man z. B. definieren, was eine Person ist, so müsste man sagen, dass eine Person nicht nur wie ein menschlicher Organismus Ursachen unterworfen ist, sondern sich auch selbst Ziele setzen, frei entscheiden und absichtlich handeln kann und dann auch für ihre Handlungen Verantwortung übernimmt; der Begriff der Verantwortung wiederum lässt sich nur im Hinblick auf Personen definieren, die sich frei zu bestimmten Handlungen auf der Basis von Gründen entscheiden vermochten, etc. (Kober 2005). Der Begriff der (Handlungs-)Rationalität schließlich setzt voraus, dass eine Person auch hätte anders handeln können, aber gute, von den übrigen kompetenten Mitgliedern der Gemeinschaft anerkannte Gründe vorbringen kann, weshalb sie sich in dem entsprechenden Kontext für jene Handlungsoption entschieden hat und dafür auch die Verantwortung übernehmen kann (Searle 2001). Die Begründung für diesen handlungstheoretischen Holismus besteht in einer Modifikation von Wittgensteins Privatsprachenargument: Eine Person allein kann nicht darüber entscheiden, ob sie bei ihrem Handeln einer Regel korrekt folgte und nur glaubte, sie korrekt befolgt zu haben; allein eine Gemeinschaft kompetent Handelnder vermag zu beurteilen, ob eine Handlung gemäß den Regeln einer Praxis korrekt ausgeführt wurde bzw. erfolgreich war (Kober 2005). Der skizzierte semantische Holismus würde zum epistemischen Holismus in der Handlungstheorie, behauptete man, dass eine Person, eine Handlung, eine Absicht, Rationalität etc. nur erkennbar sind im Hinblick auf andere Instantiierungen von mindestens jenen Begriffen, die im oben genannten Begriffsnetz stehen.

4 Holismus in der Sozialphilosophie und in der Theorie der Identität einer Person

Gemäß der bisher getroffenen Unterscheidungen kann ein einzelner Mensch unter der Vorstellung atomistisch betrachtet werden, dass er allein in einer möglichen Welt existiert; ihm könnten dann immer noch intrinsische Eigenschaften wie Größe, Haarfarbe u. ä. zugeschrieben werden. Eine handlungsfähige [→ II] Person allerdings ist begrifflich und epistemisch nur im Hinblick auf andere Personen einer Gemeinschaft bestimmbar. Es ist ferner ein Faktum, dass Personen in Gemeinschaften leben und dabei soziale Organisationen und Institutionen bilden. Dies wird so erklärt, dass Gemeinschaften (Gruppen, Mannschaften, Firmen, Staaten o. ä.) nur deshalb zu sozialen Handlungen (wie gemeinsam Tanzen, Fußballspielen, Kriege-Erklären …) fähig sind, weil die einzelnen beteiligten Akteure gemäß so genannter Wir-Absichten kooperativ agieren, deren Form mit „Wir beabsichtigen, die soziale Handlung SH zu vollziehen, indem ich meine Teilhandlung h_i ausführe und du deine Teilhandlung h_j ausübst (etc.)" angegeben werden kann (Searle 1995; Kober 2005). Mit anderen Worten: Soziale Handlungen sind nur möglich, weil die einzelnen Individuen sich als Mitglied einer Gemeinschaft verstehen und aufeinander bezogen kooperativ handeln.

Soziale Organisationen wie z. B. ein Verein oder ein Staat existieren allein deshalb, weil Individuen einer entsprechenden Gemeinschaft entsprechende soziale Handlungen ausüben (z. B. Fußball spielen und Vereinssitzungen abhalten). Dabei können von den Mitgliedern der Gemeinschaft bestimmten

Personen bestimmte Rollen mit bestimmten Rechten und Pflichten zugewiesen werden. Die Konstituierung einer Rolle oder Funktion erfolgt mittels der Form „x gilt als y in Kontext k" (z. B. Frau So-und-So gilt als Vorsitzende des Kaninchenzuchtvereins „Glücklicher Hoppler") und verlangt bei den Beteiligten nach einer Wir-Einstellung der Form „Wir akzeptieren: x hat die Macht, H zu tun", z. B. für uns Entscheidungen zu treffen (Searle 1995; Kober 2002). Mit diesen Formen des ontologischen Holismus – es gäbe keine Vorsitzende, gäbe es keine Vereinsmitglieder, die sie als Vorsitzende akzeptieren – sind auch jene Ansätze in den Sozialwissenschaften vereinbar, die gemeinhin (irreführend) unter der Rubrik methodologischer Individualismus eingeordnet werden, weil sie darauf bestehen, bei sozialen Handlungen keinen ‚Kollektivgeist' (Durkheim 1895) zu postulieren, sondern ausschließlich eine Handlungsfähigkeit und Verantwortlichkeit bei den beteiligten Individuen sehen (Weber 1913; Searle 1995; Kober 2002).

Die Identität einer Person dürfte sich zweifellos auch atomistisch mit Hilfe von intrinsischen körperlichen Eigenschaften (einschließlich von Gehirnzuständen) bestimmen lassen. Versuchen wir jedoch, unsere Identität gemäß unserer Rollen in unserer Gemeinschaft zu konstruieren – also etwa durch die Verweise darauf, dass man Sohn von x und Ehemann von y ist, dass man den Beruf b ausübt oder etwa der Vorsitzende des Vereins v ist –, so wird man eine holistische Konzeption zugrunde legen müssen. Auch die Bestimmung darüber, ob eine Person als behindert gilt oder nicht, erfolgt semantisch und epistemisch in Bezug auf andere, als nicht behindert geltende Mitglieder der Gemeinschaft, in der diese Person lebt. [→ II Behinderung als sozial- und kulturwissenschaftliche Kategorie]

Literatur

Bateson, Gregory et al. (1956): Towards a theory of schizophrenia. In: Behavioral Science 1, 251–264

Bhargava, Rajeev (1998): Holism and individualism in history and social science. In: Craig, Edward (Ed.): Routledge Encyclopedia of Philosophy, Vol. 4. London

Block, Ned (1998): Holism: mental and semantic. In: Craig, Edward (Ed.): Routledge Encyclopedia of Philosophy. Vol. 4. London

Bunge, Mario (1979): Treatise on basic philosophy. Vol. 4. Dortrecht

Descartes, René (1637): Discours de la méthode. Leyden

Durkheim, Emile (1895): Les règles de la méthode sociologique. Paris

Esfeld, Michael (2002): Holismus in der Philosophie des Geistes und in der Philosophie der Physik. Frankfurt a. M.

Kober, Michael (2002): Max Weber und die Konstituierung und Akzeptanz staatlicher politischer Institutionen. In: Baltzer, Ulrich & Schönrich, Gerhard (Hrsg.): Institutionen und Regelfolgen. Paderborn, 17–43

Kober, Michael (2005): Soziales Handeln und die Frage der Verantwortung. In: Kober, Michael: Soziales Handeln. Ulm, 63–84

Luhmann, Niklas (1984): Soziale Systeme. Frankfurt a. M.

Meyer-Abich, A. (1948): Naturphilosophie auf neuen Wegen. Stuttgart

Popper, Karl R. (1957): The poverty of historicism. Boston

Quine, William V. (1953): Two dogmas of empiricism. In: Quine, William V.: From a logical point of view. Cambridge, MA, 20–46

Quine, William V. (1991): Two dogmas in retrospect. In: Canadian Journal of Philosophy 90, 107–116

Searle, John (1995): The construction of social reality. New York

Searle, John (2001): Rationality in action. Cambridge, MA

Smuts, Jan C. (1926): Holism and Evolution. London

Watzlawick, Paul et al. (1967): Pragmatics of Human Communication. New York

Weber, Max (1913): Über einige Kategorien der verstehenden Soziologie. In: Weber, Max (1988): Gesammelte Aufsätze zur Wissenschaftslehre. Tübingen, 427–474

Wittgenstein, Ludwig (1953): Philosophische Untersuchungen. Oxford

Komplexität und Kontingenz

Vera Moser

1 Definition, Begriffs- und Gegenstandsgeschichte

‚Komplexität‘ und ‚Kontigenz‘ haben als Begriffe in jüngerer Zeit insbesondere durch die soziologische [→] Systemtheorie Luhmannscher Prägung an interpretativer Kraft gewonnen. In diesem Zusammenhang beschreibt ‚Komplexität‘ zunächst die Tatsache der unendlichen Möglichkeiten von Gegebenheiten, Erscheinungen, Begriffen etc. – Luhmann definiert dies als ‚Gesamtheit der möglichen Ereignisse‘ (Luhmann 1971). Diese Ausgangslage macht es notwendig, Ordnungen herzustellen, um die so vorfindliche Komplexität zu bewäl-

tigen, beispielsweise durch Sprache, durch Kategorisierungen, durch Organisationen usw., kurz, durch Systembildungen. ‚Komplexitätsreduktion‘ ist damit eine zentrale Aufgabe, um Erkenntnisse, Handlungen und Kommunikationen überhaupt als solche zu ermöglichen: Bereits ein einfacher Organismus muss, um Nahrung aufzunehmen, zwischen Nahrung und Nicht-Nahrung, zwischen ‚System‘ und ‚Umwelt‘ unterscheiden. Differenzziehungen sind damit eine notwendige Operation zur Herstellung solcher Unterscheidungen. Zugleich wird dabei aber Komplexität nicht dauerhaft ausgeschaltet, sondern nur vorübergehend nicht beachtet. Am Beispiel ‚Behindertenpädagogik‘ lässt sich dies erläutern: Betritt eine

Person mit einer Sprachauffälligkeit ein behindertenpädagogisches Förderzentrum, so wird diese Person unter dem Aspekt ‚Behinderung' wahrgenommen und es werden diagnostische, therapeutische oder ressourcenbezogene Dienstleistungen erwartet und angeboten. Alle weiteren Eigenheiten dieser Person werden in anderen gesellschaftlichen Teilsystemen kommuniziert, etwa seine Wirtschaftskraft, sein Rechtsbewusstsein, seine Sportlichkeit etc. Insofern sind die unendliche Komplexität der betreffenden Person und mögliche Kommunikationen zwar vorhanden, werden aber in den verschiedenen sozialen Systemen unterschiedlich bearbeitet.

Aus diesem Sachverhalt leitet sich auch die Erläuterung des zweiten Begriffs ab: Unter ‚Kontingenz' versteht Luhmann im Anschluss an eine seit Aristoteles überdauernde erkenntnistheoretische philosophische Debatte, dass die Dinge auch anders sein könnten. Dies bedeutet, dass die Beobachtungen, die dazu führen, einen Gegenstand so zu erkennen und zu bezeichnen, lediglich eine Möglichkeit darstellen und keineswegs notwendig sind; unter einer anderen Perspektive erscheinen die Dinge anders – insofern sind alle Erscheinungen und Beobachtungen ‚kontingent'. Kontingenz (wie auch Komplexität) bleibt aber nicht nur in der Umwelt, sondern auch innerhalb der Systeme erhalten, weil die Elemente eines Systems verschieden miteinander verknüpft werden können. Zurück zum obigen Beispiel: Das Eintreten der genannten Person in ein behindertenpädagogisches Förderzentrum besagt zwar, dass diese Person nun unter der Perspektive ‚Behinderung' wahrgenommen wird, besagt aber noch nicht, in welcher Weise Kommunikationen und Handlungen im Einzelnen ablaufen: Vielleicht findet zuerst ein Anamnesegespräch statt oder eine Beratung durch eine Sozialpädagogin, vielleicht wird die Person eine Sprachtherapie ablehnen, besteht aber auf technischen Hilfen etc. Kontingent – im Sinne von nicht-festgelegt – ist also das, was innerhalb der Systembildung geschieht, freilich unter dem Vorzeichen einer Sinnstruktur des Systems (fixiert im Code behindert/nicht-behindert), welche eine systemstabilisierende Eigenlogik entfaltet. Die beschriebene Kontingenz erfährt darüber hinaus allerdings Einschränkungen durch Regelungen etwa der Organisationen oder der Berufsverbände, die bestimmte Abläufe und wissenschaftliche Standards zu einer bestimmten Zeit festlegen, gefasst als ‚Professionalität'. (Luhmann spricht hier von ‚Programmen', ‚Kommunikationswegen' und ‚Personen', die solche internen Steuerungen vornehmen, vgl. GLU 1997, 130.) Diese allerdings sind wiederum einem historischen Wandel unterworfen.

Im Luhmannschen Verständnis bewältigen also soziale Systeme das Problem von Kontingenz und Komplexität. Betrachtet man dies sozialgeschichtlich, dann bedeutet dies, dass in modernen Gesellschaften soziale Systeme der Komplexitätsbewältigung dienen und dabei durch Differenzsetzungen und Codierungen Sinnstrukturen entwickeln, die für die Gesellschaft bedeutsam werden: Behindertenpädagogik muss hier als Teil des Erziehungssystems verstanden werden, welches ein semantisches Feld – so Luhmann – entlang der Formeln ‚Bildung' bzw. ‚Lernen' zur ‚Perfektibilisierung des Menschen' entfaltete, um dabei aber zugleich auch Selektionsaufgaben für andere gesellschaftliche Teilsysteme durch Bewertungen (‚besser/schlechter') zu übernehmen (vgl. Luhmann 2002; Luhmann/ Schorr 1988). In diesem Zusammenhang zeitigt auch das Verständnis von ‚Behinderung' eine bedeutsame Wirkung und gilt, wie Bleidick einst formulierte, als „intervenierende Variable im Erziehungs- und Bildungsprozess" (Bleidick 1972).

2 Zentrale Erkenntnisse und Forschungsstand

Die Probleme von ‚Komplexität' und ‚Kontingenz' sind innerhalb der Behindertenpädagogik nur am Rande diskutiert worden. Lediglich im Rahmen historischer Forschungen ließ sich zeigen, dass das disziplinäre Selbstverständnis und die eigenen Organisationsformen Veränderungen unterworfen und damit kontigent sind. Dass jedoch die gehandelten Erklärungs- und Handlungsmodelle ‚kontigent' sind und der eigenen Systemstabilisierung dienen, irritiert den eigenen wissenschaftlichen Diskurs, der (nicht nur im Sinne der Systemtheorie) auf ‚Wahrheit' verpflichtet ist und damit eben nicht ‚zufällig' erscheinen kann. Thomas S. Kuhn konnte im Anschluss an Ludwik Fleck in seiner wissenschaftshistorischen Untersuchung jedoch herausarbeiten, inwiefern wissenschaftliche Tatsachen gesellschaftlichem Wandel unterworfen und auf Akzeptanz jeweiliger disziplinärer Kommunikationsgemeinschaften angewiesen sind. Insofern sind Irritationen am ehesten außerhalb dieser zu erwarten, im Fall der Behindertenpädagogik war es insbesondere die [→] Behindertenbewegung, die auf die Kontingenz behindertenpädagogischer Denk- und Handlungsmodelle, und hier vor allem auf immanente Entmündigungs- und Ausschließungstendenzen hingewiesen hat. Die Behindertenbewegung, getragen von einer breiten Bürgerrechtsbewegung in den Industrieländern während der 1970er und 1980er Jahre, kritisierte nicht zuletzt auch die Organisationsformen von Sonderschulen und isolierenden Wohn- und Arbeitsstätten für Menschen mit Behinderungen. ‚Selbstbestimmung', ‚Inklusion/Partizipation', und ‚Dezentralisierung' sind noch heute wesentliche Forderungen, die dem Exlusionstrend entgegengestellt werden. Diese fanden auch Aufnahme innerhalb der wissenschaftlichen Debatten: Einerseits entwickelte sich ab den ausgehenden 1970er Jahren eine Integrationspädagogik mit dem Anspruch, nicht mehr als Teil einer Behindertenpädagogik zu gelten, andererseits setzte mit der so genannten ‚Paradigmendebatte' in den 1990er Jahren eine wissenschaftsinterne Kritik am Behinderungsbegriff als Zentralkategorie ein. Die Kritik reichte hier von der Forderung Hans Eberweins zur Abschaffung des Behinderungsbegriffs einschließlich der Disziplin Behindertenpädagogik bis hin zur Frage, ob

nicht zunächst die wissenschaftlichen Grundlagen des Faches grundlegend geklärt werden müssten (so Georg Feuser und Wolfgang Jantzen). Behinderung wird in den verschiedenen wissenschaftlichen Ansätzen (materialistisch, systemtheoretisch, kritisch rationalistisch, geisteswissenschaftlich, konstruktivistisch) unterschiedlich akzentuiert definiert, z. B. als soziokulturelle Isolationserfahrung, als Ressourcenproblem, als eingeschränkte Teilhabe, als Identitätsproblematik, als soziale Zuschreibung. Einigkeit herrschte dabei in der Überzeugung, dass der Behinderungsbegriff zwar für die Bereitstellung von Ressourcen sinnvoll ist (er ist ohnedies dem bundesrepublikanischen Sozialrecht entlehnt), andererseits aber etikettierend zur Festschreibung von Personen auf einen defizitären Zustand beiträgt – dieses Problem wurde mit dem Stichwort ‚Etikettierungs-Ressourcen-Dilemma' festgehalten. Diesem Dilemma soll durch Dekategorisierung entkommen werden – diese zieht freilich auch den Verzicht auf gesonderte sonderpädagogische Organisationsformen nach sich. Eine andere Lösung wird im Konzept der ‚subsidiären Hilfe' gesehen, welche sich als nur vorübergehende ‚Hilfe zur Selbsthilfe' begreift (vgl. Wember 2003) und einem ressourcen- (statt defekt-)orientierten Handeln verpflichtet ist. Der Paradoxie von gleichzeitiger Förderung und Aussonderung ist unter Erhalt spezieller sonderpädagogischer Organisationsformen allerdings nicht zu entkommen.

An diesen Problemlagen lässt sich zeigen, dass der Behinderungsbegriff nach wie vor zur Semantik der Wissenschaftsdisziplin und dem Erziehungssystem gehört, auch wenn er durch andere Begriffe, wie beispielsweise ‚sonderpädagogischer Förderbedarf' oder ‚Menschen mit besonderen Bedürfnissen', ersetzt und an ethische Verpflichtungen (vgl. Haeberlin 1996) geknüpft wird. Kontingent bleibt dabei die konkrete Bezeichnung und die hier angeschlossenen theoretischen Überlegungen und Handlungsformen. Allerdings ist das Erziehungssystem offenbar auf die Bestimmung von ‚besser/schlechter' angewiesen, so lange es Selektionsfunktionen

für andere gesellschaftliche Teilsysteme übernimmt – insofern werden auch der Behinderungsbegriff und seine Äquivalente weiterhin
als Beobachungskategorien im Sinne von Differenzsetzungen Wirkungskraft entfalten.

3 Ausblick

Mit der Perspektive auf ‚Kontingenz' lassen
sich soziale Systembildungen insofern beobachten, als sie die Komplexität der Umwelt
einerseits durch Differenzziehungen bewältigen, im Fall von Behindertenpädagogik also
die Beobachtung auf ‚Behinderung' einstellen,
dabei aber Eigenlogiken erzeugen, die wiederum problematisch werden können. Die Sinn-
bildungen der Systeme sind damit als ‚kontingent' (zufällig) zu bezeichnen (wenngleich sie
durch systemimmanente Regelungen gesteuert werden), erfüllen aber andererseits für andere gesellschaftliche Teilsysteme notwendige
Aufgaben, etwa die der Versorgung, Betreu-
ung und Bildung, aber auch die der Selektion
in modernen Gesellschaften, die inzwischen
immer mehr Aufgaben an die Öffentlichkeit

delegieren. Der Preis ist dabei, dass Systembildungen und ihre Semantiken zu fixen Zuschreibungen führen, wie dies kritisch am Behinderungsbegriff gezeigt werden konnte. Mit
dem Verweis auf ‚Kontingenz' lässt sich aber
der Blick offen halten für Möglichkeiten jenseits der bekannten Systembildungen.

Literatur

Beraldi, Claudio et al. (1997): GLU – Glossar zur Ni-
klas Luhmanns Theorie sozialer Systeme. Frank-
furt a. M.
Bleidick, Ulrich (1972): Pädagogik der Behinderten.
Berlin
Haeberlin, Urs (1996): Heilpädagogik als Wertgeleite-
te Wissenschaft. Bern
Kuhn, Thomas S. (1996): Die Struktur wissenschaft-
licher Revolutionen, 13. Aufl. Frankfurt a. M.
Luhmann, Niklas & Schorr, Karl Eberhard (1988): Re-
flexionsprobleme im Erziehungssystem. Frankfurt
Luhmann, Niklas (1971): Soziologische Aufklärung,
Bd. 1, 2. Aufl. Opladen
Luhmann, Niklas (2002): Das Erziehungssystem der
Gesellschaft. Frankfurt a. M.
Wember, Franz B. (2003): Bildung und Erziehung
bei Behinderungen – Grundfragen einer wissen-
schaftlichen Disziplin im Wandel. In: Leonhardt,
Annette & Wember, Franz B. (Hrsg.): Grundfragen
der Sonderpädagogik, Weinheim, 12–57

Gesetz und Gesetzmäßigkeit

Peter Heuer

1 Definitionen

Gesetz (griech. nomos; lat. lex; franz. loi; engl.
law) ist ursprünglich ein vorschreibender Satz,
der entweder, im Sinne des göttlichen Rechts
(jus divinum), als Formulierung eines Teils
der göttlichen Ordnung gedacht wird oder,
im Sinne des positiven Rechts (jus positivum),

eine von Menschen aufgestellte Regel ausdrückt. Die göttliche Ordnung wird dabei als
unabhängig vom erkennenden und handelnden Subjekt gedacht. Sie soll Voraussetzung
sowohl der Natur selbst als auch der natürlichen Existenz des Menschen sein. Sie umfasst
sowohl die ontologischen Gesetze (die Prinzipien des Seins) als auch die Naturgesetze (die
Prinzipien der Veränderung), aber auch die

Gesetze des Naturrechts nach heutiger Auffassung. (Das Naturrecht ist der Teil der göttlichen Gesetze, der sich auf das gemeinschaftliche Leben der Menschen bezieht.) Das positive Recht und seine Gesetze hingegen sind ein von Menschen zur Ordnung ihres Zusammenlebens aufgestelltes Regelwerk.

Gesetzmäßigkeit bedeutet mit Blick auf das positive Recht so viel wie Rechtmäßigkeit (z. B. einer Handlung). Mit Blick auf die Natur bedeutet Gesetzmäßigkeit so viel wie unterstellte Regelhaftigkeit – während das göttliche Gesetz die notwendige Ordnung der Welt und mithin eine absolute Wahrheit darstellen soll. Der Begriff der Gesetzmäßigkeit der Natur wird relevant, wenn sich, wie z. B. bei Hume, Skepsis gegenüber dem Glauben an die Existenz und Erkennbarkeit göttlicher Gesetze einstellt und eine alternative Orientierung an seine Stelle tritt. Da auch der Skeptiker für seine Orientierung in der Welt und für gelingendes Handeln Regelmäßigkeiten braucht (z. B. in der ursächlichen Aufeinanderfolge von Ereignissen), muss er dem Naturgeschehen Gesetzmäßigkeiten unterstellen. Hume meint diese durch Induktion aus der Beobachtung von Einzelereignissen gewinnen und anschließend als Gesetze fassen zu können. Nicht nur das Kausalgesetz, wonach jede Veränderung eine Ursache hat, sondern alle Naturgesetze werden von Hume als durch Induktion gewonnene Gesetzmäßigkeiten verstanden. Auffällig ist eine gewisse Ähnlichkeit der neuzeitlichen Naturgesetze mit den Gesetzen des positiven Rechts. Kant begreift Naturgesetze explizit nach deren Vorbild, etwa wenn er vom Naturforscher als dem „bestallten Richter" spricht, dem die Natur Rede und Antwort zu stehen hat (Kant, KrV B XIII). Die Gesetze Humes sind jedoch gegenüber den gedachten göttlichen Gesetzen sekundär (Hume, 1998). Ihr Status ist problematisch, da sie durch Induktion aus Einzelereignissen gewonnen sind. Zum einen ist es möglich, dass bei fortgesetzter Untersuchung sich die bisher beobachteten Regelmäßigkeiten als Ausnahmen herausstellen oder zumindest ihre angebliche Immergültigkeit sich als falsch er-

weist, zum anderen sind für Hume gerade die Ausnahmen eigentlich nicht erkennbar, da er kein Maß für das Normale kennt und auch keine Methode hat, womit er es finden könnte. Dies liegt daran, dass seine empirischen Untersuchungen nicht hinter die Erscheinungen zurückfragen können, nach deren Wesen, sondern vielmehr durch Abstraktion bzw. Ideation aus den Erscheinungen selbst das Allgemeine bilden. Dabei gehen zwangsläufig fehlerhafte Fälle, die eigentlich als Abweichungen erkannt werden sollten, in die Gesetzesbildung mit ein. Dies bringt die Gesetze um die Möglichkeit einer normativen Geltung für den Einzelfall. Humes Gesetze haben daher keine absolute Geltung. Darin unterscheiden sie sich von den göttlichen Gesetzen. Sie bieten folglich auch nicht die gleiche Sicherheit in der Handlungsorientierung.

Absolute Geltung bedeutet nicht, dass alle Einzelfälle genau so gestaltet sind und sich genau so verhalten, wie es das göttliche Gesetz vorsieht, sondern vielmehr, dass sie sich ihrem Wesen nach eigentlich so verhalten sollten. Es stellt einen Verstoß gegen die göttliche Ordnung dar, wenn sie es nicht tun. Die Orientierung, die uns die göttlichen Gesetze bieten soll, ist nicht derart, dass wir uns blind darauf verlassen können, dass jeder Einzelfall ihnen entspricht, sondern sie besteht im Gegenteil darin zu wissen, wie es eigentlich sein sollte und wodurch die Einzelfälle jeweils abweichen. Der Zusammenhang zwischen göttlichem Gesetz und Einzelfall ist ein generischer und kein stochastischer, d. h. die Gesetze beschreiben den exemplarischen Fall und nicht den Durchschnitt des Gewöhnlichen. Zur Erkenntnis göttlicher Gesetze reichen empirische Beobachtung und Induktion daher allein nicht aus. Von den göttlichen Gesetzen müssen wir vielmehr denkend Einsicht zu erlangen suchen (wozu empirische Erkenntnisse allerdings ihren Beitrag leisten).

Erst dieses Verständnis des Verhältnisses von Gesetz und Fall lässt z. B. auch Behinderung richtig verstehen. Behinderung ist eine Abweichung von der natürlichen Norm. Da die Betroffenen für diese nicht verantwortlich sind, haben sie Anrecht auf Hilfe. Alternative Auffassungen von Behinderung, wie z. B. die als „Andersbegabung", verkennen die ontologischen Zusammenhänge, und indem sie so tun, als sei Abweichung etwas ganz normales bzw. uns den Maßstab des Normalen gleich ganz nehmen, laufen sie Gefahr zynisch zu werden, indem sie uns implizit von der Verpflichtung zu helfen entbinden.

Die Gesetze des positiven Rechts haben eine andere Geltung als göttliche Gesetze. Sie werden von uns aufgestellt. Dafür gibt es allerdings Regeln, welche selbst göttlichen Gesetzen entspringen: Die Gesetze sollten auf einander Bezug nehmen, insgesamt einen systematischen Regelkomplex bilden, und sowohl in sich als auch untereinander konsistent sein. Außerdem dürfen die Gesetze des positiven Rechts weder den Naturgesetzen noch den Gesetzen des Naturrechts widersprechen.

2 Geschichtliche Entwicklung

„Gesetze" (nomoi) überschreibt Platon seinen letzten Dialog. Er ist von der Einsicht getragen, dass die in seiner Staatsutopie „Politeia" unterstellte unmittelbare Orientierung der Menschen an der Idee des Guten, also an der Vernunft bzw. den göttlichen Gesetzen, als Grundlage des Zusammenlebens nicht ausreicht. Die Vernunft (und also das göttliche Gesetz) sollten allerdings zumindest indirekt wirken können, indem sie die Grundlage des geschriebenen Rechts und seiner Gesetze bilden. Platon hält die Erkenntnis der Idee des Guten bzw. der göttlichen Gesetze für möglich. Mittel dafür ist die Dialektik (also das philosophische Gespräch). In den geschriebenen Gesetzen sah er einen Notbehelf, welcher erforderlich ist, da den meisten Menschen die Bereitschaft zur Erkenntnis und Orientierung am Guten fehlt. Im Dialog „Kriton" behandelt Platon das Thema der Gesetzestreue. Sokrates wägt das Für und Wider einer Flucht aus dem Gefängnis ab. Dabei tritt er in ein imaginäres Gespräch mit den Gesetzen. Er erkennt sie als Grundlage des Staates der Athener und also seiner eigenen Existenz an. Obwohl er ganz offensichtlich zu unrecht verurteilt wurde, bleibt er im Gefängnis, denn es lag nicht an den Gesetzen, sondern an den Richtern, dass es zum Fehlurteil kam.

Für Aristoteles ist der Mensch ein zoon politikon, ein tierisches Lebewesen, dessen telos (also natürliches Entwicklungs- und Strebensziel) darin besteht, Bürger einer staatlich verfassten Gemeinschaft zu sein (Aristoteles, NE). Damit ist zugleich das Verhältnis von Naturrecht und positivem Recht klar. Die Gesetze müssen der Natur des Menschen gerecht werden. Das sittlich Gute beruht nicht nur auf dem Gesetz, sondern auch auf der Natur. In diesem Sinne gibt es geschriebene und ungeschriebene Gesetze. Geld z. B. hat seinen Wert nicht von Natur, sondern allein kraft der Gesetze. Menschen, Pferde und Holz hingegen sind von sich aus Güter, sie haben einen natürlichen Wert. Die geschriebenen Gesetze gelten notwendig allgemein, deshalb erfordern sie Billigkeit als Korrektiv. Ebenso garantiert bloße Gesetzeskenntnis und -treue noch kein wirkliches Rechttun. Vielmehr braucht es dafür die tugendhafte Haltung des Einzelnen. Der tugendhafte freie Mann (spoudaios) ist sich gewissermaßen selbst Gesetz. Nach Aristoteles ist es der nus (also die göttliche Vernunft), der die Welt bewegt. Er ist ein geistiges Prinzip, welches teleologisch, also freiheitlich konstituiert ist und an welchem der Mensch mittels der sophia (also der denkenden Einsicht) Anteil haben kann. Aristoteles diskutiert auch die Schwierigkeiten der Gesetzgebung. Der Gesetzgeber muss Einsicht in die göttlichen Gesetze haben. Bei der Aufstellung von Gesetzen muss z. B. die Ermöglichung von Freundschaft und der Erhalt der Gemeinschaft höher veranschlagt werden als die bloße verteilende Gerechtigkeit. Politische Gesetze haben zwingende Kraft. Sie ist dann gerechtfertigt, wenn sie auf Vernunft beruhen. Während wir geneigt sind, Menschen, die uns in unserem Tun behindern oder einschränken, zu hassen, auch wenn sie im Recht sind, ist das Gesetz, welches Recht befiehlt, keinem Hass ausgesetzt. Deshalb sollte die Person des Gesetzgebers hinter den Gesetzen zurückstehen. Ein Beispiel ist Lykurgos, der, nachdem er den Spartanern ihre Gesetze gegeben hatte, die Stadt verließ.

Während Platon und Aristoteles die guten göttlichen Gesetze prinzipiell für erkennbar halten, wenngleich nicht von jedem, sind andere antike Denker nicht dieser Meinung. Sie halten die göttlichen Gesetze entweder für unerkennbar und irrelevant wie Epikur oder, wie z. B. die Stoiker, jedenfalls nicht zum Zwecke der Möglichkeit guten menschlichen Lebens verfasst. Für Epikur beruhen geschriebene Gesetze auf einer Art Vertrag zwischen den Mitgliedern der Gemeinschaft. Sie sollen für Gerechtigkeit unter ihnen sorgen. Die göttlichen Gesetze hingegen sind Gesetze von Göttern für Götter. Die Stoiker sind materialistische Deterministen. Für sie gibt es keinen frei konstituierten nus, sondern Zwangsläufigkeit des Weltenlaufs, denen die Menschen ihre Bedürfnisse und Lebensweisen anzupassen haben, wollen sie nicht unglücklich werden.

Die christlichen Philosophen der Spätantike und des Mittelalters versuchen den Skeptizismus Epikurs und den Determinismus der Stoa zu überwinden und nach dem Vorbild Platons und Aristoteles' den Willen Gottes bzw. die göttlichen Gesetze zu erkennen. Überlegungen dazu finden sich z. B. bei Augustinus und Boëthius sowie bei Abelard und Anselm besonders aber bei Thomas von Aquin. Ihm verdanken wir die gründliche Ausarbeitung der zentralen begrifflichen Differenzierung zwischen weltlichem staatlichen Recht und geistigem kirchlichen Recht, welche jeweils ihre eigenen Gesetze haben. Innerhalb des geistlichen Rechts gibt es zusätzlich eine Unterteilung in das positive Kirchenrecht (ius mere ecclesiasticum) und das göttliche Recht (ius divinum). Das göttliche Recht lässt sich weiter unterteilen in das in der Schrift offenbare (ius divinum positivum) und das natürliche göttliche Recht (ius divinum naturale) zu welchem z. B. das Gnadenrecht gehört. (Das natürliche göttliche Recht ist dem Naturrecht ver-

gleichbar.) Diese Einteilung ist innerhalb der römisch-katholischen Kirche bis heute beibehalten worden. Das evangelische Kirchenrecht hingegen kennt kein ius divinum. Statt dessen orientiert man sich hier an so genannten „biblischen Weisungen", also an aus der Schrift abgeleiteten Grundprinzipien, die jedoch für sich nicht den Status von Rechtssätzen haben.

Die metaphysikkritischen Denker der Aufklärung, insbesondere Hobbes, Locke, Hume und Kant, bezweifeln – ähnlich wie Jahrhunderte zuvor die Stoiker und Epikur – die Existenz göttlicher Gesetze oder zumindest ihre Erkennbarkeit und damit zugleich die Erkennbarkeit der Welt als solcher. Stattdessen rückt das erkennende Subjekt selbst in das Zentrum der Aufmerksamkeit. Man versucht nicht länger, die göttlichen Gesetze, also die Ordnung des Seins, zu verstehen, sondern untersucht stattdessen die Gesetze des Denkens. Diese werden entweder physiologisch aufgefasst (wie von Hobbes und Locke) oder logisch (wie von Kant). Für Kant sind die Denkgesetze bzw. Kategorien durch die sprachliche Struktur unserer Urteile bedingt. Wir denken nicht intuitiv (wie Gott), indem wir die Gesamtheit des Einzelnen überschauen, sondern diskursiv, d. h. in einer zeitlichen Abfolge von Allgemeinbegriffen, unter die die Gegenstände der Anschauung durch Urteile zu subsumieren sind. Problematisch werden nun allerdings die empirischen Naturgesetze, denn sie können nicht länger als reale und erkennbare Struktur der Welt verstanden werden; andererseits sollen sie aber trotzdem allgemeingültig sein. Kant rechnet sie deshalb zu den synthetischen Urteilen a piori, in ihnen verbindet sich ein Gesetz des Denkens mit einem Urteil über die Welt. Nach Kant gewinnen die Naturgesetze Allgemeingültigkeit durch ihren apriorischen Anteil, also dadurch dass sie auch Denkgesetze sind. Auf diese Weise meint Kant die Probleme Humes zu umgehen, der nur Gesetzmäßigkeiten kennt, die durch Induktion aus Einzelereignissen gewonnen wurden und daher keinen Anspruch auf Allgemeingültigkeit haben. Kants Naturgesetze gelten allerdings nicht für die Dinge an sich, sondern nur insoweit sie uns erscheinen. Darin, dass ihre Gültigkeit nicht in der Struktur der Welt, sondern im erkennenden Subjekt begründet ist, ähneln sie den Gesetzen des positiven Rechts (Kant, KrV).

Hegel teilt Kants und Humes Skepsis hinsichtlich der Möglichkeit der Erkenntnis der Natur nicht. Er unterstellt der Welt als solcher eine logische Struktur, die die Naturgegenstände normiert. Für ihn sind die Naturgesetze allgemeingültig, weil sie den Logos der Welt bzw. die ihr zu Grunde liegenden Gesetze des Geistes (welcher sowohl vor als auch nach der Natur ist) erfassen. Dies ist sein Versuch einer Neuauflage göttlicher Gesetze.

Nach Hegel versucht z. B. Frege die logischen Gesetze des Denkens zu erkennen und formal darzustellen, nach dem Vorbild der Mathematik. Gleichzeitig entsteht in der Nachfolge Carnaps mit dem Physikalismus ein Gesetzesrealismus, welcher Naturgesetze als Eigenschaften der Materie begreift und so ihre Allgemeingültigkeit gerechtfertigt sieht. Die Verbindung logischer Gesetze des menschlichen Denkens mit den physikalischen Gesetzen der unbewussten Materie führt zum Logischen Empirismus. Allerdings bleibt das Verhältnis zwischen Logik und Physik unklar. Die Neurophysiologie meint diese klären zu können, indem sie die formalen Gesetze des Denkens als hirnphysiologisch bedingt betrachtet und auf diese Weise zu Eigenschaften der Materie erklärt. Dies geschieht allerdings auf Kosten der Möglichkeit, Freiheit denken zu können.

Parallel zur Debatte um einen säkularen Status von Naturgesetzen werden von den Aufklärern auch die göttlichen Gesetze der menschlichen Gemeinschaft in Frage gestellt. Diese Bemühungen münden im modernen Naturrecht. Das Naturrecht ist ein Kanon nicht positiver unveräußerlicher Rechte. Dazu gehört das Recht auf Leben, auf körperliche Unversehrtheit sowie auf persönliche Freiheit. Neben Pufendorf sind vor allen Locke und Rousseau Verteidiger dieser Form des Rechts. Im Unterschied zu Hobbes, für den im Naturzustand angeblich ein Krieg aller gegen alle

herrscht, der erst durch den Gesellschaftsvertrag und die dabei beschlossenen Gesetze beendet wird, geht Rousseau davon aus, dass der Mensch von Natur aus gut ist und ungeschriebene Personen-Rechte hat (Rousseau, Gesellschaftsvertrag). Auch Locke leitet aus der Natur des Menschen naturrechtliche Gesetze ab, die er Naturgesetze nennt, z. B. geht er von einem Naturgesetz des unveräußerlichen Besitzes der eigenen Person aus und sieht darin die Berechtigung zur Selbstjustiz im Falle eines Angriffs auf sie (Locke 2003). Eine Zusammenschau der Positionen Hobbes' und Rousseaus findet sich bei Hegel, welcher mit seinem Konzept der Sittlichkeit geschriebenes Recht und Naturrecht zu verbinden sucht. Geschriebenes Recht hat nur dann einen Anspruch auf Anerkennung, wenn es dem Naturrecht bzw. der Moralität entspricht, umgekehrt muss Naturrecht in allgemeingültiges geschriebenes Recht münden, um nicht bloße Selbstgerechtigkeit zu sein (Hegel 1970, Rechtsphilosophie).

Seit Ende des 19. Jahrhunderts gibt es in Deutschland eine Tendenz zur vollständigen Verrechtlichung aller Lebensbereiche. Ziel ist eine möglichst große Rechtssicherheit und Strafgerechtigkeit. Der Trend zur Verrechtlichung zeigt aber auch, dass man auf die Orientierung am göttlichen Recht bzw. auf Moral und Sittlichkeit nicht mehr vertraut.

3 Kontroversen

Die aktuellen Kontroversen um den Status der Gesetze sind zumeist Neuauflagen historischer Debatten. Im Zentrum stehen Fragen der Geltung: Sind die logischen Gesetze sowie die Gesetze der Mathematik nur Gesetze des menschlichen Denkens oder Strukturgesetze der Welt? Sind die Naturgesetze bloße Gesetzmäßigkeiten, die auf der Feststellung von mehr oder weniger zufälligen Regelmäßigkeiten und deren Verallgemeinerung durch Induktion beruhen und damit nur den Status von Hypothesen haben, welche bei Gelegenheit widerlegt werden können (dies ist der Kern des Falsifikationismus Poppers), oder gelten sie exemplarisch und weisen Abweichungen als Ausnahmen auf (dies ist die Auffassung des Neoaristotelismus z. B. Foots 1994)?

Ähnlich kontrovers wird die Geltung des Naturrechts diskutiert. Vertreter des Rechtspositivismus sind der Meinung, dass auch die körperliche Unversehrbarkeit und der Schutz des Lebens nur dann verbindliche Gesetze sind, wenn sie zum Kanon des geschriebenen Rechts gehören. Die Vertreter des Naturrechts hingegen gehen von einem vorpositiven Recht aus, dem das geschriebene Recht sich unterzuordnen hat. In diesem Sinne bilden das Naturrecht und seine Gesetze eine wesentliche Argumentationsgrundlage für Menschen- und Völkerrecht, z. B. zur Rechtfertigung so genannter humanitärer Interventionen. Auch findet sich eine Ausweitung der Grundsätze des Naturrechts auf nichtmenschliche Lebewesen in den Debatten um Tierrechte.

Literatur

Aristoteles (1995): Nikomachische Ethik (NE). In: Aristoteles: Philosophische Schriften. Bd. 3. Hamburg

Ayer, Alfred Jules (1956): What is a law of nature? In: Revue Internationale de Philosophie 10, 144–165

Bloch, Ernst (1961): Naturrecht und menschliche Würde. In: Bloch, Ernst: Gesamtausgabe der Werke. Bd. 6. Frankfurt a. M.

Böckenförde, Ernst-Wolfgang & Böckle, Franz (1973): Naturrecht in der Kritik. Mainz

Foot, Philippa (1994): Die Natur des Guten. Frankfurt a. M.

Hegel, Georg Wilhelm Friedrich (1970): Grundlinien der Philosophie des Rechts (Rechtsphilosophie). In: Hegel, Georg Wilhelm Friedrich: Werke in 20 Bänden, Bd. 7. Frankfurt a. M.

Hobbes, Thomas (2002): Leviathan. Frankfurt a. M.

Hume, David (1998): Eine Untersuchung über den menschlichen Verstand. Stuttgart

Kant, Immanuel: Kritik der reinen Vernunft (KrV). Werke in 12 Bd. hrsg. von Wilhelm Weischedel. Bd. 3 u. 4. Frankfurt a. M.

Locke John (2003): Über die Regierung. Stuttgart

Platon (1998): Gesetze. In: Platon: Sämtliche Dialoge. Bd. 7. Hamburg

Platon (1998): Kriton, in: Platon: Sämtliche Dialoge. Bd. 1. Hamburg

Regan, Tom (1997): Wie man Rechte für Tiere begründet. In: Krebs, Angelika (Hrsg.): Naturethik. Grundtexte der gegenwärtigen tier- und ökoethischen Diskussion. Frankfurt a. M.

Rousseau, Jean-Jaques (1986): Gesellschaftsvertrag. Stuttgart

Schrödinger, Erwin (1997): Was ist ein Naturgesetz? Beiträge zum wissenschaftlichen Weltbild. München

Stichwortregister

Begriffe in den Stichwortartikeln, die den Titeln der Stichworte entsprechen, werden hier nicht aufgeführt.

Die Autoren

Dr. Ralf Beuthan
Universität Jena
Institut für Philosophie
Zwätzengasse 9
D-07743 Jena

Dr. Helmut Däuker
Uhlandstraße 38
D-68167 Mannheim

Thomas Diesner
Humboldt-Universität zu Berlin
Projekt Humanontogenetik
Mohrenstraße 40/41
D-10117 Berlin

Dr. Andrea Dlugosch
Leibniz Universität Hannover
Philosophische Fakultät
Institut für Sonderpädagogik
Schloßwender Straße 1
D-30159 Hannover

Prof. Dr. Sieglind Luise Ellger-Rüttgardt
Humboldt-Universität zu Berlin
Institut für Rehabilitationswissenschaften
Georgenstraße 36
Unter den Linden 6
D-10099 Berlin

Dr. Fynn Ole Engler
Moritz-Schlick-Forschungsstelle
Universität Rostock
Institut für Philosophie
D-18051 Rostock

Dr. Erich Otto Graf
Universität Zürich
Institut für Erziehungswissenschaft
Hirschengraben 48
CH-8001 Zürich

Dr. Dominik Gyseler
Interkantonale Hochschule für Heilpädagogik
Schaffhauserstrasse 239
CH-8050 Zürich

Dr. Peter Heuer
Universität Leipzig
Institut für Philosophie
Beethovenstraße 15
D-04107 Leipzig

Prof. Hans Heinz Holz
PF 76
CH-6577 Runzo/San Abbondio

Prof. Dr. Detlef Horster
Leibniz Universität Hannover
Philosophische Fakultät
Schloßwender Straße 1
D-30159 Hannover

Christina Huber, lic. phil.
Universität Zürich
Institut für Erziehungswissenschaft
Freiestrasse 36
CH-8032 Zürich

Prof. Dr. Christian Illies
Universität Bamberg
Institut für Philosophie
An der Universität 2
D-96047 Bamberg

Prof. Dr. Wolfgang Jantzen
Universität Bremen
Fachbereich 12: Erziehungs- und Bildungs-
wissenschaften
Postfach 33 04 40
D-28334 Bremen

Prof. Dr. Michael Kober
Universität Freiburg
Philosophisches Seminar
D-79085 Freiburg

Prof. Dr. Winfried Kronig
Universität Fribourg
Heilpädagogisches Institut
Petrus-Kanisius-Gasse 21
CH-1700 Fribourg

Dr. Christian Liesen
Interkantonale Hochschule für Heilpädagogik
Schaffhauserstrasse 239
CH-8057 Zürich

Prof. Dr. Geert-Lueke Lueken
Universität Leipzig
Institut für Philosophie
Beethovenstraße 15
D-04107 Leipzig

Dr. Alexandre Métraux
Heidelberger Straße 62
D-69221 Dossenheim

Prof. Dr. Reinhard Mocek
Verlängerter Landrain 7
D-06118 Halle (Saale)

Prof. em. Dr. Andreas Möckel
Von-Luxburg-Straße 9
D-97074 Würzburg

Prof. Dr. Vera Moser
Justus-Liebig-Universität Gießen
Institut für Heil- und Sonderpädagogik
Karl-Glöckner-Straße 21B
D-35394 Gießen

Prof. Dr. Helmut Pape
Universität Bamberg
Institut für klassische Philologie und
Philosophie
An der Universität 2
D-96047 Bamberg

Prof. Dr. Neil Roughley
Universität Duisburg-Essen
Institut für Philosophie
D-45117 Essen

Prof. Dr. Herbert Schnädelbach
Auf den Wörden 27
D-22359 Hamburg

Prof. Dr. Gerhard Schweppenhäuser
Hochschule für angewandte Wissenschaften
Fakultät Gestaltung
Münzstraße 12
D-97070 Würzburg

Dr. phil. Mirja Silkenbeumer
Leibniz Universität Hannover
Institut für Sonderpädagogik
Schloßwender Straße 1
D-30159 Hannover

Prof. Dr. Jan Weisser
Fachhochschule Nordwestschweiz
Pädagogische Hochschule
Institut Spezielle Pädagogik und Psychologie
Elisabethenstrasse 53
CH-4002 Basel

Prof. Dr. Andreas Wernet
Leibniz Universität Hannover
Institut für Erziehungswissenschaft
Schloßwender Straße 1
D-30159 Hannover

Prof. Dr. Rolf Werning
Leibniz Universität Hannover
Institut für Sonderpädagogik
Schloßwender Straße 1
D-30159 Hannover

Prof. Dr. Karl-Friedrich Wessel
Humboldt-Universität zu Berlin
Projekt Humanontogenetik
Mohrenstraße 40/41
D-10117 Berlin

Prof. Dr. André Zimpel
Universität Hamburg
Fakultät IV, Sektion 2, Behindertenpädagogik
Sedanstraße 19
D-20146 Hamburg

Behinderung, Bildung, Partizipation
Enzyklopädisches Handbuch der Behindertenpädagogik

Überblick über das Gesamtwerk

2010. 296 Seiten. Kart. € 34,–
ISBN 978-3-17-019632-2

Behinderung, Bildung, Partizipation
Enzyklopädisches Handbuch der
Behindertenpädagogik, Band 3

Astrid Kaiser/Ditmar Schmetz/Peter Wachtel/Birgit Werner (Hrsg.)

Bildung und Erziehung

Im Mittelpunkt dieses Bands stehen die zentralen Begriffe Bildung und Erziehung, die in ihren grundlegenden Dimensionen, ihren interdisziplinären Bezügen und in ihrem Gehalt als Recht auf Bildung für alle dargestellt werden. Unter Berücksichtigung der Allseitigkeit dieser Prozesse wird ein Spektrum pädagogischen und erzieherischen Handelns deutlich, das weit über schul- bzw. unterrichtsbezogene Tätigkeiten hinausgeht. Normalität ist Vielfalt in der Differenz. Bildung unter dieser Prämisse umfasst Entwicklung und Lernen als lebenslangen Prozess. Das Spektrum der thematisierten Problem- und Aufgabenfelder umreißt die gegenwärtigen und zukünftigen Arbeitsbereiche einer Pädagogik für Menschen in erschwerten Lern- und Lebenssituationen.

Die Herausgeber:

Dr. Astrid Kaiser ist Professorin für Didaktik des Sachunterrichts an der Carl von Ossietzky Universität Oldenburg. Dr. Ditmar Schmetz war Professor für Rehabilitation und Pädagogik bei Lernbehinderung an der Technischen Universität Dortmund. Dr. Peter Wachtel ist Referent für sonderpädagogische Förderung im Kultusministerium in Hannover (Niedersachsen). Dr. Birgit Werner ist Professorin für Pädagogik der Lernförderung/Lernbehindertenpädagogik an der Pädagogischen Hochschule Heidelberg.

W. Kohlhammer GmbH · 70549 Stuttgart
Tel. 0711/7863 - 7280 · Fax 0711/7863 - 8430 · www.kohlhammer.de